後民不
環周而復始七百
年爲一大周
吾東方有檀君
元之會宜遵
之說如是則上天統
願念脅兩置淸燕
德之說以明聖
唐鄉置大中正國
君復置事審糾察
出家鄉驛之吏

大高麗史卷百十

담암(淡庵) 백문보 평전

단군기원을
말하다

백상태 지음

주류성

담암(淡庵) 백문보 평전

단군기원을
말하다

백상태 지음

서문

역사: 인간과 인간과의 관계

오래 전, E. H. 카(Edward H. Carr·1892~1982)라는 한 역사가가 쓴 책을 읽은 적이 있습니다. 여기서 그는 '역사란 역사가와 사실 사이의 부단한 상호작용 과정이며, 현재와 과거 사이의 끊임없는 대화'라고 말했습니다. 워낙 회자되어 진부한 면도 있지만 어쨌든 그의 언급은 사실과 해석 사이의 관계, 다시 말해 과거 사실과 그것을 해석하는 후세(後世)인의 관점에 대한 경구(警句)인 것 같습니다. 사실과 해석 사이의 문제는 실로 사실과 가치 사이의 문제와 연결될 텐데, 이에 대한 그의 인식은 우리에게 시사해주는 바가 있습니다.

그는 또 이런 말도 했습니다. '역사라는 이름에 부끄럽지 않은 역사란, 역사 자체의 방향감각을 찾고 받아들이는 사람만이 쓸 수 있는 것이다. 우리들이 걸어온 방향에 대한 믿음은 우리들이 가고 있는 방향에 대한 믿음과 밀접하게 연계되어 있다.'

　역사란 본질적으로 변화라고 보는 그의 인식은 인간이 이미 이룩한 진보- 즉 자체의 방향 감각을 가진 역사- 에 대한 관심과 믿음뿐만 아니라 미래의 진보 가능성에 대한 신뢰까지를 포함하고 있는 것 같습니다. 그의 인식대로라면, 역사란 현재와 과거의 대화일 뿐 아니라 미래와의 대화이기도 할 것입니다. 이러한 인식은 역사와 인간과의 관계가 어떠한 것인지? 역사를 대하는 인간의 태도가 어떠해야 하는지? 인간 삶에서 역사가 왜 필요한지? 까지를 생각하게 하는 하나의 단초가 될 것입니다. 그리고 좀 더 비약하자면 역사가 인간을, 그리고 인간이 인간을 어떻게 규정하는지에 대해서도 생각케 해줍니다. 그렇기 때문에 역사와 인간과의 관계는 동시에 인간과 인간과의 관계라고 말할 수 있고, 따라서 인간이 빠진 역사란 상정할 수가 없습니다. 이런 이유로 동양의 허다한 역사서에서 제도·문물의 기록인 서(書)나, 천문(天文)·지리(地理)·예악(禮樂)·정형(政刑) 등을 기술한 지(志)나, 연표인 표(表)보다 인간의 이야기인 본기(本紀)나 세가(世家), 열전(列傳) 등의 편수가 더 많고, 더 많이 읽히는지도 모릅니다. 본기나 세가, 또는 열전이란 이름으로 기록된 인간의 이야기는 후세의 인간들에 의해 규정된 부분이기 때문에 역사와 인간과의 관계는 동시에 인간과 인간과의 관계라고 말할 수 있는 것입니다. 따지고 보면 제도·문물·천문·지리·예악·정형조차도 인간과의 관계에서만 그 의미를 찾을 수 있다고 하겠습니다.

담암 백문보는 누구인가?

이 책자는 원명(元明) 교체기인 고려 공민왕 때의 문신·학자 담암(淡庵)

백문보(白文寶·1303~1374)에 관한 글입니다. 담암은 1303년(고려 충렬왕 29·계묘) 승평부사를 지낸 아버지 백견(白堅)과 어머니 영해박씨 사이의 장남으로 태어났습니다. 15세 때부터 당대의 대학자였던 국재 권부(權溥) 문하에서 수학하고, 익재 이제현(李齊賢)을 지공거로 한 충숙왕 7년(1320·경신) 문과에 18세의 나이로 급제했습니다. 이 무렵 이재 백이정(白頤正)·역동 우탁(禹倬) 등으로부터 당시의 진보적 사상, 즉 〈주역(周易)〉의 새로운 해석을 바탕으로 하는 신유학(성리학)을 깊이 있게 전수받았습니다. 급제 후에도 10년 가까이 학업을 더 연마한 그는 1328년(충숙왕 15) 26세의 나이로 춘추관 검열에 보임됨으로써 비로소 환로에 들어섰습니다. 이후 한림(翰林)·정언(正言) 등의 사관(史官)·간관(諫官)으로 근무하면서 고려가 처한 현실을 인식하게 되고, 또 충숙왕을 호종하여 원나라 수도에 가 1년가량 체류하면서 원이 지배하던 중국대륙의 실상도 아울러 파악했을 것입니다. 1341년(충혜왕 후2) 39세 때 간관의 최고직위인 정3품 우상시(右常侍)로 승진하고 이어서 43세에 관동존무사로 나갔습니다.

이후 담암의 이름이 사서에 다시 나타나는 것은 부정삼한(復正三韓)을 기치로 1347년(충목왕 3)에 설치된 폐정개혁기관 정치도감의 사(使)로서 활동하면서부터인데, 그의 나이 45세 때 일입니다. 그러나 담암을 비롯한 개혁적 인사들이 참여·지원했던 정치도감 활동은 국내 기득권층 및 부원배의 교묘한 방해와 원나라의 간섭에 의해 실패하게 됩니다. 담암은 고려에 내재한 제반 모순의 원인이 원나라임을 깨달으면서 반원적 성향을 지니게 되고, 또 한족(漢族)의 도적집단 홍건적의 침입으로 온 국토가 유린되는 경험을 통해 반외세·자주적인 인식을 갖게 되었다고 여겨집니다.

그는 이어서 일국경시(一國更始)를 목표로 한 공민왕의 개혁정치에 참여하여 대외적으로는 반원정책을, 대내적으로는 자주성 회복을 이론적으로 뒷받침했습니다. 담암의 이런 인식은 단군의 건국사실과 우리 동방의 고유 문화를 강조하는 글로 나타났습니다. 유명한 상소문 〈척불소(斥佛疏)〉에서 '우리나라는 대대로 동방을 지키고 있어 문물과 예악이 오랜 유풍이 있고, 단군으로부터 지금(1363년·공민 12)까지 이미 3600년이 지났으니 곧 하나의 대주원이 되는 기회'라고 하면서 정치와 학문의 혁신을 주장했습니다. 그는 대체로 ▲단군과 우리 동방을 드러낸 문화적 자주성을 강조하고 ▲민생안정을 정치의 목표로 보았으며 ▲불교와 같은 미신적 행태와 권문세족의 토지겸병 등 부정부패를 비판하는데 힘을 쏟았습니다. 담암이 주장한 현실개혁의 논리가 편조(遍照·신돈)의 개혁정책에 반영된 측면도 있으나 담암과 신돈은 기본적으로 세계관이 다른 인물들이었습니다. 불교에 기반을 둔 신돈의 개혁정치가 모순을 드러내고 파행을 겪게 되자 그는 신돈을 숙청하는데 일정한 영향력을 행사한 것으로 보입니다.

담암은 유학경전인 〈주역〉에서 변통의 논리를 이끌어내어 세계를 고정적인 것이 아니라 변전(變轉)하는 실체로 인식하고, 자신이 처한 세계를 개조해보겠다는 강력한 의지를 표명했습니다. 신유학에 근거한 담암의 선진적 현실개혁론과 강경 배불론(排佛論)이 정도전(鄭道傳)·윤소종(尹紹宗) 등 후배 문인들에게 영향을 끼쳐 조선왕조의 개창을 견인하게 했다는 평가를 받기도 하지만, 정작 그는 공민왕의 후계자로 강령부원대군 우(禑)를 세우는 일에 깊이 개입하고 그 사부에 임명되었습니다. 그러나 고령을 이유로 제자 이숭인(李崇仁)을 대신 천거한 후 효상(爻象)의 불길함을 들어 낙향했습니다. 그리고 1374년(공민왕 23·갑인) 공민왕이 시해된 9월로부터 약2개월 후인 그해 12월 작고했습니다. 시기적으로 비슷한 두 사람의 죽음은 개혁군주 공민왕과 그를 지원했던 담암의 긴밀했던 관계를 상징한다고 볼수 있습니다. 신유학의 입장을 철저히 견지한 담암의 견해는 현전하는 2편의 사론(史論)과 11편의 상소문, 20여 편의 시·산문 등에 나타나 있습니다.

담암은 원과 명이라는 중국대륙에서의 물리력 교체기, 불교와 성리학이라는 국내에서의 사상적 전환기에 자주의식 제고와 민생안정을 통해 우리 삼한을 바로 세우고자 노력했던 인물이라고 평할 수 있습니다. '역사가 현재와 과거의 대화일 뿐 아니라 미래와의 대화이기도 하다'는 전제를 시인하자면 담암의 이러한 인식과 주장은 이 공간에서 삶을 영위해야 하는 현재의 우리와 미래의 후손들에게도 하나의 길잡이가 될 수 있을 것입니다.

책을 쓴 계기와 책의 구성

담암은 이처럼 자신이 깊이 공부한 〈주역〉에서 변통의 논리를 이끌어내어 스스로를 포함한 주변세계를 변전의 실체로 인식하고, 그 세계를 개조해보겠다는 의지를 표명했으며, 나아가 단군과 우리 동방의 전통을 드러낸 문화적 자주성을 누누이 강조해온 인물입니다. 하지만 그가 주장해온 선진적 현실개혁론과 문화적 자주성 강조는 물론이고, 담암 자신조차도 널리 알려진 바가 없습니다. 그에 관한 자료 자체가 많지 않은데다 후손이나 제자들에 의해 크게 현창되지도 않았고, 후세의 학자들에 의해 깊이 연구되지도 않았습니다. '역사라는 이름에 부끄럽지 않은 역사란 역사 자체의 방향감각을 찾고 받아들이는 사람만이 쓸 수 있는 것이고, 우리들이 걸어온 방향에 대한 믿음은 우리들이 가고 있는 방향에 대한 믿음과 밀접하게 연계되어 있다'는 말을 상기하자면, 담암에 대한 후세의 무관심은 역사 자체의 방향감각을 찾고 받아들이는 사람이 많지 않았다는 반증일 지도 모릅니다. 또 우리가 걸어온 방향에 대한 믿음과 우리들이 가고 있는 방향에 대한 믿음과의 연계가 충분하지 않다는 의미일 수도 있습니다.

필자는 담암에 관한 기록을 고등학교 때 처음 접했습니다. 당시 국사참고서에는 고려 말의 강경 배불론자로 백문보·정도전 등을, 온건 배불론자로 이색(李穡)·정몽주(鄭夢周) 등을 거명하고 있었습니다. 이때부터 〈대흥백씨 세보〉에 실린 그에 관한 기록과 그의 문집인 〈담암선생일집〉 등을 살펴보기 시작했습니다. 당시는 부족한 한문 실력으로 이를 완전히 이해할 수 없었지만, 대충의 인물개요는 알게 되었습니다. 이후 대학과 직장생활 틈틈이 〈고려사〉 등의 사서와 여타 서적들을 섭렵하면서 그에 관한 자료들을 확보해왔습니다. 담암 개인뿐만 아니라 그가 산 시대와 주변 인물들, 그 선조들의 기록에 대한 추적, 그 후손들의 삶 등도 각종 자료를 통해 알아보려 했습니다. 한 개인의 삶을 추적하다가 그 인물이 살았던 시대와 그 전후사까지에 관심이 넓어진 셈입니다.

담암의 삶과 주장은 이미 과거 사실이기 때문에 변화가 없겠으나 동일한 과거사일지라도 후세의 관점에 따라 새로운 해석이 가능하다는 생각에서 그에 관한 책을 쓰기로 했습니다. 자칫 과거의 의미를 중요성이 결여된 과거의 이야기와 전설로 바꿔놓는 것이나 아닌지 두렵기도 하지만, 파편으로 남은 사료(史料)를 합리적 추론(推論)으로 꿰매는 것 또한 조금은 의미 있는 작업이 아닐까 싶어 용기를 냈습니다.

이 책에서는 담암의 일생을 연대기적으로 기술하면서 역사적 배경과 그의 문장에 나타난 사유(思惟) 등을 〈주역〉 등 유학경전, 〈고려사〉·〈고려사절요〉 등의 사서, 이제현·이곡·이달충(李達衷) 등 동시대인들의 문집, 후세의 연구서나 담암 관련 논문 등을 참고, 인용하여 밝혔습니다. 처음에는 소설로 구상했다가 사실에 기초한 전기가 먼저 있어야 한다는 판단에 따라 대체적인 구성을 평전 형식으로 했습니다. 다만 자세한 기록이 없는 작고 당시의 기사는 사실적 바탕위에 얼마간의 상상력을 가미한 팩션(faction)

형식을 취했습니다. 상상력을 가미한 소설적 형식을 취했다고 하더라도 어디까지나 사실(史實)이 기본임은 물론입니다. 도입부인 '꿈을 꾸다'와 끝부분인 '꿈이 깨어지다'가 바로 이 부분입니다. 이 책자에서는 관련 있는 〈주역〉 내용과 담암 본인의 글은 본문 가운데에 번역문과 원문을 병기하고 여타 참고자료의 원문은 각주에 배치했습니다.

감사의 말

이 책을 쓰면서 많은 분들의 직·간접적인 도움을 받았습니다. 우선 민현구(白文寶 硏究- 政治家로서의 活躍을 中心으로)·김동욱(淡庵 白文寶硏究)·임종희(白文寶의 文學硏究)·이남수(白文寶의 性理學 수용과 排佛論)·김남이(14세기 士大夫의 理學的 世界觀과 文藝意識- 성리학 수용기의 李齊賢·李穀·白文寶의 산문을 중심으로) 씨 등 기왕에 담암 관련 논문을 발표한 분들, 담암에 관한 자료들을 다수 소장하고 있는 블로그 goguli의 운영자 백운태 씨, 담암과 동시대인들의 문집을 한곳에 집성해놓은 한국고전종합DB(db.itkc.or.kr)의 운영기관 등에 감사를 드립니다.

또 담암의 7대손이자 담암 행장을 직접 찬술한 조선중기 인물인 백현룡(白見龍) 선생, 담암의 시문집인 〈담암선생일집〉을 편찬하여 후세에 전함으로써 담암 관련 자료를 손쉽게 접할 수 있게 해준 조선후기 인물들인 백조운(白肇運)·백연진(白淵鎭)·백순우(白淳愚) 선생 등에게도 고마움을 표해야 할 것입니다. 아울러 경북 영덕 영해 지역에서 6백년 이상 세거해온 담암의 후손들인 대흥백씨 문중의 여러 어른들에게도 감사를 드리거니와 특히 백순호·백순식·백억진 씨 등의 이름을 각별하게 거론하지 않을 수 없습니다. 백순호·백순식 씨는 담암에 관련된 전승자료 등을 유년기 때부터 필자에게 환기시켜준 분들로 개인적으로는 필자의 숙부이며, 백억진 씨는 담암 관련 기록의 필요성을 기회 있을 때마다 강조해온 필자의 조항(祖行)뻘 친구입니다. 이들을 포함한 대흥백씨 문중의 여러 어른들은 또 담암의 상계(上系)와 후손 부분 원고를 세밀하게 검토해서 내용의 하자를 줄이는데 도움을 주었습니다.

원전의 해석이나 관점에 대해 좋은 의견을 제시해준 이준녕 선생과 집필 공간의 편의를 제공해준 조대웅 선배, 집필기간동안 격려를 아끼지 않은 한경남 선배, 백용·백상종·백운상·백상수 씨와 관심을 가져준 친구들에게 감사를 드리고, 출판을 위해 애써준 주류성출판사 사장님과 편집진 여러분께 고마운 뜻을 전합니다. 원고가 완성되기까지 인내하며 이를 지켜봐준 가족에게도 감사의 마음을 보냅니다.

책을 쓰는 과정에서 머릿속을 맴돈 한 마디 말을 들자면 '휴영이익겸(虧盈而益謙)'이라는 구절입니다. 이 말은 담암의 산문인 율정설(栗亭說)의 주제라고도 할 수 있는데, 출처는 〈주역〉 지산겸(地山謙)괘의 단전(彖傳)입니다. '(천도가) 가득 찬 것을 이지러지게 하여 겸손한데에 더한다.'는 이 말 중에도 변화와 운동으로서의 〈주역〉적 가치가 스며있다고 생각합니다. 세계를 고정적인 것이 아니라 변화하고 움직이는 실체로 인식하고, 자신이 처한 세계를 개조해보겠다는 담암의 의지 역시 이와 다르지 않다고 여겨집니다. 겸괘는 중천건(重天乾)괘와 함께 담암이 선호한 괘효(卦爻) 중 하나로 보이거니와 그런 점에서 휴영이익겸의 의미를 새삼 깨닫게 해준 담암 선생께 고마운 뜻을 바칩니다.

백상태

1.
꿈을 꾸다

1. 잉량화 마을

　산은 흐르지만 물을 건너지 못하고, 물 또한 구비 쳐도 산을 넘기 어렵다. 산은 산대로 물은 물대로 흐르는 것 같지만 둘은 서로 얽히고 설키며 등성이를 만들다가 골을 만들고, 작은 내를 만들고, 이윽고는 큰 강을 이룬다. 산줄기가 없으면 물줄기는 어디를 가늠할 것이며, 물줄기가 없으면 산줄기는 또 얼마나 모나고 강퍅해질까? 이 또한 음양(陰陽)이 조화되는 이치일 것이다.

　조선 후기에 편찬된 〈산경표(山經表)〉는 한반도의 산줄기를 1대간 1정간 13정맥으로 분류하고 있는데, 그 1대간이 바로 백두대간이다. 우리나라의 산줄기를 보면 모든 줄기는 백두산과 통하고, 이 산줄기에 의해 물줄기도 결정되는 형국이다. 이른바 산자분수령(山自分水嶺)의 원리다. 백두대간은 사람으로 치면 정수리에서 출발하여 머리와 목뼈, 그리고 척추를 거치는 흐름과 비슷하다. 이 백두대간이 태백산 언저리에서 크게 한번 구비 치며 남서쪽으로 흘러가고, 비교적 얕은 지맥이 다시 남으로 이어진다. 이것이 낙동정맥이다. 낙동정맥은 동해를 따라 남으로 내려오다가 원래 강원도 땅인 평해에서 백암산으로 솟고, 이어서 등운산 등의 높고 낮은 산봉우리를 이루며 경상도 영해(寧海)를 종주한다.

등운산 산줄기가 뻗어내려 다시 잉량대산(仍良大山)을 만들었다. 옛 시절 그 산이 감싼 자리에 잉량화(仍良火)[1]라는 마을이 있었다. 잉량화는 동해안의 다른 마을이 대부분 동향인 것과 달리 남향받이인데다 산기슭이 좌우를 삼태기처럼 감싸고 있어 왼쪽에서 불어오는 바닷바람이나 오른쪽에서 부는 산바람이 쉬 범접하지 못하는 따뜻함이 있었다. 잉량화는 잉량벌[2]을 한자로 표기하다 보니 그리 된듯하지만 아무튼 삼한시대 이 일대에 세워졌던 부족국가 우시국(于尸國)의 도읍지가 이곳 잉량화였다는 설이 있다.[3] 그래서 나라골 또는 국동이라고 한다. 이밖에 잉량대산의 형상이 학이 양쪽 날개를 펼치는 듯해서 산 아래 마을을 나래골 또는 익동(翼洞)으로 불렀다는 설도 있다. 잉량화는 조선조 초기에는 나래골로, 광해군 때부터는 인량리(仁良里)란 이름으로 불리게 된다. 현량한 인물이 많이 배출됐다는 자부심이거나, 또는 많이 배출될 거라는 기대가 배어있는 이름이다.

잉량화를 품고 있는 영해부는 원래 고구려의 우시군(于尸郡)인데 신라 경덕왕 때 유린군(有隣郡)으로 고쳤다. 고려 초에는 예주(禮州)로 부르다가 고종 46년(1259)에 위사공신 박송비(朴松庇·?~1278)의 내향이라 해서 덕원(德原)소도호부로 승격시키고, 또 예주목(禮州牧)으로 다시 승

---

1) 김중태, 〈원효결서 1〉, 화산문화사, 1998, 206~212면. 김중태는 여기서 '우리나라 옛 지명 가운데 한글로도 한문으로도 해석되지 않는 대표적 지명이 혜(兮)자 돌림과 잉(仍)자 돌림의 고을 이름'이라고 했다. 그러면서 '잉자가 들어간 지명은 잉어(鯉魚)의 잉자 만을 떼어다가 음이 같은 한문인 仍으로 옮겨 적은 것'으로 보았다. '잉자를 잉어의 약칭으로 보는 이유는 잉어가 기본적으로 S자 모양, 즉 乙자 모양으로 헤엄친다는 사실 때문이란 것'이다. 실제로 잉량화 앞의 송천은 잉어가 구비치는 것처럼 S자 모양으로 흐른다.

격시켰다. 충선왕 2년(1310)에 전국의 목이 없어짐에 따라 영해부로 고쳤다. 단양(丹陽·성종 때 정했다)이라고도 한다.[4]

낙동정맥이 지나는 중심부에 자리 잡은 영해의 지세는 서쪽이 높고 동쪽이 낮은 서고동저의 형태다. 한반도에 있는 서고동저 지형에는 긴 강의 발달이 어려운데, 영해에는 동해안에서 보기 드문 제법 긴 강 송천(松川)이 있다. 오늘날의 영덕군 창수면 버임(보림리)에 있는 울티재[泣嶺]에서 발원하는 송천은 길이가 약30킬로미터에 이 강물의 혜택을 입는 면적이 약2백20제곱킬로미터이다. 송천은 대체로 남동쪽으로 구불거리며 흘러가 현재의 창수면 인아리(인천리)·시락골(삼계리)·오말(오촌리)을 지나 가을면(갈천리) 초입에서 울령천을 만나 몸집을 불린다. 그런 다음 미실(미곡리)·너우내(미곡2리)·우령티(가산2리)·가산 앞을 지나 까치소[鵲淵]를 만들고 배나리(신기리)·잉량화(인량리)를 차례로 지나는데, 잉량화 건너편에 영해면 원두들(원구리)이 자리한다. 송천은 원두들 부근에서 그쪽에서 들어오는 남천과 만나 다시 병곡면 살면(사천리)·새터(연평리)와 송내(송천리), 영해면 호지말(괴시리) 앞들과 한나리(대진리)·잣뒤(덕천리) 등지를 통과하여 바다 가까운 상대산을 감돌아 동해로 들어간다. 송천이 만들어 준 영해지역의 충적지는 동해안에서 가장 넓은 평야

---

2) 신채호(申采浩), 〈조선상고사(上古史)〉, 비봉출판사, 2007, 90면, 신채호는 〈조선상고사〉에서 '농업은 대개 불[火]의 힘을 이용하여 초목을 태워서 전야(田野)를 개척한 뒤에 비로소 시작되기 때문에 고어(古語)에서 야지(野地)를 '불[=벌]'이라 하였다.'고 말한다. 이런 견해는 〈신증동국여지승람(新增東國輿地勝覽)〉에도 보인다. '신라의 지명에는 화(火)라는 것이 많은데, 화(火)는 불(弗)이 변해서 그렇게 불린 것이고, 불(弗)은 또 벌(伐)이 변해서 그렇게 불린 것이다.' 〈신증동국여지승람〉 권22, 울산군(蔚山郡) 편

3) 영덕군 홈페이지 및 창수면 인량리 마을 소개서

4) 〈고려사(高麗史)〉 지리지, 경상도 예주(禮州) 조, 〈조선왕조실록〉 세종실록 지리지 · 〈신증동국여지승람〉 경상도 영해도호부조에도 같은 내용이 실려 있다.

인 영해들[坪]로 불린다. 영해들은 질 좋은 미곡생산지로 일찍부터 논농사가 발달해왔거니와, 과거 이 지역 문화발전을 지탱해온 경제력의 원천이었다.

2. 지화명이 괘(卦)

고려조가 저물 무렵인 공민왕(恭愍王·1330~1374) 때, 이 잉량화 마을에 한 노(老)대신이 낙향하여 서너 칸 초옥을 엮어 서너 식구 몸 누일 공간을 마련했다. 굳이 별구(別構)에 방 하나를 더 들이고 처마 아래쪽에 보인(輔仁)이란 작은 편액 하나를 걸었다. 〈논어〉 안연(顏淵)편의 한 구절대로 찾는 벗이나 후학이 있으면 한가로이 글 얘기를 나누거나 인덕(仁德)을 서로 북돋는 한편, 혹여 배움을 얻으려는 학동들이 있으면 가르치는 보람으로 만년을 소일하겠다는 소박한 꿈 때문이었다. 일찍이 같은 해에 등과한 윤율정(尹栗亭)[5]이 도성 서남쪽에 소요정을 지어 한가로이 지낸 적이 있고, 노대신 역시 소요정과 멀지 않은 곳에 보인당이란 누옥을 얽어 후학을 가르친 일이 있지만 이곳의 한가로움에는 비할 바 아니었다. 풍광은 말할 것도 없거니와 도성과의 거리로 보았을 때도 그랬다. 다시는 경사(京師)에 발 들여놓을 일이 없을 것 같은 여유로움마저 있었다.

그러나 한가로이 노년을 보내고 싶다는 이런 소박한 꿈도 경사에 몇 번 불려갔다 오면 어긋나기 일쑤였다. 고희를 넘긴 지난해 7월에도 임금에게 불려가 강령부원대군(江寧府院大君)[6]을 교양시키라는 명을 받았지

5) 윤택(尹澤 · 1289~1370): 고려후기의 문신. 호는 율정
6) 고려 제32대 왕인 우왕(禑王 · 1365~1389)이 어릴 때 받은 군호(君號)
7) 이숭인(李崇仁 · 1347~1392): 고려 말의 문신 · 학자. 자는 자안. 호는 도은(陶隱)

만 연로함을 이유로 굳이 사양하고 아끼는 후학 이자안(李子安)[7]을 대신 추천하고 내려온 적이 있다. 어쨌든 경사에서 멀리 떨어지고 외진 곳이니 두 번 다시는 불려가지 않겠거니 하며 모처럼의 한가함을 누리려고 작정을 단단히 하고 내려온 것이 갑인년 봄 2월이었다.

돌아보니 참으로 떠돌이 같은 삶이었다. 삼한(三韓) 각처 어느 곳 내집 아닌 곳이 없다는 듯 많이도 옮겨 다니며 살았으니 말이다. 까마득히 먼 조상들의 본관향(本貫鄕)까지 따지고 들자면 끝이 없지만, 무슨 연유로 그 분들이 충청도 대흥(大興) 땅에 터 잡고 득관(得貫)하여 살았는지는 모를 일이었다. 그리고 또 무슨 까닭으로 동쪽 끝 궁벽한 이곳 영해(寧海)로까지 왔다가 옛 백제의 위례성이라는 충청도 직산(稷山)[8]으로 다시 갔을까? 식위민천(食爲民天), 밥이 곧 백성의 하늘이니 자식들 굶기지 않고 키워보겠다는 일념으로 남부여대하고 이 고을 저 고을을 떠돌지나 않았을까? 듣자하니 영해에서 가솔을 이끌고 직산으로 간 것은 고조부 대라고 하는데, 어쩌면 그보다 더 앞 서일 수도 있을 것이다. 그로부터 아버지 대까지 내리 몇 대를 거기서 살았고, 노대신 역시 그곳을 고향으로 삼았다. 노대신의 이름 앞에 매김말로 붙어 있는 직산군(稷山君)이란 봉군호가 이를 말함일 텐데, 원체 뿌리를 톺아보자면 대흥군(大興君)이란 군호가 더 맞을듯하지만 직산현에서도 수대를 뿌리내려 살았으니 이 또한 틀린 말이 아니어서 직산군으로 불리며 살아온 게 벌써 10여년이다.

경사를 오가며 들렀던 고향땅 직산은 정겨우면서도 스산한 조각으로

8) 〈고려사〉지리지 · 〈세종실록〉지리지 · 〈신증동국여지승람〉등 정약용(丁若鏞 · 1762~1836) 이전까지의 여러 사서와 지리지에는 직산(稷山)이 백제 초도 위례성(慰禮城)으로 인식되었다. '稷山縣 本慰禮城 百濟始祖溫祚王開國建都 〈고려사〉 지리지 직산현 조

기억에 남아 있다. 동남향을 마주하고 왼쪽을 보면 안산이 앉았고 오른쪽을 보면 위례산이 솟았으며 이들을 잇는 능선 사이로 부소(扶蘇)문이란 고갯길이 남으로 달린다. 부소산, 국사봉, 세련이, 양대골, 사초골, 유독너덜, 점말 등 산수 좋은 양대(良垈) 주변의 땅들은 이름조차 정겨웠지만 사방팔방(四方八方) 새롭게 이어진 길들로 하여 시나브로 사나워진 인심은 이미 아련하던 추억 속의 옛 고향이 아니었다. 아마 아버지도 이 점이 마음에 걸려 고향을 떠나 당신 처향(妻鄕)으로 오시지 않았을까? 직산을 고향삼고 살았다 해도 정작 노대신이 태어난 곳은 외가가 있는 영해 거무역(居無役)이고, 부모님 손에 끌려 고향 땅을 밟았다가 아버지의 임지가 있는 승주며 개경이며 각처를 떠돌았다. 더구나 스스로 환로에 나서면서 삼한의 처처(處處)를 밟지 않은 곳이 없고, 의릉(毅陵)[9] 모실 때는 연도(燕都)에도 1년여를 머물렀었다. '바다를 본 사람에게 웬만한 물은 물로 보이지도 않는다.'[10]지만 바다를 오래 보고나니 오히려 개울물이 그리웠던 건지도 모른다. 하여 삼한 땅 어디에 내 고향 아닌 곳이 있을까 싶어 노대신은 직산에 남아있던 전토(田土)를 처분하고 궁벽한 이곳, 어머니의 본향을 일부러 택해 내려온 터였다.

새로운 터전에 정도 붙일 겸 어릴 적 외갓집에서의 기억들을 더듬어가며 이곳저곳 몇 군데를 다녀오고 나니 어언 여름이 가고 가을이 성큼 와 있었다. 가을이 한창 익어가는 9월 스무 이틀, 삼경이 훨씬 지난 밤중에 참 끔찍하고도 무서운 꿈이 노대신을 깨웠다. 소스라치게 놀라 눈을 번쩍 뜨고 천정을 응시한다. 오싹한 한기가 온몸에 소름을 돋운다.

---

9) 고려 제27대 충숙왕(忠肅王 · 1294~1339)

10) 〈맹자〉 진심(盡心) 상의 '觀於海者 難爲水'라는 구절

분명 꿈이었으나 꿈이라고 하기에는 너무나 또렷한, 그래서 더욱 오싹한 한기가 들었는지도 모를 일이다. 꿈이란 대개 그렇듯이 꿈인지 생시인지 분간이 되지 않는데다 그것이 참혹하면 참혹할수록 현실감이 약해진다. 그래서 깨고 나면 멍해지는 것이 보통이다. 노대신이 꾼 꿈이 그러했으므로, 그는 한동안 눈만 끔뻑이며 움직일 수가 없었다.

궁궐 안 임금의 침전 어디라고 하는데 지난해에 낙성했다는 화원(花園)의 어느 전각 같기도 하고, 장령전(長齡殿) 같기도 했다. 화원은 자남산자락 니현(泥峴)에 있고, 장령전이라면 옛날 도선(道詵)이 태조의 아버지 세조의 집터를 잡아주면서 '이곳에서 삼한을 통합할 인걸이 태어나리라' 예언했다는 그 명당에 있었다.[11] 그러나 장령전은 침전이 아니다. 그럼에도 꿈은 너무 또렷했다. 임금은 혼곤히 잠들어 있고, 그가 잠든 주변을 칼 든 무리들이 조심스럽게 다가드는 데서부터였다. 대여섯 명이나 되는 건장한 자들은 손마다 칼을 들고 주춤거리며 임금의 주위를 에워싸더니 그 중 하나가 먼저 임금의 머리에 칼을 내리친다. 이를 신호 삼아 나머지들이 임금에게 달려들어 저마다 칼을 꽂는다. 그야말로 난도질이다. 피가 튄다. 분명 붉은 색일 터이지만 꿈속에선 그저 회색일 뿐이다. 내가 임금에 대한 생각이 지나쳐서 이런 꿈을 꾸고 있는 것인가? 위사(衛士)들은 어딜 가고 저 분 혼자서 잠들어 있단 말인가? 그리고 대관절 저들이 누구 길래 무슨 까닭으로 저리 잔인하게 임금을 내리칠까? 노대신은 꿈속에서도 이런저런 의문을 품었다.

따지고 보면 임금이 그동안 거두어들인 목숨도 적지 않았다. 오죽하면 임금의 모후가 공로 있고 죄 없는 사람들을 많이 죽였다고 아들을

---

11) 김창현, 〈고려 개경의 구조와 그 이념〉, 신서원, 2002, 271면

힐난할 정도였을까. 이 비난에 대해 임금은 사람을 많이 죽인 죄는 자신이 범하지 않았고, 다만 난신을 숙청할 따름이었노라고 변명했다. 혹여 임금이 거둔 목숨의 피붙이들이 그 짓을 하고 있는 건가? 꿈을 꾸면서 노대신이 문득 유순부(柳純夫)[12]의 얼굴을 떠올린 것은 순부의 죽음이 준 충격이 그만큼 컸기 때문일 것이다. 연도(燕都)에서부터 임금을 수종하여 크게 신임을 얻고 공신 칭호를 세 번이나 받았으면서도 '공신문서가 곧 죄의 기록이니, 원컨대 서로 격려해서 끝까지 조심하자' 라고 말한 사람이 순부였다. 공명(功名)과 요로(要路)가 또한 위기인 것을 진작부터 깨우친 신실한 유자라고 할 수 있었다. 그런 순부도 임금의 방조를 받은 편조(遍照)[13]의 칼날을 끝내 피해가지 못했다. 편조를 죽이려던 김제안(金齊顏)·김정(金精)·김흥조(金興祖)·조사공(趙思恭)·유사의(兪思義) 등이 죽임을 당한 것도 그해였다. 특히 제안은 노대신의 문생인 경지(敬之)[14]의 아우로 충렬공(忠烈公)[15]의 현손이었다. 그러나 이들은 죄라도 있었지만 순부는 달랐다. 얼음 위를 걷듯 조심조심 임금을 섬기던 그가 비명에 가다니. 그 칼날이 누군들 겨누지 못할까.

유순부가 죽은 이듬해에 노대신은 아우와 함께 치사(致仕)하고 전리로 돌아왔다. 공명요로가 목숨을 내놓는 일이라면 벼슬은 그야말로 아슬아슬 줄을 타는 광대노름과 무엇이 다른가. 당시의 군은 심정으로 그는 자질(子姪)들에게 벼슬길을 끊고 차라리 무지렁이로 살라고 권면했다.

---

12) 유숙(柳淑 · 1324~1368): 고려후기의 문신. 자는 순부, 호는 사암(思庵)

13) 신돈(辛旽 · ?~1371): 고려후기의 승려 · 정치가. 자는 요공. 법명은 편조

14) 김구용(金九容 · 1338~1384): 고려후기의 문인 · 학자. 초명은 제민(齊閔). 자는 경지, 또는 백은(伯誾). 호는 척약재(惕若齋)

15) 김방경(金方慶 · 1212~1300): 고려후기의 무장. 시호는 충렬

노대신이 이런 결심을 굳히는 데에는 순부 등의 죽음 외에 또 다른 요인도 없지는 않았다. 순부가 죽던 해 2월에 국자감시가 폐지됐는데 그 배경이 참으로 묘했다. 임금이 3품관으로서 경전에 통달한 사람을 뽑아 시험관으로 삼고자 하니 편조는 감찰대부 손용(孫湧)이란 자를 추천했고, 환자 이강달(李剛達)은 판전교시사 이무방(李茂芳)과 권사복(權思復)을 추천한 것이다. 편조와 강달이 서로 다투는 형국이 되자 임금은 아예 시험 자체를 없애버렸다. 그런데 무방과 사복은 노대신의 문생들이었다. 시퍼렇게 살아있는 권력 편조와의 다툼에서 무승부가 난 셈인데, 편조란 자는 자신의 뜻에 반하는 사람이라면 끝까지 따라가 죽이고야 마는 성미였다. 순부가 좋은 예라고 할만 했다. 압록강 너머의 사정도 간단치 않았다. 홍건적의 일개 부장이던 주원장(朱元璋)[16]이란 자가 천자가 되고, 그해 8월 콧대 높던 원나라 황제는 북으로 도주했다. 원나라가 망한 것이다. 시사(時事)가 크게 달라지고 효상(爻象)이 길하지 않다는 판단은 이런 사정에서 나온 것이었다. 그는 벼슬에서 물러나는 방도를 찾기 시작했다.

노대신은 꿈속에서 고함이라도 쳐야 한다고 생각은 났지만 목구멍은 무언가로 틀어 막힌 듯 숨조차 쉴 수 없었다. 고함을 친 것은 오히려 궐자(厥者)들이었다.

"적이 밖에서 들어왔다!"

도적들은 교활하게도 거짓말까지 하고 있었다. 임금의 몸뚱어리는 그야말로 저며진 고기가 되었다. 피와 함께 허연 뇌수(腦髓)가 벽과 침상으로 튀었다. 저 고귀한 분의 옥체가 푸줏간의 고기처럼 저며지다니……

---

16) 주원장(朱元璋 · 1328~1398): 명나라 태조

노대신은 꿈을 꾸면서도 그런 생각을 했던 것 같다.

그러나 임금은 죽지 않고 살아 있었다. 그야말로 눈 깜짝할 사이에 임금의 몸은 다시 형체를 갖추고 노대신을 향해 희미한 미소를 보내며 다가오는 게 아닌가. 평소의 복장 그대로였다. 검은 비단으로 만든 오사모(烏紗帽)를 높이 쓰고, 소매 좁은 누런 황포(黃袍)를 입고, 거기에다 자주색 비단으로 만든 늑건(勒巾·허리띠)을 두르고 있었다. 저며진 임금의 옥체가 다시 살아나다니, 도대체 이게 무슨 조화란 말인가? 노대신은 임금의 입술이 열리는 걸 느끼자 자신도 모르게 고개를 숙이고 부복했다.

"선생, 오랜만이외다."

옥음은 약간 쉰듯했지만 예전에 익히 듣던 그대로였다.

"전하, 어이된 일이옵니까?"

"무엇이 말이오?……짐은 이제 가봐야겠소. 뒷일을……"

"어디로 가시는지요?"

"갈 데가 있지요."

대개 그런 식의 두서없는 대화가 오간 것 같다. 그러나 확실치는 않았다. 새벽 한때 잠시 머물다가 순식간에 사라지고 마는 안개처럼 임금은 자취 없이 사라졌다. 그래서 꿈인 것을 확인할 수 있었을 뿐이다.

너무나 끔찍하고 무서운 꿈이어서 잠이 깬 뒤에도 진저리가 쳐진다. 그대로 누워 있을 수가 없었다. 자리를 털고 일어나 옷을 챙겨 입는다. 스무 이틀 미명의 새침한 달빛이 문틈으로 새들어와 있었다. 달빛에 섞여 닭 우는 소리도 방으로 밀려들었다. 족히 인(寅)시는 되었으리라. 다시 잠들기는 도무지 그른 노릇이었다. 방문을 밀고 마당으로 내려섰다. 우물물을 길어 얼굴을 훔치자, 써늘한 기운이 정신을 깨운다.

다시 방에 든 그는 등잔불을 밝히고 참으로 경건하게 임금의 사주(四柱)를 가만가만 짚었다. 경오년 5월 며칠이더라? 자신의 가물거리는 기억을 탓하며, 마흔다섯 해 전 금상(今上·지금 임금)이 태어나던 때를 떠올렸다. 선대 임금 의효(懿孝)대왕[17]이 서른여섯에 낳은 아들, 금상이 태어나던 때라면 그 땐 나도 청춘이었지. 노대신은 이런 생각을 반추하며 입술을 비틀었다. 한창 나이 스물 몇이었다. 열여덟 살에 등과하고도 10년 가까이를 이 선생 저 선생의 훈도를 받아가며 공부로 소일하다가 이태 전 스물여섯에 처음으로 보임된 자리가 춘추관 검열이었다. 정9품 말직이었지만 권간(權奸)들의 잘못을 시퍼런 직필 하나로 기록하던 겁 없던 시절이었다. 임금의 총애를 빌미로 권력을 농단하고 비리를 저지르던 중[僧] 조륜(祖倫)은 말할 것도 없고, 최안도(崔安道)며 김지경(金之鏡)이며 신시용(申時用)같은 자들에서부터 간접적으로는 유청신(柳淸臣)에 이르기까지 그의 붓끝을 벗어나지 못했다.

왕이 연경에 머문 지 5년, 근심하고 지쳐서 놀라는 병을 얻어 타고난 성품을 손상하였다. 환국해서도 항상 궁전 깊이 거처하면서 실망하여 마음이 즐겁지 않았다. 조신(朝臣)들을 접견하지 않고 정사도 직접 돌보지 않았다. 이런 까닭에 소인배들이 떼를 지어 준동했으니 조륜·최안도·김지경·신시용 같은 자들은 정권을 전단하여 벼슬과 형옥(刑獄)을 파는 등 못하는 짓이 없었으며, 대간의 소장(疏章)을 중간에서 가로막아 임금께 아뢰지 못하게 했다. 매려(買驢)에게 견책 당하지 않은 것이 오히려 요행이다[王留燕五年 憂勞驚悸 損傷天性 及還國 常居深殿 忽忽不樂 不接朝臣 不親政事 由此 小人並進 如祖倫 安道 之鏡 申

---

17) 충숙왕(忠肅王 · 1294~1339)

時用等 專擅權柄 賣官鬻獄 無所不至 臺諫章疏 中沮不啓 其不遭譴責於買驢
幸矣][18]

젊은 시절 정의감에서 우러난 기개 때문에 쓴 글이지만 지금 생각해
도 모골이 송연하다. 곰곰이 따져보면 임금의 태도까지 문제 삼은 글이
다. 연경에서 돌아온 왕이 친정(親政)을 하지 않아 결과적으로 소인배들
이 날뛰게 되었으니 임금이 원인 제공자라는 뜻이 배경에 있지 않은가?
그래서 매려에게 견책당하지 않은 것이 요행이라고 한 것이다. 심왕(瀋
王)과 그 도당들은 선대 임금을 무고하여 5년간이나 연경에 억류시킨
것도 모자라, 이번에는 왕이 눈멀고 귀먹은 벙어리여서 친히 정사를 보
지 못하는데다 심왕 패거리의 밭과 집을 빼앗았다고 원나라 중서성에
또다시 참소했다. 그해 7월 원나라 황제는 평장정사 매려 등을 고려에
보내 왕이 정말 눈멀고 귀먹은 벙어리인지 확인하고, 전택(田宅) 빼앗은
일을 문책토록 했다. 다행히 임금은 논리정연하게 심왕 도당의 말이 무
고임을 증명했고, 매려 등은 심왕 도당의 무고를 확인하게 되었다. 젊은
검열은 그래서 이런 사론을 썼던 것이다.
　또 그 무렵, 검열은 권력 가진 재상들의 가당찮은 처사를 꼬집어 기록
으로 남겼다.

　음양을 고르게 다스리는 것이 재상의 직무이다. 가뭄이 너무 심하면 마땅히
더욱 공경하고 두려워하여 하늘의 견책에 응답해야 할 터인데, 이것은 생각지
않고 무당·박수들에게 비 내리게 하는 책임을 지우니 어찌 잘못이 아니라 하겠

18) 〈고려사절요〉 권24, 충숙왕 무진 15년(1328) 7월조 사론(史論)

는가[燮理陰陽 宰相職也 旱氣太甚 尤當敬畏 以答天譴 曾是不思 而徒責雨於 巫覡 豈不謬哉][19]

그러니까 지금 임금이 태어나기 꼭 1년 전 5월이었다. 그해 따라 가뭄이 극심했다. 조정은 무당·박수를 모아 엿새 동안이나 기우제를 올리게 했다. 그럼에도 비는 오지 않고 무당들은 너무 괴로운 나머지 모두 도망쳐 숨었다. 그래서 민가를 뒤져 모조리 잡아들이게 했다. 검열은 비 오게 하는 책임을 무당들에게 돌리는 재상들의 처사가 도리가 아니라고 생각했던 것이다. 자고로 가뭄이나 홍수 같은 천재지변은 치자(治者)에 대한 하늘의 경고로 받아들인다. 그래서 날이 가물면 임금은 정전을 옮겨 앉고, 반찬의 가짓수를 줄이며, 형벌에 잘못이 없는지 죄수를 다시 심사하는 것이다. 그런데 치자(治者)가 할 일은 저만치 제쳐놓고 기껏 무당들에게 기우제나 지내게 하고 그들이 도망치자 또 잡아들이는 소위는 무엇이란 말인가. 그래서 감연히 붓을 들었다. 과감하고 용기 있는 태도는 가상하지만 몸조심하라는 동료들의 충고도 없지 않았다. 하지만 딱히 잃을 것도 지킬 것도 없는 그였다.

마흔 몇 해 전의 가물거리는 기억을 떠올리자 선뜩한 기운이 다시 돈다. 노대신은 부르르 몸을 떨며 점(占)대 쉰 개를 조심스럽게 꺼냈다. 까마득히 먼 옛날 역동(易東)선생[20] 문하에서 먹고 자며 〈역(易)〉을 배울 때 그분이 했던 말이 기억의 끈을 타고 돋아난다.

---

19) 〈고려사절요〉 권24, 충숙왕 기사 16년(1329) 5월조 사론

20) 우탁(禹倬 · 1262~1342): 고려후기의 문신 · 유학자. 호는 역동

행여 옳지 않은 일로 점치는 것은 삼가라! 행여 너 자신을 위해 점치는 것은 삼가라! 행여 막연하게 요행을 바라고 점치는 것은 삼가라! 행여 자신의 능력을 다 하지 않은 채 점치는 것은 삼가라! 행여 같은 일로 여러 번 점치는 것은 삼가라! 행여 아무렇게나 건성으로 점치는 것은 삼가라! 그리고 만에 하나 정히 점을 치려거든 마음을 경건히 하고 자세를 바르게 하여 모든 정성을 다한 후에야 할 것이다……그리고 거듭 삼가고 또 삼가라!

예로부터 선비는 점을 치지 않는다는 말이 있고, 선생의 이런 경계를 떠올렸음에도 불구하고 나는 왜 이른 새벽 점대를 잡고 있지? 라고 자문해본다. 임금, 그래 임금의 안위가 아닌가. 임금의 어깨에 종사의 명운과 백성의 안위가 걸려있고……그리고 이 나라의 모든 것이 걸려있으므로 내가 점대를 잡는 것은 충분히 옳은 일일 터이다. 그는 한번도 〈역〉을 가지고 자신의 점을 쳐본 적이 없지만 나라에 관계된 일이라면 마다하지 않았다. 희미한 기억을 더듬어 본서법(本筮法)을 떠올렸다.

우선 등잔불을 밝혔다. 이런저런 잡념을 털어내고 마음을 가라앉힌 다음, 〈역〉의 계사전(繫辭傳)을 조용히 음영(吟詠)하면서 한 식경을 보냈다. 영성(靈性)이 어리면 세심(洗心)이 된다고 하지 않던가. 그리고 신명(神明)에게 묻는다. '지금 전하의 안위는 어떠신가요? 지금 전하의 안위는……? 지금 전하의……?'연거푸 물어가며 노대신은 쉰 개의 점대를 왼손에 잡고, 그 중 한 개를 뽑아 다탁(茶卓)위에 놓았다. 이것이 태극(太極)이다. 그리고 나머지 마흔 아홉 개를 둘로 갈라 양손에 쥔다. 왼손의 것이 천책(天策)이고, 오른손의 것이 지책(地策)인데 여기까지가 제1영(一營)이다.

오른손의 지책을 다시 다탁위에 놓고 그 가운데 하나를 뽑아 왼손 새끼

손가락 사이에 끼운다. 이것이 인책(人策)이다. 여기까지가 제2영(二營)이다.

원손의 천책을 네 개씩 덜어낸다. 이것이 제3영(三營) 전반이다. 덜어내고 남은 나머지를 가운데 손가락과 무명지 사이에 끼운다. 나머지가 없다면 나머지를 넷으로 본다. 이것이 제4영(四營) 전반이다.

지책으로도 이 같은 일을 똑같이 되풀이한다. 다탁위의 지책에서 네 개씩 덜어낸다. 이것이 제3영(三營) 후반이다. 나머지를 가운데 손가락과 둘째손가락 사이에 끼운다. 이것이 제4영(四營) 후반이다.

천책의 나머지와 지책의 나머지, 그리고 새끼손가락에 끼워두었던 인책을 합한다. 그 수는 5 아니면 9가 되리라. 이것이 제1변(一變)이다.

이렇게 해서 생긴 5 또는 9를 따로 놓고 나머지 점대로 앞서와 같이 4영(四營)을 되풀이한다. 손가락 사이에 낀 점대는 4 아니면 8이 되리라. 이것이 제2변(二變)이다.

제2변에서 얻은 점대를 따로 내놓고 다시 되풀이하면 이번에도 손가락 사이에 낀 점대는 4 또는 8이 되리라. 이것이 제3변(三變)이다.

이렇게 하여 세 번 되풀이하여 얻은 점대를 합하면 그 수는 25, 21, 17, 13 중 어느 하나일 텐데 이것을 태극을 제외한 점대의 수 49에서 빼면 24, 28, 32, 36 중 어느 하나일 것이다. 이것을 4로 나누어 얻은 수가 6이면 노음(老陰)이고 7이면 소양(少陽), 8이면 소음(少陰)이고 9면 노음(老陽)이 되어 사상(四象) 즉 초효(初爻)가 된다. 이렇게 여섯 개의 효(爻)를 얻으려면 열여덟 번을 되풀이해야 비로소 대성괘(大成卦)가 이루어진다. 이 대성괘가 변효(變爻)인데 이것은 다시 양은 음으로 음은 양으로 변한다. 이것이 지괘(地卦)이며 현재의 명운이 장차 어떻게 변하는지 점칠 수 있는 괘다.

노대신은 반 시진을 족히 소모하고 나서야 열여덟 번을 되풀이하여 어렵사리 괘를 얻을 수 있었다. 허 허! 이럴 수가……그는 조금은 낭패한 표정으로 괘를 살폈다. 이(離)괘가 아래쪽에, 곤(坤)괘가 위쪽에 자리를 잡았다. 이른바 이하곤상(離下坤上). 이를 두고 〈역〉은 지화명이(地火明夷)라고 이른다. 64괘 가운데 36번째가 명이(明夷)괘다.

〈역〉에서는 곤(坤)을 일러 땅, 어머니, 베[布], 가마솥, 인색, 균일한 것, 새끼 있는 어미 소, 큰 수레, 글, 무리[衆], 자루[柄]라 하고 그 땅에 있어서는 검은 것이라고 했다. 이(離)에 대해서는 불[火], 해, 번개, 가운데 딸, 갑주, 병장기라 했다. 또한 사람으로 말하면 큰 배[腹]요……, 나무로 말한다면 속이 비어 마른 것[21] 이라고 했다. 명이의 괘는 이(離)의 불이 아래에 있고 곤(坤)의 땅이 위에 있어 해가 땅으로 들어가 밝은 것이 상처입는 것을 나타낸 형상이다. 언뜻 생각해도 불을 상징하는 것이 아래에 있고, 땅을 상징하는 것이 위에 있으니 흉하게 볼만도 하다.

하지만 흉하다고 계속 흉한 것이 아니요, 길하다고 한결같이 길한 것만은 아니다. 이것은 〈역〉이 가르쳐주는 참으로 깊은 울림이었다. 하늘과 땅의 만물은 모두 양과 음으로 이루어져 있고 음양은 언제나 변화하고 변화되어 가는 것, 이것이 그가 이해한 〈역〉의 원리였다. 일음일양(一陰一陽)을 일컬어 바로 도(道)[22]라고 하지 않던가. 길흉화복인들 어찌 변하지 않겠는가? 칠순을 넘긴지도 이태, 그가 깨달은 삶의 이치란 그리 복잡하지 않았다. 차면 기울고, 모자라면 채워지는 게 삶이었다. 그래서 비관할 일도 없지만 교만부릴 일도 없었다.

열 몇 살서부터 하루도 거르지 않고 읽은 〈역경〉이었다. 어느 한 구절

---

22)〈주역〉 계사전(繫辭傳) 상(上) 5장, 一陰一陽謂之道

인들 머릿속에 박혀있지 않은 것이 없지만 노대신은 손때 묻은 책을 조심스럽게 꺼낸다. 등잔불을 가까이 부른 다음 단정히 자리에 앉아 지화명이 괘의 경문을 읽기 시작한다. 가로로 실눈을 해도 글자는 쉬 눈 안으로 들어오지 않는다.

> 명이(明夷)는 어려움을 당했을 때 바로 하는 게 이롭다는 것이다[明夷 利艱貞]
> 단(彖)에 이르기를 밝은 것이 땅속으로 들어가는 것이 명이다. 안으로는 문명(文明)하고 밖으로는 유순해서 크게 어려운 일을 당하는 것으로 문왕(文王)이 이와 같았다[彖曰 明入地中 明夷, 內文明而外柔順 以蒙大難 文王 以之]. 어려움을 당하여 바르게 하는 것이 이롭다고 한 것은 그 밝음을 어둡게 하는 것이다. 안으로는 어렵지만 능히 그 뜻을 바르게 하는 것으로 기자(箕子)가 이와 같았다[利艱貞 晦其明也 內難而能正其志 箕子 以之]
> 상(象)에 이르기를 밝은 것이 땅속으로 들어감이 명이(明夷)다. 군자는 이를 응용해서 무리에 임하여 어둠을 밝게 하는 것이다[象曰 明入地中 明夷 君子 以 莅衆 用晦而明]

〈역〉이 흥한 시대는 은나라(기원전1600~기원전1046)의 덕이 쇠하고 주나라(기원전1046~기원전771)의 덕이 성해질 때였다. 또 문왕이 은나라 주왕(紂王)의 흉포한 일을 당할 때[23]였다. 명이 괘는 은·주 교체기의 백이숙제(伯夷叔齊), 주나라 문왕과 그 아들 무왕(武王), 은나라 미자(微子)와 기자와 비간(比干), 그리고 주왕이라는 인물들의 행적을 극히 상징적으로 묘사한다. 자잘하면서도 긴 역사적 사건을 음양이 섞인 여섯 개의

---

23) 〈주역〉 계사전 하(下) 11장

효로 단순화시키다 보니 어려울 수밖에 없고, 이를 다시 푸는 작업 역시 점을 치는 것처럼 막연한 노릇일 수밖에 없다. 〈역〉을 만든 성인은 왜 문자 대신 괘라는 상징을 선택했을까? 진작부터 문자가 가진 한계를 알았기 때문일 것이다. 그래서 공자께서는 이렇게 말하지 않았던가.

　　문자로는 말을 다 표현할 수 없고, 말로는 마음속의 뜻을 다 표현할 수 없다. 그렇다면 성인의 뜻을 알 수 없는 것인가? 아니다. 그래서 성인은 상징을 세워 자신의 뜻을 완전하게 표현했고, 괘를 만들어 자신의 진정(眞情)과 거짓을 다 나타냈으며, 괘 효에 사(辭)를 붙여서 그 언어를 다 표현했다. 괘효의 변통(變通)으로 그 이로움을 드러냈고, 분발·고무(鼓舞)시켜서 그 신명을 모두 알게 한 것이다[子曰 書不盡言 言不盡意 然則聖人之意 其不可見乎 子曰 聖人立象以盡意 設卦以盡情僞 繫辭焉以盡其言 變而通之以盡利 鼓之舞之以盡神][24]

　　그럼에도, 아니 그렇기 때문에 〈역〉은 어렵다. 하여 많은 현자들이 저마다 주해(註解)를 달았는지도 모를 일이다.

　　초구(初九=맨 아랫자리의 양효)는 어두운 때에 새가 날다가 그 날개를 (상해서)늘어뜨린 것이다[初九 明夷于飛 垂其翼]. 군자가 길을 가다가 사흘을 먹지 못했는데 갈 곳이 있으면 주인이 말이 있을 것이다[君子于行 三日不食 有攸往 主人 有言]
　　상(象)에 이르기를 군자가 길을 간다라고 한 것은 의(義)다. 먹지 않는 것이다 [象曰 君子于行 義 不食也]

---

24) 〈주역〉 계사전 상 12장

여기쯤에서 노대신은 천정을 응시했다. 명이의 이 초구는 〈역〉을 처음 접했을 때만 해도 요령부득이었다. 훗날 그는 이렇게 이해했고 후학들에게도 그리 전했다.

어두운 명이의 시대에 의로운 군자는 사흘을 굶더라도 의롭지 않은 녹을 먹지 않는 것이다. 어두운 시대에 무엇을 굳이 해보려고 한다면 군주의 말이 어둡더라도 따라야 할 것이다. 명이의 시대에는 총명을 숨기고 겉으로 드러내지 않는 것이 현명하기 때문이다. 그렇지 않으면 굶더라도 의를 따라야 한다. 백이숙제(伯夷叔齊)[25]가 그러 했듯이……

지금 생각해도 참으로 모순되는 말인즉, 부끄럽다기보다 답답했다고 해야 할까? 태사공은 그가 지은 책의 열전에 백이숙제를 맨 앞에 올려놓고 이런 말을 했다.

혹자는 천도(天道)가 사사로움이 없어 언제나 선인(善人)을 편든다고 말하지만, 백이숙제 같으면 선한 사람이라고 할 수 있는 것 아닌가. 이처럼 인덕을 쌓고 행실이 고결했는데도 굶어 죽었다……[26]

'과연 천도가 있기는 한 것인가?' 태사공은 이런 말을 쓰지는 않았으나 분명 이런 뜻을 행간에 감추고 있다. 날건달처럼 굴어 발피(潑皮)라는 별호를 얻은 영릉(永陵)[27]의 재위 시절, 명색이 간관(諫官)으로 있으면서 간쟁도 죽음도 선택할 수 없어 좌절과 굴욕을 겪으며 괴로워하던

25) 명이괘 초구효가 백이숙제(伯夷叔齊)의 고사라는 점은 김석진(金碩鎭) 〈대산 주역강의(2)〉의 관점을 취한 것이다. 김석진, 〈대산 주역강의(2)〉, 한길사, 2009, 103~104면
26) 사마천(司馬遷), 〈사기(史記)〉, 백이숙제전, 或曰 天道無親 常與善人 若伯夷叔齊 可謂善人者非邪 積仁絜行如此而餓死…

때가 있었다. 날마다 술에 곤죽이 되어 머리칼만 희어졌다. 좌절과 굴욕의 흙탕물을 건너던 시절, 〈역경〉은 작은 위안이 되곤 했다. 당시 그에게 백이숙제는 너무나 까마득해서 도무지 자신이 도달할 수 없는 먼 곳의 존재였으므로 자신을 위축시키기에 족했다. 하지만 '백이숙제는 구악(舊惡)을 염두에 두지 않았다……'[28]라는 공자의 말씀에 더하여 백이숙제가 먹은 수양산 고사리가 어느 나라 풀이었을까?를 생각하면 그런 위축감이 조금은 풀렸다. 노대신은 다시 책장에 눈길을 주었다. 경문이 이어졌다.

　　육이(六二=밑에서부터 두 번째에 있는 음효)는 어두운 때에 왼쪽 다리를 상한 것이다. (보행이 어렵지만) 구원하는 말이 건장하다면 길할 것이다[六二 明夷 夷于左股 用拯馬 壯 吉]
　　상(象)에 이르되 육이가 길하다고 한 것은 하늘의 법칙에 순응했기 때문이다 [象曰 六二之吉 順以則也]

　　이 효를 주나라의 문왕이 유리(羑里)에 갇혔다가 다시 일어난 것으로 보자면 문왕을 구원하는 증마(拯馬), 곧 건장한 말은 누구일까? 문왕의 아들들 무왕이나 주공(周公)일 수도 있고, 문왕이 얻은 강태공(姜太公)일 수도 있지 않을까? 어쨌든 문왕은 큰 자식 백읍고(伯邑考)의 살점을 먹어가며 64괘를 만들고 유리생활 7년을 견딘 후 다시 살아났단다.

---

27) 고려 제28대 충혜왕(忠惠王 · 1315~1344)
28) 〈논어〉, 공야장(公冶長)편, 子曰伯夷叔齊 不念舊惡 怨是用希

구삼(九三=밑에서부터 세 번째에 있는 양효)은 어두운 때에 남쪽으로 사냥 나가 그 우두머리를 잡은 것이다. 신속히 바르게 하지는 못할 것이다[九三 明夷 于南狩 得其大首 不可疾貞]

상(象)에 이르기를 남쪽으로 사냥 나간 뜻을 곧 크게 얻은 것이다[象曰 南狩 之志 乃大得也]

문왕을 이은 무왕이 목야(牧野)의 전투에서 은나라 주왕(紂王)을 이긴 사실을 이렇게 표현했을 것이다. 그렇다면 불가질정(不可疾貞)이 무엇인가? 너무 빨리 세상을 바르게 하려는 것도 바람직하지 않다는 경고에 다름 아닐 것이다. 문왕은 주나라의 기초를 다졌지만 은나라를 멸하지는 않았다. 그런데 아들 무왕은 은나라를 멸하고 주왕을 녹대에서 자살케 했다. 무왕은 주나라를 세운지 세 해만에 죽는다. 노대신은 깊은 숨을 내쉬며 다시 책 속으로 빠졌다. 일렁이는 등잔불이 벽에 걸린 그림자를 흔든다.

육사(六四=밑에서부터 네 번째에 있는 음효)는 왼쪽 배로 들어감이니 명이의 마음을 얻어 문정(門庭)에 나간 것이다[六四 入于左腹 獲明夷之心 于出門庭]

상(象)에 이르기를 왼쪽 배로 들어간다고 한 것은 마음의 뜻을 얻은 것이다 [象曰 入于左腹 獲心意也]

주자(朱子)는 이 육사 효의 뜻이 미상하다고 주장했다지만 참으로 오래 전, 좌복(左腹)이 은나라의 폭군 주왕과 그의 이복형 미자(微子)가 한 집안임을 표시한 것이며, 심복하여 마음을 얻었다는 의미로도 본다고 말한 것은 이재(彝齋)선생[29]이었다. 그렇게 이해하자 뜻은 명료해졌다. 〈

논어〉미자 편이나 〈사기〉 송(宋)미자 세가에 나온 대로 기자와 비간과 미자 등 삼인(三仁)은 주왕의 폭정을 간하다가 기자는 종이 되고 비간 은 살해되었으며 미자는 떠났다.

"부자는 골육으로, 군신은 의리로 맺어진 관계다. 아비가 허물이 있으면 아들은 계속 간(諫)해야 하고 그래도 듣지 않으면 마땅히 그 뒤를 따를 수밖에 없지만, 신하는 세 번 간해도 임금이 듣지 않으면 의를 좇아 그 곁을 떠날 수밖에 없다."

이렇게 말한 미자는 종묘의 제기(祭器)를 빼돌려 주나라로 도망갔다. 대저 종사를 보존하기 위함이었다. 획명이지심(獲明夷之心)은 주왕의 신임을 얻었다는 의미요, 우출문정(于出門庭)은 집안인 은나라를 떠나 주나라로 갔다는 뜻이다.

이재선생이 이런 말씀을 하실 때 그 분의 연세는 이미 고희가 훨씬 지나 있었다. 그리고 이듬해에 떠나셨다. 노대신의 눈가에 이슬이 맺힌다. 그때 그의 나이는 스물이었다. 이재선생 떠나신지 49년이 지난 다음 군이 그 분의 행장을 지은 것도 이런 작은 인연 때문이었을 게다. 그의 눈가는 아예 빨갛게 부풀고 있었다.

육오(六五=밑에서부터 다섯 번째에 있는 음효)는 기자의 명이(明夷)다. 바르게 함이 이로운 것이다[六五 箕子之明夷 利貞]

상(象)에 이르기를 기자의 바름은 밝은 것이 쉬지 않는다는 것이다[象曰 箕子之貞 明不可息也]

---

29) 백이정(白頤正 · 1247~1323): 고려후기의 문신 · 유학자, 호는 이재

육오는 지극히 어두운 땅에 있는 형상이다. 상육(上六)의 암군(暗君)과 가까이 있어 능히 그 마음을 바로잡는다는 것으로서 기자의 상이라고 했다. 바르게 함이 이롭다고 한 것은 경계의 말이다. 그랬지. 숙부인 기자의 충간을 주왕이 듣지 않자 어떤 사람이 기자에게 나라를 떠나라고 충고했다. 하지만 그는 무도한 임금이지만 떠날 수 없다며 거절한다.

"신하된 자가 군주를 위해 간언하다가 군주가 듣지 않는다고 그 곁을 떠나버리면 이것은 군주의 악행을 드러내고 자기 백성들의 환심이나 사려는 짓이 된다. 나는 차마 그렇게 하지 못하겠다."

육오가 떠나지 않고 계속 간(諫)하는 기자의 상이라면 그 위의 상육은 어두운 군주 주왕일 것이다. 걸(桀)과 함께 폭군으로 널리 알려진 주왕의 악행은 비간의 심장을 꺼내는데서 절정을 이룬다. 기자가 간언을 하다가 종이 된 것을 보고 비간은 말한다.

"군주가 죄를 짓고 있는데 목숨을 걸고 간쟁하지 않는다면 백성들이 피해를 입게 된다. 백성들이 무슨 죄란 말인가!"

그래서 주왕에게 달려가 간언을 하자 주왕은 크게 노해서 말했다.

"내가 듣기에 성인의 심장에는 일곱 개의 구멍이 있다고 하던데 그것이 사실인지 내가 봐야겠다."

주왕은 숙부 비간을 죽이고 그의 심장을 꺼내보았다.

이재선생을 모시고 성리학(性理學)을 궁구하던 때 누군가가 주춤주춤, 이 삼인(三仁) 가운데 어느 인(仁)이 가장 필요한 인인지요? 라고 물었던 것 같다. 그러자 이재선생의 답은 간단하고도 명쾌했다.

"셋 다 필요하지!"

노대신은 눈가에 묻은 이슬을 훔쳐내고 다시 경문에 시선을 주었다.

상육(上六=가장 위에 있는 음효)은 밝지 아니하여 어두운 것이다. 처음에는 하늘로 오르고 나중에는 땅으로 들어갔다[上六 不明 晦 初登于天 後入于地]

상(象)에 이르기를 처음에는 하늘로 올랐다고 한 것은 사방을 비추는 것이요, 뒤에는 땅으로 들어갔다고 한 것은 법도를 잃은 것이다[象曰 初登于天 照四國也 後入于地 失則也][30]

이 상육은 곤(坤)의 극지에 있어 그 덕을 쓰지 못하고 어두운 곳에 이르렀다. 처음에는 높은 자리에 있어 남의 밝은 것을 상하게 하고 뒤에는 반드시 스스로 상처받는데 이르러 그 밝음을 실추시킨다. 그 상(象)이 이와 같고 점괘의 뜻도 그 안에 포함돼 있다.

은나라 주왕은 준수한 외모와 우수한 재능, 뛰어난 언변에다 맨손으로 맹수를 잡는 용력까지 있었다. 군사적 재능도 뛰어나 전쟁에서 여러 번 이겼다. 하지만 신하들의 충간을 멀리하고 향락에 빠져 결국에는 자신과 나라를 망쳤다.

무릇 명이(明夷)의 괘는 해가 땅으로 들어가 밝은 것이 상처 입는 것을 나타내는 상징이다. 그래서 명이인 것이다. 상육 효는 어둠의 주체가 되어 육오에 가까운 것이다.

3. 상경

지화명이의 경문을 다 읽어갈 무렵 노대신은 문득 임금이 계신 경사로 다시 올라가야 할지도 모른다는 불길한 예감 같은 걸 느꼈다. 그까짓

---

30) 〈주역〉 하경(下經), 지화명이(地火明夷), 본서의 〈주역〉 괘 해석은 양학형(梁鶴馨) 해역(解譯), 자유문고 간(刊), 〈주역〉(1994) 경문을 주로 참고하고 여기에 첨삭을 가한 것이다.

한 자락 꿈 때문에 그 먼 길을 다시 가랴 싶으면서도 왠지 불안하고 찜찜한 느낌을 떨쳐버릴 수가 없었다. 만에 하나 임금에게 무슨 불상사가 생겼다면? 아니, 그럴 리가 없지. 보령(寶齡) 이제 마흔 다섯인데 무슨 일이 있겠는가. 노대신은 순간마다 걱정과 안심이 교차하는 걸 느끼며 방문을 밀쳤다.

아직은 미명, 마당에는 새벽기운이 어둠과 팽팽히 맞서고 있었다. 이제 곧 햇살이 쏟아지면 어둠은 물러 갈 것이다. 그러고 보니 오늘이 벌써 을유일이다. 그는 호흡을 깊게 한번 가다듬으며 평정심을 유지하려고 애썼다. 목안에 괸 가래를 뱉어내고 노복을 부른다.

"게 누구 있느냐?"

"……"

대답이 없다.

"게 누구 있느냐?"

"……"

여전히 답이 없다. 너무 이른 시간인지도 모르지만 종놈의 대꾸가 없으니 괜스레 다급해지는 기분이 들어 다시 한 번 날을 세워 불러본다.

"게, 누구 없느냐?"

이번에는 대답이 있다. 젊은 것들이어도 아직은 새벽이라 몸이 곤한 모양이다.

"예, 천동이 대령이옵니다."

급히 달려온 듯 숨찬 목소리가 문 앞에 선다. 천동이는 십 수 년 전 경상도 땅을 휩쓴 기해(己亥) 흉년에 아비를 잃고, 지동이란 아우와 누이에 어미까지 네 식구가 유리걸식하며 이 고을로 흘러들었다고 한다. 평해에 있는 노대신의 처가 쪽과 어찌어찌 연이 닿아서 노대신 집의 솔

거노비로 지낸지가 십년이다. 보아하니 어느 부곡에서 몸을 뺀 듯 했지만 굳이 따질 계제는 아니었다. 틈틈이 다니러오는 노대신 내외의 끼니나 챙겨주고 노대신의 전답 대부분을 그들 식구가 영농하면서 양인(良人)처럼 살아왔다. 한 3~4년 전 자식들에게 전장(田庄)이며 노비 일체를 분급한 이래 노대신 내외가 잉량화 앞들의 상등 전답 두어 결을 천동이네와 함께 경작하며 호구하고 있는 셈이다.

"노마님 기침하셨느냐?"

"예, 아직……"

"흐음, 그래? 그러면 오늘은 아침상을 좀 일찍 들이도록 하고……너는 아침을 먹고 큰 집과 둘째 집에 차례대로 가서 젊은 서방과 둘째 보고 조반 마치는 대로 이리 좀 들라 일러라!"

분부를 마친 노대신은 다시 한 번 엊저녁의 악몽을 떠올리고 표정을 일그러뜨리며 천동이를 내려다본다.

"예, 그리 하겠사옵니다."

주인의 일그러진 표정 때문인지 천동이 녀석은 뒤도 돌아보지 않고 삽짝으로 뛰어간다. 큰 손자와 둘째 아들을 부르고 보니 새삼 큰 아들의 얼굴이 그립다. 갑오년이니 금상 재위 3년째였을 게다. 그해 여름 7월, 원나라는 장강(長江) 일대에서 일어난 장사성(張士誠)[31]과 염부들의 난을 평정하기 위해 우리 고려에 원군을 요청했다. 유탁(柳濯)과 염제신(廉悌臣)을 비롯한 마흔 여 명의 장수가 2천 여 명의 군사를 이끌고 원으로 갔다. 임금은 영빈관에 거둥하여 친히 이들을 사열하여 보냈다.

그런데 나중에 듣자 하니, 원나라 태사 탈탈(脫脫)이 군사를 거느리고

---

31) 장사성(張士誠 · 1321~1367): 중국 원나라 말기의 반란군 지도자

고우성(高郵城)을 공격할 때 유탁 등 정벌에 나간 우리 장수와 사졸, 연경에 있는 고려사람 등 총 2만3천 명을 선봉으로 삼았다고 한다. 그러나 고려 사람들이 공 세우는 걸 시기한 자들의 방해로 크게 이기지 못하고 육합성(六合城)을 함락시키는데 그쳤으며, 회안로(淮安路)로 이동하여 적을 막았다는 것이다. 이 싸움에서 이권(李權)·최원(崔源) 등 여섯 사람이 죽고, 최영(崔瑩)은 힘껏 싸우다가 몸에 두어 군데 큰 상처를 입었다[32]고 한다. 노대신의 장남 선(瑄)이 꺾인 것이 이때였다. 갑오년 동짓달이다. 나이는 서른 즈음에 좌우위 보승 별장(別將)이었다. 승(昇)과 희(希)라는 아이 둘을 남겼을 뿐, 시신은 돌아오지 못했다.

별장의 아비 되는 자신도 그러했지만 별장의 어미와 그의 처는 망자에 대한 애끓는 정을 쉬 끊어내지 못했다. 그러나 무엇보다 가장 딱한 것은 별장의 조부모들이었다. 이미 팔순이 가까운 그들은 손자의 이름을 애타게 부르다가 두 해 걸이로 세상을 하직했다. 집안이 풍비박산 나는 형국이었다.

이때부터 별장의 어미와 별장의 동생 진(晉)은 불도(佛道)를 찾기 시작했다. 남편과 아비가 그토록 경계하는 공리화복(功利禍福)의 길을 그들은 스스로 찾아 가고자 했다. 특히 둘째는 형의 죽음이 가져온 충격을 스스로 제어하기 어려웠던지 이름조차 진(瑨)으로 바꾸어버렸다. 20대 특유의 감수성 때문이겠지만 瑄과 晉보다는 瑄과 瑨이 형을 더 가까이 느낄 수 있다고 믿은 건지도 모른다. 그리고 또 하나 기막힌 것은 3~4년 뒤 무술년에 아원혜(牙元慧)[33]가 원나라에서 귀국한 뒤부터 그

---

32) 〈고려사절요〉, 공민왕 3년(1354) 11월조
33) 혜근(惠勤 · 1320~1376): 고려후기의 승려. 나옹(懶翁)화상. 1358년(공민왕7 · 무술년)에 귀국했다.

와 가끔씩 교류하는 듯한 행적이었다. 원혜가 어릴 때 살던 불모골은 잉량화 마을에서 고갯마루 하나만 넘으면 쉬 오갈 수 있는 거리였다. 어릴 때부터 아는 사이긴 하지만 나이는 진보다 원혜가 위였는데 둘은 나이를 뛰어넘어 친동기간처럼 지냈다. 나이로 보자면 오히려 진의 형인 선과 원혜가 더 가까울 법했지만 그렇지 않았다.

아무튼 그 무렵 노대신은 장성한 아들과 연로한 부모님을 거의 동시에 여의면서 스스로가 흔들리고 있다는 걸 느꼈다. 도가(道家)의 허무와 불가의 적멸(寂滅)도 일리가 있는지 모른다고 생각한 적이 있을 정도로. 이런 아찔한 경계로까지 내몰린 자신을 발견하는 것은 놀라운 경험이었다. 소스라치게 놀라 스스로를 책망하면서 요순(堯舜)과 육경(六經)의 길을 다잡은 것이 몇 번이던가. 흔들리는 노대신을 부축하고 일깨워 준 것은 익재(益齋)선생[34]이나 이중권(李仲權)[35]같은 선후배들이었다. 특히 익재선생은 노대신이 등과할 때의 좌주(座主)로서 인생과 환로의 구비 구비마다 충고와 격려를 아끼지 않은 고마운 스승이다. 참으로 대인다운 풍모로 모두의 흠모를 받던 분, 꼭 7년 전 정미년 가을 스승은 떠났다. 익재선생 가시던 날, 문하생으로서 살아있는 이는 겨우 두셋이었다. 그나마 다들 지방에 나가 있어 노대신은 혼자서 선생의 상여 줄을 잡고 통곡했다. 어버이를 잃었을 때의 심정과 다름없었다.

큰 아들 선을 잃은 데다 둘째인 진마저 불도에 기우는 현실이 가슴 아파 하소연이라도 할라치면 선생은 이렇게 말씀하셨다.

---

34) 이제현(李齊賢 · 1287~1367): 고려후기의 학자 · 정치가. 호는 익재

35) 이달충(李達衷 · 1309~1384): 고려 말의 유학자 · 문신. 자는 중권. 호는 제정霽亭). 이제현의 당질

36) 권단(權㫜 · 1228~1311): 고려후기의 문신. 호는 몽암거사(夢巖居士). 시호는 문청

"어쩔 수 없다네…… 우리 처갓집의 문청공(文淸公)[36]을 보게나. 아들·손자 그득하게 두신 분이 뭐가 모자라 노년 삭발을 하셨겠나? 그것도 아드님 몰래 말이야. 스스로가 좋은 건 어쩔 수가 없는 노릇이지. 그 아드님 국재(菊齋)[37]어른이 울면서 하소연하자 허허허 웃으시며, 네가 운다고 내 머리칼과 수염이 다시 붙겠냐면서 기어이 절로 가시지 않았나? 우리 집 체원(體元)[38] 형님은 또 어떻고? 소싯적 출가할 때 아버님이 그렇게 말리셨는데도 기어이 입산했다지 않는가? 진이 그 녀석도 스스로의 괴로움이 있으니까 그런 거니 그냥 내버려두게나……아들 녀석은 그렇게 하도록 두고, 자네는 나하고 우리 중권이와 함께 국사(國史)나 만들도록 하세."

아들 잃은 슬픔을 딛고 부모의 3년 상을 연거푸 마친 노대신은 마침내 국사편찬에 참여함으로써 차츰 현실로 돌아올 수 있었다. 노익장을 과시한 익재선생은 무려 태조(太祖)조부터 숙종(肅宗)조까지의 역사를 썼다. 노대신은 겨우 예종(睿宗)과 인종(仁宗) 2대의 역사를 썼고, 중권은 그나마 손도 못 대고 있었다. 그 무렵 기초 작업을 마친 원고들은 몇 년 뒤 홍건적이 경성을 유린할 때 모두 없어지고 말았다.

일찍이 과거 급제 전 노대신은 당대의 학자요, 해박한 지식의 소유자였던 국재선생 문하에서 성리학을 공부할 수 있는 은혜를 입었다. 그의 나이 열다섯일 때다. 국재선생은 주자의 〈사서집주(四書集註)〉를 간행케 함으로써 고려의 성리학 보급에 크게 기여한 인물로 기억되거니와 그런

---

37) 권부(權溥 · 1262~1346): 고려후기의 문신 · 학자. 호는 국재. 권단의 아들, 이제현의 장인

38) 체원(體元 · ?~?): 고려후기의 승려. 법호는 목암(木庵). 이제현의 중형으로 알려져 있다. 〈고려사〉 열전 이진(李瑱 · 이제현의 父) 전에는 이진의 아들로 이관(李縮), 이제현, 이지정(李之正)의 이름만 보인다.

분도 당신 아버지의 출가를 막지는 못했다. 국재선생 부자의 이 기이한 일화가 자신과 다른 길을 가는 아들을 둔 노대신에게는 작은 위안이 되기는 했다.

노대신은 자신과 아들 사이에 뭔가 타협점을 찾기는 찾아야 했다. 나 죽은 뒤에는 모르지만 내 살아있는 동안만큼은 불도를 가까이 말아라! 나 죽은 뒤 불도를 가까이 하더라도 삭발출가는 말아라! 노대신이 둘째 아들에게 내린 엄명이자 타협점이었다. 아버지의 명이 워낙 엄중해서겠지만 둘째 아들 진은 아비의 제안을 기꺼이 수용했다. 뿐만 아니라 그 몇 해 후 홍건적이 경성을 도륙하고 노략질할 때 아버지의 명에 따라 총병관 정세운(鄭世雲)의 좌병(佐兵)이 되어[39] 서울을 수복하는데 공을 세웠다. 이때 진이 세운 군공을 정세운은 꼬박꼬박 기록을 했다는데 개선(凱旋)도 하기 전에 정세운의 목이 달아나면서 물거품이 돼버렸다. 돌아보면 까마득하게 먼 옛 일이다.

노대신이 헝클어진 옛 기억과 어젯밤의 악몽 사이를 오가는 동안 해는 벌써 동산에 걸려 있었다. 그 사이 어느 땐가 천동이 녀석이 아침상을 들고 와 소리 없이 문 앞에 놓고 사라진 듯싶었다. 국그릇의 온기가 식어가고 있었다. 밥 한술을 뜨려는 순간 갓 스물 몇의 큰 손자와 40대 중반의 둘째아들이 거의 동시에 방으로 들어선다. 제 아비를 닮아 또렷한 이목구비의 손자를 보는 순간 다시 가슴이 저려온다. 숟가락을 놓았다.

"할아버지! 안녕히 주무셨어요?"

"그래, 너희도 잘 잤느냐?"

---

39) 권근(權近), 〈양촌집(陽村集)〉 권21, 사재소감 박강(朴强)전

"아버지?……"

아들은 대뜸 무슨 일이냐고 물으려다 그만 두는 표정이다. 노대신은 혀끝을 타고 나오려는 어젯밤 꿈 얘기를 도로 밀어 넣었다. 다만 경사로 가야할 일이 생겼으니 말과 의복 등의 채비를 차리되 출발은 다시 날짜를 정해주겠다는 것, 동행할 사람은 너희 둘과 각 집의 노복 하나씩이란 것 등이었다. 이렇게 되면 주인 셋에 노복 셋 등 모두 여섯 사람이 길을 떠나야 할 참이다. 무슨 일 때문이냐고 물을 법도 했지만 둘째는 짐짓 심각한 표정으로 입술을 깨물 뿐 더 이상 캐묻지 않았다. 아버지의 얼굴에서 심상치 않은 무엇을 읽었는지도 모를 일이다. 제 형과 달리 제법 문무를 겸전한 둘째에게 벼슬을 그만 두고 귀향하라는 명을 내린 것은 편조의 권세가 한창 기승을 부려 유순부가 죽던 그 이듬해였다. 그는 두말없이 아비의 명을 따라 낙향한 이래 영해에서만 죽 살고 있다.

그들이 물러간 뒤 노대신은 아무래도 부인에게만은 경사로 가야하는 까닭을 조금은 일러둘 필요가 있다고 느낀다. 보인당의 사립문을 나와 안채로 들어서자 아들과 손자 녀석이 얼른 노대신을 맞는다. 그들은 아비와 할아비를 만난 다음 곧바로 제 어미와 할미의 방으로 온 것이 분명했다.

"부인, 이미 들으셨겠지만 조만간 경사에를 한번 다녀와야겠소."

거두절미하고 용건부터 말하고 보는 것이다. 스물이 채 안된 나이에 노대신과 혼인한 황씨였다. 그런 식의 말투에 익숙한 듯 상대방의 얼굴을 멀건이 쳐다보다가 지나가는 말처럼 묻는다.

"무슨 분부라도 받으셨나요? 전하께서 찾으신다는……"

황씨는 알겠다는 투로 말했지만 노대신은 고개를 가로로 저었다.

"아니외다. 그런 건 아니고, 그냥 꿈자리가 하도 뒤숭숭해서 어려운 걸음인줄 알지만 금년 가기 전에 한번 다녀올 작정이오."

"아직은 동절기가 아니지만 곧 추위가 닥칠 텐데……괜찮으시겠어요?"

"아이들이 동행하지 않소. 무슨 일이야 있겠소."

"그러시지요, 뭐. 그럼 저는 평해에나 한번 다녀오렵니다. 친정 가본지가 하 오래돼서."

부인의 입에서 친정이란 말이 나오자 그 옛날 혼인하던 때의 기억이 새롭다. 참 고운 얼굴이었는데, 큰 아들 먼저 보내고 나서 가꾸는 법 없이 살더니 이젠 영락없는 노파의 외양이다. 가슴 아린 일이었다.

"그러세요. 날 추워지기 전에 다녀오시는 게 좋겠소."

말을 마친 노대신은 끙, 하면서 자리를 털고 일어섰다. 이제 날 잡아 떠나면 될 일이다.

경상도 영해부에서 당시의 경사인 개경(개성)까지는 약 천리 길이었다. 이 무렵 개경 이남의 경우 개경에서 동경(경주)까지를 잇는 길이 가장 중요했는데, 여기에는 대체로 세 갈래 길이 있었다. 우선 제1로는 개경·청교역(개성 남쪽)·양주·평구(남양주)·원주·단양·죽령·복주(안동)·영천·동경이었다. 제2로는 개경·청교역·남경(한양)·광주(廣州)·이천·충주·계립령·문경·상주·해평(구미 선산)·대구·동경이었다. 제3로는 개경·청교역·남경·용인·양지(용인 내사)·죽산(안성 이죽)을 거쳐 충주에서 제2로와 합쳐졌다. 개경을 오갈 때 반드시 지나게 되는 청교역도(靑郊驛道)는 오늘날의 장단·파주·고양·양주로 이어지는 길이다. 여기에 속한 역으로는 청교역을 비롯해서 통파(경기 장단), 청파(서울 청파동) 등 다수가 있었다.

이 세 갈래 길 가운데서도 제1로와 제2로, 특히 제2로가 더욱 중요했고 많은 사람들이 이 길을 이용했다. 영해에서 가자면 제1로가 그 중 가까울 수 있지만 백두대간의 험준한 대재[竹嶺]를 비롯해서 크고 작은 고개를 여러 번 넘어야 하는 애로가 있었다. 노인이란 점을 감안했을 때 노대신 일행은 제2로를 선택할 수밖에 없었다. 물론 여기에도 계립령(鷄立嶺)이란 고개가 있기는 하지만 이 고개는 이미 1천2백여 년 전인 신라 아달라왕 3년(156)에 개통되었다. 그만큼 많은 사람들이 오갔다는 얘기고 역참(驛站) 등의 시설도 잘 갖추어져 있다는 말이 된다. 노대신 일행이 선택한 길은 비교적 평탄한 길인 셈이다. 동경까지 갈 것도 없이 남으로 조금 내려가 영덕이나 청하쯤에서 서쪽 길로 접어들어 계속 가면 해평이 나오고 거기서 낙동강을 건너면 일선(一善·선산)이다. 일선에서 다시 서북쪽을 타고 오르면 상주가 될 것이다.

노대신 일행이 영해를 떠난 것은 갑인년(공민왕 23) 9월 스무 아흐레, 신묘일이었다. 그 끔찍한 꿈을 꾼 날로부터 이레 후가 된다. 서기로 치면 1374년 9월29일, 물론 음력이다. 노대신의 이름은 백문보(白文寶·1303~1374), 호는 담암(淡庵)이다. 이제 그가 살았던 길을 따라가 본다.

2.
담암의 선조와 가계

1. 이름에 얽힌 설화

담암(淡庵) 백문보(白文寶)의 자(字)는 화보(和父)[1], 호는 담암 또는 동재(動齋)이다. 1303년(충렬왕 29·계묘) 외가가 있는 경상도 영해부 거무역에서 태어났다. 담암의 아버지는 충청도 직산현 출신이지만 당시의 풍습대로 어머니의 친정에서 출산한 것으로 여겨진다. 아버지는 낭장(郎將)·승평부사(昇平府使) 등을 지낸 백견(白堅)이고 어머니는 좌복야(左僕射)를 지낸 영해박씨(寧海朴氏) 박감(朴瑊)의 딸이다. 담암의 형제는 2남1녀인데 손위로 보이는 1녀는 고려의 왕성인 왕세흥(王世興)에게 출가했고 동생의 이름은 백문질(白文質)이었다.

하나의 인물이 태어나기 위해서는 천지음양의 기운이 순정(純正)하게 모아져야 한다는 소박한 인식의 반영이겠지만 많은 위인·영웅들의 탄

---

[1] '父'자를 자(字·성인남자의 美稱)에 사용할 때는 '甫(보)'와 같다고 한다. 〈예기〉 곡례 하(下)에 …臨諸侯 畛於鬼神曰 有天王某甫[(천자가 순수(巡狩)하다가)…제후의 나라에 가서 산천의 귀신에게 제사지낼 때 축문에 천왕(天王) 아무개 보(甫)라고 일컫는다]라는 구절이 있는데, 이와 연관이 있을 것이다. 예: 상보(尙父)

생 전후에는 갖가지 이적(異蹟)이나 태몽, 또는 설화가 나타난다. 가령 김유신(金庾信) 탄생과 관련된 부모의 태몽설화(별이 불줄기를 타고 내려와 아버지의 가슴에 안기고, 북두칠성과 남천성이 합해져서 금빛 갑옷을 입은 동자가 되더니 어머니 품에 와서 안겼다고 한다)나 정몽주(鄭夢周) 어머니의 태몽설화(꿈에 한 노인이 주는 난초화분을 받았다고 해서 난초의 뜻이 들어간 몽란으로 작명했다는) 등이 그것이다. 이러한 태몽은 그 부모들의 간절한 염원의 반영이거나 후세인들의 창작이 전승되면서 설화화한 것으로 보이지만 어쨌든 당사자의 행위를 일정부분 규정해준다는 점에서는 의미 있는 것이라고 할 수도 있다. 그런 신이(神異)한 태몽을 가지고 태어난 사람이 떳떳하지 않게 행동해서는 안 된다는 스스로의 다짐 같은 것이 생길 수도 있고, 그런 태몽으로 태어난 인물이 떳떳하지 않은 행동을 했을 리 없다는 후세인들의 신뢰가 생길 수도 있는 것이다.

담암의 탄생과 관련된 태몽설화 역시 이런 범주에 들 것이다. 그리고 이 태몽이 사실인지 후세의 창작인지도 확인할 길이 없다. 다만 그 후손들 사이에 약간은 신화 같은 이야기로 구전되는 이른바 '담암 할배' 태몽설화가 있는데, 부모 중 어느 쪽인지는 불분명하지만 주나라 문왕(文王)이 주는 진귀한 보물을 받는 꿈을 꾸고 잉태했다는 것이다. 전언으로는 꿈속에서 진귀한 보물을 받으면서도 문왕의 안광이 워낙 강해 눈을 뜰 수도, 몸을 추스를 수도 없었다고 한다. 보물을 전해준 문왕이 사라지고 정신을 차려보니 손에는 금 거북이[金龜]가 쥐어져 있었다는 것이다. 다른 설로는 금 거북이가 아니라 금 도장[金印]이라는 말도 있다.

주나라 창업의 기틀을 다져, 후세의 유가(儒家)들로부터 이상적 군주로 칭송받은 문왕은 그 성이 희(姬)씨이고 이름은 창(昌)이다. 전하는 얘기에 의하면 문왕은 용의 얼굴에 범의 어깨를 하고 신장이 10척이며 가슴에 4개의 젖꼭지가 있었다는 인물이다. 이런 특이한 외모의 임자가 스스로 문왕을 자처했기 때문에 문왕이란 이름이 나왔겠지만 아무튼 그래서 이름을 문보(文寶)라고 지었다는 것이다. 잘 알려진 정몽주의 태몽과 관련시켜 보자면 고려 후기에 유행한, 작명과 관련된 태몽설화가 아닌가 싶다.

그렇다고 하더라도 담암은 주 문왕이 사(辭)를 붙여 완성했다는 〈주역〉을 깊이 공부하고 이해한 사람으로 알려져 있거니와 이것이 이 태몽과 무슨 관련이 있는 것인지도 모른다. 그리고 강태공의 저작으로 알려진 〈육도삼략〉의 문도(文韜)편에는 주 문왕과 강태공의 대화가 나오는데, 여기서 문왕은 태공에게 군왕의 삼보(三寶)가 무엇인지 묻는다. 그러자 태공은 농·공·상(農·工·商) 세 가지라고 답한다. 즉 농업·공업·상업과 같은 백성들의 생업이 군왕의 보배라는 의미일 것이다. 자신의 태몽 때문에 반드시 그런 것은 아니겠지만 담암의 상소문 중 상당 부분이 식화(食貨) 즉 백성들의 생업과 관련된 것들임은 유의할 필요가 있다. 토지제도, 조세, 농상, 염법, 차대, 휼형 등 그의 상소문 대부분은 민생과 직결된 분야들이다.

여기에 얘기를 더 보태자면 대개 이런 인물은 태어날 무렵 오색영롱한 기운이 산실(産室)을 감싸거나, 태어나서도 하나를 들으면 열을 아는 신동으로 그려진다. 물론 담암도 총명한 아이로 자랐을 것이지만 그런 탄생 설화는 없다. 그러나 열다섯의 나이에 당대의 대학자인 권부(權溥)의 문하에서 수학한 점이나 18세의 이른 나이로 등과한 그의 이력 등을 보면 범용한 재능은 아니었을 것이고, 그래서 다음과 같은 평가가 가능하다. 백문보 자신은 별달리 커다란 가문의 배경에 힘입지 않은 상태에서 그의 경술(經術)과 문학(文學)을 바탕으로 정치적 성장을 하게 되는 것²⁾이라 하겠다.

2. 시조의 출자와 고려시대의 백씨 본관

담암의 선조, 그러니까 우리나라 백씨의 조상에 대한 최초의 체계적 기록은 아마 담암 자신이 찬술한 문헌공(文憲公) 이재(彝齋)선생 행장 (行狀)이 아닐까 싶다. 이 행장은 담암의 나이 69세 때, 그러니까 1371년 (공민왕 20·신해)에 씌어졌다. 그의 스승이면서 족친이기도 한 백이정(白 頤正)의 선계(先系)는 중시조 대에 가면 곧 담암의 선계가 된다.

선생의 휘(諱)는 이정(頤正)이요, 자는 약헌(若軒), 호는 이재(彝齋)다. 성은 백씨요, 남포(藍浦)에서 대대로 살았다. 시조의 휘는 우경(宇經)인데 신라 때 관 직이 대사도였다. 후손 중에 휘 중학(仲鶴)이 있으며 관직은 좌간의였다. 고려조 에는 휘 창직(昌稷)이 있는데 시중이었다. 시중이 휘 탁(卓)을 낳았으니 병부시 랑이다. 병부시랑은 곧 이재선생의 6대조가 된다. 증조의 휘는 여주(汝舟), 한림 학사이며 조의 휘는 경선(景瑄)으로 좌복야였다. 아버지의 휘는 문절(文節)인데 고종조에 이부시랑, 국자좨주, 대사성, 보문각 학사 등을 역임했고 호는 담암(澹 巖)이다⋯⋯(下略)⋯[先生諱頤正 字若軒 號彝齋 姓白氏 世居藍浦 始祖諱宇 經 官新羅大司徒 有諱仲鶴 官左諫議 國朝有諱昌稷 侍中 生諱卓 兵部侍郎 於 公爲六代祖 曾祖諱汝舟 翰林學士 祖諱景瑄 左僕射 考諱文節 高宗朝歷官吏 部侍郎, 國子祭酒, 大司成, 寶文閣學士 號澹巖⋯⋯³⁾

---

2) 민현구, '白文寶 硏究-政治家로서의 活躍을 中心으로', 〈東洋學〉, 제17집, 檀國大 東洋學硏究所, 1987. 10, 239면. 이 논문은 담암에 대한 최초의 연구논문으로 여겨지며, 이후의 연구자들은 이 논문을 다 수 참고·인용하고 있다. 이 글 역시 이 논문에서 많은 시사점을 얻었으며, 인용도 하고 전재(轉載) 도 했다.

여기서 보이는 시조 백우경과 그 후손 백중학, 그리고 고려조의 백창
직은 바로 담암의 직계 선조들이기도 하다.

한편 담암의 7대손인 백현룡(白見龍·1543~1622)이 찬술한 담암(淡庵)
행장(行狀)에 의하면 시조 백우경은 중국에서 온 것으로 되어 있다. 조
선 선조 대, 늦어도 광해군 대에 작성되었으리라 여겨지는 이 행장은 담
암을 언급할 때 빼놓을 수 없는 자료라 할 수 있다.

조조(肇祖·시조)의 휘는 우경인데 당나라 소주(蘇州)인이다. 참소를 피해 동
으로 와서 신라에서 벼슬하니 선덕왕 때에 관직이 광록대부 좌복야 대사도였다.
호는 송계(松溪)다. 이로부터 대대로 벼슬을 이어왔다. 고려 때 휘 중학은 좌간
의, 휘 광원(光元)은 평장사, 휘 창직은 시중, 휘 사유(思柔)는 한림학사, 한림학
사가 휘 휘(揮)를 낳으니 진사이며 호는 포주(浦洲)다. 진사가 휘 간미(簡美)를
낳으니 판병부 벼슬에 호는 월곡(月谷)이며 시호는 정민(貞敏)이다. 판병부가 휘
양신(良臣)을 낳으니 평장사이며 호는 칠송(七松), 시호는 문간(文簡)이다. 평장
사의 후손 휘 견(堅)은 승평부사인데 단양박씨 시중 박감의 딸과 혼인했다. 곧
선생의 부모님이다. 부사공이 처음 직산현에서 살다가 만년에 처가 쪽에 와서
영해 인량리에서 살았다. 이로서 자손들이 영해사람이 되었다……(下略)[4]

이 행장에는 신라 때 인물인 백중학을 고려 때 인물로 파악한 점 등
착오도 보이고, 관직을 과장한 측면도 없지 않은 것 같지만 담암의 선계

---

3) 백문보(白文寶), 〈담암선생일집(淡庵先生逸集)〉 권2, 문헌공(文憲公) 이재(彝齋)선생 행장
  〈담암선생일집〉은 담암의 시문집이다. 후손 백조운(白肇運·1832~1909) 등이 〈고려사〉·〈고려사절
  요〉·〈동문선〉 그리고 다른 이의 문집 등에 실린 담암의 글들을 수습하여 조선후기에 엮었다. 여기에
  는 담암의 7대손 백현룡(白見龍·1543~1622)이 찬한 담암 행장, 편년 등도 실려 있다. 4권 1책. 목판
  본. 이하 〈담암일집〉으로 표기한다.

를 비교적 체계적으로 언급하고 있다.

현존하는 최고의 백씨 세보는 1637년(인조 15·정축), 대흥백씨 문중에서 한정판으로 펴낸 〈대흥백씨 정축보〉[5]로 알려져 있다. 〈정축보〉는 성리학자 농은(聾隱) 백동현(白東賢·1597~1668)이 서문을 썼다. 〈정축보〉에 따르면 동방 백씨의 시조는 백우경으로 호가 송계(松溪)인데, 그는 당나라 소주(蘇州) 출신으로 당나라에서 첨의사와 이부상서 등에 이르렀으나 간신들의 모함을 받고 780년(신라 제37대 선덕왕 1·경신) 신라로 망명했다는 것이다. 신라에 온 그는 지금의 경주시 안강읍에 위치한 자옥산(紫玉山) 밑에 정착하여 영월당 만세암을 짓고 학문 보급에 힘썼다고 한다. 그 이후 후손들의 계통이 실전되었기 때문에 신라 말·고려 초의 인물인 백창직을 중시조로 하여 세계(世系)를 이어오고 있다는 것이다.

〈대흥백씨 정축보〉의 이러한 기록은 30여년이 지난 1669년(현종 10·기유), 당시 경주부윤 민주면(閔周冕·1629~1670)이 편찬한 경주부 읍지인 〈동경잡기(東京雜記)〉 경주부 성씨(姓氏) 항목에 발췌·수록된 것으로 보인다. 〈동경잡기〉는 읍지라는 성격상 한 가문의 세보보다는 많은 사람들이 열람할 수 있었을 것이고, 이 내용은 곧 백씨 선대의 기록으로 널리 인지되었을 것이다. 이후 1857년(철종 8·정사)에 나온 백씨 최초의 대동보인 〈백씨 대동보〉에도 같은 내용이 실렸다.

---

4) 〈담암일집〉 부록 권2 하(下), 행장, 원문은 肇祖諱宇經 唐蘇州人 避讒東來 仕新羅宣德王 官光祿大夫 左僕射大司徒 號松溪 自是圭組奕世 在麗有諱仲鶴 左諫議 諱光元 平章事 諱昌稷 侍中 諱思柔 翰林學士 生諱揮 進士 號浦洲 生諱簡美 判兵部 號月谷 諡貞敏 生諱良臣 平章事 號七松 諡文簡 諱堅 昇平府使 娶丹陽朴氏 侍中藏之女 卽先生之考妣也 府使公始居稷山縣 晚年隨聘館 家于寧海之仁良里 子孫遂爲寧人…

5) 백운태, 블로그(http://blog.naver.com/goguli). 이 글의 담암 관련 백씨 세보나 본관 등에 관한 내용은 이 블로그의 글을 다수 참고, 인용했다.

1637년에 나온 〈대흥백씨 정축보〉의 기록은 앞서의 이재와 담암의 행장이나 집안 대대로 내려온 가첩(家牒) 등의 자료를 참고했을 것이지만, 특히 조선시대의 모화사상과 연관돼서 시조가 중국에서 왔다는 사실의 신빙성을 의심 받기도 한다. 우리나라 성씨 가운데 많은 성씨의 조상들이 중국에서 건너온 인물로 그려졌기 때문에 그 의심은 더욱 커졌을 법하다.

그러나 백씨 선조인 백우경이 중국에서 건너왔다는 점은 의심의 여지가 있다고 하더라도 우리나라 최초의 백씨가 백우경이란 점에는 이견(異見)이 없다. 담암이 작성한 문헌공 이재선생 행장에도 시조를 백우경이라고 했다. 중국에서 왔다는 말은 없지만 이재선생의 선조인 백씨가 남포에서 대대로 살았다는 것이며, 고려조에 와서 창직이란 인물이 있음을 밝혔다. 그렇다면 백우경이란 시조는 과연 어디서 왔을까? 일부에서는 다음과 같은 이유로 백우경을 구(舊) 백제계의 후예가 아닌지 추정하고 있기도 하다.[6]

우선 〈삼국사기〉 등의 사서에 동성왕을 살해한 좌평(佐平) 백가(苩加)나 무왕 때의 장군 백기(苩奇), 위덕왕 때의 화가 백가(白加)나 건축가 백매순(白昧淳) 등 백씨와 관련 있는 이름들이 종종 보이는데 그 후손들의 흔적이 보이지 않는다는 점을 들고 있다. 〈구당서(舊唐書)〉 백제전에는 멸망 당시 백제의 호수가 76만호(戶)였다고 한다. 호당 식구 수를 5명씩 계산하면 당시 총인구는 약4백만 명이 된다. 〈삼국사기〉 백제본기 의자왕 20년(660)조의 기록에는, 백제 멸망 후 소정방(蘇定方)이 왕과 태자 효(孝), 왕자 태(泰)·융(隆)·연(演) 및 대신과 장사(將士) 88명, 그리고 백

---

6) 백운태, 앞의 블로그

성 1만2천8백7명을 당나라 서울로 압송했다. 나라는 본래 5부(部)·37군(郡)·2백성(城) 76만호(戶)가 있었다라고 되어 있다. 백제 패망 후 일부는 당나라로 끌려갔지만 다수는 백제 고토에 남거나 경주 등 다른 지역으로 강제 이주[徙民] 당한 후 망국의 백성으로 살았을 것이다. 그 가운데 일부는 일본 등 해외로 나갔을 수도 있다. 이는 백씨뿐만 아니라 왕성인 부여(扶餘)씨를 비롯해서 이른바 백제 8대 귀족 성씨가 한반도에서는 보이지 않는다는 점과 연관시켜 생각해볼 문제이다.

다음으로는 오늘날 충남 태안지역의 옛 지명이 성대혜(省大兮)·소태(蘇泰)·소주(蘇州)[7] 등이었다는 점을 든다. 백우경이 중국에서 온 것이 아니라면 그의 출신지로 알려진 소주는 한반도에서 찾아져야 하는데 위치나 명칭에서 오늘날의 태안이 바로 소주로 비정된다는 것이다. 따라서 백우경은 구 백제계의 후예로서 소주, 즉 태안 출신으로 추정된다고 하였다.

또 하나는 백씨가 관향으로 쓰는 다수의 지명과 관련한 유추이다. 고려시대 지석(誌石)이나 〈고려사〉 열전, 조선 중기에 간행된 족보 등에 나타나는 백씨의 관향은 담암의 본관인 대흥 혹은 직산을 비롯해서 남포, 상당(청주). 신풍(공주), 대구, 적성, 송도(개성), 진성, 영해, 평산 등이다. 이 10여개의 관향 가운데 절반 정도가 충청도 지역, 곧 구 백제의 영역이다. 이것은 무엇을 의미하는가? 어떤 이유에서건 다수의 백씨가 오래 전부터 구 백제의 영토 안에서 대를 이어왔다는 것이며, 거슬러 올라가면 백제라는 뿌리와 연관이 있을 거라는 추정이다.

그러나 이런 여러 가지 정황이 있다고 하더라도 정황만으로 백우경이

---

7) 〈신증동국여지승람〉, 충청도 태안군(泰安郡) 조

구 백제계의 후예라고 단정할 수는 없다. 이 문제는 다시 한 번 짚어보도록 하자. 앞으로, 지금까지 나타나지 않았던 지석·문서 등 결정적인 자료가 발견되지 않는 한 시조 백우경의 출자(出自)는 정확하게 알 수가 없을 것이다. 하지만 명확한 것은 한국의 모든 백씨가 백우경의 후손이란 점이다.

담암의 본관(本貫)에 대해서는 대흥과 직산(稷山)이란 두 가지 설이 있고, 가끔은 수원(水原)이란 말도 나온다.

본관 또는 관향의 사전적 의미는 성(姓)의 출자지(出自地) 또는 시조의 거주지이다. 성이 부계(父系) 혈통을 나타내면서 시간상의 연속성을 보여준다면, 본관은 '어느 한 시대에 정착했던 조상의 거주지[8]'를 나타내기 때문에 공간적 의미가 크다고 할 수 있다. 따라서 성(姓) 자체를 바꾸는 예는 사성(賜姓) 등 특별한 경우가 아니면 드문 반면, 시대에 따라 조상의 원래 거주지 가운데 의미 있는 지역을 강조하여 이를 반영하거나 후손 중 특정인의 현달로 창관(創貫)하는 경우는 없지 않다. 담암의 본관에 나타나는 이설도 이런 이유 때문일 것이다.

일반적으로 우리나라에서 본관제도가 정착된 시기는 신라 말·고려초기로 본다. 후삼국을 통일한 고려 태조 왕건(王建)이 전국의 군현 명칭을 바꾸고 여러 가지 목적으로 본관제도를 실시했기 때문이다. 따라서 백씨의 본관과 관련된 자료도 일차적으로는 〈고려사〉 등의 사서에서 찾아져야 할 것이지만 열전을 포함해서 〈고려사〉 전편 내용 중 본관을 확인, 또는 유추할 수 있는 백씨 인물은 그리 많지 않다. 다음은 〈고려사〉 열전에 나오는 몇몇 백씨와 그들의 본관(출신지)이다.

---

8) '본관', 〈한국민족문화대백과사전(韓國民族文化大百科事典)〉, 한국정신문화연구원, 1996

- 백임지(白任至·1130~1191)는 고려 중기의 무신으로, 열전에는 남포현 사람으로 나온다.
- 백문절(白文節·?~1282)은 고려 후기의 문신이자 유학자로, 남포현 출신이다.
- 백이정(白頤正·1247~1323)은 고려 후기의 유학자로, 문절의 아들이다.
- 백문보(白文寶·1303~1374)는 고려 후기의 문신이자 학자로, 열전에는 직산현 출신으로 나온다.

이들 외에 열전에 나오는 인물로는 묘청(妙淸) 전에서 언급되는 인종 때의 관인 백수한(白壽翰·?~1135)과 의종 때의 환관 백선연(白善淵), 고종 때의 도참사상가 백승현(白勝賢) 등이 있다. 백선연은 남경의 관노 출신이고, 백수한과 백승현의 출신은 미상이다.

그런데 시간이 흘러 조선중기에 들어오면서 각 문중은 다투어 족보를 간행했고, 일제 때인 1900년대 초반에는 고려시대 및 조선시대 묘지명이나 묘비명이 다수 출토·발굴되었다. 그리고 그동안 묻혀있던 문서자료도 규장각 등에서 발견되었다. 일제의 조선총독부는 출토된 묘지명 외에 탑비 등을 포함하여 〈조선금석총람(朝鮮金石總覽)〉이란 책을 펴냈다.

조선 중기의 족보, 〈조선금석총람〉, 새로 발견된 여러 자료 등을 종합해보자면 고려시대의 백씨 본관은 대체로 다음 10여 가지이다.[9]

- 상당(上黨·淸州)백씨: 고려 현종 때 문신인 유방헌(柳邦憲·944~1009) 처의 본관이다.
- 직산(稷山)백씨: 인·의종 때 문신인 장수(張脩·?~1156) 어머니의 본관

---

9) 백운태, 앞의 블로그

이다. 장수의 외조부는 상사직장동정 백가적(白可績)이란 인물이다.

- 신풍(新豊·公州)백씨: 예종 때 문신인 최홍사(崔弘嗣·1043~1122) 처의 본관이다. 최홍사의 장인은 백가미(白可美)이다.
- 대흥(大興)백씨: 의·명종 때 무신인 백임지(1130~1191)의 본관이다. 공민왕 때 문신·학자 백문보(白文寶·1303~1374)의 본관이기도 하다.
- 남포(藍浦)백씨: 신·희·고종 때 문신인 백분화(白賁華·1180~1224)의 본관이다. 분화의 아버지는 백광신(白光臣)이다. 문신·유학자 백문절(白文節·?~1282) 및 그 아들 백이정(白頤正·1247~1323)의 본관이기도 하다.
- 대구(大邱)백씨: 고려 중기에 밀직부사로 치사한 백서경(白瑞卿)의 본관이다. 그의 사위 오길(吳吉)이란 사람의 묘지명에서 확인된다.
- 적성(赤城·淳昌)백씨: 고종 때 서경의 반역자 최광수를 죽인(1217) 정준유(鄭俊儒·鄭顗)의 처의 본관이다. 장인은 백이신(白利臣)이다.
- 송도(松都·開城)백씨: 백진주(白眞周)
- 진성(眞城·靑松)백씨: 백원정(白元貞)
- 영해(寧海·盈德)백씨: 백천뢰(白天賚)
- 평산(平山·南海)백씨: 백군영(白君瑛) 등의 본관도 보인다.

앞으로 또 다른 지석 등이 발견된다면 더 많은 본관이 밝혀질 수도 있을 것이지만 지금까지의 자료만을 놓고 보자면 비교적 역사성을 갖는 백씨 본관들을 확인할 수 있다. 위의 순서가 바로 시대 순이 될 텐데 고려 초기에는 상당백씨, 중기에는 직산·신풍·대흥·대구·적성백씨, 그리고 후기에는 남포·송도·진성·영해·평산백씨 등이 보인다. 이들 가운데 현존하는 본관은 직산, 대흥, 대구, 적성, 남포, 평산 등 절반 정도이다. 나머지는 후손이 없거나 본관을 옮겼을 가능성이 크다. 당초에는 본관과 거주지가 대체로 일치했을 것이지만 고려나 조선시대에 지방에서 올라간 귀족과 관료층은 대체로 본관과 거주지가 일치하지 않는 경우가 많기 때문[10]일 것이다.

또 하나는 〈고려사〉 열전의 기록이 부정확하다는 점을 확인할 수 있다. 백임지의 경우, 열전에는 남포현 사람[11]으로 나오지만 그 묘지명에는 대흥군 사람[12]으로 나온다. 묘지명이 당대의 기록이란 점에서 보자면 열전의 기사는 부정확하다고 하겠다. 입전된 인물이 많지 않아서겠지만 〈고려사〉 열전을 통해 확인되는 백씨 본관은 남포와 직산뿐이었다. 그러나 후대에 백임지의 묘지석이 발굴됨으로써 그가 남포 출신이 아니라 대흥군 출신이며, 따라서 고려 중기에 대흥백씨가 이미 존재했음[13]이 확인된다. 백임지의 묘지명에 따라 〈고려사〉 열전 백임지 전의 오류를 수정하여 다시 보자면 〈고려사〉 열전을 통해 파악되는 고려시대의 백씨 본관들은 대흥과 남포, 그리고 직산임을 알 수 있다.

3. 담암의 본관 대흥(大興)이 갖는 의미

담암의 본관으로 돌아가면 앞서 백현룡이 찬술한 담암 행장에는 수원에서 대흥으로 본관을 옮겼다고 되어 있다.

선생의 휘는 문보요, 자는 화보, 자호(自號)는 담암 또는 동재(動齋)이다. 백

---

10) '본관', 〈한국민족문화대백과사전〉

11) 〈고려사〉 열전 백임지 전, 白任至藍浦縣人…

12) 김용선 편, 〈高麗墓誌銘集成〉제5판, 한림대출판부, 2012, 269면, 公諱任至姓白氏 大興郡人也…

13) 白任至의 묘지명이 발굴되기 전까지는 '대흥인'이란 기록(담암의 장손 白昇 묘비명)과 '대흥백씨'란 본관(白見龍 찬술의 담암 행장)의 근거가 고려 때부터임이 의문시되었을 것이다.

씨의 본관은 수원(水原)으로서 대성인데, 승국(勝國·前朝) 시 대흥(大興)으로 이관(移貫)했다······(下略)[14]

앞에서 보았듯이 〈고려사〉 열전이나 금석문 등 어디에도 승국(勝國) 시, 즉 고려시대에는 수원백씨가 없었다. 그런데 어떻게 그 시대에 수원에서 대흥으로 본관을 옮길 수 있었을까? 따라서 이 기사에서 담암의 본관이 대흥인 점은 맞지만 수원에서 이관했다는 내용은 부정확한 것 같다. 이는 〈조선금석총람〉에서 알 수 있듯이 묘지명 같은 자료가 발굴되기 이전의 기록인 만큼 조선중기의 사정을 반영한 기사로 보이고, 이 기사로 인해 담암의 본관이 수원이란 오해를 불러일으킨 것 같다. 그렇다면 이제 담암의 본관은 대흥이냐 직산이냐 두 가지 설만 남는다. 이에 대해 '白文寶 硏究'의 연구자는 대흥으로 보고 그 이유를 이렇게 설명하고 있다.

〈담암일집〉 부록에 있는 백문보의 행장(이하 행장)에 白氏本水原大姓 勝國時 移貫大興이라 하였고 〈만성대동보(下)〉에는 그가 대흥백씨의 시조로 되어 있다. 그러나 〈고려사〉 백문보전에는 직산현인으로 나타나고, 〈신증동국여지승람〉에는 권16 직산현 인물조에 백문보가 실려 있다. 이처럼 백문보의 본관에는 대흥과 직산 두 가지 설이 있는 셈인데 전자의 대흥을 취하는 까닭은 첫째로 행장은 백문보의 7대손이기는 하지만 후손이 직접 찬(撰)한 것으로 조선 초에 그 일문이 대흥백씨로 행세했음이 확실하고, 둘째로 고려 무신집권기 인물인 백

---

14) 〈담암일집〉 권2 부록 하, 행장, 先生諱文寶 字和父 自號淡庵 又曰動齋 白氏本水原 大姓 勝國時 移貫大興...

임지의 묘지(墓誌)에 公諱任至 姓白氏 大興郡人(<조선금석총람(上)> p.414)이라 하여 고려중엽에 대흥백씨가 실재했음이 분명하다고 여겨지기 때문인데, <만성대동보>에서 그를 대흥백씨로 파악한 것은 옳지만 그 시조라 한 것은 부정확하다고 하겠다. 한편 <고려사>의 기사는 백문보의 부(父) 백견이 뒤에 始居稷山縣(행장)하면서 일시 이관되었다가 오래지 않아 후손들이 곧 원래대로 돌이키는 과정에서 나타난 일시적 현상을 나타낸 것이며, <신증동국여지승람>은 이 같은 <고려사>의 기사를 그대로 취했던 것이 아닐까 생각된다.[15]

이 기사는 요컨대 〈만성대동보〉 등의 자료에 담암이 대흥백씨로 나타나 있고, 7대손이 찬술한 행장에 대흥으로 기록되어 조선 초에 그 일문이 대흥백씨로 행세했음이 확실하며, 백임지의 묘지(墓誌)를 통해 고려 중엽에 대흥이란 본관이 실재했음이 분명하기 때문에 담암이 대흥백씨라는 것이다. 아울러 담암이 대흥백씨는 맞지만 그 시조라고 한 것은 부정확하고, 〈고려사〉 열전에 직산현 사람이라고 한 것은 그 아버지 백견이 처음 직산에 거주하면서 일시 이관한 것을 오래지 않아 후손들이 곧 원래대로 돌이키는 과정에서 나타난 일시적 현상을 나타낸 것이며, 〈신증동국여지승람〉은 〈고려사〉의 기사를 그대로 취한 것으로 본다는 것이다.

그런데 대흥이라는 본관은 백임지(白任至·1130~1191)나 담암보다 앞 세대 인물인 고려 광종 때의 장원급제자 백사유(白思柔·?~?)에게서도 볼 수 있다. 한국학중앙연구원의 한국역대인물종합정보시스템(http://people.aks.ac.kr)'과거 및 취재 조'에는 백사유에 관한 정보를 이렇게 적

---

15) 민현구, 앞글, 236면 각주

고 있다. 이 자료는 그 출전을 〈등과록 전편(登科錄前編)〉(하버드옌칭도서 관[K 2291.7 1747.4a])이라고 밝히고 있는데, 여기에 의하면 '백사유는 고려 광종 24년(973·계유) 2월 계유방(榜)에 장원으로 급제했고, 급제 당시 백사유의 본관은 대흥(大興), 선발인원은 2명, 전력은 진사(進士), 거주지는 미상'이라고 한다. 이때의 지공거는 왕융(王融)이란 사람이었다. 백사유는 고려시대 최초로 과거에 급제한 백씨이다. 그가 991년(성종 10·신묘)에 한림학사로서 송나라에 갔다 왔으며, 991년과 995년(성종 14·을미)에는 지공거로서 급제자를 선발했다는 사실이 〈고려사〉 세가 및 선거지(選擧志) 기사로 나온다. 〈백씨 대동보〉에 의하면 백사유는 백씨 중시조인 백창직의 장남 백길의 큰 아들이다. 백창직의 차남은 백탁이다. 하버드옌칭도서관 소장(所藏) 〈등과록 전편〉이 백사유의 본관을 대흥으로 표시한 것은 고려 초기에 이미 대흥이라는 백씨 본관이 실재했다는 점을 시사하고 있다. 〈등과록 전편〉의 발견과정과 하버드옌칭도서관 소장 경위는 불명이지만, 이 자료는 조선중기 이전에 작성된 것으로 알려져 있다.

백사유를 중시조 백창직의 장남 백길의 아들로 보자면 중시조의 장남인 백길 계열은 대흥(大興)이란 본관을 썼고, 차남인 백탁(백이정의 6대조) 계열은 남포(藍浦)라는 본관을 썼음을 알 수 있다. 이처럼 담암의 본관인 대흥(=중시조의 장남 계열)과 중시조 차남 계열의 남포라는 본관은 고려 초·중기 이후 지금까지 이관(移貫)되거나 끊어지지 않고 이어지고 있다. 다른 본관들이 없어지거나 다른 지명으로 이관된 예에 비추어 보자면 드문 현상이다.

대흥은 원래 백제의 임존성(任存城)[16]이다. 서기 660년(의자왕 20·경신) 7월 백제가 나당연합군에 멸망당하자 8월부터 임존성에서는 구 백제의 왕족·귀족·군인 등 유민들에 의한 백제부흥운동이 일어난다. 10일 만에 3만여 명의 병력을 모을 수 있을 정도였다고 한다. 그러나 이 부흥운동은 지도부의 분열 등으로 인해 좌절되었다. 임존성은 주류성(周留城)과 함께 백제부흥운동의 양대 거점이자 최후의 보루였던 곳이다. 〈삼국사기〉 백제본기 백제부흥운동(662년) 조에는 '……왕 부여풍(扶餘豊)이 몸을 빼 달아났는데 있는 곳을 알지 못하였다. 혹은 고구려로 달아났다고 하였다. (당나라 군사들이) 그의 보검을 얻었다. ……왕자 부여충승(扶餘忠勝)과 충지(忠志) 등이 그 무리를 거느리고 왜인과 함께 모두 항복했으나 홀로 지수신(遲受信)만이 임존성에 웅거하여 항복하지 않았다……'라는 기사가 있다. 또 같은 책 신라본기 문무왕 3년(663) 9월조에는 '조칙으로 우위위장군 손인사(孫仁師)를 보내 군사 40만을 거느리고 덕물도에 이르렀다가 웅진부성으로 나아가도록 했다. 왕(=문무왕)은 김유신 등 28명(또는 30명이라고도 한다)의 장군을 거느리고 그와 합세하여 두릉윤성(豆陵尹城)과 주류성(周留城) 등 여러 성을 공격하여 모두 항복시켰다…… 오직 지수신만은 임존성을 차지하고서 항복하지 않았다'라는 기사가 보인다.

그러고 보면 백제 부흥운동의 양대 거점이었던 임존성과 주류성은 백제 유민들의 뇌리에 어떤 상징적인 의미로 남아있었을 법 하다. 임존성은 충남 예산군 대흥면으로 그 위치를 확정할 수 있지만 주류성의 위치에 대해서는 여러 가지 이설이 있다. 일반적으로는 금강(錦江) 언저리 충남 한산(韓山) 부근에 있는 건지산성(乾至山城)이라는 설이 유력하다.

---

16) 〈고려사〉 지리지 대흥군 조에 '대흥군(大興郡)은 원래 백제의 임존성(任存城·今州라고도 한다)인데, 신라 경덕왕이 임성군(任城郡)으로 고쳤고, 고려 초에 지금 이름으로 바꾸었다…'라는 기록이 있다.

이 설에 따라 주류성을 한산 부근으로 비정하자면 현재의 행정구역상으로는 충남 서천군(舒川郡)에 속한다. 한편 남포가 속한 행정구역은 충남 보령시(保寧市)다. 보령과 서천은 서쪽으로 바다를 면하고 남북으로 이어져 있다. 백씨의 중시조 백창직의 차남 백탁 계열이 관향으로 쓰는 남포와 주류성으로 비정되는 한산 지역은 그리 먼 거리가 아니다.

우리나라 백씨의 시조 백우경은 혹여 임존성에서 탈출해 살아남은 어떤 백제인의 후예는 아니었을까? 이런 연유로 백제 부흥운동의 양대 거점인 임존성 곧 대흥과 주류성 곧 남포에 대한 애착이 남달랐던 것은 아니었을까? 그래서 후손들이 이 지역을 중심으로 세거하게 되고, 본관의 개념이 성립하는 신라 말·고려 초에 백창직 역시 자신의 장남 계열은 임존성 곧 대흥을, 차남 계열은 주류성 곧 남포를 그 본관으로 쓰도록 한 것은 아닐까? 사실 여부, 또는 우연인지 후세인의 의도가 반영된 것인지는 알 수 없지만 백우경이 신라에 나타난 것은 백제멸망(660년) 후 꼭 2주갑(周甲=1백20년) 뒤인 780년(선덕왕 1·경신)이었다. 30년을 1세대로 보자면 백제멸망 후 약4세대가 지난 시점이다.

〈백씨 대동보〉와 담암 행장 등을 참고하여 구성한 담암의 상계(上系)는 다음 표와 같다(••• = 후손임은 분명하나 부자관계는 아닌 경우, ⇒ = 부자관계인 경우)

始祖 白宇經(新羅 光祿大夫 左僕射 大司徒)… 仲鶴(左諫議)… 光元(平章事)…

中始祖 昌稷(贈 侍中)⇒ 吉(贈 門下侍中)⇒ 思柔(翰林學士, 諡 文正)⇒ 揮(進士)⇒ 簡美(判兵部, 諡 貞愍)⇒ 良臣(平章事, 諡 文簡)⇒ ○○⇒ ○○⇒ 堅(昇平府使)⇒ 文寶(政堂文學, 諡 忠簡)

〈백씨 대동보〉와 담암 행장 등에 의하면 담암의 선조가 되는 백양신 (白良臣)은 평장사를 지내고, 충청도 직산(稷山)으로 이거했다고 한다. 백 양신이 직산에 거주한 이래 그 후손들은 직산 출신으로 알려지게 된다. 그의 후손들 중 〈고려사〉 등에서 보이는 이름으로는 백원항(白元恒·?~?) 과 백견(白堅), 그리고 백견의 아들인 담암 같은 인물을 들 수 있다(백원 항은 담암의 조부와 사촌간이다). 담암의 이름 앞에 관행적으로 붙게 된 직산인(稷山人)이나 직산현인(稷山縣人), 또는 직산군(稷山君) 등은 세거 해온 지역이 직산임을 표시하는 내용이지만, 담암의 본관이 직산으로 알려지는 계기가 되기도 했을 것이다.

그러나 담암의 부친 백견이 관직에 나섰다가 만년에 영해로 이거하고 담암 역시 노년에 영해로 낙향하면서 직산과 담암과의 관계는 멀어진 것으로 보인다. 이후 담암의 후손들이 대흥백씨로 행세하게 된 것은 담 암 부친의 영해 이주와 담암의 영해 낙향 등으로 직산과의 연계가 소원 해진 위에 고려왕조의 멸망이라는 외연적인 충격 등이 영향을 끼쳤다고 보이지만 그 구체적인 계기는 알려지지 않았다. 그런데 훗날 발굴된 담 암의 장손(長孫) 백승(白昇)의 묘갈(墓碣)을 통해 백승을 기준으로 한 그 의 선계(先系)와 후손이 밝혀졌고, 또 까닭은 알 수 없지만 담암의 손자 인 백승이 대흥인으로 자처했음이 드러났다. 여기에 의하면 묘지의 주 인공은 '이름이 승(昇)이고, 성은 백씨, 대흥인이며, 용양위(龍驤衛)대호 군을 지냈고, 증조(曾祖)는 견(堅), 조(祖)는 문보(文寶), 부(父)는 선(瑄) 이며, 부인은 이천(伊川)이씨 충수(沖秀)의 따님, 이들의 자식으로 상명 (常明), 상현(常顯), 상일(常一)이란 아들과 딸 넷이 있었다.'고 한다. 이 묘 갈은 정통(正統) 2년에 세워졌음이 표시되어 있었다. 명나라 연호인 정 통 2년은 서기로 1437년(세종 19)에 해당한다. 이로써 대흥이란 백승의 본관과 그 선조 및 후손간의 연계 등이 드러났는데 앞에서 본 담암의 7대손 백현룡이 작성한 담암 행장 역시 이 석문(石文) 내용과 유사하다. 다만 그 선조 이래 담암의 부친 및 담암까지의 직산(稷山) 세거와 이후 영해로 이거한 사실 등을 고려하고, 고려시대에 직산백씨와 대흥백씨가 실재했다는 점 등을 감안하자면 백현룡이 쓴 담암 행장은 다음의 밑줄 친 부분처럼 작성되었어야 옳을 것이다.

> 선생의 휘는 문보요, 자는 화보, 자호(自號)는 담암 또는 동재(動齋)이다. 백씨의 <u>본관은 직산(稷山)으로서</u> 대성인데, 승국(勝國·前朝) 시 대흥(大興)으로 이관(移貫)했다……[17]

여기서 이관(移貫)이란 표현도 좀 더 정확히 하자면 복관(復貫)이라고 해야겠지만, 어쨌든 앞에서 본 여러 정황들을 감안하고 후세의 담암 연구자가 개진한 견해를 고려하면 담암의 본관 문제는 이렇게 정리가 될 것 같다. 구체적으로 어떤 관련이 있는지는 알 수 없으나 담암의 선조들이 대흥(임존성)과 매우 밀접한 연관성이 있는 것은 사실이다. 대흥이란 백씨 본관은 고려 초기(白思柔의 경우), 늦어도 고려중기(白任至의 경우)부터는 실재했다. 그러나 백사유나 백임지 같은 인물이 대흥에 실제로 거주했는지 여부는 불명이다. 그리고 담암이 백사유의 후손임은 분명하지만, 백임지의 후손인지 여부는 알 수 없다. 어느 시기 직산에 이거한 담암의 선조부터 조부까지는 직산인으로 볼 수 있다. 하지만 직산을 떠나 영해로 이거한 담암의 부친은 절반은 직산인이고, 절반은 영해인인

---

17) 先生諱文寶 字和父 自號淡庵 又曰動齋 白氏本稷山 大姓 勝國時 移貫大興

셈이다. 담암 역시 이런 과도기적 존재이다. 먼저 사망한 담암의 장남 백선(白瑄)은 제외하고라도 장손 백승(白昇)은 영해인이라고 말할 수 있다.

그렇다면 담암의 장손 백승은 왜 스스로 영해인이라고 칭하지 않고 대흥인이라고 했을까? 그 선조가 직산을 떠났기 때문에 직산인이라고 자처하지는 않는다 하더라도 거주지를 관향으로 쓰는 예에 비추어 보자면 이는 특이한 경우라고 할 수 있다. 확증은 없지만 여기에도 담암의 어떤 의지가 개입되지 않았을까 싶다. 사관(史官)으로 근무했고 이제현과 함께 〈국사〉를 편찬했던 이력, 국조 단군을 강조한 척불소의 내용, 스승 백이정의 행장에 기술한 백씨 상계(上系)에 대한 이해 등을 감안하면 담암은 국사에도 정통했다고 여겨지고, 백사유 같은 저명한 문사가 포함된 자신의 상계 내용 또한 소상하게 알고 있었다고 볼 수 있다. 임존성이 가진 역사적 의미 또한 잘 알고 있었을 것이다. 그렇다면 자신의 장손 백승에게 이런 암시를 주었을 수도 있다. 즉 이미 직산을 떠나 직산백씨를 쓰지 않는다면 영해백씨라고 할 것인가? 아니다. 임존성백씨라고 해야 옳다. 임존성(또는 임성군)은 고려 태조 23년(940) 3월에 대흥군으로 지명이 바뀌었다. 그러니까 직산이나 영해가 아닌 임존성, 즉 대흥군을 자기 조상의 근원적 본향이라고 본 것이다. 이로써 고려시대를 산 백승은 대흥인이 되고, 이후 그 후손들은 직산백씨나 영해백씨가 아니라 대흥백씨로 행세하며 살게 된다. '승국 시(=고려 때) 대흥으로 이관했다'는 담암 행장의 기록은 이런 사정을 반영한 것으로 볼 수 있다. 장손 백승은 조부인 담암 생존 시에 태어났고, 담암 작고 당시에는 20세를 넘은 청년이었을 것으로 여겨진다. 할아버지의 말뜻을 충분히 이해하고, 또 실행할 수 있는 연령대이다.

4. 백씨와 울릉도, 그리고 영해

〈고려사〉나 〈고려사절요〉 등의 사서에서 우릉(芋陵·羽陵), 우산국(于山國), 울릉도(蔚陵島), 무릉(武陵) 등 오늘날의 울릉도(鬱陵島)와 관련된 기사가 나오는 것은 약10회 정도이다. 이 가운데 의미 있는 몇몇 기사를 살펴보면 다음과 같다.

최초로 보이는 기사는 고려 초 우릉도(芋陵島) 사신 백길(白吉)의 내조이다. 930년(태조 13·경인) 8월 계묘일에 왕이 청주(青州)에 행차하여 나성을 쌓았다. 병오일에 우릉도에서 백길·토두(土頭)를 보내서 토산물을 바쳤다. 그러자 왕은 백길에게 정위(正位), 토두에게 정조(正朝) 품계를 각각 주었다[18]고 한다.

이 기사를 자세히 검토해보자. 정위와 정조는 고려초기의 향직으로 정위는 7품 하(下)로서 중국식관제로는 종6품격이며, 정조는 7품 상(上)으로서 정6품격이다. 이로 보았을 때 사신으로 온 사람은 두 명이 아니라 백길 한 사람이며, 토두는 우릉도 토착민의 우두머리로서 사신으로 오지는 않았으나 사신으로 온 백길보다 더 높은 품계를 받았다는 얘기가 된다. 그렇지 않다면 낮은 품계를 받은 백길의 이름을 앞에다 쓸 리가 없다.

여기서 또 추정할 수 있는 것은 백길이 바로 토두(土頭)의 아들일 것이라는 점이다. 당시 우릉도와 같은 작은 도서지역 성읍의 경우, 토착민의 수장은 중앙정부에 사절을 보낼 때 본인이 직접 가지 못하면 자제를 보내는 것이 일반적이었다.[19] 더구나 백길이 사신으로 온 태조 13년은

---

18) 〈고려사〉 및 〈고려사절요〉, 태조 13년 8월조. 토두에 대해 〈고려사〉는 土豆로, 〈고려사절요〉는 土頭로 표기했다. 토착민의 우두머리라는 의미에서 土頭가 맞는다고 보고 후자를 취한다.

고려 태조의 기세가 성할 때로 지방의 작은 성읍들로서는 향후의 추이를 살펴보고 향배를 결정해야 하는 엄중한 시점이었다. 그해 정월에는 재암성(載巖城·경북 진보) 장군 선필(善弼)이 고려에 의탁했고, 같은 달 고창(古昌·경북 안동)전투에서 태조 왕건은 견훤을 크게 이겼다. 왕건이 고창전투에서 승리한 후 그에게 귀부 또는 항복하는 (오늘날의 경북지역) 군·현은 그 해에만 줄잡아 50곳이었고, 부락을 합칠 경우 그 수는 훨씬 많았다. 이런 중요한 시점에 우릉도 토두가 보낸 사절이라면 당연히 가장 믿을만한 사람이었을 것이고, 이는 그 아들이라고 보아야 무리가 없다. 이런 사정을 감안하면 우릉도 토두의 성은 곧 백씨이고, 이름은 창직이란 추론이 가능하다. 〈백씨 대동보〉에 나오는 백창직은 신라 경명왕(재위 917~923) 대에 중랑장 내지 상장군에 이른 무장이다.

그리고 8월 계묘일에 왕이 청주[20]에 가서 나성을 쌓았고, 백길이 사신으로 온 것은 병오일로 되어 있다. 3일의 간격이 있다. 여기서 청주는 오늘날의 충북 청주(淸州)로 보이는데 백길은 고려의 수도인 개경으로 간 것이 아니라 청주로 갔을 것이다. 왜냐하면 벼슬을 내리고 품계를 주는 따위의 행위는 당연히 임금이 행차한 곳에서 이루어지기 때문이다. 그런데 우릉도에서 청주까지는 당시의 교통수단으로 3일 만에 갈 수 있는 거리가 아니다. 따라서 우릉도 토두는 육지 어느 곳에 거점을 두었을 것이며, 이 거점은 우릉도와의 교통도 가능하면서 중앙정부와의 거리도 고려한 어느 지역이었을 것이다. 이 지역이 어디인지 특정할 수는 없지

---

19) 〈고려사〉에 보이는 탐라국(耽羅國)의 경우, 고려조정에 오는 사절은 성주 자신이거나 아들인 경우가 흔했다.

20) 〈고려사〉 및 〈고려사절요〉는 青州로 표기했으나 淸州의 오기로 보인다. 왜냐하면 왕의 그전 행선지가 淸州 인근이기 때문이다.

만 3일이면 청주에 도착할 수 있는 거리의 동해안 어느 지역이 아니었을까 추정할 수는 있다.

또 하나 주목할 점은 임금의 행차에 맞추어서 사절이 움직였다는 사실이다. 통상 왕의 행차는 암살 등의 위험 때문에 고도의 보안을 요한다. 청주로 가는 왕의 동선(動線)을 미리 파악하고 그리로 갔다는 것은 왕실 주변에 그런 정보를 제공할만한 누군가가 있었다는 얘기가 된다.

백길 기사 이후 우릉도와 관계된 기사가 다시 나타나는 것은 1018년(현종 9·무오)과 1019년(현종 10·기미)이다. 우산국이 동북여진의 침략으로 농업을 폐했으므로 농기구를 주었다는 것과 우산국 민호로 여진의 침략을 피해 도망 온 자들을 돌려보냈다는 내용이다.

그리고 1022년(현종 13·임술) 가을 7월에 도병마사(都兵馬使)가 아뢰기를 '우산국의 백성으로 번호(蕃胡)에게 잡혀갔다가 도망해 온 자들을 예주(禮州·영해)에 살게 하여 영구히 그 지방 편호(編戶)로 하소서.'하니 그 말을 따랐다는 기사가 나온다. 〈고려사〉 지리지에 의하면 우릉 또는 우산국은 교주도 울진현에 속하는 지역이다. 그런데 왜 도병마사는 번호에서 도망쳐온 우산국 백성들을 울진현이 아닌 경상도 예주의 민호로 편성하자고 요청했을까? 이것은 예주와 우산국이 행정적인 관계를 떠나 어떤 특별한 관계에 있었다는 점을 암시하고 있다.

〈백씨 대동보〉에 의하면 백길의 증손자인 백간미(白簡美)의 묘는 영해부 서쪽 용두산 동록(東麓) 추자동에 있었으나 실전되었다고 한다. 박인량(朴寅亮·?~1096)이 쓴 신도비도 있었다고 하니 백간미의 유택이 영해에 있었다는 점은 확실한 것 같다. 개경이나 대흥 등지와 영해의 거리는 가깝지 않다. 무슨 특별한 사정이 없는 한 묘지는 거주지와 멀지 않은 곳, 또는 고향에 마련하는 것이 일반적이다. 백간미는 무슨 이유로 영해에 묻혔을까? 또 같은 책에 의하면 백간미의 둘째 아들 백양신(白良臣)은 만년에 직산(稷山)으로 갔다고 한다. 개경에서일까, 영해에서일까? 백양신의 아버지가 영해에 묻혔다는 사실을 감안하면 백양신이 비록 개경에서 벼슬을 했을지라도 그의 연고지가 영해였을 가능성이 높다. 우산국 백성들을 영해에 편호하여 영구히 살게 했다는 앞서의 기사와 우릉도 사절 백길의 후손이 영해에 연고를 둔 것을 감안하면 우릉, 또는 우산국의 본토 거점이 영해일 확률은 매우 높다.

그리고 1032년(덕종 1·임신년) 11월 우릉성주(羽陵城主)가 그 아들 부어잉다랑(夫於仍多郎)을 보내와 토산물을 바쳤다는 기사가 보인다. 백길이 사신으로 왔던 때로부터 약1백년 후의 일이다. 夫於仍多郎을 한자 뜻 그대로 해석하자면 잉다랑(仍多郎)에서 온 사내[夫] 쯤이 될 것이다. 이미 한자로 이름쓰기가 일반화된 고려 중기에 부어잉다랑이라는 이름은 아무래도 어색하다. 이는 한자 뜻으로 읽어야 하는 이름이 아니라 소리 나는 대로 읽어야 하는 것인지도 모른다. 夫於는 扶餘(부여) 또는 夫餘(부여), 夫余(부여), 扶余(부여)로 써도 될 것이며, 仍多郎은 陽達(양달), 良達(양달), 永達(영달), 英達(영달), 良多婁(양다루)……등으로 표기해도 될법하다. 따라서 부어잉다랑을 다른 한자로 쓰자면 扶餘良達, 扶餘永達, 扶餘良多婁, 夫餘良達……등으로 표기할 수도 있을 것이다. 알다시피 扶餘(부여)는 백제의 왕성(王姓)이며 夫餘(부여)는 기원전 2세기경부터 서기 494년까지 북만주 일대에 존속했던 예맥계의 나라 이름이다.

그런데 扶餘 또는 夫餘라는 말은 벌(伐), 불(弗), 부리(夫里) 등의 고어와 관련이 있다는 설도 있고, '뿌옇다, 희다' 등의 순 우리말을 한자로 표기하는 과정에서 그렇게 되었다는 견해도 있다. '뿌옇다'의 형용사가 명사로 바뀐 말이 '뿌여'라는 것이다. 그런데 '뿌'음의 한자가 없으므로 발음이 비슷한 '부'로 써서 부여(扶餘)가 된다는 것이며, 곧 부여는 태양의 중천희백(中天羲白) 상태를 나타내는 말이라는 것[21]이다. 이렇게 보자면 부여는 곧 백(白)이고, 백은 곧 부여라고 할 수 있다.

여기서 다시 앞에서 본 우릉도 사자 백길의 기사로 돌아가 보자. 서기 930년에 고려조정에 온 백길이 우릉도 토두의 아들이고 토두의 성이 백씨라면 약1백년이 지난 1032년에 온 우릉성주의 아들 이름은 왜 부어잉다랑이었을까? 그동안 토두 또는 성주의 성이 바뀐 것일까? 그것은 아닐 것이다. 그동안 고려조정이 우릉도, 우릉성 또는 우산국에 대해 특별히 그 지도부와 불화했다거나 지도부를 교체했다는 기록은 보이지 않는다. 그렇다면 백길의 '백'과 부어잉다랑의 '부어'는 같은 뜻을 다르게 표기한 것일지도 모른다. 백길을 부어잉다랑 식으로 표기하자면 扶餘基婁(부여기루), 扶餘基里(부여기리) 등으로 쓸 수도 있지 않았을까?

우릉도 사자 백길은 자신의 원래 이름 부여기루, 또는 부여기리라고 말했지만 기록하는 사람이 뜻을 새겨서 白吉로 적었을 수도 있고, 아니면 원래 이름 부여기루·부여기리 등을 그대로 발설하기 어려운 어떤 사정 때문에 음가(音價)는 다르지만 뜻이 같은 한자식으로 白吉이라고 말했을 수도 있다. 같은 맥락에서 부어잉다랑 역시 부여잉다랑이라고 말하자 적는 사람이 한자식으로 표기하지 않고 소리 나는 그대로 적었을 수도 있고, 아니면 扶餘라는 성을 밝혀도 괜찮을 만큼의 사정- 예컨대 본토의 정치적 안정 등- 이 되었기 때문에 굳이 白良達(백양달) 또는 백양다루(白良多婁) 식의 한자이름을 말하지 않았을 수도 있다.

다시 보이는 울릉도 기사는 1141년(인종 19·신유), 명주도 감창사(監倉

---

21) 김중태, 앞의 책, 98~99면

使) 이양실(李陽實)이 사람을 울릉도에 보내, 과실의 씨와 이상한 나뭇
잎 등을 채취해 바쳤다는 것과 1157년(의종 11·정축), 왕이 동해 가운데
에 우릉도(羽陵島)란 섬이 있어 백성이 살 만하다는 말을 듣고 명주도
감창 김유립(金柔立)을 보내 시찰케 했다는 것이 있다. 유립은 돌아와
섬의 크기와 옛 촌락의 흔적, 석불 등의 유물들을 보고했다. 훗날 무신
정권시대인 고종 30년(1243·계묘)에는 최이(崔怡)가 동해중의 울릉도(蔚
陵島)라는 섬의 땅이 비옥하고 해산물이 많다는 말을 듣고, 사람을 보
내 시찰케 한즉 집터와 주춧돌이 완연히 있었으므로 동부지방 군(郡)
의 주민들을 이주시켰다고 한다. 그러나 그 후 풍랑과 파도가 험악해서
익사자가 많았으므로 이민을 중지시켰다[22]는 기사가 보인다. 이로 보아
1141년에서 1243년까지 약1백 년 동안 울릉도에는 사람이 살지 않은
것 같다. 여진족의 약탈 등이 그 원인이었을 것이다. 그리고 1246년(고종
33·병오) 5월 국학학유 권형윤(權衡允)과 급제 사정순(史挺純)을 울릉도
안무사(安撫使)로 임명했다는 기사가 보인다. 고종 33년 5월이면 고려
조정이 몽고군을 피해 강화도에 들어가 있을 때인데, 안무사 임명이 말
그대로 울릉도 백성을 안정시키고 위무(慰撫)하기 위해서인 것 같지는
않다. 울릉도를 강화도보다 더 안전한 피난처로 생각하여 사전조사 차
원에서 이들을 보낸 것으로 여겨진다.

그 후 몽고의 침입이 계속되고 국내사정이 뒤숭숭해지자 울릉도로
들어가려는 사람들이 다시 생기기 시작했다. 1259년(고종 46·기미) 7월
울진현령 박순(朴淳)이 처자와 노비 및 가산을 배에 싣고 울릉도로 가
려다가 백성들에게 들켜서 잡혀오고, 배에 실렸던 가산은 뱃사람들이

---

22) 〈고려사〉 열전 최충헌(崔忠獻) 전 부(附) 최이(崔怡) 전

가지고 도망쳤다는 기록이 있다.

그리고 1346년(충목왕 2·병술) 동계의 우릉도(芋陵島) 사람이 와서 조회했다는 기사가 있는데, 여기에는 토두(土頭)나 도주(島主), 성주(城主) 등의 표시 없이 그냥 우릉도인(人)이라고 되어 있다. 1379년(우왕 5·기미) 왜구가 무릉도(武陵島)에 반달을 머물다 갔다는 것이 마지막 기사다.

이후 조선시대에 와서 백가물(白加勿)이란 울릉도 사람의 기사가 〈조선왕조실록〉에 보인다. 1412년(태종 12·임진) 4월15일 강원도관찰사의 보고에 의해 의정부에서 백가물 등 유산국도(流山國島) 사람을 처리하는 방법에 대해 의논하였다. 유산국도 사람 백가물 등 12명이 고성(高城) 어라진(於羅津)에 정박하여 말하기를 '우리는 무릉도(武陵島)에서 태어나고 자랐다. 섬 안의 인호(人戶)가 11호이고, 남녀가 모두 60여 명인데, 지금은 본도(本島)로 옮겨와 살고 있다. 이 섬이 동에서 서까지, 남에서 북까지가 모두 2식(息) 거리이고, 둘레는 8식 거리이다. 우마(牛馬)와 논이 없으나 오직 콩 한 말만 심으면 20석 혹은 30석이 나고, 보리 1석을 심으면 50여 석이 난다. 대[竹]가 큰 서까래 같고, 해착(海錯)과 과목(果木)이 모두 있다'라고 하였다는 것이다.

조선은 1417년(태종 17·정유) 김인우(金麟雨)를 안무사로 파견하여 울릉도 주민들을 귀환시킨 이래 계속 공도(空島)정책을 폈다.

이상의 여러 사실들 - 백제 멸망(660년)과 부흥운동의 좌절, 부여풍의 임존성 탈출(662년)과 백씨 시조 백우경의 신라 출현(780년), 우릉도 토두의 아들 백길의 고려조정 내조(930년), 백길의 아들이자 대흥백씨인 백사유의 등과(973), 백씨일 가능성이 높은 우릉성주의 아들 부어잉다랑의 토산물 진상(1032년), 무릉도 사람 백가물의 등장(1412년) 등 - 시간적으로는 서로 떨어져있지만 이들은 어떤 맥락을 갖는 것은 아닐까? 여기에 비록 실전되기는 했지만 백길의 증손자인 백간미의 묘가 영해에 있었다는 사실, 대흥 곧 임존성·직산 곧 위례성이란 지역의 상징성 등 공간적 배치를 더하면 백씨라는 존재는 백제의 건국 및 멸망과 관련 있는 한반도의 서쪽에서 그 반대편인 동쪽 끝을 오가는 이동 궤적을 그리고 있는 셈이다. 여기서 다소 거칠게 추론(推論)해보자.

백제가 멸망하자 임존성과 주류성을 중심으로 백제부흥운동이 일어난다. 복신(福信)과 도침(道琛), 부여풍 등 지도부의 분열로 부흥운동은 실패한다. 복신과 도침은 죽고 부여풍은 몸을 감춘다. 부여풍의 아들로 여겨지는 부여충승과 부여충지 등 대부분의 군사들이 당나라군에 항복했으나 지수신(遲受信)만이 임존성을 거점으로 버티다가 결국 함락당한다. 여기서 몸을 뺀 어느 백제인(그의 성은 '뿌여'라고 읽고, '扶餘'로 썼을 것이다)이 신분을 숨기고 백제의 고토를 전전하며 살아남는다. 그는 장엄하게 끝난 임존성, 곧 대흥의 최후를 목격했기 때문에 대흥에 대한 기억들을 자손들에게 온전하게 전했을지도 모른다. 아울러 임존성과 함께 부흥운동의 주요거점이었던 주류성 곧 남포에 대한 추억 역시 전했을 것이다. 이로 인해 이들은 알게 모르게 이들 지역을 중심으로 세거(世居)했음직하다.

그리고 이들 후손 가운데 태안 즉 소주(蘇州)에 살던 우경이란 인물이 뿌여(=扶餘)의 뜻을 가진 白이란 성을 자처하며 신라조정을 찾는다. 출자를 밝힐 수 없는 사정 때문에 자신을 당나라 소주에서 온 백우경이라고 소개한다. 백우경은 학문을 바탕으로 신라에 뿌리를 내린다. 그의 후손들 중 일부가 어떤 이유로 우산국에 입도하여 영해를 본토의 거점으로 삼고서 활동한다. 이들이 언제, 무슨 이유로 우산국으로 갔는지를 유추할 수 있는 단서는 없지만 신라 하대의 정치적 혼란이나 흉년 같은 경제적 이유, 또는 사회적인 어떤 문제와의 연관성 등을 상정해볼 수 있다.

천년왕국 신라가 드디어 멸망의 조짐을 보이고 새로운 나라 고려가 일어나는 시간대에 우릉도 토두(土頭)는 그 아들 백길을 보내 토산물을 바치고 향직을 얻는다. 백제가 멸망한지 2백70년, 그의 선조 백우경이 신라에 나타난지 1백50년 후의 일이다. 백길은 고려조정에서 벼슬을 하고 그의 아들 백사유는 과거에 급제한 유자(儒者)로서 역시 고려조정에 봉사한다. 이때부터 이들은 지방의 토호가 아니라 중앙의 관료계층으로 편입이 된 것이다. 하지만 이들은 임존성 곧 대흥이란 지명의 상징성을 잊지 않고 자신들의 본관으로 삼았을지도 모른다. 실제로 백길과 백사유 부자(父子)가 대흥에서 살았다는 기록이나 흔적은 보이지 않는다. 묘지명에 대흥인으로 기록된 백임지조차도 대흥에서 살았던 것 같지는 않다. 남포에서 살았다고 하는데 남포는 그의 외향, 곧 외조부의 고향이었다. 한편 백길의 아우 백탁 계열은 남포라는 본관을 씀으로써 임존성(대흥)과 주류성(남포)은 이들 후손들 머릿속에 어떤 상징적인 의미와 장소로 남게 된 것이 아닐까?

백길은 우릉도 토두의 장남임에도 불구하고 그의 아들 백사유는 우릉백씨나 영해백씨가 아니라 대흥백씨라고 한다. 백길의 후손들은 비록 우릉도에 가서 살지는 못하지만 우릉도 가까운 본토의 동쪽 끝 영해를 택해서 살았을 수도 있다. 그러다가 그의 증손자인 백간미는 영해의 용두산에 묻히고, 백간미의 아들 백양신은 직산 곧 옛날 백제의 시조 온조가 나라를 세운 곳으로 알려진 위례성으로 갔다.

그 후 백양신의 후손 백견이 영해로 다시 온 것은 영해가 처갓집 영해박씨의 터전이라는 이유도 있었겠지만 자신의 조상 곧 백길 이래 백간미까지의 흔적이 있는 곳이란 점도 작용했을 것이다. 고려 후기 대흥백씨가 영해에 오면서 처음 터를 잡은 곳이 오늘날 병곡면 각리(角里)란 마을임을 나타내는 설화가 있다. 각리의 유래는 마을 뒤로 뻗은 등운산의 산맥과 하천의 형상이 마치 용의 뿔과 같이 생겼으므로 각실(角室) 또는 각리라고 했다는 것이다. 전설에 의하면 각 1리는 고려 후기에 대흥백씨가 마을을 개척하여 살다가 임오년 대홍수로 용두천이 범람하고 마을이 폐허가 되자 백씨는 떠나고 다른 성씨가 들어왔다[23]고 한다. 여기서 임오년이 언제인지는 확실하지 않다. 1342년(충혜왕 후3년·임오)에는 홍수에 관한 기사가 없고, 1402년(조선 태종 2·임오)과 1462년(세조 8·임오), 1522년(중종 17·임오)에는 큰비가 내리고 홍수가 졌다는 기사가 자주 보이지만 각리를 폐허로 만든 임오년 대홍수가 언제인지는 확인할 길이 없다.

각리는 잉량화마을의 왼쪽에서 약간 북쪽에 있다. 담암의 외가인 거무역과 잉량화 마을의 중간쯤에 있는 각리는 잉량화 마을과는 달리 동향이다. 물론 보일 리는 없지만 이 마을 각리와 울릉도는 서로 마주보는 위치에 있다. 따라서 담암과 영해의 관계도 이런 통시성과 공간성을 함께 고려해야 할 것이다.

한편 장남 백길과 차남 백탁 계열은 중앙귀족으로 신분을 바꾸어갔지만 토두의 또 다른 후손들은 우릉도에 남아서 자신들의 가계를 이어갔을 것이다. 그 후손 중 하나가 우릉성주이고, 그는 1032년(덕종 1년) 11월 아들 부어잉다랑을 고려조정에 보내 공물을 바친다. 고려 말 왜구의 침략 등으로 우릉도가 황폐해졌고 토두나 성주 따위의 신분을 나타

---

23) 영덕군청 홈페이지 병곡면 지명 유래

내주는 칭호도 없어졌다. 1346년(충목왕 2년)의 우릉도인(人)이 와서 조회했다는 기사는 이런 사실을 반영했을 것이다. 그리고 1412년(태종 12년) 백가물 기사가 나온다. 1417년(태종 17년)의 공도정책 이래 백씨와 울릉도의 인연은 끊어진다.

〈백씨 대동보〉에 부어잉다랑이나 백가물 등 울릉도 관련 백씨들의 이름은 보이지 않는다. 어쩌면 이들은 가령 백양달(白良達·부어잉다랑)이나 백현(白玄·백가물) 같은 한자식 이름을 대동보에 올렸을지도 모른다.

우릉성주(羽陵城主)가 아들 부어잉다랑(夫於仍多郞)을 보내 토산물을 바치게 했다는 〈고려사〉의 기사(〈고려사〉 세가 덕종 원년(1032) 11월 병자일)

3.
담암의 가족

1. 아버지 백견(白堅)과 어머니 영해박씨

신라시대의 다소 모호했던 담암의 상계(上系)는 신라 말과 고려 초를 거치면서 어느 정도 확실한 계대가 가능하게 되었다. 〈백씨 대동보〉 등에 의하면 중시조 백창직(白昌稷)은 길(吉)을 낳고, 길은 사유(思柔)를 낳고, 사유는 휘(揮)를 낳고, 휘는 간미(簡美)를 낳고, 간미는 양신(良臣)을 낳았으니 백양신은 바로 담암의 고조부가 된다.[1] 이들은 비록 권문세족으로 성장한 것 같지는 않지만 당대의 지방호족으로서 또는 중앙정부의 문무 관료로서 일정한 역할을 했을 것이다. 이러한 사실은 이들의 혼인관계를 통해 어느 정도 유추할 수가 있다.

백창직의 첫째부인은 상화공주 박씨로 신라 제54대 경명왕(景明王 ·?~924)의 딸이다. 다음 부인은 진천임씨 대광 임희(林曦)의 딸이다. 임

---

1) 백씨의 중시조인 1세 백창직(白昌稷)은 나말여초의 인물로 알려져 있다. 고려건국이 서기 918년이고 10세에 해당하는 담암은 1303년에 출생했다. 즉 고려건국 385년 후인데, 이 사이가 10세라면 세대(世代)간 간격이 상당히 벌어진 것이다. 10대동안 세대별로 평균 38.5세에 후손을 낳은 셈이다. 몇 대의 누락이 있는 것으로 보이지만 확인할 길은 없다.

희는 고려 제2대 혜종의 장인이다. 백길의 부인은 충주유씨 내사령 유긍달(劉兢達)의 딸이다. 유긍달은 충주의 호족으로 태조의 3왕비인 신명순성왕후 유씨의 아버지다. 신명왕후는 고려 제3대, 제4대왕인 정종과 광종을 낳았다. 백사유의 부인은 낭주최씨 내사령 최지몽(崔知夢·907~987)의 딸이다. 최지몽은 태조 왕건의 꿈을 풀이해준 사실로 유명하다. 백휘의 첫째부인은 개성왕씨 위정공 왕식렴(王式廉·?~949)의 딸(혹은 손녀)이다. 왕식렴은 태조 왕건의 사촌동생이다. 다음 부인은 예빈경 김렴(金廉)의 딸이다. 백간미의 부인은 광산김씨 평장사 김책(金策)의 딸이다. 백양신의 부인은 손씨(孫氏)이다.

이상의 혼인관계에서 알 수 있는 것은 신라 말 고려 초에 이 가문이 당대의 왕족 혹은 호족들과 맺었던 혼인관계가 점차 일반관료 가문으로 옮아간다는 점이다. 이는 고려사회의 지배구조가 호족 중심에서 점차 일반관료 중심으로 변화한다는 점을 시사해주는 것이기도 하지만 이 가문의 번영이 점차 쇠해간다는 점도 알려준다. 물론 백양신의 후예 중에 백원항(白元恒·?~?) 같은 인물도 있었다. 담암의 조부와 사촌형제 간인 백원항은 담암에게는 재종조부가 된다. 그는 1279년(충렬왕 5·기묘) 국자감시에 장원급제한 이래 여러 관직을 두루 거쳤고, 1317년(충숙왕 4) 9월에는 총부전서로서 동(同)고시관이 되어 홍의손(洪義孫) 등의 진사를 선발한 적도 있다. 1321년(충숙왕 8·신유)에는 밀직사·첨의평리가 되었으며, 같은 해에 상왕인 충선왕의 환국을 요청하는 글을 원나라 중서성에 보내는 등 충선왕을 위해 헌신한 당대의 명사였다. 호는 창계(蒼溪)이고 시호는 문의(文毅)인데, 20편 가까운 그의 시문이 〈동문선〉에 실려 전하고 있다.

그런데 백양신의 아들이자 담암의 증조부가 되는 사람은 이름을 알 수 없다. 백양신의 손자, 즉 담암의 조부 또한 그렇다. 그리고 담암의 아버지 백견(白堅)이 있다. 백견은 백원항 같은 사람과 달리 무신(武臣)으로 입신을 꾀했던 것 같다. 백견이 어떤 연유로 무관의 길로 들어서게 되었는지는 알 수 없지만 대대로 문신을 배출한 가문의 후예로서는 드문 일이다. 백견의 선계는 중시조 백창직과 그 아들 백길이 무신일 뿐 백길의 아들 백사유 이래 백양신까지는 모두 문신들이었다. 백사유의 등과는 앞에서 보았지만 그 아들 백휘 또한 16세에 급제한 것으로 나온다. 백휘의 아들 백간미 역시 성종 대에 급제했다. 백간미의 아들 백양신의 급제 여부는 미상이지만 그의 시호가 문간(文簡)인 점을 미루어보면 문신이었을 것이다. 그런데 백견은 무신의 길을 걸었다. 그가 무신의 길을 걷게 된 것은 그 사이 무신들의 집권으로 무신에 대한 사회일반의 인식이 바뀐 점, 대몽항쟁 과정에서 무신의 중요성이 부각된 점 등의 원인도 있었을 것이다. 이외에 그의 개인적 재능이 무신의 길을 가기에 더 적합했기 때문일 수도 있다. 가령 활을 잘 쏘았다든지 검술이 뛰어났다든지 하는 재능이다.

〈고려사〉 세가에는 1294년(충렬왕 20·갑오) 12월에 낭장(郞將) 백견을 원 나라에 보내 곡육(鵠肉·고니고기)을 바쳤다는 기사가 나온다.

고려 제25대 충렬왕(1236~1308)은 원(元) 세조의 딸인 제국대장공주와 1274년 5월에 혼인하고 그해 6월 아버지 원종이 죽자 귀국하여 왕위에 오른 사람이다. 그의 재위 34년간은 원나라에 대한 고려의 종속이 본격화하는 시점이다. 따라서 원과의 빈번한 교류가 있었는데 왕 자신과 공주, 세자 등을 포함하여 일반 신료들까지 충렬왕 재위기간동안 원에 간 횟수는 1백50회를 상회한다. 이 가운데 신년하례, 황제생일 축하 등에 사신을 파견한 것을 제외하고 매나 고니고기, 꿩[野雞] 따위의 물품을 진상한 횟수만 30회 가까이 된다.

그런데 1294년에 낭장 백견을 파견하여 곡육을 바쳤다는 기사와 약 30회에 이르는 특산품 진상 기사를 함께 살펴보면 몇 가지 사실을 발견할 수 있다.

우선 1294년이라면 담암이 태어나기 9년 전이다. 물론 예외는 있겠지만 당시의 혼인연령을 20세 전후로 보고 자녀와의 나이 차이를 30세 정도로 보자면 백견은 1270년 전후에 태어나지 않았을까 추정된다. 1294년이면 25세 정도가 된다. 낭장이 비록 정6품의 그리 높지 않은 직급이지만 상당히 빠른 진급으로 볼 수 있다. 급제 유자인 담암이 26세에 정9품의 춘추관 검열에 보임된 것을 감안하면 알 수 있는 일이다.

다음은 낭장이란 지위에 관해서이다. 충렬왕 대에 낭장으로서 물품 진상을 위해 원에 파견된 사람은 백견과 황서(黃瑞)라는 사람뿐이다. 낭장 황서는 1297년(충렬왕 23·정유) 1월 금화(金畵) 그린 자기(瓷器)와 꿩[雉]과 탐라의 우육(牛肉·쇠고기)을 바친 것으로 나온다. 충렬왕 때 원에 파견된 무관들의 직급은 이 두 사람을 제외하고는 최소한 정4품의 장군이거나 종3품의 대장군 급이었다. 따라서 정6품급인 낭장 백견이나 황서 같은 사람은 아주 특별한 경우라고 할 수 있는 것이다.

그리고 곡(鵠)이라는 조류에 관해서이다. 조선후기의 학자 이익(李瀷·1681~1763)은 〈성호사설(星湖僿說)〉에서 '우리나라에는 학(鶴)과 천아(天鵝) 외에 따로 곡(鵠)이란 새가 없는데 〈고려사〉에는 헌곡(獻鵠)이란 말이 자주 적혀 있다. 생각건대 이는 학인 듯하다'라고 했다.[2] 그러나 단순히 곡(鵠)이 아니라 곡육(鵠肉)이라고 하면 얘기가 달라진다. 곡이 학

---

2) 이익(李瀷), 〈성호사설〉 권4, 만물문(萬物門)

이라면 곡육은 학의 고기가 되는데 학의 고기를 어디에 썼을까?

원대한 포부를 홍곡지지(鴻鵠之志) 또는 곡지(鵠志)라고 하는데 여기서 곡은 높이 나는 새다. 정곡(正鵠)이란 말도 있다. 과녁의 한가운데 점을 뜻하지만 목표 또는 핵심의 비유로 쓰인다. 그런데 원래 정은 민첩한 솔개의 이름이고, 곡은 고니를 가리키는 말이었다고 한다. 솔개와 고니는 높이 날고 민첩하기 때문에 좀처럼 잡기 어려운, 따라서 매우 귀한 새라고 할 수 있다. 백견이 낭장이란 높지 않은 직급으로 원에 파견될 수 있었던 것은 귀한 곡을 스스로 포획했기 때문으로 추정할 수 있다. 이는 그가 매우 뛰어난 궁술의 소유자였음을 시사해주는 대목이다. 따라서 백견이 무관의 길을 택한 것은 자신의 탁월한 활솜씨가 중요한 이유였다고 추정된다.

백견의 아버지와 할아버지의 이름이 후세에 전하지 않은 점으로 보아 크게 현달한 인물들은 아니었을 것이다. 또는 일찍 고아가 되었다든지 가세가 매우 어려워졌기 때문에 백견은 어쩔 수 없이 자신의 재능만으로 입신해야 하는 처지였을 수도 있다. 충렬왕 이래 고려인들 중에는 통역관이나 매의 사육·포획을 담당한 응방(鷹坊) 등의 일을 통해 이른바 출세한 인물이 적지 않았다. 개중에는 재상 급으로 올라간 경우도 있었다. 이는 고려와 원(元)의 새로운 역학관계에서 나타난 현상의 일단이다. 따라서 백견이 자신의 재능을 십분 활용하여 입신출세를 시도한 것은 매우 자연스런 일이었다. 그럼에도 그는 재상 반열에는 이르지 못하고 정4품 승평부사(昇平府使)를 끝으로 관직에서 물러난 것으로 보인다. 승평은 현재의 전남 순천이다.

담암의 외가인 영해박씨(고려 성종 때 영해는 단양이라고 불렸다)는 신라 제19대 눌지왕 때의 충신 박제상(朴堤上·363~419)을 시조로 하고 있다. 그 후 박제상의 26세손 박명천(朴命天)이 고려 때 전법판서(典法判書)를 지내고 삼중대광벽상공신으로 예원군(禮原君)에 봉해졌으므로 후손들은 영해를 본관으로 삼았다. 박제상을 시조로, 박명천을 중시조로 세계를 이어왔는데 시조의 30세손인 박태고(朴太古) 대에 와서 용재(用財)와 용량(用良)이란 아들을 두었다. 박용재는 예빈경, 박용량은 상서좌복야라는 벼슬에 올라 영해박씨의 양대 맥을 이루게 된다.

박용재의 손자가 고려 고종 때의 위사공신(衛社功臣) 박송비(朴松庇·?·1278)이다. 그는 1258년(고종 45·무오) 대사성 유경, 별장 김준 등과 함께 최씨 정권의 마지막 후계자인 최의를 살해하고 정권을 왕에게 돌려주었다. 이 공으로 박송비는 대장군에 이어 공신이 되었다. 그리고 이듬해에는 그 공으로 내향 예주(禮州)를 덕원소도호부로 승격시키고 다시 예주목으로 승격시켰다.

용재의 아우 용량의 손자가 박인근(朴仁謹)인데 신호위 대장군이며, 인근의 아들이 고려 때 문하시중으로 통해군(通海郡)에 봉해진 박세통(朴世通)이다. 〈고려사절요〉에는 1217년(고종 4·정축) 5월에 최충헌의 둘째아들인 장군 최향 등 다른 장군들과 함께 쌀과 베를 받았다는 기사가 나오고, 〈고려사〉 세가에는 1228년(고종 15·무자) 12월 병부상서가 된 것으로 나타난다. 세통의 아들 박홍무(朴洪茂)는 1257년(고종 44·정사) 12월 추밀원부사가 된 사실이 〈고려사〉에 보인다. 홍무의 아들은 박감(朴瑊)인데 좌복야에 이르렀다. 박감은 바로 담암의 외조부가 된다.

앞의 여러 기사를 감안하면 영해박씨는 박세통의 재종숙인 위사공신 송비를 비롯해서 인근, 세통, 홍무, 감 등에서 보듯 무신으로서 가세를 일으킨 가문으로 보인다. 그런데 〈역옹패설(櫟翁稗說)〉에는 박세통이 거북이 같은 큰 동물을 살려주고 그 보은으로 3대 재상을 하게 되었다는 설화가 실려 있다.

　근세에 통해현(通海縣)에 거북처럼 생긴 큰 동물이 조수를 타고 포구에 들어왔다가 조수가 빠져서 나가지 못했다. 백성들이 그것을 죽이려 하자, 현령 박세통(朴世通)이 말려서 굵은 새끼로 배 두 척에 매어 바다에 끌어다가 놓아 주었다. 꿈에 한 노인이 나타나 절하며 말하기를 '내 아이가 날을 가리지 않고 나가 놀다가 솥에 들어갈 뻔 했는데 다행히 공(公)이 살려 주어 그 음덕이 큽니다. 공과 공의 아들·손자 3대가 반드시 재상이 될 것입니다'라고 했다. 세통과 아들 홍무(洪茂)는 재상의 지위에 올랐으나 그 손자 감(瑊)은 상장군(上將軍)으로 치사(致仕)하게 되었다. 이에 불만을 품고 시를 지었다.

　'거북아 거북아 잠들지 말거라, 3대 재상이 다 빈말이로구나.[3]

　이날 밤에 거북이 꿈에 나타나 '그대가 주색에 빠져 스스로 복을 감한 것이지 내가 은덕을 잊은 게 아니요. 그러나 한 가지 좋은 일이 있을 것이니 조금만 기다리시오'라고 말했다. 며칠 지나자 과연 치사가 취소되고 복야가 되었다.

　〈역옹패설〉은 고려 후기 익재 이제현이 지은 시화·잡록집이다. 여기에는 고려 성종 때 문신 서희(徐熙·942~998)의 할아버지로, 이천서씨의 시조인 서신일(徐神逸)과 사슴의 보은설화도 수록돼 있다. 이제현이 〈역옹패설〉을 지은 것이 1342년(충혜왕 복위 3·임오) 경이므로 아마 박세통 설화는 담암이 전해준 이야기가 아닌지 모르겠다. 이 설화의 주인공들이야말로 바로 담암 자신의 외조, 외증조, 외고조이기 때문이다.

　아무튼 담암의 외가는 무신으로 기가하여 3대재상을 연이어 배출한

---

3) 이제현, 〈역옹패설(櫟翁稗說)〉 전집(前集) 2, 시의 원문은 龜乎龜乎莫耽睡 三世宰相虛語耳

가문으로 크게 기세를 떨쳤다. 이 때문에 영해박씨 세거지는 '부역을 면제받고 거주하는 동네'란 의미로 마을 이름이 거무역(居無役)이 되었다고 한다.

2. 부인 평해황씨와 다섯 아들

반드시 그런 것은 아니지만 대개의 혼사가 비슷한 문벌과 이루어진다는 전제에서 보자면 담암의 처가 역시 무관 집안일 것으로 보인다.

담암의 처가인 평해황씨(평해의 별호는 기성이다)는 그 시조가 중국 후한 때의 유신 황락(黃洛)이라는 사람이다. 사실 여부는 부정확하지만 그는 중국 절강 출신인데 28년(신라 유리왕 5·무자) 교지국에 사신으로 다녀오다가 풍랑을 만나 오늘날 울진군 평해에 표류하여 정착했다고 한다. 그 후손 중에 황온인(黃溫仁)이 고려 때 금오위대장군을 지내고 평해에서 세거하게 됨으로써 후손들은 황락을 시조로, 황온인을 1세조로 삼아 세계를 이었다. 황온인의 아들인 우정(佑精)은 군기소윤(少尹), 황우정의 아들인 유중(裕中)은 시중에 이르렀다고 한다. 그러나 이들의 행적은 〈고려사〉 등의 사서에는 나오지 않는다. 황유중이 아들 3형제를 두었는데 진(璡), 서(瑞), 용(瑢)이다. 이중 둘째인 황서(黃瑞)가 바로 담암의 장인이다.

황서는 앞에서 본 1297년(충렬왕 23·정유) 1월, 금화 그린 자기(瓷器)와 꿩[雞], 그리고 탐라의 우육(牛肉·쇠고기)을 바치기 위해 원나라에 파견되는 낭장 황서와 같은 인물이다. 황서는 충렬왕 대 말 익대(翼戴)공신이 되어 그의 본향인 평해현을 평해군으로 승격시키는데 기여한 걸로 나온다. 〈고려사〉 지리지 경상도 예주 평해군 조에는 충렬왕 때 이 현(縣)사람인 첨의평리 황서가 임금을 모시고 원나라에 갔다가 익대공신이 되어 돌아왔는데, 이 공으로 지군사(知郡事)가 되었다는 내용이 있다. 〈신증동국여지승람〉평해군 조에는 충렬왕 때 이 현 사람 황서가 왕을 호종해서 원에 갔는데 익대의 공이 있어 평해현이 평해군이 되었다는 내용이 나온다. 1324년(충숙왕 11·갑자년) 6월에도 황서는 재상급인 평리(評理)로서 원나라 황후와 태자의 책봉을 축하하는 사절로 갔다는 내용이 〈고려사〉세가에 보인다. 황서의 시호는 충절(忠節)이다.

이러한 내용으로 미루어 황씨 가문은 무신집권기에 중견층의 무신을 배출하기 시작하다가 황서의 대에 와서 이를 기반으로 원과의 새로운 관계가 정립되는 시기에 가세를 크게 일으킨 것으로 보인다. 요컨대 황서는 중견층 무신가문 출신으로 원나라와의 관계를 통해 입신한 사람이라고 할 수 있고, 이는 담암의 부친 백견의 경우와 유사하다. 담암은 황서의 자녀 1남2녀 중 장녀를 배우자로 삼았다.

황서의 아들 종량(宗亮)은 고려조에 호부전서를 지냈고 손자 세영(世英)은 향공진사, 증손 용기(龍起)는 예빈정이었다고 한다. 이렇게 보자면 이 가문은 황서 대의 가세가 후대에 점차 기울어가는 듯이 보이지만 조선시대에 와서도 일정 부분 가세를 이어갔다고 여겨진다.

우선 황서의 형인 황진의 6세손 황희석(黃希碩·?~1394)은 고려 말 조선 초의 무신으로 조선 개국에 기여하여 개국공신이 된 사람이다.

황서의 10세손 황응청(黃應淸·1524~1605)은 조선 선조 때의 학자로 그의 호인 대해(大海)선생으로 널리 알려진 인물이다. 또 황응청의 동생 응징(應澄)의 아들인 황어일(黃汝一·1556~1622)은 조선 중기의 문신이다. 1585년(선조 18·을유) 개종계별시문과(改宗系別試文科)에 을과 장원으로 급제한 이래 임진왜란 당시 권율의 종사관이 되는 등 여러 관직을 거쳤다. 호는 해월헌(海月軒)이다.

다시 한 번 보자면 담암의 처가 쪽인 평해황씨는 고려조 무관 집안으로 일어났으나 조선조에 들어오면서 문무 양쪽을 아우르는 가문으로 성장했음을 알 수 있다.

〈담암일집〉의 행장이나 〈백씨 대동보〉, 〈대흥백씨 세보〉 등에 의하면 담암은 부인 평해황씨와의 사이에 다섯 아들을 둔 것으로 나온다. 차례대로 선(瑄), 진(晉 또는 瑨), 수(需), 환(渙), 항(恒)이다. 여기서 주목할 것은 장남을 제외하고는 나머지 아들들의 이름이 모두 〈주역〉의 괘 이름이라는 점이다. 그럼 왜 장남의 이름만 구슬 옥(玉)변에 베풀 선(宣)자를 썼을까? 추측컨대 장남의 경우 그 작명에 있어서 아버지인 담암의 의지보다 그 조부모들의 뜻이 더 반영된 것이 아닌가 싶다. 그러다가 둘째 아들부터는 아버지 담암의 의지대로 〈주역〉 괘 이름으로 작명을 했다고 보는 것이다. 그런데 차남의 경우, 晉 또는 瑨으로 쓰인 것은 아버지와 조부모의 의지가 하나로 통일되지 못해서이거나, 아니면 훗날 본인이 스스로 瑨으로 고쳐서 사용했기 때문에 이런 혼선이 생겼을 수 있다. 차남 백진의 경우, 담암 생전에는 그런 행적을 보이지 않았지만 담암 사후에는 불도(佛道)에 매진하거나 불사(佛事)에 적극 협조하는 행태를 보여주고 있다. 이런 관점에서 보자면 〈주역〉적 세계관을 거부한다는 의미에서 괘 이름 晉 대신 瑨으로 고쳤을 수도 있는 것이다.

여기서 담암의 아들들인 백선, 백진, 백수, 백환, 백항의 생년을 추론해볼 수 있는 자료를 살펴보자. 고려 말과 조선 초 인물인 양촌 권근(權近·1352~1409)은 담암의 스승 권부(權溥)의 증손자로, 공민왕 22년(1373) 담암이 거주(擧主)가 되어 주관한 응거시(應擧試)에 합격한 사람이다. 창왕과 공양왕의 교체기인 1389년(공양왕 1·기사) 명나라에 사신으로 갔다 오면서 가져온 예부의 자문(咨文)을 도당에 올리기 전에 먼저 뜯어본 죄로 우봉에 유배되었다가 영해와 홍해 등지로 이배되었다. 권근은 영해에서 귀양살이를 하면서 담암의 차남인 백진의 소개로 박강(朴强)이라는 인물을 알게 되고 그의 전기를 썼는데, 그것이 '사재소감(司宰少監) 박강전'이다. 여기서 박강과 백진의 나이를 추정할 수 있게 해주는 부분을 보면 다음과 같다.

전에 판사를 지낸 백공(白公) 진(瑨)이 또한 이 고을에 살았는데, 젊어서 백당(柏堂·사헌부)에 벼슬하여 일찍 총병관(摠兵官)의 참좌(參佐)가 되어 문서를 맡아보면서 박강을 데리고 함께 다니며 직접 판자 대문짝을 메고 목채를 점령했던 분이었다. 상세히 나에게 얘기해 주었기 때문에 박강이 힘이 세고 용맹하며 또한 공로가 있으면서도 자랑하지 않는 사람인 줄을 알았다. 이때 박강의 나이가 벌써 59세였는데도 힘이 조금도 줄지 않았고 신체가 장대했다.[4]

여기 나오는 총병관은 홍건적의 난 때 개경 수복전의 총사령관인 정세운(鄭世雲·?~1362)을 말하고, 목채를 점령했다는 것은 백진이 정세운의 참모로서 박강을 데리고 함께 다니며 개경 수복전에서 공을 세웠다는 뜻이다. 이 글을 쓸 당시 박강의 나이가 이미 59세라고 했는데, 권근이 영해로 귀양 간 것은 1389년(공양왕 원년) 즉 기사년 겨울의 일이다. 이 때 박강의 나이가 59세라면 박강은 1331년생이 된다. 그리고 백진이 박강을 데리고 다닐 정도이면, 백진의 나이는 박강보다 몇 살 더 많았을 것이다. 추정컨대 1328년 내지 1329년생쯤이라고 볼 수 있다.

---

4) 권근,〈양촌집〉권21, 원문은 前判事白公瑨亦居是邑 少仕柏堂 甞爲摠兵官參佐掌文簿 引强與俱 親自 擔扉拔寨者也 具爲予語之 然後知强勇且有功而不伐 益可重也 時强年已五十九 膂力不小衰 軀幹魁奇

담암의 차남 백진을 1328년생으로 못 박으면 다른 형제들의 생년 역시 추론이 가능하다. 장남 백선은 1324년 내지 1325년생, 3남 백수는 1331년 내지 1332년생, 4남 백환은 1333년 내지 1334년생, 5남 백항은 1336년 내지 1337년생으로 볼 수 있다. 물론 터울이 더 질 수도 있고 연년생일 경우 더 촘촘할 수도 있을 것이다.

장남 백선(白璇)은 별장(別將·정7품 무관직)인데 부모보다 먼저 사망했다. 행장에는 조몰(早歿)로, 편년에는 요(夭)라고 나오거니와 그의 사망은 담암의 연보인 편년과 〈고려사〉 세가 등을 함께 참고하면 아마 1352년(공민왕 1·임진) 10월경부터 1357년(공민왕 6·정유) 5월 이전 어느 때까지일 것으로 추정된다. 그 이유를 보자면 다음과 같다. 담암은 1352년(공민왕 1년) 8월에 서연관(書筵官)으로 임명되는데 이 때 그의 관직은 전리판서였다. 그러다가 동년 10월 인사이동에서 이달충(李達衷)·전보문(全普門)의 전리판서 보임이 보인다. 이는 담암의 전리판서 퇴임을 의미하는 것이고, 이후 담암의 행적은 1357년(공민왕 6년)까지 보이지 않는다. 아들의 사망, 또는 부모상 등을 상정할 수 있는 기간이다.

담암의 행적을 알게 해주는 직접적인 기사는 1361년(공민왕 10)까지도 보이지 않지만 1357년(공민왕 6) 경까지로 보는 것은 담암의 행적을 알게 해주는 간접적인 기사가 있기 때문이다. 담암의 좌주인 이제현은 나라에 〈국사(國史)〉 없는 것을 걱정하여 백문보·이달충 등과 함께 기년(紀年)과 전(傳)·지(志) 등을 작성했다는 내용이 〈고려사〉 열전 이제현 전과 그의 문집 〈익재집〉 연보 등에 나온다. 그런데 이제현이 〈국사〉 편찬 작업에 착수한 것은 그의 치사 후의 일이며, 그의 치사는 1357년(공민왕 6) 5월이다. 따라서 담암은 1357년(공민왕 6) 5월경부터 〈국사〉 편찬 작업에 참여했을 것이고, 이 일은 1361년(공민왕 10) 경까지 이어진 것으로 보인다.

담암은 1362년(공민왕 11·임인) 12월 정3품 밀직제학으로서 여러 가지 차자(箚子)를 올리는데, 이로 미루어 그의 밀직제학 보임은 이보다 빠른 1361년(공민왕 10)에서 1362년(공민왕 11) 사이 어느 때일 것이다.

그리고 1352년(공민왕 원년)부터 1357년(공민왕 6) 사이의 군사적 사건 가운데 가장 큰 것은 장사성의 반란을 진압하기 위해 고려군이 중국대륙으로 원정 간 사건일 것이다. 이는 1354년(공민왕 3·갑오)의 일이며, 이때 이권·최원 등 유수의 장수 6명이 전사하고 최영이 부상당했다는 기사가 나온다. 앞서 이 책의 도입부에 나오는 장남 백선의 사망 기사는 이런 사정을 반영한 것이다. 별장 백선은 승(昇)과 희(希)라는 아들을 두었다. 백승(白昇)은 훗날 대호군에 이르렀다. 대호군은 고려와 조선시대의 종3품 무관직이다. 백희(白希)의 행적은 자세하지 않으나 그와 후손들의 묘가 안협(安峽)에 있다는 걸로 봐서 고려조가 망할 무렵 그쪽으로 간 것이 아닌가 싶다.

차남 백진(晉 또는 瑨)은 그 이름이 晉과 瑨 두 가지로 보이는데 전자는 〈담암일집〉의 행장이나 〈백씨 대동보〉 등의 자료에서이고, 후자는 고려 말 이숭인이 1380년(우왕 6·경신) 2월경에 작성한 것으로 판단되는 '신륵사 대장각기 비문', 권근(權近)이 작성한 '사불산(四佛山) 미륵암 중창기'와 '사재소감 박강(朴强)전', 그리고 1395년(조선 태조 4·을해)에 작성된 것으로 여겨지는 '장륙사 건칠불 복장(腹藏)발원문·개금묵서기(改金墨書記)'등에서이다. 여기에서 백진은 白瑨으로 나오거니와 그의 관직은 다양했는데, 이는 아마 승진을 했기 때문으로 보인다. 신륵사 대장각기 비문에는 목사(牧使·정3품)로 나오고, 박강전에는 전 판사(判事·2품관) 백공 瑨은 젊을 때 백당(柏堂)에서 벼슬했고, 홍건적의 난 때는 총병관 정세운의 참모가 되어 문서를 담당하는 한편 개경 수복전에서 공을 세우기도 했다는 내용이 보인다. 그리고 사불산(四佛山) 미륵암 중창기에는 전 판사 백진(白瑨)은 대대로 영해에서 살았는데, 1383년(우왕 9·계해) 봄에 왜적을 피하느라 어머니를 업고 이리저리 헤매며 여러 고을을 지나 이 산 밑에 왔었다. 그 이듬해에 어머니가 병으로 죽으니 상사 치르고 명복 빌기에 힘을 다하였다는 내용이 나온다. 또한 1395년(태조 4·을해) 영해지역 주민들의 시주로 조성된 장륙사 건칠불 복장발원문에도 육한거사(六閑居士) 백진(白瑨)으로 되어 있다. 만년에 그는 재가불자로서의 삶을 산 것 같다. 그는 아들이 없었는데, 그가 불교에 깊이 빠진 것도 기자(祈子)신앙과 연결된 결과가 아닌가 하는 생각이 든다.

요컨대 백진은 晉과 瑨의 두 가지 이름을 쓴 것으로 보인다. 그 형 선(瑄)의 전사 후 자신의 이름을 바꾸었다거나 불교에 기울어 나옹과 교유했다는 등 앞서의 기사는 이런 사정을 반영한 픽션이지만 사실과 부합되는 내용이라고 할 수 있다. 그의 벼슬은 앞서의 행장과 〈백씨 대동보〉에는 검교(檢校) 판윤으로 나온다. 검교가 정원 외의 첨설직이니 2품 관인 판사로 치사하면서 받았을 것이다.

여기서 우리는 담암의 부인 황씨가 1383년(우왕 9)까지 영해에서 살았고, 왜적을 피해 차남 진의 등에 업혀 상주(尚州)의 사불산[5] 근처로 피난 갔으며, 이듬해에 사망했음을 알게 된다. 담암 사후 약10년을 더 산 셈이다.

3남 수(需)는 판관(判官·5품관)이었다. 아들 침(沈)을 두었다.

---

5) 〈신증동국여지승람〉, 상주목 조에 사불산은 산양현(山陽縣)북쪽에 있다고 한다. 현재 문경시 산북면이다.

4남 환(渙)은 산원(散員·정8품)이었다. 아들 섬(暹)을 두었다. 백섬은
시랑(侍郞·정4품)이었는데 영해의 이웃고을인 울진(蔚珍)으로 가서 살았
다고 한다. 〈울진읍지〉 등에 대흥백씨 울진 입향조로 백섬(白暹)의 이름
이 보인다.

5남 항(恒)은 동정(同正)이었다. 아들이 없었다. 동정은 처음 관직을
받을 때 대기 기간 동안 주어지던 허직(虛職)이다. 따라서 이들의 관직
은 1369년(공민왕 18·기유) 담암이 동생 문질(文質)과 함께 치사하고 향
리로 돌아가 자질들에게 환로를 끊으라고 권면하던 때의 벼슬이기 때문
에 그다지 높을 수가 없다. 그나마 차남의 경우는 연령이 어느 정도 되
었기 때문에 2품관까지라도 올랐을 것이다. 담암의 후계를 도표화하면
아래와 같다.

* 文寶→ 瑄(別將)→ 昇(大護軍)→ 常明(司直)
                                 常顯(參軍)
                                 常一(司直)
                                 朴愚
                                 申體仁
                                 金孝忠
                                 南須
                  →希   →彦麟
         晉(또는 瑨, 檢校 判尹)
         需(判官) →沈
         渙(散員) →暹(侍郞)
         恒(同正)

담암이 치사한 1369년은 그의 나이 67세 때인데 1년 전인 1368년(공민왕 17·무신)에는 국내외에 여러 가지 사건이 많았다. 첫째 그해 1월 주원장이 명나라를 세웠으며, 8월에는 원나라 순제가 수도를 버리고 북으로 도주함으로써 중국에 대한 지배권을 상실했다. 중국대륙의 격변이었다. 둘째 그해 2월 국자감시가 폐지되었다. 그 시험의 고시관 자리를 놓고 담암의 문인인 이무방·권사복과 편조가 추천한 손용이 겨루는 형국이 되자 왕은 아예 시험 자체를 없애버린 것이다. 셋째는 그해 6월 편조가 유숙을 죽인 사건이 있었다. 유숙은 담암과도 친분이 두터웠던 공민왕의 총신이었다. 같은 해 10월에는 편조 암살을 모의하던 김제안 등이 편조에게 죽임을 당했다. 김제안은 김방경의 현손으로 담암의 문인 김구용의 동생이었다. 안팎의 사정이 이른바 시사(時事)가 달라지고, 〈주역〉의 관점에서 효상(爻象)이 크게 불길해지는 상황이었다. 담암의 치사(致仕)는 이런 배경에서 결행된 것으로 보인다.

3. 담암의 형제들과 처가 형제들, 그리고 그 후예

담암의 아버지 백견과 어머니 박씨가 3남매를 두었다는 것은 앞에서 본 대로이다. 1녀는 고려 왕족인 왕세홍에게 출가하여 왕종신(王宗臣)이란 아들 하나를 두었다. 이 1녀를 담암의 손위 누나로 보는 것은 다음 두 가지 이유 때문이다. 우선 앞에서 본 낭장 백견의 원나라 파견이 1294년의 일인데, 1294년이라면 담암 출생 9년 전이다. 낭장이란 직급과 당시의 혼인연령을 20세 정도로 감안하면 백견은 1270년 전후에 출생한 것으로 보인다. 따라서 1294년이면 20대 중반 정도일 텐데 이런 연령대라면 자식 하나쯤은 두었을 수 있기 때문이다. 다음으로는 조카인 왕종신이 담암의 문인록에 올라 있는데, 만약 왕종신이 담암의 손아래

누이의 아들이라면 외삼촌에게서 배우기에는 너무 어린 나이로 보이기 때문이다.

아무튼 왕종신은 사재부령(司宰副令)이었다고 기록돼있다. 사재시(寺)는 어량(魚梁)과 천택(川澤)을 맡아보던 관청이고, 부령은 사재시의 부장관급인 종4품관이다.

영해부 읍지인 〈단양부지(丹陽府誌)〉[6]에 따르면 영해에 처음 입향한 왕씨는 왕세흥이라고 한다. 그 아들 왕종신에 대해서는 고려 제24대 원종(元宗·1219~1274)의 후손으로 공민왕과는 삼종, 즉 8촌간이라고 되어 있다. 원종에게는 3명의 아들이 있었다. 정순왕후 김씨가 충렬왕(1236~1308)을 낳았고, 경창궁주 유씨가 시양후 이(珆·?~1266)와 순안공 종(琮·?~?)을 낳았다. 그런데 시양후는 아버지 원종보다 먼저 죽는데, 아마 후손이 없었던 것 같다. 그렇다면 왕종이 바로 왕종신의 선계가 될 것이다.

왕종의 생몰년은 미상이지만 〈고려사〉 세가나 열전 등에 의하면 1269년(원종 10) 아버지 원종이 몽고를 방문했을 때는 국내에 남아 임시로 국정을 맡기도 하고, 1273년(원종 14)에는 원나라를 방문하여 원 세조의 후한 대접을 받기도 했다. 그리고 1274년(원종 15)에는 원나라에서 시집오는 충렬왕비 제국대장공주를 영접하기 위해 형인 충렬왕을 따라 서북면으로 간적도 있다. 그러나 3년 뒤인 1277년(충렬왕 3)에는 역모죄로 유배되었다. 구음도라는 섬에서 6년간의 유배생활을 하다가 1283년(충렬왕 9) 8월에 개경으로 소환되었다고 한다. 이후 1295년(충렬왕 21)

---

6) 〈단양부지(丹陽府誌)〉는 조선후기에 편찬된 저자 미상의 영해부 읍지로, 이 지역 인문·사회·지리 등의 내용이 수록돼 있다. 필사본 1책

왕종을 위해 부를 세우고 속관(屬官)을 두었다는 기사가 보이는데, 이는 작위가 회복되었다는 의미로 볼 수 있다. 따라서 후손도 있었을 것이다.

왕종신이 원종의 후손이라면 이는 왕종의 계통으로 보는 것이 타당하다. 원종에서 왕종신까지의 계통을 표시하면 원종⟹ 왕종⟹ ○○⟹ 왕세흥⟹ 왕종신으로 이어진다.

그렇다면 담암의 매부이자 원종의 증손인 왕세흥은 왕종의 손자들 가운데 하나일 것이고, 왕종신은 순안공 왕종의 증손이 된다. 충렬왕과 제국대장공주 사이에 태어난 충선왕의 후손들이 연이어 왕이 되는 상황에서 원나라 황실의 피가 섞이지 않은 왕종의 후손들이 왕이 될 가능성은 전혀 없었다. 따라서 이들은 고려가 존속하는 동안은 왕실의 감시나 견제를 비교적 덜 받으면서 종실로서의 평탄한 삶을 영위했을 것이다.

그러나 조선 건국 후 왕종신이나 그 후손 왕씨들의 삶은 알려진 바가 없다. 〈조선왕조실록〉에 의하면 조선 건국 3일이 지난 1392년(조선 태조 1) 7월20일 이성계는 대사헌 민개의 건의를 수용하여 '순흥군 왕승(王昇)과 그 아들 강(康)은 나라에 공로가 있으며, 정양군 왕우(王瑀)와 그 아들 조(珇)·관(琯)은 장차 고려 왕조의 제사를 받들게 할 것이니 논하지 말고, 나머지는 모두 강화와 거제에 나누어 두게 하라'는 영을 내린다. 2년 뒤인 1394년(태조 3) 4월15일에는 윤방경 등이 왕씨를 강화나루에 던졌다는 기사가 보이고, 4월17일에는 공양왕과 두 아들을 교살했으며, 4월20일에는 손흥종 등이 왕씨를 거제바다에 던졌다는 기사가 보인다. 같은 날 중앙과 지방에 명을 내려 왕씨의 남은 자손들을 대대적으로 수색하여 이들을 모두 목 베었다는 내용도 있다.

이로 미루어 왕종신 자신과 그 후손들은 섬으로 갔다가 모두 죽었거나, 만에 하나 살아남았다 하더라도 玉이나 田, 또는 全씨 등으로 성을 바꾸었을 것이다. 조선 태조 연간에 죽임을 당한 왕씨의 숫자가 10만~20만 명으로 추산된다는 설도 있다. 영해에서는 왕씨를 찾아보기 어렵다.

담암의 동생 백문질은 〈백씨 대동보〉에 의하면 종부령(宗簿令) 치사로 나온다. 고려시대의 종부시(寺)는 왕실의 족보를 관장하는 기관이었으며, 종부시의 장관이 종부령인데 종3품관이었다. 백문질의 행실이나 행적 또한 현저했을 터이지만 그 형 담암에게 가려져 상대적으로 빛이 바래진 인물이다. 1369년(공민왕 18·기유) 담암이 치사하고 향리로 돌아갈 때 그는 말없이 형을 따라 고향으로 돌아온 듯하다. 이때가 담암 나이 67세이니 그 역시 60대 초반을 넘겼거나 중반쯤 되지 않았을까 싶다. 백문질의 아들 이름은 옥편에서 찾을 수 없는 벽자(僻字)다. 구슬 玉 변에 뻗칠 亘(긍)자인데 만고를 통해 뻗치는 것을 긍만고(亘萬古)라 한다. 이 때 쓰는 그 글자이다. 珀(박), 垣(원), 桓(환), 恒(항), 洹(원) 등으로 오독(誤讀)하기 쉽다. 〈백씨 대동보〉에 의하면 그는 봉선대부(奉善大夫)였다고 한다. 봉선대부는 종4품 문관의 품계이다. 백문질의 후손은 6대를 외아들로 이어가다가 끊어진 걸로 나온다.

다음은 담암의 처갓집을 보도록 하자. 담암의 처남 황종량(黃宗亮)은 고려조의 호부전서(戶部典書)였고, 부인은 이천(伊川)이씨다. 호부는 호구와 공부(貢賦)·돈·양곡 등에 관한 일을 맡아보던 관아로, 전서는 그 장관인 정3품관이다. 아들은 세영(世英)인데 향공(鄕貢)진사였다. 고려시대 당시 지방 향교 등에서 수업하고, 그 지방관이 실시하는 시험에 합격한 사람을 향공이라 했는데, 이들이 다시 진사시에 합격하면 이를 향공진사라고 했다. 세영의 아들은 용기(龍起)와 운기(雲起)다. 용기는 예빈정, 운기는 내자소윤이었다.

담암의 부인은 여동생이 하나 있었다. 이 여동생은 여흥 이씨 이윤침(李允琛)의 아들인 이천백(李天白)과 혼인한 걸로 나타난다. 1347년(충목왕 3) 정치도감(整治都監)에서 조사를 받던, 기황후의 족제 기삼만이 사망한 사건이 일어나자 원나라는 승가노(僧家奴)를 보내 담암을 비롯해서 신군평, 전성안, 하즙, 남궁민, 조신옥, 김달상, 노중부, 이천백(李天伯), 허식, 이승윤, 안극인, 정광도, 오경, 서호, 전녹생 등 정치관들에게 곤장을 때린 적이 있다. 이때 곤장을 같이 맞은 사람 중에 李天伯이란 이름이 보인다. 이 사람이 담암의 손아래 동서 李天白과 동일인인지 여부는 확실하지 않다. 이천백은 봉상대부(奉常大夫)로 충주목사(忠州牧使) 등을 지냈다고 한다.

담암의 동서 이천백과 그의 부인 황씨는 이행(李行·1352~1432)이란 아들을 두었는데, 이행은 고려 말과 조선 초의 격변기를 살면서 온갖 영욕을 겪은 사람으로 기억된다. 이행의 자는 주도(周道)이고, 호는 기우자(騎牛子) 또는 백암(白巖)이다. 목사 이천백의 아들로 1371년(공민왕 20·신해) 문과에 급제하고, 한림·수찬을 거쳐 우왕 때 전의부정으로 있으면서 탐라를 고려에 귀순시키는데 큰 역할을 했다. 1390년(공양왕 2·경오) 이·초의 옥으로 이색 등과 같이 청주의 감옥에 갇혔다가 수재로 석방되었다. 공양왕의 지신사(知申事·도승지)를 거쳐 이조판서로 있을 때인 1392년(공양왕 4·임신) 판전객시사 조영규(趙英珪)가 정몽주를 살해하자 소(疏)를 올려 영규를 만고의 흉인으로 비난했다. 고려가 망하자 황해도 예천동에 숨어 살면서 이성계가 교유(敎諭)의 글을 청탁했으나 병을 이유로 쓰지 않았다. 조영규의 탄핵으로 평해로 귀양 갔는데, 평해에 거주할 때 소를 타고 월송정을 오가며 시를 지었다고 해서 기우자란 호를 얻었다.

그런데 조선 개국 후 〈고려사〉를 편찬하면서 이행의 이름이 다시 등장한다. 〈조선왕조실록〉 1393년(조선 태조 2·계유) 1월12일 기사에, 고려조에 사관을 겸하면서 우왕·창왕을 태조(이성계)가 죽였다고 사초(史草)에 허위로 기재한 이행을 국문했다는 기사가 나온다. 사헌부가 상언하기를 '전 예문춘추관 학사 이행이 일찍이 공양왕의 지신사가 되어 직책이 사관수찬(史官修撰)을 겸했는데 이색과 정몽주에 아첨하여, 우리 주상 전하(이성계)께서 신우·신창과 변안열(邊安烈·1334~1390)을 죽였다고 거짓으로 꾸며서 썼사오니, 청컨대 직첩을 회수하고 국문하여 죄를 논하게 하소서'라고 했다. 그러자 태조 이성계는 이를 윤허했다는 것이다. 이보다 앞서 시중 조준(趙浚·1346~1405)이 춘추관에서 고려왕조의 사초를 읽다가 이행이 기록한 내용 중에 '윤소종(尹紹宗·1345~1393)이 이숭인의 재주를 꺼려, 조준에게 알려 숭인을 해치려고 했다'는 내용이 있는 것을 보고, 자신은 결코 이숭인을 해치려 하지 않았다며 임금에게 알린 것이다.

임금(이성계)은 1388년(우왕 14·무진) 이후의 사초를 바치게 하고 친히 이행이 기록한 것을 보니, 변안열과 우·창 부자를 목 베인 일들을 모두 임금(이성계)을 지척(指斥·지적하여 탓함)하여, 죄도 없이 살해했다고 하였다. 그러자 임금(이성계)이 말하기를 '변안열은 대성(臺省)에서 죄주기를 청하매, 공양왕이 문득 목 베기를 허가했으므로, 내가 미처 이를 중지할 것을 청하지 못했으며, 우와 창 부자는 백관과 나라사람들이 합사(合辭)하여 목 베기를 청하므로 공양왕이 이를 윤허했으니, 나는 처음부터 살해할 마음이 없었다. 작은 선비[小儒]가 어찌 이 지경에 이르렀는가?'라고 하면서 헌사에 국문하기를 허가했다[7]는 것이다.

이성계 일파가 역성혁명을 완성하기 전의 사초인 만큼 고려조 신하 이행의 처지에서 보자면 그가 기록한 내용이 맞을 것이다. 1388년(우왕 14)은 위화도 회군이 있었던 해인데 회군 성공 이후의 최고 실권자는 누가 뭐래도 이성계였기 때문이다. 태조 이성계의 변명대로 대성에서 변안열에게 죄주기를 청하매 공양왕이 문득 목 베기를 허가했고, 우와 창 부자는 백관과 나라사람들이 합사로 목 베기를 청하매 공양왕이 윤허해서 그렇게 되었다면 이들을 죽인 최후의 결정은 공양왕이 했고 책임은 그에게 있다는 말이 된다. 하지만 이 결정은 실질적인 최고 권력자 이성계의 책임이지 결코 공양왕의 책임이 아니란 것이 이행의 판단인 듯하다. 이런 논지가 이른바 춘추(春秋)의 필법이다.

이행은 이 일로 인해 1393년(태조 2·계유) 3월21일 장(杖) 1백대를 맞고 가산을 적몰 당했으며 울진으로 귀양을 갔다. 그러다가 그해 10월11일 왕(이성계)의 탄신 특사로 직첩을 돌려받는다. 그 뒤 태종이 왕위에 오른 후 계림윤을 제수 받고, 1405년(태종 5·을유) 5월13일에는 예문관 대제학의 관직을 받는다. 하지만 그는 조선조의 관직에 별 흥미를 갖지 못했던 것 같다. 〈조선왕조실록〉 1432년(세종 14·임자) 9월2일자에 전 대제학 이행이 죽으니 3일간 조회를 폐했다는 기사가 보인다. 그의 부인은 공민왕 때 편조에 의해 죽임을 당한 유숙의 딸이었다.

이들 사이에 이적(李逖)과 이적(李迹)이라는 두 아들이 있었다. 장남 이적은 1390년(공양왕 2·경오) 진사시에 장원하고 같은 해 문과에 급제했으며, 예문관 대제학을 지냈다. 그의 외손자가 수양대군의 공신 한명회(韓明澮·1415~1487)였다. 차남 이적은 1401년(태종 1·신사) 증광문과에

7) 〈조선왕조실록〉, 태조 2년(1393) 1월12일(무오)

을과 2등으로 급제하
여 경기감사를 지냈
다. 세종 때 대사헌으
로 있다가 역학(易學)
에 전념하기 위해 사
직하고 지금의 경기
도 가평군인 조종현
(朝宗縣)에서 만년을
보냈다고 한다. 이행
에게는 이몽가(李蒙
哥·1405~1487)라는

영덕 운산서원(雲山書院)의 일부로 남아있는 강당. 운산서원은 담암과
그 후손 백현룡(白見龍)을 봉향하던 서원이었다. 대원군의 서원 훼철 때
파괴되고, 그 일부인 강당(경북도 문화재자료 제485호)만 남아있다.
(사진출처: goguli 블로그)

또 다른 아들도 있었는데, 그는 수양대군의 계유정난 때 공을 세워 정
난공신이 된다.

1438년(세종 20·무오) 8월14일에는 이행이 죽은 후 손자와 아들들 사
이의 재산 다툼이 송사로 번지니 의금부에 명하여 핵문(劾問)하게 했다
는 〈조선왕조실록〉 기사가 보인다. 숙질 ·형제간의 재산싸움 때문에 서
로의 치부(恥部)를 서로 들추는 꼴이 되어 아들이 아비에게 불효했다느
니, 손자가 할아비를 때리고 신주를 태웠다느니 하는 따위의 부끄러운
가정사가 만천하에 드러났다.

반면, 담암의 후예들은 크게 현달한 인물도 없지만 그렇다고 내외의
큰 망신을 당한 사람도 없었다. 시사가 크게 달라진 격변기에 환로를 끊
고 죽은 듯이 살라는 담암의 예언적 경계(警戒) 덕분이라고 애써 자위
할 수 있는 부분이다.

4.
담암의 시대

1. 교체의 시대- 원·명 교체기

담암이 살았던 14세기의 고려는 원(元)과 명(明)이라는 물리력의 교체, 불교와 성리학이라는 인식체계의 변화가 미묘하게 맞물리는 지점에 놓여 있었다.

북쪽 몽고고원에서 일어난 칭기즈칸(Chingiz Khan·1155?~1227)의 몽고제국은 그 손자 쿠빌라이(Khubilai·1215~1294)가 1271년(고려 원종 12) 원이라는 나라를 중국대륙에 세움으로써 향후 약 1백년간 동아시아의 질서를 지배하게 된다. 원의 세조 쿠빌라이는 남송이 국토방어의 마지막 거점으로 삼고 있던 양양(襄陽)을 5년간 포위한 끝에 드디어 함락시킴으로써 중국대륙 전체를 사실상 수중에 넣었다. 1273년(고려 원종 14)의 일이다. 몽고족의 물리력에 의한 유라시아의 평화란 점에서 이른바 팍스 몽골리카(Pax Mongolica)시대가 열린 것이다.

한편 이때 한반도 안에서는 3년에 걸친 삼별초의 난이 평정된다. 주지하다시피 워낙 삼별초란 최씨 무인정권 시대의 특수 군대조직으로서 주로 권신의 앞잡이가 되어 활동했다. 그러나 외적 방어에는 상당한 활약을 펼쳐, 몽고와의 전쟁에서 패배하여 몽고에 항복한 이후에도 그들에 대한 적개심이 대단했던 것이다. 이들은 강화에서 개경으로 환도하려는 왕실 및 문신집단에 반발하여 왕족인 왕온(王溫·?~1271)을 왕으로 세우고, 1270년 6월 난을 일으켰다. 이들은 1천여척의 선박에 사람과 재물을 싣고 서남해안의 진도에 들어가 그곳을 근거로 연해의 주군을 약탈했다. 한때 거제·탐라 등 남해안의 30여 도서지역을 지배하기도 했으나 김방경이 이끄는 관군과 몽고군의 연합군에 의해 그 세력이 꺾였다. 일부는 도망하고 일부는 탐라로 들어가 마지막 저항을 하다가 1273년 4월 드디어 토벌됐다.

이로써 삼별초의 반란은 끝났으나 이는 몽고 세력이 고려에 급속히 밀려드는 계기가 된다. 1273년은 담암이 태어나기 꼭 30년 전인데, 이후 원나라와 고려와의 관계는 원종 이후 6대에 걸친 충자 돌림 왕들과 공민왕에 이르는 약 1세기동안 정치적으로 간섭을 받아 자주성을 상실하게 되며, 왕실은 이른바 부마국이 되어 왕통은 여몽 혼혈계로 이어진다. 당연하지만 고려사회 곳곳에는 몽고의 문화도 자연스럽게 스며들어 자리를 잡아간다. 이를 상징적으로 보여주는 사건이 1374년(원종 15) 11월 고려에서 일어났다.

11월 정축일, 왕(=충렬왕)과 공주가 서울에 이르러 죽판궁에 들었다. 이보다 앞서 유천우가 장일에게 말하기를 '왕이 만약 되 옷[戎服]을 입고 입성한다면 나라 사람들이 놀라고 괴이하게 여길 것이다'라고 했다. 이어 최문본·박항을 시켜 왕에게 예복을 입고 들어올 것을 청하고, 또 강윤소·간유지를 시켜 다시 청했으나 왕이 듣지 않았다⋯⋯재상과 여러 관원들이 국청사 문 앞에서 영접했는데 강윤소·송분이 윤수·원경·정손기 등을 사주하여 회초리를 들고 말을 달리면서 예복 입은 자(=되 옷 입지 않은 자)들을 때려서 쫓아내니 왕을 시종하던 사람들이 차례를 잃고 혼란스럽게 흩어졌다. 왕이 공주와 함께 연을 타고 성안에 들어오자 노인들이 서로 경축하면서 '백 년 동안이나 계속되던 전란 끝에 다시 태평시기를 만나리라고는 생각지도 못했다'고 말했다.[1]

이 장면은 원종이 죽고 왕위에 오른 충렬왕이 원나라 세조의 딸을 왕비로 맞이해서 고려의 서울로 들어오는 모습이다. 여기에는 충렬왕이 몽고풍 의복의 착용을 고집했다는 것과 몽고풍 의복을 입지 않은 신하들을 회초리로 때려서 쫓아냈다는 것, 그리고 그런 와중에서도 전쟁이 끝났다고 노인들은 서로 경축했다는 것 등의 내용이 실려 있다. 이것은 고려의 전통적인 예복 대신 몽고풍 의복을 입더라도 전쟁 끝난 것이 무엇보다 좋다는 백성들의 소박한 바람을 전하고 있는 것이다.

이보다 앞서 고려는 1170년(의종 24)부터 1270년(원종 11)까지 무신이 정권을 오로지하는 무신정권 기간이었다. 1백년간 존속된 무신정권은 이의방·정중부를 거쳐 경대승·이의민에 이르는 성립기와 최충헌 이래 최씨 4대가 60여 년 간 세습 집권한 확립기, 그리고 김준과 임연·임유무 부자가 집권하는 붕괴기로 나누어지거니와, 이 사이 왕권은 실추될 대로 실추되어 권신들은 임의로 왕을 갈아 치우거나 죽이기까지 했다. 여기에 더하여 1231년(고종 18)부터 1270년까지는 북쪽에서 내려온 몽고군과 싸워야 하는 항몽(抗蒙)전쟁 기간이었다. 고려왕조는 무신집정자들의 강요에 의해 강화도로 들어가 저항을 하기도 했지만 몽고에 항복함으로써 그 물리력에 의지해 마침내 무신정권을 종식시키고 왕권을

---

1) 〈고려사〉 세가 제28, 원종 15년(1374) 11월

회복할 수 있었다.

따라서 충렬왕의 과도한 친 몽고적 행태는 이런 측면에서 이해가 되는 부분이기도 하다. 충렬왕은 당시 원나라 황제인 세조의 딸과 혼인함으로써 자신의 왕권과 고려의 정치적 안정을 동시에 확보하려는 생각이었을 것이다. 그는 남보다 앞서 몽고풍의 변발을 하고 몽고풍의 옷을 입었으며, 신하들 가운데 변발하지 않은 자들을 꾸짖기까지 한다. 실추된 왕권을 회복하는 길이라면 그까짓 몽고풍을 채용한들 어떠랴, 하는 심정이었을지도 모른다. 같은 해 10월의 일이다.

왕(=충렬왕)이 서북면에 거둥하여 공주를 맞이했다. 순안공 종(悰), 광평공 혜(譓), 대방공 징(澄), 한양후 현(儇), 평장사 유천우, 지추밀원사 장일, 지주사 이분희, 승선 최문본·박항, 상장군 박성대, 지어사대사 이분성이 따라갔다. 왕이 이분희 등에게 변발하지 않은 것을 나무라니 '신 등이 변발하는 것을 싫어하는 것이 아니라 여러 사람이 다 같이 하기를 기다릴 뿐입니다'라고 대답했다. 몽고 풍속이 머리를 깎을 때 정수리에서 이마까지 그 모양을 모나게 하고 가운데만 머리카락을 두는데, 몽고말로 겁구아(怯仇兒)라고 했다. 왕은 원나라에 들어가 조회할 때 이미 변발을 했으나 국인들은 아직 안했기 때문에 나무란 것이다. 후에 송송례와 정자여가 변발하고 조회하니 다른 사람들도 모두 따랐다. 과거에 인공수가 원종에게 원나라 풍속을 따라 복색 고치기를 권하자 원종이 이르기를 '나는 차마 조종(祖宗)의 법을 갑자기 바꿀 수 없으니, 나 죽은 다음에 경들이 마음대로 하라'고 했다.[2]

---

2) 〈고려사〉 세가 제28, 원종 15년(1374) 10월

원종으로서는 어쩔 수 없이 몽고에 항복함으로써 왕권을 지킬 수 있었지만 조상대대로 내려오는 제반 풍속이나 복장 따위를 차마 하루아침에 바꿀 수는 없다는 것이다. 그래서 나 죽은 뒤에 당신들이나 그렇게 하라고 말했을 것이다.

어쨌든 이로부터 고려사회에는 몽고적인 가치가 자리를 잡게 되는데, 무신집정자들이 권력을 내놓은 자리에 이번에는 원과의 관계에서 정치·경제적 힘을 축적한 세력들이 새로운 권력집단으로 부상하게 된다. 원나라 간섭기 고려사회의 제반 모순은 이들 부원(附元)세력과 그 주변에 형성된 모리배들의 부정부패가 그 중심에 있었다고 해도 지나친 말이 아니다.

앞에서 본 담암의 사론 중에 '……소인배들이 떼를 지어 준동했으니 조륜·최안도·김지경·신시용 같은 자들은 정권을 전단하여 벼슬과 형옥(刑獄)을 파는 등 못하는 짓이 없었으며, 대간의 소장(疏章)을 중간에서 가로막아 임금께 아뢰지 못하게 했다……'는 내용은 이런 사정을 지적한 것이다.

한편, 시간이 지나면서 몽고족에 의한 원나라 주도의 동아시아 질서는 원나라 내부 권신들에 의한 파벌과 정쟁 등의 원인으로 안에서부터 해이해지기 시작한다. 사회적 제 모순들이 깊어가고, 이에 편승해서 여러 지방에서 크고 작은 폭동이 일어나는데 이러한 폭동은 한족에 의한 민족적인 반란으로까지 발전하여 드디어 주원장에 의해 명나라가 건국된다. 원나라 마지막 황제인 순제(順帝·1333~1370)는 1368년(공민왕 17) 수도인 대도(大都)를 버리고 북쪽의 몽고 땅으로 달아났다. 담암의 나이 66세 때 일이다.

이렇게 보자면 담암의 평생 72년 가운데 마지막 6년을 제외한 거의 대부분이 원나라 지배기였던 셈이다. 고려사회가 안고 있는 제반 모순의 배경에 원나라라는 존재가 자리 잡고 있음을 담암이 인지하고 있었다고 하더라도 그가 배원(排元)적 입장을 가졌으리라고 상정할 수는 없다. 그렇다고 부원분자들처럼 맹목적인 친원 입장을 가진 것도 아니지만 원나라의 존재를 현실로 수용하는 가운데 고려의 자주성을 지켜내기 위한 어려운 길을 모색했다고 볼 수 있다. '白文寶 硏究'의 필자가 지적한 대로, 담암은 고려가 원의 부마국으로 된지 30년 가까이 지난 다음에 출생하였으므로 원을 중심으로 하는 동아시아 세계의 질서는 그에게 익숙한 것이었고, 고려와 원의 특이한 관계도 그에게는 자연스럽게 생각되었을 것[3]이다.

따라서 권문세족은 불교 옹호적이며 친원(親元)적 성향이고, 신진사대부는 성리학을 적극적으로 수용하며 친명(親明)적 성향일 것이라는 논의는 당시 개개인이 처한 상황을 고려하지 않은, 편의적인 이분법이라고 할 수 있다. 신진사대부=성리학 수용=친명적 성향이라는 등식은 적어도 담암 생존 시에는 적용될 수 없는 것이었다.

담암은 신진사대부의 일원으로서 불교를 배척하고 성리학을 적극 수용하는 입장이었지만 당시 새롭게 일어나는 신흥제국 명이라는 존재에 대해서도 그다지 신뢰하지 않았을 법 하다. 불과 몇 년 전인 1361년(공민왕 10) 11월, 주원장과 한 통속인 반성·사유·관선생·주원수 등이 이끄는 10여 만의 홍건적이 고려에 침입했다. 개경을 점령한 수개월동안 그들은 인간으로서 차마 하지 못할 온갖 약탈과 만행을 저질렀다. 가령, 사내와 여자를 죽여서 지져 먹고, 아이 밴 부녀자의 젖가슴을 도려내

---

3) 민현구, 앞글, 250면

구워먹는[4] 따위의 야만적인 행위들이었다. 한족(漢族)은 문명한 민족이고, 몽고족은 야만스러운 오랑캐라는 편견이 얼마나 잘못된 것인지를 이때의 참상은 잘 보여주고 있다.

2. 변화의 시대- 불교에서 성리학으로

궁예의 수하 장군이던 왕건(王建·877~943)은 918년 6월 왕위에 올라 국호를 고려로 정하고, 같은 해 11월 팔관회를 베풀었다. 유사가 아뢰기를 '전대의 임금이 해마다 중동(仲冬)에 팔관재(八關齋)를 크게 베풀어서 복을 빌었으니 그 제도를 따르소서.' 했다. 이에 왕이 이르기를 '짐이 덕 없는 사람으로 왕업을 지키게 되었으니 어찌 불교에 의지하여 국가를 편안케 하지 않으리오.' 하고 드디어 구정(毬庭) 한 곳에 윤등을 설치하고 향등을 곁에 벌여 놓고 밤이 새도록 땅에 가득히 불빛을 비추어 놓았다[5]고 한다. 팔관회는 연등회와 함께 가장 큰 불교행사로 군신이 음주가무를 함께 즐기며, 여러 부처와 천지신명에 제사해 국가 및 왕실의 태평을 기원하는 것이었다.

왕건은 또 943년(태조 26) 4월, 임종을 예감하고 훈요 10조를 남겨 후손들을 타일렀는데 훈요의 제1조가 바로 불교에 관한 것이었다. '우리나라의 대업은 반드시 여러 부처님의 호위에 의지한 것이다. 그러므로 선·교종의 사원을 세워 주지를 임명하여 수호케 하고 각기 그 업(業)을 다스리게 하라'는 것[6]이다. 자손들에게 불교국가의 방향을 제시한 셈이다.

---

4) 〈고려사〉 세가, 제39, 공민왕 10년(1361) 11월 신미일

5) 〈고려사절요〉, 태조 원년(918) 11월

6) 〈고려사〉 세가, 태조 26년(943) 4월

물론 훈요 10조 가운데 3조, 4조, 7조, 9조, 10조는 유학정신에 입각한 것으로, 현실정치의 요체는 여기서 구해야 한다고 강조한다. 하지만 종교로서의 불교에 대한 그의 믿음은 확고했다고 할 수 있다.

이처럼 고려는 처음부터 불교를 숭상하고 그것에 의지하여 국가의 평안을 도모한 나라였다. 태조 왕건 이후 역대 왕들은 태조의 이러한 뜻을 십분 존중했고, 따라서 불교는 왕실의 비호와 후원 아래 국가종교로서의 위치를 점할 수 있었다. 이때의 불교는 왕실 및 문신귀족들의 지원을 받았다는 점에서 알 수 있듯이 부처님의 설교와 경(經), 곧 언어와 문자로써 수행하는 교종(敎宗) 계통이 주류였고, 대표적인 인물로는 의천(義天·1055~1101)같은 사람을 들 수 있을 것이다. 고려 제11대 문종의 아들인 그는 교(敎)를 중심으로 교종과 선종(禪宗)의 조화를 도모하여 천태종(天台宗)을 창설하고, 선종(禪宗)9산의 승려들을 많이 흡수함으로써 선종이 큰 타격을 받는다.

그러나 선종9산은 무신정권 성립 무렵, 종파의 명칭을 조계종(曹溪宗)이라 칭하고 중흥을 꾀하게 되는데 무신정권이 성립되면서 선·교 양종의 처지가 바뀌게 된다. 왕실과 문신귀족들의 지원을 받던 교종 계열의 승려들은 무신들의 집권으로 그 기반을 상실하게 되자 이에 반발하여 여러 가지 사건을 일으킨다. 대표적인 경우가 1174년(명종 4) 1월 귀법사(歸法寺) 승려들과 이의방 군사들의 충돌로 야기된 사찰 파괴사건[7], 그리고 최충헌(崔忠獻) 집권기인 1217년(고종 4) 1월에 일어난 승려들에 의한 최충헌 살해 시도와 그 보복으로 발생한 대규모 승려 살해사건 등을 들 수 있다.

---

7) 〈고려사절요〉, 명종 4년(1174) 정월

1217년 1월, 당시 거란군이 남침하여 개경 가까이까지 오자 최충헌은 개경 주변 사찰의 승려들을 승군으로 선발해 보냈다. 그런데 이들이 도망병을 가장하고 최충헌을 죽이려고 온 것이다. 홍왕사·홍원사·경복사·왕륜사·안양사·수리사 등의 중으로서 종군한 자들이 최충헌 죽일 것을 꾀하여, 거짓으로 달아나는 체하고 새벽에 선의문 밖에 이르러 급히 불러 말하기를 '거란 군사가 벌써 닥쳐왔다'고 하였다. 그러나 문지기가 들이지 않자 중들이 북을 치고 떠들며 문을 부수고 들어갔다……장차 충헌의 집으로 가려고 시가에 이르자마자 순검군에게 쫓겨 달아나다가 신창관에 이르러 맞서 싸웠는데, 충헌이 가병(家兵)을 보내어 이들을 양쪽에서 협공하게 했다. 중의 괴수가 날아오는 화살에 맞아 거꾸러지고 그 무리가 달아나 선의문에 이르렀으나 문이 닫혀서 나가지 못하고 모두 흩어져 달아났다. 충헌의 군사가 쫓아가 3백여 명의 중을 죽이고……충헌이 성문을 닫고 도망간 중의 무리를 찾아내 모두 죽였다. 때마침 큰 비가 내리자 흐르는 피가 내를 이루고, 또 중 3백여 명을 남계사 냇가에서 죽이니 전후 죽인 사람이 거의 8백여 명이 되어 쌓인 시체가 산더미 같아 사람이 몇 달 동안을 지나가지 못하였다는 것[8]이 사서에 나타난 최충헌 무신정권에 대한 교종 승려들의 저항 기록이다.

이후 최충헌은 교종 승려들에 대한 경계를 강화했으나 당시 고려사회에서 불교계 자체를 적으로 돌릴 수는 없는 일이었다. 최충헌 등 무신 집정자들로서는 자신들에게 적대적인 교종을 대체할 어떤 종단의 필요성을 절감했을 것이다. 이들이 선종을 주목하게 된 것은 이런 이유가 있었다. 또 하나 고려할 점이 있는데, 선종은 문자 그대로 참선수행으로 깨

8) 〈고려사절요〉, 고종 4년(1217) 정월

달음을 얻는 것을 중시하는 만큼 문자에 어두운 무신이나 일반백성들이 쉽게 접근할 수 있다는 장점도 작용했을 것이다.

아무튼 무신정권과 선종은 서로의 목적은 다르지만 불교계의 개혁을 지향한다는 점에서는 이해관계가 맞았다고 할 수 있고, 이것이 무신 집권기에 선종 계열의 조계종이 번창하게 되는 배경이다. 현존 사료에서 조계종이라는 분명한 종파이름을 볼 수 있는 첫 사례는 1172년(명종 2) 1월에 세워진 탄연(坦然·1070~1159)의 비문 제목 즉 '고려국 조계종(曹溪宗) 굴산하 단속사 대감국사지비'라고 한다.

그러나 조계종의 종풍을 크게 진작시킨 사람은 지눌(知訥·1158~1210)이었다. 그는 최충헌(1149~1219)과 동시대인으로 무신 집정기에 송광사를 중심으로 활동했는데, 정혜결사(定慧結社)를 전개하면서 선학과 선풍을 크게 일으킨 인물로 기억된다. 그는 일관되게 정혜쌍수(定慧雙修)와 돈오점수(頓悟漸修)를 주창했다. 정혜쌍수가 선정(禪定)과 지혜를 같이 닦아야 한다는 의미라면 그 바탕으로 문득 깨달음을 얻기 위해서는 꾸준한 수행이 있어야 한다는 것이 돈오점수라고 할 수 있다. 지눌 사상의 특징은 참선을 제일로 하지만 염불이나 간경(看經) 또한 중요시하여 선(禪)을 중심으로 선·교종의 조화를 시도한 점이다. 조계종은 지눌을 이은 혜심(慧諶·1178~1234) 등 개혁의지를 지닌 선사들의 노력과 무신집정자들의 후원 등에 힘입어 마침내 고려불교계의 주요 종단이 되기에 이른다. 그렇다고 해서 천태종 등 교종계통의 기성 종단이 멸절된 것은 아니었다. 선종계통의 조계종에 비해 상대적으로 위축되었다는 것뿐이지 이들 종단 역시 명맥을 이어오다가 무신정권의 종언을 보게 되는 것이다.

무신정권의 몰락과 원나라에 대한 고려의 종속은 표리관계에 있다고 할 수 있는데, 고려 말 불교사원의 정신적 가치 포기와 세속화 추구 역시 이런 역사적인 맥락과 무관치 않을 것이다. 원나라의 간섭은 고려사회 전반에 자주적인 발전역량을 무력화시키거니와 불교계라 해서 예외는 아니었다. 그나마 충렬왕 대까지는 지눌, 혜심 등의 고승들로부터 비롯된 건강한 불교기풍이 일관되게 이어져왔으나 충선왕 대에서 충정왕 때까지의 불교 타락상은 뜻있는 인사들의 지탄을 받기에 충분했다. 사찰은 대규모 토지와 노비를 겸병하면서 대지주화 했고, 토지에서 나는 소득 외에 양조사업·축산업·고리대금업 등으로 축재를 했다. 또 많은 경비를 들여 사찰을 짓고, 불교행사를 마련했다. 토지와 노비를 사찰이 겸병함으로 인해 국가가 소유할 몫이 줄어들고, 권력과 연관된 사회적 비행(非行), 왕실 및 권문세족의 지나친 불공행사 등은 국가재정을 탕진시켰다. 심지어 경향의 사찰들은 남녀를 잡거시키는 음탕한 소굴이나 부역을 회피하기 위한 공사 노(奴)들의 은신처로 인식되기에 이르렀다. 1361년(공민왕 10) 5월 어사대의 상소는 불교의 타락상을 이렇게 고발하고 있다.

불교는 본래 밝고 깨끗한 것을 숭상하는데, 그 무리들이 죄받고 복 받는다는 말로써 과부와 외로운 여자들을 속여 유인하며, 머리를 깎고 중이 되게 하여 잡거하고 분별이 없어, 그들의 음탕한 욕심을 마음대로 누리며, 심지어는 사대부와 종실의 집까지 드나들며 불공하기를 권하고, 산속에 유숙시켜 추한 소문이 종종 있어 풍속을 더럽게 물들입니다. 지금부터는 이런 짓을 일절 금하여 어기는 자는 죄를 주기 바랍니다. 또 향리나 공사 노복들이 부역을 피하기 위해 불문(佛門)에 들어가 자취를 숨기고, 손에는 불상을 가지고 입으로는 중의 노래를 외며 여염집에 횡행해서 백성들의 재산만 소모하여 그 죄가 가볍지 않습니다. 이들도 함께 체포하여 모

두 그들 본래의 신분으로 돌려보내게 합시다, 라고 하니 왕이 이 말을 좇았다.[9]

종교적 기능은 고사하고 세속보다 더 타락한 불교사원의 이런 행태는 자연스럽게 배불(排佛)의 분위기를 키웠다. 불교에 대한 배척은 유학, 그중에서도 성리학이라 불리는 신(新)유학을 습득한 사대부들에 의해 본격적으로 개진되기에 이른다.

성리학에서 성(性)이란 인간성을 말하는데 인간성, 곧 인간의 본성은 하늘의 명(命)이 인간성에 내재해 있다[天命之謂性]라고 하는 〈중용〉사상의 천성을 말하는 것으로, 이 인간본성에 대한 이치를 성리(性理)라고 한다.[10]

중국에서 성리학이 나오게 된 역사를 간단히 보자면 아래와 같이 풀 수 있을 것이다. 불교를 지배적 이데올로기로 삼았던 당(唐·618~907)이 멸망하고 오대십국(五代十國·907~960)의 혼란기를 겪은 후 송(宋·960~1279)이 건국된다. 송 대에 들어와 공자와 맹자의 유교사상을 성리(性理)·의리(義理)·이기(理氣) 등의 형이상학 체계로 해석하고 이를 성리학이라고 불렀다. 송의 주희(朱熹·1130~1200)는 주돈이(周敦頤), 장재(張載), 정호(程顥), 정이(程頤) 등을 계승하여 성리학을 집대성한다. 그래서 성리학은 주자가 완성했다는 의미에서 주자학, 정호·정이 및 주자가 중심인물이란 뜻에서 정주학, 송나라 때 완성된 점에서 송학, 새로운 유학이란 의미로 신유학, 이(理)가 중심개념이므로 이학 등으로 불린다.

성리학은 공·맹을 도통으로 삼고 도교와 불교가 실질이 없는 공허한

9) 〈고려사절요〉, 공민왕 10년(1361) 5월

10) 류승국, 〈한국유학사〉, 유교문화연구소, 2008, 164면

교설[虛無寂滅之教]을 주장한다고 생각하여 이단으로 배척했다. 한편 같은 유학임에도 불구하고 주희의 성리학이 이(理)를 강조하기 때문에 특히 이학이라 불렀고, 육구연(陸九淵·1139~1192) 등의 학문은 상대적으로 마음을 강조하기 때문에 심학(心學)이라고 불렀다.

송 대 이후 관료학자[士大夫]로서의 유학자들은 불교의 출세간성·반사회성·비윤리성 등을 공허하다[虛學]고 비판하면서 자신들의 성리학을 참된 학문[實學]이라고 정당화했다. 당시 유학자들은 도교의 은둔 경향과 불교의 세속을 떠난 출가를 가정과 사회의 윤리기강을 무너뜨리는 요인으로 보았다. 성리학은 가족을 중심으로 하는 혈연공동체와 국가를 중심으로 하는 사회공동체의 윤리규범을 제시함으로써 사회의 중심사상으로 발전한다. 특히 〈대학〉에 나오는 8조목(八條目)- 격물(格物)·치지(致知)·성의(誠意)·정심(正心)·수신(修身)·제가(齊家)·치국(治國)·평천하(平天下)- 을 개인수양과 국가통치를 위한 행위규범으로 삼았다. 성리학은 주로 사회적 인간관계와 개인의 수양이라는 두 측면에서 그 사상을 심화시키는데 〈주례(周禮)〉를 중시함으로써 사회윤리인 예(禮)를 강조함과 동시에 우주 본체, 인간 심성과 같은 형이상학적 탐구를 통해 도교나 불교를 형이상학적으로 비판할 수 있는 근거를 마련하게 된다. 특히 성리학의 집대성자인 주희는 유교의 원전들 중에서 〈대학〉·〈논어〉·〈맹자〉·〈중용〉의 사서(四書)를 경전화시킴으로써 그 지위를 격상시켰다. 주지하다시피 〈논어〉는 공자의 교설을 제자들이 모은 것이고, 〈맹자〉는 맹자의 교설을 제자들이 모은 것이다. 〈대학〉·〈중용〉은 원래 〈예기〉의 한 편이었는데, 〈대학〉은 증자(曾子)와 그 문인들이 지었고 〈중용〉은 자사(子思)가 지었다고 생각하여 각각 한 책으로 독립시킨 것이다. 주희는 사서의 정립을 통해 공자·증자·자사·맹자라는 유학 도통(道統)의 계보를 역사적으로 예시코자 했다. 또한 주희는 사서(四書)에 주(註)를 달았다. 이른바 〈사서집주(四書集註)〉인데, 이는 나중에 성리학자들의 필독서가 된다. 이와 같이 성리학의 중심 텍스트를 선정하고 거기에 새로운 해석학적 틀을 제공함으로써 유학은 새로운 유학으로 거듭날 수가 있었던 것이다.

성리학의 특징은 공·맹의 선진 유학을 형이상학적으로 정당화하는 데서 찾을 수 있다. 이일분수(理一分殊)·천도유행(天道流行)·생생지리(生生之理)로써 보편타당한 법칙의 편재를 주장했다. 인간은 우주의 보편타당한 법칙[天理]을 부여받았다고 보아 인간성(性)을 본질적으로 신뢰하였다. 자신의 지나치거나 부족한[過不及] 기질을 교정하면 선한 본성을 온전하게 발휘할 수 있다고 본 것이다. 때문에 성리학에서는 보편타당한 법칙을 궁구하고[窮理] 자신의 본성을 다 발휘[盡性]할 것을 주장한다. 보편타당한 법칙을 온전히 익히기[體認·體得] 위한 방법으로 격물치지(格物致知)의 공부론을 제시한다. 즉 사사물물(事事物物)에 깃들어 있는 이치(理)를 궁구하여 인간의 앎을 확장할 것을 제시하는 것이다.

한편 공자가 말했던 자기실현의 학문[爲己之學]을 닦기 위한 여러 가지 방법을 고안했는데 자기 자신의 마음을 항상 반성적으로 살피고[存心], 본성을 기르며[養性], 남들이 보지 않는 곳에서도 스스로를 신중히 하는 것[愼獨·戒懼] 등이 그것이다.

성리학은 마음의 극단으로 치닫는 불교와 기(氣)의 극단으로 치닫는 도교를 비판하면서 마음·기·이의 통합적 구도를 제시한다. 이와 기는 성격상 다른 것[不相雜, 決是二物]임에도 불구하고 서로 분리될 수 없는 관계[不相離, 理氣相須]에 있다고 보았다. 또한 마음·성(性)·정(情) 역시 통합적 구조로 해석했다. 마음은 성과 정 전체를 아우르는 것[心統性情]

으로 보았다. 인(仁)·의(義)·예(禮)·지(智)로 구성되어 있는 마음의 본체 [未發心體]가 성이고, 성이 밖으로 표현되면 정이 된다는 것이다. 성과 정은 서로 분리될 수 없는 체용일원(體用一源)의 관계에 있으므로 분리시킬 수 없다고 보며, 형이상자(形而上者)인 도(道)와 형이하자(形而下者)인 기(器) 역시 단절되지 않는다[無間斷]고 주장한다. 이와 같이 체용일원의 구도를 가졌던 성리학은 일상적인 것[日用之間]에서부터 학문의 근본을 다져야 한다[下學而上達]고 주장했다.[11]

이처럼 송나라에서 완성된 성리학은 원나라의 관학(官學)이 됨으로써 연경을 중심으로 한 북방에서 크게 유행하고 있었는데, 충렬왕 이래 고려와 원의 빈번한 교류에 힘입어 고려에 전해지게 되는 것이다. 충렬왕 당시 고려 조정이나 학계에서는 무신집정 이후 침체된 문교를 중흥시키고, 종래의 사장(詞章)이나 훈고(訓詁) 중심의 학풍을 일신시키려는 노력들이 일어났다. 충렬왕은 안향(安珦 ·1243~1306)의 유학진흥 건의를 수용하여 성균관을 신축하고 섬학전(贍學錢)이라는 일종의 기금제도를 도입, 양현고(養賢庫)를 보강했다. 또 경사교수(經史敎授)도감을 설치하여 경학과 사학(史學)을 진흥시키고자 했다. 이런 새로운 기풍이 조성되는 가운데 성리학이라는 신유학이 들어오게 되는데, 이는 한국 유학사(儒學史)에서 하나의 분기점이 되는 획기적 사건이었다. 즉 충렬왕 때 이 신유학이 들어왔다고 보자면, 그 이전 태조(재위 918~943) 때부터 원종(재위 1260~1275) 때까지를 고려전기 유학시대, 충렬왕(재위 1275~1309) 때부터 말기까지를 고려후기 유학시대라고 할 수 있는 것이다.[12]

11) '성리학(性理學)', 〈한국민족문화대백과사전〉

12) 류승국, 앞의 책, 141면

성리학을 고려에 처음 소개한 인물은 안향이었다. 경상도 순흥 출신인 안향은 1260년(원종 1) 문과에 급제하고, 관료로서 오랫동안 복무했다. 특히 지방관으로 있을 때 미신 타파에 앞장섰던 일은 잘 알려진 사실이다. 1289년(충렬왕 15) 11월 왕과 왕후(제국대장공주) 및 세자를 호종하여 원나라에 갔다가 손수 〈주자서〉를 필사하고, 공자와 주자의 화상을 그려가지고 이듬해인 1290년 3월 귀국했다. 안향은 항상 인재를 양성하고 유학(儒學)을 부흥시키는 것을 자신의 임무라고 생각한 사람이었다. 주희를 존경한 나머지 자신의 호를 주희의 호 회암(晦庵)에서 따와 회헌(晦軒)이라고 할 정도였다. 그의 문하에는 역동 우탁(1262~1342)·이재 백이정(1247~1323)·국재 권부(1262~1346)·동암 이진(李瑱·1244~1327)·매운당 이조년(李兆年·1269~1343)·덕재 신천(辛蕆·?~1339) 등 이른바 6군자 외에도 저명한 인사들이 많았다. 사람을 알아보는 식견이 있어 일찍이 김이(金怡·1265~1327)와 백원항(?~?)을 보고서 '훗날 반드시 귀현(貴顯)하게 될 것'이라고 예언했는데 그대로 맞았다고 한다. 김이와 백원항 역시 안향의 제자들이었다.

그 뒤 안향의 문인 백이정은 1298년(충렬왕 24) 8월 충선왕이 원으로 불려가자 왕을 호종하여 원나라 서울로 가 10년을 머무르게 된다. 여기서 백이정은 주로 성리학에 깊은 관심을 기울여 연구하다가 귀국할 때 정주(程朱)의 성리서적과 주자의 〈가례〉를 가지고 돌아왔다. 귀국 이후 후진 양성에 힘써 익재 이제현(1287~1367)·치암 박충좌(朴忠佐·1287~1349)·가정 이곡(李穀·1298~1351)·초암 이인복(李仁復·1308~1374)·담암 백문보(1303~1374) 등 많은 문인을 배출함으로써, 비로소 배우는 자

---

13) 이제현, 〈역옹패설〉 전집(前集) 2

가 도학(道學)이 있음을 알게 되었다[13]고 한다. 우리나라에 성리학을 처음 소개한 이는 안향이지만 성리학을 본격적으로 연구하고 그 체계를 파악해 크게 일가를 이룬 인물은 백이정이라 할 수 있다. 이 점은 담암이 작성한 백이정의 행장에도 나타나 있다.

8월, 원나라에 있는 왕이 불러서 입조했는데, 공(=백이정)이 원나라 서울에서 왕을 숙위하며 10년을 머물렀다. 귀국할 때 많은 정주서(程朱書)를 취득하여 돌아왔다. 귀국 후 동문 4~5인과 더불어 날마다 강론하고 전수하여 몇 권의 경서가 깊은 바다가 되고, 몇 건의 표문과 상소가 사다리와 배가 되어 오르고 건널 수 있게 되었으니 이로써 동방의 학자가 비로소 성리학이 있음을 알게 되었다[八月 徵王入朝 王如元 公以宿衛從之 留都下十年 多取程朱全書而歸 與同門四五人 日相講授 以經籍爲淵海 箋疏爲梯航 東方學者始知有性理之學][14] 는 것이다.

안향의 문인인 우탁은 경사에 통달하였고 더욱 역학에 대한 지식이 심오했는데, 정이의 〈역전(易傳)〉이 우리나라에 처음 전해졌을 때 능히 해득하는 자가 없었다. 그가 문을 닫아걸고 한 달 이상을 전심 연구한 끝에 드디어 문리를 해득하고, 이를 학생들에게 교수함으로써 동방에 비로소 이학(理學)이 행해지게 되었다[15]고 한다.
안향의 또 다른 문인 권부의 경우, 일찍이 주자의 〈사서집주〉를 간행

---

14) 〈담암일집〉권2, 문헌공 이재선생 행장 중 일부
15) 〈고려사〉열전, 우탁(禹倬) 전 및 〈고려사절요〉충렬왕 34년(1308) 9월 기유일
16) 〈고려사〉열전, 권단(權㫜) 전 권부(權溥)

하자고 건의하여 실행했는바 동방에서의 성리학은 권부로부터 시작되었다[16]는 평가를 받는다.

이처럼 안향 이래 백이정·우탁·권부 등 저명한 사류(士類)들이 성리학을 공부하고 전파함으로써 이 새로운 학문은 하나의 조류로서 고려사회를 풍미하고 있었다고 할 수 있다. '천하가 같은 문자를 쓰게 되어 집집마다 정주의 책이 있고 사람마다 성리의 학문을 알고 있으니, 그 교화하는 방법 또한 기대할만하다'[17]는 이제현의 증언은 이 같은 현실을 반영한 것이다. 성리학의 보편화는 이를 습득한 사대부 층에 의한 불교 배척으로 나타나는데, 이러한 사정은 성리학의 도입자인 안향에서부터 분명하게 드러난다. 안향은 체용일원 즉, 본질과 작용의 근원이 같다는 구도 위에 일상적인 것에서부터 학문의 근본을 다져야 한다는 성리학의 논리에 따라 국학생들을 타이르는 글[諭國子諸生文]에서 이렇게 말하고 있다. '성인의 도는 일상 윤리(倫理)에 지나지 않는다. 아들 된 자 마땅히 효도하고, 신하된 자 충성하고, 예로써 집을 다스리며, 신의로써 교유하고, 경(敬)으로써 몸을 닦으며, 성실로써 일을 처리할 뿐이다. 저 불교는 친족을 버리고 집을 떠나 인륜을 멸시하며, 의(義)에 거역하니 이적(夷狄)의 무리'[18]라는 것이다.

충렬왕 당시 성리학이 고려에 전해지게 된 배경에는 여러 가지 요인이 있을 수 있겠지만 다음과 같은 정·경·사회적인 요인은 특히 유의할 만하다.

우선, 무신집정과 원나라의 간섭으로 인한 왕권의 실추와 이를 만회

<hr>

17) 이제현, 〈익재난고〉 권9 하(下), 책문
18) 안향, 〈회헌실기(晦軒實記)〉 권1, 유집(遺集)

하려는 반작용으로서의 왕권 강화 노력을 들 수 있을 것이다. 침체된 문교를 진흥시키고, 이전의 사장·훈고 중심의 유학을 새롭게 하려는 노력들이 충렬왕 대에 일어났다는 점은 우연이 아니다. 익히 알려진 대로 유학의 도덕정치론은 천명을 기본으로 한다. 천명론이란 '왕은 천제(天帝)의 명을 받은 자'라는 뜻이다. 그러므로 왕은 천제를 대행하는 천자(天子)로 불리며 성스러운 사람 즉 성인(聖人)이라고 칭송된다. 이는 바로 왕권신수설의 다른 명칭이다. 성리학은 유학을 철학적으로 설명하려는 것이었지만 여전히 유교의 왕권신수설을 계승한다. 다만 이것을 종교적인 천명으로서가 아니라 철학적인 이기론으로 설명하려는 것[19]이다. 따라서 무신집정과 원나라 간섭기에 왕의 교체 및 생사가 권신이나 원나라의 의지에 따라 결정되는 상황에서 왕의 권위 회복은, 곧 왕실의 자주성 회복은 물론 유학자들의 학문적 이상을 실현하는 길이기도 했을 것이다.

더구나 고려 말의 사회풍조는 노·불사상의 지나친 신비주의에 빠져 침체를 면치 못하게 된데다, 민족국가 차원에서 새로운 학풍진작이 요구되었다. 원의 예속으로부터 벗어나 자주적인 독립성을 강조하는 데 있어서 주자학은 윤리적이고 합리적인 차원에만 머무르지 않고 더 나아가 사회·국가적으로 적극적이고 문화적인 활력이 될 수 있었기 때문에 송학은 고려 말에 상당히 환영을 받았던 것이라 할 수 있는 것이다.[20]

다음은 토지제도의 문란과 성리학 도입의 연관성을 생각해볼 수 있다. 당시의 토지제도는 각종 특혜에 의한 폐단이 매우 심해서 백성들이

---

19) 기세춘, 〈성리학 개론〉 상(上), 바이북스, 2007, 302면
20) 류승국, 앞의 책, 165면

그 피해를 입고 있었다. 이런 사정은 과거시험 문제인 책문(策問)에 출제될 만큼 심각한 수준이었다. '근래에 와서 공신록권의 사패전(賜牌田), 불사(佛寺)에 판정(判定)으로 시주해서 바치는 토지, 행성이문소의 순군(巡軍)·홀적(忽赤)·내승(內乘)·응방에 하사한 토지, 권호들이 겸병한 것, 교활한 무리가 빼돌린 것 등이 백성들에게 해독을 입히고 나라를 좀먹어 그 폐단이 분분히 일어나서, 국고에 들어오는 것은 강화도에서 난을 겪을 때와 비교해도 10분의 2~3도 되지 못하니……[21]라고 되어 있다. 1347년(충목왕 3)에 설치되었다가 기삼만의 옥사와 함께 소기의 목적을 거두지 못한 정치도감에 대한 아쉬움이 내용 중에 있는 걸로 보아 이 책문은 1353년(공민왕 2) 5월 이제현이 지공거가 되었을 때 출제한 것으로 여겨진다.

그렇다면 신진사류의 불교배척과 토지제도 개혁 주장은 어떤 사회·경제적인 배경을 갖는 것일까? 안향의 지적처럼 중들이 친족을 버리고, 집을 떠나 인륜을 멸시하며, 의에 거역하는 오랑캐의 무리이기 때문일까? 이는 단순한 문제가 아니라 자신들의 정치·경제·사회적인 이해관계와 결부된 문제라고 할 수 있었다. 앞서 이제현이 출제한 책문에서 보듯 당시 토지제도의 난맥상은 심각한 정도를 넘어선 것으로 파악된다.

권문세족 또는 불교사원에서는 토지를 겸병한 나머지 산천으로 경계를 삼을 정도였으나, 신진사류는 자신들이 받아야 할 분급수조지(分給收租地·科田)는 물론 녹봉까지도 지급받지 못하는 상황에 처해 있었다. 이들이 대규모의 농장을 부정하고 토지의 재분배를 요구한 것은 당연한 일이었다. 신진사류는 전제개혁을 주장하면서 '나라를 통치하는 자

---

21) 이제현, 〈익재난고〉 권9 하, 책문

는 반드시 경계(經界)를 바로 잡는 것으로써 인정(仁政)의 시초를 삼아야 한다.'는 맹자의 말을 인용하여 전제개혁의 당위성을 강조하였다. 이러한 주장은 수탈과 핍박에 시달리는 농민층과 가난한 병사들로부터 많은 지지를 얻을 수 있었던 것[22]이다. 신진사대부들의 주된 주장은 불교배척과 사전(私田)개혁이었는데, 이 둘은 서로 성질이 다른 것이 아니라 맞물려 있었다. 불교에 대한 비판·공격은 불교교단과 한 통속인 중앙권력층 내지 대농장주인 권문세가들에 대한 투쟁을 의미하는 것이다. 그러므로 불교에 대한 승리는 곧 정·경·사회 등 여러 방면에서의 승리를 수반하기도 한 것[23]이라는 지적처럼 불교비판과 토지개혁은 신진사류들의 경제적 기반을 담보하는 일이었다.

또한 신진사류가 중국으로부터 정주학을 받아들인 이면에는 농업기술면에서의 자극도 적지 않았다. 그들이 새로운 정치이념으로 다시금 표방한 민본(民本)이란 것도 실상은 이생(理生)을 통해 달성될 수 있는 것이었다. 중국에서 신유학과 새로운 농업기술인 강남농법(江南農法)이 거의 같은 시기에 이루어졌던 사실은 우연이 아니었다. 신진사류는 지방의 중소지주 출신이라는 처지에서 일반 백성들의 이생문제에 큰 관심을 가지고 그것을 실현시키기 위해서 새로운 학문과 지식의 수용을 추구함으로써, 새로운 역사를 주도하는 계층으로서 자리를 확고히 굳힐 수 있었던 것[24]이다. 여기서 강남농법이란 대체로 수리시설 확충과 시

---

22) 최영성,〈한국유학통사〉상(上), 심산출판사, 2006, 314면

23) 중앙문화연구원 편,〈한국문화사신론〉, 중앙대출판국, 1975, 483면, 최영성, 앞의 책, 315면에서 재인용

24) 이태진,〈朝鮮儒敎社會史論〉, 지식산업사, 1990, 37면, 최영성, 앞의 책, 315면에서 재인용

비법(施肥法) 개선을 통해 농업 경작에서 휴한법을 극복하고 연작법을 실시토록 하는 것 등이었다. 이로 인해 토지 생산성이 제고되었음은 물론이다.

요컨대 담암이 살았던 14세기의 고려사회는 '교체와 변화의 시대'라고 할 만큼 제(諸)분야에서의 변혁이 극심했다고 말할 수 있는데, 가장 큰 변화라고 한다면 원·명 교체라는 이른바 천명(天命)이 바뀌는 것에 서부터 사상적으로는 불교에서 성리학이라는 신유학으로의 변화, 그리고 사회·경제적인 요소로는 중앙권력층 내지 대농장주 즉, 권문세족에 대한 지방 중소지주층의 도전을 그 배경으로 삼고 있다고 할 수 있는 것이다. 이 같은 변혁의 시대 가운데서 담암은 불교배척을 주제로 한 상소문을 올리게 된다. 그는 당시가 바로 대주원(大周元)의 시기이므로 천지가 개벽하듯 고려가 중흥할 수 있는 기회라고 강조하고 있다.

> 또, 자연의 운수는 순환하며, 한 바퀴를 돌아 다시 시작됩니다. 7백년이 하나의 소원(小元)이 되고 3천6백년이 쌓여 하나의 대주원이 되는데, 이것이 황제왕패(皇帝王覇)의 치란성쇠 주기(週期)인 것입니다. 우리 동방은 단군으로부터 지금까지 이미 3600년이 지났으니 곧 하나의 대주원이 되는 기회입니다. 마땅히 요순 육경(六經)의 길을 따라야 하며 공리화복(功利禍福)의 설을 실행해서는 안 될 것입니다. 이렇게 한다면 하늘의 도움을 돈독하게 얻어 음양이 때를 맞추어 순조롭고 국운이 연장될 것입니다[且天數循環 周而復始 七百年爲一小元 積三千六百年爲一大周元 此皇帝王覇理亂興衰之期 吾東方自檀君至今已三千六百年 乃爲周元之會 宜遵堯舜六經之道 不行功利禍福之說 如是則上天純祐 陰陽順時 國祚延長][25]

---

25) 〈고려사〉 열전, 백문보 전 및 〈담암일집〉 권2, 소차(疏箚) 중 척불소 일부

영덕 운산서원(雲山書院)의 일부로 남아있는 강당: 운산서원은 담암과 그 후손 백현룡(白見龍)을 봉향하던
서원이었다. 대원군의 서원 훼철 때 파괴되고, 그 일부인 강당(경상북도 문화재자료 제485호)만 남아있다.
(사진출처: 영덕군청 홈페이지)

　　담암은 하늘의 운수가 1원(元)을 주기로 순환한다는 관점에서 〈역
(易)〉의 상수학에 근거해 순환론적 역사관을 제시한 송(宋)대의 철학자
소옹(邵雍·1011~1077)의 논리를 원용하면서도 1주갑에 12회를 곱하여
하나의 소원(小元·7백20년)으로 보고, 60회를 곱하여 하나의 대주원(大
周元·3천6백년)으로 삼아 이를 단군기원과 결부시키고 있는 듯하다. 또
'단군으로부터 이미 3600년이 지났으니 곧 하나의 대주원이 되는 기회
이기 때문에 마땅히 요순 육경의 길을 따라야 할 것'이라고 주장하고,
만세대의 사업인 공자의 도를 따라야지 공리화복의 설인 불도를 따르
면 안 된다는 것으로 전개해가고 있는 것이다. 담암이 이러한 주장을 하
게 된 배경에는 정치적 격동과 혼란, 그에 수반될 수밖에 없는 백성들의
불안감과 좌절감을 좀 더 긍정적인 희망으로 전환시켜야 한다는 유학자
로서의 어떤 사명감 같은 것이 작용했기 때문일 것이다.

척불소(斥佛疏)로 알려진 이 상소문은 그 주제가 불교배척임에도 불구하고, 하늘 운수의 순환을 들어 바로 당대가 국조 단군의 개국 이래 3천6백년이 지난 대주원의 시기이며, 올바른 정치를 행함으로써 나라의 운수를 연장시킬 기회임을 역설하고 있다. 당시의 국내외 사정은 홍건적의 침입으로 수도 개경이 함락되는가 하면, 공민왕 암살미수 사건인 홍왕사의 변 같은 내우외환이 끊이지 않던 시점이었다. 따라서 이 상소의 의도는 위기가 곧 기회임을 강조함으로써 나라 전체에 희망의 메시지를 주고자 한 것으로 볼 수 있다.

담암의 평생 70여년은 국내외 여건이 매우 복잡하게 얽혀 있던 시기였으며, 이런 가운데서도 그는 군신들에게 용기를 주고 희망을 전하는 전향적 성격의 상소문을 올리는 등 자신이 처한 현실 안에서 노력을 아끼지 않았던 인물이라고 평가할 수 있다.

5.
담암과 그 시대 사람들

1. 그의 스승

인간은 사회적 동물이다. 부모형제나 친인척 같은 혈족 외에도 다양한 사람들과 교유하면서 사회생활을 하게 된다. 담암의 경우도 예외가 아니어서 학문을 하는 도정에서 만난 스승이 있고, 같이 공부한 동문이 있고, 같은 해에 등과한 동방(同榜)이 있고, 친한 친구와 선·후배가 있으며, 자신이 가르친 문하생이 있는 것이다. 자료에 나타난 것은 물론, 자료가 없더라도 여러 가지 정황상 추정되는 담암의 교우관계를 차례대로 살펴보자.

권부

담암의 7대손 백현룡이 지은 〈담암일집〉 행장에 의하면 담암은 15세가 되던 1317년 국재 권부(權溥·1262~1346)의 문하에서 수학하고, '역학설(易學說)'을 지었다고 한다. 오늘날의 학제 기준으로 본다면 중학교를 졸업하는 연령대가 대개 16세 무렵이니 중학교를 졸업하기 전 약간 이른 나이에 당시의 대학자인 국재 문하로 간 셈이다. 요즈음도 그렇지만 대략 6~7세 전후에 기본적인 문자 수업을 시작한다고 보자면 국재에게 나가기 전 약 10년간은 친족이나 이름을 알 수 없는 어느 선생 밑에서 기본적인 소양을 쌓았을 것이다.

담암의 스승 권부의 이력을 〈고려사〉 열전을 통해 살펴보면 자못 화려하다. 경상도 안동 사람으로 문청공 권단(權㫡)의 아들이다. 1279년(충렬왕 5) 과거에 급제한 이래 충렬왕부터 충목왕까지 다섯 왕을 섬기면서 벼슬은 8품의 승사랑에서 시작하여 정1품의 삼중대광(大匡)에 이르렀고, 85세를 향수했으니 부귀로 보자면 당대에 견줄 자가 없었다. 학술 분야에서도 많은 업적을 남겼는데 역사학에 있어서는 민지(閔漬)를 도와 〈세대편년절요〉 편찬에 참여했고, 태조 이래의 실록을 간략하게 편찬했다. 〈사서집주〉를 간행케 함으로써 성리학 전파에 상당한 공헌을 했다. 이인로(李仁老)의 시문집인 〈은대집〉 20권을 주석했으며, 아들 권준(權準), 사위 이제현과 함께 역대 효자 64명의 행적을 기린 〈효행록〉을 편찬했다. 아들 다섯과 사위 넷이 모두 봉군(封君)되어 1가9봉군 집안으로 주위의 부러움을 샀다. 그러나 오랫동안 인사를 담당하면서 재산을 늘렸다는 비난도 받았다. 시호는 문정(文正)이다.

담암이 국재 문하로 간 것에 대해, 무신가문 출신으로 생각되는 그가 학문에 뜻을 두어 당대의 대학자요 권세가인 권부의 문하에 들어갈 수 있었던 것은 흥미로운 사실이지만 그 구체적인 기연(機緣)은 잘 알 수 없다[1]는 지적이 있다. 그러나 담암의 외가나 친가 쪽에서 당시의 유신(儒臣)계층과 연결될 수 있는 고리는 의외로 적지 않다.

우선 담암의 외가인 영해박씨는 무신집권기에 두각을 나타낸 박송비 이후 정계진출이 활발하였고, 원 지배시기에는 이제현, 이곡(李穀) 가문과 통혼함으로써 동해안 지방에 많은 문사가 왕래[2]하였으며, 그러므로 담암은 외가인 영해지방과의 관련을 통해서 초기 신흥유신과 교유가 가능했고, 그 성리학을 수용할 수 있는 계기가 되었던 것으로 추측되는 것[3]이다. 한 예로, 이곡의 둘째 사위 판위위시사 박보생(朴寶生)은 박송비의 6세손인 판서 박원계(朴元桂·1282년~1348)의 맏아들이다. 또 이제현의 넷째 사위 판전농시사 박동생(朴東生)은 박원계의 둘째아들로 박보생의 친동생이다. 이 부분은 담암과 권부와의 직접적 관련을 알려주는 자료는 아니지만, 박송비가 담암의 외고조인 박세통의 재종숙이 되는 만큼 담암 유년기에도 영해박씨의 영향력은 결코 위축되지 않고 초기 신흥유신들과 교류가 있었다는 것을 방증한다.

다음으로는 담암의 재종조인 백원항(白元恒)과 권부와의 관계를 살펴볼 필요가 있다. 백원항의 생몰년에 대한 기록은 남아있는 것이 없지만 그가 충렬왕 5년(1279)에 국자감시에 장원급제한 사실로 미루어 보아 1260년 전후에 태어난 걸로 추정된다. 담암의 스승인 권부는 1262년생으로, 그 역시 백원항이 국자감시에 급제하던 해인 충렬왕 5년(1279)에 문과에 급제했다. 이들 양인이 교유했다는 직접적인 자료는 없지만 같은 해에 급제했고, 충렬·충선·충숙왕 등 같은 시기에 활동했으며, 안향과의 관계가 있었다는 점 등을 고려할 때 상당히 가까운 사이였을 것으로 추정이 되는 것이다. 사람을 알아보는 능력이 뛰어났던 안향은 일찍이 백원항을 보고, 나중에 반드시 귀현하게 되리라는 예언을 했는데 그대로 적중했다는 내용이 〈고려사〉 열전 안향 전에 나온다. 백원항은 안

---

1) 민현구, 앞글, 239면

2) 이수건, 《韓國中世社會史硏究》, 일조각, 1984, 301면, 이남수, '白文寶의 性理學受容과 排佛論', 이화여대 대학원 석사학위청구 논문, 1990, 8면에서 재인용

3) 이남수, 앞글, 8면

향의 제자였고, 권부 역시 안향의 제자였다는 사실은 이미 본대로다.

또 하나는 〈동문선〉에 게재된 백원항의 시문 중에 '권우생가음주(權友生家飲酒)'라는 제목의 시가 있는데, 여기서 권씨 성을 가진 백원항의 벗이라면 권부밖에는 달리 추정되는 인물이 없다는 점이다. 백원항과 동시대에 활동한 인물 중에 일재 권한공(權漢功·?~1349)이 있었지만 백원항과 권한공은 사이가 그리 좋지 않았다고 추정된다. 권한공은 충숙왕 8년(1321) 상왕 충선왕의 신임을 얻어 권세를 부리고 뇌물을 받아 막대한 부를 쌓다가 채홍철(蔡洪哲)과 함께 귀양을 갔는데, 이들을 귀양보낸 당사자가 바로 밀직사 백원항과 삼사사 김순(金恂) 등이었기 때문이다. 시 '권우생가음주'의 마지막 구절에 '여러 손님 흩어진 뒤에도 곤(髡·작자 자신을 비유)만 홀로 만류하니, 그대 집 당(堂)에 가득한 달에 취해 누워있다'는 부분이 있는 걸로 미루어 두 사람 사이가 각별했던 걸로 보인다. 백원항과 권부 사이가 각별했다면 백원항이 자신의 똑똑한 재종손 담암을 권부에게 추천하여 배우게 하는 것은 그다지 어려운 일이 아니었을 것이다.

그리고 마지막으로 담암이 권부에게 나가 배울 수 있었던 것은 담암의 부친 백견이 최소한 수업료를 낼 수 있을 정도의 경제력은 가졌을 것이라는 추정이다. 〈고려사〉 열전에 나오는 권부의 전기를 보면 그는 매우 뛰어난 학자였고 인격이 원만하여 사람들과 시비를 하지 않았지만 재물에 대한 욕심 또한 적지 않았던 것 같다. 따라서 그에게 수업받기 위해서는 상당히 비싼 수업료를 각오해야만 했을 텐데 이런 점을 감안하면 기본적으로 학동의 재능 외에 보호자의 경제력도 그것을 감당할 정도는 되어야 했을 것이다. 아무튼 담암은 안팎의 여건과 자신의 총명함 덕분에 권부 문하에서 공부를 할 수 있었다고 여겨진다.

담암은 권부로부터 많은 것을 배우고, 성리학을 접할 기회도 있었을 것이다. 또 '역학설'을 지었다는 걸로 보아 그가 〈주역〉에 깊은 관심을 가졌고, 동시에 높은 이해수준을 가졌을 것으로 여겨진다. 성리학의 성립과 〈주역〉의 의리학적 해석 사이에 어떤 상관성이 있다고 본다면 담암이 권부 문하에서 성리학을 접하고, 또 '역학설'을 지었다는 것은 그의 학문성장 과정에서 커다란 의미를 지닌다고 하겠다.

백이정

담암은 이재(彝齋) 백이정(白頤正·1247~1323)에게서도 배웠다. 충청도 남포(藍浦·충남 보령) 출신인 그는 1284년(충렬왕 10) 문과에 급제한 후 여러 관직을 거쳤고 만년에는 상당군(上黨君)에 봉해졌다. 시호는 문헌(文憲)이다. 이제현의 기록에 의하면 백이정은 고려 학계에서 성리학, 즉 주자학을 수용하는데 획기적인 역할을 한 학자로 평가되는 사람이다. 주자학의 전래라는 측면에서 안향이 최초의 주자학 소개자요, 주자 숭배자라고 한다면 백이정은 원나라 연경에서 여러 해 동안 주자학을 배워가지고 돌아와 고려 학계에 전파하여 주자학 수용에 일대 전기를 마련한 최초의 주자학자라고 할 수 있다. 고려 유학사에서 그의 위상이 이러함에도 〈고려사〉에 별도의 열전이 없는 것은 유감[4]이라는 후세의 평가는 결코 지나친 말이 아닐 것이다. 이러한 위상의 백이정에게 담암이 수학한 사정은 담암의 후손 백현룡(白見龍·1543~1622)이 지은 담암 행장에 간략히 소개되고 있다.

---

4) 최영성, 앞의 책, 324면

당시는 불교가 오랫동안 행해지고 성학(聖學·성리학)이 밝지 않았다. 이재 백공 이정(頤正)이 원나라에 있으면서 정주(程朱)의 서적을 구해 우리나라로 오자 선생(=담암) 및 이가정, 이익재, 박치암 충좌, 이초은 인복 등이 앞장서서 배우고 성리학을 강론했다. 이로써 삼한의 오래된 나쁜 습속이 크게 변하게 되었다.[5]

담암이 백이정 문하에서 공부를 시작한 것은 1322년(충숙왕 9)으로 그의 나이 20세 때였고, 백이정은 76세의 노숙한 학자였다. 담암은 이미 2년 전에 등과한 처지였지만 환로에 나가기 전 학문을 더 익혀야 한다고 판단했을 것이다. 이러한 판단은 일찍이 그의 좌주인 이제현이 했다는, '과거란 작은 재주이니, 이것으로 나의 덕을 크게 기르기에는 부족하다[6]'는 말처럼 좀 더 공부하고 덕을 크게 길러야 한다는 필요성 때문이었을 것이다. 백이정 문하에서의 수학은 성리학에 대한 담암의 지식을 넓히는데 큰 역할을 했다고 본다. 백이정은 담암이 공부를 시작한 이듬해 12월에 별세하므로 수학기간은 길어야 2년 정도에 지나지 않았다.

그러나 백이정은 만년의 제자로서 담암을 가르치면서 각별한 관계를 맺었던 것 같다. 백이정의 문하를 거쳐 간 사람으로 이제현, 박충좌, 이곡, 이인복도 있지만, 백이정의 행장이 바로 담암의 손으로 씌어지고 있으며, 백이정과 담암은 같은 백씨로서 고려 초의 백창직까지를 공통의 선계로 하는 친족관계에 있었다(담암은 백이정의 손자 항렬이다). 이와 같은 사정 속에서 담암은 자신이 지은 행장을 통해 그 안분궁리지학(安分

<hr>

5) 〈담암일집〉 부록 권2, 행장, 원문은 時釋敎久行 聖學不明 彜齋白公頤正 入元購程朱書東還 先生及李稼亭 李益齋 朴恥庵忠佐 李樵隱仁復 首先師受 講明性理之學一變三韓舊染之陋

6) 이제현, 〈익재집〉 부록, 이색(李穡)이 찬한 계림부원군 문충이공묘지명(鷄林府院君 諡文忠李公墓誌銘) 및 〈고려사〉 열전 이제현 전

窮理之學)과 담허순일지상(湛虛純一之象)을 높이 평가한 백이정의 노숙한 학문, 곧 성리학을 깊이 체득할 수 있었으리라 여겨지는 것[7]이다.

담암은 문헌공 이재선생 행장에서 공(公)이 만년에 전원에서 초려를 짓고 살며, 시부(詩賦) 일절을 읊었다고 했다. 이것이 백이정의 시 '연거(燕居)'이다.

쓸쓸한 작은 집, 10주(十肘·길이의 단위) 남짓한데
향 사르고 조용히 성인의 글 읽는다
예부터 천작(天爵) 닦으면 인작(人爵)은 저절로 쫓아온다 했지
정욕은 가을 숲인 듯, 나날이 성겨가고.[8]

이 시에 대해 담암은 '시의 뜻이 깨끗하고 거짓이 없으며, 진실로 도학자다운 언사(言辭)라 여겨진다. 그것은 분수를 지켜서 사물의 도리를 추구하는 학문과, 비운 마음을 즐기는 순수함의 상징[詩意淸眞 眞有道者言 其安分窮理之學 湛虛純一之象][9]이라고 평가하고 있다. 〈예기〉 중니연거(仲尼燕居)편은 공자가 한가할 때 자장 등 세 제자들에게 예(禮)를 설명한 것을 기록한 내용인데, 군자는 한가할 때일지라도 학문을 궁구하거나 가르치는 일을 게을리 하지 않고 성인의 길을 추구한다는 점을 강조하는 대목이다. 백이정의 시 '연거'는 우리나라 최초의 염락풍(濂洛風·성리학풍) 시[10]로 인정받고 있거니와, 전원에 은거하여 성인의 책을 읽으며

---

7) 민현구, 앞글, 240면

8) 〈담암일집〉권2, 문헌공 이재선생 행장, 원문은 矮屋蕭條十肘餘 焚香靜讀聖人書 自從人爵生天爵 情欲秋林日漸疎

9) 〈담암일집〉권2, 문헌공 이재선생 행장

학문에 정진하는 성리학자의 생활상이 드러나 있다.

성리학의 직접적 전수자인 백이정이 성리학 관련서적에 대해 해박한 지식을 가졌을 것은 충분히 상정되는 바이지만 주희의 〈사서집주〉 가운데 특히 〈맹자〉이었을 것으로 추정하는 견해[11]가 있다. 그것은 '연거'에 나오는 천작·인작의 개념이 바로 〈맹자〉 고자장구(告子章句) 상(上)에 나타나기 때문이라는 것이다. 여기서 천작은 물론 인의충신(仁義忠信)으로 선(善)을 즐겨 게을리 하지 않는 것이요, 인작은 사람이 주는 공경대부(公卿大夫) 따위의 벼슬이다.

따라서 시를 통해 백이정이 추구하는 학문의 목표를 유추하자면 외물(外物)에 의해 생겨난 세속적인 욕심, 즉 인욕(人欲)을 제거하고 궁리진성(窮理盡性)하여 인간본연의 성품인 천리(天理)를 실현하는 것이라고 할 수 있다. 궁리진성은 〈주역〉 설괘전에 나오는 말인데, 정이(程頤·1033~1107)는 〈대학〉의 치지격물(致至格物)과 관련시켜 설명하고 있다. 사물의 이치를 궁구하고 타고난 본성을 다해 천리에 다다른다는 의미로 해석된다. 즉 성인의 경지, 곧 완성된 인간형을 지향하는 것이다.

백이정의 이러한 경향은 담암에게도 물론 영향을 끼쳤다고 본다. 지금은 전하지 않지만, 담암은 만년에 탁월한 지식으로 천리를 알아서 '천형(踐形)'이라는 성리설을 저술했다[12]고 한다. 이 천형의 개념은 〈맹자〉의 진심장구(盡心章句) 상에 나오는 말로 '사람의 형색(形色·형체와 용모)은 천성으로 타고난 것이지만, 오직 성인만이 그 형체와 용모를 다 실현

---

10) 이병혁, '정주학 전래와 여말 한문학', 〈동방학지〉 36~37, 1983, 394면. 이남수, 앞글, 20면에서 재인용
11) 이남수, 앞글, 21면
12) 〈담암일집〉 부록 권2, 윤소종의 만사(輓辭) …卓爾知天著踐形…踐形=先生所著性理之說

할 수 있다[13]는 것이다. 성인(聖人)으로서의 완성된 인격체를 지향한다는 점에서 백이정의 시 '연거'나 담암의 성리설 '천형'은 동일한 주제를 다루고 있다고 추측할 수 있다.

담암이 남긴 〈급암집(及庵集)〉 서(序) 등의 글을 통해 시에 대한 그의 견해를 보자면 '대개 시는 뜻을 말하는 것이다. 그렇게 함으로써 감흥이 일며, 사물을 살필 수가 있다. 가까이는 부모를 섬기고 멀리는 임금을 섬긴다면 이는 모두 성정(性情)에 근본을 둔 것이니, 이를 일러 시라고 할 수 있는 것[蓋詩言志 可以興可以觀 邇之事父母 遠之事君 則皆本乎性情 方可謂之詩][14]이라고 했다.

요컨대 시는 뜻을 말하는 것이고, 그 뜻의 성격은 성정에 근본을 두는 것이며, 성정에 근본을 둔다는 것은 구체적으로 부모와 임금을 섬기는 것이라는 견해이다. 이러한 견해의 배경에는 무신집정 이래 수사적 기교에 중점을 둔 장식적인 문학, 이른바 사장(詞章)에 대한 비판과 〈서경〉 순전(舜典)에 나오는 '뜻을 말하는 것이 시[詩言志]'라는 정의에 좀더 충실하려는 신 유학자들의 관점이 자리 잡고 있다고 하겠다. 아무튼 담암은 백이정을 통해 그의 노숙한 성리학을 20대 초반의 감수성으로 깊이 체득할 수 있었던 것이다.

우탁

담암이 역동 우탁(禹倬·1263~1342)에게서 배웠다는 직접적인 자료는 남아있지 않지만 여러 가지 정황상 우탁의 직전 제자였을 가능성이 높

---

13) 〈맹자〉, 진심장구 상, 孟子曰 形色 天性也 惟聖人 然後可以踐形
14) 〈담암일집〉 권2, 급암집(及庵集) 서

다. 〈담암일집〉 편년에 따르면 1342년(충혜왕 후 3) 담암 나이 40세에 쾌주(祭酒) 우탁 선생이 별세하자 곡(哭)을 하고 제문을 지었는데, 그 내용은 전하지 않는다고 되어 있다. 개인적으로 존경한 나머지 제문을 짓고 추모했을 수도 있지만 그보다는 직접 가르침을 받았다고 보는 것이 더 타당하다.

우탁은 충청도 단산(丹山 ·충북 단양) 사람으로 1278년(충렬왕 4) 향공(鄕貢)진사, 1290년(충렬왕 16) 과거에 급제한 후 영해 사록(司錄)이 되었다. 군내에 팔령(八鈴)이란 요신의 신사가 있었는데 우탁이 부수어 바다에 던짐으로써 미신을 타파했다고 한다. 또 충렬왕이 죽고 충선왕이 임금이 된 1308년(충렬왕 34)에는 충선왕의 그릇된 행동을 나무라는 격한 상소를 올렸다. 이 때 감찰규정이란 직책에 있던 그는 소복에 거적을 메고 도끼를 든 채 궁궐로 나아가, 이른바 백의지부(白衣持斧)로 상소를 했다. 죽일 테면 죽여보라는 결연한 태도였다.

이 상소를 올린 후 향리로 물러나 학문에 정진했으나 충의를 가상히 여긴 충숙왕이 여러 번 불렀기 때문에 다시 벼슬길에 나가 성균 쾌주로 치사했다. 벼슬에서 물러난 뒤에는 예안(안동)에 은거하면서 후진 교육에 전념했다고 하는데, 그가 후학들을 가르친 마을을 도학·예의·절조 세 가지를 가르친 곳이라 해서 세상 사람들은 '지삼의(知三宜)'로 불렀다고 한다(안동시 예안면 선양동인데 안동댐 건설로 수몰). 시호는 문희(文僖)이다.

담암이 그의 문하에 간 것은 아마 1324년(충숙왕 11) 무렵이 아닌가 싶다. 그 전해인 1323년(충숙왕 10) 백이정 별세 후 다시 마땅한 스승을 찾던 담암으로서는 당대의 개결한 선비이자 역학(易學)의 대가인 우탁이야말로 한번 가르침을 받고 싶은 대상이었을 것이다. 원래 충청도 사람인 우탁이 영남지방과 인연을 처음 맺은 것은 일찍이 영해 사록으로 근무했기 때문이다. 물론 담암이 태어나기 이전이었지만 당시 영해의 토족이던 담암의 외가 영해박씨 집안과 우탁 사이에는 교류가 있었을 수 있다. 더구나 우탁이 후학을 가르치던 안동은 담암의 외가인 영해와 개경을 오가는 길목이기 때문에 담암이 배움을 구하기에는 좋은 조건이라고 할 수 있었다.

〈고려사〉 열전과 〈고려사절요〉 등의 자료에 의하면 우탁은 경사(經史)에 능통했지만 특히 역학에 조예가 깊어 점치는 것은 맞지 않는 것이 없었다고 한다. 정자(程子)의 〈역전(易傳)〉이 처음 전해졌을 때, 우리나라에 잘 아는 이가 없었으나 우탁이 곧 문을 닫고 월여를 연구하여 드디어 해득하고 생도들에게 교수함으로써 우리나라에 의리(義理)의 학문이 처음으로 행해지게 되었다고 한다.

정자, 즉 정호와 정이 형제 가운데 특히 동생 정이는 〈주역〉에 대한 주석서인 〈역전〉을 남겼는데, 그는 〈주역〉에 내재한 상수학(象數學)적 요소를 지양하고 유학의 이념과 결부시켜 해석함으로써 점복서(占卜書)쯤으로 이해되던 〈주역〉을 유학자들의 수양서 반열에 올려놓았다는 평가를 받는다. 역학사적 측면에서 〈주역〉에 대한 의리학(義理學)적 해석의 한 이정표를 세운 셈이다. 의리학적인 관점에서 보자면 절충적 입장을 취한 주희의 〈주역본의〉보다 더 철저하다고 할 수 있다.

정이는 〈역전〉 서(序)에서 '지극히 은미한 것은 이(理)이며 지극히 뚜렷한 것은 상(象)이다. 체(體)나 용(用)의 근원은 동일하며 현저한 것[顯]과 숨어있는 것[微] 사이에는 간극(間隙)이 없다. 통합과 변통을 관찰하여 전례(典禮)를 행한다면 모든 설명을 못 할(갖출) 것이 없다'[15]라고 했다. 〈역전〉 송(訟)괘나 구(姤)괘의 주석 등을 보면 이(理)와 의(義)에 대한 그의 철저한 입장을 엿볼 수 있다. 명(命)은 올바른 이이기 때문에 올바른 이를 잃으면 명과 등지게 된다고 했다. 또 명은 천리(天理)라고 했다. 의와 명 두 글자가 있을 뿐이다. 마땅히 해야 하는지의 여부는 의이고 득실과 화복(禍福)은 명이다. 군자가 있는 곳에서는 단지 의가 어떤가에 대해 이야기할 뿐이라고도 했다.

앞서 〈고려사〉 열전 등의 자료에서 보듯 우탁이 경사에 능통했고, 역학에 조예가 깊어 점을 잘 쳤다는 걸로 보자면 그는 이미 정이의 의리학적인 〈역전〉을 궁구하기 전에 점복서로서의 〈주역〉도 공부했다는 점을 알 수 있다. 담암은 아마 이런 우탁 문하에서의 수업을 통해 〈주역〉 전반에 대한 이해를 높였다고 여겨진다.

담암의 척불소에서 보이는 순환론적 역사관이나 〈나옹화상 어록〉 서문에서 보이는 화기론(和氣論) 등을 감안하면 담암은 소옹의 상수론이나 장재(張載·1020~1077)의 기(氣)철학과도 일정 부분 닿아있다고 볼 수 있다. 여기에 우탁이 전수한 정이의 의리학적 〈역학〉까지 연결된다면 그는 성리학의 위아래와 좌우를 망라해서 수업했다고 판단해도 지나치지 않을 것이다.

이제현과 박효수

담암은 충숙왕 7년(1320·경신) 9월, 18세의 나이로 과거에 급제했다. 이때의 지공거(知貢擧)는 익재 이제현(李齊賢·1287~1367), 동(同)지공거는 석재((石齋) 박효수(朴孝修·?~1377)였다.

---

15) 〈이정전서(二程全書)〉 권19, 원문은 至微者 理也 至著者 象也 體用一源 顯微無間 觀會通以行其典 禮 則辭無所不備, 구스모토 마사쓰구(楠本正繼), 〈송명유학사상〉, 김병화 외 譯, 예문서원, 2005, 145 면에서 재인용

그런데 담암이 응시한 이 해의 과거는 좀 특이하게 진행된 것 같다. 동년 6월 이제현과 박효수가 과거 사무를 맡으면서 시부(詩賦)시험을 폐지하고 책문(策問)시험을 채용했다. 그러니까 시와 부로 보던 시험 대신, 어떤 현안에 대한 문제를 내고 그에 대한 대책을 논문 형식으로 답하도록 한 것이다. 그러자 이 해 7월 왕이 이런 명령을 내렸다. '근래에 원나라 과거시험에 응시할 수재를 뽑는 일로 하여 고예(考藝)시험을 폐지했기 때문에 성균·칠관(七館)의 여러 학생들이 다 초장에 응시하게 됐는데, 이는 옛 제도와 맞지 않는 것이다. 따라서 옛 제도대로 다 고예시험에 응시하게 해서 그 점수를 정한 다음 곧 중장에 응시하도록 하겠다'[16]는 것이다. 말하자면 고예, 즉 시부시험으로 1차 걸러내고 초장을 보게 해서 점수를 정한 다음 중장에 응시토록 하자는 말이다. 여기서 책문시험이 없어진 것이 아니므로 결과적으로는 시험과목과 시험단계가 더 늘어난 셈이다. 어쨌든 이런 까다로운 관문을 거쳤기 때문인지 이 때 뽑힌 급제자 중에는 시·론·설을 아우르는 뛰어난 인재들이 많았다. 장원인 최용갑(崔龍甲)과, 담암을 비롯해서 이곡·윤택(尹澤)·안보(安輔) 등이 그들이다. 이들 중 이곡과 안보는 원나라에서 보는 제과에도 급제하여 이름을 날렸다.

이 해의 고시관인 이제현은 경주 사람으로 검교정승 이진(李瑱)의 세 아들 가운데 둘째였다. 〈고려사〉 열전 이제현 전과 〈익재집〉 부록 '익재선생 연보' 등에 따르면 그는 어릴 때부터 듬직했고 문장을 지을 때 비범한 기상이 있었다고 한다. 충렬왕 27년(1301·신축) 진사시 장원에 이어 을과 3위로 급제했다. 1303년 권무봉선고 판관(判官)·연경궁 녹사(錄

16) 〈고려사〉 선거지, 과목1 충숙왕 7년

事)를 거쳐 1308년 예문춘추관에 선발되고, 다음해에 사헌 규정에 발탁됨으로써 본격적인 관리생활을 시작했다.

1314년(충숙왕 1·갑인) 정주학이 중국에서는 행해지기 시작했으나 우리나라에는 아직 들어오지 않았었는데, 백이정이 원나라에 있다가 이를 배워 우리나라로 돌아오자 그는 가장 먼저 사사하여 전수받았다. 또 같은 해에 충선왕이 아들 충숙왕에게 왕위를 물려주고 자신은 원나라 서울에 만권당(萬卷堂)을 짓고 학문 연구로 즐거움을 삼고 있었는데, 당시 충선왕 문하에는 원나라의 학사들인 요수(姚燧)·염복(閻復)·원명선(元明善)·조맹부(趙孟頫) 등이 모여 있었다. 이제현은 이 때 충선왕의 부름을 받고 원나라 서울로 가 이들과 교유하면서 학문이 더욱 진보되었다. 그의 나이 28세 때였다. 6년 정도를 원에서 머무르다가 1320년(충숙 7·경신) 고려로 돌아온 그는 지밀직사사(知密直司事)로 단성익찬공신 호와 토지 등을 하사받았으며, 그 해의 고시관이 되어 인재들을 선발한 것이다. 34세 때 일이다.

이후 정치가로서 이제현의 활동은 고려 후기의 혼란상과 겹쳐지면서 찬연히 빛나기 시작했다. 가령 고려의 국가적 독립성을 말살시키고 원나라의 일개 성(省)으로 만들고자 하는 입성(立省) 책동과 충숙왕을 내몰고 왕위를 차지하려는 심왕(瀋王) 왕고(王暠)와 그 일파의 준동 등을 의연히 막아낸 일, 토번(吐蕃)으로 유배 가 있던 충선왕을 풀려나게 한 일 등이 그것이다. 그는 1324년 밀직사를 거쳐 1325년 첨의평리·정당문학에 전임됨으로써 재상의 지위에 올랐다.

그 뒤 충숙왕과 충혜왕 부자가 서로 바꿔가며 왕위에 오르는 어지러운 때를 당해서 그의 활동은 크게 드러나지 않으나 1339년 충혜왕이 원나라에 붙잡혀가자 그를 좇아 원나라에 가 사태를 수습하고 왕이 복위

되는 데 중요한 역할을 했다. 그러나 그로부터 수년간은 조적(曹頔) 일당의 위세에 눌려 두문불출했는데, 이 기간 동안에 〈역옹패설(櫟翁稗說)〉을 저술했다.

그가 다시 정치의 표면에 나타나 중요한 역할을 하는 것은 1344년 충목왕이 즉위한 직후 판삼사사(判三司事)에 임명되면서부터였다. 이때 문란해진 정치기강을 바로잡고 새로운 시책을 펴는 데 참여해 여러 항목에 걸친 개혁안을 제시하게 된다. 그러나 1348년 충목왕이 죽자 원에 가서 왕기(王祺·훗날 공민왕)를 왕으로 추대하기 위한 운동을 전개했으나 실패한다.

1351년 공민왕이 즉위를 앞두고 새로운 개혁정치를 추진하려 할 때 정승에 임명되어 국정을 총괄했다. 이때부터 네 번에 걸쳐 수상이 되는 기록을 세웠다. 1353년(공민왕 2) 계림부원군으로서 다시 지공거가 되어 이색(李穡) 등 35인을 선발했다. 1356년(공민왕 5) 기철(奇轍) 등을 죽이는 반원운동이 일어나자 문하시중이 되어 사태의 수습에 나섰다가 다음해에 치사했다. 그 뒤에도 국가 중대사에 대해서는 자문에 응했으며, 홍건적이 침입해 개경이 함락되었을 때에도 남쪽으로 달려가 상주에서 왕을 배알하고 호종했다.

그는 탁월한 유학지식과 문학적 소양을 바탕으로 사학(史學)에도 많은 업적을 남겼다. 민지(閔漬)의 〈본조편년강목〉을 중수(重修)하는 일을 맡았고, 충렬·충선·충숙왕 실록을 편찬하는 일에도 관여했다. 특히 만년에 〈국사〉를 편찬했는데, 기년전지의 기전체를 계획해 담암·이달충(李達衷)과 함께 일을 진행시켰으나 완성시키지 못했다. 문학부문에서도 큰 업적을 이루었는데 시는 전아하고 웅혼하다는 평을 받았고, 역사적 사실이나 인물을 제재로 한 영사시(詠史詩)를 많이 지었다는 특징이 있다. 사(詞)에서도 독보적 존재로 일컬어지고 있다.

이제현은 초기 유학자로서, 성리학의 수용·발전에도 매우 중요한 역할을 했다. 성리학자 백이정의 수제자였고, 〈사서집주〉를 간행해 성리학 보급에 크게 노력한 권부의 문생이자 사위였다. 이색이 문충공(文忠公) 묘지명에서 '도덕의 으뜸이요, 문학의 종장'[17]이라고 말한 것처럼 후세에 커다란 추앙을 받았으며, 또한 그의 제자가 이곡·이색 부자였다는 학통으로 볼 때 성리학에서의 그의 위치는 현저한 것이다. 그가 만권당에서 교유한 중국의 문인·학자들이 성리학에 깊은 조예를 가진 사람들이었다는 점을 상기하면 이제현은 중국의 성리학을 직접 접하면서 동시에 그것에 대한 이해를 했을 것으로 생각된다. 충목왕 때 개혁안을 제시하면서 격물치지와 성의정심(誠意正心)의 도를 강조한 것은 성리학에 대한 조예를 바탕으로 한 것이었다. 그러나 성리학에만 경도되지는 않았는데, 그 때문에 뒷날 성리학을 좋아하지 않고 그에 대한 조예도 없이 공자·맹자를 공담(空談)으로 말했다는 등의 비판을 받았다.[18] 그의 저술 가운데 〈익재난고(益齋亂藁)〉 10권과 〈역옹패설〉 2권이 현전하고 있다. 이것을 합해 흔히 〈익재집(益齋集)〉이라고 한다.

널리 알려진 대로 고려 후기의 대표적 정치가이자 학자인 이제현은 당시 고려가 원의 부마국(駙馬國)이라는 현실을 인정하고, 그 범위 안에서 국가 존립과 사회모순의 시정을 위해 노력했다는 평가를 받는다. 그러나 급격한 변화를 달가워하지 않았고 온건한 태도로 현실에 임했다. 원과 고려를 넘나들며 복잡하고 미묘한 상황에 처하기도 했지만 화를

---

17) 이제현, 〈익재집〉 부록, 계림부원군 문충이공묘지명, 원문은 道德之首 文章之宗
18) 〈고려사〉 열전, 이제현 전, 원문은 不樂性理之學 無定力 空談孔孟

당하거나 유배된 적이 한 번도 없었다.

어쨌든 담암은 이런 인물 이제현을 좌주로 두었다. 당시의 관례에 의하면 좌주와 문생은 스승과 제자, 아버지와 아들 같은 관계로 정치적으로 또는 이념적으로 연결돼 있었다. 담암은 좌주 이제현으로부터 성리학적 지식은 물론 정치적인 식견 등을 직·간접적으로 배우고 또 그만큼 많은 영향을 받았을 것으로 여겨진다.

아, 익재는 비록 젊은 나이였지만 과거 시험을 관장했었다. 그러다가 나이 82세에 이르러 세상을 떠났는데 문생으로서 생존한 자 겨우 두셋이었다. 공(=尹澤)과 귀곡(龜谷)은 지방에 나가 있었기 때문에 나 혼자 상여 줄을 잡고 절하며 곡했다[於乎 益齋雖早年掌試 及年八十二下世 門生存者才二三 公及龜谷在外 余獨執紼拜哭][19]

이 글은 담암의 동방인 윤택의 분묘기에 나오는 내용이다. 담암은 윤택 사후 그의 분묘기를 쓰면서 익재 선생과의 관계를 이렇게 밝히고 있는 것이다. 글 내용을 보건대 담암은 이제현이 작고할 때까지 매우 긴밀한 관계를 유지했고, 이제현이 별세했을 때 그 문생 중에는 담암과 윤택 등 겨우 두셋만 생존해있었으며, 그나마 모두 지방에 나가있어서 문생들 중에서는 담암 혼자 장례식에 참석했음을 알 수 있다. 참고로 이제현의 향년은 81세이다.

한편, 담암이 급제하던 때의 동(同)지공거 박효수는 충청도 죽산(竹山·현재 경기도 안성) 사람인데 청렴한 인물로 알려져 있다. 연도는 미상이

---

19) 〈담암일집〉 권2, 윤씨 분묘기

지만 충렬왕 때에 급제했고, 여러 관직을 거친 후 1317년(충숙왕 4) 9재
삭시(九齋朔試)를 관장했다. 1320년(충숙왕 7) 담암이 급제한 과거 때에
는 대언(代言)으로서 시험관을 겸하고 있었다. 이때 충숙왕은 박효수의
청백(淸白)한 품성을 가상히 여겨 은병 50개와 쌀 1백석을 주고 학사연
을 차리는 비용으로 쓰게 했다. 이때부터 그의 청백한 절조는 더욱 널리
알려지게 되었다. 이듬해에 밀직부사가 되고 연창군(延昌君)에 봉해졌다.

박효수와 담암 사이가 특별히 긴밀했음을 알려주는 자료는 없지만
문생으로서 좌주에 대한 각별한 존경과 애정은 가지고 있었을 것이다.
〈고려사〉 열전에 있듯이 청렴결백하고 정직했다는 담암의 성품은 천성
인 동시에 후천적인 수양으로 터득한 미덕일 수도 있는데, 박효수 같은
인물을 통해 청렴에 대한 각오를 더욱 다졌을 수도 있다.

이상에서 담암에게 영향을 준 스승이나 좌주들을 살펴보았다.

그에게 가장 큰 영향을 준 백이정을 위시하여 권부, 우탁 및 이제현
등 안향으로부터 단서가 열리는 성리학의 수용과 발전에 절대적으로 중
요한 역할을 한 사람들은 모두 그의 스승으로 망라돼있다. 특히 백이정
과 이제현은 오랜 기간 원에 머무르면서 누구보다도 중국 문물에 깊이
접할 수 있었던 사람들이다. 그래서 담암을 연구한 후세의 학자는 이런
평가를 내리고 있다.

이런 여건에서 백문보는 성리학자로 성장하여 '천형(踐形)'이라는 독
자적 저술을 하고, 이단의 배척에 철저했던 특유의 지위를 지니게 되는
한편, 정치가로서 인사제도, 농업기술 등 다방면에 걸쳐 중국 고금의 사
정을 소상히 거론하는 정책론을 개진하게 된다[20]는 것이다.

---

20) 민현구, 앞글, 241면

2. 그의 동방 · 동문 · 선후배

한 시대를 살자면 스승뿐만 아니라 같은 해에 급제한 동방(同榜)을 비롯해서 많은 친구들을 사귀었을 텐데, 담암 역시 기록에 나타난 사람만 해도 그 수가 적지 않다. 대표적으로 이곡·윤택·안보 같은 경우, 같은 해에 급제한 동방으로서 절친했던 것 같다. 또 백이정 문하에서 수학한 이제현과 이곡 같은 경우는 백이정 문하의 동문이지만 한 사람은 스승이요, 또 한 사람은 친구인 것이다. 그 외에 백이정 문하의 동문으로 박충좌(朴忠佐)와 이인복(李仁復)이 있는데, 담암에게 박충좌는 선배요, 이인복은 후배였다. 그 외에 이달충(李達衷)·이달존(李達尊·이제현의 아들)·이암(李嵒)·민사평(閔思平)·성사달(成士達)·정포(鄭誧) 등과도 교류가 있었던 걸로 보인다.

또 사환(仕宦) 중에 만난 유숙(柳淑)·전녹생(田祿生)·정추(鄭樞)·김경직(金敬直)과 김희조(金希祖) 등도 담암과 관계를 가진 인물들이다.

이곡

이곡(李穀·1298~1351)은 자가 중보(中父), 호가 가정(稼亭)이다. 그는 충청도 한산(韓山·충남 서천)군 군리(郡吏)의 아들로 태어나 별다른 문벌 배경 없이 자신의 경술과 문학으로 입신한 신진사대부라고 할 수 있다. 그런 점에서 담암과 이곡은 매우 유사한 경우라고 보여 진다. 그는 담암보다 다섯 살 연상이지만 같은 해에 등과한 인연 때문인지 주고받은 시가 적지 않다. 그는 충숙왕 4년(1317) 거자과(擧子科=과거 예비시험)에 합격하고 동왕 7년(1320·경신) 9월, 담암과 함께 과거에 급제했다. 또 1332년(충숙왕 복위 1) 원나라에 들어가 정동성(省) 향시에 수석으로 선발되고 전시(殿試)에 차석으로 급제한 후, 원나라 한림국사원(翰林國史

院) 검열관이 되어 그때부터 원나라 문사들과 교유했다.

이후 이곡은 원과 고려를 오가며 벼슬을 지냈는데, 원나라에 동녀를 바치는 폐단을 원나라에 상소하여 그만 두게 하는 등 고려를 위해 노력했다. 충목왕이 즉위할 즈음에는 원나라 황제의 측근에 있으면서 고려의 재상들에게 편지를 보내 '고려가 나라꼴이 아니게 된 것이 간악한 신하들이 정치를 어지럽혔기 때문이라고 지적하고 이들이 물러나야 한다'고 경고했다. 그 뒤 고려에서 정당문학·도첨의찬성사가 되었고, 훗날 한산군(韓山君)에 봉해졌다. 이제현 등과 함께 민지가 편찬한 〈편년강목〉을 증수하고 충렬·충선·충숙 3조의 실록을 편수했다. 한때는 고시관이 되었으나 사정(私情)으로 사람을 선발했다는 탄핵을 받기도 했다. 충목왕 사후 왕기(王祺·공민왕) 옹립을 주장하다가 충정왕이 즉위하자 신변에 불안을 느껴 관동지방을 유람했다. 1350년(충정왕 2) 원나라로부터 봉의대부 정동행중서성좌우사낭중이란 벼슬을 제수 받았고, 이듬해인 1351년에 죽었다. 시호는 문효(文孝)이다.

그는 원나라 과거에 급제함으로써 실력을 인정받았고 그로 인해 고려에서의 관직생활도 순탄한 편이었다. 그는 중소지주 출신의 신흥사대부로서 신유학의 이념으로 현실문제 해결에 대응했다는 평가를 받고 있다. 아들 이색(李穡·1328~1396) 역시 유학자로 유명하다.

이곡은 젊은 시절 지금의 안동인 복주(福州)에서 사록참군으로 근무했는데, 이 무렵 영해에 거주하던 함창김씨 김택(金澤)의 딸과 혼인하여 이색 등 3남매를 두었다. 영해는 담암이 태어난 외가가 있는 곳이자, 아버지 백견이 만년에 낙향한 곳이다. 또 이곡의 둘째 사위 박보생(朴寶生)은 담암의 외가 쪽 사람으로 영해박씨였다. 담암과 이곡은 이런저런 연고 때문에 나이 차이를 떠나 함께 술도 마시고 시도 주고받으면서 흉허물 없이 지낸 것 같다.

가령 '차운(次韻)하여 백화보(白和父)에게 답하는 시'를 보면 '궁(窮)하고 통(通)하는 것에는 운명이 있을 터……그대도 알다시피 부잣집 문 앞 지나도 우리 같은 부류를 받아들이기나 합디까?'[21]라는 부분이 있다. 이는 서로의 가난한 사정에 대해 잘 알고 있다는 것을 암시하는 것으로, 격의 없이 얘기 나누는 사이임을 나타낸다. 또 '백화보 간의(諫議)에 부치는 시'에는 '날마다 곤죽이 되도록 황봉주 마시고, 때때로 말에 오르면 닭이 홰에 오르려 하네.'[22]라는 구절이 나온다. 이는 두 사람이 관청에서 빚은 황봉주를 늦게까지 마시고 대취하여 비틀거리며 말에 올랐음을 표현한 것이다. 그러나 뒤 구절을 보면 그냥 술만 마신 것이 아니라 한유(韓愈)의 쟁신론(爭臣論)이며 사마광(司馬光)의 간원제명기(諫院題名記) 따위 간관에 관한 이야기를 함으로써 간관으로 근무하는 담암의 애로 사항을 은근히 드러내고 있다. 참고로, 담암이 간관으로 재직한 것은 유자(儒者)를 극도로 미워하던 충혜왕 때였다. 이밖에도 담암은 광주(廣州)목사로 재직할 때 청풍정이란 정자를 중건하고 나서 이곡에게 그 기문을 써달라고 부탁했고, 이곡은 담암의 부탁으로 '청풍정기'를 지었다. 이런 점으로 미루어 두 사람은 매우 절친한 사이였을 것으로 여겨진다.

한편, 담암 또한 이곡에게 주는 몇 편의 시를 남기고 있다. 다음은 원나라의 사명을 띠고 고려에 왔다가 돌아가는 이곡을 전송하며 지은 '송봉사 가정 이중보 곡 환조(送奉使 稼亭李中父 穀 還朝)'라는 시의 일부다.

---

21) 이곡, 〈가정집〉 권14, 원문은 窮通要有命…君看富兒門 不容吾輩流
22) 이곡, 〈가정집〉 권18, 원문은 日飮黃封醉似泥 時時騎馬欲鷄棲…

휘황하게 빛나는 사신의 행차[使華耀皇皇]

은총이 부모님께도 미쳤으니[寵典及父母]

두 분을 봉한 교지가 향기롭다[兩封芝牒香]

구천의 아버님이야 이미 감격하셨겠지만[九泉感已徹]

살아 계신 어머님 기쁨은 또 어떠하리오[存者喜可量][23]

이 시를 살펴 보건대 두 사람은 서로의 가정사까지도 잘 알고 있었을
것으로 여겨진다. 그만큼 가까운 사이였다는 뜻이다.

윤택

윤택(尹澤·1289~1370)의 자는 중덕(仲德), 호는 율정(栗亭)이다. 할아
버지는 국학대사성 문한사학 윤해(尹諧)로, 윤해는 무송현(茂松縣·전북
고창) 호장의 아들로 태어나 과거를 통해 입신한 사람이다.

윤택은 아버지를 일찍 여의고 할아버지 밑에서 자랐는데, 천성이 총
명한데다 열심히 공부해서 충숙왕 7년(1320) 담암과 같은 해에 등제했
다. 그는 특히 〈춘추좌전〉에 뛰어나 '천하의 근심을 먼저 근심하고 천하
의 즐거움을 나중에 즐긴다.'는 범중엄(范仲淹)의 말을 좋아했다고 한다.
윤택은 일찍이 연경(燕京)에 머물던 충숙왕으로부터 강릉대군 기(祺·공
민왕)를 잘 보살펴달라는 부탁을 받았다. 1338년 우부대언이 되고, 우대
언을 거쳐, 충목왕 초에 나주목사가 되었다.

충목왕이 죽자 밀직 이승로(李承老)와 함께 원나라 중서성에 글을 올
려 강릉대군을 왕으로 삼아달라고 요청했으나 충정왕이 즉위하자 광양

---

23) 이곡, 〈가정집〉 잡록

감무로 좌천되었다. 공민왕이 즉위하면서 밀직제학에 임명되고, 이듬해 소를 올려 시사를 논했으나 윤허되지 않자 개성부윤으로 치사했다. 1363년 첨의(僉議)찬성사를 더했으며 이듬해 병이 나서 치사하고 금주(錦州·충남 금산)로 은퇴했다. 그는 치사 후에도 충숙왕의 부탁을 염두에 두고 공민왕의 정치에 대해 직언을 아끼지 않았다. 공민왕이 손수 진용(眞容)을 그려주고, 栗亭이라는 호 두 글자를 크게 써주기도 했다. 효성이 깊었고 정직하며 검소하게 지냈다고 한다.

담암과 윤택은 같은 해에 급제했지만 두 사람은 나이 차이가 14세나 된다. 윤택은 서른 살 넘어 등제해서 45세에 비로소 검열이 되니 직위가 9품에 지나지 않았다. 그러나 스스로 의연하게 지내면서 반드시 재상이 될 것으로 믿었다고 한다. 담암은 윤택을 위해 그의 호 율정을 주제로 '율정설'을 지어주었고, 윤택 사후에는 '윤씨 분묘기'를 통해 그에 대한 추모의 정을 표시했다. 윤택의 시호는 문정(文貞).

특히 율정설은 윤택이 밤나무를 좋아하는 이유를 먼저 언급하고, 다른 나무에 비해 늦게 자라지만 나중에 더욱 왕성하게 되는 밤나무의 생리와 늦은 나이에 등과해서 뒤늦게 출발했지만 나중에 더욱 우뚝하게 되는 윤택의 일생을 대비하여 설명하고 있다. 사람과 사물 사이의 공통성을 비유적으로 표현한 것인데, 담암은 이것을 〈주역〉 겸(謙)괘에서 원용하여 '이지러지면 차게 되고 부족하면 보태지는 이치가 있기 때문[有虧盈益謙之理矣][24]이며, 그런 까닭에 그 느린 것은 반드시 미래에 빨리 되려는 것이요, 그 중지되는 것은 장차 끝까지 도달하려는 것이다. 곧 이지러진 것은 채워질 수 있고, 부족한 것은 보태질 수 있는 이치와 무엇

---

24) 〈담암일집〉 권2, 율정설, 〈주역〉 지산겸(地山謙) 괘 단(彖), 원문은 天道虧盈而益謙

이 다른가?[故其遲必將以速也 其止必將以達也 則虧可以盈 謙可以益者 亦
何異哉]'라고 묻고 있다.

윤택의 성격이나 태도 따위를 잘 아는 사람만이 쓸 수 있는 글이고,
두 사람 사이가 그만큼 절친했다는 점을 보여준다.

안보와 안축

안보(安輔·1302~1357)는 자가 원지(員之)로, 경상도 흥녕(興寧·경북 순
흥)현 현리였던 안석(安碩)의 아들이다. 형은 첨의찬성사 안축(安
軸·1287~1348)으로 그들의 할아버지 안희서(安希諝)와 주자학 도입자
안향(安珦)은 6촌간이다. 안보는 담암과 같이 1320년(충숙왕 7) 문과에
급제, 광주(廣州)사록·춘추관수찬·편수관을 지냈다. 1344년(충목왕 즉
위년) 원나라 제과에 합격, 원나라 관리로 있다가 노모를 위해 귀국했다.
귀국 후 몇몇 도의 안렴사를 거쳐 1352년(공민왕 즉위년) 밀직제학, 1355
년(공민왕 4) 정당문학이 되었다가 이어서 어머니 봉양을 위해 고향과
가까운 동경의 유수가 되었다. 안보의 집안은 형 안축과 동생 안집(安
輯)까지 3형제가 과거에 급제하여 유명해졌다. 안보는 〈사기〉와 〈한서〉
등 역사서를 즐겨 읽었으며 문장은 허식이 없고 내용을 중하게 여겨 의
사가 충분히 표현되면 그만이었다고 한다. 시호는 문경(文敬)이다.

담암과 안보는 같은 해에 급제했지만 특별히 친밀했음을 보여주는 자
료는 남아있지 않다. 오히려 안보의 형인 안축과 담암 사이의 교유를 알
려주는 자료는 남아있다. 안축은 담암의 스승인 이제현과 동갑으로, 나
이로 보면 담암의 대선배지만 1345년(충목왕 1) 담암이 관동 존무사로
나갈 때 영해 관어대(觀魚臺) 등 그 지방 8경을 읊은 시 여덟 수[25]를 지
어주었다. 안축은 이미 1330년(충숙왕 17) 강릉도 존무사로 근무하고 돌

아오는 길에 관동의 아름다운 경치를 보고 경기체가인 '관동별곡'을 지은 바 있다. 안축은 또 1347년(충목왕 3)에 설치되는 정치도감의 판사로 참여, 담암과 함께 일했다. 안축의 시호는 문정(文貞)이다.

이런 사정으로 미루어 볼 때 담암과 안보는 동방이라는 인연 외에도 안보의 형인 안축을 매개로 두터운 친분이 있었을 것으로 보이지만, 그것을 확인해줄만한 자료는 남아있지 않다.

박충좌와 이인복

〈담암일집〉 부록 동문록에는 이제현·박충좌·이곡·이인복이 담암과 함께 올라있는데, 이들이 동문록에 오른 것은 이들 모두가 백이정에게서 성리학을 배웠다는 점 때문일 것이다. 이제현은 담암의 좌주이자 동문이고, 박충좌는 선배이면서 동문이고, 이곡은 동방이면서 동문이고, 이인복은 동문이면서 후배라고 할 수 있다.

함양(咸陽) 박씨인 박충좌(朴忠佐·1287~1349)는 중하층 관리 가문 출신으로 자는 자화(子華), 호는 치암(恥菴)이다. 어려서부터 학문을 좋아해 백이정이 원나라에서 주자학을 배우고 돌아왔을 때 이제현과 함께 제일 먼저 가르침을 받았다. 충숙왕 때 문과에 급제하고, 전라도 안렴사 등의 관직을 거쳐 내서사인·밀직제학·개성부윤 등의 관직을 지냈다. 충목왕이 즉위하자 왕에게 〈정관정요〉를 강의했고, 1345년(충목왕 1) 정방을 다시 설치할 때 찬성사로 그 제조관이 되었으며, 이어 판삼사사(判三司事)에 올랐다. 박충좌는 이제현·안축 등과 동갑으로 담암보다 16세나 연상이니 대선배이지만 어떤 형태로든 교유가 있었을 것이다. 그는 행촌

25) 안축, 〈근재선생집(謹齋先生集)〉 권2, 白文寶按部 上謠8首

이암(李喦)의 조부인 이존비의 외손자이기도 하다. 시호는 문제(文齊).

이인복(李仁復·1308~1374)은 고려 후기에 많은 급제자를 배출하며 크게 일어선 성주(星州)이씨 가문 출신으로 자는 극례(克禮), 호는 초은 (樵隱)이다. 할아버지는 성산군 이조년(李兆年)이고, 아버지는 검교시중 이포(李褒)이며, 우왕 때의 권신 이인임(李仁任)은 그의 동생이다.

1326년(충숙왕 13) 문과에 급제해 복주 사록이 되었다가 춘추공봉에 발탁되었다. 1342년(충혜왕 복위 3) 원나라 제과에 급제해 원의 벼슬을 받고 돌아와 기거주에 올랐다. 1352년(공민왕 1) 조일신이 난을 일으키자 이를 토평하는 데 공을 세워 1354년 정당문학 겸 감찰대부로 승진했다. 이후 판개성부사·첨의평리·판삼사사 등 여러 벼슬을 거쳐 1373년 (공민왕 22) 검교시중이 되었다가 이듬해에 죽었다. 그는 공민왕의 특별한 지우(知遇)를 받았으며, 〈고금록〉·〈금경록〉 등의 서적을 편수 또는 중수했다. 일찍이 백이정에게서 수학해 성리학에 밝았다고 한다.

담암과 이인복이 특별히 절친했다는 자료는 남아있지 않지만 담암과 가까웠던 이곡이 이인복과 교유했던 정황, 백이정 문하에서 함께 공부한 점 등을 감안하면 담암과 이인복 사이도 그리 멀지는 않았을 것이다. 이인복은 담암보다 5세 연하지만 같은 해에 세상을 떠났다. 시호는 문충(文忠)이다.

이달충

이달충(李達衷·1309~1384)은 담암보다 여섯 살 아래지만 담암과 매우 가까웠던 사이로 보인다. 이달충은 경주 이씨로 이제현의 당질인데 자는 중권(仲權), 호는 제정(霽亭)이다. 그는 1326년(충숙왕 13) 문과에 급제하고, 성균 좨주를 거쳐 공민왕 때 전리판서·감찰대부를 지냈다. 호부상서로 있던 1360년(공민왕 9) 팔관회 때 왕의 노여움을 사서 파면되었다가 1366년(공민왕 15)에 밀직제학으로 다시 기용되었다. 편조, 즉 신돈이 권력을 잡고 있을 때 그에게 주색을 일삼는다고 공석에서 말한 것이 화근이 되어 다시 파면되었으나 편조가 주살된 뒤에 계림부윤이 되었다.

이달충은 담암을 위해 담암의 또 다른 호인 동재(動齋)를 주제로 '동재설'을 지었다. 여기서 그는 '일음일양지위도(一陰一陽之謂道)'라는 〈주역〉의 말이 동(動)과 정(靜)의 뜻이라고 하면서 동재에서의 '움직임'의 의미를 풀이했다.

공(=담암)에게 동(動)이란 안으로는 내 임금을 요(堯)와 같이 만들고 밖으로는 내 백성을 요의 백성같이 만드는 것 등인데, 공의 움직임은 이것만으로는 부족하다는 것이다. 공이 이 재(齋)에 있을 때 옷깃을 여미고 얼굴을 엄숙히 하여 고요하게 생각하고 일하는 것 없이 꼼짝 않고 앉아 있으면 사람들이 그 정(靜)인 것만 알지 움직이지 않는 움직임이 있다는 것은 알지 못한다고 하여 '움직이지 않는 움직임' 즉 부동지동(不動之動)[26]의 경지를 설명하고 있다.

이달충의 동재설은 그 내용으로 보아 담암이 관동 존무사로 나간 1345년(충목왕 1) 작품임이 확실하다. 이때가 담암은 43세였고, 이달충은 37세였다. 이달충은 진작부터 담암으로부터 동재설을 지어달라는 부탁을 받았었는데, 그의 건강이 좋지 않아 미루다가 이때 비로소 지었고 한다.

---

26) 〈담암일집〉 부록 권1, 원문은 公之動也 內而堯吾君 外而堯吾民…然亦不足爲公之動 公之居是齋也 整襟肅容 寂無思爲 凝然而坐 人知其爲靜 而不知其有不動之動…

담암과 이달충은 또 1357년(공민왕 6년) 경부터 1361년(공민왕 10) 경까지 이제현과 함께 〈국사〉를 편찬하면서 같은 일을 하게 된다. 담암은 55세 때부터 58세 때까지이며, 이달충은 49세 때부터 52세 때까지이다. 어쨌든 이런 저런 인연으로 하여 두 사람은 매우 가까웠던 사이로 파악된다. 이달충의 문집으로 〈제정집(霽亭集)〉이 현전하고 있다. 그의 시호는 문정(文靖)이다.

이달존

이달존(李達尊·1313~1340)의 자는 천각(天覺), 호는 운와(雲窩)이다. 이제현의 아들로 백이정의 사위가 된다. 처음에는 음보로 별장이 되었으나 1330년(충혜왕 즉위년) 문과에 급제하여 헌납·감찰장령·전의부령 등을 지냈다. 1339년(충숙왕 복위8) 충혜왕이 원나라에 잡혀갈 때 아버지 이제현과 함께 같이 갔다가, 충혜왕이 복위되자 전리총랑이 되어 이듬해 왕과 함께 귀국하던 중 병사했다. 나이 스물여덟이었다. 특히 문장이 뛰어났다고 하는데, 그의 젊은 죽음을 담암이 매우 안타까워했다는 사실이 〈담암일집〉 편년에 보인다.

담암은 이달존보다 열 살이나 나이가 많았지만 좌주 이제현의 아들이자 스승 백이정의 사위인 만큼 이달존을 매우 아꼈던 것 같다. 두 사람 간의 친교를 보여주는 다른 자료는 남아있지 않으나 매우 친밀한 관계였음은 미루어 짐작할 수 있다.

이암

담암은 이암(李嵒·1297~1364)과도 교유가 있었던 걸로 보인다. 이암은 고성(固城) 이씨로, 세자원빈 이존비(李尊庇·1233~1287)의 손자이자 철원군 이우(李瑀)의 아들이다. 처음 이름은 군해(君侅)이며 자는 고운(古雲), 호는 행촌(杏村)이다. 1313년(충선왕 5) 문과에 급제하고, 충선왕 때 여러 번 자리를 옮겨 도관정랑이 되었다. 1332년 충숙왕이 복위해 충혜왕의 총애를 받았다는 이유로 섬에 유배되었으나 1340년 충혜왕 복위 후 지신사·동지추밀원사·정당문학·첨의평리 등을 지냈다. 시호는 문정(文貞)이다.

충목왕 사후 충정왕을 왕으로 세우기 위해 원나라에 다녀온 뒤 정방 제조에 임명되고, 찬성사를 거쳐 좌정승에 올랐다. 공민왕 초 철원군에 봉해졌으나 사직하고 청평산에 들어갔다가 다시 나와 수문하시중에 제수되었다. 1361년(공민왕 10) 홍건적이 개경을 함락시켰을 때 왕을 따라 복주로 갔고, 이듬해 3월 좌정승에서 사퇴했다. 왕을 호종한 공로로 1등 공신 철성부원군에 봉해졌다. 이암은 서예, 특히 예서와 초서에 능해 동방의 조맹부(趙孟頫)라고 불렸다.

이암의 할아버지 이존비는 백이정의 고종사촌인데, 이존비는 아버지를 일찍 여의고 외삼촌인 백문절(白文節·백이정의 父)에게서 글을 배웠다. 따라서 백이정 집안과 이존비 집안은 이런 인척관계로 교류가 있었을 것이고, 백이정의 제자인 담암과 이존비의 손자인 이암은 진작부터 알고 있었을 가능성이 높다. 이암은 담암보다 6년 연상이지만 담암에게 권유해 〈나옹어록〉의 서문을 짓도록 했다. 담암은 그가 세상을 떠나자 '행촌 이시중 암 만사(杏村李侍中품輓詞)'를 지어 애도하고 있다. 만사의 내용으로 보건대 담암은 이암의 글씨가 훌륭한 것을 잘 알고 있었으며, 평소 이암의 아름다운 풍채를 칭찬하고, 늙었지만 더욱 정정하다는 덕담도 건네고 했던 것 같다. 그리고 얼마 전에는 우연한 모임에서 만나 투호(投壺)도 함께 즐겼다고 밝히고 있다. 둘 사이에 매우 구체적인 교류가 있었다는 점을 알려주는 대목이다. 또 공민왕 10년(1361) 홍건적의 내침으로 공민왕이 복주로 내려갔을 때 담암과 이암이 함께 호종했으므로 서로를 더욱 잘 아는 사이라고 보아도 무리가 없을 것이다.

전하는 말에 의하면 행촌 이암은 단군 47대 2096년의 역사를 편년체로 기록한 〈단군세기(檀君世紀)〉를 저술했다고 한다. 이것이 사실이라면 담암이 '척불소'에서 제기한 '우리 동방은 단군으로부터 지금까지 이미 3천6백년이 지났으니 곧 하나의 대주원이 되는 기회[吾東方自檀君至今已三千六百年 乃爲周元之會]'라는 말이 이암의 이 책 〈단군세기〉와 어떤 연관이 있을 수도 있다. 왜냐하면 두 사람은 같은 시대를 살았고, 또 교유가 있었으므로 담암이 이 책의 내용을 소상히 알고 있었을 개연성이 크기 때문이다.

만약 〈단군세기〉가 이때 저술되지 않았고, 담암이 〈단군세기〉의 내용을 보지 못했다고 하더라도 당시 고려사회의 지식인들은 단군에 대한 사실(史實)을 알고 있었다고 봄이 옳다. 담암이 '척불소'에서 단군의 건국 연대에 대한 내용을 언급할 수 있었던 것은 그 역시 누군가로부터 들었거나 어떤 자료를 보았기 때문에 가능했을 것이다. 일연(一然·1206~1289)의 〈삼국유사〉일 수도 있고, 이승휴(李承休·1224~1300)의 〈제왕운기〉일 수도 있다. 전자는 1281년에 편찬되고 1310년대에 간행됐다고 하며, 후자는 1287년의 저작이라고 한다. 거의 비슷한 시기로 담암과 이암이 살았던 시대보다 조금 앞선다. 담암과 이암은 이들 서적을 보았을 것이다. 일연은 자신이 읽은 옛 기록을 구체적으로 밝히지 않고 단지 '고기(古記)'라고만 적고 있으나 이암은 구체적인 서목을 밝히고 있는데 〈조대기(朝代記)〉, 〈삼성기(三聖記)〉 등이 그것들이다. 이암이 이 책들을 읽었다면 담암 역시 읽었을 것이다. 이처럼 담암과 이암은 여러 가지

일로 얽혀있는 관계이며, 서로 친교가 있었음을 알 수 있다.

민사평

담암과 민사평(閔思平·1295~1359) 사이에도 교유가 있었음이 확인된다. 민사평은 당시 권문세족인 여흥(驪興·경기도 여주) 민씨로 자는 탄부(坦夫), 호는 급암(及庵)이다. 찬성사 민적(閔頔)의 아들이며, 언양군 김륜(金倫)의 사위이다. 급제 전에 별장에 임명되었으나 문관을 지망하여 취임하지 않고 충숙왕 때 문과에 급제한 후 예문춘추관수찬·예문응교·성균대사성 등을 거쳐 1344년(충혜왕 5) 여흥군(驪興君)에 봉해졌다. 원나라에 갔던 충정왕을 호종한 공으로 충정왕이 즉위한 1348년에 도첨의 참리가 되고, 찬성사 상의회의도감사에 이르렀다. 성품이 온화하고 시서를 즐겼으며 학문에 매진했다고 하는데 〈동문선〉에 그의 시 9수가 실려 전한다.

담암은 자신의 문인인 김구용(金九容)의 부탁으로 민사평의 문집 〈급암집〉의 서문을 썼는데, 김구용은 바로 민사평의 외손자이다. 〈급암집〉 서문에서 담암은, '나는 급암과 사이가 좋아 종종 술자리를 갖게 되고 또 일찍이 붙어 다니지 않은 적이 없으며, 주고받은 시 또한 적지 않음'을 회고하고 있다. 그런데 전란 중에 많이 없어진 것을 아쉽다고 했다.

민사평이 담암에게 시를 지어 보낸 적도 있는데, 제목은 '기담암·제정양학사(寄淡庵霽亭兩學士)'이다. 여기서 민사평은 '매화가 피었지만 담암과 제정(=이달충) 없이 홀로 감상하는 것이 아쉽다'는 뜻을 피력하고 있다.[27] 민사평은 담암에 비해 8년 연상이지만 담암의 스승인 권부의 문인이기도 하다. 이런 점으로 미루어 두 사람 사이가 돈독했으리라는 점은 의심의 여지가 없다. 민사평의 시호는 문온(文溫)이다.

성사달

담암과 성사달(成士達·?~1380)은 서로 시를 주고받는 관계였다. 성사
달의 본관은 창녕(昌寧)이며, 호는 역암(易菴)이다. 일반적으로 성사달은
충렬왕 때 문과에 급제한 것으로 알려져 있지만 이는 착오라고 본다. 실
제로는 충혜왕 2년(1341·신사) 김광재(金光載)가 관장한 진사시에서 장
원을 했다. 이러한 사실은 이색(李穡)이 지은 '역암 성(成)장원을 곡하며
[哭易菴成壯元]'[28]나 '역암가(易菴歌)'등의 시를 통해 알 수 있다. 이렇게
보자면 성사달은 1320년경에 출생한 것으로 추정된다. 그는 급제 이후
검열을 거쳐 1352년(공민왕 1) 대호군이 되고, 1362년(공민왕 11) 홍건적
침입 때는 좌대언지신사(左代言知申事)로서 왕을 호종했다. 그 공으로
공신이 되었으며, 또 김용의 반란을 평정하는데도 공을 세웠다. 1364년
(공민왕 13) 교주도병마사로서 여진족을 막았으며 그 후 삼중대광 대제
학에 이르고 창산부원군에 봉해졌다. 문장과 글씨에 뛰어났다고 한다.

담암이 성사달과 나눈 시편이 〈담암일집〉에 보이는데 담암이 지은
'박연폭포(朴淵瀑布)에 가다'란 시에 대해, 성사달은 그 운(韻)을 따와서
시를 지어 담암에게 보냈다. 이에 담암은 또 그 시에 화답하는 시를 지
었다. 이 3편의 시가 〈담암일집〉에 게재돼있다. 박연폭포를 매개로 두
사람이 주고받은 시의 운자(韻字)는 류·두(流頭)…등인데, 그 길이가 각

---

27) 민사평(閔思平), 〈급암시집(及菴詩集)〉 권 2 율시, 원문과 해석은 白梅瓓瓃映紅梅[흰매화에 홍매화
가 찬란하게 비친다] 獨喜今年始盛開[올 들어 처음 핀 꽃 홀로 기뻐하네] 誰道松京多逸客[송도에 일
객(逸客) 많다 누가 말하는가] 無人乘興看花來[흥취 돋아도 꽃 보러올 사람 없는데]이다.

28) 이색(李穡), 〈목은시고〉 권 25, 이 시 첫 구절에 '신사년 공후의 집안에서 이인(異人)이 났도다[辛巳
公侯出異人]'라는 부분이 나온다.

각 12연이나 되는 칠언고시다. 이로 보아 두 사람 간에 친교가 있었다고 할 수 있겠다.

정포

담암과 정포(鄭誧·1309~1345)의 관계를 보여주는 시 1수가 〈담암일집〉에 게재돼있다. 정포는 청주(淸州) 정씨로 자는 중부(仲孚), 호는 설곡(雪谷)이다. 도첨의찬성사 정해(鄭瑎)의 손자인데, 1326년(충숙왕 13) 과거에 급제했다. 충혜왕 때 좌사간대부가 되어 당시의 잘못된 정치를 바로잡고자 상소했다가 파면 당했다. 그는 이때 형 정오(鄭䫨)와 함께 원나라로 망명하려 한다는 모함을 받고 울주(蔚州·울산)로 유배당했다. 유배 중에도 태연자약하게 지내면서 좁고 구석진 고려를 벗어나 원나라로 가겠다는 포부를 가졌다고 한다. 유배가 풀리자 출세의 의지를 가지고 원나라에 건너가 원나라 승상 별가불화(別哥不花)의 호감을 얻었다. 불화가 정포를 원나라 황제에게 추천하려했으나 그 뒤 얼마 안 되어 37세의 나이로 죽었다. 정포는 최해(崔瀣)의 문인으로 이곡 등과 사귀며 시문과 글씨에 뛰어난 재질을 보였다고 한다. 〈담암일집〉 부록에 실린 그의 시는 '백화보의 정원에 놀러갈 것을 약속하다[約遊白和父園]'란 것인데, 시의 내용으로 보아 둘 사이가 가까웠던 것 같다. 그리고 정포의 시문집 〈설곡집(雪谷集)〉에 '백화보를 차운하여 신맹(辛孟)과 작별하며[次白和父韻 別花山辛君孟]'라는 시가 있는 점으로 보아 담암과 정포는 서로를 잘 아는 사이였다고 여겨진다.

그런데 여기서 담암 및 정포의 시와 관련하여 살펴볼 것이 있다. 1335년(충숙왕 복위4)'가정 이중보 곡이 사명을 완수하고 원나라 조정으로 돌아가는 것을 전송하며 지은 시[送奉使稼亭李中父穀還朝]'가 〈담암일집

〉 권1에 실려 있는데, 그 내용은 다음과 같다.

한림의 호기(豪氣)로 큰 어려움 수습했는데[翰林豪氣浩難收]
진등(陳登=元龍)처럼 호해지사 업신여기네[湖海元龍百尺樓]
내 공(公·이곡)을 따라 상국(上國)에서 놀고자 하네[我欲從公遊上國]
어찌 답답하게 황추에 있으리[安能鬱鬱在荒陬]

여기서 상국(上國)은 물론 원나라이고, 황추는 거친 구석이란 뜻으로 고려를 지칭한 것으로 보인다. 그런데 똑 같은 이 시가 정포의 시문집인 〈설곡집(雪谷集)〉 상(上)권과 이곡의 시문집 〈가정집(稼亭集)〉 잡록(雜錄)에도 실려 있으며, 그 작자는 정포로 되어 있다. 〈가정집〉에는 최해의 서(序)와 이제현, 권한공(權漢功), 안축, 안진(安震), 민자이(閔子夷), 정천유(鄭天濡), 이달존, 담암, 정포, 안보 등 10인의 시가 모두 게재돼있다. 이 시와는 내용이 다른 담암의 시도 물론 실려 있다. 그 동안 이 시는 담암의 시로 알려져서 연구논문 등에 인용되기도 했는데, 〈담암일집〉과 〈가정집〉, 〈설곡집〉 등을 살피는 과정에서 이런 현상을 발견했다. 〈가정집〉에 담암의 시와 정포의 시가 연접해있기 때문에 아마 어느 쪽의 착오로 보이지만 어느 것이 정확한지는 알 수가 없다. 다만 원나라에서 벼슬하고 싶어 하여 일찍이 '대장부가 어찌 세상 한구석에서 답답하게 살겠는가?'라고 불평했다는 정포의 언동[29]이나 그 후의 행적, 시의 내용, 〈가정집〉의 초·중간 연대가 공민왕대 및 조선 세종 때라는 점, 그리고 무엇보다도 원나라에 대한 담암의 의식 등을 감안했을 때 이 시는 담암의 작

---

29) 〈고려사〉 열전, 정해(鄭瑎) 전 부(附) 정포 전, 원문은 官上國意嘗曰 大丈夫安能鬱鬱一隅耶

품이 아니라 정포의 것으로 보아야 무리가 없을 것 같다.

이밖에도 담암이 교유한 인물들은 많다. 유숙(柳淑·1324~1368) 같은 경우 공민왕이 복주로 피난 갈 때 담암과 같이 호종했으며, 담암에게 청주 공북루 응제시(應製詩)의 서문을 지어달라는 부탁을 했다. 전녹생(田祿生·1318~1375)은 1347년(충목왕 3) 2월 정치도감(整治都監)이 설치됐을 때 정치관으로 임명되어 담암과 같이 활동했고, 1373년(공민왕 22) 7월에는 담암과 함께 강령부원대군 우(禑)의 사부가 되었다. 이때 사부가 된 사람으로는 이들 외에 대사성 정추(鄭樞·1333~1382)가 있다. 그는 앞에서 본 정포의 아들로서 〈고려사〉 열전에는 정공권(鄭公權)으로 나오는 사람이다. 담암은 또 경상도 언양(彦陽) 출신인 김경직(金敬直·호는 息齋)·김희조(金希祖) 형제와 함께 홍건적 난 이후의 혼란을 수습하면서 함께 일한 적이 있다. 이들은 거란군을 무찌른 장군 김취려(金就礪·?~1234)의 후손으로 정승 김륜(金倫·1277~1348)의 아들들이다.

이상에서 담암과 가깝게 교유한 것으로 보이는 그의 동방(同榜)·동문·선후배들을 살펴보았다. 물론 담암과 교유한 인물은 이들 외에도 많이 있을 것이지만 1361년(공민왕 10) 홍건적의 개경 함락으로 많은 문적이 없어졌기 때문에 더 이상의 자료는 찾기 어렵다고 여겨진다. 그렇다고 하더라도 지금 남아있는 자료를 중심으로 추적하여 찾아낸 위 인물들만을 통하더라도 그의 교유 범위를 충분히 알 수 있다고 하겠다.

담암이 교유한 인물들은 몇 가지 공통점이 있다.

첫째, 이들은 예외 없이 과거를 통해 벼슬길에 나선 사람들이며, 이들 중에는 원나라 과거인 제과에 합격한 사람들도 있다는 점이다. 둘째, 담암과 절친했던 동방들은 하급관리나 향리의 자제 내지는 그 후손들이 많으며, 대부분 권문세족과는 거리가 있는 가문배경을 가졌다는 점이다. 셋째, 안향을 거쳐 백이정의 학문을 계승한, 특히 이제현 주변에 있는 인물들이 많다는 점이다. 다시 말해 성리학으로 지칭되는 신유학을 습득하고 과거에 급제한 사람들로 권문세족과는 거리가 있는 가문배경을 가진 사람들이 다수라는 얘기다. 그래서 후세의 연구자에 의해 이런 평가가 나올 수 있었다고 본다.

백문보와 교유했던 이들은 대체로 당시 고려사회에 별다른 보수적 기반을 지니지 않은 채, 새로이 수용되는 성리학을 수학한 유학자군(群)으로서 그들은 모두 과거를 통해 관리로 진출하고 있으며, 원 제과에의 합격을 통해 문명을 날리고 권위를 쌓아가는 경향도 보여준다. 이들은 대부분 공민왕의 두터운 신임을 받아 추요(樞要)의 지위에 오르게 되는 점이 중요하게 생각되는데, 이는 백문보의 정치적 성장과 관련하여 눈 여겨 보아야 할 대목이라고 여겨진다. 백문보는 아마도 중견층 무신가문의 후예일 것이라는 점에서 독특한 배경을 지니지만 정치적·사회적 입장에서 권문세족과는 이해관계를 함께 할 수 없는 위에, 성리학이라는 새 학문으로 묶여져서 그들과 거취를 함께 할 수 있었다고 추단(推斷)된다[30]는 것이다.

3. 그의 문하생

맹자는 '먼저 안 사람을 시켜 뒤늦게 아는 사람을 일깨우게 하고, 먼저 깨달은 사람을 시켜 뒤늦게 깨닫는 사람을 일깨우게 한다'[31]라는 이윤(伊尹)의 말을 인용하여 전하고 있다. 그는 또 '천하의 영재를 얻어 교

---

30) 민현구, 앞글, 243면
31) 〈맹자〉 만장편 상, 원문은 使先知覺後知 使先覺覺後覺也

육하는 것이 군자의 세 번째 즐거움[32]이라는 말도 했다. 이후 유자(儒者)들은 스스로 안 것, 먼저 깨달은 것을 후세에게 교습하는 것을 자신들의 임무로 생각했다. 이들은 벼슬길에 나가서는 임금과 백성을 교화하여 요순시대를 구현하려 했고, 벼슬길에서 물러나면 가르치는 것으로 요순시대를 여는데 보탬이 되고자 했다. 담암 역시 예외가 아니어서 개경 일우(一隅)에 보인당(輔仁堂)을 열어 후학을 지도했던 것으로 보인다. 그리고 훗날 치사 뒤에 또 같은 이름의 서당(書堂)을 열어 후학 지도에 나섰던 것으로 보이지만 여기서는 전자만을 보도록 한다.

〈고려사〉나 〈담암일집〉 편년 등에 따르면 담암은 1352년(공민왕 1) 전리판서의 지위로 다른 재상들과 함께 왕의 서연관(書筵官)이 되는데, 이후 이 자리에서 물러난 뒤 1353년(공민왕 2)부터 1357년(공민왕 6)까지 그의 행적은 나타나지 않는다. 부모상이라든지, 자식의 사망 같은 개인적 사유가 있었던 것으로 보이지만 확실한 것은 알 수 없다. 그리고 1357년(공민왕 6)부터 1361년(공민왕 10)까지의 행적도 드러나지 않으나 이 무렵에는 이제현·이달충과 함께 〈국사〉 편찬 작업을 했던 것으로 파악된다. 그러다가 1362년(공민왕 11)에서야 정3품의 밀직제학으로서 여러 가지 상소를 올리게 되는 것이다.

따라서 1353년(공민왕 2)부터 1361년(공민왕 10)까지는 관직에서 물러나 있었던 기간으로 보이는데 이 기간의 전반기에는 후학을 지도했던 것 같고, 후반기에는 〈국사〉 편찬을 담당했던 것으로 보아야 할 것이다. 그것은 담암의 제자인 이숭인(李崇仁)이 남긴 '보인당 감회- 선생은 일찍이 보인으로 당호를 삼았다[輔仁堂感懷- 先生嘗以輔仁名堂]'라는 시에

---

32) 〈맹자〉 진심편, 원문은 得天下英才 而教育之 三樂也

서 확인이 된다(《도은집》에는 過淡庵先生故宅- 先生扁其堂輔仁이다).

　　재상 그만두고 돌아와 소왕(素王)을 강(講)하신 분
　　옷자락 여며들고 일찍이 보인당 들었었지
　　지금 은덕 보답할 길 슬프게도 없으니
　　삼가 공을 위해 향불 피워 올립니다.[33]

　　여기서 '소왕(素王)'은 물론 공자이고, '옷자락 여며들고'는 이숭인이 담암을 모시고 이 집에서 수업을 받았다는 뜻이다. 즉, 담암은 보인당에서 후학을 위해 공·맹을 비롯한 유학 전반을 가르쳤을 것인데, 여기서는 유학경전 중 특히 《춘추(春秋)》가 아니었을까 싶다. 《춘추》라고 보는 이유는 '후세에 나를 알아주거나 비난하는 사람이 있다면 모두 《춘추》 때문일 것'이라는 공자 스스로의 말[34]과 《춘추》는 소왕의 업적[35]이라는 왕충(王充·27~104)의 언급에 근거한다. 아무튼 담암은 보인이라고 편액한 집에서 후학을 지도하는 한편 정국의 추이를 지켜보고 있었을 것이다. 《담암일집》 문인록에 보이는 이름은 시를 지은 이숭인을 비롯해서 김구용(金九容), 권사복(權思福), 이무방(李茂方), 윤소종(尹紹宗) 등이다. 또 문인록에는 나타나 있지 않지만 1373년(공민왕 22) 6월 담암이 응거시(應擧試) 거주(擧主)로서 선발한 사람들이 있는데, 이들 역시 담암의 문생으로 다루어야 할 것이다. 응거시는 명나라 제과(制科)에 응시할 사

---

33) 《담암일집》 부록 권1 및 이숭인, 《도은집》 권3, 원문은 罷相歸來講素王 摳衣曾入輔仁堂 如今報德差
　　無地 敬爲公拈一瓣香
34) 사마천, 《사기》, 공자세가(孔子世家), 孔子曰 後世知丘者以春秋 而罪丘者亦以春秋
35) 왕충(王充), 《논형(論衡)》, 초기(超奇)편에 春秋 素王之業也라는 구절이 있다.

람을 뽑는, 일종의 자격시험이다. 이 때 선발된 사람은 김잠(金潛), 송문중(宋文中), 권근(權近), 조신(曹信), 김진양(金震陽) 등이었다. 이들 중 권근은 나이가 어려서, 김진양은 다른 사정으로 제과에 응시하지 못했다. 나머지는 사은사로 가던 밀직부사 주영찬을 따라 명나라 과거에 응시하러 가다가 전라도 영광 앞바다 자은도 부근에서 풍랑을 만나 김잠과 조신은 익사하고, 송문중만 살아서 돌아왔다. 1373년 11월의 일이다.

김구용

김구용(金九容·1338~1384)은 안동 김씨로 처음 이름은 제민(齊閔)이고, 자는 경지(敬之) 또는 백은(伯誾)이며, 호는 척약재(惕若齋) 또는 육우당(六友堂)이다. 김방경의 증손자인 김묘(金昴)의 아들로, 김제안(金齊顔)의 형이다.

1353년(공민왕 2)에 진사가 되고, 3년뒤 예부시에 급제했다. 경학에 밝아 1367년(공민왕 16) 성균관이 중영되자 정몽주·박상충(朴尙衷)·이숭인 등과 함께 교관으로 선발되어 성리학을 일으키는 데 힘썼다. 1371년(공민왕 20) 강릉도 안렴사를 지내고 1375년(우왕 1) 이숭인·정도전 등과 함께 도당에 상서하여 이인임 등 권신들이 북원(北元)의 사절을 맞으려는 것을 반대하다가 죽주로 귀양 갔다. 1381년(우왕 7)에 풀려나 좌사의대부로 복직하여 왕의 무절제를 직간하는 글을 올렸다. 성균관 대사성을 거쳐 판전교시사로 있을 때인 1384년(우왕 10) 행례사로 명나라에 가다가, 명나라와의 외교적 마찰로 인해 요동에서 체포되어 남경으로 압송되었다. 대리위(大理衞)로 유배되던 중 중국의 여주 영녕현(永寧縣)에서 병사했다.

김구용은 당대의 명유 이색·이집(李集)·정몽주·이숭인 등과 깊이 교유했으며, 시를 잘 지었으므로 이색은 '붓을 대면 (시가) 구름과 연기처럼 솟아난다.'고 칭찬했다. 그의 시는 자연에 묻혀 조용히 사는 마음을 읊은 것과 험난한 시대를 살아가는 선비로서의 고뇌를 읊은 것이 주류를 이룬다. 그의 시는 허균(許筠), 신위(申緯) 등 후세인들의 칭탄(稱歎)을 받았다. 불우한 생애에 대한 애석함 때문만은 아닐 것이다. 문집으로 〈척약재학음집(惕若齋學吟集)〉이 현전하고 있다.

담암은 제자 김구용의 부탁으로 민사평의 문집인 〈급암집〉의 서문을 썼고 김구용의 호 척약재를 소재로 한 '척약재설'을 지어주었다. 〈주역〉 건(乾)괘 상(象)전 구삼(九三)에 나오는 척약(惕若)이란 말은 '군자가 종일토록 부지런히 노력하여 저녁에 반성하니 허물이 없다'는 데서 나온 것이다. 이로 보아 김구용의 '척약'이란 호는 담암이 작호한 것으로 여겨진다. 담암은 또 자신의 나이 69세 때인 공민왕 20년(1371), 김구용이 강릉도 안렴사로 나가게 되자 '송 강릉도안렴사 김선생시(送江陵道按廉使金先生詩)'를 주었다. 담암과 김구용의 이런 관계나 김구용의 급제 연도를 감안하면, 그는 급제 전 담암 문하에서 공부하고 진사시와 문과에 급제한 것이라고 보아야 할 것이다.

이숭인

이숭인(李崇仁·1347~1392)은 성주(星州) 이씨로 자는 자안(子安), 호는 도은(陶隱)이다. 아버지는 이원구(李元具)이며 어머니는 언양(彦陽) 김씨다. 그의 가계는 그의 증조부 이백년(李百年) 대에서부터 크게 성세를 떨치게 된다. 백년, 천년(千年), 만년(萬年), 억년(億年), 조년(兆年) 등이 현달했고 이들 형제의 후손들이 크게 번성했다. 이숭인은 이인복의 재종질이기도 하다.

그는 1362년(공민왕 11) 문과에 급제하여 숙옹부 승(丞)이 되고, 이어서 장흥고사 겸 진덕박사가 되었다. 문사를 뽑아 명나라 과거에 보낼 때 수석으로 선발됐으나 나이 25세에 미달하여 가지 못했다. 이후 여러 벼슬을 지내고, 우왕 때 전리총랑이 되어 김구용·정도전 등과 함께 북원의 사신을 돌려보낼 것을 청하다가 귀양 갔다.

귀양에서 돌아와 성균 사성이 되고, 우사의대부에 이어 밀직제학이 되어 정당문학정몽주와 함께 실록을 편수하고, 동(同)지사사로 전임했다. 첨서밀직사사가 되어서는 원나라 서울에 가서 신년을 축하하고 돌아와 예문관제학이 되었다.

창왕 때 박천상(朴天祥)·하륜(河崙) 등과 더불어 영흥군 왕환(王環)의 진위를 변론하다 무고로 연좌되었고, 헌사가 극형에 처하기를 청하자 피해 다니다가 시중 이성계(李成桂)의 도움으로 다시 서연에서 시강하게 되었다. 그러나 간관 구성우·오사충·남재·심인봉·이당 등이 상소를 올려 탄핵하여 경산부로 유배되었다. 당시 첨서밀직사사 권근(權近)이 그를 구출하기 위해 무죄를 상소했으나, 간관이 도리어 권근의 상소가 거짓을 꾸민 것이라 상소함으로써 우봉현으로 이배되었다. 공양왕 때 간관이 그를 다시 논죄하여 다른 군으로 이배되었고, 후에 청주옥(淸州獄)에 수감되었으나 수재로 인해 사면되었다. 얼마 뒤 소환되어 지밀직사사·동지춘추관사가 되었으나 정몽주의 당이라 하여 삭직당하고 멀리 유배되었다. 조선 개국에 이르러 자기와 함께 처세하지 않은 데 앙심을 품은 정도전이 심복 황거정(黃居正)을 보내 유배지에서 장살했다고 한다. 목은, 포은과 함께 여말 3은(三隱) 중 한 사람이다.

그는 타고난 자질이 뛰어나고 문사가 그윽했다고 한다. 이색은 '이 사람의 문장은 중국에서 구할지라도 많이 얻지 못할 것'이라며 칭찬했고,

명나라 태조 주원장도 일찍이 그가 찬한 표문(表文)을 보고 '표의 문사가 참으로 절실하다.'라고 평했다고 한다. 저서로는 〈도은집(陶隱集)〉이 있다.

담암과 이숭인의 관계를 보여주는 것으로는 앞에서 본 이숭인의 시 '보인당감회(輔仁堂感懷)'가 있거니와 〈담암일집〉 편년에 의하면 1373년 (공민왕 22) 9월 담암은 강령부원대군 왕우의 사부가 되자 연로함을 이유로 직강(直講) 이숭인을 대신 천거했다고 한다. 이로 보아 담암과 이숭인은 매우 가까운 사제관계를 맺어온 것으로 보이고, 그 역시 급제 전 보인당에서 담암의 가르침을 받은 것으로 판단된다. 이숭인의 아버지 이원구는 1347년(충목왕 3) 2월 정치(整治)도감이 설치되었을 때 담암과 함께 정치관으로 활동한 사람이기도 하다.

이무방

이무방(李茂芳·1319~1398)은 전라도 광양((光陽)사람으로 자는 석지(釋之)다. 충목왕 때 급제, 전교교감이 되었다가 공민왕 초년에 외직으로 나가 순창군을 다스렸다. 이 때 고관 중에 사사로이 토산물을 청구하는 자가 있었지만 이를 단호히 거절한 일화로 유명하다. 그 뒤 헌납이 되었으나 당대의 권신 김용(金鏞)에게 접근하지 않아 미움을 받았다. 당시 제도에 봉릉(封陵)을 할 때에는 반드시 집의를 시켜 서명케 했는데, 서명한 사람은 크게 출세하지 못한다는 이야기가 있어 모두 이를 기피했다. 그러나 정릉(正陵·노국공주의 능)을 봉하게 되었을 때 집의 홍원철이 서명을 꺼리므로 장령으로 있던 이무방이 대신 서명해 공민왕의 신임을 받았다. 판전교시사·민부상서·대사헌을 거쳐서 밀직학사로 승진했다.

1372년(공민왕 21) 계림부윤으로 있을 때 풍년이 들자 백성들에게 어염(魚鹽)을 팔아 의창을 설치해 진대를 준비토록 했는데, 이 공적이 순찰사 최영(崔瑩)에게 인정되어 판 개성부사로 승진했다. 1374년(공민왕 23) 정당문학으로서 지공거를 맡아 과거를 주관했다.

우왕 초에는 서연관이 되었다가 1376년(우왕 2) 시중 경복흥(慶復興)과의 알력으로 파직되어 광양군에 봉해졌다. 1379년 문하평리로 명나라에 가서 공물을 바치고, 진정표를 올려 공민왕의 시호와 우왕의 작명(爵命)을 청했으나 명나라의 거부로 성공하지 못했다. 창왕 즉위 후 검교문하시중에 올랐고, 공양왕 때는 추충여절찬화공신(功臣)이 되었다. 80세 넘어서까지 건강했다고 한다. 조선이 건국된 후 문인(門人) 조준(趙浚)의 천거로 검교문하시중이 되고, 광양부원군에 봉해졌다.

〈담암일집〉 문인록에 이무방의 이름이 보이는데, 광양인이며 문하시중 벼슬에 시호는 문간(文簡)이라고 한다. 그의 급제연도가 충목왕 대인 점으로 미루어 급제 후 환로에 나가기 전 담암 문하에서 좀 더 깊이 있는 학문을 닦았을 것으로 추정된다.

권사복

권사복(權思復·?~?)은 안동 사람으로 자는 자인(子仁)이고, 호는 신촌(愼村)이며, 판전교(判典校) 벼슬에 복성군(福城君)에 봉해졌다는 기사가 〈담암일집〉에 보인다. 그리고 1358년(공민왕 7) 전라도 안렴사로 나갔고, 1368년(공민왕 17)에는 판전교시사(寺事)로 있었음이 확인된다.

담암과 권사복의 관련성을 보여주는 기사가 〈고려사〉 세가에 기록돼 있다. 1368년(공민왕 17) 2월 국자감시가 폐지됐는데 그 이유가 이런 것이었다. 공민왕은 3품관으로서 경전에 통달한 사람을 뽑아 시험관으로 삼고자 했는데, 편조 곧 신돈은 감찰대부 손용(孫湧)을 추천했고 환자 이강달(李剛達)은 판전교시사 이무방과 권사복을 천거했다. 결과적으로 신돈과 이강달이 서로 다투는 형국이 되자 임금은 '감시에서 취하는 것은 으레 모두가 동몽(童蒙)이며, 경서에 밝고 행실을 닦는 선비가 아니니 국가에 도움이 안 된다.'라고 하면서 아예 시험 자체를 없애버린 것이다. 그런데 이무방과 권사복은 바로 담암의 문생들이었다. 담암과 이강달 사이에 어떤 연계가 있었다는 암시는 없지만 공교롭게도 두 명 모두 담암의 문생들이란 점은 신돈과 이강달 간의 경쟁이 아니라 신돈과 담암 간의 경쟁으로 보아도 되지 않을까 싶기도 하다.

권사복은 이 무렵 스승인 담암에게 '영호루 금방기(映湖樓金榜記)'를 써달라고 부탁했다. 담암이 이에 응하여 기문을 지었다는 내용이 영호루 금방기에 나온다. 즉 '지정(至正) 무신년(1368·공민왕 17)에 고을 수령 신자전(申子展) 군이 예전 누각을 뜯어 새로 고쳤고……봉익(奉翊) 판전교 권사복(權思復) 군은 복주(福州) 사람인데, 누각을 새로 짓고 그 현판을 걸고서 사연 기록하기를 청하니 내 비록 글재주는 없지만[……奉翊判典校權君思復 福州人也 旣新其樓 揭其榜 請記其端 予雖無文][36] 기문을 짓는다는 것이다. 이런저런 인연을 감안할 때 담암과 권사복은 각별한 사제관계를 맺고 교유가 있었을 것으로 보인다.

윤소종

윤소종(尹紹宗·1345~1393)은 담암의 동방인 율정 윤택의 손자로 자는 헌숙(憲叔), 호는 동정(桐亭)이다.

---

36) 〈담암일집〉 권2, 기(記)

1360년(공민왕 9) 성균시에 합격했다. 1365년(공민왕 14) 예부시에 을과 장원으로, 대책이 가장 뛰어나 춘추수찬을 제수 받고 이어서 좌정언이 되었다. 이때 폐행 김흥경(金興慶)과 내시 김사행(金師幸)을 탄핵하는 소를 올렸으나 뜻을 이루지 못했다. 1379년(우왕 5) 전교시승·전의부령·예문응교 등을 지내고, 1386년(우왕 12) 성균사예로 기용되었다. 1388년(우왕 14) 이성계가 위화도에서 회군할 때 동문 밖에 나가 영접하고 〈곽광전(霍光傳)〉을 바쳤는데, 이는 우왕을 폐하고 다른 왕씨를 왕으로 추대할 것을 암시하기 위해서였다고 한다.

그 뒤 전리총랑이 되고 이어서 우사의대부로 승진했다. 1389년(창왕 1) 이인임에게 죄 줄 것을 청했으며 이어 성균관대사성이 되었다. 이성계가 조준 등과 함께 사전(私田)을 혁파코자 할 때, 정도전과 더불어 협력했다. 공양왕 때 대사헌 조준의 천거로 좌상시 경연강독관이 되어 변안열(邊安烈)을 우왕 영립(迎立)의 죄로 극론해 살해토록 하고, 승려 찬영(粲英)을 왕사로 맞이하려는 공양왕의 계획을 반대해 중지시켰다. 그 뒤 남을 비방하는 것으로 왕의 미움을 받아 금주로 유배되었다가 풀렸으며, 다시 정몽주 일파의 간관에게 탄핵을 당해 유배되었다가 1392년(공양왕 4) 정몽주가 피살되자 유배에서 풀렸다.

조선이 개국되자 병조전서로서 원종공신이 되었으며, 수문관대제학을 지냈다. 경사(經史)를 두루 섭렵했고, 성리학에 더욱 정밀했다는 평가를 받았다. 시문집으로 〈동정집(桐亭集)〉이 있었다고 한다.

담암과 윤소종과의 관계는 윤소종의 조부 윤택 대에서부터 담암과 교유가 있었기 때문에 자연스럽게 사제관계가 이루어졌을 것으로 보인다. 윤소종은 담암에게 자기 할아버지의 분묘기를 부탁하여 이를 받았으며, 담암 사후 만사를 지어 애도했다. 이런 관계를 감안했을 때, 윤소종 역시 급제 전 보인당에서 담암의 지도를 받았을 것이 확실하다.

권근

권근(權近·1352~1409)은 안동 권씨로 처음 이름은 진(晉)이며, 자는 가원(可遠)·사숙(思叔), 호는 양촌(陽村)이다. 담암의 스승인 권부의 증손으로, 권근의 조부는 검교시중 권고(權皐)이고, 아버지는 검교정승 권희(權僖)이다.

1368년(공민왕 17) 성균시에 합격하고, 이듬해 급제해 춘추관검열·성균관직강·예문관응교 등을 지냈으며, 담암이 주관한 1373년(공민왕 22)의 응거시에 합격했다. 공민왕 사후 정몽주·정도전 등과 함께 배원 친명을 주장했다. 좌사의대부·성균관대사성·지신사 등을 거쳐, 1388년(창왕 1) 동(同)지공거가 되어 과거를 주관했다. 1389년 첨서밀직사사로서 명나라에 다녀왔는데 명나라 예부의 자문(咨文)을 도당에 올리기 전에 몰래 뜯어본 죄로 우봉에 유배되었다. 그 뒤 영해·흥해 등을 전전하며 귀양살이를 하던 중 1390년(공양왕 2) 윤이(尹彝)·이초(李初)의 옥사에 연루되어 청주 옥에 구금되었다. 뒤에 다시 익주에 유배되었다가 석방되어 충주에 우거하던 중 조선왕조의 개창을 맞는다. 영해에 유배 중일 때 담암의 차남인 백진(白瑨 또는 瑨)을 만나고, '사불산(四佛山) 미륵암 중창기'와 '사제소감 박강(朴強)전'을 지었다.

1393년(태조 2) 왕의 특청을 받고 계룡산 행재소로 달려가 새 왕조의 창업을 칭송하는 노래를 지어올리고, 왕명으로 정릉(定陵·이성계의 아버지 환조의 능)의 비문을 지었다. 그런데 이 글들은 모두 후세 사람들로부터 유문곡필(諛文曲筆·아첨하고 왜곡된 글)이라는 평가를 받았다. 새 왕조에 출사하여 예문관 대학사·중추원사 등을 지냈다. 1396년 이른바 표전문제(表箋問題)로 명나라에 다녀왔는데, 이때 그는 외교적 사명을 완수했을 뿐 아니라 유삼오(劉三吾) 등 명나라 학자들과 교유하면서 경사(經史)를 강론했다. 그리고 명 태조 주원장의 명을 받아 응제시(應製詩) 24편을 지어 중국에서도 문명을 크게 떨쳤다. 귀국 후 개국원종공신으로 화산군(花山君)에 봉군되고, 정종 때는 정당문학·참찬문하부사·대사헌 등을 역임하면서 사병(私兵)제도 혁파를 건의하여 이를 단행케 했다. 1401년(태종 1) 좌명공신 4등으로 길창군(吉昌君)에 봉군되고, 찬성사에 올랐다. 1402년에는 지공거, 1407년에는 최초의 문과중시(重試)에 독권관이 되어 변계량(卞季良) 등 10인을 선발했다.

한편, 왕명을 받아 경서의 구결(口訣)을 저술·정리하고, 하륜(河崙) 등과 〈동국사략〉을 편찬했다. 또 유학제조(提調)를 겸임해 유생 교육에 힘쓰고, 권학사목(勸學事目)을 올려 당시의 여러 가지 문교시책을 개정, 보완하는 데 이바지했다. 그의 학문적 업적은 주로 〈입학도설(入學圖說)〉과 〈오경천견록(五經淺見錄)〉으로 대표되는데, 〈입학도설〉은 뒷날 이황(李滉) 등 여러 학자들에게 영향을 미쳤다. 이밖에 정도전의 〈불씨잡변(佛氏雜辨)〉 등에 주석을 더하기도 했다. 시문집으로 〈양촌집(陽村集)〉이 있다.

김진양

김진양(金震陽·?~1392)은 경주 김씨로 자는 자정(子靜)이며, 호는 초려(草廬)다. 어려서 고아가 되었으나 학문에 힘써 1371년(공민왕 20) 과거에 급제하여 예문검열이 되고, 담암이 주관한 1373년(공민왕 22) 응거시에도 합격했다. 여러 청요직을 거쳐 서해도 안렴사와 문하사인을 지내고, 1390년(공양왕 2)에 좌우사의가 되었다. 이초(彝初)의 옥사가 일어나자 그 중대함을 논하다가 이를 경솔히 누설했다 하여 헌사의 탄핵을 받고 파면되었다. 이듬해 다시 기용되어 우산기상시가 되었다가 이어 좌상시로 옮겼다. 우상시 이확(李擴) 등과 함께 소를 올려 조준·정도전·남은·윤소종·남재(南在)·조박(趙璞) 등이 변란을 꾸며 민심이 흉흉하다고 탄핵하여 유배시켰다. 이 때 이성계가 해주에서 낙마하여 병이 위독하게 되자 당시 간관으로서 정몽주의 지시를 받아 이성계 일파인 조준과 정도전 등을 탄핵하여 살해한 뒤 이어 이성계를 제거하려고 시도했다. 그러나 정몽주가 피살됨에 따라 실패로 돌아갔다. 국문을 받자 정몽주 외에 우현보(禹玄寶)·이색 등이 지시했다고 실토했다. 이에 장 1백대를 맞고 먼 지방으로 유배되었다가 그곳에서 죽었다.

담암과 김진양의 관계를 알 수 있는 자료로는 앞에서 본 〈고려사〉 선거지 기사가 유일하다고 할 수 있다. 1373년(공민왕 22) 6월 담암이 응거시 고시관으로서 선발한 사람들 가운데 김진양의 이름이 올라있는 것이다. 그러나 다른 자료가 없다고 해서 둘 사이가 거주(擧主)와 문생 관계가 아닌 것은 아니다. 혹 다른 자료들이 있었지만 뒷날의 전쟁 등으로 산일되었을 수도 있고, 김진양의 이력에서 보듯 후세인들이 의도적으로 그와 관련 있는 일체의 문적을 없앴을 수도 있을 것이다.

이상 담암의 문인, 또는 문생 가운데 그 이력이 드러난 몇몇 사람을 살펴보았다. 이들의 시대가 그러한 것을 요구해서이겠지만 가령 이숭인, 김진양 같은 경우가 신왕조의 개창 보다는 고려왕조를 유지하자는 쪽이었다면 윤소종, 권근 같은 경우는 새 왕조 개창에 적극 협조한 것으로 볼 수 있다.

김구용은 일찍 사망했기 때문에 그 성향을 짐작할 수가 없지만, 이무방 같은 경우는 신왕조 개창에 매우 소극적인 대응을 했던 것 같다. 그의 문인 조준이 신왕조 개창의 주역이기 때문에 그의 천거로 명예직인 검교문하시중이 되고, 광양부원군에 봉해지기는 했지만 그리 내키지는 않았던 것으로 보인다.

권근의 경우 1389년 첨서밀직사사로서 명나라에 다녀와 명나라 예부의 자문(咨文)을 도당에 올리기 전에 몰래 뜯어본 죄로 우봉에 유배되었는데, 〈고려사〉 열전에 보이는 그의 행적으로는 창왕에 대한 일말의 충성심은 있었던 걸로 보인다. 왜냐하면 이 자문을 창왕의 외조부 이림(李琳)에게 먼저 보여 그 대책을 세우도록 하겠다는 심리가 저변에 있었기 때문이다. 당시 이성계가 권력을 잡고 있는 상황에서 이림을 염두에 두었다는 것은 그의 심리가 어디를 향하고 있는지 알게 해주는 단서가 될 것이다. 그러나 이런 권근도 오랫동안의 유배생활에 지쳐서인지 새 왕조가 개창되고 태조가 그를 부르자 단숨에 달려갔다.

이들 문인, 또는 문생들의 성향을 유추하여 담암의 입장을 미루어 짐작한다는 것은 어려운 일이다. 철저한 배불(排佛)로 불혹이단(不惑異端)하며, 벽이단(闢異端)에 힘쓰는 등 학문적으로는 신왕조를 개창하는데 앞장 선 그룹과 연결된다고 할 수 있지만 본인의 수락 여부와 상관없이 담암에게는 사부(師傅)로서 우왕의 존재를 부인할 명분이 없는 것이다. 아니 어느 의미에서 그는 공민왕의 후사(後嗣)문제에 적극 개입하여 강령부원대군 즉 왕우(王禑)를 추대한 측면이 강하다고 볼 수 있다. 왕조시대에서 후사 문제는 왕조 자체의 존속과 연관되는 중대사이기 때문에 어머니의 신분에 문제가 있더라도 공민왕의 핏줄이기만 하면 다른 누구보다도 후계자로서의 정당성을 확보할 수 있다고 담암은 판단했을 것이다.

그런 점에서 신왕조를 개창한 신 유학자들 입장에서 담암이란 존재

는 매우 난감한 대상이었
다고 여겨진다. 사상과 학
문적으로는 자신들과 유
사한 개혁적 성향을 가진
대선배이지만, 다른 한편
으로는 구 왕조 부정(否
定)의 단초가 되는 우왕
의 정당성을 담보해주는
존재이기도 하기 때문이

영덕 운산서원(雲山書院)

다. 주지하다시피 역성혁명(易姓革命)을 통한 신왕조 개창의 명분은 우
왕·창왕이 왕씨가 아니라는 이른바 우창비왕(禑昌非王) 설에 그 뿌리를
두고 있다. 그러나 우와 창이 왕씨가 아니라면, 공민왕의 후계자 문제에
개입하여 우(禑)의 사부가 된 담암이나, 우왕이 폐위된 후 그 아들 창왕
을 추대한 당대의 학자 이색(李穡·1328~1396), 그리고 위화도 회군 후
에 자결한, 이성계의 형 이원계(李元桂·1330~1388)의 행위는 어떻게 설
명해야 할까? 이런 점이 바로 〈고려사〉와 〈고려사절요〉 등을 편찬한 사
람들의 당면한 고민이었을 것이다.

　※ 이상 인물들에 대한 내용은 〈고려사〉 열전 및 〈고려사절요〉 해당인물의
졸기(卒記), 〈한국민족문화대백과사전〉(1996)의 해당인물 항목 등을 참고 · 요
약하여 작성된 것이다.

6.
부정삼한(復正三韓)과 담암

1. 날카로운 사론(史論)

관리로서 담암의 삶은 1328년(충숙왕 15) 26세 때 춘추관 검열에 임명되면서 본격적으로 시작되었다. 과거에 급제한지 8년이 지난 후다. 그 사이 그는 자신의 실력을 배양하기 위해 여러 선생을 찾아 공부를 계속하고, 세상 물정을 익히기 위한 여행도 했을 것이다. 이제 나이나 경륜으로 보아 환로(宦路)에 나서도 부족하지 않다고 판단했을 즈음 이런 직책에 임용되었다고 여겨진다. 검열은 정9품의 아주 말단직이지만, 사관으로서 왕의 언행과 정사(政事), 백관의 시비(是非)와 득실(得失)을 기록하는 자리이다. 따라서 이 자리는 판단력과 문장력을 갖추고 행실이 바른 자라야 갈 수 있는 자리였다. 갓 보임된 사관으로서 담암은 바로 그해인 충숙왕 15년과 그 이듬해인 16년에 시정을 비판하는 날카로운 사론(史論)을 썼다. 이들 사론은 〈고려사절요〉에 실려 전해오고 있다.

사신 백문보가 말했다. 왕이 연경에 머문 지 5년, 근심하고 지쳐서 놀라는 병을 얻어 타고난 성품을 손상하였다. 환국해서도 항상 궁전 깊이 거처하면서 실망하여 마음이 즐겁지 않았다. 조신들을 접견하지 않고 정사도 직접 돌보지 않았다. 이런 까닭에 소인배들이 떼를 지어 준동했으니 조륜·최안도·김지경·신시용 같은 자들은 정권을 전단하여 벼슬과 형옥(刑獄)을 파는 등 못하는 짓이 없었으며, 대간의 소장(疏章)을 중간에서 가로막아 임금께 아뢰지 못하게 했다. 매려(買驢)에게 견책 당하지 않은 것이 오히려 요행이다.[1]

일찍이 충숙왕의 부왕인 충선왕(忠宣王)은 상왕으로 있으면서 세자인 충숙왕에게는 고려왕이 되도록 하고, 조카인 왕고(王暠)를 심양왕의 세자로 삼아 자리를 물려주고 원나라 양왕의 딸을 그의 배우자로 맞게 했다. 이렇게 되자 원나라 황실의 대우를 받게 된 심양왕 왕고는 고려의 왕위까지 찬탈하고자 충숙왕이 주색과 사냥에 빠져 정사를 돌보지 않는다고 참소했다. 이런 무고 때문에 충숙왕은 원나라 서울에 불려가 왕인을 빼앗기고 그곳에서 5년 동안이나 머무르게 되었다. 왕고는 또 고려의 국호를 없애고 원나라의 1개 성(省)으로 편입시켜 달라는 청원도 했다. 이른바 입성(立省)책동인데 이마저 여의치 않게 되자 왕고와 그 도당인 유청신·오잠(吳潛) 등은 충숙왕이 귀먹고 눈이 멀어 정치를 할 수 없으며, 왕고와 자신들의 전택을 무단히 빼앗았다고 또 무고를 하기에 이르렀다.

이런 일이 계속되자 충숙왕은 차츰 정치에 싫증을 느끼고 신하들을 만나지 않음은 물론, 원나라 사신조차 접견하지 않게 되었다. 그러자 조륜·최안도·김지경·신시용 같은 자들이 왕의 신임을 빌미로 정권을 전단하여 벼슬과 형옥(刑獄)을 팔고, 대간의 소장(疏章)을 중간에서 가로

---

1) 〈고려사절요〉, 충숙왕 15년(1328) 7월, 원문은 이 책 1장에 실었다.

막아 임금께 아뢰지도 못하게 했던 것이다.

　원나라 황제는 이런 사정을 자세히 알기 위해 평장정사 매려(買驢) 등을 보내 왔는데, 같이 온 일행이 모두 심왕의 도당들이었다. 그러나 충숙왕이 워낙 조리 있게 해명하고 매려가 이를 납득함으로써 원나라의 오해가 풀리게 된다.

　　사신 백문보가 말했다. 음양을 고르게 다스리는 것이 재상의 직책이다. 가뭄이 너무 심하면 마땅히 더욱 공경하고 두려워하여 하늘의 견책에 응답해야 할 터인데, 이것은 생각지 않고 무당·박수들에게 비 내리게 하는 책임을 지우니 어찌 잘못이 아니라 하겠는가?[2]

　이것은 때마침 닥친 극심한 한발에 대처하기 위해 조정에서 무당들을 모아다가 6일 동안이나 비를 빈 것에 대한 비평이다.

　이 사론들은 철저한 현실비판을 주조로 매우 높은 기개가 드러나 있다. 전자의 경우, 왕이 친정(親政)을 하지 않는 배경과 그로 인한 소인배들의 권력농단·준동을 직필하고 왕의 자세에 대한 비판까지도 서슴지 않았으며, 후자의 경우 재이(災異)에 대처하는 재상들의 미신적인 자세를 정면에서 나무라고 있는 것이다. 특히 후자는 유학적 입장이 분명히 드러나고 있는데 왕이나 대신이 정치를 잘못하면 하늘이 천재지변을 내려 견책한다는 이른바 천견(天譴)사상이 그것이다. 천인감응(天人感應)이라고 해야 할 이 주장은 하늘과 사람 사이가 무관한 것이 아니라 기(氣)를 매개로 서로 응한다는 관점이다. 왕조시절 천재지변이 들면 왕들

---

2) 〈고려사절요〉, 충숙왕 16년(1329) 5월

은 자신의 정치를 돌아보고 반찬의 가짓수를 줄이거나 죄수들을 재심사하여 석방하는 따위의 인의를 베푸는 계기로 삼았다. 즉 이 사론은 천재지변을 만났으면 오히려 치자(治者)들의 마음가짐을 다잡아야 하는데, 무당들에게 비를 빌게 하는 미신적 행위는 잘못이란 것이다.

이들 사론은 사관의 이름이 기명된 채 개진되어 있으며, 권력을 농단한 소인배로 지목된 자들의 이름조차 거명되고 있다. 이처럼 준열한 사론이 처음 환로에 들어선 20대 중반의 젊은 사관 담암에 의해 씌어 진 것이다.

〈담암일집〉 편년에 따르면, 이른바 섭리음양지설(燮理陰陽之說)로 알려진 이 사론을 쓴 그해에 담암은 휴가를 얻어 부모를 찾아뵈었다고 한다. 이로 보아 이 무렵 담암의 부모들은 영해로 낙향해 있었던 게 아닌가 싶다.

이후 담암은 계속해서 문한(文翰)의 직책을 맡았던 것으로 보인다. 1331년(충혜왕 1) 담암 나이 29세 되던 해에 한림이 되었다는 내용이 편년에 나오는데, 한림이란 정9품 검열에서 정7품 봉교(奉敎)까지를 포괄하는 문한의 직(職)인만큼 한동안 춘추관 내지 예문관 등에서 글을 다루는 직책에 있었다고 보는 것이다.

그러다가 1336년(충숙왕 후5) 34세 때 정6품 간관직인 정언(正言)에 임명된다. 그리고 그 5년 후인 1341년(충혜왕 후2)에는 간관으로서 최고 위식인 우상시(정3품)에 오른다. 그의 나이 39세 때였다. 정3품 우상시의 지위는 1345년(충목왕 1) 43세의 나이에 관동존무사로 나갈 때까지 이어진다. 이러한 사실은 〈담암일집〉의 편년이나 이달충이 작성한 '동재설' 등에서 확인된다. 동재설에서 이달충은 '상시(常侍) 백공 문보가 일찍이 동재설을 지으라는 명을 내렸는데 미루다가 지금 공이 관동의 관찰사로 떠나게 되어 다른 사람들은 시로 작별하지만, 나는 우선 동재설로 작별을 하게 되었노라'고 밝히고 있다. 따라서 담암은 환로에 처음 나선 1328년부터 1335년까지 약 7년간은 문한직을, 1336년부터 1345년까지 약 9년간은 간관직을 맡았다가 관동존무사로 나가게 되는 것이다. 전형적인 유학자 출신 관리로서의 길이다.

2. 간관의 길

담암이 문한직에서 간관직으로 나가게 되는 것은 충숙왕을 수행해서 원나라로 가던 길이었다. 1336년(충숙왕 후5년) 전후의 국내사정은 썩 좋지 않았다. 충숙왕의 아들인 충혜왕은 왕위에 있다가 원나라로 불려가 있는 상태였고, 원나라는 사신을 보내 다시 왕위에 오른 충숙왕마저 원나라로 입조하도록 했다. 입조를 요구하는 사신이 온 것이 1335년(충숙왕 후4년) 윤 12월이었는데, 충숙왕은 차일피일 미루며 가지 않으려 했다. 그런데 이듬해인 1336년 10월 원나라에서 돌아온 신언경(辛彦卿)이 놀라운 소식을 전한다. 한인(漢人) 노강충, 왕의, 왕영 등 12명이 원나라 조정에 왕의 죄를 호소했는데, 나라를 없애버리고 왕을 일개 군졸이나 백성으로 만들려고 모략을 꾸미고 있다는 것이다. 그러니 왕이 직접 원나라로 가보는 것이 좋겠다는 취지였다. 왕 부자간의 갈등이 깊은데다, 심왕파의 이른바 입성책동의 일환으로 보이는 이런 음모는 왕의 입조를 더 이상 미룰 수 없게 만들었다.

충숙왕은 1336년(충숙왕 후5년) 12월 신묘일에 압록강을 건넜고, 원나라는 충숙왕의 아들인 전왕(=충혜왕)이 근신하지 않는다며 고려로 돌려보냈다.[3] 담암이 충숙왕을 수행한 것은 바로 이때였다. 원나라로 가는 충숙왕의 마음이 편치 않았음은 말할 나위도 없다. 아마 충숙왕은 울적한 기분으로 시를 짓고 수행하는 신하들에게 화답하는 시를 지어라고 했을 것이다. 이때 담암이 지은 화답시가 바로 '청평사(淸平詞)'다. 담암의 청평사를 본 충숙왕은 그 훌륭함을 크게 칭찬하고, 한림에서 바로 정6품의 정언직을 제수했으며, 특별히 말도 한필 하사했다. 이러한 사실은 담암이 훗날 지은 '홍무4년 거가(車駕)가 장단에 행차했을 때 주상전하께 절하고 바치다[洪武四年 駕行長湍 拜獻主上殿下]'라는 시의 내용 중에 잠시 비친다.

> 쓸모없는 선비인 내가 문득 기억하자니, 의묘(毅廟·충숙왕) 호종할 때[腐儒忽憶從毅廟]
> 청평사(淸平詞) 올렸지, 이적선(李謫仙)처럼[和進淸平擬謫仙]
> 말을 상(賞)받고 자미랑(紫薇郞 · 예문관 정언)에 제수되었더니[錫馬拜職紫薇郞][4]

담암이 지은 '청평사'의 본문은 전해지지 않지만, 위의 시구절로 미루어보건대 이백을 귀양 온 신선 즉 적선(謫仙)으로 비유하면서 충숙왕의 울적함을 위로하는 내용이 들어 있었을 것이다. 아니면, 내키지 않는 원나라 행을 하고 있는 충숙왕의 답답한 마음을 이적선에 비유했을 수도 있다. 이백은 당나라 현종의 명령으로 양귀비를 칭송하는 청평조사(淸平調詞)를 지어 올렸는데, 시구 하나가 양귀비의 비위를 거슬러서 추방당했다는 이야기가 전한다.

---

3) 〈고려사〉 세가, 충숙왕 후5년(1336, 병자)
4) 〈담암일집〉 권1, 시, 홍무4년 가행장단 배헌주상전하(洪武四年 駕行長湍 拜獻主上殿下)의 일부

어쨌든 간관으로서의 담암의 업무는 충숙왕을 수행하여 원나라로 가는 도중에 시작되어 왕이 원나라에 머무는 동안 이어지다가 귀국해서도 계속되었다. 충숙왕이 원에 머문 기간은 1336년(충숙왕 후5년) 12월부터 1337년 12월까지 만 1년간이었는데, 담암 역시 이 기간 동안 원나라에 체류했다. 그동안 담암은 외국에서 왕을 수행하는 한편 중국의 문물을 익히는데 많은 관심을 쏟았으리라 여겨진다. 이러한 추정은 그가 수차례 올린 상소문의 깊이나 범위가 심오하면서도 넓기 때문인데, 당시를 연구한 후세의 학자는 담암에 대해 이렇게 말했다. 즉, 그가 중국 고금의 사정에 달통할 수 있었던 것은 학문이나 스승 때문만이 아니라 이때의 긴 체원(滯元)의 경험에 연유하는 바 클 것[5]이라는 것이다. 담암의 간관생활은 충숙왕의 지우를 얻고 왕을 따라 원나라 서울에 머물면서 본격화되지만 이 기간은 그에게 또 다른 세계를 체험케 해준 기간이기도 했던 셈이다.

담암은 1337년(충숙왕 후6년) 12월, 귀국하는 충숙왕을 따라 고려로 돌아왔다. 이때부터 그는 간관으로서 이지러진 고려의 정치·사회적인 현실을 광정(匡正)하는데 매진하게 된다. 여기서 잠시 담암이 활동하던 당시의 간관에 대해 알아보면, 그 역할은 매우 포괄적이고 권한은 막강했다. 간(諫)이란 말은 선·악을 분별하여 왕에게 진술하는 것을 의미하며, 이를 맡은 관서 또는 관원을 간관이라고 불렀다. 고려시대에는 문하부(門下府)의 낭사인 좌·우상시(常侍=諫議大夫)에서부터 정언(正言)까지였다. 이들은 국왕에 대한 간쟁(諫諍)·봉박(封駁) 외에 서경권(署經權)을 가지고 관리들의 인사문제에 관여하고 백관의 근태를 감찰하며 비리나

---

5) 민현구, 앞글, 245면

불법의 탄핵, 풍속의 교정, 관리의 천거 등을 관장하여 막강한 권한을 가지고 있었다. 여기서 간쟁이란 왕에게 옳지 못하거나 잘못된 일을 고치도록 진술하는 것이고, 봉박이란 왕이 내린 조칙(詔勅)이 잘못됐다고 판단되면 그 반박 의견을 임금에게 올리는 것이다. 그리고 서경이란 왕이 새 관원을 임명한 뒤에 그 성명과 문벌, 이력 등을 써서 그 가부(可否)를 묻는 일이다. 이 과정에서 고신(告身), 즉 직첩에 서명을 받지 못하면 그 관원은 임명을 받지 못하게 된다.

이처럼 왕의 정치행위 전반에 대한 감시자 역할에서부터 신료들의 인사문제와 부정부패를 감찰하는 업무까지를 관장하다보니 간관을 채용할 때는 그 신분이나 능력, 성격 등을 엄격히 따졌다. 주로 과거에 급제한 문신들이 간관으로 채용되었는데, 신분이나 능력은 기본적인 것이고 그 위에 가장 필요한 덕목은 청렴(淸廉)과 정직(正直)이라는 성격적 요소였을 것이다. 막강한 권한에 따르기 쉬운 비리 문제 때문이다. 담암의 성격이 염결정직(廉潔正直)했다[6]는 〈고려사〉 열전의 기사는 그의 평소 행동이 그러해서이겠지만, 특히 간관으로 활동하는 동안 보여준 청렴함과 정직함 때문에 나온 평가라고 여겨진다.

염결정직한 성격의 담암은 의욕적으로 간관 활동을 했을 텐데, 반면 그에 따른 고뇌와 위축감 또한 없지 않았을 것이다. 권한이 크면 클수록 시기나 시비, 유혹이나 협박, 또 경우에 따라서는 왕의 노여움을 사서 파직될 수도 있기 때문이다. 이 무렵의 작품으로 보이는 이곡의 '백화보 간의(諫議)에 부치는[寄 白和父諫議]'시를 보면 담암의 당시 일상을 엿볼 수 있다.

---

6) 〈고려사〉 열전, 백문보 전, 원문은 性廉潔正直

날마다 곤죽이 되도록 황봉주 마시고

때때로 말에 오르면 닭이 홰에 오르려 하네.

세상에는 한자(韓子)의 쟁신론(爭臣論)도 없고

온공(溫公)의 간원제명(諫院題名)을 누가 보기나 합니까?'[7]

　황봉주란 관청에서 빚어 황색 비단이나 종이로 봉한 술을 말하는데, 황봉주를 마시고 대취하여 닭이 홰에 오를 때쯤 비틀거리며 말에 오른다는 것이다. 두보(杜甫)의 시에서 따온 듯하다. 한자(韓子)의 '쟁신론'이란 당나라 한유(韓愈·768~824)가 간의대부 양성(陽城)이 시사에 대해 제대로 직간(直諫)하지 못한다고 비판하면서 간관의 도리에 대해 설명한 내용이다. 구체적으로는 '오직 착한 사람만이 할 말 다하는 것을 받아줄 수 있다는 말이 〈전(傳)〉에 있는데, 국무자(國武子)란 사람은 착한 사람을 만나지 못했으면서도 어지러운 나라에서 할 말 다하기를 좋아하다가 죽임을 당했다는 것'이지만 요컨대 '벼슬자리에 있게 되면 목숨을 걸고 그 관직을 수행해야 하고, 벼슬을 얻지 못하면 그 이론을 닦아 올바른 도리를 밝혀야'한다는 취지다. 온공의 간원제는 송나라 온국공 사마광(司馬光·1019~1086)이 지은 '간원제명기(記)'를 이르는 말이다. '간관은 오로지 국가를 이롭게 해야 할뿐, 자신의 이익이나 명예를 도모해서는 안 된다.'는 견해를 담고 있다.[8]

　이처럼 어려운 간관의 길을 담암은 고뇌하며 걸었을 것으로 여겨진

---

7) 〈담암일집〉 부록 권1 및 이곡, 〈가정집〉 권18, 원문은 日飲黃封醉似泥 時時騎馬欲鷄棲 世無韓子爭臣論 誰見溫公諫院題

8) 쟁신론과 간원제명기는 황견(黃堅)이 편찬한 〈고문진보(古文眞寶)〉에 모두 실려 있다.

다. 더구나 그가 간관으로 활동하던 충숙왕대 말엽부터 충혜왕대의 시기는 정치적으로 매우 암울한 시대였다. 앞에서 본 심양왕 왕고 일파의 무고와 입성책동이 우심했고, 특히 그가 우상시, 즉 우간의대부가 되는 1341년(충혜왕 후2) 무렵은 왕의 방종과 음란이 극에 달해 있었으며, 기강은 해이해 질대로 해이해져 있었다. 노대신 이조년(1269~1343)의 목숨을 건 충간(忠諫)조차 충혜왕의 방종과 음란을 막지 못했다. 이 같은 여건에서 담암은 간관직을 지녔고 승진까지 하게 된다. 이로 미루어 그는 자신과의 상당한 타협과 굴절도 겪었을 것으로 보이지만, 그럼에도 불구하고 어려운 현실을 중용의 도(道)를 견지하면서, 또는 자신을 소모시키면서 간관의 소임을 다했을 것이다. 이 무렵 친구 이곡은 '백화보에게 부치는[寄 白和父]'시에서 담암의 면모를 이렇게 전하고 있다.

선생은 나에 비해 나이와 얼굴이 젊은데
시폐(時弊) 바로잡느라 백발이 다 되었소.[9]

마지막 연은 '흰머리 이를 때까지 노력하여 시대 바로 잡도록'으로 번역할 수도 있겠으나 바로 앞 연을 '……젊으니'로 옮기지 않는 한 '시폐 바로 잡느라 백발이 다 되었소.'가 좀 더 적확하지 않을까 싶다.

아무튼 이 시가 지어질 무렵 담암의 나이는 30대 후반이었다. 그 연령대의 담암이 벌써 흰 머리칼이 났거나 그렇게 될 때까지 노력하라는 말이 나온 것으로 보아 간관의 직이 머리칼을 백발로 만들만큼 힘든 일이란 점을 이 시는 시사하고 있다. 담암은 이런 어려운 일을 큰 불상사

---

9) 〈담암일집〉 부록 권1, 원문은 先生比我年顏少 努力匡時到白頭

없이 마치고 나중에는 높은 명망을 얻은 것으로 보인다. 이 과정에는 그의 중도적인 자세와 청렴 정직한 성격적 특징이 크게 작용했을 것이다. 1342년(충목왕 1) 관동존무사로 나가는 담암에게 '동재설'을 지어준 이달충은 '공의 명성이 날로 높아져서 가릴 수가 없다'[10]는 말을 했다. 이는 그냥 해보는 의례적인 말이 아니라, 담암이 당시 사대부들로부터 받고 있는 평가의 일단이라고 보는 것이 타당하다.

앞에서 나온 이곡의 시들과 이달충의 이 말을 결부시켜보면 담암은 무척 힘들어하면서도 간관직을 무리 없이 수행했고, 그 결과 가릴 수 없을 만큼 명성이 높아져 관동존무사로 나가게 된 것으로 볼 수 있다. 그리고 그 배경에는 〈중용〉에 바탕을 둔 중도적인 자세와 신중하면서도 청렴 정직한 그의 성품이 자리 잡고 있었을 것이다.

3. 관동 존무사, 사선랑(四仙郎)을 그리다

1345년(충목왕 1) 간관직인 우상시(=우간의대부)에서 물러난 담암은 43세의 나이로 관동존무사로 자리를 옮긴다. 존무사(存撫使)란 담암 당시인 고려 후기에 보이는 관직인데, 백성의 어려움을 살피고 수령의 잘잘못을 평가하는 일을 맡아 파견되는 지방관이다. 이보다 앞서 담암은 1340년(충혜왕 후1) 후배 이달존의 죽음을 애도했고, 1342년(충혜왕 후3)에는 스승 우탁의 별세에 제문을 지어 추도한 바 있다.

관동존무사 시절, 담암은 강릉 경포대를 소재로 칠언율시 '차 경포대 운((次鏡浦臺韻)'을 지었다. 이 시는 담암의 다른 시들과는 다소 다른 분위기를 풍기고 있다.

---

10) 〈담암일집〉 부록 권1, 동재설, 원문은 公之名日騰而不可掩

누구의 시가 사선성(謝宣城)을 이을까[何人詩接謝宣城]

고상한 놀이도 세상인심 아님을 스스로 깨닫네[自覺高遊不世情]

좋은 술 비었는가? 술병은 자주 눕고[美酒若空瓶屢臥]

맑은 강은 비단 같아 시구 얼른 이뤄지네[澄江如練句還成]

강락(康樂)의 등산 흥치 겸하여 얻었네[得兼康樂登山興]

지장(知章)처럼 배 타듯 말 탈 것은 아니지만[未必知章騎馬行]

달 밝은 감호(鑑湖) 한 굽이 남았으니[月白鑑湖餘一曲]

이다음 벼슬 버리고 명군(明君)을 하직하리[休官明日負休明][11]

여기서 설명이 필요한 고유명사만 보자면, 사선성(謝宣城)은 남제(南齊)의 시인 사조(謝眺·464~499)를 말한다. 선성태수를 지냈으므로 사선성이라 부른다. 강락은 남북조시대의 시인인 사령운(謝靈運·385~433)의 시호다. 그는 아름다운 문장으로 당대에 손꼽혔던 산수 시인인데, 등산을 좋아했다고 한다. 앞에 나오는 사선성과 성이 같아서 사령운을 대사(大謝), 사조를 소사(小謝)라고 칭한다. 지장은 당나라 시인 하지장(賀知章·659~744)을 이르는 말이다. 두보(杜甫)의 시 음중팔선가(飮中八仙歌)에 '지장은 말을 타면 배를 탄 듯 흔들리고, 눈 흐려 우물에 빠지면 물밑에서 잠든다.'는 구절이 있다. 그는 양자강 남쪽의 회계(會稽)출신으로 배에는 익숙했지만 말 타기는 서툴렀던 모양이다. 하지장이 늙어서 벼슬을 버리고 고향 회계로 돌아갈 때 당 현종이 회계에 있는 감호(鑑湖) 한 굽이[一曲]를 주었다고 한다. 소위 감호일곡의 고사다.

'차 경포대 운'은 경포대의 아름다운 경치와 그 안에서 술 마시고 시

---

11) 〈담암일집〉 권1, 주(註)에는 負休를 擊空으로 지었다고도 한다.

를 짓는 삶의 흥치가 세속의 정을 벗어났다고 읊고 있으며, 하지장의 감호일곡 고사를 들어 환로에서 벗어나 자연을 벗하고 싶다는 소망을 드러내고 있는 것이다. 그러나 당장 벼슬을 그만두겠다는 것은 아니고, 훗날 벼슬을 그만두면 영명한 군주를 떠나서 자연으로 돌아가고 싶다는 것이다. 담암의 대부분의 시편은 '뜻을 말하는 것이 시[詩言志]'라는 관점에서, 성정(性情)에 근본을 둔 가치를 어떤 형태로든 나타내려 하고 있다. 반면 '차 경포대 운'은 그런 취지보다는 다분히 서정적인 면을 강하게 표현한 것처럼 보인다. 그러나 여기에도 한 자락 '뜻'을 숨겨놓고 있다. 바로 사선성(謝宣城)과 월백감호(月白鑑湖)가 그것이다.

謝宣城(사선성)과 四仙郎(사선랑)은 뜻은 다르지만 발음은 비슷하다. 사선랑은 신라 때 관동지방을 노닐었다는 4명의 화랑, 또는 신선이다. 술랑(述郎)·남랑(南郎)·영랑(永郎)·안상(安詳)이 그들인데 담암은 사조라는 시인의 관직 사선성을 들어 우리 고유의 신선으로 칭송받는 사선랑을 떠올리게 하고 있다. 그리고 감호일곡의 고사를 적절하게 이끌어 와서, 감호(鑑湖)와 한자가 비슷한 경포대의 경호(鏡湖)를 떠올리게 한다. 이렇게 보자면 월백감호는 월백경호(月白鏡湖) 또는 월백경포(月白鏡浦)라고 할 수도 있는데, 월백경포는 고려의 속악(俗樂)인 한송정(寒松亭)과 연결된다. 〈고려사〉 예악지에 따르면, 이 노래가사를 비파 바닥에 써서 둔 것이 중국 강남까지 흘러갔다고 한다. 강남 사람들이 그 가사를 해석하지 못한 채 있었는데 광종 때 장진공(張晉公)이라는 고려 사람이 사신으로 강남에 갔다가 이를 보고, 다음과 같은 시로 해석해주었다는 것이다. 다음은 앞 2구절이다.

月白寒松夜[달 밝은 한송정의 밤]

波安鏡浦秋[경포의 가을 파도 고요한데][12]

　감호일곡은 하지장의 고사에서 따왔지만 그 앞의 월백은 고려의 속
악인 한송정에서 취한 것이다. 한송정, 경포대는 모두 앞에서 본 사선랑
이 노닐었다는 곳이다. 담암에게 내재한 이런 종류의 의식은 그의 시편
대부분에 나타나거니와'차 경포대 운'에 보이는 의식은 '박연폭포행'이나
'성사달이 차운한 시에 다시 차운한 박연폭포', '복차 공북루 응제시(應
製詩)'에도 나타나고 있으며, 그의 대표적 상소문인 척불소에서도 드러
난다. 즉 '국가세수동사(國家世守東社) 문물예약유고유풍(文物禮樂有古
遺風)……오동방(吾東方) 자단군지금이삼천육백년(自檀君至今已三千六百
年)'이란 직접적 표현으로 나타나는데, '우리나라는 대대로 동방을 지키
고 있어 문물예약이 고대의 유풍(遺風)이 있고……우리 동방은 단군으
로부터 지금까지 이미 3천6백년이 지났다'는 말이다. 담암의 이런 표현
에는 민족고유의 역사와 전통, 그리고 문화에 대한 자부심 같은 것이 은
연중 담겨있음을 느낄 수 있다.
　담암의 관동존무사 재직 시 특별한 사건이나 일화는 남아있는 자료
가 없지만 그의 성격상 청렴하고 엄정한 자세로 업무를 처리했을 것이
며, 과오 없이 임기를 마친듯하다.

4. 부정삼한을 꿈꾼 정치도감 시절
〈정치도감〉
이후 역사에서 담암의 이름이 다시 나타나는 것은 1347년(충목왕 3)

---

12) 〈고려사〉 예악지, 속악(俗樂)조 한송정(寒松亭), 뒷부분은 哀鳴來又去 有信一沙鷗

개혁기구 정치도감(整治都監)이 설치되면서이다. 담암의 정치적 활동은 이 정치도감의 정치관(整治官)으로 개혁운동에 참여함으로써 커다란 빛을 발하거니와, 이에 대해서는 당시를 연구한 후세 학자의 평가가 하나의 참고가 된다. 즉 백문보로서는 정치가로서의 그의 생애 전반부를 결산하면서 고려 후기사회의 역사적 성장을 뜻하는 중요한 움직임 가운데에 주목받는 인물로 등장했다[13]는 것이다.

당시 고려사회의 폐정 개혁을 위해 정치도감이 설치된 것은 충목왕 3년(1347) 2월의 일이었다. 하지만 이보다 앞서 충혜왕이 원나라에 잡혀가 유배당하는 도중 사망하고, 1344년 여덟 살의 충목왕이 즉위하면서 '부정삼한(復正三韓)'이 표방되는 가운데 이미 개혁의 움직임이 나타나기 시작했던 것이다. 물론 그 배경에는 원나라라는 외부적 요인이 있었으나, 고려 내부에서도 이에 부응할 만큼 성장한 정치세력이 있었기 때문에 가능한 일이었다.

원나라는 충혜왕의 학정(虐政)을 응징하기 위해 1343년(충혜왕 후4) 11월 그를 원으로 압송해간데 이어, 그해 12월에는 임신, 박양연 등 충혜왕의 폐신(嬖臣) 다수를 원으로 잡아갔다. 또 충목왕 즉위에 즈음해서 원나라 황제는 '지난날 보탑실리(普塔失里=충혜왕)의 학정을 일체 바로잡아 개혁하고, 농사를 장려하며 교육을 부흥시키는 등으로 백성을 편안케 하라'[14]고 새로운 왕에게 요구했다. 한편 그동안 꾸준히 성장해온 유학자군(群) 중심의 정치세력은 원나라의 이 같은 정책이 나온 것을 계기로, 개혁의 분위기를 조성하면서 활발한 현실개혁 노력을 기울

---

13) 민현구, 앞글, 246면

14) 〈고려사〉 세가, 충목왕 즉위년 4월 병술일

이게 된다.

충목왕이 즉위하자 이른바 군소(群小)에 밀려 그동안 두문불출하던 이제현은 도당에 장문의 글을 올려 시폐 개혁을 주장했다. 그 내용은 〈효경〉, 〈논어〉, 〈맹자〉, 〈대학〉, 〈중용〉 같은 유학서적으로 어린 왕을 교육시키자는 것, 왕과 신하의 소통, 정방 및 응방의 폐지, 지방관의 공정 채용과 성적 평가, 사치 배격과 근검절약, 녹과전 개혁 등[15]이었다. 또 원나라에서 문한직을 맡아 황제의 측근에 있던 이곡 역시 고려의 재상들에게 편지를 보내, 고려가 '나라답지 않은 나라'가 된 책임을 물어 악소 및 간사한 자들의 퇴출과, 바른 인재의 기용이 필요함을 역설했다.[16]

이제현 등 유학자들의 이런 건의가 수용된 결과로 보이는데, 1344년 2월에 즉위한 충목왕을 교육시키기 위해 그해 6월 이제현, 박충좌, 민사평, 이달충, 김희조 등 담암 주변 인물이 다수 포함된 유학자들로 서연이 구성되었다. 이들은 날마다 교대하면서 어린 왕을 유학적으로 교양시켰다. 가령 박충좌 같은 경우 제왕학 교재인 〈정관정요(貞觀政要)〉를 강의했다. 또 과거법이 개정되어 초장에는 육경의(六經義)와 사서의(四書疑), 중장에는 고부(古賦), 종장에는 책문(策問)을 시험 보게 했다. 이 같은 조치들은 유학과 유학자들의 영향력이 커지고, 특히 성리학의 확산이 이루어지고 있다는 것을 의미하는 것이다.

이러한 변화는 본래부터 유자(儒者)를 좋아하지 않았고, 심지어 증오하기까지 했던 충혜왕대의 상황에 비하면 대단히 큰 변화이다. 충혜왕은 자신의 언행을 사관들이 기록한다는 사실을 알고는 '내 잘못을 기록

---

15) 〈고려사〉 열전, 이제현 전
16) 〈고려사〉 열전, 이곡 전

하는 자들이 서생들이로구나.'라고 하면서 본래부터 좋아하지 않던 유자들을 더욱 미워했다[17]고 한다. 당연하지만 이런 왕의 치하에서 유학자들의 입지는 위축될 수밖에 없었던 것이다.

그러나 충목왕 즉위 후 원나라로부터 개혁의 압력이 들어오고, 유학자들의 입지가 강화되면서 고려사회는 폐정 개혁의 바람이 불기 시작했는데 그 중요한 귀착점의 하나가 정치도감이라고 할 수 있다.

물론 정치도감 같은 개혁기구가 순탄하게 출범했던 것만은 아니다. 이제현 등의 시폐 개혁 주장 이후 왕후(王煦)가 우정승에 취임하여 개혁적 시책의 하나로 정방 혁파, 녹과전 복구 및 정비 등을 시행했다. 그러나 반대하는 세력이 있어 개혁 시책은 성공하지 못하고 왕후도 1345년(충목왕 1) 12월에 파직 당했다. 그런데 왕후는 1년 뒤인 1346년(충목왕 2) 12월 원나라로 가서 당시 원나라 황제인 순제(順帝·1320~1370)로부터 고려의 폐정 개혁에 대한 명령을 받고 돌아왔다. 정치도감은 역설적이게도 원나라 황제의 권유에 의해 설치된 것이다.

〈정치관〉

1347년(충목왕 3) 2월 기축일 설치된 정치도감은 계림군공 왕후(王煦), 좌정승 김영돈(金永旽), 찬성사 안축(安軸), 판밀직사사 김광철(金光轍)을 판사(判事)에 임명하고 본격적인 개혁 작업에 착수하게 된다. 정치도감은 비록 원나라의 권유에 의해 설치되었지만, 충목왕 즉위와 함께 내부적으로 표출된 개혁 요구가 반영된 결과이며 그 바탕에는 정치적으로 성장한 유학자 군이 있었다는 점을 간과할 수 없다.

---

17) 〈고려사〉 세가, 충혜왕 즉위년(1339) 3월, 王曰 書我過失者皆書生也 王本不好儒由是益惡之

담암은 정치도감 설치와 함께 정치관이 되었다. 정치도감의 정치관 구성을 보면 판사 4명을 두되 판밀직사사(判密直司事) 이상을 임명하고, 사(使) 9명, 부사 7명, 판관 12명, 녹사 6명을 두도록 했다. 그리고 이들을 각도에 파견하여 토지를 측량하도록 했다.[18] 당시 판사로 임명된 재상급 4인의 면면을 보면 한 명은 충선왕의 양자이고, 나머지는 모두 과거에 급제한 문신들로 원나라로부터도 상당한 신임을 받는 인사들이었다. 또 이들 외의 정치관들도 대부분 과거로 입사한 사람들로서 유교적 소양을 바탕으로 사회의 모순을 통찰하는 식견과 권력자에게 굴하지 않는 기개를 갖춘 인물들이었다.

왕후(1296~1349)의 원래 이름은 권재(權載)이고, 몽고식 이름은 탈환(脫歡)이며, 아버지는 정승 권부이다. 충선왕의 신임을 받은 그의 형 권준(權準)으로 인해 낭장이 되고 나중에 충선왕의 양자가 되어 왕후란 성명을 하사받았다. 이런 까닭에 종실의 일원으로 간주되었다. 충선왕이 원나라에 체류할 때 친아들처럼 효성을 다했으며, 충선왕이 사망하자 상복을 입고 관(棺)을 모시고 귀국했다. 이런 인연으로 원나라에 자주 내왕하여 원나라 조정의 신임이 두터웠고, 본국에서 여러 차례 정승을 지냈다. 그러나 항상 공정하게 일을 처리하고 나라 일에 정성을 다했다는 평가를 받았다. 왕후는 정치도감의 간판격인 인물로, 얼마 전 우정승에서 물러난 뒤 정치도감 판사가 된 것이다.

김영돈(1285~1348)은 김방경의 손자로, 몽고식 이름은 나해(那海)이다. 충렬왕 때 문과에 급제, 강릉부 녹사가 되고 여러 벼슬을 거쳐 1342년(충혜왕 복위3) 조적(曹頔)의 난 때 시종한 공로로 일등공신이 되었다.

---

18) 〈고려사〉 백관지, 제사도감(諸司都監) 및 각색(各色)

1346년(충목왕 2) 찬성사일 때 사신으로 원나라에 갔다가 이듬해 왕후와 함께 귀국하여 원나라에서 충혜왕의 실덕을 묻자 소인들의 장난이라 변명하니 이를 정리하라는 원나라의 명을 받았다는 사실을 보고했다. 그리하여 정치도감이 설치되자, 좌정승으로서 판사가 되었다.

안축(1282~1348)은 앞에서 본 담암의 동방 안보의 형으로, 자는 당지(當之), 호는 근재(謹齋)다. 1307년(충렬왕 33) 성균시에 이어 문과에 급제하고, 1324년(충숙왕 11)에는 원나라 제과에 합격했다. 고려에 돌아와 여러 관직을 역임하고 1344년(충목왕 1)에 지밀직사사 및 정당문학을 거쳐 다음 해에 첨의찬성사가 되었다. 정치도감이 설치되면서 판사로 참여했다. 안축의 경우, 제과출신이란 점이 원나라의 신임을 얻는데 도움이 되었을 것이다.

김광철(1289~1349)은 광산김씨로 호는 둔재(鈍齋)이며, 아버지는 중찬 김태현(金台鉉)이다. 김광철의 아버지를 포함하여 형 광식(光軾)과 동생 광재(光載), 광로(光輅) 역시 급제한 사람들이다. 1305년(충렬 31) 문과에 급제하여 1344년(충목왕 즉위년) 6월에 서연이 베풀어지자 지신사로 시독했다. 김광철의 부친인 김태현은 1302년(충렬왕 28) 밀직부사로 원나라에 간 적이 있다. 원나라 황제는 감숙지방에 가 있으면서 진공사(進貢使)는 모두 서울(연경)에 머물라고 명했다. 그러자 김태현은 중서성에 말하기를 '서울에서 기다리라고 한 것은 황제의 명이요, 황제의 행재(行在)까지 가라는 것은 우리 군주의 명이다. 나는 황제에게 벌을 받을지언정 감히 군명을 어길 수 없다'고 했다. 중서성이 허락하여 행재에 갔는데, 황제는 그 충성을 크게 치하했다고 한다. 이로 인해 그의 명성은 원나라에서도 높았다. 김광철이 판밀직사사로서 정치도감 판사의 일원으로 참여하게 된 것은 아버지의 이런 명성도 어느 정도 작용했을 것으로 보인다.

판밀직사사는 종2품관이다. 따라서 이들 판사 4명은 실무보다는 주로 외부의 정치적 문제를 처리했을 가능성이 높다. 당시 정3품관이던 담암은 판사 바로 밑의 사(使)로서 정치도감의 사업을 실질적으로 기획, 총괄하는 위치에 있었다고 생각된다. 담암이 충목왕 1년(1345)에 우상시에서 관동존무사가 되어 외직으로 나갔다가 돌아온 다음이기는 하지만, 그가 정치도감의 중추적 위치에 있었다는 점은 당시 그의 품계나 훗날 기삼만(奇三萬)의 옥사(獄死)사건으로 원나라에 의해 정치관들이 장(杖)을 당할 때 그의 이름이 맨 앞에 나온 점으로 짐작할 수 있는 것이다.

그렇다면 담암이 정치관으로 선발되어 정치도감에서 중추적 역할을 할 수 있었던 배경은 무엇일까? 다음 몇 가지 측면에서 고려해볼 수 있다. 우선 그가 사관 및 간관으로 활동하면서 쌓은 명망이 무엇보다 크게 작용했다고 본다. 정치도감이 고려 사회에 적체된 시폐를 개혁하기 위해 설치되었고, 실제로 각종 불법, 부정을 적발하여 응징하는 것이 주 임무였던 만큼 일반적으로 청렴 정직하다는 평가를 받는 대간(臺諫)이나 법사(法司) 출신 관리들이 정치관으로서 가장 적합한 존재였을 텐데, 그런 점에서 담암이란 존재는 누구보다도 그에 잘 부합하는 인물이라고 여겨졌을 것이다. 신유학에 상당한 식견을 가진데다 당시 고려사회가 안고 있는 각종 비리와 여러 모순을 상대로 현실과 씨름해온 그의 역량과 실적이 무엇보다 우선적으로 고려되었다는 의미다.

그리고 그의 출신배경도 영향을 미쳤을 것이다. 정치도감의 개혁활동이 주로 전민(田民)과 관련된 쟁송을 듣고, 재판을 하는 것인 만큼 많은 전민을 소유한 권문세족 출신의 관리는 바로 재판의 이해당사자가 되는 셈이다. 이러한 이해관계에서 자유로운 중견관리 가문 출신으로 그 자신 청렴 정직하다는 명성을 얻은 담암이야말로 전민의 불법점탈을 구치하는 정치도감의 사업을 공정하게 처리할 수 있는 인물로 간주되었을 것이다.

또 하나 고려할 사항은 담암과 가까운 관계에 있는 인사들이 정치도감의 설치와 운영에 깊이 관여하고 있다는 점이다. 충목왕 즉위에 즈음해서 대두된 개혁의 움직임이 결과적으로 정치도감 설치로 이어졌다고 보자면, 여기서 이제현이나 이곡 등의 역할은 매우 중요하다. 이들은 정치도감의 설치나 운영 등에 깊은 관심을 가지고 주목했으며, 또 영향을 끼쳤던 것으로 보인다.[19] 그런데 이들은 앞에서 본대로 담암과 매우 가까운 인사들이다. 또 정치도감 설치를 주도하고 그 판사가 된 왕후는 담암의 스승인 권부의 아들이자, 이제현의 처남이기도 하다. 왕후와 담암은 이런 관계로 하여 진작부터 잘 아는 사이였다고 여겨진다. 담암이 정치관으로 임명되는 계기는 담암과 왕후가 직접 연결되거나 아니면 담암의 좌주인 이제현의 추천을 왕후가 수용하는 형식이었을 수도 있다. 정치도감 판사 중 한명인 안축의 경우, 담암과 진작부터 잘 아는 사이였음은 앞에서 본 대로이다. 요컨대 정치관은 담암을 포함하여 개혁을 주장한 이제현과 이곡 계통의 유학자들로 다수 충원되고 있거니와 그 중에서도 담암은 그의 인적관계나 개인적 역량, 품성 등에서 가장 두드러진 존재로 여겨진다고 할 수 있다.

정치도감의 개혁활동과 관련해서 정치관들이 수행한 업무는 첫째, 개혁의 구체적 지침을 밝힌 개혁안인 정리도감장(整理都監狀)을 작성하

---

19) 이제현, 〈익재난고〉 권9 하, 책문, 여기서 정치도감 사업이 교활한 자들의 반발과 기삼만의 옥사 등으로 제대로 진행되지 않아 백성들이 피해를 입고, 나라의 혜택이 아래에 미치지 못한데 대한 대책을 묻고 있다.

고, 둘째, 안렴존무사를 겸한 신분으로 각도에 파견되어 전민의 점탈과 겸병을 적발하며, 셋째, 각 지방으로부터의 적발보고와 피해자들의 신소(申訴)에 의해 중앙에서 전민관계의 현안들을 구치(究治) 청결(聽決)하는 것이었는데, 이 과정에서 불법 부정을 감행한 자들의 치죄활동이 병행되기도 했다.[20]

정리도감장에는 정치, 경제, 사회면에서 12개 조항의 당면문제가 거론되고 있다. 정치면에서는 지방관의 탐학과 정동행성 관리의 작폐가 지적되었고, 사회면에서는 일반 백성들이 피역(避役)을 목적으로 정동행성이나 홀치(忽赤), 순군(巡軍) 등에 투속하는 현상을 문제 삼았다. 그리고 가장 큰 관심이 표명된 경제면에서는 환관족속과 권세가가 불법으로 토지를 점령해 농장을 설치하고, 그것을 근거로 고리대(高利貸)를 자행하며, 양민을 협박해 노비로 삼는 일에 대해 응징, 시정할 것을 명시하고 있다.[21]

그런데 정치도감의 개혁사업과 관련해서 담암의 구체적 활동을 보여주는 기사는 나타나지 않는다. 충목왕 3년(1347) 2월 신묘일 안렴존무사를 겸하여 각도에 파견된 정치관들의 명단 중에도 담암의 이름은 보이지 않으며, 중앙에서 불법을 저지른 자들을 구치하는데도 특정인을 담당해서 치죄했다는 기록 또한 발견할 수 없다. 그럼에도 불구하고 기삼만(奇三萬) 옥사사건으로 다수의 정치관이 원나라 직성사인 승가노(僧家奴)에게 장(杖)을 받을 때(1347년 10월 갑오)의 기록에는 담암의 이름이 가장 앞에 적시되고 있다. 즉 백문보(白文寶), 신군평(申君平), 전성

---

20) 민현구, '整治都監의 성격', 〈동방학지〉, 1980, 128~129면, 민현구, 앞글, 249면에서 재인용
21) '정치도감', 〈한국민족문화대백과사전〉

안(全成安), 하즙(河楫), 남궁민(南宮敏), 조신옥(趙臣玉), 김달상(金達祥), 노중부(盧仲孚), 이천백(李天伯), 허식(許湜), 이승윤(李承潤), 안극인(安克仁), 정광도(鄭光度), 오경(吳璟), 서호(徐浩), 전녹생(田祿生) 등의 순이다.

〈배원(排元)의 단초〉

이런 점을 감안할 때 담암은 특정한 지역이나 사람을 담당한 것은 아니지만 사(使)의 직임과 관련해서 실제로 정치도감 활동을 대표하는 정치관임을 의미하는 것으로 볼 수 있다. 구체적으로 기본지침 작성이나 전반적인 기획 및 상황의 조정과 같은 원칙적이고 기본적인 일을 담당했다고 여겨진다.

충목왕 3년(1347) 2월 출범한 정치도감의 개혁활동은 처음 얼마동안은 매우 활발하게 진행된 것으로 보인다. 개혁의 구체적 지침인 정리도감장을 만들고, 안렴존무사 자격으로 각도에 파견되어 전민 점탈과 겸병을 적발하는 등의 활동은 담암을 비롯한 정치관들에게 '나라다운 나라를 우리 손으로 만든다.'는 보람을 심어주기에 충분했을 것이다. 그동안 부정 불법을 저지르고서도 원나라와의 관계 때문에 무사했던 우정승 채하중(蔡河中), 좌정승 노책(盧頙), 정동행성(征東行省) 이문(理問) 윤계종(尹繼宗), 단양부원대군 왕후(王珛), 기(奇)황후의 친족인 기주(奇柱)[22] 등 유력자들을 심문 내지 구속했다. 이들은 고위 관직을 지니거나, 원나라의 기관인 정동행성 요원이거나, 왕실의 친족이거나, 기황후의 친족들이었으며 예외 없이 원나라와 밀착관계에 있었다.

---

22) 〈고려사절요〉, 충목왕 3년 4월조에는 奇柱로 되어있으나 〈고려사〉 열전 奇轍 전에는 奇輈로 나온다. 기철 형제들은 轍, 轅, 輈, 輪이다.

토지 점탈과 불법 점유, 노비 탈취는 물론 양민을 압박하여 노예로 만들고 이를 자기 소유로 하는 등 이들의 행위는 고려의 사회경제질서를 근본적으로 위협하는 것들이었다. 다른 정치관들 역시 그러했겠지만, 오랫동안 간관으로 근무하면서 이 같은 불법과 부정을 묵과할 수밖에 없었던 담암으로서는 원나라 황제의 권면으로 설치된 강력한 정치도감의 권능을 배경으로 유력한 부원(附元)분자들의 부정불법을 추궁하고 징벌하면서 잘못을 시정하는 일에 유학자로서의 보람을 느꼈을 것이다.

정치도감에서의 개혁활동과 관련하여 담암의 입장이나 견해를 직접 알려주는 자료는 찾을 수 없으나 정치도감의 개혁지침이라 할 수 있는 정리도감장(整理都監狀)은 간접적으로나마 그것을 시사한다고 생각된다. 담암의 손으로 정리도감장이 만들어졌다는 근거는 없지만, 적어도 그의 시인과 동의하에 그것이 확정되었으리라는 점은 부인할 수 없다. 정리도감장은 정치, 경제, 사회의 각 방면에 걸친 12항목의 개혁안으로서 각 항목은 당시 잘못되어 있는 현상을 서술하고, 그에 대해 시정조치를 취해야 할 것, 또는 그 위법자의 처벌을 규정하는 내용으로 되어 있다. 특히, 전민의 점탈과 연관이 깊은 농장과 수조(收租)관계의 폐단을 다룬 경제 분야에 중점이 놓여 있거니와, 정리도감장을 통해 주목되는 것은 당시 고려사회에 모순과 혼란을 야기시키는 주체가 원(元)과 관계가 깊은 기관, 또는 원과의 특수한 관계를 통해 대두한 세력가로 파악되고 있다는 점이다. 이는 고려가 당면한 문제점들을 객관적으로 추적함으로써 도달된 자연스러운 귀결이었지만, 결과적으로는 반원(反元)적 성격을 띠는 것이기도 했다.[23]

담암의 글 가운데 고려의 자주성 회복이 필요하다는 인식을 은연중 드러낸 것들이 다수이기는 하지만 특별히 반원적이거나, 또는 친원적 성향을 직접적으로 드러내는 내용의 글은 없다. 그의 평생 대부분이 원나라 지배기였기 때문에 원나라의 존재를 현실로 수용하기는 했을 테지만, 이런 가운데 고려의 자주성을 지켜내기 위한 어려운 길을 모색했다고 볼 수 있는 것이다. 그런데 정치관으로서 정치도감의 개혁활동을 전개하는 과정에서 담암은 고려와 원나라의 관계에 대해 매우 심각한 문제가 있음을, 실제 경험을 통해 발견했다고 여겨진다. 즉 고려사회가 안고 있는 비리나 부정이 결국 원나라와 관련된다는 점이 객관적 사실로 드러났을 뿐만 아니라, 정치도감의 개혁활동 자체가 기삼만의 옥사로 좌절되는 것을 직접 겪으면서 문제의 심각성을 깊이 깨달았을 것이다.

〈정치도감 활동의 좌절〉

거듭 말하지만 정치도감은 1347년(충목왕 3) 2월 기축일에 설치되었다. 그런데 그해 3월 정치도감에서 기(奇)황후의 집안 동생인 기삼만(奇三萬)이 세력을 믿고 남의 토지를 빼앗고 불법을 자행하므로 그를 곤장 때려 순군옥(巡軍獄)에 가두었더니 20일이 넘은 후에 죽었다.[24] 이 일로 하여 원나라 기관인 행성이문소(行省理問所)는 그해 4월 정치도감 관원인 좌랑(佐郞) 서호와 교감(校勘) 전녹생을 구속시켰다. 일찍이 전 충주 판관 최순보(崔純寶)가 기삼만의 사건을 고소했고, 삼만이 죽은 뒤에 그 아내가 행성에 호소했는데 행성에서 왕에게 아뢰고 서호와 전녹생을 감

---

23) 민현구, '整治都監의 성격', 〈동방학지〉, 1980, 109~112면 및 112~127면, 민현구, 앞글, 250면에서 재인용

24) 〈고려사절요〉, 충목왕 3년 3월

옥에 가둔 것이다. 좌랑은 정5품이며, 교감은 종9품이다. 이로 보아 서호는 관직경력이 꽤 되고, 전녹생은 충혜왕대에 급제한 이력이나 나이로 보아 관직생활이 오래지 않은 것 같다. 말하자면 이들은 일선 실무자로서 기삼만을 곤장 치는 일에 직접 관여했고, 그렇기 때문에 당장 구속이 된 것으로 여겨진다. 일선 실무자급의 정치관을 구속한데 대해 정치도감 판사인 김영돈은 바로 왕에게 항의를 했다. 김영돈과 왕의 대화를 보면 이렇다.

"전하께서는 어찌하여 정치관을 가두셨습니까?"

"듣자 하니 삼만은 남의 전지 5결(結)을 빼앗은 것뿐이라는데, 어째서 죽이기까지 했소?"

"삼만은 세력을 믿고 악한 짓을 자행했습니다. 어찌 남의 토지 5결을 빼앗은 것뿐이겠습니까."

이렇게 되자 답변이 어려워진 왕은 행성의 이문인 하유원(河有源)을 불러서 대답하게 한다. 그러자 김영돈이 하유원에게 따졌다.

"우리들은 친히 황제의 명을 받들어 먼저 거물급의 악질을 다스리는 것인데, 서호와 전녹생에게 무슨 죄가 있는가?"

이렇게 말한 김영돈이 스스로 행성의 옥(獄)에 구속되고자 하니, 왕이 명하여 그를 내보내게 했다. 여기서 기삼만이 빼앗았다는 전지 5결은 어느 정도 넓이일까? 삼국시대부터 고려 문종 때까지 1결의 넓이는 사방 6백40척이 차지하는 정방형으로 이를 미터법으로 환산하면 약1만5천4백48제곱미터이다. 약4천7백 평이다. 따라서 5결이면 2만3천5백 평이 되는 셈이다. 그런데 문종 때부터는 토지를 3등급으로 나누어 하등전(下等田) 1결은 옛 1결 넓이 그대로 하고, 중등전(中等田) 1결은 하등전의 9분의 6.25배, 상등전(上等田) 1결은 9분의 4배에 해당되도록 했다.[25] 기삼만이 빼앗은 토지 5결이 만약 하등전이라면 2만3천5백평이 되는 것이고, 중등전이라면 1만6천4백50평, 상등전이라면 1만3백40평이 된다. 김영돈의 발언으로 미루어 보았을 때 기삼만은 남의 토지 몇 만평을 탈취한 외에 다른 범죄 혐의도 있었던 듯하다. 기삼만 정도가 이런 규모의 범법행위를 했을 지경이라면 정치도감에서 죄를 물은 여타 인물들의 범법은 더 컸을 것이다.

기삼만의 죽음으로 인해 정치관들이 구속되는 등 정치도감의 개혁 작업이 타격을 받게 되자 왕후(王煦)나 김영돈 같은 정치도감 판사들은 이 타격을 최소화하기 위해 행동에 나서게 된다. 같은 해 5월, 왕후와 김영돈이 첨의부에 글을 올렸는데 그 내용은 이렇다.

"우리들은 황제의 명을 직접 받들어 나라를 정치(整治)하는데, 이제 행성의 이문소에서는 기삼만의 죽음을 가지고 그 허물을 정치도감에 돌려서 서호와 전녹생을 가두었을 뿐만 아니라 이문(理問) 하유원은 사감(私感)을 품고 거짓으로 꾸며 신문하여 꼭 허위자백을 받으려 하니, 지금부터는 정치할 수가 없습니다. 이 뜻을 중서성에 전달해주시기 바랍니다."

또 같은 해 6월에는 왕후와 김영돈이 원 나라에 가기 위해 길을 나섰는데, 이문소에서는 거듭 사람을 보내 쫓아가 왕후와 김영돈을 잡아와서 정치도감의 관원과 함께 가두고는 기삼만 죽인 까닭을 물었다. 마침 이때 황제가 중서성 우사도사 올리불화(兀理不花) 등을 보내 의복과 술을 왕과 왕후와 김영돈에게 주고 정치(整治)한 일로 포상했다. 불화(不

25) '결(結)', 〈한국민족문화대백과사전〉

花)가 황제의 명으로 정치가 얼마나 이루어졌는가를 물으니, 이문소에서는 이를 듣고 가두었던 관원들을 석방했다. 그러나 얼마 뒤에 서호가 허위자백을 했기 때문에, 다시 정치관 오경, 진영서(陳永緒), 안극인, 이원구(李元具), 전성안을 옥에 가두었다가 얼마 뒤에 석방했다.

이처럼 정치도감과 행성이문소간의 밀고 밀리는 싸움이 이어지다가 드디어 그해(1347년) 10월 갑오일 원나라는 기삼만 죽인 일로 직성사인 승가노를 보내 담암 등 정치관 16명에게 곤장을 때리게 한다. 이때 안축과 왕후는 황제의 명으로 용서했고, 전 밀직 김광철과 전 대호군 이원구는 병중에 있었기 때문에 곤장 맞는 것을 면했다. 이 기사로 보자면 정치도감 판사 김영돈 역시 곤장을 맞은 것이 된다. 원나라 황제는 또 친서를 내려 정치도감을 다시 설치케 하고 왕후로 하여금 판사의 일을 보게 했다.

정치도감 사업은 안팎으로 난관에 봉착하게 되는데, 정치도감 내부의 온정주의, 그리고 정치도감의 조사를 받아야 하는 유력자나 원나라 기관의 교묘한 방해공작 등이 그것이다. 정치도감이 설치된 충목왕 3년(1347) 3월에 이런 일이 있었다. 이전에 이천현의 아전이 공전(公田)을 정승 채하중과 이문 윤계종에게 뇌물로 바친 적이 있는데 정치도감이 설치된 이때에 안렴 김두(金枓)가 이곳에 이르러 아전의 귀를 잘라 장차 도내에 조리돌리려고 이를 정치도감에 통첩하여 보고했다. 그랬더니 정치도감의 녹사 안길상(安吉祥)이 윤계종의 옛 은혜를 생각하여 이를 위에 보고하지 않았다. 왕후와 김영돈이 이 사실을 뒤늦게 알고 노해서 안길상의 뺨을 때리고 죄상을 써 붙인 북을 울려 그를 내쫓았다.

6월에는 조득구(趙得球)라는 사람을 탐라로 유배 보냈다. 그런데 여기에는 배경이 있었다. 일찍이 왕후가 원 나라에 입조할 때 득구가 수행했는데, 왕후가 득구에게 정치(整治)할 일을 의논했다. 그러자 득구가 말하기를 '찬성사 강윤충(康允忠)은 어린 왕의 측근에 있으면서 왕을 나쁜 길로 인도하려 하니, 만일 정치하려 한다면 먼저 그를 제거해야 된다.'고 했었다. 강윤충이 그 말을 듣고 원한을 품고 있다가 이때에 왕후와 김영돈이 기삼만의 죽음 때문에 정치할 수 없게 되자 원 나라에 가서 황제에게 아뢰고자 하는데, 윤충은 득구가 왕후를 따라가 자기를 제거하려고 도모할까 두려워서 왕을 달래 득구를 유배토록 한 것이다. 같은 해 10월에는 행성이문소가 밀성부사 이손경(李孫慶), 여흥부사 이몽정(李蒙正), 서주부사 조동휘(趙東暉)를 가두었다. 이들이 정치도감의 통첩을 받고 환자(宦者)와 부호와 세력 강한 자들의 전장(田莊)을 몰수했기 때문이다.

드러나지 않은 일들까지 감안한다면 방해공작은 부단히 이어졌을 것이다. 정치도감의 조사를 받은 유력자들은 이때의 원한을 잊지 않고 훗날 다른 사건으로 정치도감 관계자들에게 보복한다. 1349년(충정왕 1년) 7월, 정승 왕후가 원나라에서 귀국하던 도중 죽었는데, 정승 노책은 정치도감 때 일로 유감을 품고 관장(官葬·관청 주관의 장례)을 못하게 했다. 또 영구가 가는 도중에 있는 모든 역에 영구를 정청(正廳)에 놓지 못하도록 했다. 그러나 역리들은 영구를 바라보고 통곡하며 맞아들여 부모에게 하듯이 제사를 지냈다고 한다. 여기서 알 수 있는 것은 민심이 정치도감 활동에 매우 우호적이었다는 점이다. 1350년(충정왕 2) 9월에는 이런 일도 있었다. 좌헌납 백미견(白彌堅)과 전(前) 전객시승 김인관(金仁琯)을 원 나라에 보내 과거에 응시케 했는데, 처음에 전녹생도 응시자 명단에 들어 있었다. 그런데 가지 못한 것은 그가 일찍이 정치도감 관이 되었을 때 권호(權豪)들을 철저히 다스렸기 때문에 방해를 당해서

그런 것이다.[26)]

그리고 이것은 우연의 일치겠지만 정치도감 판사들은 정치도감 폐지를 전후하여 모두 사망하게 된다. 1348년(충목왕 4) 6월에 안축이 죽고, 7월에는 김영돈이 죽는다. 그리고 이듬해인 1349년(충정왕 1) 6월에는 김광철이 죽고, 한 달 뒤인 7월에는 왕후마저 죽는다. 그리고 또 한 달 후인 8월 갑진일에는 정치도감이 공식적으로 폐지된다. 정치도감 판사들의 죽음이 어떤 음모와 연관이 있다는 증거는 없지만 1년 간격을 두고 그것도 6월과 7월이라는 같은 시점에 모두 사망했다는 것을 우연이라고만 할 수가 있을까? 여름과 환절기라는 특정 계절을 감안하면, 과일 같은 음식과 독, 암살 따위의 단어를 연상할 수 있다.

정치도감은 비록 길지 않은 기간 동안 존속하다가 폐지되기는 했지만 그 사업의 소득이 아주 없다고 할 수는 없었다. 당시의 고려는 원나라의 부마국 상태였는데, 그럼에도 불구하고 반원적 성향까지 띠면서 사회의 여러 모순을 극복하려 했다는 점에서 정치도감 활동은 일정한 의미를 부여받고 있다. 또 하나는 당시 고려사회의 부조리를 야기하는 주체로 원나라와 관계 깊은 기관이나 친원 관계를 통해 대두한 정치세력이 지목되는데, 결과적으로 이들의 척결 없이는 고려사회의 기본적 모순이 해결되지 않는다는 점을 부각시켜 준 것 역시 매우 큰 소득이라고 할 수 있다. 끝으로, 대부분 과거로 입사(入仕)하여 유교적 소양과 사회의 모순을 통찰하는 식견, 권력에 굴하지 않는 기개를 가진 정치관들은 개혁활동을 직접 담담했던 당사자들인데, 훗날 공민왕 때 일어나는 반원 개혁정치는 이들과 연계성을 가지면서 커다란 추동력을 얻게 된

---

26) 〈고려사절요〉, 충정왕 원년 7월 및 2년 9월

다는 점도 유의할 대목이다. 대표적으로 담암 같은 인물이 그러하다.

그러나 정치관들은 전녹생의 경우에서 보듯 개인적인 출세에서는 많은 방해를 받은 것이 사실이다. 담암의 경우만 하더라도 1341년(충혜왕 후2년) 그의 나이 39세 때 우상시 즉 정3품관이 된 이래 1362년(공민왕 11) 나이 60세 때까지도 정3품관(밀직제학)에 머물러 있었다. 종2품 정당문학으로 승진한 것은 홍건적 난 때 복주로 파천했다가 환도하는 과정의 어느 시점(1363년 2월경)일 것으로 보이는데, 이때 그는 61세였다. 환로(宦路)에 큰 제약이 있었음을 반증하는 것으로, 중대한 제약요인은 그의 정치관 이력 때문이라고 여겨진다. 정치도감의 치죄를 받았던 부원분자들은 여전히 정부의 요직을 차지해서 인사문제에 영향력을 행사하고 있었던 것이다.

어쨌든 담암은 기삼만의 옥사로 정치도감이 와해되는 것을 지켜보았고, 그 자신은 장(杖)을 맞았다. 〈고려사〉 형법지에 따르면 장은 척장(脊杖·잔등을 치는 매)과 둔장(臀杖·볼기를 치는 매)이 있는데, 척장의 규격은 길이가 5척, 끝머리 둘레가 9푼, 첫머리 둘레가 7푼이며, 둔장의 규격은 길이가 5척, 끝머리 둘레가 7푼, 첫머리 둘레가 5푼이었다. 장형은 매의 횟수에 따라 60대, 70대, 80대, 90대, 1백대까지 다섯 가지이다. 장형 60대에는 13대를 치고 속동(贖銅 ·속금으로 내는 구리) 6근을 받도록 한다. 장형 70대에는 15대를 치고 속동 7근을 받고, 장형 80대에는 17대를 치고 속동 8근을 받는다. 장형 90대에는 18대를 치고 속동 9근을 받으며, 장형 1백대에는 20대를 치고 속동 10근을 받는다.[27] 정치관들이 맞은 매가 이 다섯 가지 중 어느 것인지는 알 수 없다. 더구나 장을 친

---

27) 〈고려사〉 형법지, 명례(名例 · 형벌의 명칭과 집행규례) 조

것이 원나라 직성사인 승가노라는 사람이므로 원나라의 율을 적용했는지, 아니면 고려의 형법에 따른 것인지도 알려져 있지 않다. 정치도감 와해로 개혁활동이 어려워지고, 매까지 맞아 정신적으로나 육체적으로 고통이 극에 달한 상황에서 담암은 휴가를 얻어 고향으로 돌아왔다. 1347년(충목왕 3) 10월인데, 그의 나이 45세 때였다. 이 와중에서도 그는 시를 지어 남겼다.

고향에 돌아와 마주한 한 잔 술[歸來對樽酒]
집집이 해진 옷 걸려있구나[家家有懸裋][28]

한자 원문에서 수(裋)는 '해진 옷'이란 뜻이다. 백성들의 헐벗은 삶을 안타까워 한 것일 수도 있고, 장형(杖刑)을 당하면서 입었던 자신의 옷이 피에 젖고 누더기가 되니 그것을 빨아서 널어놓은 것을 보고 읊은 것일 수도 있다. 귀향한 담암은 몇 개월간인지는 모르지만 몸과 마음을 추스르며 몸조리를 했을 것이다.

담암에게 정치도감의 개혁활동이 좌절되는 것과 장형을 받은 경험은 그의 인식에 커다란 변화를 초래했다고 판단된다. 그에게는 대단히 익숙한 원나라의 지배체제가 고려사회에 가득 차있는 모든 부조리와 모순의 근원이란 점, 그리고 이를 인식해야하는 것은 참으로 불편하지만 부인할 수 없는 현실이었다. 더구나 3품관이라는 직위와 중년의 나이에 장(杖)을 맞는다는 것은 심한 모멸감을 느끼기에 충분했을 것이다. 담암을 비롯하여 정치도감에서 활동했던 인사들이 훗날 공민왕 때 일어나

---

28) 〈담암일집〉 권2 부록, 편년

는 반원(反元)개혁정치와 연계되는 것은 어쩌면 자연스러운 일이었다고
여겨진다.

7.
일국경시(一國更始)와 담암

1. 광주목사와 종부령 시절

정치도감의 정치관들이 장형을 맞은 지 1년2개월이 지난 1348년(충목왕 4) 12월에 충목왕이 죽었다. 왕위에 있은 지 4년, 나이는 열 두 살이었다. 다음 왕의 후보로는 충목왕의 이복동생인 왕저(王胝)와 그의 숙부인 왕기(王祺)가 있었다. 다음 왕을 선택하는 권한은 원나라 황제에게 있었기 때문에 왕후(王煦) 등은 이제현을 원나라에 파견하여 다음 왕을 빨리 선정해달라는 표문을 올렸다. 그런데 왕후, 이제현, 이곡, 윤택, 이승로(李承老) 등은 일찍이 왕기 추대운동을 벌인 바 있었다. 이들은 대체로 정치도감의 개혁활동을 주도했거나 측면에서 지원한 세력들인데, 이들의 판단은 당시 19세의 나이로 백성들의 기대를 모으고 있던 왕기가 왕위에 오름으로써 고려의 혼란과 제반 모순이 어느 정도 해결되리라는 기대를 했던 것 같다. 반면 노책, 최유(崔濡) 등 부원(附元)세력과 이군해(이암), 민사평 등 일부 유자(儒者)들은 12세의 왕저를 추대코자 했다. 군왕으로서의 자질이나 연령, 백성들의 여망(輿望) 등 여러 면에서 왕기를 추대하는 것이 합리적이라는 생각이 들지만 원나라 황제는 왕저를 다음 왕으로 지목하고 그의 입조를 명령했다. 1349년(충정왕 1) 2월 경양부원군 노책, 전 판삼사사 손수경(孫守卿), 전 찬성사 이군해, 민평 (閔評),[1] 윤시우(尹時遇), 최유 등이 왕저를 수행하여 원나라로 갔다. 대간(臺諫)과 전법관(典法官)들이 회의를 열고 그들이 가는 것을 막으려 했으나 막지 못했다. 이로 보아 대간이나 전법관 등 일반 신료들은 왕저의 즉위를 마땅치 않게 여겼던 것 같다.

그러나 원나라의 지지를 받는 열두 살 왕저가 왕위에 올랐으니 이가 충정왕이다. 충정왕의 어머니 희비(禧妃) 윤씨는 공전(公田)을 뇌물로 받은 것이 정치도감 조사에서 드러났던 정동행성 이문(理問) 윤계종의 딸이다. 왕의 어머니로서 최고 권력을 가진 윤씨나 노책 등 부원세력들에게 정치도감 따위는 매우 부담스러운 기관이었을 것이다. 충정왕은 1349년 7월 정식으로 왕위에 올랐고, 같은 해 8월 정치도감을 혁파(革罷)했다.

이보다 앞서 왕기를 추대하려 했던 전 밀직 이승로는 선주(宣州) 구당으로, 전 대언 윤택은 광양(光陽) 감무로 좌천되고, 이곡은 불안감을 느껴 관동지방으로 떠났으며, 이제현은 정치일선에서 물러나 표면에 나서지 않았다. 또한 왕에게 욕설을 한 전 밀직 김경직은 곤장을 맞고 섬으로 유배되었다. 하지만 충정왕의 치세기간은 2년여 정도로 끝난다. 그 사이 왕을 추대한 부원세력과 희비 윤씨 측근들에 의한 정치주도권 다툼, 때마침 극성스러워진 왜구의 빈번한 침략 등으로 국정은 매우 혼란스러워졌다. 원나라는 이 같은 국정혼란에 대해 왕저의 손위(遜位)와 왕

---

1) 〈고려사〉 및 〈고려사절요〉에는 閔評으로 되어 있으나 이는 閔思平이라고 여겨진다. 〈고려사〉 열전 민종유 전부 민사평 전에 보면 그가 충정왕을 호종해서 원에 간 적이 있고 그 공으로 공신칭호도 받았다.

기의 즉위라는 결정을 내렸다.

마침내 1351년 10월, 원나라는 충정왕을 물러나게 하고 강릉대군 왕기를 고려의 국왕으로 책봉했다. 이가 공민왕(恭愍王)이다. 공민왕은 충숙왕의 둘째아들로 충혜왕의 동복아우다. 앞서 그에게는 두 번이나 왕위에 오를 기회가 있었지만 두 번 모두 조카인 충목왕과 충정왕에게 밀린 바 있다. 그는 12세가 되던 1341년 숙위(宿衛)라는 명목으로 원나라에 들어가 10년 동안 볼모생활을 하다가 스물두 살이 된 이 때 왕위에 오른 것이다. 원나라 체류 10년 동안 그는 원나라의 구석구석을 살펴볼 기회가 있었을 텐데, 이미 말기적 증상을 드러내고 있는 제국의 쇠망을 예감하고 있었을지도 모른다. 공민왕은 즉위와 동시에 '일국경시(一國更始)'를 표방하며 새로운 정치를 펼치게 된다. 나라를 고쳐서 시작한다는 일국경시는 부원세력 등에 의해 국정전반의 기강이 무너지고 부정부패가 만연해있는 고려사회에 청신한 기풍을 진작시키려는 구호라고 할 수 있었다.

이보다 앞서 담암은 1349년(충정왕 1)에 광주(廣州)목사로 임명되어 나갔다. 그의 나이 47세 때다. 고려는 성종 2년(983) 지방제도를 정비하면서 광주, 충주, 청주, 양주, 공주, 승주, 전주, 나주, 진주, 상주, 황주, 해주 등 12곳에 목사를 파견하여 지방행정을 관장토록 했다. 목사의 주요 업무는 관할지역에서 농업을 장려하고, 호구(戶口)를 확보하며, 공부(貢賦)를 징수하는 것 등이었다. 또한 교육 진흥과 군정 수비, 사송(詞訟)의 처결 등도 주요한 일이었다.

담암이 정치도감의 개혁활동이 좌절되고, 그와 가까웠던 인사들이 좌천성 인사에 따라 먼 지방으로 강직되어 나가거나 정치적 입지가 위태로워진 것과는 달리, 지방이기는 하지만 개경과 가까운 광주목사에 임명된 것은 그의 처세가 극단으로 치닫지 않은데다 일처리가 공정하고, 정치적으로도 신중한 자세를 지켰기 때문[2]이라고 보여 진다. 또 하나는, 같은 유자로서 친분과 교유가 있는 이군해(이암)나 민사평 같은 사람들의 음성적 지원도 있었을 것이다. 이들은 이제현, 이곡, 윤택 등과는 달리 충정왕의 즉위를 반대하지 않은 쪽이었고, 이로 인해 충정왕 즉위 초 정방제조에 임명되는 등 정치적인 영향력을 행사하고 있었기 때문이다. 담암은 광주목사로 재임하는 동안 청렴한 그의 성격대로 공평무사한 행정을 펼친 것으로 알려져 있다.[3] 이런 점은 관내에 있던, 허물어진 청풍정(淸風亭)을 자신의 녹봉을 희사하여 중건한데서도 드러난다. 그는 청풍정을 다시 고쳐 짓고, 친구 이곡에게 그 기문(記文)을 부탁하는 등 매우 의욕적으로 일했다.[4]

그러다가 1년여 뒤 다시 개경으로 올라와서 종부령(宗簿令)에 임명되었다. 종부령은 종부시(宗簿寺)의 장관으로 정3품관이다. 종부시는 왕실 일가의 보첩을 담당하는 기관으로 목종 때의 전중성을 이은 것이다. 전중시, 종정시, 전중감 등으로 이름이 바뀌다가 충선왕 2년(1310)에 종부시로 고쳐졌다. 관원으로는 정3품의 판사, 종3품의 감 1인, 종4품의 소감 1인, 종5품의 승 2인, 종6품의 내급사 1인을 두었다. 담암의 종부령 재임기간은 1년 남짓 되는 것 같다. 특별한 사건·사고 없이 종부령 직을 수행한 그는 공민왕 즉위가 결정된 1351년 인사에서 전리판서(典理判書)에 기용되고, 뒤이어 서연관으로 선임되면서 공민왕의 개혁정치에 참여하게 되는 것이다.

---

2) 민현구, 앞글, 252면

3) 〈담암일집〉 권2, 행장 및 편년

4) 이곡, 〈가정집〉 권6, 기(記)

2. 10과 중심 천거제와 인사행정의 개혁을 주장하다

공민왕은 10대 시절 대부분을 원에서의 숙위생활로 보내고 고려왕위
에 올랐다. 22세의 이 청년왕은 개혁을 통해 고려를 중흥시켜보려는 의
욕과 포부를 가지고 있었다. 1351년(충정왕 3) 10월 자신의 즉위가 결정
되자, 미처 귀국하지 못하고 원나라에 있던 그는 전 판삼사사 이제현을
섭(攝)정승 권단정동성사로 임명하여 모든 업무를 처리토록 조치했다.
당시 이제현은 명망 높은 유학자로서 앞에서 본대로 공민왕 추대운동
을 벌인 바 있고, 정치도감 활동에도 깊이 관여되어 있던 인물이다.
이어서 11월 조정의 인사를 단행했는데, 이때의 인사 내용은 이제현 중
심의 유학자들과 조일신(趙日新)으로 대표되는 공민왕의 연경시절 수종
자(隨從者)들이 혼재되어 있었다. 도첨의 정승 이제현, 동지밀직사 정오
(鄭䫨·鄭誧의 형), 밀직부사 김경직, 밀직제학 윤택 등 담암과 교유가 있
거나 친밀한 인사들의 이름이 보이고, 조일신은 참리가 되었다. 담암의
전리판서 임명도 이때일 것으로 추정되지만 정3품관이므로 명단에는
나타나지 않는다. 한편 이제현은 권단정동성사로서 배전(裵佺), 박수명
(朴守明)을 하옥시키고, 직성군 노영서(盧英瑞)를 가덕도로, 찬성사 윤시
우(尹時遇)를 각산으로 유배시켰으며, 찬성사 정천기(鄭天起)를 제주목
사로, 지도첨의 한대순(韓大淳)을 기장감무로 폄직시키는 등 공민왕의
개혁정치를 위한 사전 정지작업을 했고, 이런 기반위에 왕은 그해 12월
귀국하여 왕위에 올랐다.

공민왕은 즉위한 이듬해인 1352년 2월, 권신이 변칙적으로 인사행정
에 개입하여 큰 폐단을 낳던 정방(政房)을 혁파하고, 문무의 전주(銓注)
를 전리사(典理司)와 군부사(軍簿司)로 돌리게 했다. 이어서 즉위교서를
반포했는데, 여기서 그는 역대 선왕과 기자(箕子)에 대한 봉사(奉祀)를

언급하고 즉위당시 고려식의 의관과 예악을 사용했음을 강조하여 자주의식의 일면을 드러냈다. 정치, 경제, 사회, 국방 등 국정 전반을 다룬 교서 내용을 보면 정치면에서는 왕의 권능을 직접 행사하겠다는 의지를 피력했고, 경제면에서는 불법적인 전민(田民) 탈점에 대한 시정의 뜻을 밝혔다. 그해 8월에 설치된 전민변정도감(田民辨正都監)은 이러한 의지의 표현이었다. 즉위교서에서 공민왕은 또, 자신을 도와준 왕후(王煦) 등이 이미 유명을 달리한 것을 애도했다. 왕후는 정치도감 판사로서 개혁활동을 펼쳤던 사람이다. 이제현의 고위직 등용과 왕후를 추모하는 교서 내용, 그리고 이어서 진행된 각종 개혁시책을 보건대 공민왕 초기의 개혁은 대체로 정치도감의 개혁활동을 주도했거나 지원하였으며, 또 공민왕 자신의 추대운동을 전개했던 유학자 세력이 대거 등장하는 것과 궤를 같이하는 것이다. 그러나 공민왕 초기의 이러한 개혁정치는 매우 조심스럽게 추진되었다.

담암이 공민왕 즉위와 함께 전리판서에 기용된 것은 이제현의 도첨의 정승 임명과 더불어 유학자 세력이 대거 등장하는 당시의 추세를 반영하는 일이었다. 전리판서는 정3품의 관직이지만 문관의 선임, 공훈, 예의(禮儀), 제향, 조회, 교빙(交聘), 학교, 과거에 관한 일을 총괄하는 전리사(典理司)의 장관으로, 손꼽히는 요직이었다. 충렬왕 1년(1275) 원나라의 간섭으로 상서이부(尙書吏部)와 상서예부(禮部)를 병합하여 설치한 것이 전리사였다. 그동안 정방에서 인사행정을 처리해오면서 전리사의 기능이 약화되기도 했지만 문관의 인사에 관한 일을 담당한다는 점에서 그 중요성은 희석되지 않았다.

그런데 담암이 전리판서가 된 것으로 여겨지는 1351년(충정왕 3, 공민왕 즉위년) 11월로부터 약 3개월 후인 1352년(공민왕 1) 2월, 개혁정치의 일환으로 정방이 혁파되고 문관의 인사행정이 전리사의 관장사항으로 돌아왔으며, 담암은 그 장관으로서 막중한 책임을 지게 된다. 정방의 혁파 조치가 담암의 영향력과 어떤 관계에 있었는지는 불명이지만 무신집정 이래 인사의 난맥상이 정방의 존재와 표리관계에 있었고, 일찍이 충목왕 즉위 무렵 이제현이 올린 시폐개혁의 주장 가운데 정방 폐지가 포함되었던 점으로 미루어 담암을 비롯한 유학자 중심의 정치세력은 정방의 폐지를 개혁의 한 징표(徵標)로 이해했음직하다. 담암의 전리판서 재임 중에 정방 혁파와 인사권의 전리사 귀속이 이루어진 점을 감안하면 그의 지위가 강화된 것만은 분명하다고 하겠다. 정방이 폐지되고 인사권이 전리사로 귀속되면서 조일신 같은 사람은 노골적으로 그 불만을 왕에게 호소했고, 이는 이른바 '조일신 난'의 한 동기가 된 것 같기도 하다. 다음은 조일신과 공민왕의 대화 내용이다.

조일신이 아뢰었다. '전하께서 환국하실 때에 원 나라 조정의 권신과 총애 받는 신하들 가운데 우리나라와 인척관계가 되는 사람들이 그들 친족에게 벼슬 줄 것을 이미 전하께 부탁드렸고 신에게도 부탁했습니다. 그런데 지금 전리사와 군부사로 하여금 전선(銓選)을 맡게 한다면 유사가 법문(法文)에 구애되어 지체됨이 많을까 걱정입니다. 정방 제도를 회복하시어 안에서 벼슬이 제수되도록 하소서.' 이에 왕이 말했다. '이미 정방을 없애고 옛 제도로 고친지 얼마 안 되어 중간에 변경한다면 반드시 남의 웃음거리가 될 것이다. 경이 부탁받은 것을 나에게 고하라. 내가 선사(選司)에 이르면 누가 감히 따르지 않겠는가.' 조일신이 분연히 말하기를, '신의 말을 따르지 않으신다면 무슨 면목으로 원나라 조정의 사대부들을 다시 볼 수 있겠습니까.'하고 드디어 사직(辭職)했다.[5] 그해 6월 조일신은 공민왕을 연저(燕邸)에서 수종한 공로로 연저수종공신이 되고, 정2품의 찬성사로 승진도 하지만 자신의 측근을 마음대로 등용하지 못하는데 불만을 품고 드디어 같은 해 9월 물리력을 동원하여 자신과 그 도당들에게 벼슬을 주도록 왕을 협박하기에 이른다.

정방 혁파와 인사권의 전리사 귀속은 이처럼 인사문제에서의 청탁(請託)을 어렵게 만들어 결과적으로 부정부패의 요소를 제거하는 효과가 있었지만, 권력 가진 사람들, 특히 부원세력에게는 불편하고 번거로운 조치로 이해된 것이다. 정변까지 일으킨 조일신의 경우를 보건대, 정방 혁파 및 인사권의 전리사 귀속은 권신들에게 극단적인 행동까지 서슴지 않게 할 만큼 중대한 문제였다고 할 수 있다.

조일신이 왕에게 불만을 토로한 바로 그해 3월, 담암은 전리판서로서 인재등용과 인사행정에 관한 글을 올려 천거제(薦擧制) 도입 및 인사행정의 일대혁신을 제안한다. 이는 조일신 유(類)의 왕 측근자들이나 부원세력, 그리고 유학자 세력 등에게 뛰어난 인재를 천거할 수 있는 기회를 공평하게 제공한다는 측면과 함께 문관의 인사가 예부터 전리사에 있었음을 강조하는 측면도 있었다. 천거제는 일찍부터 과거제나 음서제가 자리 잡은 고려사회에서는 활성화되지 못한 제도였다. 다만, 담암의 이 상소 후 공민왕 대에 몇 차례에 걸쳐 고을 수령을 추천토록 한 예는 있다. 담암이 제안한, 문신을 포함하는 천거제의 취지는 훗날 조선조에 와서 조광조(趙光祖·1482~1519) 등의 건의에 의해 현량과란 이름으로 일시 살아난 적이 있다. 다음은 담암이 제안한 내용이다.

정치에서 중요한 것은 인재를 얻는데 있으며, 사람을 알기 어려운 것은 성현

5) 〈고려사절요〉, 공민왕 1년(1352) 3월

들도 마찬가지로 힘들어했던 바입니다. 그렇기 때문에 공자는 '네가 아는 사람을 천거하라'고 말했으며, <서전(書傳)>에는 '한 사람에게 완전무결함을 구하려고 하지 말라'는 말이 있습니다. 만약 결함만을 지적하고 우수한 점을 엄폐한다면 쓸 만한 사람이 없을 것이요, 각자의 재능에 따라 임무를 맡긴다면 버릴 인재가 없을 것입니다. 그러므로 달관(達官·현직에 있는 고위직)으로 하여금 각자 자기가 잘 알고 있는 인재를 천거토록 하는 것보다 더 나은 방법이 없습니다. 이렇게 하면 지극히 온당하고 공평하므로 재야의 어진 선비가 모두 등용될 것입니다. 사마광(司馬光)이 건의하여 설치했던 10과를 가지고 다음과 같이 선비를 뽑기 바랍니다. 즉 그 1과는 사상이 확고하고 행동이 순수해서 남의 사표(師表)가 될 만한 사람, 2과는 경술(經術)에 해박하여 가히 고문(顧問)이 될 만한 사람, 3과는 품행방정하고 일의 원칙을 알아서 대간(臺諫)이 될 만한 사람, 4과는 문장이 고상하고 아름다워 가히 저술을 할 만한 사람, 5과는 형옥(刑獄)과 송사(訟事)를 처리하고 법령을 집행하는데 지극히 공정하여 이해득실을 판단할만한 사람, 6과는 청렴하고 의리가 있어서 재정과 부세(賦稅)를 취급하는데 공사(公私)를 다 편하게 할 만한 사람, 7과는 공정하고 위신이 있어 가히 한 지방(=도)을 맡길만한 사람, 8과는 백성을 사랑하고 절도(節度)를 지켜 가히 한 고을의 수령이 될 만한 사람, 9과는 지혜와 용기와 재략(才略)이 있어 적을 방어할 장수가 될 만한 사람, 10과는 행동이 법도에 합치하여 가히 전례(典禮·예의에 관한 일을 맡음)가 될 만한 사람을 뽑는 것입니다. 직사관(職事官·實職官員)은 양부(兩府)의 여러 봉익대부에서 종3품 이상까지, 시종관(侍從官)은 첨의(僉議)에서 감찰(監察)과 제학(提學)까지, 지방관은 6품 이상까지의 관리들이 해마다 반드시 10과 내에서 1과를 감당할만한 인재 1명씩을 추천토록 합니다. 그러나 추천후보를 반드시 1과에 해당한 사람으로 구애받을 필요는 없겠으나 적임자 아닌 자를 추천하여 실패하는 경우에는 추천한 사람까지 파면시키도록 하는 것입니다. 전리사와 군부사는 옛날의 정부조직입니다. 옛날에는 문관과 무관이 길을 달리하여 대대로 그 분야의 벼슬을 하면서 서로 바꾸지 못했고, 문관은 전리사에서, 무관은 군부사에서 각기 적합하게 심사하여 뽑았습니다. 그런데 의종(毅宗) 이후로는 문과 무가 대대로 서로 통하여 관직 또한 서로 바꾸어 주었습니다. 따라서 양사(兩司·전리사와 군부사)의 행정관들이 궁궐 안 별청의 한 자리에 모여서 인사행정을 토의하고 해당 문무관을 한꺼번에 심사해 뽑아야 마땅합니다. 이것은 소위 인사행정에는 융통성이 귀중한 것이라는 의미로, 옛것을 참작하여 지금 실정에 맞게끔 한 것입니다. 그러나 근래에는 인재 선발법이 매우 어지러워져서 승급할만한 자질과 순서, 공로와 죄과도 논의하지 않고 결원(缺員)만 있으면 교체를 합니다. 이렇게 되니 관원이란 부류는 마치 쌓아놓은 땔나무 같이 전직자(前職者)가 나라 안에 가득 차게 되고, 요행을 바라고 경쟁하는 자가 넘쳐나게 되었습니다. 또 선왕(先王)대에 제정한 관청 외에 별도로 세운 여러 색(色·부서)의 쓸데없는 관원들은 근무일이 많건 적건, 근면하건 태만하건 헤아리지 않고 무턱 댄 승진경쟁을 하고 있습니다. 당연히 관청 수를 줄여서 합칠 것은 합치고, 불요불급한 관원은 대폭 줄여야 하며, 모든 관원을 도목(都目·매년 6월과 12월, 관리의 성적을 考課하는 것)에 기록하여 이름 다투는 길을 차단시킨다면 더 이상의 다행이 없겠습니다. 재결(裁決)을 바랍니다[爲政之要 在於得人 知人之難 聖賢所重 孔子曰 擧爾所知 書曰 無求備于一人 若指瑕掩善 則人無可用 隨器 授任 則士無可棄 莫若使在位達官 各擧所知 則克協至公 野無遺賢矣 乞依司 馬光所議設十科以擧士 其一科 行義純固 可謂師表 二科 經術該博 可備顧問 三科 方正識大體 可爲臺諫 四科 文章典麗 可備著述 五科 獄訟法令 盡公得失 六科 廉義理財賦 公私俱便 七科 公正有風力 可寄方面 八科 愛民礪節 可作守 令 九科 智勇才略 防禦將帥 十科 行止合度 可爲典禮 應職事官 自兩府諸奉翊 至從三品以上 侍從官 自僉議監察提學 外製六品以上 每歲須於十科內擧堪當

一科者一人 有堪擧者 不必拘於一科 擧非其人以致敗 與擧主俱免 典理, 軍簿
古之政府也 古者文武異路 世官不相交 文資則典理 武資則軍簿 各任銓注宜
矣 自毅王以後 文武世通 官亦交授 故兩司政官 於大內別廳 一會議政 宜當文
武官資一時注擬 此所謂政貴變通 酌古準今者也 近代選法大壤 不論資序功
罪 隨代番更 官類積薪 前職滿國 故奔競僥倖者 滔滔皆是 又先王制定衙門之
外 別立諸色宂員 都目數多 不量勤慢 競求冒進 宜當減倂衙門 沙汰不急之任
合錄都目 庶絶爭名之路 不勝幸甚 取進止][6)

  문관의 인사행정을 담당한 전리판서로서 담암이 건의한 내용은 요컨
대 다음 두 가지라고 할 수 있다. 첫째, 인재등용은 송나라 사마광이 주
장하여 시행한 방식, 즉 10과로 분류하여 천거제로 하자는 것이다. 구체
적으로는 관원의 직무를 사표, 고문, 대간, 저술, 법사(法司), 재무(財務)
및 부세, 지방관 1, 지방관 2, 장수, 전례 등 10과로 나누고, 인물을 자질
과 식견에 따라 그에 적합한 사람으로 선임하되, 3품 이상의 직사관과 6
품 이상의 종사관의 천거로 하자는 주장이다. 둘째, 인사행정은 원래 전
리사와 군부사에서 담당하다가 뒤에 정방이 맡게 되었는데, 근대에 이
르러 원칙이 크게 훼손되어 전직자가 나라에 가득 차고, 요행을 바라는
경쟁자가 많아졌으며, 불필요한 관서의 남설(濫設)로 쓸데없는 관원이
늘어났고, 도목이 빈번해졌다는 것이다. 따라서 관서를 통폐합하고, 쓸
데없는 관원수를 줄이며, 도목을 합록(合錄)시켜 이름 다투는 길을 단
절시키도록 개혁하자는 주장이다.

---

6) 〈고려사〉 선거지, 전주(銓注) 공민왕 1년 3월조 및 〈담암일집〉 권2 소차(疏箚), 마지막 不勝幸甚 取進
止 부분은 〈담암일집〉에만 있고, 〈고려사〉에는 없다.

담암의 이러한 주장은 과거제와 음서제가 정착된 당시 고려의 인재등용방식에 비추어 보면 매우 과감한 주장이라고 할 수 있다. 그러나 그는 공자의 '네가 아는 사람을 천거하라.[7]는 말을 인용해서 이 주장의 근거를 제시하고 있다. 중국에서도 한(漢)이나 위진남북조(魏晉南北朝)시대까지는 천거제가 일반적이었는데, 이것의 근거 역시 공자의 이 발언에 있었을 것이다. 담암은 송나라 사마광(1019~1086)의 10과를 고려 실정에 맞게 응용하여 구분 짓고, 이 구분에 따라 각과에 적합한 인재를 천거토록 하자고 주장하고 있다. 이로 파악하건대 그는 중국의 옛 제도를 이상으로 보고, 송나라 유학자의 정책론을 원용한 것이 아닌가 싶다. 특히 사마광의 10과를 원용한 것은 성리학 수용과 함께 송나라 제도나 문물에 대한 관심이 다시 제고되는 당시의 경향을 반영한 것일 수도 있다. 그러나 담암은 중국의 제도를 도입하더라도 고려라는 현실을 언제나 염두에 두고 있었다. 사마광이 제안한 10과는 구체적으로 ①행의순고가위사표(行義純固可爲師表) ②절조방정가비헌납(節操方正可備獻納) ③지용과인가비장수(智勇過人可備將帥) ④공정총명가비감사(公正聰明可備監司) ⑤경술정통가비강독(經術精通可備講讀) ⑥학문연박가비고문(學問淵博可備顧問) ⑦문장전려가비저술(文章典麗可備著術) ⑧선청옥송진공득실(善聽獄訟盡公得實) ⑨선치재부공사구편(善治財賦公私俱便) ⑩연습법령능단청헌(練習法令能斷請獻)과 등 10과목인데, 담암의 10과는 이들과 비슷하면서도 순서나 내용면에서 다르다. 고려의 현실을 반영하여 적절하게 조정했기 때문일 것이다.

담암은 또 중국의 고(古)제도를 상정하고 과감한 개혁을 주장했지만

---

7) 〈논어〉 자로편, 원문은 擧爾所知 爾所不知 人其舍諸이다.

당시의 고려가 처한 현실을 시인하고 있다는 점에서 그의 입장은 막연한 의고주의(擬古主義)가 아니라 현실에 발을 디딘 주장이라고 할 수 있다. 왜냐하면 담암의 주장대로 천거제에 입각해서 천거권을 행사한다면 그 권리를 행사할 수 있는 3품 이상의 직사관, 6품 이상의 시종관 중에는 부원세력 등 온갖 사람들이 다 포함되어 있을 텐데, 그럼에도 불구하고 이런 주장을 개진한 것은 일단 이들의 존재를 현실로 인정하고 있기 때문이다. 이런 융통성은 정방(政房)에서의 인사문제 논의를 '인사행정에는 융통성이 귀중한 것이라는 의미로, 옛것을 참작하여 지금 실정에 맞게끔 한 것[政貴變通 酌古準今者]'이라며 당시에 이미 행해지고 있던 상태를 현실로 수용하고 있다는 점에서도 드러난다. 그러니까 담암은 어디까지나 당시 고려의 현실을 기정사실로 인정하면서, 그것을 발판으로 삼아 개혁을 주장하였으며, 그 개혁 자체는 중국 고제(古制)의 정신에 입각한 것[8]이었다는 평가를 받는 것이다.

일찍이 무신 집정기에 권신들에 의해 설치된 정방이 그동안 인사행정의 공정성을 훼손시키는 존재임은 앞에서 본 대로이다. 정방은 공민왕 원년(1352) 2월에 혁파되었다가 다시 설치되기도 했는데, 공민왕 5년(1356) 6월에 와서야 왕의 교서에 의해 영구히 폐지되었다. 이 조치로 3품관 이하는 재상과 함께 승진과 강등을 논의하고, 7품관 이하는 이부와 병부가 토의하여 왕에게 보고하도록 했다.[9] 담암의 상소가 나온 지 4년 뒤의 일이다.

---

8) 민현구, 앞글, 254면
9) 〈고려사〉 선거지(選擧志), 전주(銓注), 공민왕 5년(1356) 6월

3. 전리판서로 서연관이 되고, 보인당(輔仁堂)에서 후학을 지도하다

공민왕은 1352년(공민왕 1) 8월 서연(書筵)을 열고 영천부원군 이릉간 (李凌幹), 김해부원군 이제현(李齊賢), 복창부원군 김영후(金永煦), 한양 부원군 한종유(韓宗愈), 연안부원군 인승단(印承旦), 전 첨의정승 이군해 (李君侅), 정승 치사 손기(孫琦), 전 찬성사 허백(許伯) 및 김자(金資), 안 산군 안진(安震), 청천군 정을보(鄭乙輔), 영창군 김승택(金承澤), 영산군 장항(張沆), 낙랑군 이천선(李遷善), 밀직부사 안목(安牧), 전리판서 백문 보 등에게 날을 바꾸어 시독케 했다. 또 '원로대신과 사대부들이 교대로 들어와 경서와 사기, 그리고 예법에 관한 말들을 강의하고, 권세 있는 집 안에서 토지와 가옥 및 노비를 강탈해 여러 해 동안 송사하고 있는 사 건들과 무고한 죄로 오래 동안 옥에 갇혀있는 사건들을 판결하여 처리 하라! 첨의사와 감찰사는 나의 귀와 눈이니, 현행 정치의 옳고 그름, 민 간의 이해관계에 대해 기탄없이 바로 말하라!'는 교서를 내렸다.[10]

왕에게 주로 유교경전을 강의하여 군주로서의 품성과 자질을 기르게 하는 경연(經筵)제도는 중국 한나라 때 유학자들이 황제에게 5경을 강 의한 데서 비롯되었다고 한다. 당나라 때 제도화되고, 특히 유학이 발달 한 송나라 때는 경연 관직이 더욱 정비되어 강의 교재도 풍부해졌으며, 격일제 강의 일정도 확립되었다.

고려에서는 송나라의 이 제도를 도입하여 예종 11년(1116) 8월, 궁궐 안에 청연각(清讌閣)을 짓고 학사, 직학사, 직각 한 명씩을 임명하여 아 침저녁으로 경서를 강론케 한 것[11]이 그 시작이다. 그러다가 그해 11월,

---

10) 〈고려사〉 세가, 공민왕 원년 8월 기미일
11) 〈고려사절요〉, 예종 11년(1116) 8월조

청연각이 궁궐 안에 있어 학사들의 숙직과 출입이 불편하기 때문에 홍루 아래쪽의 남랑을 수리하여 학사들이 모여 강론하는 처소로 삼고 이름을 고쳐 보문각(寶文閣)이라고 했다. 그러나 경연은 그리 활성화 되지 못했다. 특히 무신 집정기에는 그나마 폐지되었다가 원나라 지배 기에는 명칭이 '서연(書筵)'으로 격하되어 겨우 명맥만 유지되고 있었다. 그러다가 1344년 6월, 어린 충목왕을 유학적으로 교양시키기 위해 이제현, 박충좌, 민사평, 이달충, 김희조 등 유학자들로 서연이 구성되어 다소 활성화되기도 했지만, 이마저 왕의 조사(早死)로 흐지부지된 듯하다.

그런데 이때 공민왕은 즉위 후 처음으로 서연을 열고 앞에서 본 16명의 서연관을 임명한 것이다. 이는 이미 성인이 된 왕 스스로의 판단으로 내린 결정일 텐데, 앞서 충목왕 때에 설치되었던 서연과는 다소 다른 성격을 가진다고 볼 수 있다. 우선 이들 서연관 16명의 면면을 보자. 〈고려사〉 열전이나 선거지(選擧志), 〈신증동국여지승람〉의 각 지역 인물조 등을 살펴보면 이제현, 한종유, 이군해(이암), 허백, 안진, 정을보, 장항, 안목, 백문보 등 9인은 급제 유자들임이 확인되고, 이릉간은 문신이지만 과거에 급제한 사람은 아닌 것 같다. 그리고 李遷善은 李千善의 오기로 보이는데, 李千善이 맞는다면 그 역시 문관이기는 하나 급제 유자는 아니다. 김영후, 김자, 김승택 등은 모두 김방경의 손자들로, 형제간(김자·김승택) 또는 사촌간인데 음서로 출사한 듯하다. 특히 주목되는 인물은 인승단과 손기이다. 인승단은 원래 몽고인으로 제국대장공주의 겁령구(怯怜口)였던 인후(印侯)의 아들이며, 상인 출신의 손기는 충숙왕의 폐행으로서 공민왕을 연경에서 수종했던 사람이다. 이들은 유학과는 거리가 먼 사람들이므로 왕에게 경서와 사기, 그리고 예법에 관한 일을 강의할 수는 없었을 것이다.

이들이 서연관이 된 것은 왕의 교서에 나온 대로 '원로대신과 사대부들이 교대로 들어와 경서와 사기, 그리고 예법에 관한 말들을 강의하며, 권세 있는 집안에서 토지와 가옥 및 노비를 강탈해 여러 해 동안 송사하고 있는 사건들과 무고한 죄로 오래 동안 옥에 갇혀있는 사건들을 판결하여 처리하기 위해서'라고 할 수 있다. 그러므로 서연은 경서와 사기, 예법의 진강(進講)에 국한되지 않고, 탈취당한 전민의 소송과 무고한 죄로 옥에 갇혀있는 자들의 장기 미제사건도 판결·처리하는 목적이 있었던 것이다. 서연을 설치한 공민왕의 의도는 명백하다고 할 수 있다. 유학자 출신을 중심으로 하되 그 밖의 영향력 있는 원로대신들까지도 망라하여 서연관으로 임명하고 거기서 서연 본래의 기능을 넘어 개혁정치를 추진하는 체제를 구상하고 실행에 옮긴 셈이다.[12]

이런 기능을 가진 공민왕 초년의 서연에 담암은 전리판서라는 가장 낮은 지위를 가지고 서연관으로 참여하고 있다. 이는 공민왕의 개혁정치 시도와 그것을 뒷받침하는 존재로서의 담암, 그리고 개혁 군주로서의 공민왕과 개혁적 성향을 가진 신하로서의 담암의 관계를 시사해주는 부분이라고 할 수 있다. 유교경전의 강의를 표면에 내세우면서도 실제로는 불법적인 전민의 탈취를 바로잡기 위해 설치된 전민변정도감(田民辨整都監)의 활동을 지원하는 데에 역점을 둔 서연에 담암은 아마 간사 역할을 한 것 같다. 여기에는 이전에 담암이 활동했던 정치도감 정치관으로서의 이력이 크게 고려되었다고 여겨진다.

공민왕의 제1차 개혁정치라고 할 수 있는 그 즉위 초의 변혁은 젊은 왕의 의욕을 바탕으로 하고, 종래부터 고려사회의 개선의 필요성을 절

---

12) 권연웅(權延雄), '高麗時代의 經筵,〈경북사학〉6, 1983, 16면, 민현구 앞글, 255면에서 재인용.

감했던 유학자 세력의 동조 아래 제한된 범위 안에서 조심스럽게 추진되었다. 그 가운데 담암이 한 역할은 적지 않은 것이었으며, 그가 발탁되고 중요한 역할을 한다는 사실은 공민왕의 개혁정치가 적어도 정치도감의 개혁활동과 계기적(繼起的) 관계를 가지고 시작됨을 뜻한다[13]고 볼 수 있다. 정치도감의 개혁활동과 공민왕의 1차 개혁정치가 계기적 관계에 있다는 측면에서 서연관의 면모를 다시 한 번 보면 직접적으로 연계되는 인물은 담암이 유일하고, 간접적인 관련자까지 꼽자면 이제현 정도라고 할 수 있겠다.

그러나 공민왕의 첫 번째 개혁시도는 시작부터 난관에 부딪치다가 종내에는 좌절되고 만다. 우선 권문세족의 반발을 들 수 있다. 왕이 서연을 연 8월에 서연관 인승단이 변정도감을 폐지할 것을 요청했다. 왕은 '도둑이 밤에 다니면서 달 밝음을 미워하는 격'이라며 그의 요구를 일축한다. 당시 권호(權豪)들이 기현(畿縣·왕경 주변의 특별행정구역)의 공전(公田)을 빼앗았는데 인승단의 점유가 특히 많았다. 변정도감에서 그 전답을 몰수하고 또 여러 해 묵은 조세(租稅)까지 추징한 까닭에 인승단이 변정도감을 미워했던 것이다. 또 다른 날에는 서연관 김영후가 변정도감의 폐지를 청했다가 거절당하기도 했다.

그러나 공민왕의 이 개혁시도에 결정적인 타격을 가한 것은 조일신의 정변이라고 할 수 있다. 연경시절부터 공민왕을 수종해서 1등 공신 칭호까지 받았으며, 원나라와 긴밀한 관계에 있던 조일신이 정변을 일으키고 왕을 협박하다가 결국 제거된 이 사건은 공민왕 즉위 초의 정치적 기조(基調)를 근본적으로 붕괴시켰기 때문이다. 조일신의 정변은 1352

---

13) 민현구, 앞글, 255면

년(공민왕 1) 9월 기해일에 시작되어 같은 해 10월 을사일 조일신의 죽음으로 끝나지만, 이후 서연이 더 이상 열렸다는 기록은 없다. 그해 10월 임자일, 이달충과 전보문(全普門)을 전리판서에 임명했다는 기사가 보이는데[14] 이것은 담암의 전리판서 퇴임을 의미하는 것이다. 조일신의 정변이 끝난 을사일로부터 꼭 1주일 뒤의 일이다.

이후 약 5~6년 동안 담암의 활동은 기록에 나타나지 않는다. 앞에서 말했듯이 부모상이나 집안의 어떤 일 때문일 수도 있고, 개혁의 꿈이 연거푸 무너진 데서 온 좌절감, 또는 조일신이 일으킨 정변의 와중에 죽어가는 목숨들을 보면서 받은 충격 때문에 은거에 들어갔을 수도 있을 것이다. 그러나 이 기간 중에도 그는 공직에서 물러났을 뿐, 후학 지도 등 다른 방식으로 유학 진흥을 위해 애썼을 것으로 보인다. 왜냐하면 그의 문하생들 가운데 김구용의 진사시 합격이 공민왕 2년(1353)이고 과거급제가 동왕 5년(1356)인 점, 이숭인과 윤소종의 급제연도가 각각 공민왕 11년(1362)과 14년(1365)인 점 등으로 미루어 전리판서에서 물러난 후 이들을 가르쳤을 개연성이 크기 때문이다. 다만, 윤소종의 경우는 공민왕 12년(1363) 5월경 담암이 척불 상소 직후 치사하여 보인당을 다시 개설한 다음에 수업했을 수도 있을 것이다. 아무튼 담암이 전리판서에서 물러난 것은 그의 나이 50세 때였다. 앞에 나온 이숭인의 시처럼 '재상 그만두고 돌아와 보인당(輔仁堂)을 열고 소왕(素王)을 강의'하기 시작한 것이 바로 이때라고 여겨진다.

---

14) 〈고려사〉 세가, 공민왕 1년(1352) 10월

4. 반원(反元)개혁 국면과 〈국사〉 집필

원나라는 14세기에 들어와 황제 자리를 둘러싼 황족간의 암투와 궁정 귀족들의 전횡이 극심해지고 있었다. 정치적 혼란은 가혹한 조세와 부역 등으로 이어져 백성들의 생활은 궁핍해져 갔다. 이런 배경 하에 특히 최하층인 한족들의 불만은 저항으로 연결되어, 1350년을 전후하여 원나라의 통치는 이미 통제력을 잃어가는 형세였다. 1348년(충목왕 4) 11월 소금행상인 방국진(方國珍)이 해상에서 반란을 일으켜 1350년(충정 2) 12월 온주를 점령한데 이어, 1351년(충정 3) 5월에는 백련교도인 유복통(劉福通), 서수휘(徐壽輝) 등의 지도를 받아 홍건적이 봉기했다. 이후 거병한 군웅은 곽자흥(郭子興·1352년 2월), 조균용(趙均用·1352년 11월), 장사성(張士誠·1353년 5월), 주원장(朱元璋·1353년 12월) 등이었다. 원나라 조정은 1354년(공민왕 3) 9월 탁극탁((托克托)에게 장사성을 토벌하라는 명령을 내렸는데, 탁극탁은 합마(哈麻)의 참소로 제대로 싸워보지도 못하고 관직을 삭탈당하고 만다. 합마는 1355년(공민왕 4) 4월 재상이 되고, 그해 12월 탁극탁을 살해하지만 그 역시 이듬해인 1356년(공민왕 5) 1월 처형되었다. 반란군이 전국을 석권해가는 상황에서도 궁정을 장악한 권신들 간의 정쟁이 끊이지 않는 난맥상은 원나라의 멸망이 머지않았음을 예고하는 것이기도 했다.

왕위에 오르기 전 원나라에 오래 체류한 공민왕으로서는 원나라 내부의 이런 사정을 정확히 읽고 있었을 것이고, 왕위에 오른 후에도 여러 경로를 통해 정보를 얻고 있었을 것이다. 그로서는 고려에 대한 원나라의 지배를 끝내고, 부원세력 등에 의해 실추된 왕권을 회복해야 하는 절호의 기회로 판단했음직하다.

1356년(공민왕 5) 5월 18일[15], 왕은 곡연(曲宴)을 베푼다는 구실로 재상들을 모두 궁중에 모이게 하고는, 특히 태사도 기철(奇轍)과 아들인 찬성사 유걸(有傑), 조카인 소감 완자불화(完者不花), 태감 권겸(權謙)과 아들인 만호 항(恒), 화상(和尙), 경양부원군 노책(盧頙)과 아들 행성낭중 저(渚) 등을 불러오게 했다. 기철, 권겸, 노책 일행 중 일부는 도착했고, 일부는 도착하지 않은 상태였지만 장사들을 동원하여 먼저 온 사람들을 격살하고 나머지는 군사를 풀어 모조리 잡아 죽였다. 그리고 기·권·노 세 집의 가족과 그 일당은 사형이나 유배 조치를 내렸다. 또 노비들은 몰수하여 의성창, 덕천창, 유비창 등의 노비로 삼도록 했다.[16] 같은 날, 정동행중서성의 이문소(理問所)를 폐지했다. 이 기관은 고려에 대한 원나라의 간섭기관으로, 그동안 부원세력 비리의 온상 역할을 해오던 곳이다.

또, 평리 인당(印璫)과 동지밀직 강중경(姜仲卿)을 서북면 병마사로, 사윤 신순(辛珣), 유홍(兪洪), 전 대호군 최영(崔瑩), 전 부정 최부개(崔夫介)를 부사로 삼아 압록강 서쪽의 8참(站)을 격파하게 하고, 밀직부사 유인우(柳仁雨)를 동북면 병마사로, 전 대호군 공천보(貢天甫), 전 종부령 김원봉(金元鳳)을 부사로 삼아 쌍성(雙城) 등의 지방을 수복하도록 명령했다. 같은 해 6월 인당의 군대는 압록강에 이르러 파사부(婆娑府) 등의 3참을 격파했다.

조정은 이때부터 원 나라 연호인 지정(至正)을 쓰지 않기로 했다.

또 7월에는 문종 때의 옛 관제를 회복하고, 홍언박(洪彦博)을 문하시

---

15) 〈고려사〉 세가, 공민왕 5년(1356) 5월조는 이례적으로 이해 5월 1일의 간지가 경진일임을 표시하고 있다. 따라서 정유일은 18일이란 계산이 나온다. 같은 해 7월 무신일 인당을 목 베고 원나라에 올린 표문에도 5월18일로 나온다.

16) 〈고려사절요〉, 공민왕 5년(1356) 5월

중으로 임명하는 등 인사 조치를 단행했다. 한편 동북병마사 유인우의 군대는 같은 달, 쌍성총관부를 공격하여 화주(和州·함남 영흥), 등주(登州·함남 안변), 정주(定州·함남 정평) 등 오늘날의 함경남도 대부분 지역에 해당하는 고을 수십 곳을 회복했다. 이때 유인우와 합세하여 동북면을 공격한 이곳 출신의 인사 중에 이자춘(李自春·1315~1361))이란 사람이 있었다. 그는 쌍성총관부가 원나라 지배를 받던 시절 그곳의 천호(千戶)였는데, 그 전해인 1355년(공민왕 4) 공민왕에게 내조하여 복종할 뜻을 비쳤으며, 왕은 그에게 소부윤이란 벼슬을 주었다. 이자춘은 쌍성총관부 회복 공로로 대중대부사복경이 되고, 개경에 저택을 하사받아 머무르게 된다. 그의 아들이 훗날 조선을 세우는 이성계(李成桂·1335~1408)다. 유인우 등이 거두어들인 원나라의 쌍성총관부 관할지역은 원래 고려 영토였으나 1258년(고종 45·무오) 원나라에 함몰되었다가 무려 99년 만에 수복한 것이다.

1356년(공민왕 5) 5월부터 7월 사이에 이루어진 이 반원조치와 대개혁 시도는 공민왕의 제2차 개혁정치라고 부를 수 있을 만큼 획기적인 사건이거니와, 어떤 프로그램에 따라 오차 없이 단계적으로 진행된 점으로 미루어 사전에 치밀하게 기획된 것으로 보인다. 우선 1단계로, 당시 고려 정계를 손안에 넣고 왕권까지 능멸하던 기철, 노책, 권겸 등 대표적인 부원세력을 비상수단으로 제거하고, 동시에 부원세력의 집결지인 이문소를 폐쇄시키며, 혹여 있을지도 모르는 원나라의 개입을 적극적으로 차단하기 위해 국경지역인 서북면과 동북면 지역을 선제공격한 것이다. 그 다음 2단계로, 원나라 지정 연호의 사용 정지와 동시에 대규모 개혁을 시도하여 관제를 고쳐 문종 시대로 환원하는 한편 정부조직의 인사를 단행했다. 사전에 은밀하게 기획되지 않았다면 이처럼 단시간에 빨리 진행될 수 없었을 것이고, 따라서 정변 성격이 강한 비상조치라고 여겨진다.

공민왕 5년(1356) 5월에 있은 기철 등 부원세력 제거에 이어 6월에 집중되는 개혁조치는 〈고려사〉지(志) 전반에 걸쳐 분야별로 기록되어 있다. 약30개 항목에 이르는 개혁안 내용을 모두 열거할 수는 없지만 몇 가지 주제만 보면 다음과 같다. 정방을 영구 폐지하고 3품관 이하의 승진과 강등은 재상이 심사하며, 7품관 이하는 이부와 병부에서 토의한 후 상서토록 할 것, 각 지방 관청은 그곳에 사는 재야의 선비를 추천할 것, 감찰·전법·도관(都官)의 장관은 관원들의 소송판결 건수를 조사하고 6개월마다 고과(考課)할 것, 재상은 청렴하고 공정하며 관리 능력이 있는 자를 뽑아 수령으로 채용할 것, 존무사·안렴사 등은 지방관 감독을 강화할 것, 태조 이래 역대 공신들의 자손을 등록시키고 우대할 것, 관제와 관직의 명칭을 문종대로 환원할 것, 서북면 토지제도 개혁 및 조세 징수방법을 개선할 것, 뽕나무 식재 장려, 고리대 금지, 관리 녹봉 인상, 염포세 감면, 역적 소유 미곡을 싸게 팔아 고아·과부·홀아비·무의탁 노인 등 구제, 군사부문 5개항 개혁, 각 지역 향토인으로 해당 지역 방어(가령 경상도 출신은 왜적 방어, 동계와 교주도 출신은 쌍성 주둔), 역참(驛站) 개선 등 정치, 경제, 사회, 국방 등 모든 분야를 망라하고 있다. 이 때의 개혁조치들을 훑어보면 앞서의 정치도감을 통한 개혁안이나 공민왕 초년의 개혁정책과 유사한 점이 많고, 어느 의미에서는 기왕의 개혁정책을 확대 발전시킨 내용이라고 보아야 할 만큼 방대하고 포괄적이다.

공민왕 5년 반원 개혁정치의 진행과 개혁조치의 성격상 물리력을 동원한 1단계(기철 등 부원세력 제거, 이문소 폐지, 국경지방 선제공격 및 영토 회복)는 공민왕과 정치적 이해관계를 같이 하는 소수의 제한된 인원에 의해 기획되었을 것이지만, 개혁정책을 제시하는 2단계(지정 연호 중지, 관제 및 명칭 변경, 각 분야 개혁안)는 해당분야에 정통한 문신 관료군, 따라서 1단계에 들지 않았던 사람들까지도 포함된 인물들에 의해 기획되었을 것으로 여겨진다. 이러한 사실은 1356년(공민왕 5) 7월, 옛 관제를 회복하고 처음으로 나온 인사와 그해 11월의 인사 내용을 비교해서 살펴보아도 알 수 있다. 7월 인사에서 문하시중으로 임명된 홍언박 외에 중서평장사 김용(金鏞), 참지정사 김일봉(金逸逢), 수사공 좌복야 전보문(全普門), 추밀원학사 유숙(柳淑) 등의 이름이 보이는데, 여기서 홍언박은 공민왕의 외사촌이고 김용 등은 모두 원나라에서 공민왕을 수종했던 사람들이다. 그런데 같은 해 11월에는 홍언박을 파면하고, 이제현을 문하시중으로 임명하고 있다. 변혁에 뒤이은 사태수습을 위해 최고 책임자로 기용된 인물이 바로 유학자라는 점에서, 이때의 반원 개혁정치 역시 유학자 중심의 정치세력과 깊이 연관되어 있다고 여겨진다.

공민왕 5년의 개혁정치에 담암이 어떤 역할을 했는지는 잘 알 수가 없다. 이때까지 그의 입장이나 활동으로 미루어 보면 개혁정책에 찬성하고, 이 변혁활동에 적극적으로 참여하고자 했을 것으로 여겨지지만 구체적인 활동사항을 알려주는 기록은 보이지 않는다. 다만 〈고려사〉 열전 이제현 전에 이때의 담암의 행적을 알려주는 기사가 실려 있다.

이제현은 〈국사〉가 미비한 점을 늘 걱정해오다가 백문보·이달충과 함께 기년 전지(紀年傳志)를 만들기로 했다. 제현은 태조에서 숙종까지 문보와 달충은 예종 이하를 편찬키로 했는데, 문보는 다만 예종·인종 2대의 원고를 작성했고, 달충은 그나마 착수도 못한 상태였다. 홍건적 난 때 남으로 피란가면서 모두 잃어버리고, 제현이 쓴 태조 기년만 남아있다.[17]

이로 미루어 보자면 이제현은 역사에 대한 관심이 평소부터 높았고, 담암은 그의 주도 아래 시도된 〈국사〉 편찬 작업에 이달충과 함께 참여했음을 알 수 있다. 이것은 공민왕 6년경부터 10년까지 약 4년간에 걸친 일을 뜻한다고 여겨지거니와[18] 담암은 공민왕의 획기적인 제2차 개혁정치가 시도되어 고려의 정국이 격동 속에 있던 공민왕 6년경부터 〈국사〉 편찬 임무를 띠고 일을 해나간 것이다. 그러나 위의 기사로 보면 이제현은 매우 부지런하고 뛰어난 능력으로 〈국사〉 편찬 작업을 추진했고 담암과 이달충은 게으르거나 능력이 부족한 사람들인 양 묘사되고 있으나 반드시 그런 것만은 아닐 것이다. 이 무렵 이제현은 이미 퇴직한 상태였기 때문에 상대적으로 시간 여유가 많았던 반면, 담암이나 이달충은 그에 비해 시간이 모자랐다는 점이 가장 큰 원인이라고 여겨진다. 물론 〈국사〉에 대한 관심이나 열정의 정도는 이제현이 높았다고 할 수 있겠다.

담암이 참여한 〈국사〉 편찬은 고려 후기에 지속적으로 제기된, 〈국사〉에 대한 조야의 높은 관심의 일단을 보여주는 것이다. 그러나 특히 유의할 것은 공민왕의 반원 개혁정치를 계기로 하여, 시기적으로도 연이어 착수되고 있다는 점이다. 이제현이 공민왕의 2차 개혁정치 수습을 위해 문하시중에 임명된 것은 1356년(공민왕 5) 11월이고, 이 관직을 내놓고 치사한 것은 1357년(공민왕 6) 5월이다. 따라서 〈국사〉 편찬에 착수한 것은 이해 5월 이후가 될 것이다.

---

17) 〈고려사〉 열전, 이제현 전, 원문은 齊賢嘗病國史不備 與白文寶 · 李達忠(衷) 作紀年傳志 齊賢起太祖至肅宗 文寶 · 達忠撰睿宗以下 文寶僅草睿仁二朝 達忠未就薨 南遷時皆散逸 唯齊賢太祖紀年在

18) 김철준(金哲埈), '익재 이제현의 사학(史學)', 〈한국고대사회연구〉, 1975, 428~429면, 민현구, 앞글, 256면에서 재인용

이 작업을 주도한 사람이 바로 이제현이고, 그의 문생인 담암과 그의 당질인 이달충이 여기에 참여하게 된 데에는 이제현의 의사가 큰 작용을 했다고 여겨지는데, 이들이 〈국사〉 편찬에 임하는 입장은 그보다 약 1년 전에 일어난 반원 개혁정치와 불가분의 관계에 있다고 여겨진다. 즉, 한결같이 그 개혁정치를 시인하고 수용하는 쪽이었을 것이란 점이다. 공민왕의 반원 개혁정치에 대한 담암이나 이달충의 입장을 직접 알려주는 기사는 보이지 않지만, 이제현이 개혁정치 시대에 문하시중으로 참여한 적이 있고, 그의 의사가 반영된 〈국사〉 편찬 작업에 이들이 참여하고 있다는 점으로 미루어 보면 담암이나 이달충 역시 이제현의 입장과 크게 다르지 않았을 것이다.

요컨대 공민왕의 반원 개혁정치 국면에서 담암은 〈국사〉 편찬이라는 다른 차원의 역할을 통해 이 반원 개혁정치를 시인하고 수용할 뿐 아니라, 나아가 어느 측면에서는 여기에 의미부여를 하고 지원하는 작업을 했을 것으로 보인다. 왜냐하면 앞서 1352년(공민왕 1) 8월 서연을 열면서 내린 왕의 교서에도 나와 있듯이 경(經)과 사(史)와 예(禮)는 유학자들에게 매우 중요한 정치와 학문의 핵심이며, 따라서 〈국사〉를 편찬하는 작업이란 고금의 경사(經史)와 예악(禮樂)에 정통하고 그것을 근거로 하여 특정한 시대나 사건을 평가하는 작업이기도 하기 때문이다. 담암이 수행한 이러한 작업은 직접 무기를 들고 부원세력을 주살하거나 쌍성총관부를 공격하는 일 못지않게 의미 있는 일로 여겨졌을 것이다. 물론 이를 수행할 수 있는 사람은 높은 수준의 학문적 소양과 안목이 있어야 한다.

훗날 담암이 척불소에서 예종 때 설치했던 청연각, 보문각의 고사를 거론하며 천인도덕(天人道德)의 설(說)을 강구(講究)하자고 제안한 것도 이 때 예종, 인종 2대의 〈국사〉를 편찬하면서 파악한 내용의 일단이라고 볼 수 있다. 담암이 〈국사〉 편찬 작업을 시작할 때의 나이는 대략 55세 무렵이고, 이 작업은 59세 때까지 이어진다.

8.
자주성 회복과
경세제민(經世濟民)을 위해

1. 공민왕 중기 개혁 앞에서

공민왕의 제2차 개혁정치라고 명명할 수 있는 공민왕 5년(1356)의 대 개혁활동은 반원운동이라는 측면에서는 획기적인 성과를 거둔 것으로 평가받고[1] 있는데, 이러한 성과에 힘입어 고려는 정치적인 자주성을 회 복할 수 있었다. 그러나 방대한 개혁의 시도가 지속적이지 못했다는 점 에서 궁극적으로는 성공을 거두지 못했다고 할 수 있다. 이는 그동안 심 화된 정치·사회적 모순이 몇 년간의 개혁활동으로 쉽게 해결되기 힘들 다는 점을 보여주는 것이기도 하지만, 특히 공민왕 8년(1359)부터 시작 되어 공민왕 10년(1361)에는 개경을 함락시키는 지경에까지 이른 홍건적 의 침입이 결정적인 이유라고 할 수 있다. 홍건적의 침입으로 왕이 복주 (福州·경북 안동)로 피난을 가고, 전 국토가 유린되는 상황에서 개혁정 치는 좌절될 수밖에 없었다. 더구나 공민왕의 지위는 최유(崔濡) 등의 간 계와 원나라의 간섭으로 인해 불안한 국면까지 맞게 된다. 이 같은 상황

---

1) 민현구, 앞글, 257면

에서 공민왕은 다시 제3차 개혁정치를 시도하는데, 이는 공민왕 14년 (1365) 5월 편조, 즉 신돈을 등용하면서부터라고 할 수 있다.

공민왕 10년부터 14년까지 내우외환의 심각한 위기 국면에서 담암은 난관에 봉착한 고려와 왕 개인의 어려움을 타개하기 위해 매우 두드러진 활동을 하게 된다. 공민왕 10년 11월 홍건적의 2차 침입으로 개경이 함락되고, 왕은 개경을 버리고 남으로 피난을 갔다. 담암은 이때 왕을 호종하여 복주로 가면서 다시 정치의 표면에 등장하게 된다. 이때의 관직은 밀직제학(密直提學)인데, 밀직제학은 왕명의 출납, 궁중의 숙위(宿衛), 군기(軍機) 등을 관장하는 밀직사(密直司)의 정3품관이다.

공민왕 11년(1362) 1월 갑자일, 20만의 고려군은 홍건적 10여만 명의 목을 베는 승리를 거두며 개경을 수복했다. 잔당 10여만 명은 도주하여 압록강을 건너갔고 홍건적은 드디어 평정되었다. 고려군의 개경 수복 전(戰)에 앞서 담암은 정세운(鄭世雲)을 총병관으로 삼아 적을 무찌르도록 좌정승 홍언박, 시중 이암 등과 의논하고, 박춘(朴椿) 및 자신의 둘째 아들인 백진을 보내 정세운을 수행토록 했다.[2] 개경 수복 전의 생생한 전투장면은 권근이 지은 '사재소감 박강(朴强)전'에 나오는데, 권근은 여기서 박강이란 한 인물과 그를 자신에게 소개한 전 판사 백진, 그리고 총병관 정세운 등의 관계를 복원시키고 있다.

홍건적이 경성을 함락하고 현릉이 안동에 행차하여 군대를 보내 수복할 때에 박강이 처음으로 군에 응모하여 총병관 정세운을 따랐다. 전투가 시작되려 할 때에 적이 성 안에서 목채[寨]를 쌓아 올리고 항전하므로 모든 군대가 전진할

2) 〈담암일집〉 권2 부록(하), 편년

수가 없게 되었다. 박강은 곧 말에서 내려 어떤 집에 들어가 판자로 만든 대문짝을 얻어가지고 메고 나아가서 사다리를 만들어서 올라가며 칼을 뽑아 크게 고함을 치니, 목채 위에 올라 있던 적들이 모두 무서워 땅에 떨어져서 저희끼리 서로 짓밟혔다. 박강은 따라 내려와서 수십 명을 마구 찌르고 여러 군대가 계속 전진하여 문을 열고 들어가서 적의 괴수인 사류(沙劉)를 베었다. 이로 말미암아 싸움을 크게 이겼는데, 총병관은 이를 장하게 여겨 계급을 특진시키고 상을 주어 중랑(中郎)으로 진급시키기 위해 명부에 올려 두었으나 바로 3원수(元帥)가 총병관을 죽였다. 이로 인해 진급시키려던 대로 되지 못하고 마침내 하급직인 산원(散員)에 임명되었다. 계묘년에 원수인 박춘을 따라 이성(泥城)에 가서 두 번씩이나 강을 건너가 정찰하고, 이 공로로 별장에 임명되었다…(中略)…나는 그가 근신하며 순후한 사람으로만 여겼지 그에게 그런 특이한 재능이 있는 줄은 몰랐다. 과거에 판사를 지낸 백공(白公) 진이 또한 이 고을(=영해)에 살았는데, 젊어서 백당(柏堂)에 벼슬하여 일찍 총병관 정세운의 참좌(參佐)가 되어 문서를 맡아보면서 박강을 데리고 함께 다니며 직접 판자 대문짝을 메고 목채를 점령했던 분이다. 상세히 나에게 이야기해 주었기 때문에 박강이 힘이 세고 용맹하며 또한 공로가 있으면서도 자랑하지 않는 사람인 줄을 알게 되었다.[3]

여기서 개경 수복 전에 종군한 정세운, 박춘, 백진, 박강 등은 담암과

---

3) 권근, 〈양촌집〉 권 21, 전류(傳類), 원문은 紅賊陷京城 玄陵幸安東 遣軍收復 强始應募 從摠兵官鄭世雲 及將戰 賊於城中 築寨拒守 諸軍不得進 强乃下馬入一屋 得板扉擔以進 爲梯而上 拔劍大呼 賊登寨者皆懼而墜 自相蹂躪 强衝而下 亂斫數十級 諸軍繼進 開門入斬賊魁沙劉 由是大捷 摠兵官壯之 欲超資以賞 擬以中郎 置薄而記 旣而三元帥殺摠兵官 由是不得如所擬 乃拜散員 歲癸卯 從元帥朴椿赴泥城 二渡江偵伺 以勞除別將…(중략)…予以爲謹厚者而重之 未嘗知有異能也 前判事白公瑨亦居是邑 少仕栢堂 嘗爲摠兵官參佐掌文簿 引强與俱 親自擔扉拔寨者也 具爲予語之 然後知强勇且有功而不伐 益可重也

직·간접적으로 연관이 있는 인물들이다. 정세운과 박춘은 앞에서 본대로 파견에 앞서 홍언박, 이암, 담암 등의 논의가 있었고, 백진은 담암의 아들이며, 확실하지는 않지만 박강이 영해 출신인 점으로 미루어보면 그는 담암의 외가 쪽 사람이 아닌가 싶다. 박강의 공로는 백진의 증언과 권근의 기록에 의해 후세에 전해지고 있는 것이다.

그러나 박강 같은 용사들의 힘에 의해 개경이 수복되기는 했지만 외적에 의한 수도 함락이라는 흔치 않은 위기상황과 이 전란이 미처 수습되기도 전에 발생한, 홍건적 격퇴의 1등 유공자들인 총병관 정세운과 안우(安祐), 이방실(李芳實), 김득배(金得培) 등 3원수 살해사건 같은 정치적 파란으로 국가 통치체제는 크게 동요하게 된다. 이런 상황에서 담암은 조정을 안정시키고, 민심을 수습하는 일에 전력을 쏟는다.

개경 수복 후, 환도에 앞서 공민왕 11년 3월 모든 기관에 명령하여 개경에 분사(分司)를 두도록 했다. 당시 개경은 궁궐이 남아있지 않았고, 민가는 폐허가 되었으며, 백골이 산처럼 쌓여 있는 상태였다[4]고 한다. 이런 서울에 일부 재추(宰樞)들이 먼저 상경하여 전후의 혼란을 수습하는 임무를 맡았다. 담암 역시 이때 왕명을 받고 상경하여 밀직사의 서울 분사를 맡아 개경의 혼란을 수습하는 일에 진력했다. 당시 전란으로 사국(史局)에 보관된 역사 원고와 실록이 얼마 남아있지 않았다. 개경에 먼저 온 일부 대신들은 공민왕 11년 10월 왕이 있는 청주 행재소에 상계(上啓)를 했는데, 사관을 파견하여 실록을 수습, 보관토록 하자는 내용이었다. 이 제의에 대해 왕은 공봉 곽추(郭樞)를 파견하여 실록을 해인사에 옮겨와 보관하라고 지시했다. 그러나 담암은 당시 서울에 있으면

---

4) 〈고려사〉 세가, 공민왕 11년 3월 정사일

서 김희조(金希祖)와 의논하기를 '지금 난리가 겨우 평정되었는데 갑자기 국사(國史)를 옮겨서 사람들의 시청(視聽)을 놀라게 할 일이 아니라[今寇亂甫定不可遽移國史駭人視聽][5]'는 이유로 이를 중지토록 하고, 곽추를 개경에 머무르게 하면서 다음 명령을 기다리게 했다. 담암의 이 판단은 결과적으로 옳았고, 실록을 해인사로 옮기는 문제는 중지되었다.

당시 공민왕이 청주에 머무른 기간은 약 6개월이었다. 홍건적 침입으로 인한 공민왕의 남천(南遷)을 시간대와 장소별로 보면 다음과 같다.

1361년(공민왕 10) 11월 을축일 홍건적 선봉 홍의역(興義驛) 도착→ 병인일 왕과 공주, 태비 모시고 남으로 출발→ 기사일 경안역 체류→ 신미일 이천현 체류(이날 개경이 함락됨)→ 임신일 음죽현 체류→ 을해일 충주 체류→ 12월 임진일 복주 도착(이후 약2개월간 체류)

1362년(공민왕 11) 1월 갑자일 개경 수복전에서 아군 승리→ 2월 신축일 왕, 복주 출발→ 계묘일 상주 체류(이후 약6개월간)→ 8월 을유일 상주 출발→ 신묘일 회인 체류→ 임진일 청주 도착(이후 약6개월간 체류)

1363년(공민왕 12) 2월 을해일 청주 출발, 진천 체류→ 병자일 죽주 체류→ 신사일 봉성현 체류, 서울에 있던 재추(宰樞)들 왕 영접→ 계미일 홍왕사 도착→ 윤 3월 1일 신미일 홍왕사의 변란 발발

홍왕사 도착을 환도로 간주하면 개경을 비운 기간은 약 1년2개월이 되는데, 정작 복주 체류는 2개월 정도이고 상주와 청주에 오래 머물렀다. 특히 청주에서는 과거까지 실시하여 박실(朴實·朴宜中) 등에게 급제를 주기도 했다(공민왕 11년 10월 경인일). 왕이 청주에 머무르던 때인 1362년(공민왕 11) 8월, 원나라는 흔도(忻都)를 사신으로 파견하여 왕에

---

5) 〈고려사〉 열전, 백문보 전

게 의복과 술을 하사하고 홍건적을 격멸한 공로를 높이 치하하는 한편 홍건적 잔당 소탕에 협공하라고 당부했다. 앞에서 본대로 고려는 이미 공민왕 5년의 획기적인 반원운동을 통해 원의 정치적 간섭을 차단시키고, 국토의 일부를 회복한 바 있었다. 그러나 고려는 홍건적의 침입이란 절대적인 위기 앞에서 원나라와의 긴장관계를 해소할 필요성이 제기되어 공민왕 10년(1361) 9월, 원나라에 사신을 파견하여 이러한 뜻을 전했으며, 또 정동행성을 다시 설치하는 조치를 취했다. 따라서 1362년(공민왕 11) 8월 원나라의 사신파견은 고려의 이런 화해조치에 대한 화답인 셈이었다. 이를 계기로 고려는 원나라와의 관계를 한층 강화시켜 공민왕 5년 반원운동 이전의 상태로 환원시키려는 자세를 보였다.

1362년(공민왕 11) 9월 신유일, 고려는 첨의상의 강지연(姜之衍)을 신년축하 사절로, 전리판서 이서룡(李瑞龍)을 황태자 생일축하 사절로 원나라에 파견했다. 이어서 공민왕 자신은 북정(北亭)에 행차하여 표문(表文)을 보내고, 그 다음에는 공북루(拱北樓)에 올라 문신들에게 명하여 현판에 적힌 시의 운(韻)을 따서 시를 지으라고 했다. 따라서 이때 지은 응제시(應製詩·임금의 명령에 의해 지은 시)의 의미는 원나라에 대한 사대의 뜻이 담겨 있는 것이라고 할 수 있다.

청주의 공북루는 북을 향해 공수(拱手·두 손을 맞잡아 공경의 뜻을 나타내는 것)한다는 의미로 원래는 개경에 있는 왕을 향한 신복(臣服)을 상징하는 누각이었다. 그런데 이때 고려 조정은 환도 중에 이곳에 체류하면서 임금은 원나라에 보내는 표문을 올리고, 신하들은 시를 지은 것이다. 이로 보자면 여기서의 공북루는 북쪽의 원나라에 대해 고려가 공수한다는 의미를 지니게 된다. 공북루에서 왕이 문신들에게 짓기를 명령한 시의 운자(韻字)는 그 전에 권한공(權漢功)이 지은 '제공북루(題拱

北樓)'라는 시의 그것이었다. 권한공(?~1349)은 충선왕의 지우를 받던 문신인데, 나중에 충숙왕과 틈이 생겨 심왕(瀋王) 왕고(王暠)를 왕으로 옹립하려다 실패한 인물이다. 어쨌든 공북루에서 시를 짓게 한 것은 고려가 친원정책으로 돌아선 것을 안팎에 과시하고, 군신의 화합을 도모한다는 의도에서 기획된 것으로 보인다.

이 무렵 담암은 청주에 있지 않고 개경에 있었기 때문에 시회에 참석할 수가 없었다. 그러나 얼마 후 행재소가 있는 청주에 돌아온 담암은 공북루의 응제시를 모아 판목(板木)에 새기고자 하니 그 서문과 함께 시를 지어달라는 부탁을 받게 된다. 이 부탁을 한 인물은 당시 공민왕의 총신으로 정권의 핵심에 있던 유숙(柳淑)이었다. 이에 담암은 응제시의 서문을 지어 공북루에서 시회가 열리게 된 경위와 자신이 서문을 쓰게 된 사정, 그리고 그 시회의 의의에 대해서도 언급하고 있다.

때는 신축년(1361·공민왕 10), 임금의 수레가 복주로부터 상주를 거쳐 옮겨왔으니 행궁은 청주에 머무르게 되었다. 임인년(1362·공민왕 11) 가을 9월19일에 임금이 군신(群臣)을 거느리고, 하정표(賀正表)를 청주 교외에서 올렸다. 이어 공북루로 옮겨서 일재 권한공이 전에 지은 오언절구를 보고, 즉시 지신사 원송수(元松壽), 대언(代言) 이색(李穡), 성사달(成士達)에게 명하여 차운하여 바치게 했다. 이에 좌정승 홍양파(洪陽坡·홍언박), 이행촌(李杏村·이암), 황회산(黃檜山·황석기) 및 여러 대부와 선비들이 모두 화답하는 시를 지어 올렸다. 나 백문보는 그때 마침 왕명을 받들고 서울에 가고 없었다. 나중에 이 일을 듣고 매우 부러워 목을 내밀고 바라보며, 훌륭한 일에 참여치 못한 것을 한탄했다. 부름을 받고 돌아오면서 나도 화답하는 시를 지어 그들의 끝부분에 붙여 놓는 것도 좋겠다는 생각을 했다. 그런데 이 고을의 수령 김성갑(金成甲) 군이 유사암(柳

思庵·유숙)의 말로써 부탁하기를 '임금의 명을 받아 지은 시가 완성되어 장차 현판에 새기려 하는데 서문이 없을 수 없습니다.'라고 했다. 백문보가 글을 못한 다고 사양하다가 한 번 쓰면 영원히 전할 것으로 여겨 드디어 붓을 들고 머리를 조아리며 아뢰었다. '옛날에 임금과 신하가 함께 노래를 지어 읊조린 것은 본래 태평한 시대의 일이었습니다. 지난해에는 난리로 어지러웠는데 그런 상황에서 어찌 오늘 같은 성대한 일이 있으리라 여겼겠습니까. 아, 우리 임금께서 대국을 공경하여 섬기는 그 정성이 공북(拱北)이라 이름 지은 이 누각에 잘 표현되어 있지 않습니까'[歲在辛丑 宮駕遷自福而向 行駐淸州 壬寅秋九月十九日上率群 臣 拜賀正表于郊 因御州之拱北樓 覽一齋權漢功舊題五言句 卽命知申事元松 壽, 代言李穡, 成士達次韻製進 於是左政丞洪陽坡, 李杏村, 黃檜山曁諸大夫 儒士皆和進 文寶時適承命如京 歆聞引頸 自以不獲覩盛事爲恨 及時承召 竊 嘗和進續尾 亦以爲幸 而州伯金君成甲 以柳思庵之言屬之曰 命製詩成而將鏤 板 不可無序 文寶辭以無文 而幸其傳不朽 遂操筆而拜稽首曰 昔者君臣廣歌 固是昇平製作 而去年奔亂以還 豈謂有今日勝事 於乎 吾王事大敬命之誠 與名 拱北而可表者 不在斯樓歟][6]

담암은 여기서 이 시회를 성사(盛事) 또는 승사(勝事)라고 표현하고, 원나라에 대한 공민왕의 성의를 다한 사대(事大)를 공북루라는 이름에 견주어 강조하고 있다. 한편 이 서문에 이어 담암 역시 오언절구를 남기 고 있는데, 그 내용은 다음과 같다.

공북루 이름은 비록 오래지만[拱北名雖舊]

---

6) 〈담암일집〉 권1, 시

우리 임금 공경의 뜻 명한 건 이번이 처음이네[吾王敬命初]

먼지 이미 말끔히 씻겼으니[氛埃今已掃]

이제 풍물을 바로 써야 하리[雲物正當書]

천자 계신 곳 바라보니 너무나 멀고[宸極瞻依遠]

시내와 들은 앞뒤로 훤히 틔었다[川原向背虛]

이 백성들 임금 은혜 느낄 줄 아니[斯民知所感]

책임은 나 한 사람[一人予]에게 있네[責在一人予][7]

이 시는 공민왕의 원나라에 대한 사대(事大)의 의지와 자세를 표현하면서 홍건적이 격퇴되고 고려와 원나라 사이가 원활하게 회복된 것을 우선 언급하고 있다. 이어서 그러나 원나라 천자는 의지하기에는 너무 멀리 있으니, 임금 은혜를 아는 이 백성들을 다스리는 책임은 오로지 공민왕에게 있다는 점을 은근히 부각시키고 있다. 여기서 운물(雲物)은 태양 옆에 있는 구름의 빛깔을 뜻하지만 전의(轉義)되어 풍물이나 문물을 의미하는 말이 되었다. 신극(宸極) 또한 북극성이란 의미도 있지만 천자의 거처로 쓰인다. 모두가 두보(杜甫)의 시편에 나온 말들이다. 또, 일인여(一人予)라는 부분은 운을 맞추기 위해 여일인(予一人)을 도치시킨 것으로 보이는데, 여일인은 군주 자신을 지칭하는 말이다. 따라서 여기서의 여일인은 공민왕 자신을 뜻한다고 보아야 할 것이다.

당시 고려는 급변하는 내외정세 때문에 공민왕 5년 기왕의 반원운동으로 얻은 자주성을 크게 훼손당하면서 친원정책으로 돌아서지 않을 수 없었다. 이것을 공북루 시회를 빌어 천명했고, 이 응제시들을 모아

---

7) 〈담암일집〉 권1, 시

현판에 새기면서 특별히 담암에게 그 서문을 부탁한 것이다. 담암은 이 시회가 갖는 의미를 십분 살려서 원나라에 대한 공민왕의 사대를 크게 드러내면서도 고려의 독자적인 정책노선을 촉구하고 있는 셈이다. 결국 공북루 응제시 서문과 시를 통해 담암은 원나라에 대한 공민왕의 사대를 부각시켰지만 궁극적으로는 쇠퇴해가는 원나라에 의지하기 보다는 공민왕의 의지대로 고려를 이끌어야 한다는 점을 강력히 시사하고 있는 것이다.

이 시회에 참여한 인원은 담암이 언급한 홍언박, 이암을 포함하여 이제현 등 노소문신이 25명이나 된다. 그럼에도 불구하고 뒤에 따로 담암에게 서문과 시를 짓도록 한 것은 난관에 봉착해있던 당시 고려 조정에서 그가 얻고 있는 높은 신망 때문이라고 여겨진다.[8] 특히 이 부탁을 한 인물이 유숙이란 점을 주목하면 담암에게 응제시의 서문과 시를 짓도록 요청한 사람이 바로 공민왕이라고 보아도 무리가 없을 것이다. 유숙은 급제 유자로서 연경에서부터 공민왕을 수종했고, 기철 등을 주살할 때 공을 세웠으며, 홍건적 침입 시 왕의 남천(南遷) 결정에도 관여한 인물로 당시 공민왕의 내심을 가장 잘 읽어내는 최측근이었기 때문이다.

미묘한 시점에 미묘한 주제로 시회를 연 의미에 대해 공민왕은 아마 담암이 가장 잘 이해하고 있을 것으로 판단했음직하다. 즉 겉으로는 어쩔 수 없이 원나라에 대한 사대를 표명하지만 내부적으로는 정치개혁을 통해 왕권을 강화하고, 반원정책을 통해 고려의 자주성을 회복하며, 궁극적으로는 임금의 은혜를 느낄 줄 아는 이 백성들을 잘 다스리겠다는 의지를 나타내는 것이다. 공민왕과 담암은 이 목표에 대해 충분히 공

---

8) 민현구, 앞글, 259면

감하고 있었다고 여겨진다.

공북루 응제시의 서문을 쓸 때 담암의 나이는 60세였다. 학자로서나 정치가로서 어떤 경지에 들어선 단계라고 할 수 있는 연령이다. 담암은 1363년(공민왕 12) 윤3월, 신축년(1361)의 호종공신(扈從功臣)을 정할 때 충겸찬화(忠謙贊化)공신이 되었다. 충성스럽고 겸허하며[忠謙] 교화 등에 도움이 된[贊化] 점을 평가하여 내린 공신칭호라고 여겨진다.

2. 경세제민을 위한 9조목 차자(箚子)

공북루 응제시 서문과 시를 지은 담암은 공민왕 11년(1362) 12월경 시정(時政)을 논하는 여러 항목의 차자(箚子)를 올린다. 차자란 신하가 왕에게 올리는 간단한 양식의 상소문을 말하는데, 왕과 신료들이 청주 행궁에 머무르고 있던 상황인 만큼 번잡한 격식 없이 상소문을 올렸기 때문에 그랬을 것이다.

담암이 이때 올린 차자는 분야별로 8개 항목으로 나누어져 〈고려사〉 각지(志)의 공민왕 11년 조에 '밀직제학 백문보가 차자를 올려 말했다'는 식으로 분재(分載)되어 있다. 한편 〈담암일집〉에는 〈고려사〉 각지의 조목 이름을 따서 논 전주(論銓注), 논 농상(論農桑), 논 염법(論鹽法), 논 차대(論借貸), 논 녹봉(論祿俸), 논 조세(論租稅), 논 상고(論商賈) 등 7항목과 공민왕 12년에 올렸다는 논 휼형(論恤刑) 1항목이 게재되어 있다. 그러나 이는 공민왕 11년에 올린 논 경리(論經理) 항목이 누락되고 논 휼형이 들어갔기 때문으로 보인다. 따라서 이 무렵 담암이 올린 차자는 총 9개 항목이 되는 것이다.

담암의 차자들은 전주(銓注)에 관한 것을 제외하고는 대부분 재정과 경제 즉 백성들의 생활에 대해서 언급한 내용들인데, 이는 당시 홍건적의 난을 겪는 와중에서 심각한 상태에 있던 민생과 국가재정의 여러 문제들을 반영한 것으로 보아야 할 것이다. 아울러 백성의 생활에 대한 담암의 관심이 그만큼 높았다는 점을 보여주는 것이기도 하다. 이처럼 다양한 제안에 대해 어떤 항목은 환도 후인 공민왕 12년(1363) 5월, 왕의 교서로 개선책 시행명령이 나오기도 하고 어떤 것은 그냥 지나간 것도 있다. 여기서는 '논 전주'부터 '논 휼형'까지 9개 항목을 차례대로 살펴보겠다. 순서는 〈고려사〉 지(志)에 나오는 순서이며, 같은 내용이 〈담암일집〉 권2에도 실려 있다.

〈논 전주〉

9품에서 1품에 이르기까지 품(品)마다 각각 직첩(職牒·임명장)을 주는 것은 간교한 협잡을 방지하자는 취지입니다. 그런데 근래에 품관들이 왕에게 취임인사를 드리는데, 처음에는 여러 관원들의 서명(署名)을 받게 했으나 나중에는 한 관원의 서명만 받게 했습니다. 그러자 처음에는 협잡이 어려웠으나 나중에는 쉽게 되어 관리들이 협잡을 하게 되었습니다. 따라서 이제부터는 6품 이상은 각각 자필로 직첩을 써서 성(省·문하중서성)에 내게 하여 관원 여러 명이 서명·날인토록 하고, 7품 이하는 전리사와 군부사가 모두 서명·날인토록 하며, 개개의 품관이 동일 품위의 부서로 이동할 때에는 단지 임명장만 주도록 합시다[論銓注- 自九品至一品 每品各給職牒 所以防姦 近世品職朝謝 初則僉署 終則一官署 故始難終易 吏緣爲姦 今後六品以上 各自寫牒投省 具署經印 七品以下 典理軍簿具署經印 每品同品轉移者 只給謝牒]

이 글의 내용으로 미루어볼 때 관리들이 품관의 직첩에 서명해주는 것을 조건으로 금품을 요구하거나 아니면 부당하게 서명을 미루는 따위의 협잡이 있었던 것으로 여겨진다. 처음에는 여러 명의 서명을 받도록 했다가 나중에 한 명의 서명만 받도록 한 것은 그만큼 능률적인 일처리를 하기 위해서인 것 같다. 그런데 이것이 오히려 협잡을 조장한 면이 있으니 앞으로는 6품 이상과 7품 이하를 나누어 각각 개선책대로 시행하자는 것이 담암의 생각일 것이다. 당시 인사관리의 타락상은 〈고려사〉 선거지나 이제현의 〈역옹패설〉 등에도 나타나지만, 담암이 이런 문제를 제기할 수 있었던 것은 공민왕 즉위 직후 잠시 동안이기는 하지만 전리판서로 근무했기 때문이라고 볼 수 있다.

이 문제에 대해 공민왕은 이듬해 5월 교서를 내릴 때 답변을 하지 않았다. 다만 공민왕 17년(1368) 12월에, 관리는 자격에 따라 채용하기로 했다는 언급이 있을 뿐이다. 당연한 말이 특별히 기재된 것으로 보아, 그동안 관리가 자격에 따라 채용되지 않았던 것 같다. 인사문제가 쉽지 않음을 보여주는 사례이다.

〈논 경리〉

경사(京師) 근방의 땅은 평탄하고 넓으며 비옥하기까지 해서 경작을 하기에 좋습니다. 그런데 이 토지를 목장으로 만들었기 때문에 토지에서 이익을 얻지 못하고 있습니다. 마땅히 목장을 산간계곡이나 섬 지역으로 옮겨서, 이 토지의 수익성을 높이도록 해야겠습니다. 또 경기 내에 있는 8현의 토지도 반드시 녹과전(祿科田)으로만 나누어 줄 것이 아니라 대부와 선비들에게 제전(祭田)으로 고루 나누어 주어 서울 사는 사람들의 급한 사정을 구제해주어야 할 것입니다 [論經理- 京師近地 平廣膏腴 可以耕稼者 爲牧場而奪其利 宜移牧於山谷島嶼 以興地利 且畿內八縣田土 亦不須頒祿科 均給大夫士祭田 以濟居京者之所急]

여기서 경리란 토지를 조사하고 분할하는 것을 말하는데, 이 상소는 대략 2가지 주제를 담고 있다. 우선 서울 주변의 광활하고 평탄한 토지를 목장으로 쓸 것이 아니라 수익성 높은 경작지로 만들자는 것, 그리고 기내(畿內) 8현의 토지는 녹과전으로만 분급할 것이 아니라 경사에 거주하는 사대부들의 제전으로도 쓸 수 있게 하자는 내용이다.

상소문 작성 당시의 사정으로 보자면 경작지가 황폐해지고 백성들의 식량사정이 다급한데 우량한 경기 내의 토지를 목장으로 두는 것은 수익성 면에서 있을 수 없는 낭비라고 할 수 있다. 당연히 수익성 높은 경작지로 전환시키는 것이 옳다고 본 것이다. 우량한 경기 내의 토지가 목장으로 용도가 바뀐 것은 몽고의 침입과 몽고에 대한 고려의 예속과 관련이 있을 것이다. 그리고 기내 8현의 토지도 반드시 녹과전 용도로만 쓸 것이 아니라 사대부들의 제사용 토지로도 분급하자는 것이다. 녹과전은 고려 토지제도의 주축인 전시과가 붕괴되는 고려 중엽 이후 관리들에게 녹봉 대신 나누어 준 논과 밭이다. 그 논의의 시작은 고종 44년(1257)부터였다. 당시 몽고의 침입으로 국고가 탕진되자 기내의 땅을 관리들에게 나누어 주자는 의견이 나와 급전(給田)도감이 설치되었는데, 그 후 원종 12년(1271)에 시행되었다. 소유자는 경작자들로부터 전조(田租)만을 받도록 했다. 그런데 녹과전은 녹봉 지급이 정상화된 뒤에도 불안정하게나마 존속해 있었고, 심지어는 권세 있는 자들이 다른 사람의 녹과전을 빼앗는 경우도 있었던 것 같다. 충혜왕 후5년(1344) 12월에는 '빼앗긴 녹과전을 원래 주인에게 돌려주게 했다[9] 는 기사가 나온다. 그러니 문제가 많은 이 녹과전이 차지하고 있는 기내 8현의 토지를 사대

---

9) 〈고려사〉식화지(志), 전제(田制), 충혜왕 후5년(1344) 12월

부들에게도 나누어 주어 제전으로 삼도록 하자는 주장이다. 여기에는 새롭게 성장한 사대부 층의 사회·경제적인 요구가 반영되어 있다고 볼 수 있다. 제전의 사전적 의미는 승중봉사(承重奉祀)를 돕기 위한 목적으로 관료들에게 분급한 토지이다. 원칙적으로 세습이 인정된다. 승중봉사란 장남이 죽었을 때, 장손이 제주(祭主)가 되어 제사를 지내는 일이다.

제전 분급문제를 다시 분석해보면 첫째, 제사가 사대부들의 특권처럼 이해되고 있다는 점이다. 둘째, 이 문제를 공식적으로 제기할 만큼 승중봉사가 많았다는 점이다. 제사는 신유학 즉 성리학 수업자들인 선비계층에게는 매우 중요한 의식이기 때문에 국가적으로 장려되어야 하는 일로 여겨졌을 것이다. 그래서 국가는 제전이란 특별한 토지를 해당 자격자들에게 나누어 준 것으로 볼 수 있다. 승중봉사가 많았다는 것은 홍건적의 난 등 잦은 전란으로 인해 다수의 장정들, 특히 제사를 반드시 지내야 하는 사대부 층의 청장년들이 많이 죽었고 이에 따라 아버지 없는 남자아이들이 제사를 지내야 하는 일이 흔했다는 이야기가 될 것이다. 담암이 제전을 특별히 언급한 까닭에는 장남이 일찍 사망한 자신의 아픈 경험도 어느 정도 작용을 했다고 여겨진다.

기내는 원래 경사 주변의 사방 5백리 이내를 의미하는 말이었는데, 고려 때는 개경 주변 지역을 뜻했다. 기내 8현이 굳이 어디인지는 확실하지 않으나 〈고려사〉 지리지에 보이는 개성현(開城縣), 우봉군(牛峰郡), 정주(貞州), 덕수현(德水縣), 강음현(江陰縣), 장단현(長湍縣), 임강현(臨江縣), 임진현(臨津縣), 송림현(松林縣), 마전현(麻田縣), 적성현(積城縣), 파평현(坡平縣) 등 현재의 개성 주변을 감싸고 있는 군현들 가운데 어느 지역이었을 것이다.

담암이 공민왕 11년(1362) 12월에 제기한 이 문제에 대해 그 이듬해인 공민왕 12년(1363) 5월 왕은 교서를 통해, 완전하지는 않지만 어느 정도의 개선책을 명령하고 있다. 즉 전법(田法·전제)의 폐단이 오래도록 계속되어 국가재정이 궁핍해지고, 백성도 가난해졌다. 도평의사사(都評議使司)에서는 농한기를 이용, 관리들을 잘 선발해서 경리(經理·토지를 조사, 분할하는 것)를 다시 시행하여 나라와 백성에게 모두 유익하게 되도록 하라는 명령을 내린 것이다. 공민왕 12년 5월이라면 흥왕사의 변란이 일어난 그 해 윤3월로부터 2개월 뒤이다. 왕은 자신의 생명마저 위태로웠던 그 혼란의 와중에서도 담암이 제기한 이 문제를 심사숙고하고 있었던 것 같다. 이는 공민왕과 담암과의 관계가 단순한 군신간의 관계를 떠나 특정한 사안에 대해 많은 부분 공감하고 있는 동지적 관계였다는 점을 시사하고 있다.

〈논 조세〉

　우리나라 토지제도는 중국의 한전(限田·토지 소유를 제한하는 것)제를 취하여 10분의 1을 그 세(稅)로 받을 뿐입니다. 그런데 경상도의 토지로 말하면 세는 비록 다른 도들과 같다고 하지만 수레와 배로 운송하는 비용이 그 세액의 2배(倍)나 됩니다. 그런 까닭에 농민[田夫]들이 먹는 것은 열 가운데 하나밖에 되지 않습니다. 당초에 정한 족정(足丁)은 7결(結), 반정(半丁)은 3결씩 더 나누어주어 운송비를 보충해주도록 해야 할 것입니다[論租稅- 國田之制 取法於漢之限田 十分稅一耳 慶尙之田 則稅與他道雖一 而漕輓之費 亦倍其稅 故田夫之所食十 入其一 元定足丁則七結 半丁則三結加給 以克稅價]

　이 상소는 경상도라는 특정지역의 세곡(稅穀) 운송비가 다른 도보다 많이 들기 때문에 운송비를 보충해주어야 한다는 주장이다. 고려는 건국 초기에 이미 남방 각도의 수운(水運) 가능한 고을에 12개의 창고를 설치했는데, 인근 고을에서 거둔 세곡을 이들 창고에 보관하다가 이듬해 2월에 배로 운반했다.[10] 충주의 덕흥(德興)창, 원주의 흥원(興元)창을 비롯해서 영암의 장흥(長興)창, 승주의 해룡(海龍)창, 사주(泗州·사천)의 통양(通陽)창, 합포(合浦·마산)의 석두(石頭)창 등 12개였다. 내륙에 위치한 덕흥과 흥원을 제외하고는 모두 해안지역에 있었다.

이들 중 운반비가 가장 많이 드는 곳은 사주의 통양창이 있는 통조포(通潮浦)와 합포의 석두창이 있는 나포(螺浦)로 5섬의 운반비가 1섬이나 되었다.[11] 이들 지역은 모두 경상도에 있다. 반면, 20섬의 운반비가 1섬인 곳은 덕원포(德原浦), 심원포(深原浦), 동덕포(同德浦) 등 5곳이었다. 가령, 덕원포 같은 경우 1섬으로 20섬을 운송할 수 있는데 비해 나포는 1섬으로 5섬밖에 운송할 수 없으니 나포의 운송비가 4배나 비싼 셈이다. 이처럼 경상도의 세곡 운송비가 세(稅)보다 몇 곱절이나 들기 때문에 그 비용을 보충해주자는 것은 합리적인 제안이라고 하겠다.

〈고려사〉 병제(兵制)에 따르면, 당시 고려는 국가에서 토지 17결(結)을 1족정(足丁)으로 하여 군인 1정(丁)에게 지급하는 것이 오래된 법[12]이었던 것 같다. 이렇게 보자면 1족정은 토지 17결이라는 일정한 전결수(田結數)의 토지를 나타내는 말로 해석된다. 따라서 담암이 주장하는 경상도의 운송비 보충 방안은 일정 결 이상이 되는 족정에는 전 7결을, 그에 미치지 못하는 반정에게는 3결씩을 더 나누어주자는 것이다. 담암이 경

---

10) 〈고려사〉 식화지(志), 조운(漕運)

11) 〈고려사〉 식화지, 조운

12) 〈고려사〉 병지(志), 병제(兵制), 공민왕 5년 6월, 원문은 國家以田十七結 爲一足丁 給軍一丁 古者田賦之遺法也

상도 세곡 운반비의 문제점을 자세히 알고 있었던 것은 자신이 경상도 영해에서 태어난 데다 이전의 관동존무사로 근무했던 이력, 그리고 왕을 호종해서 복주에 머물렀던 경험 등이 있었기 때문일 것이다.

공민왕은 이에 대해 이듬해인 동왕 12년(1363) 5월, 경상도뿐만 아니라 전국적으로 조세의 경감이나 면제와 관련된 4가지 항목을 하교했다.

〈논 농상〉

중국의 강회(江淮·양자강과 회수) 지방 백성들이 농사를 지으면서 수해(水害)와 한재(旱災) 걱정을 하지 않는 것은 수차(水車)의 힘을 이용하기 때문입니다. 우리나라[吾東方] 사람들 중 논농사를 짓는 사람들은 반드시 크고 작은 도랑을 파서 물을 댈 뿐, 수차를 이용하면 물을 쉽게 댈 수 있다는 것을 알지 못합니다. 사정이 이렇다 보니 논 아래에 물웅덩이가 있고 깊이가 한길이 못되는데도 그 물을 내려다볼 뿐 감히 솟구치게 자아올리지 못합니다. 이렇기 때문에 물이 고여 있거나 잡초가 무성한 전지(田地)가 십중팔구는 됩니다. 그러니 계수관(界首官)에게 명령해서 수차를 만들게 하고 그 만드는 방법을 배우게 한다면 민간으로 전해 내려갈 것입니다. 이것이 가뭄에 대비하고 황무지를 개간하는데 제일 좋은 방책이 됩니다. 또, 백성들이 종자를 심고 모내기를 하는 두 가지 방법을 겸해서 힘쓰면 이것 역시 한재를 막을 수 있고 곡식의 종자를 잃어버리지도 않게 될 것입니다[論農桑- 江淮之民 爲農而不憂水旱者 水車之力也 吾東方人治水田者 必引溝澮 不解水車之易注 故田下有渠 曾不足尋丈之深 下瞰而不敢激 是以汙萊之田什常八九 宜命界首官造水車 使效工取樣 可傳於民間 此備旱墾荒第一策 又民得兼務於下種插秧 則亦可以備旱 不失穀種]

이 차자(箚子)는 〈고려사〉 식화지(志) 농상(農桑)조에 게재된 것으로,

대략 2가지를 제안하고 있다. 첫째 수해와 가뭄 걱정을 덜기 위해 수차를 보급시키자는 것, 둘째 모내기 즉 이앙(移秧)법을 장려하자는 것이다.

차자에 나온 대로 당시 고려에서는 도랑을 파고 물을 끌어들여서 농사를 짓는 후진적 농법이 일반적이었던 것 같다. 담암은 이를 지적하고 그 대안으로 강회(江淮)지방에서 사용하는 수차의 도입을 주장하고 있다. 중국의 강회지방은 양자강과 회수지역인데 오늘날의 강소성(江蘇省) 일대다. 춘추전국시대의 오나라와 초나라가 자리 잡았던 이른바 강남(江南)지역으로, 이 지역에서는 일찍부터 논농사가 발달했다. 따라서 농기구의 발달도 앞서 있었다고 여겨지는데, 담암의 상소로 보자면 이 지역 농민들은 수차를 이용하여 양수(揚水)함으로써 한발 걱정을 하지 않는다는 것이다. 수력과 풍력은 증기기관이 발명되기 전까지 오랫동안 인류가 사용해온 동력원이었다. 수력을 이용하는 수차는 대략 2가지로 나눌 수 있는데, 우선 물레방아처럼 물을 이용해서 바퀴를 회전시키고 여기에 전달 장치를 연결하여 맷돌을 돌리는 방식을 들 수 있다. 그러나 이것은 양수용은 아니다.

양수용 수차의 종류에는 여러 가지가 있으나 보통 무자위라고 부르는 수차가 가장 일반적이다. 무자위는 수차, 무자새, 자새, 물자새, 수룡, 답차 등의 이름으로도 불린다. 무자위의 형태는 물레방아 바퀴나 달구지의 바퀴를 닮았다. 한가운데의 축에 의지하여 많은 발판을 나선형으로 붙였으며, 한쪽에 주둥이를 달아 퍼 올린 물을 이리로 흘러나가게 한다. 받침대 끝에 긴 작대기 두개를 엇비스듬히 질렀으며, 사람은 이것에 의지하고 서서 발받침을 밟아 바퀴를 돌린다. 바퀴가 돌 때마다 물이 따라 올라오고, 퍼 올려 진 물은 판자나 진흙 등으로 만든 물길을 따라 목적지로 가게 된다. 바퀴를 돌리는 일은 매우 힘이 들어서 보통 30분마다 교대해야 한다고 하는데, 물과 언덕의 높이가 1미터인 경우, 2백여 평의 논에 물을 대는 데 약 2시간 정도가 걸린다고 한다. 담암의 주장은 계수관을 시켜서 수차 즉 무자위를 만들게 하고, 만드는 방법을 민간에 전수시켜서 수차를 보급하자는 것이다.

여기서 계수관은 군현을 거느리는 큰 읍의 수령을 뜻하는데, 고려시대에는 3경의 유수, 8목의 목사, 4도호부의 도호부사를 총칭하여 계수관이라고 불렀다. 계수관은 주요 지방의 수령이라고 할 수 있다. 이들의 임무가 목민(牧民)에 있기 때문에 아마 담암은 계수관에게 수차를 만들도록 하자고 제안했을 것이다.

그리고 담암이 주장한 이앙법은 앞의 수차 문제와 연결되어 있다. 모내기 즉 이앙법의 발달은 충분한 관개(灌漑)를 전제로 하기 때문이다. 이앙법은 벼농사에서 못자리의 모를 본답(本畓)에 옮겨 재배하는 방법인데, 중국에서는 이미 한나라시대에 이앙도작법(移秧稻作法)이 있었다고 한다. 우리나라에서도 오래 전부터 이앙법이 행해졌을 것으로 추정되지만, 담암의 상소에도 나와 있듯이 고려 후기에만 해도 벼농사에서 이앙법은 그리 보급된 농법은 아니었다. 이앙법이 크게 보급된 것은 조선 후기에 관개시설이 증설되면서부터였다고 한다.

이앙법은 직파법에 비해 경지를 벼 이외의 작물재배에 공여할 수 있는 기간을 길게 하여 토지의 이용도를 높이고, 관개기간을 단축함으로써 관개수량(水量)을 절감하여 재배관리가 편리하며, 집약재배에 적당할 뿐만 아니라 소출도 많다. 물론 모내기 때의 노동력이 더 든다는 단점이 있는 반면 잡초제거 등에서는 노동력이 오히려 절감되는 장점이 있다. 그러나 무엇보다도 이모작을 할 수 있고, 수확량이 많다는 장점 때문에 오늘날에는 대부분 이앙법을 쓴다.

담암이 주목한 것도 한재를 막아 궁극적으로는 수확량을 늘리는 데 있다고 여겨진다. 담암이 말한 '종자를 심고 모내기를 하는 두 가지 방법을 겸해서 힘쓰면 이것 역시 한재를 막을 수 있고 곡식의 종자를 잃어버리지도 않게 된다.'는 것은 3가지 측면의 고려가 있었던 것 같다. 우선 관개기간이 단축되므로 한재 걱정이 줄어들게 되고, 못자리는 본답에 비해 면적이 좁기 때문에 넓은 면적에 직파하는 것보다 곡식종자가 유실될 위험이 그만큼 줄어들며, 나아가 수확량은 늘어난다는 것이다.

여기에 대한 공민왕의 대답은 나와 있지 않다. 담암이 공민왕 11년(1362) 12월 차자에서 주장한 내용은 대부분 공민왕 12년(1363) 5월, 왕의 교서를 통해 '무엇 무엇을 개선하라!'는 식으로 나오는데, 수차 보급과 이앙법 권장에 대한 개선책은 보이지 않는다. 일반적으로 수차 보급과 이앙법의 확산을 조선후기로 보자면 담암의 이러한 주장은 너무 앞서 있었던 셈이다.

담암이 수차와 이앙법에 관한 차자를 올릴 수 있었던 것은 일찍이 충숙왕을 호종하여 원나라에 가서 1년간 머문 경험 때문일 것이다. 위의 차자 내용을 보건대, 이때 그는 자신의 눈으로 강회의 농민들이 수차를 이용하고 이앙법을 쓰는 것을 직접 관찰한 것 같다. 담암이 충숙왕을 호종하여 원나라에 간 것은 1336년(충숙왕 후5년)으로, 이때 담암의 나이는 34세였다. 그는 아마 앞으로 어떻게 하면 백성들을 잘살게 하고, 궁극적으로는 나라에 도움이 되는 정책을 펼칠까, 하는 문제를 진지하게 고민하면서 강회지방을 답사했다고 여겨진다.

〈논 염법〉

충선왕 때 제정했던 염호(鹽戶)가 흩어지고 도망가서 원래의 호수(戶數)가 나날이 줄어들어, 다달이 나누어주어야 할 소금은 부족한데 민간에서 바치는 삭포(朔布·매월 내는 베)는 이전의 규례대로 징수합니다. 그러다보니 소금은 없고 베만 있게 되었는데 아전들이 이것을 이용하여 협잡을 하고 있어 백성들은 베를 바치지만 한 되의 소금도 받지 못하는 형편입니다. 앞으로는 소금의 많고 적음에 따라 바치는 베의 수량을 정하게 하고 이것을 법식으로 고정시켜야 할 것입니다[論鹽法- 忠宣王時所定鹽戶 因散亡 元額日減 朔鹽不足 然民間朔布則一依前例收納 故鹽沒布在 吏緣爲姦 民雖納布而未受一升之稅 今後以鹽多寡 準布之數均給 以此爲式]

이보다 앞서 충선왕 원년(1309) 2월, 소금을 전매하는 법을 만들었다. 교서를 통해 생산해야 하는 소금의 가마니수와 염호를 책정하여 각 도별로 배정하고, 이를 수매하여 염창(鹽倉)에 보관했다가 민간이 바치는 베와 교환하도록 했는데[13] 백성들이 이를 고통스럽게 여겼다고 한다. 당시 소금의 환가(換價)는 은(銀) 1근에 64석, 은 1냥에 4석, 베[布] 1필에 2석으로 되어 있었다. 그런데 50여년이 지난 공민왕 11년(1362) 무렵에는 차자에 나와 있듯이 많은 염호들이 흩어지고 도망가서 소금 생산량이 줄어든 것이다. 염호의 이탈이 가속된 것은 염창의 이속이나 중앙에서 파견된 염철별감(鹽鐵別監) 등의 착취와 소금 생산의 어려움 때문인 것 같다. 따라서 배급되는 소금 양은 줄어들었는데도 백성들이 내야하는 베의 수량은 이전과 다름이 없고, 여기에다 아전들의 농간까지 개입되어 문제는 한층 복잡해진 듯하다. 소금 양의 많고 적음에 따라 베의 양도 많고 적어져야 하는데 한번 정해진 규례는 굳어져 있었던 모양이

---

13) 〈고려사〉 세가, 충선왕 원년(1309) 2월조

다. 담암은 이러한 비합리성을 지적하고, 그 개선책을 제시하고 있다.

소금은 인간에게 필수품이다. 그러다 보니 중국 고대국가에서는 염(鹽)과 철(鐵), 그리고 술을 국가 전매사업화 했는데, 이것의 문제점도 만만치 않았던 것 같다. 기원전 81년, 전한 소제(昭帝·기원전94~기원전74) 연간에는 염철에 대한 대 토론회가 열릴 정도였다. 이것을 정리한 책이 환관(桓寬)의 〈염철론(鹽鐵論)〉인데, 법가 성향의 관리(대부)와 유가 성향의 민간 측 대표(문학)가 각 측의 입장을 개진하고 있다. 〈염철론〉에서 보듯 소금과 철은 단순히 소금과 철만의 문제가 아니라 바로 경제문제이며, 나아가 민생문제와 연결되고, 정치·사상·대외정책 등 사회전반의 문제로까지 확대될 수 있는 것이다.

담암이 제기한 문제점에 대해 공민왕 12년(1363) 5월, 왕은 교서를 통해 시정을 명령했다. 즉 소금법[鹽法]을 만든 것은 본래 나라를 부유케 하고 백성들을 편리토록 하자는 것이었다. 그런데 법이 오래 실시되면 폐단이 생기는 것이어서 도리어 백성들에게 고통을 주는 것으로 되었다. 각도의 존무사, 안렴사들에게 명령하여 염호를 조사, 장악토록 하고, 현재 있는 소금 양을 가지고 나누어준 다음에 비로소 베를 바치도록 하라는 것이다.

〈논 차대〉

가난한 백성들은 해마다 몇 묘(畝)의 토지를 경작하는데 조세(租稅)가 그 수확의 절반을 차지하기 때문에 그 해를 넘기지 못하고 벌써 식량이 떨어집니다. 그래서 이듬해 농사철이 되면 부잣집의 곡식을 꾸어다가 종자와 양식을 준비하게 됩니다. 사정이 이러한데도 지금 관리들은 백성들의 고통을 돌보아주려는 생각이 없고, 부자들이 제 마음대로 곡식을 꾸어주고 갑절의 이자를 받는 것을 금하지 않습니다. 앞으로는 부유한 백성들을 권면(勸勉)하여 그들이 곡식을 잘 꾸어주도록 하고, 이자는 자모정식(子母停息)법대로 받게 해야 할 것입니다. 그리고 채무자가 갚을 기일을 늘이고 그 채권자를 근거 없이 고소하는 것도 마땅히 해당하는 죄를 부과해야 할 것입니다[論借貸- 貧民歲耕數畝 租稅居半 故不能卒歲而乏食 至明年東作之時 稱貸富戶之粟 以備種食 今官吏不恤民患 以禁富民縱貸倍息 自後勸勉富民優其假貸 依例子母停息 貸者延引歲月而妄訴債主者 當科其罪]

담암의 이 차자를 통해 다음 몇 가지 사실을 알 수 있다. 좁은 면적의 토지를 경작하는 가난한 백성들이 많고 세금이 과다하며, 그래서 부잣집에서 곡식을 빌려 이듬해의 종자와 식량으로 사용한다는 점, 그런데 부자들은 잘 꾸어주지 않을뿐더러 규정 이상의 이자를 받고 관리들은 이를 단속하지 않는다는 점, 그리고 채무자 역시 상환기일을 넘기거나 채권자를 무고(誣告)하는 일도 있다는 점 등이다.

여기 나오는 경지면적의 단위 묘는 중국의 주공(周公)이 제정했다고 하는데, 묘의 면적은 시대에 따라 조금씩 다르다. 한고조(高祖)에 의해 한나라 전제(田制)제도가 세워질 때 1묘의 넓이는 약 2백43평방미터였으며, 우리나라에서 통일신라 때부터 고려 때까지 사용되던 1묘는 중국보다 훨씬 좁은 약 1백54평방미터[14]였다고 한다. 1백54평방미터를 평수로 환산하면 약47평인데 50평에 못 미치는 넓이다. 담암의 언급이 수묘(數畝)인 점으로 미루어 보면 10묘를 넘지 않았을 텐데, 10묘라고 해도 약4백70평인 셈이다. 고려의 가난한 백성들은 약4백70평의 농지를 경작

---

14) '묘(畝)', 〈한국민족문화대백과사전〉

하면서 그 수확의 절반을 조세로 바쳤다. 그래서 부잣집에서 양식과 종자를 빌리는데, 그 이자가 또 만만치 않았던 것이다. 담암이 언급한 자모정식(子母停息)이란, 이자가 원금을 넘지 못하도록 규제한 법령이다. 성종 원년(982) 10월 제정된 영으로 '민간에서 빚을 내주어 이자를 받는 자는 원금과 이자가 서로 같으면 이자를 다시 더 받지 말라'는 것[15]이다. 즉 이자[子]가 원금[母]과 같아지면 이자의 증식이 정지된다는 법령이다. 그런데 당시 관리들이 백성들의 고통을 외면하다 보니 이런 법령이 있음에도 불구하고 부자들의 법률 위반을 묵과하고 있다는 지적이다.

그러나 담암은 가난한 백성 즉 채무자들만을 편든 것은 아니다. 채무자들 중에는 빚 갚을 기일을 고의로 늘이거나 채권자를 근거 없이 고소하는 악덕 채무자들이 있었던 모양이다. 이들 역시 법에 따라 처벌해야 한다고 강조하고 있다.

한편 이에 대해 공민왕은 이듬해(1363) 5월 교서를 내린다. 즉 채무부담에 대한 문서가 없고 원래 돈을 꾸었던 자가 이미 죽고 없는 경우에는 신축년(1361, 공민왕 10) 11월 이전의 것을 일체 추가로 징수할 것을 허락하지 않으며, 채무자의 자녀를 볼모로 한 자는 그 노력을 계산하고 제 부모에게 돌려보내도록 할 것이란 내용이다. 담암이 올린 차자의 주장과는 해결방향이 다소 어긋나지만 시점을 정해서 부정확한 채권채무관계를 청산토록 한 것이나 채무자들의 자녀가 빚 때문에 볼모로 가서 노역한 것은 노임을 정산한 뒤에 제 부모에게 돌려보내도록 한 것 등은 주로 채무자들인 가난한 백성들의 입장을 반영한 명령이라고 할 수 있다.

---

15) 〈고려사절요〉, 성종 원년(982) 10월조

〈논 녹봉〉

3대(三代·하, 은, 주)의 제도에 대국은 사방 백리의 땅을 가졌고, 그 다음은 사방 70리 땅을 가졌습니다. 대국의 경(卿)의 녹봉으로는 2백88명을, 대부(大夫)의 녹봉으로는 70명을, 사(士)의 녹봉으로는 36명을, 하사(下士)와 서인(庶人)의 수입으로는 9명을 먹여 살릴 수 있었습니다. 그런데 지금 우리나라[吾東方]는 2천리나 됩니다. 산림이 비록 절반을 차지하고 있지만 그럼에도 백리의 나라에 비하면 10배나 되는데 경대부(卿大夫)의 녹봉으로 9명을 먹여 살리기에도 부족하니 황차 나머지 관원들이야 어떻겠습니까? 녹봉을 증가시킬 방도에 대해 해당관서에 명령하여 5품 이상의 관리들이 녹봉문제를 다시 의논하여 보고토록 해야 할 것입니다[論祿俸- 三代之制 大國方百里 其次方七十里 大國之卿祿 可食二百八十八人 大夫可食七十人 士可食三十六人 下士與庶人可食九人 今吾東方千里者二 山林雖居其半 十倍於百里之國 而卿大夫之祿不足以食九人 況其餘乎 重祿之術 宜令所司 五品以上更議申聞]

맹자가 고자(告子)에게 말하기를 '천자의 땅은 사방 천리이고, 제후의 땅은 사방 백리'[16]라고 했다. 여기서 담암이 말하는 대국이란 사방 백리의 땅을 가진 제후국을 의미하는 것이다. 그런 제후국에서 경이 받는 녹봉으로 2백88명을 먹여 살릴 수 있는데, 비록 산림이 절반이라고는 하나 그걸 빼더라도 사방 천리나 되는 천자의 나라 고려에서 경대부의 녹봉으로 9명을 먹여 살리기에도 부족하니 말이 되느냐 하는 것이 담암의 뜻인 것 같다. 그는 여기서 공민왕의 자존심을 은근히 건드리면서도 우리 동방이 2천리나 된다는 점을 아울러 강조함으로써 우리나라가

---

16) 〈맹자〉 고자(告子)장구 하 8편, 원문은 天子之地方千里 諸侯之地方百里

결코 작은 나라가 아님을 드러내려는 의도도 배어있다고 여겨진다.

사실, 경대부가 왕에게 자신의 급료인 녹봉 문제를 거론하는 것은 쉬운 노릇이 아니었을 것이다. 물론 전란이 바로 끝난 상황에서 당장 녹봉을 올리자는 것은 아닌 것 같고, 나라의 수익을 높여서 녹봉을 인상시킬 방도를 해당 관서가 연구해야 한다는 취지라고 보여 진다. 담암이 이 차자를 올린 것은 공민왕 11년(1362) 12월인데 그해 2월에는 성중각사(成衆各司·숙위 또는 임금을 가까이 모시는 관직)의 급료를 줄이기로 했고, 6월에는 감찰사가 왕에게 전쟁으로 인해 국가기관과 개인들의 저축이 모두 고갈되어 있으니 절약을 해야 한다는 취지의 말을 올린 바 있다. 이러한 사정을 모르지 않았을 담암이 녹봉문제를 거론한 것은 녹봉도 물론 중요하지만 금오동방천리자이(今吾東方千里者二) 즉 지금 우리 동방은 천리의 2배나 된다는 점도 중요하게 보았을 것이다.

그런데 담암이 제기한 녹봉 문제에 대해 공민왕은 아무런 언급을 하지 않았다.

〈논 상고〉

우리나라에서 농민은 곧 밭고랑을 밟으며 농사를 지어 조세를 내고, 공인은 공실(公室)에 노력을 대지만 상인은 역역(力役·직접 노동력을 제공하는 것)이 없는데다, 또 세금조차 없습니다. 지금부터는 비단과 무명에 모두 관인(官印)을 찍도록 하여 무게와 길이에 따라 일정한 세금을 징수할 것을 청합니다. 몰래 매매하는 자가 있다면 위반사실에 대해 사고 판자 둘 다 처벌해야 할 것입니다[論商賈- 我國 農則履畝而稅 工則勞於公室 商則旣無力役 又無稅錢 請自今其紗羅錦布(=綿布) 皆用官印 隨其輕重長短 逐一收稅 潛行賣買者 竝坐違制]

이 차자의 요지는 농사와 공업에 종사하는 백성들은 모두 세금을 내거나 노동력을 공여하는데 유독 상인들만은 부역도 하지 않고 세금도 내지 않고 있으니, 교역하는 상품에 관인을 찍어 그 규모에 따라 세금을 걷고, 밀매하는 자들은 사고 판자 양측에 위법의 책임을 묻자는 것이다. 차자로 미루어 보건대 당시 고려에는 비록 초보적이기는 하지만 비단과 무명 같은 직물류를 중심으로 상업 활동이 이루어지고 있었으며, 이런 행위는 관청의 규제 없이 행해지고 있었던 것 같다. 아울러 당시 상업에서의 주요 거래물품은 사라(紗羅)와 면포(綿布), 곧 비단과 무명이었음을 알 수 있다.

담암은 농업과 공업에 종사하는 백성들은 조세와 부역을 담당하는데 반해 상업 종사자는 부역과 세금조차 내지 않는 불공평을 지적하고, 거래량에 따라 세금을 부과하자는 것이다. 다 같은 백성인데 종사하는 업종에 따라 이런 불평등이 있다면 당연히 시정해야 한다. 그러나 이에 대한 대책은 보이지 않는다. 아마 당시의 권문세족이나 왕의 측근자들 가운데 이런 상업행위로 이득을 얻는 자들이 있었을 수도 있고, 초보적인 상업행위에 관청이 나설 일이 아니라고 판단했을 수도 있다.

〈논 휼형〉

봄은 기뻐하는 신[喜神], 가을은 성내는 신[怒神]의 계절입니다. 만약 기뻐하는 신이 한번 뒤틀리게 되면 그해에는 농사가 잘 되지 않습니다. 봄과 여름에는 가벼운 죄인은 물론 석방해야겠지만, 무거운 죄인도 형을 경감하고 형량을 적절히 하여 가급적 빨리 석방해야 할 것입니다. 3, 4월과 5, 6월에 가서는 형벌에 관한 사무를 정지하고 대벽(大辟·사형)은 겨울철을 기다려서 처리토록 해야 합니다. 그러나 국가 전복을 도모한 죄는 여기에 구애받지 말아야 할 것입니다[論恤

刑- 春爲喜神 秋爲怒神 若喜神一忤 歲功不成 方春夏時 輕刑固宜放免 重刑

亦宜減等量決速出 至三四月五六月停務 大辟則待冬節 謀危社稷 不在此限]

〈고려사〉 형법지(志)는 이 휼형(恤刑) 차자를 공민왕 12년(1363) 5월
왕의 교서에 뒤이어 게재하고 있는데, 담암이 다른 차자를 올렸던 시기
를 감안하면 휼형 차자 역시 공민왕 11년(1362) 12월에 올린 게 아닌가
싶기도 하다. 그러나 확실하지는 않다. 전후는 어떻든 담암의 이 차자와
관련하여 공민왕은 다음과 같은 교서를 내린다. 즉 형벌이 옳게 쓰이지
않으면 백성들의 원망이 쌓이게 된다. 앞으로는 중앙과 지방의 죄수들
을 억울하게 가두어두지 말고 날짜를 정해서 처리하되 공평타당하게
하라는 것이다.

희신(喜神)은 길사를 관장하는 신이다. 희신이 한번 거스르게 되면 그
해 농사가 흉년이 든다는 믿음은 전통적인 농본주의 사회의 자연관(觀)
으로 여겨진다. 봄과 여름은 작물을 파종하고 길러야 하는 계절이기 때
문에 노동력을 감옥에 가두어 두는 것은 국가 전체로 봤을 때 바람직하
지 않다. 이들을 풀어주어 농업생산력을 높이는 것이 국가적으로 이득
인 것이다. 담암은 이러한 자연관을 인용하여 휼형문제를 거론하고 있
다. 휼형이란 재판이나 형의 시행에서 피고나 죄인을 위무하는 일인데,
우리나라에서는 일찍부터 휼형이 시행되어 죄인을 사면하거나, 처벌 형
량을 경감하는 등의 형태로 이루어졌다. 휼형, 사면 등 형의 감경조치가
너무 잦은 것도 문제지만, 가두기만 하고 풀어주지 않는 것은 덕치를 지
향하는 유교적 이상 국가에서는 군주의 덕을 훼손시키는 일로 보았을
것이다.

〈담암일집〉 편년에 따르면 공민왕 11년(1362) 12월, 위에 든 여러 편의

시정(時政) 차자를 올리기 전에 홍학소(興學疏)를 올렸다고 하나 그 내용은 전해지지 않고 있다. 내용은 미상이지만 상소의 제목으로 보건대 전란 후의 혼란상을 극복하고 풍속의 교화를 위해 학교의 증설과 학문의 장려를 제안한 것이 아닐까 추정된다.

이상에서 살펴본 담암의 상소 내지 차자는 홍학소를 제외하고도 총 10편에 달한다. 맨 처음 공민왕 원년(1352) 전리판서로서 올린, 10과 중심 천거제와 인사행정의 혁신을 주장한 논 선법(選法) 1편과 공민왕 11년(1362) 밀직제학으로서 올린 논 전주, 논 경리, 논 농상, 논 염법, 논 차대, 논 녹봉, 논 조세, 논 상고, 논 휼형 등 9편이 있다. 이중 논 휼형은 〈고려사〉 형법지(志)에 의하면 공민왕 12년(1363) 5월에 올린 것으로 되어 있으나 이 역시 공민왕 11년의 일로 보인다.[17]

주지하다시피 담암이 올린 10편의 상소 가운데 논 선법과 논 전주를 제외한 나머지 8편은 모두가 민생과 관련된 경제·재정 문제 내지 형법 적용에서의 관용에 대한 것들이다. 또한 이 차자는 각 항목마다 간결하고 구체적이며, 고금의 중국사정을 다수 인용하고 있음이 특징[18]인데, 홍건적의 침입으로 수도가 함락되고 왕의 환궁이 이루어지지 못하는 상황에서 경제·재정 관계의 구체적이고 적절한 문제들을 열거하며 정책 건의를 하고 있다는 점에서 민생문제에 대처하는 정치가로서의 담암의 면모를 알 수 있게 해준다. 이는 평소 그의 관심사가 백성들의 삶의 질을 향상시키는 데 있음을 보여주는 사례들이라고 할 수 있다.

---

17) 안정복(安鼎福)은 〈동사강목(東史綱目)〉에서 〈척불소(斥佛疏)〉 등 담암이 올린 소차(疏箚) 대부분을 공민왕 11년(1362·임인) 10월조에 기록하고 있다. 〈동사강목〉 제14하(下), 임인년 공민왕 11년(1362)

18) 민현구, 앞글, 260면

담암이 이처럼 민생문제에 큰 관심을 갖고 있었다는 점은 이달충(李達衷)이 쓴 동재설에도 나타나 있다. 여기서 이달충은 '공(=담암)에게 동(動)이란 안으로는 내 임금을 요(堯)와 같이 만들고 밖으로는 내 백성을 요의 백성같이 만드는 것이다. 큰 계책을 펴서 밝히고 지치(至治)에 넉넉하게 놀아서, 지극한데 이르지 않으면 그치지 않으니 그 움직임이 어떠하겠는가?'[19]라고 했다. 요컨대 이달충이 보기에 담암이란 사람은 내 임금을 요와 같이 만들고 내 백성을 요 시대의 백성들 같이 만들려고 하는 사람인데, 그렇게 되지 않으면 될 때까지 그치지 않고 큰 계책을 펴서 밝히고 무언가 활동을 하려는 사람이라는 것이다.

요순의 치세는 중세 왕조사회에서 정치의 모범이자 이상이라고 할 수 있다. 담암이 자신이 섬기는 임금을 요와 같도록 하고, 자신이 다스리는 백성을 요순시대의 백성처럼 살도록 하겠다는 것은, 위로는 왕실을 옹호하고 아래로는 생민을 보호하여 중세적 지배질서를 확립하고자 했다는 말이다. 왕실옹호와 생민보호는 고려 후기에 새로이 등장한 신흥사대부 계층 일반이 지향하는 바[20]라고 할 수 있지만, 담암에게 이것은 더욱 치열한 문제의식이었다고 여겨진다.

담암이 시정(時政)을 논하는 차자 여러 편을 올린 시기는 공민왕 11년(1362) 12월경인데, 담암이 정당문학(政堂文學)으로 승진하는 것은 이 시정 차자를 올린 직후가 아닌가 여겨진다. 정당문학이란 중서문하성에 설치된 종2품의 관직이다. 담암이 이때 정당문학으로 승진했을 것이라고 추정하는 근거는 다음과 같다. 시정 차자를 올릴 때 그의 직위는 밀

---

19) 〈담암일집〉 부록 권1, 설(說), 원문은 公之動也 內而堯吾君 外而堯吾民 敷闡大猷 優游至治 不極不
止 其爲動爲如何哉

20) 김동욱, '淡庵 白文寶 硏究', 〈상명대학교 논문집〉, 1990, 150면

직제학(정3품)이었고, 공민왕 12년(1363) 7월에 작성된 〈보제존자 나옹화상 어록(普濟尊者 懶翁和尙 語錄)〉서문에는 문하찬성사(정2품) 치사로 나온다. 문하찬성사(정2품)로 치사하기 위해서는 바로 하위직급인 종2품관이 되어야 하는데, 담암의 이력에서 종2품관이었던 적은 정당문학일 때 외에 다른 관직은 보이지 않는다. 훗날인 공민왕 22년(1373) 9월 왕우(王禑)의 사부로 임명될 때 담암은 치사(致仕)상태에서 다시 현직으로 돌아왔는데, 이때 그의 직함은 정당문학이었다. 이는 현직에 있을 때 그의 최고 관직이 정당문학이었음을 뜻하는 것이다. 담암이 시정차자를 올린 시기는 공민왕 11년(1362)이고, 이때 그의 나이는 60세였다.

9.
단군기원을 최초로 쓴 상소

1. 상소 무렵의 정치적 상황과 척불소(斥佛疏)

공민왕 12년(1363) 정월, 왕은 윤환(尹桓), 이제현, 이암, 염제신(廉悌臣) 등과 환도할 일을 의논했다. 여기서 신하들은 송도의 궁성이 비록 파괴되었다고는 하나 송도는 종묘가 있는 곳이요, 국가의 근본이기 때문에 일단 성 남쪽의 흥왕사에 행차하여 머무르다가 강안전이 수리되면 그때 옮기자고 제안했다. 왕은 이 제의를 좇아 그해 2월 을해일 청주를 떠났다.

계미일에 개경 남쪽의 흥왕사에 도착한 왕은 백관들과 함께 환도를 자축하고, 난리 중에 흐트러진 여러 가지 사항을 챙기기 시작했다. 우선 시급한 것이 종묘의 신주(神主)였다. 당시 왕은 서울로 돌아와 종묘의 신주를 미타사라는 절에 봉안해두고 있었는데, 태조와 충선왕, 충숙왕, 충혜왕 등 4실의 신주를 난리 통에 유실했기 때문에 새로 4실 신주를 제작하기 위해 환안도감(還安都監)을 설치했다.

담암과 김경직(金敬直)에게 그 일을 주관케 했으나 참고할 만한 전적(典籍)이 없어서 사관(史官)을 보내 해인사 사고(史庫)에 있는 〈삼례도

(三禮圖)〉와 두우(杜祐·735~812)의 〈통전(通典)〉을 가져오게 했다. 이에 담암이 앞장서서 〈통전〉을 본 따고 또 침원(寢園)의 늙은 급사(給事) 박충(朴忠)의 말을 채록해서 의제(儀制)를 삼으려 했으나 박충이 글을 몰라 억측에서 나온 것이 많았다[1]고 한다. 이렇게 마련된 의제에 따라 1363년(공민왕 12) 4월에 9실의 신주를 도로 태묘에 봉안하고, 새로 악장(樂章)을 제작했다. 9실의 신주를 도로 제자리에 봉안할 때는 백관들이 공복(公服)으로 시위했는데, 그때는 난리를 겪은 뒤라서 관대(冠帶)를 갖춘 자가 겨우 40여 명이었다. 태조, 혜종, 현종, 원종, 충렬왕, 충선왕, 충숙왕, 충혜왕, 충목왕 등 아홉 왕의 신주를 태묘에 봉안하고 새로 악장을 제작한 것이다.

아홉 왕의 신주를 태묘에 봉안하기에 앞서 공민왕은 환도 직후에 찬성사 김용(金鏞)을 제조순군으로 삼았다. 그런데 바로 얼마 뒤인 윤3월 신미일에 김용이 음모한 흥왕사의 변란이 일어난다. 이때 왕은 환자(宦者) 이강달(李剛達)의 도움으로 가까스로 목숨을 건졌으나 우정승 홍언박(洪彦博)이 살해당하고, 시위첨의평리 왕재(王梓), 판전교시사 김한룡(金漢龍), 환자 강원길(姜元吉)·안도적(安都赤) 등이 목숨을 잃었으며, 이어서 공민왕 최측근의 유력자 김용이 변란의 주모자임이 밝혀져 유배되었다.

한편 이 무렵 원나라는 공민왕을 폐위시키고 덕흥군(德興君)을 고려의 왕으로, 기삼보노(奇三寶奴)를 원자로 삼아 요양(遼陽)의 군사를 청해 출발시켰다고 한다. 이러한 소식은 같은 해 5월 고려에 전해졌다. 그위에 대륙정세의 변화에 따라 여진족의 침입이 격화되고, 왜구의 노략

---

1) 〈고려사〉 열전 백문보 전 및 안정복, 〈동사강목〉 제14(하), 공민왕 12년(1363) 4월

질도 더욱 심해졌다.[2] 환도의 기쁨도 잠시뿐, 당시 고려의 정정(政情)은 매우 불안정한 상태에 놓이게 된 것이다.

안팎의 이런 불안 속에서 담암은 그동안 자신이 쌓은 경험과 식견, 그리고 사상을 함축하는 중요한 상소를 올린다. 담암을 연구한 후세의 학자는 담암이 청주 행재소에서 공북루 응제시 서문을 짓고, 시정을 논하는 차자를 올린 다음 정당문학으로 승진한 것으로 추측하고 있는데[3] 가능성이 충분한 추정이며, 그 이유는 다음과 같다. 첫째, 공민왕 12년 (1363) 7월에 그가 쓴 나옹화상 어록 서문에 그의 직함이 문하찬성사 치사(致仕)로 나타나 있는데, 그렇게 되기 위해서는 시정 차자를 올릴 때인 공민왕 11년(1362)의 직함(밀직제학)에서 상급 관위로의 승진이 이루어졌어야 하기 때문이다. 둘째, 담암의 편년에는 공민왕 원년(1352)에 전리판서가 되면서 정당문학에 오르는 것으로 되어있지만 정당문학이 밀직제학보다 상위직급이므로 이 기록은 잘못이라고 여겨진다. 그리고 훗날인 공민왕 22년(1373) 7월 모니노(牟尼奴)에게 우(禑)라는 이름을 내리고 강령부원대군에 봉한 다음 정당문학 백문보에게 명하여 사부가 되게 했다는 기록이 있다. 이는 치사 상태에서 다시 현직인 정당문학의 직으로 나간 것으로 보아야 하며, 그의 치사 이전 최고 직위가 정당문학이었기 때문이라고 여겨지는 것이다.

공민왕보다 한발 앞서 개경에 돌아왔다가 왕의 환도를 맞이한 바 있는 담암은 홍왕사 변란이 일어나 고려 전체가 다시금 커다란 혼란과 불

---

2) 〈고려사절요〉, 공민왕 12년(1363) 4월, 왜선 2백13척이 교동(喬桐)에 정박하니, 경성을 계엄했다는 등의 기사가 보인다.

3) 민현구, 앞글, 260면

안에 빠져 시련을 겪게 되자 공민왕 12년(1363) 4월경 문제의 이 상소를 올리게 되는 것이다. 상소문을 올린 시점을 이때로 보는 것은 내용 중에 '상란(喪亂·전쟁, 천재지변 등으로 사람이 많이 죽는 일)을 겪은 후라서 백성들의 생활이 매우 어려우니 너그러운 은혜를 베풀어 남아있는 백성들이 혜택을 받도록 해야 할 것'이란 대목이 나오기 때문이다. 공민왕은 1363년(공민왕 12) 5월에, 난리 후의 민심을 안정시키기 위해 교서를 내려 각도·주·현의 세금 추징 중지, 신중한 형벌 집행, 장형(杖刑)과 재물형의 병과(竝科) 금지, 기내(畿內) 백성들에 대한 구휼과 조세 감면 등의 조치[4]를 명령했다. 따라서 담암의 상소는 이 조치가 나오기 전 어느 시점에 올렸다고 여겨지는 것이다. 상소문은 후반부가 결락(缺落)된 채 〈담암일집〉에 척불소(斥佛疏)라는 이름으로 수록되어 있으며, 〈고려사〉 열전 백문보 전에도 그 대부분이 올라있다.

(엎드려서) 우리나라는 대대로 동방을 지키고 있어 문물과 예악이 오래된 유풍(遺風)이 있습니다. 그런데 뜻밖에도 난리가 누차 일어나 홍건적이 서울을 함락시키고, 승여(乘輿·왕의 수레)가 남쪽으로 갔었습니다. 이를 말하자니 마음이 아픕니다. 지금은 상란(喪亂)을 겪은 후이기 때문에 백성들의 생활이 매우 어렵습니다. 마땅히 너그러운 은혜를 베풀어 남아있는 백성들이 혜택을 받도록 해야 할 것입니다. 또, 자연의 운수는 순환하며, 한 바퀴를 돌아 다시 시작됩니다. 7백년이 하나의 소원(小元)이 되고 3천6백년이 쌓여 하나의 대주원(大周元)이 되는데, 이것이 황제왕패(皇帝王覇)의 치란성쇠 주기(週期)인 것입니다. 우리 동방은 단군으로부터 지금까지 이미 3600년이 지났으니 곧 하나의 대주원이 되

4) 〈고려사〉 각지(志) 및 〈고려사절요〉, 공민왕 12년(1363) 5월

는 기회입니다. 마땅히 요순(堯舜) 육경(六經)의 길을 따라야 하며 공리화복(功利禍福)의 설을 실행해서는 안 될 것입니다. 이렇게 한다면 하늘의 도움을 돈독하게 얻어 음양이 때를 맞추어 순조롭고 국운이 연장될 것입니다. 예종 때에 청연각과 보문각을 설치했던 옛일을 생각하시고 천인도덕(天人道德)의 설을 강구하여 성학(聖學)을 밝히시기 바랍니다. 또한 전국 방방곡곡의 마을들이 모두 바르게 되면 국가 전체가 태평해질 것입니다. 중국 당나라 때는 향(鄕)에다 대중정(大中正)을 두었고, 우리 고려에서도 건국 초에는 사심관을 둔 적이 있습니다. 지금부터 크고 작은 주군(州郡)에 사심관을 다시 두어서 법에 어긋나는 일을 감찰토록 해야 할 것입니다. 신라 때부터 불교를 숭상하기 시작하여 백성들은 출가하는 것을 기뻐하고, 향(鄕)과 역(驛)의 아전들은 모두다 부역을 도피했으며, 사대부들은 아들 하나만 있어도 모두가 기꺼이 머리를 깎았습니다. (이런 일은 근래까지도 이어져 그 폐단이 더욱 심각합니다. 위로는 임금에게 아첨하여 백성들에게 해를 끼치고 세상을 미혹(迷惑)시키며 재산을 좀먹게 하는 것입니다. 이런 일이 있음에도 조정의 신하들은 직언 한마디 하지 않아, 그른 것이 옳게 되고 불초(不肖)한 것이 어질게 됩니다. 천재지변이 거듭 경고를 주고 인심이 동요하는 상황에서 정사(政事)는 크게 두려워해야 할 바이며, 자신을 수양하고 반성을 해야 하는데 그럴만한 겨를조차 없습니다. 이런 문제점의 해소를 생각지 않고 오히려 이단의 가르침을 앞서서 주창하고 있으니, 국가가 전복되는 것도 결코 어려운 일이 아닐 것입니다.) 따라서 앞으로는 관청에서 도첩을 받아야만 출가할 수 있도록 하고 장정이 3명 이하인 집에 대해서는 도첩을 발급하지 말아야 할 것입니다[(伏以)國家世守東社 文物禮樂 有古遺風 不意寇患屢作 紅巾陷京 乘輿南狩 言之可謂痛心 今當喪亂之後 民不聊生 宜需寬恩 以惠遺黎 且天數循環 周而復始 七百年爲一小元 積三千六百年爲一大周元 此皇帝王霸理亂興衰之期 吾東方自檀君至今已三千六百年 乃爲周元之會 宜遵堯舜六經之道 不行功利

禍福之說 如是則上天純祐 陰陽順時 國祚延長 願念睿廟置淸燕寶文閣故事
講究天人道德之說 以明聖學 且鄕曲皆正則國家可理 唐鄕置大中正 國初亦置
事審 今宜大小州郡復置事審 糾察非違 新羅始崇佛法 民喜出家 鄕驛之吏悉
逃徭賦 士夫有一子 亦皆祝髮 (至于近年 其弊尤甚 媚君害民 惑世蠹財 而在朝
之臣 無一直言 以非爲是 以不肖爲賢 天變屢警 人心動搖 此政恐懼修省之不
暇 而不思消弭 反倡異敎 邦家之覆不難矣) 自今官給度牒 始得出家 三丁不足
者 幷不聽 (此下 缺)[5]

여기서 괄호 안 부분은 〈고려사〉 열전 백문보 전에는 빠져있지만 〈담
암일집〉에는 나와 있는 부분이다. 담암이 주장하는 이 상소문의 요지
를 차례대로 살펴보자.

2. 척불소의 주지(主旨)

담암의 척불소는 관점에 따라 어느 부분을 강조하느냐가 달라질 수
있을 것이다. 척불소라는 상소의 이름대로 불교 배척에 주안을 둘 수도
있고, 세수동사(世守東社)와 단군을 앞세운 그의 의도를 파악하여 이
점을 강조할 수도 있으며, 백성들에게 관은(寬恩)을 베푸는 구민책(救民
策)을 시행하고 크고 작은 주군(州郡)에 사심관을 설치하자는 주장에
초점을 맞출 수도 있을 것이다. 여기서는 담암에 대해 연구해온 후세의
학자가 제시하는 주지(主旨)[6]의 순서에 따르되, 소략한 부분을 좀 더 상
세하게 설명하는 방식을 취하고자 한다.

---

5) 〈고려사〉 열전 백문보 전 및 〈담암일집〉 권2 소차(疏箚)
6) 민현구, 앞글, 261~262면

첫째, 고려의 역사적 전통과 문화의 강조이다. 상소문은 첫 구절부터 '세수동사(世守東社)'의 내력과 독자적 문화의 유구함을 내세우고 한걸음 더 나아가 단군의 존재와 단군의 건국역사가 3천6백년이나 된다는 점을 강조하고 있다. 이러한 언급은 담암의 평소 생각을 천명한 것으로 보이거니와, 오동방(吾東方·고려)이 중국과 비교해도 결코 뒤지지 않는 역사와 독자적 문화를 지니고 있다는 사실을 상기시키기 위한 장치라고 여겨진다.

담암이 이런 인식을 갖게 된 데에는 몇 가지 계기가 있었기 때문이라고 볼 수 있다. 즉 1347년(충목왕 3) 개혁기구인 정치도감 활동을 통해 고려 사회의 여러 모순이 원나라라는 존재와 불가분의 관계에 있다는 점을 깊이 느꼈고, 1356년(공민왕 5년) 반원개혁 국면에서 고려의 자주성 회복이 필요함을 절감했으며, 뒤이어 1357년(공민왕 6) 경부터 시작된 이제현 주도의 〈국사〉 편찬 작업에 이달충과 함께 참여함으로써 동방의 역사와 문화일반에 대한 이해가 깊어졌다는 점 등일 것이다. 그리고 대외적으로는 방국진(1348)의 봉기에 이어 유복통·서수휘(1351), 장사성(1353), 주원장(1353) 등 군웅들의 거병으로 원의 지배질서가 무너지기 시작했고, 그 와중에 1361년(공민왕 10) 홍건적의 개경 함락과 그에 따른 대(對)중국 외교의 무상한 번복(飜覆) 등이 이어지면서 스스로의 역사와 문화에 대한 자각이 필요함을 깨달았다는 점 등이다.

여기서 또 하나 짚어볼 것은 담암이 언급한 단군의 건국연도가 언제인가? 하는 문제이다. '우리 동방은 단군으로부터 지금까지 이미 3천6백년이 지났다[吾東方自檀君至今已三千六百年]'는 대목인데, 3600이란 숫자와 상소를 올린 연도에 주목해서 계산을 한다면 단군의 건국연도는 이렇게 나온다. 앞의 추정대로 서기 1363년(공민왕 12)에 이 상소를 올렸다면 이해의 단기는 3600년이고, 따라서 단군의 건국연도는 서기전 2237년이 된다. 만약 1364년(공민왕 13)에 올렸다면 서기전 2236년이 단군의 건국연도가 된다. 상소 올린 시점을 1363년으로 확정하여 단군의 건국연도를 서기전 2237년으로 잡더라도 우리가 알고 있는 단군의 건국연도인 서기전 2333년과는 96년의 차이가 난다.

단군에 관한 우리나라 최초의 기록인 〈삼국유사〉에서 일연(一然·1206~1289)은 〈위서(魏書)〉를 인용하여 '곧 2천 년 전에 단군왕검이란 이가 있어, 아사달(阿斯達·무엽산이나 백악, 또는 개성 동쪽 등 여러 설이 있음)에 도읍하여 나라를 열고 조선으로 국호를 삼았으니 이는 요임금과 같은 때였다'라고 했다. 그는 또 〈고기(古記)〉를 인용하여 '당고(唐高) 즉 요임금 즉위 50년 경인에 단군왕검이라 호(號)했다'고 하면서 '요임금 즉위가 무진년이니 즉위 50년은 정사이지 경인이 아니므로 잘못인 것 같다[7]'는 말도 했다. 요임금이 즉위한 해의 간지(干支)는 문헌에 따라 차이가 있으나, 중국 송 대 사마광(1019~1086)의 〈계고록(稽古錄)〉과 유서(劉恕)의 〈자치통감〉 외기(外紀)에는 무진으로 되어 있다[8]는 것이다.

이승휴(李承休·1224~1300)는 〈제왕운기〉의 동국군왕개국연대에서 '제석천의 손자 단군이 제고(帝高·요임금)와 같은 무진년에 즉위하여 은나라 무정(武丁) 8년 을미에 아사달산(지금의 구월산, 일명 궁홀, 또는 삼위

---

7) 〈삼국유사〉 기이(奇異), 원문은 魏書云 乃往二千載有壇君王儉 立都阿斯達(經云無葉山 亦云白岳 在白州地 或云在開城東 今白岳宮是) 開國號朝鮮 古記云⋯ 號曰壇君王儉 以唐高卽位五十年庚寅 唐高卽位元年戊辰 則五十年丁巳 非庚寅也 疑其未實. 여기서 요(堯)를 고(高)로 쓴 것은 정종의 이름[王堯]을 피하기 위해서다.

8) '단군기원', 〈한국민족문화대백과사전〉

사당이 있음)에 들어가 신이 되었는데, 그 동안 나라를 다스린 기간이 1천28년이었다. 그 뒤 1백64년이 되는 해에 인인(仁人·기자)이 조선으로 망명 와 나라를 세웠다[9]고 기술하면서 이 1백64년 동안 부자는 있어도 군신은 없었다는 말도 있다고 했다.

이승휴의 말대로 기자(箕子)가 조선으로 왔다면 기자의 망명 시기는 주나라 무왕(武王) 원년이 될 것이다. 주왕(紂王)의 삼촌인 기자는 은(殷·商이라고도 한다)나라가 망하자 주나라 신하 되기를 거부하고 은의 유민들과 함께 북, 또는 동쪽으로 이주했다고 한다. 주나라 무왕 원년이 언제인가에 대해서는 여러 설이 있지만 전통적으로는 서기전 1122년(기묘)으로 본다. 서기전 1122년부터 단군이 신이 되고 나서 기자가 나라를 세우기까지의 기간인 1백64년을 소급하면 서기전 1286년이 되고, 여기에 다시 단군이 나라를 다스린 기간 1천28년을 가산하면 서기전 2313년이 된다. 이것은 요임금이 나라를 세웠다는 서기전 2333년보다 20년이 늦은 것이다.

그런데 조선조에 와서 전 판한성부사 유사눌(柳思訥·1375~1440)이 단군에 대해 상서한 내용을 보면 단군의 건국연도는 서기전 2313년이 아니라 서기전 2333이 맞는 것으로 된다. '신(臣)이 〈세년가(世年歌)〉를 살펴보건대 단군이 처음에는 평양에 도읍했다가 뒤에는 백악에 도읍했고, 은나라 무정(武丁) 8년 을미 아사달산에 들어가 신이 되었는데, 그 노래에 이르기를 1천48년 동안 나라를 다스리고 지금도 사당이 아사달에 있다고 했습니다.'[10]라는 내용이 그것이다. 유사눌의 상서를 고려해

---

9) 〈제왕운기〉, 동국군왕개국연대(東國君王開國年代), 원문은 並與帝高興戊辰 經處歷夏居中宸 於殷虎丁八乙未 入阿斯達山爲神(今九月山也 一名弓忽 又名三危祠堂猶在) 享國 一千二十八 無奈變化傳桓因却後一百六十四仁人聊復開君臣(一作爾後一百六十四 雖有父子無君臣)

보면 〈제왕운기〉에서 단군이 나라를 다스린 기간이 1천28년이라고 한 것은 1천48년의 잘못으로 보이고, 그렇게 보자면 서기전 2333년이 합당하다고 하겠다.

단군을 뒷받침해 주는 자료로는 고려 때의 〈삼국유사〉와 〈제왕운기〉, 그리고 담암의 이 상소 등이 있고, 조선시대의 것으로는 유사눌의 상서와 〈세종실록〉 지리지, 서거정(徐居正·1420~1488) 등의 〈동국통감〉, 권람 權擥·1416~1465)의 〈응제시주(應製詩註)〉 등을 들 수 있다.

이런 허다한 자료에도 불구하고 우리나라에서 단기(檀紀), 즉 단군기원을 가장 먼저 사용한 것은 이때 담암이 올린 상소문이라고 할 수 있다. 〈삼국유사〉나 〈제왕운기〉가 단군의 존재를 언급하고는 있으나 요임금 즉위와 같은 때, 또는 요임금 즉위 50년 식으로 막연한 연대를 언급했을 뿐이다. 그러나 담암은 단군으로부터 지금까지 이미 3600년이 지났다고 명료한 숫자를 제시하고 있다. 훗날 민족종교로 창설된 대종교(大倧敎)가 1909년 단기를 채택할 때도 담암의 이 상소를 비롯해서 유사눌의 상서, 서거정의 〈동국통감〉 등의 자료를 참고하여 서기전 2333년을 단기 1년으로 정했을 것이다. 담암이 거론한 단기 3600년은 '지금 이미 3천6백년이 지났다[至今已三千六百年]'는 표현에서 알 수 있듯이 3천6백년이 이미 지나간 것을 염두에 둔 것으로 보인다. 담암이 국조 단군으로부터 이미 3천6백년이 지났다고 구체적으로 표현할 수 있었던 배경에 대해서는 여러 가지 추정을 할 수 있다.

우선 그의 선배 이암(李嵒·1297~1364)과의 관련성이다. 이암은 단군

---

10) 〈조선왕조실록〉, 세종18년 12월26일(정해), 원문은 臣以〈世年歌〉考之 檀君初都平壤 後都白岳 武丁八年乙未 入阿斯達山爲神 其歌曰 享國一千四十八 至今廟在阿斯達

47대 2096년의 역사를 편년체로 기록한 〈단군세기(檀君世紀)〉를 저술했다고 알려져 있는데, 이 책이 완성된 것은 1363년(공민왕 12·계묘) 10월이라고 한다. 척불소를 올린 시점을 같은 해 4월로 보자면 척불소는 〈단군세기〉보다 약6개월 앞서 나온 셈이다. 전후야 어떠하든 담암과 이암의 관계로 보았을 때 이들은 단군기년을 포함하여 단군에 대한 정보를 공유하고 있었을 가능성이 크다.

또 하나는 담암의 이력에서 알 수 있듯이 그는 사관(史官)으로 오래 근무했고, 특히 이제현 등과 함께 〈국사〉를 편수한 경험이 있다. 사관 근무 또는 〈국사〉 편찬 당시 전래(傳來)의 많은 사서(史書)를 열람했을 것으로 여겨지는데 이를 통해 개국연대를 포함한 단군에 관한 지식을 얻었다고 볼 수 있다. 현전하지 않는 다수의 자료들이 담암 당시에는 존재했을 것이기 때문이다.

그리고 다른 하나는 전래의 도참설(圖讖說)과 관련이 있다고 추정하는 주장도 있다. 이와 관련, 〈고려사〉 세가 1234년(고종 21·갑오) 7월의 한 기사를 보자.

가을 7월 갑자일 내시 이백전(李百全)을 보내 왕의 옷을 남경(南京)의 가궐(假闕)에 봉안했다. 어떤 중이 도참(圖讖)에 의거해 말하기를 '부소산(扶蘇山)에서 갈려 나온 것이 좌소(左蘇)로서 그것을 아사달(阿思達)이라 하였으니 옛날의 양주(楊洲) 땅입니다. 만약 이 땅에 궁궐을 짓고 거처하면 나라의 운세가 8백 년까지 연장될 것입니다.'라고 말했기 때문에 이렇게 명한 것이다.[11]

이 기사 내용을 감안하고 담암이 주장한 대주원으로서의 3600년을 일연과 이승휴가 이해하고 있는 단군역년과 비교할 때 그 시기는 도참승이 옛 양주 땅을 좌소 아사달로 비정한 1234년(고종 21)과 거의 일치한다고 보는 견해[12]이다. 즉 서기 1234년은 이승휴가 935년(태조 18)까지 도출한 단군역년 3288년에 비교·환산할 때 단기 3588년이 되고, 이는 담암이 주장한 대주원이 이미 고종·원종 때부터 도참가에 의해 주목되었을 개연성을 보여주는 것이며, 도참과 관련하여 전승되던 이런 내용이 담암같은 사대부 계층에 의해 보다 합리적으로 해석되었다고 보는 것이다. 이 역시 추정일 뿐이지만, 도참과 관련하여 전승되던 내용을 신유학을 학습한 담암 같은 사대부 계층이 합리적으로 해석한 배경에 대해서는 뒤에서 다시 살펴보도록 하자.

둘째는 역사가 순환한다는 관점과 당시의 고려가 대 변혁기에 처해있다는 인식이다. 공민왕 5년(1356) 대대적인 반원운동이 시작된 이래 담암을 포함한 당시 고려인들이 겪었던 내외의 정세변화와 격동은 참으로 엄청난 것이었다. 특히 홍건적의 내침으로 수도가 함락당하는 미증유의 사태에서부터 군주의 생명을 노린 홍왕사의 변란까지, 사회의 피폐상과 급변하는 정치상황은 당대를 산 모든 사람들에게 극도의 불안감과 좌절감을 안겨주었을 것이다. 담암은 이런 환란에 대해 〈주역(周易)〉의 원리와 단군기원설에 입각하여 고려가 직면하고 있는 시련이 대 변혁기를 맞는데서 오는 혼란의 일단이란 점을 밝히고, 올바른 정치와 도(道)를 행한다면 전화위복이 되어 음양이 때를 맞추어 순조롭고 국운이 연장될 것이라고 주장하고 있다.

---

11) 〈고려사〉 세가, 고종 21년(1234) 7월 갑자일, 秋七月 甲子 遣內侍李白全 奉安御衣于南京假闕 有僧據讖云 '自扶疎山 分爲左蘇 曰阿思達 是古楊州之地 若於此地 營宮闕而御之 則國祚可延八百年'故有是命

12) 김성환, 〈高麗時代 檀君傳承과 認識〉, 경인문화사, 2002, 281면

역사가 순환한다는 관점을 체계적으로 제시한 인물은 송(宋)대의 철학자인 소옹(邵雍·1011~1077)이었다. 소강절(邵康節)로 널리 알려진 그는 하늘의 운수가 1원(元)을 주기로 순환한다는 관점에서 〈주역〉의 상수학(象數學)에 근거해 순환론적 역사관을 정식화한 것이다. 그에 따르면 1원(元)은 12회(回)이고, 1회는 30운(運)이며, 1운은 12세(世), 1세는 30년(年)이다. 이런 인식의 연장선에서 보자면 1년은 12월(月), 1월은 30일(日), 1일은 12시(時)가 되는 것이다. 따라서 1운은 3백60년, 1회는 1만 8백년, 1원은 12만9천6백년이 된다.

아무튼 이런 관점에서 소옹은 황제왕패와 치란성쇠의 주기를 계산하고 이렇게 말했다. 즉 '천(天)이 사물을 잘 돌보아주면 그것을 호천(昊天)이라 부르고, 군왕이 백성을 잘 돌보아주면 그를 성인(聖人)이라 부른다. 호천과 성인에게는 4부(四府)가 있다. 호천의 4부는 춘하추동의 계절이며 음양이 그 사이를 오르내린다. 성인의 4부는 역(易), 서(書), 시(詩), 춘추(春秋)의 경(經)이며 예(禮)와 악(樂)이 그 사이에서 융성하고 쇠퇴한다.[13]는 것이다. 여기서 춘하추동과 역, 서, 시, 춘추는 생장수장(生長收藏)하고, 생장수장은 언의상수(言意象數)로, 언의상수는 3황5제 3왕5패(三皇五帝三王五覇)와 인의예지(仁義禮知)로, 인의예지는 성정형체(性情形體)로, 성정형체는 성현재술(聖賢才術) 등으로 계속 확장해나간다는 것이다.

여기서 나온 황제왕패(皇帝王覇)는 어떻게 나누어질까? 이에 대해 소옹은 '혹은 도로써 교화하고(3황), 혹은 덕을 가르치고(5제), 혹은 공(功)

---

13) 소옹(邵雍), 〈황극경세서〉 관물외편(觀物外篇) 64, 구스모토 마사쓰구(楠本正繼), 〈송명유학사상사〉, 김병화 외 譯, 예문서원, 2005, 51면에서 재인용

을 권유하고(3왕), 혹은 힘으로써 이끄는(5패) 정치[14] 가 바로 황제왕패의 치(治)라고 했다. 소옹은 또 〈황극경세서(皇極經世書)〉 관물외편(下)에서 '성인의 시대인 황제왕패와 성인의 경전인 역, 서, 시, 춘추에는 시대의 쇠퇴[消]와 성장[長], 경의 계승[因]과 개혁[革]이라는 관계가 있는데 역(易)은 3황에서 시작되고 서(書)는 5제에서 시작되며, 시(詩)는 3왕에서 시작되고 춘추(春秋)는 5패에서 시작된다.'고도 했다. 또 '군주된 자의 명(命)에는 정명(正命), 수명(受命), 개명(改命), 섭명(攝命)이 있는데, 이 넷을 계승과 개혁의 개념으로 설명하면

정명은 계승받아 계승시킴=성장하고 성장하는 것=천 세대의 사업=
3황의 도

수명은 계승받아 개혁시킴=성장하고 쇠퇴하는 것=백 세대의 사업=
5제의 도

개명은 개혁하여 계승시킴=쇠퇴하고 성장하는 것=열 세대의 사업=
3왕의 도

섭명은 개혁한 것을 개혁시킴=쇠퇴하고 쇠퇴하는 것=한 세대의 사업
=5패의 도라는 것이다. 그런데 공자의 도는 만 세대의 사업이기 때문에 제(帝)와 왕(王)을 뛰어넘었다고 한다. 왜냐하면 공자가 공자인 이유는 천지에 있으며 천지가 천지인 이유는 동정(動靜)에 있기 때문이다. '한번 동(動)하고, 한번 정(靜)하는 간격[間]은 지극히 오묘하고도 오묘한 천지인(天地人)의 이치'라고 소옹은 말했다.[15]

담암 역시 소옹의 이 황제왕패와 치란성쇠의 주기적 순환에 주목했

---

14) 소옹, 〈황극경세서〉 관물외편 64, 구스모토 마사쓰구(楠本正繼), 앞의 책, 52면에서 재인용

15) 소옹, 〈황극경세서〉 관물외편 64, 구스모토 마사쓰구(楠本正繼), 앞의 책, 53면에서 재인용

던 것 같다. 앞에서 이미 본대로 담암은 〈주역〉의 의리학적 요소를 강조한 이정(二程)의 관점에도 충분한 이해를 가졌지만, 〈주역〉의 상수학적 요소를 강조한 소옹의 관점도 넉넉하게 이해를 했던 것으로 여겨진다. 그 이유는 소옹의 순환론적 관점을 원용하면서도 12만9천6백년이라는 소옹의 1원(元)의 주기를 무비판적으로 채용하지 않고 나름대로 현실성 있는 7백여 년 내지 3천6백년을 주장하고 있는데, 이는 소옹을 비판적으로 수용하여 결과적으로 소옹과 다른 주기를 제시한 것으로 보아야 하고, 또 그렇게 하기 위해서는 소옹의 학문과 관점을 충분히 이해했다는 전제가 있어야 하기 때문이다. 담암은 자연의 운수가 순환한다고 말했지만 소옹 식의 다소 황당한 주기를 기계적으로 채택하지는 않았다. 대신 1주갑(周甲·60년)에 12회를 곱하여 하나의 소원(小元·7백20년)으로 삼고, 60회를 곱하여 하나의 대주원(大周元·3천6백년)으로 삼는 합리성을 보여주고 있다.

담암이 주장한 단군기원 3600년, 곧 대주원 3천6백년이 고종 21년 (1234) 7월의 〈고려사〉 세가 기사와 어떤 연관이 있고, 이와 관련하여 전승되던 내용이 사대부 계층에 의해 보다 합리적으로 해석되었다고 추정하자면 그 합리성의 근거는 무엇일까? 아무래도 담암같은 신유학자 입장에서는 〈주역〉의 상수학적 요소를 바탕으로 황제왕패와 치란성쇠의 주기적 순환을 주장한 소옹과의 연관을 부인할 수는 없을 것이다. 이 점은 척불소의 구조가 역사 순환론과 황제왕패·치란성쇠의 주기설을 주장하는 소옹의 〈황극경세서〉의 그것과 유사하다는 데에 기인한다. 척불소의 이 부분을 다시 한 번 새겨보자.

……자연의 운수는 순환하며, 한 바퀴를 돌아 다시 시작 된다⇒7백년이 하나

의 소원(小元)이 되고 3천6백년이 쌓여 하나의 대주원(大周元)이 되는데, 이것이 황제왕패의 치란성쇠 주기이다⇒우리 동방은 단군으로부터 지금까지 이미 3600년이 지났으니 곧 하나의 대주원이 되는 기회이다⇒마땅히 요순 육경(六經)의 길을 따라야 하며 공리화복(功利禍福)의 설을 실행해서는 안 된다……

척불소의 이 부분과 위에 나온 소옹의 순환론적 역사관을 비교해볼 필요가 있다. 소옹은 정명·수명·개명·섭명을 통해 이루어지는 3황5제3왕5패의 도라는 것도 공자의 도에는 미치지 못한다고 보았다. 공자의 도는 제왕을 뛰어넘은 만 세대의 사업이기 때문이다. '이미 3천6백년이 지났으니 곧 하나의 대주원이 되는 기회'라는 말에 이어 '마땅히 요순 육경의 길을 따라야 하며 공리화복의 설을 실행해서는 안 될 것'이라는 척불소 부분은 곧 만세대의 사업인 공자의 도를 따라야 한다는 강력한 주장에 다름 아니다. 그 뒤의 '공리화복의 설을 실행해서는 안 된다'는 주장은 고려의 개별적 현실을 반영한 담암의 배불론(排佛論)일 터이다.

이렇게 보자면 담암이 척불소에서 주장한 내용은 이암 같은 선배 제유(諸儒)들과 공유했던 단군에 대한 정보, 사관 근무 및 〈국사〉 편수 시 열람했으리라고 여겨지는 단군 관련 자료, 그리고 고종·원종 때부터 도참가에 의해 주목되고 전승되던 단군기년설 위에 담암 스스로 비판적으로 수용한 소옹의 순환론적 역사관을 접목시킨 것으로 파악할 수 있다. 결국 당시의 고려가 처한 혼란은 대 변혁기를 맞는데서 오는 일시적 현상이며, 이를 슬기롭게 극복하면 국운이 연장될 수 있다고 본 것이다. 담암은 이 낙관적 결론을 도출하기 위해 자신이 쌓아온 모든 지식과 경험, 사상, 심지어는 도참승에 의해 제기된 도참성격의 설(說)까지도 활용했다고 여겨진다.

셋째는 불교에 대한 강한 비판과 유교적 정치이념의 준수를 강조한
점이다. 불교에 대한 담암의 비판은 이론상으로는 공리화복설의 불합리
성과 부당성에 두고, 현실적으로는 장정(壯丁)의 출가로 인한 부역의 도
피와 불사에 대한 희사 등으로 민관(民官)의 재산상의 손실에 초점을
맞추고 있으나 보다 적극적으로는 불교를 이단의 가르침이라고 지칭하
며 이러한 이교(異敎)가 나라를 전복시킬 수도 있다는 엄청난 경고를 하
고 있다. 그가 말한 요순육경지도(堯舜六經之道)나 천인도덕지설(天人道
德之說)이란 물론 유학을 가리키는 것인데, 반면 불교에 대해서는 공리
화복지설(功利禍福之說)이나 이교(異敎)로서 임금에게 아첨하여 백성들
에게 해를 끼치고 세상을 미혹시키며 재산을 좀먹게 하는 폐단을 일으
킨다고 공박하고 있다. 유학을 성학(聖學)이라고까지 지칭한 반면 불교
를 이교라고 표현한 배경에는 유교정통론자로서의 담암의 진면목이 있
다고 여겨진다. 〈고려사〉 열전 백문보 전에는 담암을 일러 '이단에 미혹
되지 않았다[不惑異端]'라고 했고, 권근은 그가 작성한 〈정삼봉문집(鄭
三峰文集)〉 서(序)에서 우리나라에 성리학이 전래되는 과정에서 담암을
비롯한 제유(諸儒)의 역할과 위치를 이렇게 언급하고 있다.

우리 집안 문정공(권부)이 처음으로 주자가 집주한 <사서(四書)>를 간행하여
후학에게 권학토록 건의했고, 그의 사위 익재 이 문충공(이제현)이 스승으로 섬
기며 친히 배워 의리의 학문을 주창함으로써 세상의 유종(儒宗)이 되었다. 가정
(이곡), 초은(이인복) 등 제공(諸公)이 이어서 일어났으며, 담암 백공(백문보)은
이단을 배척하는데 더욱 힘썼다[淡庵白公闢異端尤力焉]. 우리 좌주 목은 선생
(이색)이 일찍부터 가정의 훈육을 받아 벽옹(辟雍)에 입학하여 정대정미(正大
精微)한 학문을 전공하고 돌아오자 선비들이 모두 종주로 삼았는데 포은 정공

(정몽주), 도은 이공(이숭인), 삼봉 정공(정도전), 반양(潘陽) 박공(박상충), 무송 윤공(윤소종)같은 이가 모두 학문이 깊은 분들이었다.[16]

여기서 이단에 미혹되지 않았다는 불혹이단(不惑異端)이나 이단을 배척하는데 더욱 힘썼다는 벽이단우력언(闢異端尤力焉)이라는 표현은 성리학에 대한 담암의 큰 기여가 바로 이 점에 있음을 강조한 것일 텐데, 위의 상소와 같은 글로써 뿐만 아니라 평소의 생활태도나 언행 등을 통해서도 이단을 배척한 면이 있었다는 평가일 것이다. 담암의 이러한 배불·척불의 경향 내지 태도는 성리학 지식을 바탕으로 한 유자(儒者)로서의 투철한 자기인식에서 비롯되었다고 여겨진다. 뒤에서 보게 될〈나옹화상 어록〉서문에서 담암은 '도가 같지 않으면 함께 일을 도모할 수 없는 것이니, 나는 유학하는 사람이라 불교를 모르는데 어찌 서문을 쓰겠는가?[道不同 不相爲謀 予業儒不識佛理 何能冠其辭乎]'라고 말하고 있다. 그 글을 청탁받을 때 자신이 한 말을 인용한 것인데, '도가 같지 않으면 함께 일을 도모할 수 없다'는 부분은〈논어〉의 한 구절이다. 이는 자신의 학문적 토대가 유학 즉 성리학임을 분명히 하고, 불교에 대해서는 대립적 입장이라는 자기인식을 드러낸 것이다.

담암은 성리학을 수용하여 구체적인 현실개혁론으로서 불교비판을 전개했지만 당시 모든 유자들이 담암과 같은 입장을 지닌 것은 아니었다. 당시의 배불론자들은 크게 두 파로 나눌 수 있다. 그 하나는 당시 불교도들의 비행과 인물만을 공격하고 불교 그 자체는 비판하지 않는 동시에 불(佛)을 지선(至善)·지성(至聖)이라고 보는 것이요, 다른 하나는

---

16) 권근,〈양촌집〉권16, 서(序)

불교도들의 비행을 공격할 뿐 아니라 근본적으로 불교를 부인하여 멸륜(滅倫)·해국(害國)의 교라고 보는 것이었다. 전자의 의론은 익재 이제현, 가정 이곡 및 목은 이색 등이 주가 되었고, 후자의 의론으로는 담암 백문보, 삼봉 정도전, 동정(桐亭) 윤소종 등이 대표적[17]이라는 언급에서 보듯이 담암의 좌주 이제현이나 친구 이곡조차도 담암과 달리 유불(儒佛)융합적인 태도를 가졌던 것이다.

가령 이제현의 경우, '부처의 도는 자비(慈悲)와 희사(喜捨)를 근본으로 삼는데 자비는 인(仁)의 일이요, 희사는 의로운 일'[18]이라거나 '불교의 인과(因果)법칙이, 선행(善行)을 닦아 보답을 받음은 마치 뿌리를 북돋우어 열매를 거두는 것과 같아서 미혹된 무리를 이로써 능히 선도하여 공덕(功德)을 성취케 한다'[19]는 식으로 불교에 대해 배척적이지 않은 인식을 보여준다. 또 이곡은 '불씨(佛氏)가 주장하는 인과와 죄복(罪福)에 대한 설에는 사람의 마음을 움직일 만한 요소가 있기 때문에 왕공(王公)으로부터 사서(士庶)에 이르기까지 다투어 달려가서 받들어 섬기지 않는 자가 없게 되었다'[20]고 보는가 하면, 불교사원이 중국과 타국에 별처럼 널려있고 화려한 것은 '불교가 사람들에게 감동을 주는 점이 실로 깊고 넓기 때문이라고 할 것이니, 이 사원이 중건된 것은 당연한 일'[21]이라고 인식하고 있다. 한편 이곡의 아들 이색의 경우는 한걸음 더 나아가

---

17) 이병도(李丙燾), '고려시대 유불관계', 〈한국유학사〉, 아세아문화사, 1987, 99면, 이남수, 앞의 논문, 45면에서 재인용

18) 이제현, 〈익재난고〉 권5, 금분서 밀교대장서(金粉書 密敎大藏序), 원문은 佛氏之道 以慈悲喜捨爲本 慈悲 仁之事也 喜捨 義之事也

19) 이제현, 〈익재난고〉 권7, 대도남성 흥복사갈(大都南城 興福寺碣), 원문은 佛敎之因果 修善獲報 猶溉根食實 用能誘掖群迷 以就功德

자신은 '불교를 심하게 거부하지 않을뿐더러, 더러는 호감을 가지고 서로 어울리기도 하는데 이는 대개 그들에게서 취할만한 점이 있기 때문'[22]이라고 언급하는가 하면, 불교의 적(寂)의 개념을 성리학의 태극 개념과 결부시키고 〈대학〉의 강령이나 〈중용〉의 요체도 적과 연결된다고 인식하고 있다. 다음은 이색이 쓴 적암기(寂菴記)의 일부다.

우리 유자(儒者)가 복희씨(伏羲氏) 이래로 지키고 서로 전해 온 것은 바로 적(寂)이라고 할 것이니, 나같이 불초한 사람의 경우라 할지라도 감히 이를 실추시킬 수가 없다. 태극(太極)은 적의 근본이 된다 할 것이니, 그것이 한 번 움직이고 한 번 고요함에 따라 만물이 순일하게 변화한다. 인심은 적의 버금이 된다 할 것이니, 그것이 한 번 느끼고 한 번 반응함에 따라 만 가지 선(善)이 널리 행해지게 된다. 그렇기 때문에 〈대학〉의 강령(綱領)도 정정(靜定)에 두고 있으니, 이것이 바로 적을 말함이 아니겠는가. 또 〈중용〉의 요체도 계구(戒懼)에 두고 있으니, 이것이 바로 적을 말함이 아니겠는가. 계구는 한마디로 경(敬)이요 정정 역시 경이라고 할 수 있으니, 경이란 단지 주일무적(主一無適)일 뿐이다.[23]

이색은 불교의 적(寂)의 개념을 통해 성리학의 태극으로부터 생성론(生成論) 및 〈대학〉, 〈중용〉에서의 경(敬)까지를 포괄하여 성리학 체계 자

---

20) 이곡, 〈가정집〉 권2, 경사 금손미타사 기(京師 金孫彌陀寺記), 원문은 佛氏之敎…而其因果罪福之說 能有以動人之心 故自王公至於士庶 莫不奔走奉事焉

21) 이곡, 〈가정집〉 권6,, 금강산 장안사중흥비(金剛山 長安寺重興碑), 원문은 是其感動于人者實深以廣 玆寺之興宜也

22) 이색, 〈목은문고(牧隱文藁)〉 권1, 인각사 무무당기(麟角寺 無無堂 記), 원문은 余是以不拒釋氏甚 或 興之相好 蓋有所取焉耳

체가 불교철학 세계에 흡수될 위험성을 내포하고 있는 유불동도론(儒佛同道論)을 주창하고 있다.[24]

여기서 본 이제현이나 이곡, 이색의 글들은 유학과 불교의 근본정신이 동일하여 조금도 배치되지 않는다는 점을 말하고 있다. 이러한 유불절충설은 이미 신라 말 이래 고려 중기까지 이어졌고 무신란·몽고침입 등의 과정을 통해 지속되면서 고려후기 사상계의 한 큰 줄기를 형성하였다[25]고 보고 있다. 따라서 근본적으로 불교를 배척하는 배불론의 경향이 당시 유자들의 보편적인 정신사정을 대변하는 것은 아니란 점이고, 환언하자면 학문적 유파로서 자각된 의식의 배불적 입장은 고려 말, 조선 초까지만 해도 고독한 상황[26]이었다는 것이다. 당시 사정이 이렇다면 담암이 올린 척불소의 주장은 대단히 파격적인 내용임에 틀림없다.

여기서 왜 담암이 같은 시대를 산 좌주 이제현이나 친구 이곡, 그리고 후배 이색 등과 달리 불교배척에 더 적극적이었나를 살펴보자. 우선 생각할 수 있는 것은 충목왕 대에 설치되었던 정치도감에서의 정치관 경험을 들 수 있을 것이다. 정치도감 활동을 통해 당시 고려사회의 제(諸)모순이 원과의 관계 속에서 파생된 부원세력 즉 권문세족과 타락한 불교계에 있음을 구체적으로 느꼈기 때문이라고 볼 수 있다. 이때의 경험

---

23) 이색, 〈목은문고〉 권6, 적암기((寂菴記), 원문은 吾儒者自庖羲氏以來所守而相傳者 亦曰寂而已矣 至于吾不肖 蓋不敢墜失也 大極寂之本也 一動一靜而萬物化醇焉 人心寂之次也 一感一應而萬善流行焉 是以 大學綱領 在於靜 非寂之謂乎 中庸樞紐 在於戒懼 非寂之謂乎 戒懼 敬也 靜定 亦敬也 敬者主一無適而已矣

24) 문철영(文喆永), '여말 신흥사대부들의 신유학 수용과 그 특징', 〈한국문화〉3, 1984, 120면, 이남수, 앞의 논문, 47면에서 재인용

25) 문철영, 앞글, 112면, 이남수, 앞의 논문, 47면에서 재인용

26) 김해영(金海永), '정도전의 배불사상', 〈청계사학〉1, 1984, 44면, 이남수, 앞의 논문, 48면에서 재인용

가운데 전자의 경우 배원(排元) 나아가 반(反)외세의식으로, 그리고 후자의 경우 철저한 배불(排佛)의식으로 발전된 것이 아닌가 여겨진다. 또한 정치도감 활동과 계기적 관계를 갖는 공민왕 초기 개혁정치 국면에서 이들 부원·권문세족의 불법과 불교계의 타락을 거듭 목도하면서, 좀 더 철저한 배원·반외세 의식과 배불적 관점을 강화한 게 아닌가 생각된다. 당시 담암은 전리판서로서 경연에 참여하고 있었거니와, 여기서 노정된 친원 내지 부원배들의 탈법과 불교계의 타락상은 담암으로 하여금 더욱 철저한 배원 및 배불의식을 갖게 해주었다고 보는 것이다. 그리고 공민왕 5년에 결행된 반원 개혁정치 경험을 들 수 있다. 이 무렵 담암은 국사편찬에 참여하고 있었기 때문에 구체적인 정치현장에는 있지 않았지만 오히려 이 점이 객관적인 안목을 더욱 키워주고 이것이 훗날 그의 인식에 일정한 영향을 끼쳤다고 보는 것이다. 반원 개혁정치가 결행될 당시 대표적 부원세력인 기철과 노책 등이 제거되고 이들이 겸병했던 토지와 전민이 회복되었지만 불법적이고 타락한 불교계의 현상은 여전했다. 그 위에 중국대륙의 정치적 변화와 홍건적의 침입으로 반원 개혁정치 자체가 실종되고, 외교적으로도 갈팡질팡하는 국면에서 담암을 포함한 당대의 지식인들은 참담한 절망감마저 느꼈을 것이다. 담암으로서는 기왕의 입장인 반원·반외세 의식에 더하여 자주성 회복의 필요성을 절감했을 것이고, 부원세력 내지 권문세족과 다름없는 불교사원에 대한 반감 역시 강화되었다고 여겨진다. 여기서 반외세 및 자주성 회복은 우리 역사와 단군기원의 부각으로, 척불 및 성리학 강화는 공리화복설의 배척과 천인도덕설의 강조로 나타나고 있는 것이다.

담암의 개인적 이력에서 이제현, 이곡 등과 다른 점은 앞서 본 정치도감에서의 직접적인 정치관 경험을 들 수 있겠다. 이제현과 이곡 역시 정치도감의 개혁정책을 지지하는 입장이었지만 담암만큼 구체적이고 직접적이지 않았다는 점에서 차이가 있는 것이며, 이런 상이점이 불교배척에 대한 차이로 귀결된 것으로 볼 수 있다.

담암의 척불소에서 또 한 가지 주목되는 바는 불교를 '공리화복지설(功利禍福之說)'로 파악하고, 반(反)공리론에 입각하여 요순육경지도(堯舜六經之道)로의 변혁을 주장하고 있다는 점이다. 반(反)공리사상이 권근이 언급한 벽이단(闢異端)과 결부되기는 담암이 처음[27]이라는 평가에서 보듯이, 이단과 공리는 밀접하게 관련되어 있다. 이것이 제거되고 배척된 뒤라야 의리에 합당한 인간의 도덕적 삶이 실현 가능하다고 본 것이다. 성리학에서 벽이단의 뿌리를 원시 유가의 대표 격인 맹자에서 비롯되었다고 보자면 '하필이면 이익(利益)입니까? 인의(仁義)가 있을 따름입니다.[28]라는 말로 대변되는 반(反)공리·인의 지상주의는 성리학 유입기 이후인 고려후기 유학자들 사이에 비로소 인지되었을 것으로 볼 수 있다. 일부 유자들 사이에 당시 사회분위기가 불교와 결합된 공리사상으로 일관하고 있음이 인식되고, 이러한 인식이 곧 배불론으로 전개된 것으로 보는 것이다. 당시 불교의 윤리적 타락으로 인한 풍속 오염에 대한 비판과 불교의 화복설(禍福說)이 갖는 역기능적인 현상을 구체적으로 보여주는 것은 공민왕 10년(1361) 5월 어사대가 올린 상소에서이다.

불교는 본래 청정(淸淨)한 것을 숭상하는데, 그 무리들이 죄와 복 받는다는 말로 과부와 부모 없는 딸들을 속여서 유인하고 머리를 깎아 중이 되게 합니다.

---

27) 이남수, 앞의 논문, 51면
28) 〈맹자〉 양혜왕(梁惠王) 상, 何必曰利 亦有仁義而已矣

그리고 혼거하면서 분별이 없어 그들의 음욕을 마음대로 채웁니다. 심지어는 사대부와 종실의 집까지 다니며 불사를 권하고, 산속에 유숙시켜 추한 소문이 때때로 들릴 만큼 풍속을 오염시키고 있습니다. 지금부터는 이런 짓을 일절 금하여 어기는 자는 죄를 주십시오. 또 향리나 공사(公私)노비들이 부역을 피하기 위해 불문(佛門)에 의탁하여 자취를 숨긴 채, 손에는 불상을 들고 입으로는 염불을 외며 여염집에 횡행해서 백성들의 재산을 소모하니 그 죄가 가볍지 않습니다. 이들 역시 체포하여 모두 그들 본래의 신분으로 돌려보내기 바랍니다.[29]

어사대의 상소는 불가의 중들이 죄복지설(罪福之說), 곧 화복지설로 사람을 유인하여 중으로 만들고, 풍속을 더럽히며, 공사의 노비조차 부역을 피할 목적으로 불문에 투탁하는 현상을 비판하면서 그 근절을 제기하고 있다. 이는 불교가 공리화복지설이란 것을 드러내고, 그 구체적인 타락상에 대한 고발인 것이다.

그런데 담암은 여기서 한걸음 더 나아가 불교를 단순히 공리화복지설로 파악하는 차원을 넘어 반(反)공리론에 입각하여 요순육경지도(堯舜六經之道), 곧 유학으로의 변혁을 주창하는 벽이단론을 강조하고 있다. 그래야만 당시 고려가 처한 정치·경제·사회적인 여러 문제를 해결할 수 있고 국운이 연장될 수 있다는 현실인식을 도출하고 있는 것이다. 여기서 공리화복지설(功利禍福之說)은 곧 이교(異敎) 즉 이단의 가르침이니 불교를 말하는 것이고, 그것을 벽(闢)한 대안으로 요순육경지도(堯舜

29) 〈고려사절요〉, 공민왕 10년(1361) 5월, 원문은 釋敎 本尙淸淨 而其徒 以罪福之說 誑誘寡婦孤女 祝髮爲尼 雜處無別 恣其淫慾 至於士大夫宗室之家 勸以佛事 留宿山間 醜聲時聞 汚染風俗 自今 一切禁之 違者論罪 又鄕役之吏 公私之隷 規避賦役 托迹桑門 手持佛像 口作梵唄 橫行閭里 消耗資產 其害匪輕 並令捕捉 悉還本役

六經之道)·천인도덕지설(天人道德之說)은 즉 성학(聖學)이니 유학을 말하는 것이다. 이 유학을 진흥시켜서 현실을 개혁하자는 주장이다. 이를 간단히 도식화하면 다음과 같다.

공리화복지설(功利禍福之說)= 이교(異敎)= 이단의 가르침= 불교
⇩벽(闢)
요순육경지도(堯舜六經之道)= 천인도덕지설(天人道德之說)= 성학(聖學)= 유학

불교 세력이 여전한 현실에서 이러한 주장은 자신의 사회적 위치는 물론이고 심지어는 생명까지도 위태로울 수 있는 내용이다. 척불상소 이후 담암의 관직이 더 이상 올라가지 못한 배경에는 이 같은 여건도 크게 작용한 것으로 볼 수 있다.

그리고 담암이 단군 이래 대주원의 기회를 언급하고 요순 육경의 길을 따르면 국운이 연장될 것이라고 하면서 예종 때 설치했던 청연(淸燕)·보문각(寶文閣)의 고사(故事)를 상기시킨 것에 대해 생각해보자. 그가 예종대의 청연각, 보문각을 특히 언급한 것은 앞서 보았듯이 이제현 등과 〈국사〉 편찬 작업을 하면서 예·인종 양 대의 사실을 편찬했고, 이 과정에서 송(宋)의 영향을 받아 예종 대에 도입된 경연(經筵)제도의 장점을 충분히 숙지했기 때문일 것이다. 그 위에 공민왕 즉위 초, 그 자신 전리판서로서 경연에 참여했던 경험도 크게 작용했을 것이다. 청연·보문각을 상기하라는 것은 경연제도의 도입과 그 활성화를 통해 성리학을 정치이념화하자는 주장일 텐데, 주지하다시피 경연제도는 군주제와 문치주의의 결합물이다. 따라서 경연제도의 활성화를 주장한 배경에는

무신 난 및 원나라 간섭기 이래 약화된 왕권을 강화시키고, 유학적 지식으로 무장한 신흥사대부들의 정치적 입지를 높이고자 하는 의도가 있었다고 하겠다. 담암이 특히 예종 대를 주목한 것은 예종을 경계로 그 이후는 무신집정이나 원나라의 간섭으로 인해 강력한 왕권과 문치주의가 약화되고, 문화적 자주성이 실종된 시기였기 때문이다.

일반적으로 고려 중기는 8대 현종(顯宗·992~1031) 때부터 시작되는 것으로 보는데, 현종은 신라의 유교 전통을 계승, 발전시킨다는 측면에서 설총(薛聰)을 홍유후(弘儒侯)로, 최치원(崔致遠)을 문창후(文昌候)로 추봉하고 문묘에서 제사지내도록 했다. 또 11대 문종(文宗·1019~1083)은 최충(崔沖·984~1068)을 기용하여 문물제도를 크게 정비한 바 있으며, 이 시기를 고려의 황금기로 부르기도 한다. 당시 최충의 9재(齊)학당(문헌공도) 등 12개 사립학교는 이후의 학교교육에 큰 영향을 주었다. 15대 숙종(肅宗·1054~1105)은 우리나라 유교의 전통을 고조선에서 찾아내려는 의식의 발로로 평양에 기자사당을 건립한 바 있다.

16대 예종(睿宗·1079~1122)은 궁중에 청연각, 보문각 외에도 천장각, 임천각 등의 공간을 두어 수 만권의 서적과 학자들을 모아 학문을 연구 토론케 했다. 또 〈정관정요 언해서〉, 삼국시대의 역사서인 〈편년통재(編年通載)속편〉, 우리나라 풍수지리서인 〈해동비록(海東秘錄)〉 등 각종 서적도 편찬했다.

고려 중기의 대표적 유학자로는 최충과 김부식(金富軾·1075~1151) 등을 들 수 있거니와, 특히 '해동공자'로 존숭되는 최충은 훈고학적 차원에 머무르던 종래의 유학에 철학적 경향을 새로이 불어넣음으로써 고려의 유학을 한 차원 높였다는 평가를 받는 사람이다. 즉 유교에 대한 전문적 이해가 깊어져서 이를 학술적으로 이해하고, 그 철학적 바탕까지 탐구하는 단계에 이르게 된 것이다. 그가 9재의 이름으로 삼은 악성(樂聖), 대중(大中), 성명(誠明), 경업(敬業), 호도(浩道), 솔성(率性), 진덕(進德), 대화(大和), 대빙(待聘) 등의 명칭은 유가이념의 근본의(義)를 천명하겠다는 의지로 파악된다. 예종은 사학에 비해 관학이 부진해지자 '국학(國學)에 7재(齊)를 두게 하여 〈주역〉 공부하는 곳을 여택(麗擇)이라 하고, 〈상서〉는 대빙(待聘), 〈모시〉는 경덕(經德), 〈주례〉는 구인(求仁), 〈대례(戴禮)〉는 복응(服膺), 〈춘추〉는 양정(養正), 무학(武學)은 강예(講藝)라 했으며, 대학의 최민용 등 70인과 무학의 한자순 등 8인을 시험을 쳐서 뽑고 이에 나누어 거처하게 했다.[30] 이로 보아 예종 당시에 이미 〈시경〉, 〈서경〉, 〈역경〉, 〈예기〉, 〈춘추〉, 〈주례〉 등이 깊이 있게 연구되고 있었던 만큼, 예종 대는 문물과 예악과 학교 등이 번성한 때였다고 말할 수 있는 것이다. 여기서 주목할 것은 〈주례〉라는 과목이다. 〈주례〉에 나타나는 사상은 강력한 왕권과 중앙집권을 매개로 하여 통제경제를 구축(構築)하고 백성들의 경제적 평등과 복지를 증진시키는데 주안점을 둔 정치사상으로 알려져 있으며, 제도적으로는 도덕성을 매개로 행정조직과 교육조직을 일체화시킨다는 이상을 표방하고 있다. 따라서 담암이 예종 대의 청연·보문각의 고사를 상기시킨 것은 이런 종류의 유학과목을 경연이란 형태로 교수함으로써 왕권과 사대부들의 영향력 강화는 물론이고, 백성들의 교화와 삶의 질을 높이자는 제안이라고 볼 수 있는 것이다.

그리고 예종 때는 익히 알려진 대로 여진(女眞)을 정벌하고 9성을 쌓

---

30) 〈고려사〉 선거지(選擧志), 학교, 예종 4년(1109) 7월, 원문은 國學置七齊 周易曰麗擇 尙書曰待聘 毛詩曰經德 周禮曰求仁 戴禮曰服膺 春秋曰養正 武學曰講藝 試取大學崔敏庸等七十人 武學韓自純等八人 分處之

아 국토를 확장하기도 했다. 1107년(예종 2) 윤 10월 예종은 17만 대군을 윤관(尹瓘·?~1111), 오연총(吳延寵·1055~1116) 등에게 주어 여진을 공격하게 했다. 윤관 등은 그 해 12월 여진과 싸워 웅주, 영주, 복주, 길주 등을 장악하고 그곳에 성을 쌓았으며, 이듬해 초에 함주와 공험진에 성을 쌓고 또 다시 3월에 의주, 통태, 평융 등에도 3성을 쌓아 백성들을 이주시킴으로써 고려는 동북 지역에 9성을 얻게 된 것이다. 이 9성은 나중에 다시 돌려주게 되지만, 예종의 이러한 치세에 대해 일찍이 한안인(韓安仁·?~1122)은 '예종의 17년 정사는 모범적인 영향을 후세에 끼쳤다[31]라는 평가를 내린 바 있다. 예종 이후의 치세는 별로 볼만한 것이 없다고 할 수 있다. 이자겸(李資謙·?~1126) 등 권신들에 의해 왕권이 크게 훼손되었을 뿐 아니라 묘청(妙淸·?~1135)의 난 등을 겪은 인종(仁宗·1109~1146)이나 무신의 난으로 폐위된 의종(毅宗·1127~1173), 그리고 무신들에 의해 옹립되고 폐위된 여러 왕들과 이후 원나라 간섭기의 왕들 역시 마찬가지다.

이로 보았을 때 담암은 고려 중기 현종, 문종, 숙종, 예종 대의 자주적이고 민본(民本)주의적인 정치를 공민왕을 통해 다시 실현할 수 있다고 판단하여 예종 대의 청연·보문각을 설치한 고사를 생각하라고 주문했을 수 있으며, 이는 반원정책 시행 이후의 공민왕 대가 모처럼 맞는 자주적인 시대라는 인식하에 나왔다고 여겨진다.

넷째는 구민책과 같은 새로운 시책의 시행을 종용하는 점이다. 병란을 겪은 백성들에게 관은을 베풀라는 것, 사심관의 재(再)설치, 도첩제 시행 등 몇 가지 방안이 제시되어 있다. 하지만 상소문의 결락된 뒷부분

---

31) 〈고려사〉 세가 예종 17년(1122) 4월, 韓安仁曰 十七年事業 可以貽厥後世…

에는 다른 건의가 다수 들어있었을 것으로 보인다. 남아있는 부분만을 가지고 말하더라도 구체적인 정책을 입안하여 당대의 현실 문제에 대처하자는 주장이다.

왕실옹호와 생민(生民)보호는 담암처럼 고려 후기에 새롭게 등장한 신흥사대부 계층 일반이 지향하는 바였기 때문에, 담암이 구민책의 시행을 종용한 것은 전쟁 후라는 당시의 사정을 고려하면 당연한 것이기도 했다. 1362년(공민왕 11) 12월에 담암이 올린 9조목 시정(時政) 차자 역시 민생과 관련된 것이 대부분인 걸 보면 담암은 기회 있을 때마다 생민보호를 위한 제반 정책을 제시했던 것 같다. 담암의 이러한 주장에 대해 공민왕은 상소 직후인 1363년(공민왕 12) 5월에 여러 가지 개혁을 담은 교서를 발표하는데 즉, 각도·주·현의 세금 추징 중지, 신중한 형벌집행, 장형(杖刑)과 재물형의 병과(竝科) 금지, 기내(畿內) 백성들에 대한 구휼과 조세 감면 등의 조치가 포함된 내용들이다. 이는 그 전년에 담암이 올린 9조목 시정 차자에 대한 응답이기도 했다.

다음은 사심관의 복치(復置)문제를 보자. 담암이 사심관을 다시 두자고 주장하는 근거는 향곡이 모두 바르게 되면 국가가 잘 다스려지고 태평해질 수 있기 때문에, 향곡을 바르게 하기 위해 사심관을 다시 설치하여 그른 것을 관리·감독하자는 논리이다. 그러나 사심관 제도는 장점도 있었던 반면 문제점도 있던 제도였다.

주지하다시피 고려에서 사심관의 시초는 935년(태조 18) 신라의 마지막 왕인 김부(金傅·경순왕)가 귀순해오자 그를 경주의 사심관으로 임명하고, 동시에 여러 공신들을 각기 출신 주의 사심관으로 임명해 부호장 이하의 향직을 다스리게 하면서부터였다. 대부분 지방 호족 출신인 당시의 공신들은 중앙귀족화 되어가고 있었지만, 자신의 출신지역에서도 여전히 세력기반을 가지고 있었다. 중앙정부는 이러한 공신들의 재지(在地) 세력기반을 이용해 민심을 수습하고 그 지역의 토호세력을 통제하려는 의도에서 사심관 제도를 도입했던 것이다. 사심관제는 그 후 성종 2년(983) 지방관제가 실시되고 체제가 정비되어가면서 변화가 있었다. 성종 15년(996)에는 사심관의 정원을 규정하여 5백정(丁) 이상의 주는 4인, 3백정 이상의 주는 3인, 그 이하의 주는 2인의 사심관을 두게 했다. 아무리 작은 주현이라도 최저 2인이 임명되도록 한 것은 1인의 임명으로 인한 권력의 집중을 막으려는 정책 때문이었다. 그런데 당시 전국의 군현수가 약 6백 개에 달한 것을 감안하면 최저 2인으로 보더라도 사심관의 총 수는 최소한 1천2백 명은 되었다고 볼 수 있다.

사심관의 증가는 자연히 여러 가지 민폐를 가져오게 했을 텐데, 문종 11년(1057)에는 사심관으로서 귀향해 민폐를 끼친 자는 안렴사·감창사가 서울로 보내 죄를 주고, 후임자는 사심 주장사가 임금에게 아뢰어 선임하는 법까지 만들었다. 의종 이후 무신 집정기에는 중앙 행정력이 지방에까지 미치지 못하게 되자 사심관의 폐단이 더욱 심해진 것 같다. 이들은 넓은 공전(公田)을 점유하고 많은 민호(民戶)와 노비들을 가로채 사복을 채우는 등 원래의 목적과는 동떨어진 존재가 되어버렸던 것이다. 사심관의 작폐는 제도의 폐지를 가져오게 했다. 충렬왕 9년(1283)에 임시로 폐지되었다가 얼마 뒤에 권문세족들이 스스로 사심관이 되면서 폐단이 전보다 더욱 심해졌다. 우여곡절 끝에 충숙왕 5년(1318)에 다시 폐지되었는데, 주군의 사심관을 폐지하니 백성들이 매우 기뻐했다[32]는 기사로 보아 민폐가 컸던 것 같다. 이듬해인 충숙왕 6년(1319) 9월에 사

---

32) 〈고려사절요〉, 충숙왕 5년(1318) 4월조

심관이 차지한 토지와 민호를 몰수했더니 민이 2천3백60호(戶), 노비가 1백37인, 공전이 1만 9천7백98결(結), 사전(賜田)이 1천2백27결, 위전(位田)이 3백15결이었다고 한다.

그런데 사심관의 작폐를 잘 알고 있었을 담암이 왜 이처럼 문제가 많은 사심관 제도를 다시 도입하자고 했을까? 담암이 사심관의 복치를 주장한 데에는 아마 이런 배경이 있었을 것이다. 앞에서 보았듯이 사심관 제도의 문제점이 주로 노정된 것은 권신이 권력을 농단하여 왕권이 미약해졌을 때이거나 원나라와 같은 외압에 의해 자주성이 상실되었을 때였다. 왕권이 건실해지고 원나라라는 외세가 물러난 당시 사정에 비추어보면 사심관을 다시 설치해도 충분히 통제하고 감시할 수 있다는 판단이 들었기 때문에 담암은 사심관 복치를 주장한 것으로 볼 수 있다. 향곡이 바르게 되면 국가가 잘 다스려지고 태평해질 수 있기 때문에 향곡을 바르게 하기 위해 사심관을 파견하자는 것이 담암의 논리인데, 모든 제도가 그렇듯이 사심관 제도 역시 잘만 운용하면 충분히 장점이 많은 것은 분명하다고 하겠다. 담암은 지방관 및 향리의 부정을 감시·감독하고, 풍속을 교화시키며, 학문을 장려하는 따위의 일이 사심관들이 할 수 있는 역할로 보았을 것이다. 따라서 담암의 사심관 복치 제안은 유교적 가치를 향곡 구석구석까지 전파시켜 궁극적으로는 나라를 태평하게 만들어보려는 유학자적 이상 때문이었다고 할 수 있다. 그러나 공민왕은 사심관에 대해 매우 부정적인 인식을 가졌던 것 같다. 훗날 편조, 즉 신돈(辛旽)이 자기의 세력기반을 다지기 위해 5도 도사심관(都事審官)이 되려고 하자 공민왕은 사심관을 대도(大盜)보다 더 나쁘다고 생각해 끝내 허락하지 않았다.

그리고 도첩제 시행 제안은 이 상소문의 주지 중 하나인 불교배척과

도 연관이 있지만 백성들의 민생과 결부시켜 본다면 무분별한 출가로 인한 사회 전체의 생산성 저하를 방지하기 위한 대책의 하나이기도 할 것이다. 상소문 내용대로 관청에서 도첩을 받아야만 출가할 수 있도록 하고 장정이 3명 이하인 집에 대해서는 도첩을 발급하지 말아야 한다는 것인데, 당시 고려에서는 병역과 공물을 부과하기 위해 3정(丁)을 1호(戶)로 삼고 각각의 정은 16~60세의 남자로 구성하며, 3정 가운데 1명은 부역이나 병역에 나가고 나머지 2명은 세금을 부담하도록 되어 있었다.[33] 그런데 장정의 출가에 제한을 가하지 않는다면 마구잡이 출가로 인해 부역과 병역, 그리고 세금을 담당할 자원이 부족해지는 것은 당연한 이치다. 이는 불교에 대한 배척이라기보다 국가의 기본을 다지기 위해서 신료(臣僚) 누구라도 제안해야 할 내용인 것이다.

3. 척불소가 끼친 영향

어쨌든 담암이 올린 이른바 척불소는 상소문의 성격을 포함하여 상소자의 위상이나 시의성 등을 감안했을 때 간단치 않은 파장을 일으켰으리라 여겨지고, 따라서 후세의 이런 평가도 나오게 된다. 즉, 백문보의 이 상소는 매우 전향적인 성격을 지니는 것으로서 상당한 주목을 받았으리라 생각되는데, 당시 고려가 처해있던 상황과 그의 위치와 상소문의 내용을 고려해볼 때 이것은 고려의 군신에게 큰 용기를 북돋아 주면서 적지 않은 영향을 미쳤을 것이다. 우선 공민왕 12년(1363) 5월에 교서를 통해 하달되는 각 방면에 걸친 개혁적 시책은 이 상소로 유발되었으리라 여겨지며, 한걸음 더 나아가 추측하자면 공민왕 14년(1365) 5월에 착

---

33) 〈고려사〉 식화지(食貨志), 호구(戶口)

수되는 제3차 개혁정치도 이 상소에 크게 힘입어 시도되었으리라는 것[34]이다. 담암의 이 상소가 시·공간적으로 끼친 영향과 의의에 대해 후세의 이 평가를 포함하여 다시 한 번 정리해보면 다음과 같다.

첫째, 전쟁과 정치적 혼란 등으로 실의에 빠져있던 당시 군신들에게 커다란 용기와 희망을 심어주었다는 점이다. 담암의 처지에서 그의 궁극적 지향은 경세제민(經世濟民)이라고 할 수 있는데, 성리학에 입각한 올바른 정치를 행하면 고려왕조의 국운이 연장되고 나아가 역사적인 개벽까지 이룩할 수 있다고 보았다는 점에서 그는 기본적으로 낙관적인 현실인식을 가지고 있었다고 판단된다. 이러한 그의 현실인식은 그가 가진 〈주역〉적 세계관 때문일 것으로 여겨지거니와, 모든 사물이 고정된 것이 아니라 변전한다는 세계관에 따라 당대의 어려움이 결코 비관할 단계가 아니란 점을 상기시킴으로써 낙관적인 미래를 전망하는데 상당한 기여를 한 것이다.

둘째, 공민왕 12년(1363) 5월 교서를 통해 하달되는 여러 방면의 개혁적 시책이 이 상소로 인해 유발되었으리라는 점이다. 그리고 나아가 공민왕 14년(1365) 5월에 착수되는 제3차 개혁정치도 이 상소에 힘입어 시도되었을 것으로 여겨진다. 이때의 개혁정치는 신돈, 즉 편조라는 승려를 기용했다는 점에서 담암의 뜻과는 거리가 먼 것이지만 그 내용면에서는 담암의 상소 내용을 상당부분 채용하고 있다. 공민왕 15년(1366) 5월 전민추변정도감(田民推整都監)을 설치하고 불법 점거한 토지, 농장에 불법으로 소속된 노비와 부역을 도피한 양민을 찾아내 정리하는 작업을 시작했는데, 이는 전날의 정치도감의 정책을 잇는 것이자 동시에 적

---

34) 민현구, 앞글, 262면

극적인 구민책(救民策)이기도 한 것이다. 또 공민왕 16년(1367) 5월에는 성균관을 중영(重營)하고 이색(李穡)을 대사성으로, 경학에 통달한 선비 김구용, 정몽주, 박상충, 박의중(朴宜中), 이숭인 등을 학관으로 삼았다. 이는 담암이 주장한 '천인도덕의 설을 강구하여 성학(聖學)을 밝히는'길로서, 고려후기의 유학발전에 획기적인 기여를 하게 되는 것이다.

셋째는 상소문의 전향적 성격에 비추어 보았을 때 이 상소가 조선 건국을 주도한 신진 문신세력에게 혁명사상을 고취시켰을 가능성도 생각해볼 수 있는데,[35] 이는 향후 검토해야 할 과제라고 본다. 그러나 논자에 따라서는 담암의 이 상소가 후대에 끼친 영향에 대해 과감한 결론을 도출하기도 한다. 즉 '백문보가 불교의 폐단을 직접적으로 공격하고 나선 것은 성리학자로서 강화된 입장을 보여주는 것이고, 14세기 후반 정도전과 같은 사대부들이 이론적 반론을 제기할 수 있도록 사회적 분위기를 형성하게 했다'[36]는 것이다. 공양왕 3년(1391) 성균박사 김초(金貂·?~?)·성균생원 박초(朴礎·1367~1454) 등이 올린 과격한 벽불(闢佛)의 상소나 조선 태조 7년(1398) 정도전(鄭道傳·1342~1398)이 저술한 〈불씨잡변(佛氏雜辨)〉 등이 담암의 이 상소가 형성시킨 배불의 분위기 때문에 나올 수 있었다는 의미일 것이다. 또 한걸음 더 나아가'백문보는 〈주역〉에서 변통의 논리를 끌어내서 세계를 고정적인 것이 아니라 변전하는 실체로 인식하고, 자신이 처한 세계를 개조해보겠다는 강력한 의지를 표명하고 있는데, 그가 꿈꾸었던 역사적 개벽이 공민왕 당대에는 실

---

35) 민현구, 앞글, 263면 각주

36) 김남이(金南伊), '14세기 士大夫의 理學的 世界觀과 文藝意識, 이화여대대학원 석사학위 청구논문, 1994, 30면

37) 김보경, '공민왕대 사대부작가 연구', 〈이화어문논집〉17, 1999, 226면

현되지 못했으나 그의 성리학에 근거한 선진적인 현실 개혁론과 불교 비판론이 윤소종 등 후배 문인들에게 계승·발전되어 조선왕조의 개창을 견인하고 있다[37]는 것이다. 그러나 이러한 평가는 결과론적인 것이다. 단언할 수는 없지만 담암의 당초 의도는 혁명적인 자기쇄신을 통해 고려의 중흥을 구현하자는 취지였을 것이다. 고려왕조를 전복시키고 새로운 왕조를 개창하는 등의 일은 담암 세대가 원한 바도 아니고, 감당해야 할 몫도 아니었다.

넷째는 이 상소가 훗날 조선조의 유자(儒者)들에게도 척사위정(斥邪衛正)의 귀감으로 영향을 미쳤다는 점이다. 다음은 조선 세종(재위 1418~1450) 조에 현감(縣監)을 지낸 유자 박우(朴愚)[38]가 남긴 시이다. 제목은 '담암 백선생의 척불소를 읽고[讀淡庵白先生斥佛疏]'이다.

옛날의 처 증조 기억하니
척사(斥邪)에 이름 우뚝하네.
그 누가 알리요? 잡초 제거하고
능히 북돋우어 오곡(五穀) 아름답게 한 것을[39]

여기 원문에서 잡초라고 쓴 유(莠)는 가라지로 곡식에 해가 되는 풀이다. 따라서 유력(莠力)이란 제거해도 계속 살아나서 곡식에게 피해를 주는 해로운 풀의 끈질김을 말하는데, 불교나 미신 같은 이단을 뜻하는

---

38) 박우(朴愚·?~?)는 영해인이며 자는 경로(敬魯), 호는 추암(秋菴)이다. 세종 조에 봉화 등지의 현감을 지냈고, 양평의 숭례사(崇禮祠)에 배향되었다. 담암의 손자인 백승(白昇)의 사위로, 담암에게는 증손서가 된다.

39) 〈담암일집〉 부록 권1, 증유제편(贈遺諸篇), 원문은 憶昔聘曾祖 斥邪獨名家 誰知去莠力 能培五穀嘉

것으로 보인다. 오곡은 물론 유학을 지칭하는 말이다. 담암의 척불소가
가라지 따위의 이단을 뽑아내고, 오곡 같은 유학에 북을 돋우어 아름답
게 만들었다는 칭탄일 것이다.

또 조선 중·후기의 학자이자 문신인 허목(許穆·1595~1682)은 〈양촌
권문충공 유문(陽村權文忠公遺文)〉 중간(重刊) 서(序)에서 우리나라 학
문과 문학의 발전에 대해 기술하면서 담암을 비롯한 고려·조선시대의
제유(諸儒)를 언급하고 있다.

> ……고려 때에는 두 백문학(白文學)이 있어 요순(堯舜) 육경(六經)의 정치를
> 밀어서 말했고, 태사 최충(崔沖)은 9재(九齋)에서 제자를 가르쳐 예속(禮俗)을
> 두텁게 했으며, 정문충공(鄭文忠公·정몽주)은 5부(五部) 학관(學館)을 세워 명
> 경학(明經學)을 강론했다. 그래서 이문정공(李文靖公·이색)은 그를 일러 동방
> 이학(理學)의 조(祖)라고 했다. 본조에서는 권문충공(權文忠公·권근)이 또 경례
> (經禮)를 고찰하고 <독서분정(讀書分程)>·<입학도설(入學圖說)>·<오경천설
> (五經淺說)>을 지어 육경의 오묘한 뜻을 천명했다……[40]

요순육경의 정치를 추언(推言)했다는 점에서 보자면 고려 때의 '두 백
문학(白文學)'이란 담암의 스승 백이정(白頤正)과 담암을 지칭하는 말일
것이다. 여기서 허목이 거명하고 있는 사람들로는 신라 때 인물인 설총
(薛聰·655~?)과 최치원(崔致遠·857~?)을 비롯하여 고려 때의 최충(崔

---

40) 허목(許穆), 〈미수기언(眉叟記言)〉 별집 권8 서(序), 양촌 권문충공유문 중간서(陽村權文忠公遺文
重刊序)…麗時有二白文學 推言堯舜六經之治 太師崔沖教九齋弟子 敦禮俗 鄭文忠公建五部學館 講
明經學 李文靖公稱之爲東方理學之祖 本朝權文忠公又考定經禮 作讀書分程 入學圖說 五經淺說 闡
明六經之奧…

冲·984~1068), 백이정(1247~1323)과 담암(1303~1374), 이색(李穡·1328~1396)과 정몽주(鄭夢周·1337~1392)), 그리고 조선 초의 권근(權近·1352~1409) 정도이다. 권근의 〈양촌집〉이 조선 현종 15년(1674)에 중간된 점을 감안하면 허목이 이 책 서문을 쓴 것은 1674년 무렵일 텐데 이때까지도 담암이 척불소에서 강조한 '요순육경(堯舜六經)의 도(道), 혹은 요순육경의 치(治)'는 유학적 가치를 천명하는 하나의 귀감으로서 회자(膾炙)되고 있었음을 알 수 있다.

담암(淡庵) 백문보(白文寶)의 후손들에 의해 편찬된 백문보의 문집 〈담암선생일집〉 목차부분
(사진출처: goguli 블로그)

이처럼 담암의 척불소는 당대의 비상한 주목을 받으면서 권세가들이나 불교사원 등에는 경계심을, 군신들에게는 용기와 희망을 주었을 뿐 아니라 후대에까지 적지 않은 영향을 끼쳤다고 보아도 무리가 없을 것이다. 담암이 척불소를 올린 것은 1363년(공민왕 12) 4월경이며, 이때 그의 나이는 61세였다.

10.
담암과 나옹(懶翁)

1. 도(道)가 다르지만 나옹의 어록에 서문을 쓰다

문제의 척불소를 올린 담암은 공민왕 12년(1363) 5월경, 관직에서 물러날 것을 요청한다. 〈담암일집〉 편년에 의하면 척불소를 올린 다음 체직(遞職)을 구했으나 허락받지 못했다[1]고 되어 있지만, 이 때 허락을 받은 것으로 보인다. 상소문의 전향적 성격이나 강력한 언사를 동원한 척불 및 개혁 주장은 그것을 받아들이는 입장에 따라 찬반이 극명하게 엇갈렸을 텐데, 특히 넓은 전장과 전민을 여전히 겸병하고 있는 불교사원이나 이를 비호하는 권세가들에게 이 상소는 매우 못마땅한 내용임이 분명했을 것이다. 아울러 공민왕을 비롯한 왕실 내의 여전한 숭불경향도 담암에게는 부담스러웠을 것이다. 왕은 기본적으로 정치방면에서는 유학자들의 견해를 다수 수용했지만 개인적으로는 불교에 대해 존숭하는 태도를 견지하고 있었다. 보우(普愚·1301~1382)나 나옹(懶翁·1320~1376)같은 승려를 왕궁으로 초청하여 가족과 함께 설법을 듣는다든지,

---

1) 〈담암일집〉 부록 권2, 편년에 癸卯年(1363=공민12)) 先生 年六十一 上疏斥佛 因乞遞 不允으로 나온다.

왕사로 임명하는 등 다분히 친 불교적인 행태를 보여 왔던 것이다. 담암의 체직 요청은 아마 이런 반발이나 적대적 분위기에 대한 부담 때문이었을 것으로 여겨진다.

담암이 1363년(공민왕 12) 5월경 현직에서 물러난 것으로 보는 이유는 이로부터 2개월 뒤인 7월에 〈보제존자 나옹화상 어록(이하 나옹화상 어록)〉의 서문을 썼는데, 여기에 사용한 그의 직함이 충겸찬화공신 중대광 문하찬성사 진현관대제학 지춘추관사(忠謙贊化功臣 重大匡門下贊成事 進賢館大提學 知春秋館事) 치사(致仕)로 나오기 때문이다. 여기서 보이는 중대광이란 종1품 문관의 품계이며 문하찬성사란 문하부의 정2품 관직이다. 또 진현관이란 학문 연구에 관한 일을 맡아보던 관아인데, 명칭은 집현전이나 진현관 등으로 몇 번 바뀌었다. 조선시대의 집현전과 유사한 기능을 했다. 진현관대제학은 진현관의 정2품 관직이었다. 춘추관은 시정(時政)의 기록을 관장한 관서인데, 지춘추관사란 지관사(知館事)라고도 하며 2품관 이상이 겸임토록 했다. 이렇게 보자면 담암은 정당문학(종2품)으로서 척불소를 올리고, 그 직후에 체직을 강청하여 어렵게 허락을 받아 문하찬성사(정2품)로 치사한 셈이 된다. 따라서 현직에 있을 때 그의 최고위직은 정당문학(종2품)인 것이다.

척불소를 올린 직후 담암은 정치현장에서 물러나 있었지만, 당시의 고려 정정은 매우 긴박한 상황이었다. 가장 큰 현안은 덕흥군에 의한 왕위찬탈 음모였다. 덕흥군은 충선왕의 셋째 아들로, 이름은 탑사첩목아(塔思帖木兒)였다. 충선왕이 내친 궁녀가 백문거(白文擧)에게 가서 낳았다고도 하나 확실하지는 않다. 일찍이 중이 되었다가 1351년(충정왕 3) 공민왕이 즉위하자 원나라로 도망갔다.

공민왕 5년(1356년)의 반원개혁 국면에서 기철, 노책, 권겸 등 부원세력이 제거되자, 당시 고려를 배반하고 원나라에 가 있던 최유(崔濡·帖木兒不花) 등은 기철의 누이 기황후에게 공민왕을 무고했다. 이에 원나라에서는 1363년(공민왕 12) 공민왕을 폐하고 대신 덕흥군을 고려 국왕으로 세우려 했다. 이 소식이 고려에 전해진 것이 그해 5월이었다. 담암이 치사하는 무렵이 되는 셈이다. 고려 조정은 당연히 소란스러웠다. 심지어 왕에게 남쪽으로 피난을 가야한다는 건의까지 나왔지만 공민왕은 덕흥군의 군대를 정면대응으로 물리친다는 계획을 세우고 압록강 방면의 수비를 강화했다.

덕흥군을 옹립한 최유 등은 1363년(공민왕 12) 12월 요양 군사 1만 명을 이끌고 고려를 침공하여 이듬해 정월 의주를 점령했다. 그러나 최영, 이성계 등이 이끄는 고려군에 대패하여 원나라로 돌아갔다. 원나라로 돌아간 덕흥군은 곧바로 장형에 처해졌으며, 고려의 요구에 따라 고려로 소환되려 할 때 병이 나서 보류되었다. 원나라에서 사망한 것 같다.

담암은 치사 후인 공민왕 12년(1363) 5월경 이후에도 여전히 개경에 머물러 있었던 것으로 보인다. 이 무렵 담암이 작성한 글이 〈나옹화상 어록〉 서문이다. 글의 말미에 지정(至正) 23년 가을 7월 어느 날에 썼다고 나오는데, 지정 23년은 공민왕 12년(1363)으로 담암이 치사한 바로 그해이다. 여기서 드는 의문은 척불소를 통해 불교를 이단의 가르침이라고 극력 배척한 담암이 어떤 연유로 불과 2~3개월 후인 7월에 당시 불교계의 명승(名僧)으로 알려진 나옹의 어록에 서문을 쓰게 되었을까? 하는 점이다. 즉, 성격이 서로 다른 두 글이 하필이면 비슷한 시기에 작성되었을까? 하는 것이다. 그 까닭을 살펴보자. 물론 이것은 추론이기 때문에 확증할 수는 없지만 개연성은 높다.

첫째, 담암이 〈나옹화상 어록〉의 서문을 쓴 이유는 담암의 글에도 나와 있지만 선배 이암의 특별한 부탁이 있었기 때문이다. 이암은 담암이 교유한 인물 편에서 보았듯이 담암과 막역한 사이였고, 나옹과도 친분이 있었다. 〈나옹집(懶翁集)〉에는 나옹이 행촌 이암에게 주는 두 편의 송(頌)[2]이 실려 있는데, 이로 보아 이암과 나옹 역시 잘 아는 사이였을 것이다. 따라서 이암은 담암의 현실적 애로를 해결해주려는 충정에서 이 글을 담암에게 부탁한 것 같다. 담암이 체직을 청한 이유 중 하나이기도 할 것인데, 전장과 전민을 겸병하고 있는 사원이나 이를 비호하는 권세가들은 담암의 척불소에 대해 아마 교묘하게 반발했을 것이다. 공민왕 14년(1365) 5월에 착수되는 제3차 개혁정치가 담암의 이 상소에 힘입어 시도되었다는 점을 시인한다면, 척불소를 올릴 당시는 물론이고 그 이후의 파장 역시 만만치 않았다고 보는 것은 어려운 일이 아니다. 공민왕 15년(1366) 5월에 전민추정도감(田民推整都監)을 설치하고 신돈을 판사로 삼았는데, 권세 있는 자들이 자기들이 빼앗은 토지와 노비를 원래 주인에게 돌려주는 사람이 많으니 조정과 민간이 매우 기뻐했다[3]는 기사가 있다. 이로 보아 남의 토지와 노비를 탈취하여 소유하고 있던 권세가들은 담암의 척불소가 유발한 이런 종류의 개혁을 결코 달가워하지 않았을 것이다. 불교사원 역시 세속적인 권세가들과 다를 바 없었다. 권세가들이 자신이 당한 손실에 대해 보복했던 경우는 이미 정치도감의 정치관들이 당했던 사례에서도 볼 수 있었다. 또, 공민왕 자신을 포함하여 그의 왕비나 모후가 모두 불교를 숭상했던 점을 감안하면 왕

---

2) 〈나옹집(懶翁集)〉, 국회도서관 소장, 월정사(月精寺) 간(刊), 1940, 154면 및 159면, 제목은 示李侍中嵒, 示杏村李侍中이다.

3) 〈고려사절요〉, 공민왕 15년(1366) 5월

10. 담암과 나옹(懶翁)　311

실 전체의 분위기 역시 담암의 상소에 대해 우호적이라고 할 수는 없었을 것이다. 또 한 가지는 앞서 이제현이나 이곡의 인식에서 보았듯이 동시대 유자들 사이에서도 담암과 같은 극단적인 배불론에 대해 우려하는 목소리가 나왔을 수 있다. 이들은 불교도들의 비행이나 인물에 대해서는 공격했지만 불교 자체를 부인하여 멸륜(滅倫)과 해국(害國)의 가르침이라고 반대하지는 않았다. 그런데 담암은 불교도들의 비행을 공격한 것은 물론이고, 불교를 방치하면 나라가 전복되는 것 또한 어렵지 않다는 주장까지 하고 있는 것이다.

확인할 수는 없지만 이암은 담암이 직면하고 있는 이런 애로를 다소나마 해소시켜주기 위해 당시 불교계 안팎에서 이름을 얻고 있던 나옹의 어록에 서문을 쓰도록 권면했을 것 같다. 이는 담암과 나옹 사이의 관계도 고려한 판단이었을 것이다. 이암은 자신이 부탁한 글이 나온 지 약 10개월 후인 공민왕 13년(1364) 5월에 사망한다. 담암은 만사를 지어 그를 추모했다.

둘째는 나옹과의 특별한 관계 때문에 담암은 이 글을 썼다고 본다. 담암과 나옹이 아는 사이라는 점은 이 글 〈나옹화상 어록〉 서문에 간단히 나오지만 좀 더 자세히 살펴보도록 하자. 담암의 연고지인 영해부 잉량화 마을과 나옹화상 혜근(惠勤)의 출생지로 알려진 영해부 불모곡(佛母谷·가산리)은 얕은 고개 하나만 넘으면 오갈 수 있는 거리이다. 오늘날의 거리 개념으로 보자면 10리(=4km)가 채 안 된다. 친정에서 출산하던 당시의 관습대로라면 나옹의 어머니 영산(靈山) 정씨는 친정인 영산(경남 창녕군 영산면)에서 출산했을 것으로 여겨지지만, 현재 영해지역에는 출생을 포함한 나옹 관련 설화와 유적이 다수 전해지고 있다. 대표적인 것이 부처 곧 나옹의 어머니가 살았다는 불모곡, 세금을 못 내서 관가에 연행된 남편을 따라가다가 나옹의 어머니가 아기(=나옹)를 출산하자 까치가 아기를 감싸서 보호했다는 까치소[鵲淵], 나옹이 출가하면서 지팡이를 꽂아두고 갔는데 그것이 자라 거수(巨樹)가 되었다는 반송정(盤松亭), 공민왕 4년(1355)에 나옹이 창건했다는 장륙사(莊陸寺) 등이다.

이색이 찬한 '보제존자 시선각 탑명(普濟尊者諡禪覺塔銘·이하 보제존자 탑명)'에 따르면 '나옹의 이름은 혜근이고, 호가 나옹이며, 처음 이름은 원혜(元惠)였다. 영해부 출신으로 속성은 아(牙)씨이고, 부친의 이름은 서구(瑞具)로 선관서(膳官署)의 영(令)이며, 모친 정(鄭)씨는 영산군 사람이다. 충숙왕 7년(1320)인 경신년 정월 보름에 태어났는데, 막 갓 쓸 나이가 되었을 때(20세 무렵) 친구의 죽음을 겪고 나서 공덕산(功德山)에 들어가 요연(了然)선사에게 의탁해 출가했다[4]고 한다.

이 자료대로 나옹은 담암보다 17세 연하이다. 나옹은 충숙왕 7년(1320)에 태어났고, 담암은 이 해에 급제했다. 〈담암일집〉 편년에 의하면 충숙왕 16년(1329) 이른바 섭리음양지설로 알려진 사론을 쓴 그해에 담암은 휴가를 얻어 부모님을 찾아뵈었다고 한다. 이 무렵 담암의 부모들은 영해로 낙향해 있었던 것 같다. 담암이 영해에 계신 부모님을 뵈러갔을 때 나옹, 즉 아원혜는 열 살 정도의 소년이었다. 나옹의 문인(門人) 각굉(覺宏)이 쓴 행장에 따르면 '나옹은 태어나면서부터 골상이 보통 아이와 달랐으며, 자라서는 기틀이 신이(神異)하고 영매(英邁·영민 비범함)했다[5]고 한다. 이런 상투적인 찬사가 아니더라도 출가이후 불교계에서 성장해간 나옹의 이력을 감안하면 어릴 때부터 그는 매우 총명했을 것이

---

4) 이색, 〈목은문고〉 권14, 보제존자 시선각 탑명(普濟尊者諡禪覺塔銘)
5) 〈나옹집〉 행장, 21면, 骨相異常兒 旣長機神英邁

다. 이때 담암의 나이는 27세였는데, 고향에 내려온 스물일곱 청년과 이웃마을의 열 살짜리 소년이 만났을 가능성은 매우 높다. 어쩌면 소년 아원혜의 아버지 아서구는 미관말직으로 끝난 자신의 관직생활을 똑똑한 아들을 통해 보상받고 싶어 했을지도 모른다. 그래서 자기 아들의 미래상을 과거(科擧)에 급제한 이 청년관리에게 두고, 일부러 데려가 인사를 시켰을 수도 있다. 더구나 이를 뒷받침할 수 있는 것은 바로 이들 부친들의 이력이다. 담암의 아버지 백견은 정4품관인 승평부사를 끝으로 관직에서 물러났고, 나옹의 아버지 아서구는 선관서의 영을 지냈다. 선관서는 제사와 연회의 부식물이나 안주 등을 공급하는 관서인데, 그 영은 정원이 2명이고 직급은 종7품이다. 종7품관인 아서구가 수도 개경에서 상당히 떨어진 영해까지 내려간 데에는 무슨 이유가 있었을 것이다. 확증은 없지만 담암의 부친 백견과의 인연이든지, 아니면 담암의 외조부 박감과의 인연 등을 고려해볼 수 있다. 박감은 정2품관인 복야를 지낸 인물이다. 설령 처음에는 서로를 몰랐다고 하더라도 퇴직한 관원이 이웃 동네에 살고 있다면 나중에는 서로 알게 되는 것이 시골마을의 상식이다. 이처럼 선대(先代)부터의 인연이 있었다면, 담암과 나옹은 서로에 대해 아주 잘 알고 있는 사이로 보아도 무리가 없다.

그러나 나옹은 자기 부친의 기대에 부응하지 않은 것 같다. 각굉이 쓴 행장에 따르면 부모들은 '아들의 출가를 허락하지 않았고,'[6] 이색이 쓴 '보제존자 탑명'에 의하면 '달아나서' 공덕산으로 입산했다[7]고 한다. 유학을 공부해서 관리로 가는 길을 택하지 않은 나옹은 결국 부모 몰래

---

6) 〈나옹집〉 행장, 21면, 卽求出家父母不許로 나온다.

7) 이색, 〈목은문고〉 권14, 보제존자 탑명, 원문은 走入功德山

입산출가를 선택함으로써 담암과 다른 길을 가게 되는 것이다. 그러나 이들의 가는 길이 엇갈렸다고 해서 어릴 때부터 알아온 관계가 바뀔 수는 없는 일이다.

담암 일가와 나옹과의 인연을 짚어볼 수 있는 자료는 또 있다. 앞서 본 '보제존자 탑명'에 의하면 나옹은 막 갓 쓸 나이에 공덕산으로 들어가 요연에 의탁해 머리를 깎은 것으로 되어 있는데, 이색이 쓴 '윤필암(潤筆庵)기'에 따르면 '공덕산은 사불산(四佛山)이고 산 속의 묘적암(妙寂庵)은 나옹이 출가한 곳[8]'이라는 것이다. 그리고 권근이 쓴'사불산 미륵암(彌勒庵) 중창기'에 의하면 '전 판사 백진(白瑨)은 대대로 영해에서 살았는데, 계해년(1383·우왕 9) 봄에 왜적을 피하느라 어머니를 업고 이리저리 헤매며 여러 고을을 지나 이 산 밑에 왔었다. 그 이듬해에 어머니가 병으로 죽으니 상사 치르고 명복 빌기에 힘을 다했다. 그러나 슬픔이 가시지 않아 어떤 스님에게 어머니의 명복을 비는 정결한 집, 곧 원찰(願刹)을 하나 짓고자 하는데 도와달라고 했다. 그러자 스님이 말하기를, 절을 새로 짓는 것은 나라에서 정한 금법이 있습니다. 이 산에 신라 때부터 있던 미륵암 옛터가 오랫동안 묵어 있으니, 그것을 새로 중건하지 않겠습니까? 라고 했다. 이 말을 듣고 공(=백진)이 승낙하여 즉시 가보니 골짜기가 맑고 깊숙하고, 경내의 지형이 시원스러우며, 자씨(慈氏) 불상이 완연하고 옛터가 그대로 남아 있어 비로소 마음에 들었다…을축년(1385·우왕 11)에 시작하여 정묘년(1387·우왕 13)에 끝냈다[9]고 한다. 곧 미륵암이 중창된 것이다.

---

8) 이색, 〈목은문고〉 권3, 윤필암기
9) 권근, 〈양촌집〉 권11, 사불산 미륵암 중창기

나옹이 출가한 공덕산과 백진이 피난 간 사불산은 같은 산이다. 〈신증동국여지승람〉 상주목 조에 사불산은 산양현(山陽縣) 북쪽에 있다고 했다. 현재의 문경시 산북면이다. 나옹이 출가한 묘적암과 백진이 중창한 미륵암은 가까운 거리에 있다. 묘적암은 현재 문경시 산북면 전두리에 있는 대승사(大乘寺)의 서북쪽 1km 지점에 위치해 있고, 미륵암의 옛터는 대승사 뒤쪽 마애석불여래좌상이 있는 자리이다.

나옹이 출가한 것은 1339년(충숙왕 후 8년)경이고, 백진이 피난 간 것은 1383년(우왕 9) 봄이었다. 옛날부터 사불산은 명산으로 소문이 났다고 하지만 영해에서 보자면 결코 가까운 거리가 아닌데 40여년 간격을 두고 두 사람이 이 산에 온 것을 우연이라고만 할 수 있을까? 다시 한번 백진의 출생 연도를 가늠해보자. 권근이 지은 '사재소감 박강전'에 따르면 권근은 기사년(1389·공양왕 1)에 영해로 귀양 가서 그 옛날 개경 수복전(1362·공민왕 11년 1월)에서 공을 세운 박강이란 인물을 만난다. 권근이 박강을 만났을 때, 즉 1389년(공양왕 1)에 박강의 나이는 이미 59세[10]였다. 그렇다면 박강은 1331년생인 것이다. 그런데 권근에게 박강을 소개한 전 판사 백진은 정세운의 참좌로서 박강을 '데리고 다니며'같이 싸워 수복전의 공을 세웠다고 한다. 백진이 박강을 데리고 다닐 정도라면, 백진의 나이는 박강보다 몇 살 더 많았다고 보아야 한다. 1328년 내지 1329년생쯤이라고 볼 수 있는 것이다.

여기서 백진과 나옹의 관계를 살펴보자. 고향이 이웃동네인데다 한 사람은 1320년생(나옹)이고, 또 한 사람은 1328년생(백진) 정도라면 두 사람은 어릴 때부터 잘 알고 지냈다고 보는 것이 상식이다. 앞에서 나온

---

10) 권근, 〈양촌집〉 권21, 사재소감 박강전, 원문은 時強年已五十九

여러 자료들을 종합해보면 담암과 나옹은 그 아버지 대에서부터 서로를 잘 아는 처지였으며, 담암의 차남인 백진도 어릴 때부터 나옹을 익히 알고 있었을 것이다. 고향의 선후배로서 사불산(공덕산)에 대한 정보도 공유하고 있었다고 봄이 타당하다. 어쨌든 담암은 나옹과의 이런저런 인연 때문에 유학을 하는 사람으로서 썩 내키지는 않았지만 나옹화상 어록의 서문을 쓰게 되었던 것이다.

셋째, 담암이 특별히 나옹화상 어록의 서문을 쓴 이유는 나옹이 당시 공민왕의 지우(知遇)를 얻고 있었기 때문으로 보인다. 이색은 '보제존자 탑명'에서 승려 나옹의 이력을 이렇게 소개하고 있다.

1340년(충혜왕 후 원년)경에 출가한 나옹은 갑신년(1344·충혜왕 후5)이 되자 회암사에서 밤낮을 홀로 좌선하다가 문득 깨달음을 얻었다. 중국에 가서 스승을 찾겠다는 결심을 하고 무자년(1348·충목왕 4) 3월에 연경에 이르러 지공(指空·?~1363)을 참례(參禮)하니, 묻고 답하는 것이 서로 부합했다. 지정 10년(1350·충정왕 2) 정월에 지공이 여러 제자들을 모아 놓고 하어(下語)하니 능히 대답하는 자가 없었다. 나옹이 여러 사람들 앞에 나가서 두어 마디 말하고 세 번 절하고는 왔다. 지공은 인도의 1백8대 조사(祖師)이다. 같은 해 봄에 남쪽에 있는 강소·절강성을 유람하고 8월에 평산(平山) 처림(處林·1279~1361)을 참례했다. 평산이 '일찍이 어떤 사람을 보았는가?'라고 물었다. 나옹이 답하기를 '서천의 지공이 날마다 일천의 검(劍)을 쓰는 것을 보았습니다.'라고 했다. 평산이 말하기를 '지공의 일천 검은 잠깐 두고 너의 한 칼을 갖고 오라.'고 했다. 나옹이 좌구(坐具·수행자가 앉거나 누울 때 까는 직사각형의 천)를 잡아당겨 평산을 쓰러뜨리니[11] 평산이 선상(禪床)에 거꾸러져 있으면서 '도적이 나를 죽인다.'고 고함을 쳤다. 나옹이 말하기를 '내가 칼입니다. 능히 사람을 죽일 수도 있고, 살릴 수도 있습니다.'라며 평산을 붙들어 일으켰다. 평산이 설암(雪巖)의 전한 바인 급암(及庵)의 옷과 불자(拂子·총채 같은 것)로써 신의를 표시했다. 임진년(1352·공민왕 1)에 북쪽으로 돌아와 다시 지공을 만났는데, 지공이 법의(法衣)와 불자와 범서(梵書)를 주었다. 이름이 원나라 궁궐에 들려서 을미년(1355·공민왕 4) 가을에는 원나라 황제의 성지를 받들고 연도(燕都)의 광제사(廣濟寺)에 머물렀다. 병신년(1356·공민왕 5) 10월 보름날 강당을 여는 법회를 개설했다. 황제가 원사(院使)를 보내 금란(金襴)가사와 폐백을 하사하고, 황태자는 금관가사와 상아로 된 불자를 보내 주었다. 나옹이 가사를 받고 여러 사람들에게 묻기를 '고요하게 텅 비고 적막하여 본래 한 가지 물건도 없는 것인데, 이 찬란한 것이 어디에서 나왔는가?'라고 하니 여러 사람이 대답하지 못했다. 천천히 말하기를, '구중궁(九重宮)의 금구(金口) 속에서 나왔다.'라고 했다. 곧 향을 피워 성수(聖壽)를 축하하고 좌석에 올라가서 지팡이를 어루만지며 두어 마디 말을 하고 곧 내려왔다. 무술년(1358·공민왕7) 봄에 지공을 하직하고 수기(授記)를 얻어 동쪽으로 돌아왔다. 오는 도중에도 인연과 기회가 닿는 대로 법을 강설했다. 신축년(1361·공민 10) 겨울에 나옹의 명성을 안 공민왕이 내첨사 방절(方節)을 보내 서울로 맞아들이고, 심요(心要)를 강설하기를 청했다. 왕은 만수(滿繡)가사와 수정(水精)불자를 하사했고, 노국공주는 마노(瑪瑙)불자를, 태후는 친히 보시를 베풀었다. 신광사(神光寺)에 머물기를 청했으나 곧 사양하니 왕이 말하기를, '그렇다면 법(法)에서 나도 역시 물러가야 한다.'라고 하므로 부득이 신광사로 갔다. 그해 11월에 홍건적이 경기를 유린했다…(下略)[12]

11) 이색, 〈목은문고〉 권14, 보제존자 탑명, 원문은 師以坐具提山인데, 뒤의 문맥으로 보아 坐具를 확 당겨서 거기에 앉아있던 평산을 쓰러뜨린 것 같다.

12) 이색, 〈목은문고〉 권14, 보제존자 탑명

이색은 나옹의 그 후 행적도 자세히 쓰고 있는데, 요컨대 공민왕은 나옹을 특별히 우대했다는 것이다. 특히 신해년(1371·공민왕 20) 8월에는 공부상서 장자온(張子溫)을 보내 조서와 인장(印章)과 법복 등을 하사하는 한편 왕사(王師)로 임명하고, 보제존자(普濟尊者)라는 호를 주었다. 나옹이 1320년생이고, 공민왕이 1330년생이니 스승으로 임명할 수도 있었을 것이다.

이처럼 불교와 승려에게 경도(傾倒)되는 공민왕의 처사에 대해 담암은 내심 못마땅했겠지만 왕의 뜻을 어길 수는 없었다. 담암 역시 군주에 대한 충성을 제일의(第一義)의 가치로 삼는 유학자였기 때문이다. 이런 여러 가지 이유로 담암은 나옹화상 어록의 서문을 썼다고 보는 것이다.

2. 〈나옹화상 어록〉 서문

나옹화상 어록은 정식 명칭이 〈보제존자 나옹화상 어록(普濟尊者 懶翁和尙 語錄)〉으로 나오지만 담암이 이 어록의 서문을 쓸 때는 그냥 〈나옹 어록〉이거나 〈나옹화상 어록〉 정도였을 것이다. 담암이 서문을 쓴 것이 1363년(공민왕 12) 7월인데, 나옹이 보제존자란 호를 받는 것은 1371년(공민왕 20)이기 때문이다. 〈보제존자 나옹화상 어록〉이란 이름은 훗날 얻은 명칭일 것이다. 담암의 서문이 들어간 이 책의 초간본은 1363년(공민왕 12)에 제자 각련(覺璉)이 나옹의 상당법어(上堂法語), 착어(着語), 수문(垂文), 서장(書狀) 등을 편집하고, 혼수(混修)가 교정하여 간행했다고 한다. 나옹 사후에 다시 손질하여 1379년(우왕 5)에 재간본이 나왔고, 조선시대에도 간행되었다. 1940년에는 월정사(月精寺)에서 〈나옹집〉이란 이름으로 활자본을 펴냈다. 여기에는 담암(초간본)과 이색(재간본)이 각각 찬한 서문 2편, 각련이 채록한 어록과 각굉(覺宏)이 찬한 행장, 각운(覺雲)이 집록한 가송(歌頌) 및 보제존자 삼종가(三種歌), 이달충이 찬한 발문(跋文) 등이 실려 있다. 담암이 찬한 초간본의 서문을 보자.

<보제존자 나옹화상 어록> 서

행촌 이암이 나옹에 관한 기록을 나에게 보여주었다. 그 기록에 보니 나옹은 연경에 가서 유학하고 강남으로 들어가 지공(指空)과 평산(平山)을 찾아 공부하여 그 법의(法衣)와 불자를 받는 등 오랫동안 불법에 힘썼다고 한다. 원나라 황제는 더욱 칭찬하고 격려하여 광제선사(廣濟禪寺)에 머물게 하고 금란가사와 불자를 내렸는데, 이로써 그의 법이 크게 드날렸다. 또 평소에도 게구(偈句·부처의 공덕이나 가르침을 찬미한 4구의 시구)를 사람들에게 많이 보여 주었다고 한다.

본국으로 돌아와서는 산수(山水)속에 자취를 감추어 사람들 눈에 띄지 않게 되었다. 왕이 그 이름을 듣고 사람을 보내 만나보고는 공경하여 신광사에 머물게 했다. 나도 가서 한번 만나고자 했으나 그러지는 못했다. 그러던 차에 하루는 그 문도가 나옹의 어록을 가지고 와서 내게 서문을 청했다. 벼슬아치 가운데서도 쓸모없는 내가 말하기를 '도가 같지 않으면 함께 일을 도모할 수 없는 것이니, 나는 유학하는 사람이라 불교를 모르는데 어찌 서문을 쓰겠는가?'라고 했다. 옛날에 증자고(曾子固)는 '글로써 불교를 도우면 반드시 비방이 따른다. 하지만 아는 사이에는 거절할 수가 없다'라고 했다. 지금 나옹의 글을 살펴보니 거기에 '부처란 곧 한 줄기 풀이니, 풀이 바로 장육신(丈六身·佛身)'이라는 구절이 있는데 이것이면 부처의 은혜를 갚기에 족하다고 하겠다. 나도 나옹에 대해 말한다. 미발(未發) 이전에 진면목(眞面目)을 이미 보았다면 한결같이 향상해 갈 것이지 무엇 때문에 오늘 다시 사람들에게 게구(偈句)를 보이려 하는가? 기어이 한 덩이 화기(和氣)를 얻고자 함인가? 다른 것 없이 이 구절은 어떤 말로도 표현할 수가 없는 도(道)이다. 나도 이로써 은혜를 갚았다고 생각하는데 대사는 어떻게 생각하는가? 나옹은 지난날 지공과 평산을 스승으로 모셨고, 지공과 평산도 각각 글을 써서 법을 보였다. 소암(邵菴) 우공(虞公)의 서문에는 다음과 같이 씌어 있다.

천지가 하나로 순수하게 융합하니
한가한 몸이 온종일 한결같다.
왔다 갔다 하다가 어디서 머물까?
서른여섯 봄 궁전이다.

대개 이치에는 상(象)이 있고 상에는 수(數)가 있는데 36은 바로 천지의 수다. 천지가 합하고 만물이 자라는 것이 다 봄바람의 화기를 벗어나지 않는다. 이른바 하나의 근본으로써 만 가지를 유추한다는 것[一本萬殊]이니, 나옹의 한마디 형용(形容)에서 벗어나지 않으리라. 마땅히 지공과 평산의 전하지 않은 이치를 전해 받아 자신의 법도로 삼아야 할 것이다.

지정(至正) 23년 가을 7월 어느 날 충겸찬화공신 중대광 문하찬성사 진현관 대제학 지춘추관사 치사 직산군 담암 백문보 서

[普濟尊者 懶翁和尙 語錄 序

杏村李嵒 示余以懶翁之錄曰 懶翁往遊燕都 又入江南 得參指空平山 授以法衣塵尾 於佛法 旣積力久 帝優加褒奬 令注錫廣濟禪寺 賜以金欄拂子 大敭其法 而又平居 示人句偈多矣 及東還 晦跡山水間 王聞其名 遣使永致 接見旣敬 俾住神光寺 吾欲造謁而未遂 一日 其門人携其錄 求序篇端 以屬之不榖 予曰 道不同 不相爲謀 予業儒不識佛理 何能冠其辭乎 昔曾子固以文助佛 必至詆訾 而識者莫有拒之 今觀師語 云佛是一莖草 草是丈六身 此足以報佛 予於師 亦曰 旣覰得未發已前面目 一向上去 豈復有示人句偈耶 要得箇一團和氣 便是此句 無言可道 余以此爲報 師以爲何如 師旣師指空平山 指空平山各有章

句 邵庵虞公序之曰

天地一醇融

閒身盡日同

往來何所止

三十六春宮

蓋理有象象有數 六六是天地之數 天地氤氳 萬物和醇 皆不出於春風和氣
所謂一本萬殊 亦莫非此心可動可止 而不外乎懶翁一句形容 宜得專於指空平
山不傳之傳 以爲自家規範也

至正 二十三年 秋七月 有日 忠謙贊化功臣 重大匡 門下贊成事 進賢館大提
學 知春秋館事 致仕 稷山君 淡庵 白文寶 序][13]

담암이 간단히 언급한 나옹의 이력을 나옹의 문인 각굉이 쓴 행장과
이색이 쓴 '보제존자 탑명'에 의거해 연도순으로 간략히 정리하면 다음
과 같다.

1320년(충숙왕 7) 즉 경신년 정월 15일 영해부에서 출생. 날 때부터 골
상이 보통 아이와 달랐으며, 자라서는 근기가 뛰어나고 영매했다. 출가
를 청했으나 부모가 허락지 않다.[14]

1340년(충혜왕 후 1)경 공적산 묘적암으로 달아나 요연을 스승으로 출
가하다.

1344년(충혜왕 후5) 회암사에서 밤낮을 홀로 좌선하다가 문득 깨달음
을 얻고, 중국에 가서 스승을 찾겠다는 결심을 하다.

---

13) 〈담암일집〉 권2, 서(序)
14) 〈나옹집〉 행장, 21면, 원문은 骨相異常兒 旣長機神英邁卽求出家 父母不許

1348년(충목왕 4) 3월, 연경에 이르러 지공을 참례하여 묻고 답하다.

1350년(충정왕 2) 정월, 지공의 하어(下語)에 나옹이 유일하게 답하다. 같은 해 봄, 강소·절강성을 유람하다. 8월에 평산 처림을 참례하고, 천검 일검(千劍一劍)의 화두를 주고받다가 좌구로 평산을 쓰러뜨리다. 평산 으로부터 설암이 전한 급암의 옷과 불자를 받다.

1352년(공민왕 1) 북쪽으로 돌아와 다시 지공을 만나 지공이 주는 법 의와 불자와 범서를 받다.

1355년(공민왕 4) 가을, 이름이 원나라 궁궐에 들려서 황제의 성지를 받들고 연도의 광제사에 머물다.

1356년(공민왕 5) 10월, 개당법회를 열어 원나라 고관대작들과 선비, 승려 등에게 강론하다. 황제가 사자를 보내 금란가사와 폐백을 내리고, 황태자도 금란가사와 상아불자를 내리다.

1357년(공민왕 6) 광제사를 떠나 법원사로 가서 지공을 만나다. 귀국 하여 '삼산양수(三山兩水)'사이를 택해 불법을 흥하게 하라는 지공의 권 유를 받다.

1358년(공민왕 7) 3월, 지공을 하직하고 요양을 거쳐 귀국길에 오르다. 귀국 도중 인연과 기회가 되는대로 설법하다.

1360년(공민왕 9) 가을, 귀국 후 오대산 상두암에 머물다.

1361년(공민왕 10) 10월, 공민왕이 내첨사 방절을 보내 서울로 맞아들 이고 심요(心要)강설을 청하다. 그달 15일 궁중에 들어가 설법하니 왕은 만수가사와 수정불자를, 노국공주는 마노불자를, 태후는 친히 보시를 베풀다. 신광사(神光寺)에 머물기를 요청받고 거절하다가 거듭 요청하여 그달 20일에 신광사로 갔다. 같은 해 11월 홍건적의 침입 때 신광사에 머물러 강설하면서 절을 지키다.

1363년(공민왕 12) 7월, 다시 글을 올려 주지직을 사퇴하려 했으나 허락받지 못해 스스로 빠져나와 구월산 금강암에 머물다. 공민왕이 내시와 관리 등을 보내 주지직 맡기를 요청하므로 10월에 돌아와서 신광사에 2년을 머물다.

1365년(공민왕 14) 3월, 궁중에 들어가 글을 올려 신광사 주지직을 사퇴하고, 용문산 등에서 노닐다.

나옹의 여기까지 이력을 통해 보자면 〈나옹화상 어록〉은 나옹이 신광사 주지로 있을 때인 1363년 초에 기획된 것 같다. 그래서 같은 해 7월 이전 어느 때에 담암에게 서문 원고를 청탁했을 것이고, 이에 담암은 7월에 그것을 완성했다. 담암이 나옹을 만나려했으나 그러지 못한 것도 아마 이 무렵일 것이다. 나옹은 이 무렵 신광사를 빠져나와 구월산에 가 있었다. 공민왕은 이때 나옹에게 신광사 주지를 계속 맡으라면서 내시 김중손((金仲孫)을 보내 향을 내렸고, 서해도 지휘사 박희(朴曦), 안렴사 이보만(李寶萬), 해주목사 김계생(金繼生) 등을 연거푸 보내 주지 자리로 돌아오기를 거의 강요하다시피 했다. 담암이 나옹을 만나려고 한 것은 아마 공민왕의 특별한 부탁 때문이었을 것이다. 왕은 담암이 이미 치사한 처지지만 같은 고향 사람인 나옹과는 잘 아는 사이이니, 그를 보내면 나옹의 마음을 돌릴 수 있으리라 여겼을지도 모른다. 그러나 다행히 그해 10월 나옹이 돌아왔기 때문에 담암이 갈 필요가 없어진 것이다.

그러던 차에 어느 날 나옹의 제자가 스승의 어록을 가지고 와서 담암에게 서문을 청했다. 담암은 '도가 같지 않으면 함께 일을 도모할 수 없다.'[15] 는 공자의 말을 들면서 '나는 유학하는 사람이라 불교를 모르는데 어찌 서문을 쓰겠소?'라고 정중하게 거절했다. 자신의 학문적 토대가 유학 즉 성리학임을 분명히 밝힌 것이다. 그러나 글을 가지고 불교를 도우면 비방이 따르지만 증자고의 말대로 '아는 사이에는 거절할 수가 없기 때문에' 서문을 쓰게 된 것이다.

여기서 담암이 말한 증자고는 북송 대의 학자요 문인으로 당송 8대가 중 한 사람인 증공(曾鞏·1019~1083)을 말한다. 그의 자가 자고(子固)였다. 증공은 39세에 진사시에 합격했는데, 이때의 지공거가 구양수(歐陽脩)였다. 구양수는 그때까지 중시하던 변려문(駢儷文) 문장을 낙방시키고 증공, 소식(蘇軾), 소철(蘇轍) 등 고문가의 문장을 합격시켰다. 이는 이전에 추구하던 변려문을 상당히 쇠퇴케 하는 원인이 되었다. 훗날 주희는 '공(=증공)의 문장은 뛰어났다. 맹자와 한유 이래 작자는 많았지만, 이런 경지에 이른 사람은 아직 없었다.'고 격찬했다. 증공은 문장을 평가하는 기준을 도(道)와 이(理)의 유무에 둔 이른바 명도당리(明道當理)를 근본으로 삼고, 문사의 아름다움도 겸해야 된다는 입장인 것으로 전해진다. 이는 담암의 문장관이기도 한 것이다. 아무튼 담암은 이런 증공의 말을 인용하여 유자로서 불제자 나옹의 어록에 서문을 쓰는 자신의 입장을 변호하고 있다.

담암이 주목한 나옹의 글, '부처란 곧 한 줄기 풀이니, 풀이 바로 장육신[佛是一莖草 草是丈六身]'이라는 구절에 대해 살펴보자. 일경초(一莖草) 곧 한줄기 풀이란 낱낱의 사물 또는 하찮은 사물을 상징하고, 장육신(丈六身)이란 일장육척의 신장을 가진 몸을 뜻한다. 석가모니는 신장이 일장육척이었다고 전해지는데, 장육신이란 곧 석가모니의 육체를 상징적으로 지칭하는 말이다. 불상에 금칠을 하는 경우가 많으므로 장육금

---

15) 〈논어〉 위령공(衛靈公)편, 道不同 不相爲謀

신(丈六金身)이라고도 한다. 가장 고귀한 부처님의 성품이 낱낱의 사물에 스며있다는 뜻으로 보자면 불성(佛性)은 누구에게나 존재한다는 의미로 볼 수 있다. '일체의 중생이 모두 불성을 가지고 있지만 무명(無明)이 덮고 있어서 해탈을 얻지 못할 뿐'[16]이라는 불경의 한 구절과 연관된 표현이 아닌가 싶다. 아니면, 가장 고귀한 부처님이 곧 가장 하찮은 풀이라는 의미로 읽을 수도 있다. 그 하찮은 풀이 다시 부처님의 몸이라면 고귀한 것과 하찮은 것이 서로 다르지 않다는 뜻으로 풀이해야 하지 않을까? 이 말은 또 당나라 때 선승(禪僧) 조주(趙州·778~897)의 어록에 있는 '노승(老僧·조주 자신)은 한줄기 풀을 가지고 장육금신(丈六金身)으로 작용시키기도 하고, 장육금신을 가지고 한줄기 풀로 작용시키기도 한다. 부처님이 곧 번뇌이며, 번뇌가 곧 부처님'[17]이라는 말과도 상통한다. 제불(諸佛)에게 배우는 것[效]은 장육신에게 배우는 것이요, 일경초(一莖草)에게 배우는 것이기도 하다라는 말도 있다.

　　나옹이 이 말을 한 것은 신광사 주지가 됐을 때였다. 그는 절에 도착하여 여기저기를 둘러보면서 여러 가지 말을 했고, 법당에 올라가 설법했다. 나옹이 신광사 주지가 된 것은 1361년(공민왕 10) 10월이다. 그달 15일에 궁중에 들어가 공민왕 가족을 위해 심요를 강론하고, 수차 사양 끝에 그달 20일 신광사 주지가 되는 것이다. 그리고 얼마 후인 11월에 홍건적이 쳐들어온다. 이때 나옹의 나이는 42세였다. 그의 문도 각련이 채록한 어록을 보자.

---

16) 〈열반경(涅槃經)〉, 一切衆生 悉有佛性 無明覆故 不得解脫

17) 〈조주록(趙州錄)〉, 老僧把一枝草 作丈六金身用 把丈六金身 作一枝草用 佛卽是煩惱 煩惱卽是佛

스님은 절 문에 도착하여 손으로 가리키며 말했다. '온 대지가 다 해탈문인데 대중은 일찍이 그 문에 들어갔는가? 만일 들어가지 못했다면 나를 따라 앞으로 나가자.' 또 보광명전(普光明殿)에 이르러 말했다. '비로자나(毘盧遮那)의 꼭대기를 밟는다 해도 그는 더러운 발을 가진 사람이다. 말해 보라. 절하는 이것이 무엇인가?' 그리고는 손으로 불상을 가리키면서 '나 때문에 절을 받는 것이오.'라고 했다. 다음에는 거실(據室·주지실)에 이르러 '이 방은 부처를 삶고, 조사(祖師)를 삶는 큰 화로'라고 했다. 또 주장자(拄杖子·지팡이)를 들고는 '이것은 부처를 죽이고, 조사를 죽이는 날카로운 칼이다. 대중은 이 칼 밑에서 몸을 뒤집을 수 있는가? 그런 사람은 이리 나와도 좋다. 나와도 좋다.'고 했다. 이어서 주장자로 한 번 내리치고는 '우리 집의 적자(嫡子) 외에 누가 감히 이 속으로 가겠는가?' 하고는 악! 하면서 할(喝)을 한 번 한 뒤에 자리에서 내려왔다.

다음에 또 법당에 올라가 향을 피워 황제를 위해 축원한 뒤에 법좌에 올라, '산승(山僧·나옹 자신)은 오대산을 떠나기 전에 이미 여러분을 위해 오늘의 일을 다 말했다. 지금 손님과 주인이 서로 만나 앉고 서는 것이 엄연하니 이미 많은 일을 이루었는데, 다시 산승에게 모래흙 흩뿌리기를 기대하는 것은 만리에 흰 구름 격이다. 그러나 관법(官法)으로는 바늘도 용납하지 않지만 사사로이는 거마(車馬)도 통하는 것이니 아는 이가 있는가?'라고 말했다. 문답을 마치고는 이어서 또 말했다. '티끌 같은 세상에 털끝 하나 없고 날마다 당당하게 살림살이를 드러낸다. 보려고 해도 볼 수 없어 캄캄하더니, 쓸 때는 무궁무진 분명하구나. 3세의 부처들도 그 바람 아래 섰고 역대의 조사들도 3천 리를 물러선다. 말해 보라. 이것이 무엇인데, 그렇게도 대단한가? 확실히 알겠는가? 확실히 알기만 한다면 어디로 가나 이름과 형상을 떠나 사특(邪慝)함을 무찌르고 바름을 드러낼 것이며, 가로 잡거나 거꾸로 쓰거나 죽이고 살림이 자유자재일 것이다. 장차 한 줄기 풀로 장육금신을 만들며, 장육금신으로 한 줄기 풀을 만들 것이다.'[18]라고 했다.

갑자기 주장자를 들어 왼쪽으로 한 번 내리치고 '이것이 한 줄기 풀이라면 어느 것이 장육금신인가?'라고 말하고, 오른쪽으로 한 번 내리치고는 '이것이 장육금신이라면 어느 것이 한 줄기 풀인가?'[19]라고 말했다. 그리고 말하기를 '만일 여기서 깨치면 임금의 은혜와 부처의 은혜를 한꺼번에 갚을 수 있겠지만 그렇지 못하거든 각기 승당으로 돌아가 자세히 살펴보라.'고 했다.

위에 나온 나옹의 몇 가지 언행을 통해 나옹의 강론(講論) 스타일을 살펴보면 그는 말을 매우 잘하고 또 많이 하며, 행동도 활달한 강론자였던 것 같다. 한마디로 적절한 쇼맨십을 갖추고 대중을 열광시키는 재능이 있었던 것이다. 여기서 할(喝)이란 대갈일성(大喝一聲)할 때의 갈로서, 할이라고 읽으면 말로 표현할 수 없는 직접 체험의 경지를 나타낼 때, 수행자를 꾸짖거나 호통 칠 때, 또는 대중에게 불성을 깨치게 하거나 주의를 환기시키기 위해 토하는 큰 소리를 말한다. 나옹의 행장이나 어록을 보면 악! 하고 고함을 쳤다는 '할' 얘기가 자주 나온다. 그는 적절하게 악! 하고 고함을 침으로써 청중의 주의를 환기시킨 것 같다. 그리고 나옹의 법문에서는 반복어법과 비유법, 그리고 의문문 형식이 많이 나온다는 느낌을 받는다. 이 역시 청중의 주의를 집중시키는 효과를 고려한 표현법일 것이다. 이렇게 보자면 그는 매우 뛰어난 대중연설가였다고 할 수 있다.

---

18) 〈나옹집〉 어록, 40면, 원문은 將一莖草作丈六金身 將丈六金身作一莖草
19) 〈나옹집〉 어록, 40면, 원문은 驀拈拄杖 左邊卓一下云 這箇是一莖草 那个是丈六金身 右邊卓一下云 這箇是丈六金身 那个是一莖草

아울러 행동 역시 상식인의 기준으로 보자면 이해할 수 없는 경우가 흔했다. 이런 행동도 대중적인 인기를 고려한 고도의 전략이 아닌지 모르겠다. 나옹의 행동 스타일은 어떻게 보면 무애행(無碍行)을 보여준 것 같기도 하고, 어떻게 보면 안하무인에 가까운 광태(狂態)로 비칠 수도 있었다. 앞에서 보았듯이 나옹이 서른한 살 때(1350년) 평산 처림을 처음 만나 천검일검의 화두를 주고받다가 좌구를 당겨서 평산을 넘어뜨린 일도 그렇고, 그의 나이 쉰하나일 때(1370년·공민왕 19) 당시 국사(國師)였던 천희(千熙)화상의 맨머리를 방석으로 후려친 일도 그렇다. 이때의 사정을 나옹의 문도 각굉은 나옹 행장에서 이렇게 적고 있다.

홍무 경술년(1370·공민왕 19) 8월16일에 선석(選席·인재를 뽑는 것)을 열었다. 왕이 여러 군(君)과 양부(兩府)의 문무백관을 거느리고 친히 나와 보셨다. 그리고 선사, 강사 등 여러 큰 스님들과 강호의 승려들이 모두 모였다.

그때 설산국사(雪山國師·천희)도 그 모임에 왔다. 스님(=나옹)은 국사와 인사하고 처음으로 방장실(方丈室)에 들어가 좌구(坐具·방석)를 들고 '화상!'하고 불렀다. 국사가 무어라 하려는데 스님은 좌구로 그 반질반질한 머리를 때리고는 곧바로 나와 버렸다.[20]

천희(1307~1382)는 경상도 흥해(지금의 포항) 출신으로, 1319년(충숙왕 6)에 출가했다. 1325년(충숙왕 12) 승과에 급제하고, 금생사(金生寺)·개태사(開泰寺) 등지에서 수행하다가 1364년(공민왕 13) 중국 항주에 있는

---

20)〈나옹집〉행장, 32면, 원문은…時 雪山國師 亦赴是會 師與國尊 相見 初入方丈 提起座具云 和尙 國尊 擬議 師以座具 打㦿頭便出

휴휴암(休休庵)에 이르렀다. 1366년(공민왕 15) 성안사(聖安寺)의 만봉(萬峯) 시울(時蔚)을 만나 가사와 선봉(禪棒)을 전해 받고 귀국하여 치악산에 머물렀는데, 1367년(공민왕 16), 왕이 사람을 보내 국사로 초빙했다. 천희는 나이나 이력 면에서 나옹의 한참 선배였다. 그런데 이런 천희가 나옹에게 까까머리를 얻어맞은 것이다.

나옹이 천희를 때린 데에는 무슨 이유가 있었겠지만 이 내용만으로 보자면 천희는 까닭도 모르고 나옹한테 방석으로 머리를 맞은 것이 된다. 상식적으로 있을 수 없는 일을 했는데도 각굉은 그 까닭을 밝히지 않았다. 추측컨대 임제종(臨濟宗) 계열의 나옹과 화엄종 계열인 천희 사이의 갈등 때문으로 보인다. 1358년(공민왕 7) 귀국 시 나옹은 '삼산양수' 사이를 택해 불법을 흥성시키라는 지공의 권유를 받아 이를 실천코자 했으나 당시 편조와 천희가 주도한 화엄종 세력 때문에 그 뜻을 펴지 못하고 있었다.[21] 그러나 각굉은 스승의 거침없는 행보를 부각시키려는 의도에서인지는 모르지만 이런저런 까닭을 밝히지 않고 있다. 아무튼 나옹의 강론 스타일이나 화법(話法), 그리고 이런 돌출행동들이 대중의 폭발적 인기를 얻게 한 요인일 수도 있었을 것이다. 훗날 나옹의 법회에 대중이 밀려들자 위기감을 느낀 조정은 그를 경상도 밀성군(密城郡·경남 밀양)으로 추방했다. 결국 그는 거기까지 가지 못하고 여주의 신륵사에서 죽었다. 이때의 일을 〈고려사절요〉는 이렇게 적었다.

중 나옹을 밀성군으로 쫓았다. 이때 나옹이 양주(楊州) 회암사(檜巖寺)에서 문수회(文殊會)를 열었는데, 경향각지의 남녀와 귀천(貴賤)을 가리지 않고 다투

---

21) 황인규, 〈고려 말·조선전기 불교계와 고승 연구〉, 혜안, 2005, 30면

어 포백(布帛), 과일, 떡을 싸 가서 보시하기 위해 서로 먼저 가려고 절의 문이 메워질 지경이었다. 이에 추방한 것인데, 가다가 여흥 신륵사에 이르러 죽었다.[22]

이 자료에서 보듯이 나옹의 언변에는 중앙과 지방, 남녀노소, 빈부귀천을 가리지 않고 대중을 끌어당기는 마력이 있었던 것 같다. 그렇지 않고서야 이처럼 많은 인파가 몰릴 수는 없었을 것이다. 〈고려사〉 세가는 이 때 사헌부에서 관원을 보내 부녀자의 출입을 통제하고, 도당에서는 절문을 폐쇄토록 했다고 기록하고 있다. 아무튼 이로 하여 나옹은 결국 자신의 천명대로 살지 못하고 추방 길에서 죽는데, 이 때문에 나옹이 독살 당했다는 설도 나오는 것이다.

〈나옹집〉의 어록과 행장 등을 보면 나옹은 생전에 많은 말과 글을 남겼다. 이제현이나 이암 같은 유자들은 물론이고, 윤환(尹桓)이나 염흥방(廉興邦) 같은 당대의 권력자들, 다수의 문도들, 그리고 자신의 여동생에게도 글을 보냈다. 다 그런 것은 아니지만 말이나 글을 많이 하고 많이 쓰다보면 옳은 소리만 할 수가 없다. 다소의 거짓말이나 과장도 나오는 수가 있다. 가령 1350년(충정왕 2) 나옹이 지공을 만났을 때 지공의 하어(下語)에 유일하게 답한 것이나, 평산 처림을 만나 천검일검의 화두를 주고받다가 좌구로 평산을 쓰러뜨린 일 등은 본인이 일부러 말하지 않았다면 고려 사람들은 알 수 없는 내용들이다. 물론 당시 곁에 있던 중국인 승려들은 보았겠지만 친구도 없이 혼자 떠도는 고려의 한 객승(客僧)의 행적을 그들이 관심 있게 보았을 것 같지는 않다. 이런저런 행적들은 귀국 후 자신의 입을 통해 전해졌을 텐데, 다소 허풍스런 성격이 아니라

---

22) 〈고려사절요〉, 우왕 4년(1376) 4월조

면 자신의 이런 행동들을 얘기하기는 쉽지 않았을 것이다.

그러나 이색 같은 사람은 나옹의 글에 대해 '평생에 일찍이 세속의 문자를 익히지 않았으나 시 짓기를 청하는 이가 있으면 그 자리에서 붓을 잡고 쓰는 것이 마치 생각을 거치지 않는 것처럼 하지만 이치와 뜻이 심원(深遠)했다. 만년에는 묵화를 좋아하여 그가 그린 산수(山水)는 정도(正道)와 권도(權道)에 매우 가까웠다. 아, 도가 이미 통했으니 다능한 것은 당연한 일[23]이라고 의례적인 찬사를 보냈다. 하지만 어떻게 그럴 수가 있을까? 일찍이 세속의 문자를 익히지 않았는데 어떻게 이치와 뜻이 심원한 한시를 지을 수 있었을까? 그리고 도를 통했으니 다능한 것이 당연하다는 말도, 어쩌면 그럴 수 있겠지만 과장이 개입된 혐의가 짙다. 그리고 합리적인 것 같지도 않다. 아마 이색이 몰라서 그렇지 나옹 역시 글공부를 했을 것이다. 특히 출가이전 아버지의 영향력 아래 있을 때, 그리고 출가이후 행각승으로 고려와 중국 각지를 떠돌 때 그가 글공부를 했다고 보는 것이 옳다. 특유의 총명함으로 인해 수학기간이 짧았을 수는 있지만 글공부를 하지 않았다는 말은 부정확한 것 같다. 이를 두고 나옹 스스로, 나는 평생에 일찍이 세속의 문자를 익히지 않았고 묵화도 배운 바 없었노라고 말했을 수는 있다. 다음은 나옹의 작품으로 알려진 '청산은 나를 보고'란 게송(偈頌)이다.

청산은 나를 보고 말없이 살라하고, 창공은 나를 보고 티 없이 살라하네
사랑도 벗어놓고 미움도 벗어놓고, 물같이 바람같이 끝내고 가라하네
청산은 나를 보고 말없이 살라하고, 창공은 나를 보고 티 없이 살라하네

---

23) 이색, 〈목은문고〉 권14, 보제존자 탑명

성냄도 벗어놓고 탐욕도 벗어놓고, 물같이 바람같이 끝내고 가라하네[24]

이 게송을 보고 '일찍이 세속의 문자를 익히지 않은' 사람이 지었다고 할 수는 없을 것 같다. 깨달은 사람, 곧 각자(覺者)이기 때문에 가능하다고 한다면 어쩔 수 없지만 상식적인 눈으로는 불합리하다. 그리고 내용을 보자면 '나'라는 화자(話者) 즉 나옹은 말이 많고, 때[垢]가 묻고, 사랑과 미움을 가진 보통 사람이다. 이는 나옹이 대중들에게 들려준 게송이기 때문에 교훈적인 내용을 전제로 한 것이겠지만 바로 나옹 자신에게 주는 자계(自戒)의 글일 수도 있을 것이다. '도가 이미 통한' 나옹이지만 그 역시 인간인지라 무어(無語), 무구(無垢), 무애(無愛), 무증(無憎)으로부터 자유롭지 않았다고 볼 수 있다. 그가 누이동생의 편지에 답한 글을 보아도 문자를 익히지 않은 사람 같지는 않으며, 냉정한 수행자인 그도 인간의 정이 없지 않았음을 알 수 있다. '나는 어려서 집을 나와 햇수 달수도 기억하지 않고, 친한 이 먼 이도 생각하지 않으며, 오늘까지도(道)만을 생각해 왔다. 인의(仁義)의 길에서는 친한 정과 사랑하는 마음이 없을 수 없지만 우리 불도에서는 그런 생각이 조금만 있어도 큰 잘못인 것이다……(中略)'그리고 이어서 게송을 주고 있다. '아미타불 계신 곳 어디인가, 마음에 붙여두고 부디 잊지 말거라. 생각이 다하여 생각 없는 곳에 이르면, 육문(六門·눈, 귀, 코, 혀, 몸, 그리고 뜻)에서 언제든 자금광(紫金光)을 뿜으리.'[25]
담암은 나옹의 이런 면, 즉 좋은 언변에 스며든 다소의 과장과 말 많

---

24) 원문은 靑山兮要我以無語 蒼空兮要我以無垢 聊無愛而無憎兮 如水如風而終我 靑山兮要我以無語 蒼空兮要我以無垢 聊無怒而無惜兮 如水如風而終我이다. 그러나〈나옹집〉에서는 이 게송을 찾을 수 없다.

음에 대해 따끔한 일침을 가하고 있다. '미발(未發) 이전에 진면목(眞面
目)을 이미 보았다면 한결같이 향상해 갈 것이지 무엇 때문에 오늘 다
시 사람들에게 게구(偈句)를 보이려 하는가?'하는 부분이다. 미발의 사
전적 의미는 일이 아직 일어나지 않음, 아직 떠나지 않음, 꽃 따위가 아
직 피지 않음이란 뜻이고, 그 반대말은 발(發) 또는 기발(旣發)이라고 할
수 있다. 따라서 미발은 '드러나기 전이나 태어나기 전, 깨닫기 전'이라고
해도 무방할 것이다. 위에 나온 담암의 글을 다시 써 보자면 '당신은 드
러나기 전에 이미 진리의 참 모습을 보았다고 하고 또 평소에도 게구를
사람들에게 많이 보여주었다고 하는데, 그렇다면 한결같이 정진해서 자
신을 향상시켜갈 일이지 무엇 때문에 오늘 다시 어록 따위를 만들어서
사람들에게 게구를 보이려 하시오?'쯤이 될 것이다. 나옹은 평소에도 게
구를 사람들에게 많이 보여 주었다는 얘기가 앞에 나온다.

　담암은 이어서 나옹의 이 말, 즉 '부처란 곧 한 줄기 풀이요, 풀은 바
로 장육신'이란 구절은 다른 것 없이 무언가도(無言可道)라고 했다. 어떤
말로도 표현할 수 없는 도(道), 또는 말이 필요 없는 도라는 뜻이다. 담
암은 이런 지고(至高)의 도를 말한 나옹이 다시 어록을 내는 목적이 무
엇인지 묻고 있다. '기어이 한 덩이 화기(和氣)를 얻고자 함인가?'라고 거
듭 묻는 것이다. 진리란, 말이나 글로써 표현하는 것이 아닌지도 모른다.
꽃을 따서 무리에게 보였다[拈華示衆]는 말이 있다. 석가가 연꽃을 들어
제자들에게 보였으나 아무도 그 뜻을 깨닫지 못했다. 가섭(迦葉)만이 홀
로 미소를 띠었으므로 석가가 그에게 불교의 진리를 주었다고 한다. 말

25)〈나옹집〉, 어록, 89면, 답매씨서(答妹氏書), 원문은 自小出來 不記年月 不念親疎 以道爲己 到今日於
　　仁義道中 不無親情 及與愛心 我佛道中 有此念 便乃大錯也…(中略)…阿彌陀佛在何方 着得心頭切莫
　　忘 念到念窮無念處 六門常放紫金光

이나 글에 의하지 않고 이심전심으로 뜻을 전하는 일을 염화시중이라고 하지 않던가? 따라서 담암이 한 '다른 것 없이 이 구절은 어떤 말로도 표현할 수 없는 도'라는 말 속에는 '다른 것 없이 이 구절은 어떤 말로도 표현할 수 없는 진리인데, 나옹 당신은 굳이 말로써 표현하고자 하는가?' 라는 책망이 은근히 배어있다. 이는 담암이 나옹의 고향선배이기 때문에 할 수 있는 쓴 소리일 수 있다.

담암이 말하고 있는 미발과 화기(和氣)와 도(道), 그리고 미발의 반대말인 기발과 관련이 있는 고전은 〈중용〉이다. 담암은 아마 '희로애락(喜怒哀樂)의 감정이 드러나지 않은 것을 일러 중(中)이라 하고, 이미 드러났으되 모두 절도(節度)에 부합하는 것을 일러 화(和)라고 한다. 중이란 것은 천하의 큰 근본이요, 화라는 것은 천하에 통달되는 도'[26]라는 〈중용〉의 구절에서 화(和)라는 개념을 도출해낸 것 같다. 〈중용〉의 맨 앞에 천명(天命)은 본성(本性)이요, 본성을 따르는 것이 바로 도라고 했다. 이 도는 이(理)에 부합하는 중정지도(中正之道)를 말한다. 또 인간에게는 본성 외에 정(情)이란 것이 있다. 〈중용〉은 이 부분에 대해 '희로애락은 정(情)이요, 그것이 나타나지 않고 본성 가운데 잠겨있는 상태가 바로 중(中)이라고 말하는 것'이며, '정이 이미 나타났으되 적절하게 나타난 것을 화(和)라고 말하는 것'이라고 했다. 여기 나온 중화(中和)가 바로 인간의 생활을 '도'로 이끌 수 있는 근본이며, 중화가 이루어진 세상이 바로 유가(儒家)의 이상세계일 것이다. 유학을 신봉하는 대부분의 〈중용〉 주석자들이 '미발은 이(理)요, 기발은 기(氣)'라고 이해하고 있거니와, 화기

---

26) 〈중용〉 제1장,, 원문은 喜怒哀樂未發謂之中 發而皆中節謂之和 中也者天下之大本也 和也者天下之
達道也

(和氣)는 기(氣)를 매개로 해서 유불(儒佛)이 통할 수 있는 하나의 작은 통로 구실을 한다. 아니 어느 의미에서는 선학(禪學)에서 차용(借用)한 개념을 유학이 더 적극적으로 활용한 것인지도 모른다.

화기는 여러 갈래로 나뉘어 대립하는 마음을 수행을 통해 조화시킴으로써 얻게 되는 높은 경지라는 뜻이다. 화기의 사전적 의미인 '온화한 기운, 조화로운 기운'만이 아닌 깊은 뜻이 있는 것이다. 선종(禪宗)에서는 깨달음이라는 말조차 잊어버려야 한다고 하는데 담암은 깨달음에 이름을 붙인 것이다. 화기의 경지는 몸소 체험해야 하는 경지이기 때문에 말로 다 나타낼 수는 없다. 하지만 그런 경지를 '화기(和氣)'라고 이름 붙여야 한다는 것이 담암의 생각인 것이다. 선종에서는 화기라는 말이 가명(假名)일 뿐이어서 이 또한 버려야 한다고 할 것이 틀림없지만 이에 맞서 담암은 화기라는 말을 버릴 수는 없다고 할 것이 틀림없다. 그래서 가명이 아닌 정명(正名)의 길로 접어들게 된 것이다.[27]

공자는 〈논어〉에서 정치를 맡기면 무엇부터 하겠느냐는 질문에 '이름을 바로잡겠다[正名]'고 대답하고, 정명(正名)이 무엇인가에 대해 '임금은 임금답고 신하는 신하다우며, 아버지는 아버지답고 자식은 자식답게 되는 것[君君臣臣 父父子子]'이라고 하여 인간 사회의 모든 행위가 그 이름에 부합해야 한다고 요구하고 있다.

이름과 실제의 부합인 정명은 제 자리를 잡는다는 면에서 〈중용〉의 중화(中和) 개념과 통한다. 실로 〈중용〉은 제1장에서 '중(中)과 화(和)에 이르게 되면 천지가 제 자리를 잡고, 만물이 길러지는 것'[28]이라고 보고 있다. 소암(邵庵)의 시를 인용한 것으로 보아 담암은 중화의 화기야말로

---

27) 최귀묵, 〈김시습의 사상과 글쓰기〉, 소명출판사, 2001, 229면

천지를 화합시키고, 만물을 생육시키는 조건이라고 생각한 것 같다.

이어서 담암은 나옹의 스승이었던 지공과 평산, 그리고 소암 우공이란 세 인물의 관계와 소암의 글을 통해 다시 〈주역〉의 상수(象數)를 이끌어내고 있다. 담암의 글로 보건대 지공과 평산이 각각 글을 써서 법을 보였는데, 소암은 지공과 평산의 어록에 서문을 쓴 것 같다. 여기 나온 소암 우공은 원대의 시인이요, 학자인 우집(虞集·1272~1348)을 말한다. 그의 호는 도원(道園) 또는 소암(邵庵)인데, 통칭 소암선생이라 불린다. 그는 고려 충선왕이 1314년(충숙왕 1) 연경에 만권당(萬卷堂)을 열고 원나라 학자들과 교유할 때 조맹부(趙孟頫·1254~1322), 염복(閻復), 요봉(姚烽) 등과 함께 초빙된 인물이다. 여기서 고려의 문신들인 이제현(1287~1367), 박충좌(朴忠佐·1287~1344) 등과 더불어 중국의 고전과 당시 북중국에서 유행하던 성리학도 연구하게 된다. 우집은 훗날 원나라 문종(文宗·재위 1328~1332)의 즉위와 함께 규장각 학사가 되어 〈경세대전(經世大典)〉을 찬수하고, 〈도원학고록(道園學古錄)〉 등의 저서를 남겼다.

담암의 좌주인 이제현과 우집과의 교유를 생각하면 담암은 우집을 직접 만났을 수도 있다. 담암이 충숙왕을 수행하여 원나라 연경에 간 것이 1336년(충숙왕 후5)인데, 이때 우집의 나이는 65세였고 담암은 34세였다. 고려의 개혁을 위해, 그리고 성리학에 대한 탐구열에 불타고 있던 담암의 처지에서 보자면 일부러라도 우집을 찾아가 배움을 청했을 수가 있다. 더구나 좌주 이제현의 소개가 있었다면 두 사람이 만났을 개연성은 충분하다고 보겠다. 만에 하나 직접 만나지 못했다 하더라도 담암은 이제현을 통해 우집의 저작이나 생각 등을 전해 받았을 수 있을

---

28) 〈중용〉 제1장, 원문은 致中和 天地位焉 萬物育焉

것이다. 고매한 유학자 우집이 불교 승려의 어록 서문을 썼다는 사실에
담암은 상당히 위안을 받은 것 같고, 이에 그 서문의 일부를 인용하고
있다.

천지일순융(天地一醇融·천지가 하나로 순수하게 융합하니)
한신진일동(閒身盡日同·한가한 몸이 온종일 한결같다)
왕래하소지(往來何所止·왔다 갔다 하다가 어디서 머물까)
삼십육춘궁(三十六春宮·서른여섯 봄 궁전이다)

그리고 대개 이치[理]에는 상(象)이 있고, 상에는 수(數)가 있는데, 바
로 36은 천지의 수라고 하면서 여기서 다시 천지가 합하고 만물이 자라
는 이치를 도출하고 있다. 위에 나온 우집의 시는 소옹(邵雍·1011~1077)
의 아래 시를 참조한 것 같다.

건우손시관월굴(乾遇巽時觀月窟·건괘가 손괘를 만날 때 월굴을 보고)
지봉뇌처견천근(地逢雷處見天根·지괘가 뇌괘를 만나는 곳에서 천근을 본다)
천근월굴한왕래(天根月窟閑往來·천근과 월굴이 한가로이 왕래하니)
삼십육궁도시춘(三十六宮都是春·삼십육궁 모두가 늘 봄이다)

이 시는 〈주역〉의 대가인 소옹 즉 소강절의 관물시(觀物詩) 중 일부[29]
인데, 여기서 천근은 〈주역〉의 복(復)괘를, 월굴은 구(姤)괘를 말하는 것
이라고 한다. 8괘는 대개 물, 불, 하늘, 우뢰, 바람, 산, 땅, 못[澤]을 상징한
다. 〈주역〉 생성 당시 이들이야말로 인간의 힘으로는 어찌해 볼 수 없는
거대한 자연 그 자체였을 것이다. 훗날 이익(李瀷·1681~1763)은 자신의

저작에서 '대저 월굴이란 음(陰)의 뿌리이니, 음의 뿌리는 곧 양(陽)이다. 천근이란 것은 양의 뿌리이니, 양의 뿌리는 곧 음이다. 양은 상(上)이요, 음은 하(下)이니 이치가 확실히 그렇다'라고 했다. 이어서 '사람은 양에 속하고 물(物)은 음에 속하며, 양은 하늘을 맡고 음은 달[月]을 맡았으니, 사람을 알고자 할진대 모름지기 하늘을 알아야 하고, 물을 알아야 할진대 모름지기 달을 알아야 한다. 하늘을 알자면 역시 그 뿌리로부터 추구해야 하고, 달을 알자면 역시 그 굴(窟)로부터 추구해야 한다. 그러므로 뿌리를 밟으면 사람을 알게 되고, 굴을 더듬으면 물(物)을 알게 되는 것[30]이라고 말했다.

담암이 36을 천지의 수(數)라고 말한 것은 삼십육궁도시춘(三十六宮都是春)이라는 소옹의 시와 삼십육춘궁(三十六春宮)이라고 한 우집의 시를 모두 감안한 표현일 텐데 그렇다면 왜 36을 천지의 수라고 했을까? 〈주역〉 해설자들은 대개 '삼십육궁도시춘'에서 36궁을 〈주역〉 64괘로 보고 있다. 8괘 가운데 건(乾)·곤(坤)·감(坎)·리(離) 4괘는 위아래를 바꾸어도 모양이 변하지 않는 반면, 나머지 4괘는 모양이 변한다. 진(震)은 간(艮)이 되고, 손(巽)은 태(兌)가 된다. 진과 간을 하나로 보고, 손과 태를 하나로 보아 8괘를 6괘로 칠 경우 6×6= 36이 되는 것이다. 그리고 도시춘(都是春) 즉 모두가 봄이란 것은 봄의 온기가 가득함을 의미한다. 중국을 비롯한 고대 동양에서는 〈주역〉의 관점에 따라 천하를 360주(州)로 분할했다. 360이란 주천도수(周天度數·하늘의 둘레를 나타낸 눈금)는 천지의 360도(度)와 같고 10도는 1궁(宮)이라는 것이다. 10도가 1궁

29) 이 시의 앞부분은 耳目聰明男子身 洪鈞賦予不爲貧 須探月窟方知物 未躡天根豈識人이다.

30) 이익, 〈성호사설〉 권29, 시문문(詩文門)

이니 360도는 36궁이 된다. 따라서 삼십육궁도시춘이나 삼십육춘궁은 '천지가 모두 화합하는 봄'이라고 해석할 수 있을 것이다. 이는 천지(天地), 음양(陰陽), 군신(君臣), 상하(上下) 등 유교적 위계질서 안에 있는 모든 것들이 화합하는 형상이다. 담암이 척불소에서 '3천6백년이 쌓여 하나의 대주원이 되고……우리 동방이 단군으로부터 지금까지 이미 3600년이 지났으니 곧 하나의 대주원이 되는 기회'라고 주장한 배경도 이 주천도수 360과 개념적으로 연관되어 있을 수 있다.

　아무튼 담암은 36이라는 천지의 수에서 천지가 화합하고 만물이 자라는 것이 다 봄바람의 화기를 벗어나지 않는다는 논리를 이끌어 냈다. 그리고 나아가 소위 일본만수(一本萬殊), 즉 하나의 근본이나 대원칙을 통해 만 가지 사상(事象) 곧 일체의 현상을 미루어 짐작하는데, 이 모든 것들이 앞에서 본 나옹의 한마디 말- 부처란 곧 한 줄기 풀이요, 풀은 바로 장육신- 에서 벗어나지 않는다고 결론짓고 있다. 이는 담암으로서는 나옹에게 보내는 최고의 찬사라고 해도 무방할 것이다. 아마 앞에서 '이는 어떤 말로도 표현할 수 없는 진리인데, 나옹 당신은 굳이 말로써 표현하고자 하는가?' 라고 하면서 나옹을 은근히 나무란 것이 마음에 걸렸기 때문일 수도 있다. 그리고 마지막으로 마땅히 지공과 평산의 전하지 않은 이치를 전해 받아[不傳之傳] 자신의 법도로 삼아달라고 당부하면서 끝을 맺었다. 부전지전이란 말 속에는 나옹에 대한 담암의 기대가 크게 담겨 있다고 본다. 따져보면 스승이 전하지 않은 이치를 나옹 당신이 크게 깨치라는 당부인데, 이것은 나옹에 대한 기대가 없었다면 나올 수 없는 말일 것이다. 나옹! 당신은 분명히 스승보다 나은 사람이 될 것이오! 라는 뜻이 함축된 말이다.

3. 또 하나의 〈나옹화상 어록〉 서문

그러나 나옹의 문도들은 담암이 쓴 〈나옹화상 어록〉의 서문을 그리 탐탁지 않게 여겼던 것 같다. 말하자면 나옹을 나무라기도 하고 칭찬도 한 담암 식의 글보다는 일방적으로 칭찬만 하는 내용을 원했던 건지도 모른다. 〈나옹화상 어록〉은 고려 때에 두 번 간행되었다. 초간본은 1363년(공민왕 12)에 나왔는데, 담암의 서문은 여기에 실려 있었다. 그리고 재간본은 나옹이 죽은 뒤인 1379년(우왕 5)에 다시 손질하여 간행되었다. 여기에는 담암의 서문을 포함하여 이색의 서문이 하나 더 첨가됐으며, 말미에는 이달충의 발문(跋文)이 실려 있다. 이달충이 쓴 발문을 보자.

……이상은 왕사 보제존자가 사방으로 돌아다닐 때 일상의 행동을 한마디, 한 구절 모두 그 시자(侍者)가 모아 〈나옹화상 어록〉이라 이름 한 것이다. 그 제자 유곡(幽谷) 각굉(覺宏) 등이 여러 동지들과 더불어 세상에 간행하려고 내게 그 서문을 청했다. 그래서 나는 그들에게 말했다. '서문이란 유래를 쓰는 것인데, 그 유래를 모르고 서문을 쓰면 반드시 사람들의 비난을 받을 것이오. 장님이 길을 인도하거나 귀머거리가 곡조를 고른다면 그것이 될 일이겠소. 나는 그것이 안 되는 일인 줄 알 뿐만 아니라, 더구나 백담암(白淡庵)이 서문에서 남김없이 다 말했는데 거기 덧붙일 것이 무엇 있겠소?'라고 했더니 그들은 '그렇다면 발문(跋文)을 써 주시오.'라고 하면서 재삼 간청하므로 부득이 쓰는 것이다. 그러나 스님의 넓은 그릇과 맑은 뜻을 엿볼 수 없거늘 어떻게 그것을 나타낼 수 있겠는가. 다만 내가 듣건대 부처는 깨달음[覺]을 말하고 그 깨달음으로 중생을 깨우치며 자비로써 교화시킨다고 한다. 그것은 우리 유교로 말하면 먼저 깨달은 사람이 뒤에 깨달을 사람을 깨닫게 하고 인서(仁恕)로 가르침을 삼는 것인데, 이 양자가 같은가 다른가?…(下略)

정사년(1377·우왕 3) 첫여름 하순 어느 날, 단성보리 익찬공신 중대광 계림군 이달충(李達衷)[31]

이달충이 쓴 이 발문은 〈나옹집〉에는 게재되어 있으나 정작 그의 문집인 〈제정집(霽亭集)〉에는 실려 있지 않다. 이달충의 후손들에 의해 편찬된 이 문집이 조선 후기인 1836년(헌종 2)에 간행된 점을 감안하면 당시 사회분위기가 불교에 대해서 그다지 호의적이지 않았기 때문에 의도적으로 누락시킨 것인지, 아니면 무슨 착오가 있었던 것인지는 알 수가 없다. 어쨌든 이달충은 나옹의 제자인 각굉 등이 그 서문을 청하자 서문이란 유래를 쓰는 것인데 나는 그 유래를 모른다. 나는 그것이 안 되는 일인 줄 알뿐더러, 더구나 백담암이 서문에서 남김없이 다 말했는데 내가 거기 덧붙일 것이 무엇이 있겠는가? 라고 하면서 거절했다는 것이다. 그랬더니 제자들이 그렇다면 발문을 써주시오, 라고 재삼 부탁해서 발문을 쓴다는 것이다. 이로 미루어 보자면 이들 나옹의 제자들은 담암이 쓴 서문에 더하여 또 다른 서문을 받기 위해 이 사람 저 사람에게 부탁을 한 것 같다. 그래서 이달충에게 부탁을 했으나 그가 거절하므로, 그렇다면 발문을 써 달라고 부탁한 것이다.

나옹과 그의 문도들은 지공(指空)의 유훈을 받아서 양주 회암사(檜巖寺)를 중창코자 했으나 공사를 절반 정도만 이룬 상태에서 보우(普愚·1301~1382) 문도 세력에 의해 나옹이 추방·주살되자 그의 문도 절간(絶磵) 익륜(益倫)과 매암(呆庵) 일승(日昇) 등이 이를 맡게 되며, 무학(無學) 자초(自超·1327~1405)등 일부는 지공과 나옹의 추모불사에 전념

---

31) 〈나옹집〉, 176면, 발문

했다[32]고 한다. 이로 미루어 보건대 나옹은 생전에도 물론 명망 있는 고승이었지만 죽은 후에 그 문도들에 의해 크게 현창(顯彰)되고, 따라서 더 유명해졌다고 보아도 무리가 없을 것이다. 이달충에게 서문을 부탁한 각굉 같은 문도 역시 스승의 추모와 현창사업에 참여한 인물일 것이다. 각굉(覺宏)은 호가 유곡으로, 나옹의 행장을 쓴 사람이다. 물론 나옹이 지녔던 법력(法力)이 일차적인 이유겠지만 각굉처럼 나옹 현창에 적극적인 제자와 자초 같은 정치력 있는 제자를 둠으로 해서 더욱 빛이 난 경우라고 할 수 있겠다. 주지하다시피 무학 자초는 태조 이성계를 도와 조선을 개창하는데 크게 기여한 사람이다.

나옹의 문도들이 재산을 아끼지 않고 뿌려가며 스승의 추모 사업에 매진했다는 증거는 적지 않게 나타나고 있다. 나옹의 문도들은 이달충에게 서문을 부탁했다가 거절당하자 이번에는 이색에게 부탁을 한 것 같다. 그래서 이색은 〈나옹화상 어록〉 재간본의 서문을 썼다. 이색과 나옹 간의 친분이나 인연 때문이라고 여겨진다. 이색은 전국 7곳에 있는 윤필암(潤筆庵) 성격 암자의 기문을 모두 썼는데, 그 까닭을 보면 이렇다.

이색이 왕명을 받들고 나옹의 부도명(浮屠銘)을 지어 주자 문도들이 윤필(潤筆)의 재물을 마련하여 사례했다. 이색이 그것을 받지 않고 허물어진 절을 수리하도록 했기 때문에 윤필암이라는 이름이 붙게 되었다.[33]

이렇게 해서 원래 나옹의 사리탑이 있던 신륵사와 회암사 외에 나옹의 문도들이 다시 나옹과 관련이 있는 묘향산, 금강산, 소백산, 사불산,

---

32) 황인규, 앞의 책, 22면

치악산, 용문산, 구룡산 등 일곱 곳에 진당(眞堂)을 세우고 사리를 나누어 모셨다. 이색은 이 일곱 곳에 모두 기문을 써 주었다. 여기서 윤필물은 집필의 대가로 받은 재물이다. 말하자면 집필료인 셈이다. 그런데 부도명 한편을 작성해준 윤필물로 폐사(廢寺) 일곱 곳을 중창할 정도이면, 그 물품을 금액으로 환산하면 엄청난 규모일 것이다. 앞에서 담암의 차남 백진이 사불산 미륵암 하나를 중창하는데 들인 비용과 시간을 감안해보면 짐작이 간다. 여기서 생각해볼 것은 나옹의 문도들이 그만한 규모의 재물을 윤필물로 내놓을 수 있는 재력에 관해서이다. 물론 이들이 이색에게 준 윤필물은 한 사람이 낸 것이 아니라 여러 사람이 모아서 낸 것이므로 나옹의 문도 모두가 부유했던 것은 아니었을 것이다. 하지만 적어도 이만한 재산을 한꺼번에 낼 정도이면 그들 가운데 상당수가 부유했거나, 아니면 많은 재물을 기부 받을 수 있는 위치에 있었거나, 그도 아니라면 문도의 숫자가 대단히 많았다고 볼 수밖에 없다.

　나옹의 문도는 그 수가 헤아릴 수 없을 만큼 많았다고 전해진다. 실제로 나옹 사후 묘향산에는 승지(勝智)와 각청(覺淸)이라는 나옹의 제자 두 사람이 각각 스승의 사리(舍利)를 모시고 이 산을 찾아 절을 세우려 했다는 기사[34]가 있는 것으로 보아 나옹 사후 그의 문도를 자처하는 사람들이 적지 않았음을 알 수 있다. 이렇게 보자면 경상도 영해지방에서 전승되는 설화 중에 나옹이 직접 장륙사(莊陸寺)를 창건했다는 내용은 나옹 사후, 그의 문도들에 의해 창건된 것이 잘못 전해진 게 아닌가 여겨진다. 일반적으로 장륙사는 공민왕 4년(1355)에 나옹이 창건했다고 알

---

33) 〈신증동국여지승람〉 권8, 경기 지평현(砥平縣) 불우(佛宇)조 윤필암, 원문은 李穡以王旨撰懶翁浮屠
　　銘其徒致潤筆物穡不受使修廢寺 因名之
34) 이색, 〈목은문고〉 권2, 향산(香山) 윤필암기(潤筆庵記)

려져 있다. 그러나 각굉이 쓴 행장에 따르면 이 무렵 나옹은 원나라에
가 있었다. 원나라 황제의 부름을 받아 원나라 서울의 광제사에 머물
때인데, 어느 겨를에 고려 땅 영해에 와서 장륙사를 창건하고 돌아갔을
까? 다만 원나라 황제로부터 받은 보시물(布施物)을 고려로 보내 장륙
사를 창건토록 했을 수는 있을 것이다. 그러나 그 정도 내용이면 행장에
한줄 정도는 기록이 있어야 할 텐데 그런 내용은 보이지 않는다. 나옹이
스승인 지공을 하직하고 귀국길에 오른 것은 공민왕 7년(1358) 3월이었
다. 어쨌든 나옹의 문도들은 나옹 사후, 나옹의 어록과 행장을 간행한다
든지, 나옹과 관련이 있는 곳에 불사(佛寺)를 세운다든지 하는 식으로
나옹 현창사업을 매우 적극적으로 진행한 것만은 분명하다. 이달충과 이
색에게 어록의 서문을 다투어 부탁한 것도 이런 맥락이었을 것이다.

이색은 이미 하나의 서문이 있는 〈나옹화상 어록〉에 또 하나의 서문
을 보태면서 이런 일이 자신에게 행인지, 불행인지 후세 사람들이 살펴
달라고 했다. 간단히 몇 줄을 적고는 이어서 '내가 재주 없는 몸으로 임
금의 분부를 받들고 그의 명(銘)을 지었는데, 이번에 또 어록에다 한마
디 말을 적어 넣게 되었으니 이것이 나의 행운이라 할지, 아니면 불행이
라 할지 뒤에 오는 이들이 이 점을 살펴줬으면 한다. 제자의 이름은 각
우(覺玗)와 각연(覺然)과 각변(覺卞)이다. 구본(舊本)의 교정을 마치고 장
차 간행하려 하면서 나에게 서문을 청하기에, 내가 이와 같이 간략히
써넣게 되었다.[35] 라고 말했다. 그러니까 이달충에게 서문을 부탁했던
나옹의 제자는 각굉이고, 이색에게 부탁한 사람은 각우와 각연, 그리고

---

35) 이색, 〈목은문고〉권9, 보제존자어록후서(普濟尊者語錄後序), 원문은 予以非才 奉旨撰銘 又引語錄
吾之幸也歟 吾之不幸也歟 後之來者 尙監之哉 弟子名覺玗 覺然 覺卞 校讎舊本 將繡之梓 求予序 故
略書如此

10. 담암과 나옹(懶翁) 345

각변이었던 것이다. 이들이 모두 나옹의 현창사업을 추진했다는 얘기다.

11.
효상(爻象)의 불길함과 낙향

1. 낙향 무렵

1363년(공민왕 12) 4월 무렵 척불소를 올린 담암은 그해 5월경, 관직에서 물러날 것을 요청하여 허락을 받는다. 그는 치사 후에도 여전히 개경에 머물면서 글을 쓰거나 조정의 정치적 추이를 관찰하고 정치의 잘잘못에 대해 발언하는 등의 역할을 한 것 같다. 아울러 보인당을 다시 열어 후학지도에도 나선 것으로 보인다.

〈나옹화상 어록〉의 서문을 쓴 것이 같은 해 7월이고, 원나라에서 압송된 반역자 최유(崔濡)를 처단하라고 요청하여[1] 실행된 것이 이듬해인 1364년(공민왕 13) 11월이었다. 최유는 일찍이 공민왕을 몰아내고 덕흥군을 세우려는 음모를 주도, 군사력을 동원하여 압록강을 넘어 공격해 왔다가 실패하고 원나라로 도망친 자였다. 원나라가 그를 포박하여 고려로 압송한 것이 그해 10월인데, 고려 조정은 최유에 대한 처리를 결정하지 못한 채 시간을 허비하고 있었다.

---

1) 〈담암일집〉 부록 권2, 편년

또한 담암이 이 무렵 보인당을 다시 열고 후학을 지도했다는 점은 그의 문인 윤소종(尹紹宗)의 급제연도에서 그 사실을 어느 정도 가늠해볼 수 있다. 담암의 동방 윤택의 손자인 윤소종은 1365년(공민왕 14) 10월 과거에 장원급제했다. 따라서 윤소종이 보인당에서 수학한 기간은 이보다 앞선 1363년 내지 1364년일 것으로 추정된다. 이때는 담암이 퇴직한 직후이기 때문에 아마 의욕적으로 후학을 지도했을 것으로 여겨진다. 윤소종의 장원급제는 물론 그의 개인적 재능이 가장 큰 요인이었겠지만 이 무렵 보인당에서 담암의 지도를 받은 점도 중요하게 작용했다고 볼 수 있다. 이때 담암의 나이는 61세였는데, 그 자신 성리학의 정통을 이은 급제 유자인데다 고급관리로서 은퇴한 처지이다 보니 당대의 현안(懸案)이 무엇이고, 그 해결책이 무엇인지에 대한 분명한 해법을 가지고 있었을 것이다. 따라서 윤소종이 과거에 장원한 답안 역시 스승의 입장이나 견해가 반영되어 있었을 것으로 여겨진다. 윤소종은 〈동정집(桐亭集)〉이란 문집이 있었다고 하나 현전하지 않기 때문에 그의 답안이 어떻게 작성되었는지는 알 수 없지만 훗날 그가 올린 상소문이나 발언 등을 감안하면 신유학에 대단히 철저한 입장이었던 것 같다.

이듬해가 되는 1366년(공민왕 15)에 담암은 판삼사로 치사(致仕)한 손홍량(孫洪亮·1287~1379)이 왕으로부터 지팡이를 하사받은 것을 축하하는 시첩의 서문을 써서 손홍량의 충성과 공민왕의 경로(敬老)를 칭찬했다. 〈판삼사일직손공 홍량 사장시(判三司事一直孫公 洪亮 賜杖詩)〉 서(序)가 그것이다.

판삼사사 손공(孫公)이 지정 11년 신묘년(1351·충정왕 3)에 은퇴하여 자신의 고향으로 돌아가니 바로 영가(永嘉·안동)다. 영가는 산수 좋기로 이름 높은 곳인데 이로 하여 그 사이에 어진 선비와 뛰어난 인재들이 이따금씩 배출되었다. 판삼사공 역시 크고 우뚝한 포부를 지니고 조심하면서 부지런한 자세로 충선·충숙 양 대에 관직생활을 했다. 명릉(明陵·충목)과 충릉(聰陵·충정) 양조(兩朝)에는 정승을 지내면서 두루 편안하고 자제들이 번성하니 부귀를 누림이 가히 만족할 만 했다. 그런데 불현 듯 향리로 떠나갔다. 때마침 나라가 다사다난함을 맞아 사대부들이 편하게 지내지 못하고 술렁거렸지만 공은 홀로 태연히 산수의 즐거움을 얻었다. 홍건적(紅巾賊)으로 인해 왕이 파천(播遷)하는 지경에 이르러 왕의 수레가 영가에 도착했다. 공이 길에서 왕을 배알하니 왕이 공을 위유(慰諭)했다. 갑진년(1364·공민왕 13) 겨울에 공이 다시 상경하여 왕을 배알했다. 이때 그의 나이가 78세였지만 허리가 굽지 않고 기운이 꼿꼿했다. 왕이 그의 건강함을 치하하여 지팡이를 하사했는데 지팡이의 모양이 마치 용머리 같았다. 왕이 그 두 아들 등을 돌아보며 말하기를 '그대들은 나를 따를 수 있겠는가?'라고 하니 공이 아뢰기를 '오직 명령이 있을 뿐입니다.'라고 했다. 왕은 말하기를 '자식이 부축하는 것이 지팡이보다 낫겠지만 그래도 그대는 지팡이를 가지고 가는 게 옳을 것이오.'라고 했다. 임금의 경로(敬老)가 이와 같았다. 하루는 신정(愼亭) 권후(權侯)가 와서 나에게 말하기를 '이처럼 손로(孫老)가 임금이 내린 지팡이를 받았는데 시가 없을 수 없다고 하자 사대부들 모두가 좋다며 이미 시를 지었는데 나에게 그 앞에 들어갈 서문을 쓰라'고 했다. 내가 말하기를 '조정의 경대부가 모두 80세가 되어야 사장(賜杖)이 가능한데 왕이 유독 손로에게 사장한 것은 그가 벼슬을 마다하고 물러서는 데에 아름다운 뜻이 있음이며, 또 먼 길을 온 것은 그 충성심이 늙지 않았음이니 마땅히 우리 임금께서 그 마음에 보답하고자 지팡이를 준 것이다. 그리고 그 자제들이 노고를 무릅쓰고 모시고 왔으니 돌아 갈 때에도 잘 보호하라는 뜻이라 하겠다. 이는 기록으로 남길 만 한 일이다.'라고 했다.

지정 25년 겨울 직산군 담암 백문보 서

[判三司事孫公 於至正十一年辛卯 退歸其鄕 鄕是永嘉 號山水窟 故賢士傑
人 往往生其間 如判三司公雄偉寬大 歷仕宣肅二代惟謹 而遇明聰兩陵大拜
而其居室之安 子弟之盛 足以享其富貴矣 翻然去而之鄕焉 適國多難 士大夫不
能安其居者皆是 而公獨怡然得山水之樂 況値紅賊播越 駕至永嘉 公謁於道
上慰諭之 歲甲辰仲冬 公復如京謁上 時公年七十八 而無倔僂氣 上嘉之賜杖
其杖如天生龍頭然 上顧見其二子等曰 子能從我乎公曰唯命 上曰 子勝於杖 君
且杖而去可也 其敬老若此焉 一日 愼亭權侯來謂余曰 如孫老之賜杖 不可無詩
士大夫旣皆唱之 子盍序焉 余曰 朝之卿士年八十者 皆可以賜杖 而上獨及孫老
者 以孫老之退有可嘉者 而又自遠來 其忠勤 老而無已 宜吾君之答其心 以與
其杖 又以翼其子 勞其來而保其去 是可書也已

至正二十五年 仲冬 稷山君 淡庵 白文寶 序][2]

여기 나온 대로 손홍량은 일찍이 은퇴하여 고향 영가(永嘉·안동)에서
살고 있었는데, 홍건적의 난을 만나 공민왕이 이곳으로 피난을 가자 중
도에서 왕을 알현했다. 또 1364년(공민왕 13·갑진)에는 난의 평정을 축하
하기 위해 서울로 가서 왕으로부터 궤장(几杖)과 자신의 초상화를 받았
는데, 고향으로 돌아갈 때 이제현, 이색 등 학자들이 시를 지어 전송했
고, 담암은 이 시첩의 서문을 쓴 것이다. 손홍량은 1379년(우왕 5)까지
살다가 죽었다. 정평(靖平)이란 시호를 받았다. 담암이 이 글을 쓴 지정
25년은 공민왕 14년으로, 간지로는 을사년이며 서기로는 1365년이다.
담암이 치사한 것이 공민왕 12년(1363) 5월경이니, 그로부터 약 2년 후

---

2) 〈담암일집〉 권2, 서(序)

에 이 글을 쓴 것이다. 그러고 보면 담암은 치사 후에도 여전히 개경에 머무르고 있었던 것으로 여겨진다.

한편 공민왕은 1365년(공민왕 14) 2월 왕비인 노국대장공주를 잃고 상심하다가 같은 해 5월 편조(遍照)라는 승려, 곧 신돈(辛旽)을 왕사로 임명한다. 공민왕의 3차 개혁정치라고 해야 할 이때의 개혁은 신돈을 기용하면서 본격적인 막이 오르게 되는 것이다. 공민왕은 이해 7월 반야(般若)에게서 모니노(牟尼奴)를 얻고 나서부터 신돈과 매우 밀착된 관계를 유지한다. 왕은 모니노가 태어난 그 달에 신돈을 진평후(眞平侯)에 봉하고 권한의 상당 부분을 위임하기 시작하는데, 신돈의 주도로 여겨지는 개혁정책들이 이때부터 시행된다. 가령 1366년(공민왕 15) 5월의 전민변정도감(田民辨正都監) 설치나 동년 6월의 구재(九齋) 수축, 1367년(공민왕 16) 5월의 성균관 중건 등이 그것들이다.

훗날 조선조를 개창한 유학자들로부터 '요괴한 중[妖僧]'으로 묘사되는 신돈이지만 신돈이 주도한 공민왕의 3차 개혁정치는 역설적이게도 이런 유학자들의 주장을 수용하거나 이들의 성장을 크게 돕는 내용들이 적지 않았다. 어느 의미에서 신돈 주도의 공민왕 3차 개혁정치는 일찍이 담암이 참여했던 정치도감의 개혁활동이나 담암이 올렸던 척불소 및 여러 부문 차자들의 주장을 상당 부분 수용한 측면이 있다. 담암의 입장에서 보자면 이러한 개혁이 편조라는 불승(佛僧) 주도로 진행된다는 점이 마땅치 않았겠지만 내용적으로는 공감하는 부분도 없지 않았을 것이다. 애초에 공민왕이 개혁정치를 펼치고자 의도하면서 편조를 기용한 것은 다음 세 가지 측면을 고려했기 때문이다. 우선 권세가들은 인척관계 등으로 서로 얽혀있어 개혁활동의 주체로 적합하지 않다. 둘째 신진사류는 자기의 행동을 가식하고, 가문의 한미함을 부끄럽게 여겨 권세가들과 혼인을 하려 한다. 셋째 유생들은 과단성과 기백이 적으며, 좌주와 문생, 동문 등의 관계를 통해 당파를 만들려고 한다는 것[3]이다. 담암은 이 세 번째 경우에 해당하는 인물이라고 할 수 있었다. 어느 땐가 이제현이 공민왕에게 신돈을 한번 보았는데 그 골상이 옛날 흉인의 골상과 같으니 멀리하라고 충고하자 신돈은 이제현에게 앙심을 품었지만 이제현이 너무 늙었기 때문에 해치지는 못하고 그를 비방하는 말을 왕에게 했다고 한다. 즉 '유자(儒者)들은 좌주니 문생이니 칭하면서 안팎에 포진해서 서로 청탁하며 하고 싶은 짓은 다하고 있습니다. 예컨대 이제현의 문생들은 문하에서 또 문생을 봄으로써 마침내 나라를 가득 채운 도적이 되고 있으니, 유자들의 폐해가 이와 같습니다.[4]

이처럼 신돈은 이제현조차도 개혁의 대상으로 지목하고 있는데, 담암은 바로 이제현의 문생이었다. 이렇게 보자면 담암과 신돈 간에도 알력이 있었을 법 하지만 양자 간의 불화를 직접적으로 알려주는 자료는 보이지 않는다. 이는 담암이 신돈 대두 이전에 이미 치사했기 때문인 것으로 여겨진다. 하지만 담암은 여전히 개경에 머물러 있으면서 신돈의 개혁정치를 유심히 관찰하고 있었던 것 같다.

공민왕이 신돈의 장점으로 보았던 무당파성(無黨派性)은 오히려 신돈의 개혁정치를 어렵게 만든 것으로 보인다. 이른바 신돈 도당으로 분류되며 신돈 집정기에 권력 중심에 있던 인물들은 그 출신이나 이력이 제각각인 경우가 허다했다. 부원배 세력에서부터 무관 및 문관 출신, 신돈의 친인척 등이 혼재되어 있었다. 자신에게 아부하는 사람을 기용하고

---

3) 〈고려사〉 열전, 반역 신돈(辛旽) 전
4) 〈고려사〉 열전, 이제현 전, 旽⋯謂王曰 儒者稱門生布列中外 互相于請恣其所欲 如李齊賢門生門下見
門生 遂爲滿國之盜 儒者之爲害如此

반대하는 사람을 추방하는 식으로 정치를 하다 보니 조직적인 개혁을 추진하기에는 애당초 한계가 있었다고 봄이 옳다. 개혁의 철학이나 그에 바탕을 둔 청사진 따위가 없고 주체마저 없으니, 개혁정치가 일관성 있게 추진되기는 어려웠을 것이다.

공민왕과 신돈의 밀착기라고 할 수 있는 1367년(공민왕 16) 9월부터 이듬해인 1368년 5월까지 공민왕은 10회 이상 신돈의 집을 방문하고 있다.[5] 이는 아마 모니노 때문으로 보인다. 모니노가 1365년(공민왕 14) 7월생이니 이 무렵이면 서너 살 때인데, 한창 재롱을 부릴 나이이기 때문이다. 아버지로서 공민왕은 신돈의 집에 맡겨 기르는 모니노가 마음에 걸려 아이의 재롱을 보기도 할 겸 그 집을 수시로 방문한 것 같다. 공민왕의 3차 개혁정치, 이른바 신돈 주도의 개혁정치는 이처럼 분명한 주체세력 없이 신돈에 대한 공민왕의 사적(私的) 신뢰와 모니노라는 존재를 고리로 하고 있었다는 점에서 결과가 예견되는 개혁이었다.

1367년(공민왕 16) 7월, 담암의 좌주인 익재 이제현이 별세했다. 향년 81세였다. 익재의 문생들 가운데 남아있는 사람이 겨우 두셋인데 그나마 담암만이 유일하게 개경에 있어서 스승의 장례식에 혼자 참여해 곡했다[門生存者才二三 公及龜谷在外 余獨執紼拜哭]고 담암은 밝히고 있다.[6] 이때 담암의 나이는 65세였다. 이해 9월에 중국 대륙에서는 주원장의 군대가 원나라 군을 격파했다. 그리고 1년 뒤인 1368년(공민왕 17) 8월에는 주원장의 군대가 원나라의 수도를 포위하여 원나라 황제는 북쪽의 상도(上都)로 도주하고, 주원장은 명나라를 세웠다. 한편 고려 국

---

5) 〈고려사〉 세가, 16년(1367) 9월~공민왕 17년(1368) 5월

6) 〈담암일집〉 권2, 윤씨분묘기

내의 사정은 왜구의 침입이 격렬해지고, 신돈의 개혁정치가 그 모순을 드러내면서 신돈에 대한 반대나 암살 음모 등이 빈발하는 상황이었다. 〈담암일집〉 행장과 편년에 따르면 정미년 왜구가 서강(西江·예성강)에까지 미쳐서 인심이 흉흉해지니 공민왕이 담암의 손을 잡고 '경(卿)과 더불어 치도(治道)를 강론한지가 몇 년인데 결국 오늘 이런 일이 있구려.' 라고 탄식하자 담암이 눈물을 흘리며 원수를 파견하여 추포토록 건의했다[7]는 기사가 보인다. 이때의 정미년은 공민왕 16년으로 서기 1367년인데, 〈고려사〉 세가 공민왕 16년 조에는 그해 3월 왜구가 강화부를 침공했다는 사실이 나온다. 오히려 그 1년 전인 병오년(공민왕 15) 5월에 왜구가 심악현을 침공하고, 교동현을 도륙하니 서울의 인심이 요동쳤다는 기사가 있다. 찬성사 안우경(安遇慶), 평리 지용수(池龍壽), 판개성 이순(李珣) 등을 파견하여 군대를 동·서강에 배치했다는 내용이 있는데, 이것으로 보자면 담암이 공민왕을 만난 것은 정미년이 아니라 병오년일 가능성이 높다고 하겠다. 이제현 별세 당시나 담암이 공민왕을 만난 시기 등을 종합하면 이때까지 담암은 고려 조정과 멀지 않은 곳에 있었던 것 같다.

그러나 공민왕 18년(1369) 정치가 어지러워지자 담암은 동생 백문질(白文質)과 함께 개경을 떠나 귀전(歸田)하여 두문자정(杜門自靖)의 길로 들어선다. 〈담암일집〉 편년에 따르면 기유년(공민왕 18) 선생 나이 67세 때 동생인 종부령 문질과 더불어 치사하고 귀전하는 것을 빌었다. 때는 왜구의 난이 비록 평정되었으나 시사(時事)가 크게 달라졌으므로 선생

---

7) 〈담암일집〉 부록 권2, 행장 및 편년 丁未 先生年六十五 倭犯西江 人心洶懼 王執先生手曰 與卿講治道 幾年 乃有今日耶 先生流涕 遣元師泛海追捕

은 두문자정하고 자제들에게 다시는 벼슬길에 나가지 말라고 경계했다. 이어서 조카에게 유계(遺戒)를 쓰라고 명(命)했다.[8]는 것이다. 또 〈담암일집〉 행장에 의하면 기유년 난리가 평정되자 담암은 동생 문질을 돌아보고 '옛사람의 말이 멈출 데를 알면 위태하지 않다고 했다. 지금의 정치가 바로 내가 물러가 쉬어야 할 날인가 한다.'고 말했다. 인해 향리로 돌아갈 것을 빌어 귀향했다. 귀향 후 방 하나를 별도로 꾸며 보인(輔仁)이라 이름붙이고 문에다 빗장을 치고 스스로 편안하게 은거했으니 장차 이로써 큰 계책을 다하고자 함이었다. 자손들에게 경계하여 말하기를 '신하가 군왕을 섬기는 것은 여자가 출가(出嫁)하는 것과 같으니 한번 초례(醮禮)를 치르면 죽을 때까지 고치지 못하는 것이다. 그 녹을 받고서 어찌 나라에 두 마음을 가질 수 있겠는가. 더군다나 지금은 효상(爻象)이 매우 불길하니 과도한 영화와 명예를 취할 때가 아니다. 그러니 다시는 환로(宦路)에 나아가지 말라!'고 하고, 그날로 문인·후진과 더불어 부지런히 강론에 매진했다. 이때 상례(喪禮)의 기준이 없어지고 무너지니 선생은 상례설을 지었는데 당시 사대부들이 모두 존숭(尊崇)했다.[9]고 한다.

담암이 개경을 벗어나 완전히 귀향한 공민왕 18년(1369)은 주지하다시피 신돈 집정기였다. 이 무렵 담암의 심경은 매우 착잡했을 것이다. 2년 전 좌주 이제현 사후 크고 작은 일을 의논할 상대도 마땅히 없는데

---

8) 〈담암일집〉 부록 권2, 편년, 己酉 先生年六十七 與弟宗簿令文質 乞致仕歸田 時倭亂雖平 時事大異 先生杜門自靖 戒諸子勿復仕進 命姪子書遺戒

9) 〈담암일집〉 부록 권2, 행장, 己酉亂定 先生顧謂弟 文質曰 古人云知止不殆 此政吾退休之日 因乞骸歸鄕里 別構一室 顔之曰輔仁 關門自靖 將以爲滅景計 戒子孫曰 臣之事君 如女之適人 一與之醮 終身不改豈可世受其祿而有貳於國家耶 況今爻象不吉 非取榮名之日 其勿復仕進也 日與門人後進 講勉孜孜 時喪禮蕩然墜 先生著喪禮說 當時士大夫皆尊尙焉

다 신돈의 정치행태는 나날이 난폭해져가고 있었다. 앞에서도 살폈지만 담암의 귀향의지를 굳게 한 사건을 국내외적으로 열거하자면 대략 서너 가지 정도로 볼 수 있을 것이다.

우선 공민왕 17년(1368)의 국자감시 폐지를 들 수 있다. 당시 국자감 시의 시관(試官)을 정하는데 신돈은 감찰대부 손용이란 사람을 임용하려고 한 반면 환관 이강달은 판전교시사 이무방이나 권사복을 천거함으로써 양자가 서로 경쟁하는 형국이 되었다. 그러자 왕은 이 다툼을 미워하여 국자감시 자체를 폐지[10]하고 마는데, 여기서 이강달이 추천한 이무방이나 권사복은 바로 담암의 문생들이었다. 이 경우 환관 이강달의 배후에 담암이 있었다는 명확한 증거는 없지만 자신의 문하생이 국자감시 시험관으로 임용되는 일에 끝내 무관심할 수 없었다고 보자면, 결과적으로 신돈과의 대결에서 뜻을 이루지 못한 셈이 된다. 여기서 담암은 아마 크게 실망했을 것이고, 신돈의 정치행태를 잘 아는 그로서는 어떤 위기감마저 느꼈을 수 있다.

다음은 공민왕을 연경에서부터 수종한 유숙(柳淑)의 피살사건을 들 수 있다. 유숙은 공민왕의 총신으로 신돈이 권력을 잡으면서 정치일선에서 물러났다가 공민왕 17년(1368) 12월 신돈의 간계에 의해 마침내 목숨을 잃었다. 유숙은 급제 유자로서 연경에서부터 공민왕을 수종했을 뿐만 아니라 기철 등을 주살할 때 공을 세웠으며, 홍건적 침입 당시 왕의 남행 결정에도 관여한 인물이다. 공민왕의 속마음을 가장 잘 읽어내는 측근 중의 측근이라고 할 수 있는 사람인데, 그마저도 신돈의 계략에 걸려 죽임을 당할 지경이라면 담암이 느낀 두려움은 적지 않았을 것

10) 〈고려사〉 선거지, 2, 국자감시 공민왕 17년 2월조

이다. 더구나 유숙은 같은 유자로서 담암과 절친한 사이였고, 담암에게 '공북루(拱北樓) 응제시(應製詩) 서문'과 그 시를 부탁했던 사람이다. 개인적으로는 담암의 처가 쪽으로 봤을 때 유숙의 딸이 담암의 조카며느리가 되는 사이였다.

또 신돈 집권 후반기라고 할 수 있는 이 무렵부터 신돈의 이른바 개혁정치에는 여러 가지 모순이 노정되어 그를 제거하려는 시도가 이어졌다. 대표적인 것이 공민왕 17년(1368) 10월에 일어난 김정(金精), 김흥조(金興祖), 조사공(趙思恭), 유사의(兪思義), 김제안(金齊顔), 김귀보(金龜寶), 이원림(李元林), 윤희종(尹希宗) 등의 신돈 암살 음모와 공민왕 16년(1367) 10월에 일어난 오인택(吳仁澤), 경천흥(慶千興), 목인길(睦仁吉), 김원명(金元命), 안우경(安遇慶), 조희고(趙希古), 이희필(李希泌), 한휘(韓暉), 조린(趙璘), 윤승순(尹承順)에 의한 모반 사건 등을 들 수 있다. 이들은 모두 신돈에 의해 주살되거나 유배당했다.

국제적으로는 중국대륙에서 일어난 정치적 격변을 들 수 있을 것이다. 주지하다시피 거의 1백년가까이 고려를 지배하고 있던 몽고족의 원나라가 주원장(朱元璋) 등의 한족 군벌들에 의해 무너지고 그 황제는 공민왕 17년(1368) 6월, 북으로 도주하는 지경에 이르렀다. 이어서 명나라가 중국대륙을 차지하게 되는데, 같은 해 9월의 일이다. 주원장은 명나라 황제로 즉위한 후 곧바로 설사(偰斯)라는 사신을 고려로 보내 자신이 원나라 황제를 북으로 쫓아내고 중원을 평정했으며 오랑캐의 풍속을 일신시켰다고 통보했다. 이어서 고려 이전의 역대 왕조와 중국의 관계를 상기시키며 조공을 촉구했다.

이러한 모든 일이 담암이 보기에는 효상(爻象)의 불길(不吉)함으로 여겨졌을 것이다. 〈주역〉에 정통한 담암으로서는 〈주역〉의 관점에서 자신이 살고 있는 당대가 일대변혁기로서 앞서의 척불소(斥佛疏)에서 말한 대주원(大周元)의 기회임에도 불구하고 신돈의 난정(亂政)은 우심(尤甚)해지고 있으며, 공민왕은 불교에 더욱 경도되는 경향을 보인다고 판단했을 수 있다. 여기서 효(爻)란 〈주역〉 괘에서 기본이 되는 양효[-]와 음효[- -]를 말하는 것이다. 효상은 바로 괘상(卦象)이고, 괘상은 음양에 의해 형성되며, 4상(象)이 8괘로, 8괘가 64괘로 발전한다고 보자면 효상의 길하지 않음은 곧 〈주역〉적인 사상(事象) 전체의 길하지 않음이라고 보아도 과언이 아니다. 당나라 사상가 한유(韓愈·768~824)의 문집 〈창려선생집(昌黎先生集)〉 서문에서 그의 제자 이한(李漢)은 역요효상(易繇爻象) 즉 〈주역〉은 효상을 말하는 것이요, 〈춘추〉는 사건을 기록한 것이며, 〈시경〉은 노래를 읊은 것이고, 〈서경〉·〈예기〉는 그 잘못됨을 가려낸 것인데 모두가 심오한 내용[11]이라고 했다.

따라서 효상의 불길함이란 본질의 전도(顚倒)나 우주적인 파국(破局)이라고 해도 좋을 만큼 심각한 의미를 함축하고 있다. 거칠게 말하자면 모든 것이 결딴난다는 뜻이다. 담암이 아무리 〈주역〉에 정통했다고 하더라도 20년 후의 일을 명확하게 예견한 것으로 보이지는 않지만, 어렴풋이나마 불길한 뭔가를 예감하고 자손들에게 강력한 경고를 준 것은 분명해 보인다. 결과론적인 얘기지만 담암 자신이 봉사했던 고려왕조는 그가 귀향한 1369년(공민왕 18)으로부터 23년, 작고한 1374년(공민왕 23)으로부터 18년 뒤(1392년=공양왕 4)에 멸망했다.

---

11) 황견(黃堅) 편,〈고문진보〉序類, 昌黎文集序, 易繇爻象 春秋書事 詩詠歌 書禮剔其僞 皆深矣乎

2. 윤씨(尹氏)분묘기

이처럼 두문자정(杜門自靖)에 들어간 담암은 공민왕 19년(1370) 절친했던 친구이자 급제동방인 윤택(尹澤·1289~1370)의 죽음을 맞아 그를 추념하는 '윤씨분묘기(尹氏墳墓記)'를 지었다. 이보다 3년 앞서 좌주 이제현(1287~1367)을 보낸 담암으로서는 자신의 죽음에 대해서도 어느 정도 생각한 바가 있었을 것이다. 이 무렵인 공민왕 20년(1371)에 스승 백이정(白頤正·1247~1323)의 행장을 쓴 것도 아마 이런 심리상태의 영향이라고 여겨진다. 또 담암의 성리학 관계의 독자적 저서인 '천형(踐形)'이 이때 씌어졌을 가능성도 배제할 수 없다[12]고 보자면 담암은 귀향 후에도 저술활동 등으로 바쁜 나날을 보낸 것 같다. '천형'은 현전하지 않기 때문에 그 내용을 알 수 없지만 성리학에 대한 담암의 견해가 배어 있었을 것이다. 이로 보아 담암은 개경에서는 손에 잡지 못했던 여러 가지 일을 귀향한 이후에 하나하나 해 나갔다고 할 수 있겠다.

윤씨분묘기는 1370년(공민왕 19) 9월 친구 윤택의 사망 이후에 그 손자 윤소종(尹紹宗)의 부탁으로 작성한 것이다. 이미 율정설(栗亭說)이라는 빼어난 산문으로 윤택을 기린 바 있는 담암으로서는 유명을 달리한 친구의 분묘기 작성에도 정성을 다했으리라고 여겨진다. 여기에는 성리학적 예제(禮制)에 대한 담암의 융통성 있는 견해가 담겨있다.

율정(栗亭) 윤공은 나와 동방(同榜)이다. 그 손자 소종(紹宗)이 나를 찾아 와서 말하기를 '할아버지가 물러나와 금주(錦州)에 살면서 그 어머님 산소 옆에 재실을 짓고 시향(時享)을 지냈는데, 하루는 그 재실로 돌아가면서 자손들과 작

---

12) 민현구, 앞글, 264면

별하고 가서 그대로 병석에 눕게 되어 마침내 돌아가셨습니다. 그래서 그 어머님 산소 남쪽에 장사지냈습니다. 지금 임금께서 하사하신 어필과 영정이 그 재실에 있으므로 사람을 시켜 지키게 했는데, 시향에 그 어머님을 따라 제사를 지내는 것이 옳겠습니까?'라고 했다. 내가 말하기를 '묘소에 여막을 짓고 거처하는 것은 옛날에도 있었다. 예전 임찬(林攢)에게 어머니 분묘에 여막을 하사했는데 당시 사람들이 궐하임가(闕下林家)라고 하였다. 대개 분묘에 가서 제사 드리는 것을 예전에는 하지 않았지만 효성으로 하는 일이라면 세상에서도 그르다고 할 수는 없다. 그러므로 근대의 대부(大夫)와 선비들이 모두 분묘제사를 드린 지가 오래 되었다. 더구나 돌아가신 어버이의 집을 수축하지 않을 수 있겠는가.'라고 했다. 옛날에는 시신을 땅에 묻고 영혼을 맞아 돌아와서 사당의 위패를 나무로 만들 었으나 후세에 영당(影堂)이 생겼다. 정자(程子)는 말하기를 '천하에 인류가 많 으니 수염이나 머리털 한 올이라도 내 어버이와 같지 않으면 이것은 다른 사람' 이라고 했다. 그러나 한당(漢唐) 이래에는 모두 초상화를 위주로 하였는데, 더구 나 지금 임금의 필치(筆致)는 뛰어나서 그 정신이 그중에 있으니 언뜻 보면 신비 한 채색이 생동하는 것 같다. 어찌 수염과 머리털을 하나하나 셀 겨를이 있겠는 가. <제의(祭義)>에 이르기를 '국[羹]에도 보이고 담[牆]에도 보인다.'고 했는데, 하물며 그 같은 초상(肖像)이 임금이 하사하신 것임에랴. 예문(禮文)에 선비는 2 대, 대부는 3대에 모두 사당을 세운다 하였으니 저 예(禮)가 옛날과 부합하는 것 은 반드시 지금에도 맞는다고 할 수 있다. 그런데 사당을 분묘 근처에 만들고 초 상화를 그려 사당에 봉안하는 일은 비록 옛날과 맞지는 않지만 묘소에 여막 짓 는 것은 선대의 명(命)이니 폐할 수 없고, 초상화는 임금께서 하사하신 것이니 중하게 여기지 않을 수 없다. 그렇다면 여막으로 사당을 삼고 초상화로 신주를 삼아 후세 사람들로 하여금 아버지의 도를 고치지 않고 임금의 하사품을 빛나 게 해야 함을 알려 주어야 하지 않을까. 이것이 예법(禮法)에서 인정(人情)은 옛날을 참작하고 지금을 표준으로 삼는다는 것이 아니겠는가. 더구나 우리나라 사람들은 이교(異敎)에 구애되어 사당과 제향(祭享)을 모두 폐지하고 있는데, 분묘의 사당을 만드는 것은 법을 지키면서도 권도(權道)를 행함으로써 게으른 사람을 고무시키고 풍속을 격려하는 것이 아니겠는가.

공의 덕망과 관직에 대해서는 행장(行狀)에 구체적으로 실려 있고 사관(史官)도 특별히 썼기 때문에 여기서는 번거로이 말할 필요가 없겠다. 그러나 공은 큰 도량이 있었으며 어린 나이에도 항상 '천하의 근심을 먼저 하고 자신의 근심을 나중에 하며, 천하의 즐거움을 먼저 즐기고 자신의 즐거움을 나중에 한다[先天下之憂而憂 後天下之樂而樂].'는 범문정(范文正)의 말을 외면서 '대장부가 하지 않는다면 모르지만 진실로 세상일에 뜻을 두었다면 어찌 이렇게 하지 않으랴!'라고 했다. 이때부터 서당에 들어가 여러 학생들과 함께 생활했는데, 뜻이 크고 기개가 있어 어떤 무리와도 견줄 수 없을 만큼 뛰어났다. 정사년(1317·충숙왕 4) 국자감시(國子監試)에 4위로 합격하고, 경신년(1320·충숙왕 7) 익재(益齋)가 지공거(知貢擧)가 되었을 때에는 문과(文科)에 6위로 합격했다. 경산부(京山府) 장서기(掌書記)에 보임되어서는 밭갈이를 독려하고 학교를 보수하며, 고을 사람들에게 분묘에 나가 제사지내도록 하니 풍속이 효도를 소중히 여기게 되었다. 후에 교감(校勘)에 제수되어 한원(翰苑·예문관)으로 들어갔다. 임신년(1331·충혜왕 1)에 의릉(毅陵·충숙왕)이 연경(燕京)에 있을 때 공이 가서 시종했다. 왕이 이르기를 '우리 아이(=공민왕)가 그 형 영릉(永陵·충혜왕)보다 못하니 그대가 가르쳐 주었으면 한다.'고 하면서 치주(卮酒)를 하사했다. 공이 절하고 사양하기를 '신이 어리석고 미천한데다 나이 반백(半百)이나 되었으니 원자(元子·공민왕)가 자라면 신은 노쇠하게 될 것입니다.'라고 했다. 왕이 이르기를 '덕과 의로 지도하는 것은 노성한 사람이 제일'이라고 했는데, 이때 공의 나이가 44세였다. 이듬해 계유년에 임금의 귀국길을 따라 평양에 이르자 검열(檢閱)에 임명하고 참군(參軍)을 겸하게 했다. 왕이 항상 공을 보면 '어질다. 회(回)여!'란 <논어> 구절을 읊었다. 마침 황제의 조사(詔使)가 이르니 공에게 조서를 읽게 하고 응교(應敎)의 붉은 도포를 하사했으며, 조금 있다가 판관으로 승진시켰다. 무인년(1338·충숙왕 후7) 대언(代言)에 임명되어 국정에 참여했고, 기묘년(1339·충숙왕 후8)에는 국자감 시험을 맡아 안원룡(安元龍) 등 99명을 뽑았다. 왕이 공에게 이르기를 '경(卿)은 우리 아이에게 힘쓰는 것을 잊지 마시오!'하니 공이 대답하기를 '미천한 신(臣)의 힘을 이미 전하께 다 바쳤으니 어찌 뒷날에까지 미칠 수 있겠습니까.'라고 했다. 그 후 명릉(明陵·충목왕)이 아들 없이 죽고 충정왕(忠定王)이 어리니, 백성들의 물망(物望)이 지금의 임금(=공민왕)에게로 돌아갔다. 공이 주창하여 지금의 왕을 모셔 세우자고 했으나 충정왕이 즉위하게 되니 공을 광양(光陽)으로 좌천시켰다. 이때 기로(耆老) 11명이 글을 올려서 원자가 어지니 왕위에 오르게 하기를 바란다고 했는데, 신묘년(1351·충정왕 3)에 과연 그대로 되었다. 이로 인해 공을 중히 여기고, 밀직제학(密直提學)에 임명했다. 임진년(1352·공민왕 1)에 상소하여 당시의 정사를 말하다가 윤허를 받지 못하자 굳이 벼슬을 사직하니 공의 나이 64세였다. 개성윤(開城尹)을 제수하여 치사(致仕)케 했다. 이에 정자를 도성 남쪽 열마파(閱馬坡)의 어은지(御恩池)에 짓고 편액을 소요정(逍遙亭)이라 하고는 한가로이 지냈는데, 뒤이어 세 계급을 더하여 중대광찬성사(重大匡贊成事)의 직위로 세상을 떠났다. 공이 비록 벼슬을 내놓고 집에 있었지만 왕이 잊지 않고 자주 보고자 하므로 매양 임금께 가까이 나가 말씀드리기를 멈추지 않았다. 도참(圖讖)을 물리치고 전쟁을 중단해야 한다는 것과 <대학연의(大學衍義·제왕의 수신제가를 역설한 경서)>및 최령(崔令=崔承老)이 올린 시무(時務)28조의 진강(進講)을 간청하고, 상서하기를 '바라옵건대 전하께서는 종묘에 정성을 극진히 하고 어머니께 효도를 다하며 원로들을 예방하고 언제나 옛 법에 따라 움직이소서.'라고 했다. 공이 선왕(先王) 의릉(=

충숙왕)의 고탁(顧托)을 받았으므로 아는 것이 있으면 말하지 않는 것이 없고 숨기려 하지 않았다. 임금은 비록 공의 의견을 다 받아들여 쓰지는 못했지만 대개 좋은 말로 대접하며 언제나 어른[叟]이라 하고 이름을 부르지 않았다. 하루는 임금께 아뢰기를 '인유(仁柔)하여 결단을 내리지 못하면 이로 인해 시비가 그대로 돌아서 정사에 반드시 해(害)가 될 것이고, 나중에는 구원하려고 해도 미치지 못할 것입니다.'라고 하니 임금의 얼굴빛이 변했다. 그러다가 조금 후에 술잔을 들어 술을 하사했다. 시중 홍언박(洪彦博)이 모시고 있다가 나오면서 감탄하기를 '윤공의 우직함이 이런 줄은 몰랐소. 우리 같은 부류는 미칠 수가 없소이다.'라고 했다. 임금이 손수 공의 초상화를 그리고 또 '율정(栗亭)'이란 두 글자를 그 위에 크게 써서 하사하니, 익재 등 여러 선생이 모두 시를 지어 찬양했다.

공의 할아버지 이름은 윤해(尹諧)로 경릉(慶陵·충렬왕)조에 출사(出仕)하여 형조와 사헌부에서 벼슬했고, 지방으로 나가 양광(楊廣)·경상·회양(淮陽) 3도의 안찰사가 되었다. 전라도 찰방(察訪)이 되었을 때는 어질고도 분명하게 옥사를 처리했다. 다시 조정에 들어와서 중승(中丞)이 되고 대사성에 이르러 곧 퇴직했는데 청백하여 집안이 지극히 가난했다. 아들 이름은 수평(守平)으로 일찍 세상을 떠났다. 수평공이 진례군(進禮郡) 부인 김씨(金氏)에게 장가들어 공을 낳으니 이름은 윤택(尹澤)이다. 9세에 시서(詩書)를 외우니 중서사인(中書舍人) 최사립(崔斯立)이 보고 말하기를 '신동(神童)이다!'라고 하면서 '신구행(神駒行)'[13]을 지어 주었다. 사성공(司成公)이 울면서 공에게 말하기를 '네가 있으니 수평이 죽지 않았다. 우리 집안을 일으킬 사람은 바로 너구나'라고 했는데, 과연 유종의 미를 거두어 자손이 참으로 번성하였다. 내가 일찍이 율정설(栗亭說)을 지어서 이르기를 '밤이란 것은 심어서 자라기가 매우 어렵지만 자라기만 하면 장성하기

---

13) 神駒行 제1연은 飛黃驥子生有種 作駒權奇志千里이다.

쉽고, 꽃이 매우 늦게 피지만 피고 나면 성하기 쉬우며, 열매가 매우 늦게 열리지만 열리기만 하면 거두기 쉬우니 대개 그 물건 됨이 차면 기울고 겸손하면 더함이 있는 이치가 있다고 하겠다. 공의 영달(榮達)은 곧 밤의 생장(生長)이오, 밤을 거두어 간직함은 곧 공의 정양(靜養·율정설에는 卷舒)이니 이것은 그 시종(始終)을 말한 것이다.'라고 했다. 공이 일찍이 자손들에게 말하기를 '우리 선조께서 한미한 가문을 일으켜 청백함으로 가문을 전해 왔다. 나는 또 어려서 아버지를 잃어 올바른 교육을 받지 못했으며 덕도 없고 재주도 없다. 그런데도 요행히 성상의 은총을 입었지만 털끝만큼도 보답을 못했다. 너희들은 근검하고 청렴하고 충성을 다해야만 문호를 보전할 것이다.'라고 했다. 공은 평생 동안 베 이불과 헤진 의복으로 지내며, 아침저녁 끼니가 혹 떨어질 때라도 태연했다. 매년 봄과 가을철 좋은 계절이 오면 애써 술과 음식을 마련하고 문생과 동방(同榜)인 인사들을 데리고 익재 및 우곡(愚谷)·급암(及庵)과 연로한 여러 정승들을 맞이하여 술 마시고 시를 지으며 마음껏 즐겼다. 만년에 퇴직하기를 간청하여 금주(錦州) 임천(臨川)으로 돌아갔으며 7년이 지난 경술년(1370·공민왕 19) 9월 정유일에 세상을 떠났다. 부음이 전해지니 문정(文貞)이란 시호를 하사했다. 그대로 분묘 곁에 있는 집을 사당으로 삼았다. 공의 손자 소종이 서울에 와서 사당의 기문을 나에게 청했는데 내가 공과 안지가 가장 오래되었으므로 분묘에 사당이 있다는 사실을 의논하지 않을 수 없었고, 그 때문에 글 서문에 그 내용을 적었다. 아! 익재는 비록 젊은 나이에 과거 시험을 맡았었지만 나이 82세나 되어 세상을 떠났다. 문하생으로서 생존한 자 겨우 두셋이었는데, 공과 구곡(龜谷)은 지방에 나가 있었기 때문에 나 혼자 상여 줄을 잡고 절하며 곡했다. 3년 뒤에 공이 세상을 떠나니 나이 역시 82세가 되었다. 내 나이는 금년에 육순(六旬)하고도 여덟이다. 종이를 마주하고 붓을 들어 공의 공덕(功德)을 적으려니 망연(惘然·무엇을 잃어버린 것처럼 심란함)하여 무엇을 써야 할지 모르겠다. 공은 모두 네 번 혼인하여 부인이 문씨·이씨·기씨(奇氏)이다. 기씨가 먼저 죽자 또 기씨에게 장가들어 아들 딸들을 두었다. 구생(龜生)은 문씨 소생이며 봉생(鳳生)은 먼저 죽었다. 아들과 딸 넷이 있는데 딸은 기거랑(起居郎) 허식(許湜)에게 출가했다가 죽고 아들 하나를 두었다. 이들은 모두 이씨 소생이다. 동명(東明)은 기씨 소생인데 정유년(1357·공민왕 6) 과거에 급제하여 벼슬이 이부산랑(吏部散郎)에 이르렀으며, 딸은 낭장(郎將) 박구령(朴龜齡)에게 출가했다. 후처 기씨의 딸은 진사 이존중(李存中)에게 출가하였다가 죽었는데 딸 둘이 있다. 합하여 손자가 9명이다. 소종이 그 중 한 사람인데 을사년(1365·공민왕 14) 과거에 장원 급제하여 벼슬이 예부산랑(禮部散郎)이다. 손녀는 4명, 외손이 2명, 증손이 4명, 서손이 2명이다. 나는 말한다. '오래오래 공경하시오. 사당에 모여서 제향(祭享)을 드리고, 바라건대 이 기문(記文)을 잊지 마시오.'라고[栗亭尹公 吾同年也 其孫紹宗來告余曰 王考退居錦州 於母之墳側作齋廬 設時祀 一日 歸其廬 與子孫訣 因寢疾而歿 葬其母墓之南 今上所賜親寫公眞在其廬 因使入守之 時祀從其母可乎 余曰 廬墓古有之 昔賜林攢母墓之廬 時人謂之闕下林家 蓋上墳非古也 然孝理所在 世莫得爲非 是以近代大夫士 皆從墳祀久矣 況先人之堂 其可不肯構乎 古者藏屍於地 迎精而返 廟位用木 後世有影堂 程子曰 天下人類多矣 一鬚一髮之不如吾親 則便是他人 然漢唐而下皆尙眞 況上筆絶倫 精在阿堵中 忽然瞻之 神彩如存 何暇計一鬚髮乎 祭義曰 見於羹 見於墙 矧其猶肖而爲君賜也 禮 士二世 大夫三世 皆立廟 夫禮 合於古者 必泥於今 而置廟於墳 寫眞於廟 雖不合古 墓廬先命 不可以廢 寫眞君賜 不可不重 豈若以廬爲廟 以眞爲主 俾來者知無改父之道 侈君之賜乎 豈非禮法人情 酌古準今者耶 況東人拘於異敎 廟享俱廢 寧孰爲墳廟 可以守經而行權 可以立懦而激俗者歟

公之德爵 行狀俱載 史官特書 玆不繁敍 然公有大度 幼年志學 常誦范文正之言曰 先天下之憂而憂 後天下之樂而樂 以爲大丈夫不爲則已 苟志於世 胡不

爾也 自是入黌堂 與諸生處 偶儻不群 丁巳 中監試第四 庚申 益齋爲知貢擧 中
第第六 調京山府掌書記 董耕葺學 令州人上墳 俗重孝理 後除校勘入翰苑 壬
申 毅陵在燕都 公往從之 上曰 吾兒不類其兄 兄卽永陵 煩君敎導 賜巵酒 公
拜謝曰 臣愚賤 年幾半百 元子長而臣當老矣 上曰 傳道德義 無若老成人 時公
年四十有四 癸酉 上東轅 從至平壤 因命以檢閱兼參軍 上常見公曰 賢哉某也
會詔使至 命公讀詔 賜以應敎紫袍之服 俄升爲判官 戊寅 拜代言預政 己卯 掌
監試 取安元龍等九十九人 上謂公曰 卿勿忘致力吾兒 公對曰 犬馬之力 已盡
於殿下 焉能及後 厥後明陵無嗣 忠定幼 民望歸今上 公唱請立 及忠定卽位 貶
公光陽 時耆老十一人上書 望元子賢 宜莅王位 辛卯 上果膺是命 由是重公 拜
密直提學 壬辰 上疏陳時政 不獲允 公固辭位 年已六十四 授開城尹 致仕 乃
築亭于城南閣馬坡之御恩池 扁曰逍遙 倘佯自頤 仍加三資 以重大匡贊成事終
公雖致笏家居 上欲源源見之 故每近耿光 獻言不已 斥圖讖 息兵役 乞進講衍
義 幷崔令上書曰 願上盡誠宗廟 盡孝慈闈 延訪耆老 動率舊章 公以先王 毅陵
顧托 知無不言 不欲以忌諱 上雖不能用 率皆優容 常稱叟不名 一日 語上曰 仁
柔不斷 則是非因循 必害於政 救之莫及 上色渝 俄執巵賜之酒 洪侍中彥博侍
出歎曰 不知尹公戇直至此 吾輩不及也 上親寫公眞 又書栗亭二大字其上賜之
益齋諸先生皆有詩讚

公之王考諱諳 仕慶陵 歷官刑獻 出按楊 慶 淮三道 察訪全羅 仁明斷獄 入
爲中丞 至大司成 仍令致仕 淸白至嚢 有子曰守平 早歿 娶進禮郡夫人金氏 生
公 諱澤 九歲 誦詩書 中書舍人崔斯立見之曰神童 作神駒行與之 司成公泣謂
公曰 汝在 守平不死矣 興吾門者汝也 果然有始有終 子孫寔繁 余曾有栗亭說
曰 栗之生 栽甚難長 而長則易壯 花甚晚開 而開則易盛 實甚後結 而結則易收
蓋其爲物 有虧盈謙益之理 公之榮達則栗之生長 而栗之收藏則公之養靜 言其
始終也 公嘗謂子孫曰 先祖興寒門 以淸白傳家 吾且幼孤 不蒙義方 匪德匪材

誤被上恩 未有毫報 汝等勤儉淸忠 可保門戶 公平生布被弊裘 饔飱或缺 晏如

也 每春秋佳辰 力俱酒食 率門生曁同年 迎致益齋及愚谷 及庵耆老諸相 觴詠

盡歡 晚年乞骸歸錦宮臨川 旣七年 庚戌九月丁酉卒 訃聞 賜諡文貞 因以墓廬

爲廟 紹宗來京師 求廟記於余 余知公最久 壠有廟 不可不議 故冠之篇首 於乎

益齋雖早年掌試 及年八十二下世 門生存者才二三 公及龜谷在外 余獨執紼拜

哭 後三年公歿 亦八十二 余今年六旬有八 臨紙操筆 誦公功德 惘然不知措手耳

公凡四娶 曰文氏曰李氏曰奇氏 先歿 又娶奇氏 皆有男女 曰龜生 文出 曰鳳生

先歿 有男女四 女適起居郎許湜 歿 有子一 皆李出 曰東明 奇出 登丁酉科 官

吏部散郞 女適郞將朴龜齡 後奇女適進士李存中歿 有女二 總孫九人 紹宗其

一也 爲乙巳科壯元 官禮部散郞 女孫四 外孫二 曾孫四 庶出二 余曰 往哉敬哉

集享于廟 庶不忘于玆記][14]

윤택의 사망이 1370년(공민왕 19) 9월의 일이므로 이 기문은 그 이후
어느 때인가에 씌어졌을 것이다. 글의 내용 중에 윤소종이 서울에 와서
기문을 부탁했다는 것이 있는 걸로 보아 담암은 귀향 후에도 가끔씩 개
경에 올라가 만날 사람을 만나고 했던 것 같다.

이 기문을 통해 알 수 있는 것은 담암이 꽉 막힌 예법(禮法) 지상주의
자(至上主義者)가 아니라는 점이다. 옛날에는 시신을 땅에 묻고 영혼을
맞아 돌아와서 사당의 위패를 나무로 만들다가 후세에 영당(影堂)이 생
겼는데, 정자(程子)는 '천하에 인류가 많으니 수염이나 머리털 한 올이라
도 내 어버이와 같지 않으면 이것은 다른 사람'이라고 하여 초상화 같은
것을 금기시한 것 같다. 하지만 담암은 초상화가 있다면 위패 대신 그것

14) 〈담암일집〉 권2, 기(記)

을 사용해도 좋다는 견해를 피력하고 있다. 그래서 사당을 분묘 근처에 만들고 초상화를 그려 사당에 봉안하는 일은 비록 옛날과 맞지는 않지만 묘소에 여막 짓는 것은 선대의 명(命)이니 폐할 수 없고, 초상화는 임금께서 하사하신 것이니 중하게 여기지 않을 수 없다고 말한 것이다. 또 그래서 이것이 예법(禮法)에서 인정(人情)은 옛날을 참작하고 지금을 표준으로 삼는다는 것이 아니겠는가라고 말하고 있다. 더구나 당시 고려 사람들은 이교(異敎) 즉 불교에 구애되어 사당과 제향(祭享)을 모두 폐지하고 있는 마당인데, 그나마 분묘의 사당을 만드는 것은 정도(正道·예법)를 지키면서도 권도(權道·임기응변)를 행함[守經行權]으로써 나태한 자를 일으켜 세우고 올바른 유교적 풍속을 격려하는 일이 아니겠는가? 라고 반문하는 것이다. 담암이 언급한 '견어갱(見於羹) 견어장(見於墻)'이란 말은 문자 그대로 국[羹]에서도 보이고 담[墻]에서도 보인다는 뜻인데, 이는 앞에 간 사람을 경모하고 추념함을 이를 때 쓴다. 옛날 요(堯)임금이 죽은 뒤에 순(舜)임금이 3년 동안 사모하여 밥을 먹을 때는 요임금이 국[羹]에서 보였고, 앉아 있을 때는 요임금이 담장[墻]에서 보였다고 한데서 유래했다고 한다.

그리고 여기서는 시호(諡號) 또는 호(號)로만 언급되는 인물들을 살펴보자. 범문정은 북송대의 명신인 범중엄(范仲淹·989~1052)을 말한다. 그의 시호가 문정(文正)이므로 범문정이라고 한 것이다. 익재는 물론 이제현(李齊賢·1287~1367)이고, 급암(及庵)은 담암이 교유한 인물편에 나온 민사평(閔思平·1295~1359)을 말한다. 그러나 우곡(愚谷)이 누구인지는 불명확하지만 정자후(鄭子厚·?~?)일 가능성이 가장 높다. 그는 충숙왕 때 복주((福州) 목사를 지낸 인물로, '영호루' 등 그의 시 몇 편이 〈동문선〉에 실려 있다. 이제현의 시편 가운데 정우곡(鄭愚谷)이란 인물이 나오는 걸로 보아 이제현과 비슷한 연령대의 인물로 여겨지지만 생몰년이 미상이므로 확실하지는 않다. 정이오(鄭以吾·1347~1434)란 인물 역시 우곡(愚谷) 또는 교은(郊隱)이란 호를 쓴 사람이었다. 하지만 익재나 급암과 나란히 언급되기에는 나이 차이가 너무 난다. 또 이제현의 문하생 중에 구곡(龜谷)이란 인물이 나오는데, 담암 당시에 구곡이란 호를 쓴 사람으로는 선승(禪僧) 각운(覺雲)이 비교적 널리 알려져 있다. 생몰년은 미상이며, 속성은 유씨(柳氏)로 남원 출신이라고 한다. 보우(普愚·1301~1382)의 법맥을 이었다고 하는데, 공민왕의 존경을 받아 왕으로부터 '달마절로도강도(達磨折蘆渡江圖)'와 '보현육아백상도(普賢六牙白象圖)' 및 '구곡각운(龜谷覺雲)'이라는 친필 4글자를 하사받았다고 한다. 담암이 언급한 구곡이 이 구곡인지는 알 수 없다.

3. 문헌공(文憲公) 이재(彝齋)선생 행장

담암은 윤택의 분묘기를 지은 지 1년 뒤인 공민왕 20년(1371)에 자신의 스승인 이재(彝齋) 백이정(白頤正·1247~1323)의 행장을 찬술한다. 그의 나이 69세 때 일이다. 이 무렵에는 좌주인 이제현도 이미 별세(1367)했고, 급제 동방인 윤택도 사망(1370)한 뒤였다. 담암이 백이정 사후 근 50년 만에 그 행장을 쓰게 된 심리의 저변에는 아마 자신의 죽음도 멀지 않았음을 예견했기 때문일 것이다. '문헌공(文憲公) 이재선생 행장'이란 이름으로 〈담암일집〉에 게재된 백이정의 행장은 다음과 같다.

선생의 휘(諱)는 이정(頤正)이요, 자는 약헌(若軒), 호는 이재(彝齋)다. 성은 백씨요, 남포(藍浦)에서 대대로 살았다. 시조의 휘는 우경(宇經)인데 신라 때 관직이 대사도였다. 후손 중에 휘 중학(仲鶴)이 있으며 관직은 좌간의였다. 고려조에는 휘 창직(昌稷)이 있었고, 관직은 시중이었다. 시중이 휘 탁(卓)을 낳았으니 병부시랑이다. 병부시랑은 곧 이재선생의 6대조가 된다. 증조의 휘는 여주(汝舟)로 한림학사이며, 조부의 휘는 경선(景瑄)으로 좌복야였다. 아버지의 휘는 문절(文節)인데 고종조에 이부시랑, 국자좨주, 대사성, 보문각 학사 등을 역임했고 호는 담암(澹巖)이며, 3조(三朝=고종·원종·충렬왕)의 명신으로 시호는 문간(文簡)이다. 배위는 성주(星州)이씨로, 참봉 세주(世柱)의 따님이다. 순우(淳祐) 7년(1247·고종 34) 9월에 이재공을 낳았다. 공은 태어나서부터 양순하고 인정 두터운 성품이어서 임금을 보좌할만한 재상의 기국(器局)이 있었다. 일찍이 문정공 권부(權溥), 문희공 우탁(禹倬) 등 제공(諸公)과 교유하며 회헌(晦軒) 안(安)선생 문하에서 학문을 닦고 가르침을 받았는데, 성리학 공부를 스스로의 임무로 삼았다. 당시 나라에서는 탐라에서의 반란을 토벌하고, 동쪽 왜(倭)의 죄를 물어 정벌에 나선지 20년이 되었다. 사대부가 모두 갑옷을 입고 궁시(弓矢·활과 화살)를 잡으니, 글 읽는 자는 열에 한둘이 채 되지 않았다. 그로 인해 육경(六經)의 가르침이 끊어질 듯 끊어질 듯 겨우 전해지고 있었는데 회헌공이 문묘(文廟)를 중수하고 공자를 받들었다. 이로써 그 문하의 제현(諸賢)만이 경사에 통달하고 옛일에 정통하게 되었으며, 홀령(忽嶺)의 누속(陋俗)을 씻어내게 되었다. 충렬왕 갑신년(1284·충렬왕 10)에 권단(權㫜)공이 시험을 주관하여 선비를 뽑을 때 권한공(權漢功), 김원상(金元祥), 최성지(崔誠之), 채홍철(蔡洪哲) 등과 함께 등제(登第)했다. 무술년(1298·충렬왕 24)에 원나라가 사신을 파견하여 세자를 왕으로 삼으니 이가 충선왕이다. 그해 8월에 원나라가 왕을 불러 입조케 하므로 왕이 원나라로 갔다. 공은 숙위로서 왕을 시종하여 원나라로 가 연도(燕都)에 10년을 머물렀다. 이때 공은 귀국길에 정주서(程朱書) 일체를 취득하여 돌아왔으며, 귀국 후에는 동문(同門) 4~5인과 더불어 매일 서로 강론하며 수업했다. 이로써 경서(經書)가 깊은 바다 되고 전소(箋疏)가 사다리며 배가 되니 우리 동방의 학자들이 성리학 있음을 비로소 알게 되었다. 누차 승진하여 갑인년(1314·충숙왕 1)에는 벼슬이 첨의평리상의도감사(僉議評理商議都監事)에 이르렀고, 상당군(上黨君)에 봉해졌다. 계해년(1323·충숙왕 10) 12월에 별세하니 향년이 77세였다. 충숙왕조에 문헌(文憲)이란 시호를 내렸다. 부인은 안동 김씨로 판삼사 문영공(文英公) 김순(金恂)의 따님이며, 충렬공(忠烈公) 김방경(金方慶)의 손녀다. 묘는 합장으로 남포(藍浦) 동락동(東樂洞) 부갑(負甲·동북방을 등진 자리)의 언덕인데, 선조 평장공(平章公)의 유택 아래다. 1남2녀를 두었다. 아들 세렴(世廉)은 군수이며 딸은 제학 이달존(李達尊), 추밀 기인걸(奇仁傑)에게 출가했다. 군수 즉 세렴이 아들 둘을 두었으니 함정(咸正)은 사인(舍人)이고, 함명(咸明)은 평장사다. 사인 즉 함정이 두 아들을 두었는데 인(璘)과 소(玿)이다. 인의 관직 역시 사인이고, 소는 평의(評議)다. 평장사 함명은 관(琯)이란 아들 하나를 두었는데 벼슬은 정당문학이다. 이하는 다 기록하지 못한다. 공이 만년에 초려를 짓고 전원에 살며, 시부(詩賦) 일절을 읊었으니 그 내용은 이렇다.

쓸쓸한 작은 집, 10주(十肘)남짓한데[15]

향(香) 사르고 조용히 성인의 글 읽는다.

예부터 천작(天爵) 닦으면 인작(人爵)은 절로 좇아온다 했지

정욕(情欲)은 가을 숲인 듯, 나날이 성겨가네.

시의 뜻이 깨끗하고 거짓이 없으며, 진실로 도학자다운 언사(言辭)라 할 수 있다. 이는 분수를 지켜서 사물의 도리를 추구하는 학문과, 비운 마음을 즐기는 순수함을 상징한 것이니 이것만으로도 그 생각을 충분히 알 수 있겠다.(以下 缺)

[先生諱頤正 字若軒 號彛齋 姓白氏 世居藍浦 始祖諱宇經 官新羅大司徒

---

15) 주(肘)는 길이의 단위로 1주는 약 1.5척

有諱仲鶴 官左諫議 國朝有諱昌稷 侍中 生諱卓 兵部侍郎 於公爲六代祖 曾祖 諱汝舟 翰林學士 祖諱景瑄 左僕射 考諱文節 高宗朝歷官吏部侍郎 國子祭酒 大司成 寶文閣學士 號澹巖 寔爲三朝名臣 諡文簡 配星州李氏 參奉世柱女 淳 祐七年九月日生公 天資純厚 有公輔器 早與權文正溥 禹文僖倬 遊晦軒安先生 門 講磨訓誨 自任以性理之學 時國家伐叛問罪 二十年矣 士皆衽金革操弓矢 讀書者十不一二 六籍之傳 不絶如縷 晦軒公葺聖廟 宗孔氏 於是門行諸賢 獨 以通經博古爲事 以洗葱嶺之陋 忠烈王甲申 權呾掌試取士 與權漢功 金元祥 崔誠之 蔡洪哲登第 戊戌 元遣使冊世子爲王 卽忠宣王也 八月 徵王入朝 王如 元 公以宿衛從之 留都下十年 多取程朱全書而歸 與同門四五人 日相講授 以 經籍爲淵海 箋疏爲梯航 東方學者始知有性理之學 甲寅 累官至僉議評理商議 都監事 封上黨君 癸亥十二月卒 享年七十七 忠肅朝賜諡文憲 夫人安東金氏 判三司事文英公恂女 忠烈公方慶孫 合窆于藍浦東樂洞負甲之原 先祖平章公 兆下也 生一男二女 男世廉 郡守 女適提學李達尊 樞密奇仁傑 郡守生二子 咸 正 舍人 咸明 平章事 舍人二男 璘 亦官舍人 玿 評議 平章一男琯 政堂文學 以 下不盡錄 公晚年屛居田廬 嘗賦詩一絶曰

　矮屋蕭條十肘餘

　焚香靜讀聖人書

　自從人爵生天爵

　情欲秋林日漸疏

　詩意淸眞 眞有道者言 其安分窮理之學 湛虛純一之象 於此足以想見矣][16]

여기서 언급된 백이정(白頤正)의 선조 백탁(白卓)은 왕건(王建)이 아직

---

16) 〈담암일집〉 권2, 문헌공(文憲公) 이재선생(彝齋先生) 행장

궁예(弓裔)의 수하 장수로 있을 때, 거울에 새겨진 시를 왜곡되게 궁예에게 보고함으로써 왕건을 위기에서 구해준 문인(文人) 3명 중 한 명이다. 〈고려사〉 등에 실린 기사는 대개 이런 내용이다. '당시 왕창근(王昌瑾)이란 당나라 상인이 후고구려의 수도 철원(鐵圓)에 살고 있었는데, 918년(태조 1) 어떤 사람으로부터 오래된 거울을 샀다고 한다. 거울에는 고시가 새겨져 있었다. 왕창근이 이를 궁예에게 보고했더니 궁예는 백탁, 송함홍(宋含弘), 허원(許原) 등의 문인에게 해석하게 했다. 그 고시는 참언으로, 당시 궁예 밑에서 파진찬(波珍飡)으로 있던 왕건이 후삼국을 통일한다는 내용이었다. 백탁 등은 사실대로 보고했다가는 왕건이 해를 입을까 싶어 적당히 꾸며서 거짓으로 보고함으로써 왕건을 구해주었다는 것[17]이다.

이 내용으로 보건대 백탁은 왕건의 고려 개국에 힘을 보탠 개국공신 중의 하나라고 여겨진다. 고려의 개국공신 중에는 1등공신인 홍유(洪儒), 배현경(裵玄慶), 신숭겸(申崇謙), 복지겸(卜智謙) 같이 현저한 인물도 있었지만 드러나지 않은 사람들도 많았다. 고려의 개국공신 중에 2등으로 책록된 사람은 권능식(權能寔), 권신(權愼), 염상(廉湘), 김락(金樂), 마난(麻煖) 등이고, 3등 공신으로는 무려 2천여 명이나 책록되었다. 백이정의 선조인 백탁은 고려조 개창에 기여함으로써 중앙귀족으로 편입된, 남포의 호족세력이었다고 여겨진다. 가문의 이런 배경과 자신의 재능에 힘입어 백이정은 당시의 명문가인 김방경(1212~1300)의 셋째 아들 김순(1258~1321)의 사위가 되었을 것이다.

이 행장에 따르면 백이정은 권부, 우탁 등 당대의 인재들과 교유하면

---

17) 〈고려사〉 세가 및 〈고려사절요〉 태조 편 모두(冒頭)

서 문성공 안향(安珦·1243~1306)의 가르침을 받고 과거에 급제했다. 당시의 나라 형편은 탐라로 옮겨간 삼별초군을 토벌하고 원나라의 일본정벌을 지원하던 때였는데, 기간이 길어지면서 국가 전체가 고통을 받고 있었다. 국가벌반문죄 이십년(國家伐叛問罪 二十年)이란 표현은 이런 사정을 반영하고 있으며, 장기간 전쟁 중이다보니 누구 할 것 없이 갑옷을 입고 무기를 드는 시대였을 것이다. 그러다 보니 글 읽는 자가 열에 한둘이 채 되지 않았고, 〈역경〉〈시경〉〈서경〉〈예기〉〈악기〉〈춘추〉와 같은 육경을 교본으로 삼는 유학이 끊어질 듯이 이어지고 있었다. 이런 가운데 안향이 문호를 열고 백이정 등을 가르쳤으며, 이로 하여 이들이 경사에 통달하고 옛일에 정통하게 되어 홀령(惢嶺)의 누속(陋俗)을 씻어내게 되었다는 것이다. 홀령지루(惢嶺之陋)는 '궁벽한 곳의 누추함' 정도이니 아마 당시 고려에 널리 퍼져있던 불교 내지 미신적인 행태와 낡은 풍속을 포괄적으로 지칭한 말인 것 같다.

담암은 백이정의 급제를 언급하면서 백이정이 등제한 1284년(충렬왕 10) 갑신방의 지공거를 권단만 적고 있으나 실상 이때의 지공거는 김주정(金周鼎·?~1290)이었고, 권단은 동지공거였다. 담암은 권단이 자신의 스승 권부의 부친이기 때문에 간략하게 적다가 보니 그리 되었을 것이다. 갑신방의 장원은 조선열(趙宣烈)이란 사람이었고, 백이정, 권한공, 김원상, 최성지, 채홍철 등이 이때의 합격자들이었다. 백이정은 1298년(충렬왕 24) 충선왕을 호종하여 원나라로 갔고, 거기서 10년을 머물렀다. 귀국할 때 정주학에 관한 서적을 다량 구입하여 귀국 후에는 동문들과 함께 이 성리학 관련 서적을 읽고, 토론하고, 연구해서 그 내용을 깊이 체득한 후 담암을 비롯해서 이제현, 박충좌, 이곡, 이인복 등의 문인들에게 전수했다. 우리나라 성리학에 끼친 백이정의 공로는 실로 여기에 있다 할 것이다. 담암의 언급대로 백이정의 연구와 전수로 인해 우리 동방의 학인들이 성리학 있음을 비로소 알게 된 것이다.

관료로서 백이정은 누차 승진하여 1314년(충숙왕 1)에 첨의평리상의 도감사가 되고, 상당군에 봉해졌다. 1323년(충숙왕 10) 12월 향년 77세로 별세하자 조정은 문헌(文憲)이란 시호를 내렸다. 백이정의 묘는 행장에 나온 대로 남포 동락동(東樂洞·현 충남 보령시 웅천읍 평리 동막동)이란 곳에 있는데, 일설에는 경남 남해군이란 얘기도 전해지고 있다. 오늘날 남해군 남면 평산리에는 '전(傳) 백이정 묘'라는 특이한 형태의 무덤이 있다. 그리고 백이정을 모신 사당 난곡사가 남해군 이동면 난음리에 있다. 그는 1남 2녀를 두었다. 외아들 세렴은 군수로, 그는 아들이 둘이었다. 함정은 사인(舍人)이고, 함명은 평장사였다. 백이정의 맏사위인 제학 이달존은 익재 이제현의 차남이다. 둘째 사위 기인걸은 기자오(奇子敖)의 손자로, 공민왕 때 주살된 기철(奇轍)의 차남으로 전해진다. 봉익대부 개성윤, 광록대부 동지추밀원사 등을 지냈다고 한다.

12.
우왕(禑王)의 사부(師傅)

1. 담암은 신돈의 몰락에 관여했을까?

자신의 나이 69세 때인 공민왕 20년(1371) 스승 백이정의 행장을 쓴 담암은 같은 해에 세 편의 시를 더 쓴 것으로 보인다. 하나는 '현릉이 사예 김도에게 큰 글씨로 나복산인 김도장원 여덟 자를 내린데 대하여[玄陵賜司藝金濤大書蘿蔔山人金濤長源八字]'이고, 다른 하나는 '홍무 4년 거가가 장단으로 행차했을 때 주상 전하께 절하고 바치다[洪武四年駕行長湍拜獻主上殿下]'이며, 또 다른 하나는 '강릉도 안렴사로 나가는 김선생을 보내는 시[送江陵道按廉使金先生詩]'이다. '송 강릉도안렴사 김선생시(送江陵道按廉使金先生詩)는 강릉도 안렴사로 나가는 문인 김구용(金九容)을 전송하며 지은 작품이다. 이 시는 군데군데 결락된 글자가 있다. 이 시는 15장에서 보기로 하고, 여기서는 앞의 두 편을 먼저 보도록 하겠다. '현릉사 사예김도대서 나복산인김도장원 8자(玄陵賜司藝金濤大書蘿蔔山人金濤長源八字)'는 오언고시, '홍무4년 가행장단 배헌주상전하(洪武四年駕行長湍拜獻主上殿下)'는 칠언고시이다.

공민왕 18년(1369)에 귀전하여 두문자정에 들어갔던 담암은 이듬해인 공민왕 19년(1370)에 상경하여 윤택의 분묘기를 쓰고, 또 그 이듬해에 백이정 행장과 앞의 시 세 편을 지은 것 같다. 이는 주(主)거주지를 고향으로 옮겼으면서도 개경과의 관계를 완전히 단절한 것은 아니란 의미로 보아야 할 것이다. 다만 현직이 아니라 퇴직한 재상으로서 왕의 자문에 응하거나, 아니면 글로써 왕을 외호(外護)하는 형식이었다고 여겨진다. 윤씨분묘기에서 본대로 '비록 벼슬을 내놓고 집에 있었지만 왕이 잊지 않고 자주 보고자 하므로 항상 임금께 나가 말씀을 드린'윤택의 경우와 비슷하다고 하겠다.

'현릉이 사예 김도에게 큰 글씨로 나복산인 김도 장원 여덟 자를 내린데 대하여'라는 시는 공민왕 20년(1371) 3월에 왕이 손수 김도(金濤·?~1379)에게 여덟 글자를 써준 것을 기념하여 지은 시로 보인다.

김군은 일찍이 학업에 뜻을 두어[金君早志學]

나복산에서 글을 읽었다[讀書蘿蔔山]

나복(=무)은 맛이 담박하니[蘿蔔尙淡薄]

나물 뿌리지만 참으로 먹을 만하지[菜根誠可餐]

굳게 마음먹으면[立心貴堅固]

하기 어려운 일 없으니[事無爲之艱]

저 안회(顔回)의 누항살이가[回也居陋卷]

한 대바구니 밥에 불과했어도[不過食一簞]

공부자가 어질다 말했고[夫子謂賢哉]

학문은 찬앙(鑽仰·덕을 우러름)의 경지에 이르렀다[學至鑽仰間]

장원의 재주 물처럼 콸콸 솟아[長源才混混]

성문(聖門)에 있었으면 물결을 보았으리[聖門必觀瀾]

중국의 높은 과거에 뽑혀[中朝高捷科]

혁혁하게 빛나는 반열에 올라[顯赫躡華班]

진취(進取)가 이 같으니[所進有如此]

그 누군들 무릎 치며 칭찬하지 않으리[誰不擊節嘆]

우리 임금 크게 쓴 글자[吾君大書字]

구중궁궐에서 은총으로 내려 주시어[九重垂寵頒]

은 갈구리(=잘 쓴 필적의 형용) 글씨의 획이 별과 해로 빛나니[銀鉤光星日]

천년의 훌륭한 완상품(玩賞品)이 되리라[千載爲盛觀]

신하(=김도)는 지극한 보배에 절하여 칭송하고[臣拜頌至寶]

자손은 길이 전하여 아껴야 하리[子孫傳所慳][1]

여기 나온 김도(金濤)는 연안부(延安府·황해도 연백, 鹽州) 사람으로 자(字)가 장원(長源)이고, 호(號)는 나복산인(蘿葍山人)이다. 공민왕 때 과거에 급제하고 공민왕 19년(1370) 8월 박실(朴實), 유백유(柳伯濡) 등과 함께 향공으로 뽑혀 명나라에 갔다. 이듬해 제과에 25등으로 급제하여 동창부(東昌府) 구현(丘縣)의 승(丞)으로 제수되었으나 중국말을 모른다는 이유로 사직하고, 어버이가 늙어 본국에 돌아가기를 청하니 황제가 허락했다. 공민왕 20년(1371) 3월 그가 돌아오자 공민왕은 좌우에 이르기를 '우리나라 사람으로 제과에 오른 자는 참으로 드물다. 이 사람은 이름이 일시에 드날려 천하로 하여금 우리나라에 인재가 있음을 알게 하였다.'고 하면서 우사간 예문관 응교를 제수하고, 손수 '金濤長源蘿葍山人'이란 8자를 써서 하사했다.[2] 임금이 직접 신하의 이름과 자와 호가

1) 〈담암일집〉 권1, 시(詩)

들어간 글씨를 써서 준 것은 대단히 영광스러운 일이었다. 김도의 이 같은 영광에 대해 담암은 이 시를 지었고, 이색은 '상찰찬(上札贊)'이라는 글을 지어 그를 기렸다. 이색의 상찰찬에 따르면 김도의 자와 호를 지어준 사람은 이색이었던 모양인데, 그에게 나복산인이란 호를 지어준 연유를 다음과 같이 설명하고 있다.

> 그의 호를 나복산인으로 한데 대하여는 세 가지 설명이 있다. 김도는 본시 염주(鹽州) 출신이요 동복(同福)은 외가인데 동복의 별호가 나복(蘿葍)이다. 군(君)의 부모가 이곳에 거주하였으니 곧 그의 출신지다. 또한 무라는 것이 그다지 신기한 것도 아니지만 싫어하는 것도 아니다. 사람에게 덕은 되어도 쓰는데 해로울 것은 없다. 사람으로서 이와 같게 된다면 또한 이 세상에서 무난히 살 수 있을 것이다. 군의 눈썹과 눈이 설천민(偰天民·偰長壽)이라는 사람과 비슷했다. 어떤 고관이 길에서 김군을 만나 설천민으로 알고 안부를 물었는데 군은 건성으로 대답하고 물러갔다. 이 소문을 들은 사람들은 모두 웃었다. 설씨(偰氏)는 회골(回鶻)출신이다. 그러므로 친구들이 모두 군을 가리켜 '회골'이라 했다. 회골사람은 성품이 정결하여 의복을 깨끗하게 입으려하고 욕심도 잘 참는다. 좋은 음식은 없고 먹는 것이 무인데 그 남은 것도 버리지 않는다. 회골과 무에 대한 얘기는 대개 이러하다. 일찍이 임금께서 '김도는 설첩해(偰帖該)와 닮았다.'고 했는데 설첩해는 설천민의 숙부다. 그러니 그를 나복산인이라고 호를 삼은 것이 어찌 신(臣·이색)의 의사에서만 나온 것이겠는가……(下略)[3]

---

2) 안정복, 〈동사강목〉, 공민왕 20년(1371) 3월

3) 이색, 〈목은문고〉 권12, 상찰찬(上札贊)

이 글로 보건대 김도가 나복산인이란 호를 얻게 된 것은 그의 외가이자 출신지인 동복의 별호가 나복이고, 무를 뜻하는 나복이 인간에게 득이 되는 식품이며, 그의 외모가 무를 주로 먹는 회골사람처럼 생겼기 때문이라고 할 수 있겠다.

그리고 담암의 시를 다시 살펴보자. 여기 나온 안회(顔回·기원전 521~기원전 491?)는 중국 춘추시대의 노나라 사람으로 공자의 제자다. 학덕이 높고 재질이 뛰어나 공자의 가장 촉망받는 제자였으나 공자보다 먼저 죽었다. 가난하고 불우했지만 개의치 않고 학문에 정진했던 인물로 전해진다. 담암이 안회의 회(回)를 여기서 언급한 것은 김도의 외모가 회골(回鶻)사람과 비슷하기 때문에 안회의 회와 회골의 회를 연결시킨 것이다. 안회의 덕을, 회골사람 닮은 김도 역시 가져달라고 당부하는 의도였다고 여겨지는데, 참으로 절묘한 기법이라고 할 수 있다.

장원재혼혼(長源才混混) 즉 장원의 재주 물처럼 콸콸 솟는다는 〈맹자〉 이루(離婁) 하(下)에 나오는 원천혼혼(源泉混混)을 연상케 한다. '근원 있는 물은 콸콸 솟는다.'라는 〈맹자〉의 이 구절과 '장원의 재주가 물처럼 콸콸 솟는다.'는 시 구절은 맞물려 있으며, 바로 뒤의 성문필관란(聖門必觀瀾)과 연결된다. 성문은 성인(聖人)의 문하(門下)란 뜻이다. 〈맹자〉 진심(盡心) 상(上)에 관수유술(觀水有術) 필관기란(必觀其瀾)이란 구절이 있다. '물을 보는 데는 방법이 있으니, 반드시 그 여울목을 보라!'는 의미일 것이다. 이 구절 앞에서 맹자는 '바닷물을 본 사람에게 웬만한 물은 물로 보이지도 않는다.[4]'라고 했다. 이렇게 연결시켜 보자면 담암의 표현은 바닷물 같은 성인의 문하에서는 웬만한 재주는 재주로 보이지도 않

---

4) 〈맹자〉 진심 상(上), 觀於海者 難爲水

는 법인데 장원의 재주는 물 솟는 듯해서 중국의 높은 과거에 뽑히고, 혁혁하게 빛나는 반열에 올랐다는 칭찬인 것이다.

은구(銀鉤)는 원래 은으로 만든 갈고리라는 뜻이지만 썩 아름답게 쓴 글씨를 형용하는 말로 전용되었다. 특히 초서를 형용할 때 쓰는데, 이로 보자면 공민왕이 김도에게 써준 글씨는 초서였던 것 같다.

'현릉이 사예 김도에게 큰 글씨로 나복산인 김도 장원 여덟 자를 내린데 대하여'를 지은 담암은 같은 해 윤3월'홍무 4년 거가가 장단으로 행차했을 때 주상 전하께 절하고 바치다'라는 시를 또 지었다. 홍무 4년 (1371) 그러니까 공민왕 20년 윤3월 경오일, 왕은 개경 남쪽에 있는 장단(長湍·파주시 장단면)으로 행차하여 정릉(靖陵)을 참배했다. 이틀 후인 임신일에는 배를 타고 장단석벽(石壁)을 구경했으며, 그 하루 뒤인 계유일에는 헌릉(憲陵·4대 광종의 능)에 참배하고 용둔야(龍遁野)에서 활쏘기 대회를 열어 김용초(金龍貂)와 이옥(李沃)이란 젊은이가 활을 잘 쏘았으므로 이들에게 안장 없은 말을 주었다. 또 그 이튿날에는 경릉(景陵·11대 문종의 능)을 참배했다.[5]

〈고려사〉의 기록대로 공민왕은 이번 행차에서 선대왕들의 능침을 참배하고, 임진강변에 우뚝하게 선 석벽을 구경했으며, 또 의식(儀式)이라고 해야 할 활쏘기 대회를 용둔의 들에서 열어 궁술이 우수한 사람들에게 안마(鞍馬)를 하사했다. 말하자면 이 행차에서 대사례(大射禮)를 행한 셈이다. 왕이 장단에 머무른 기간은 짧으면 5일에서 길면 약1주일 정도인데, 이 기간 동안 담암은 왕을 가까이서 상면하고 이런저런 행사를 같이 참관한 것으로 보인다. 이미 치사(致仕)상태였기 때문에 담암이

---

5) 〈고려사〉 세가 및 〈고려사질요〉 공민왕 20년(1371) 3월 경오일~갑술일

왕의 행차를 호종해야 할 의무는 없었겠지만 그럼에도 참석한 것은 아마 공민왕의 특별한 초대가 있었기 때문일 것이다. 여기서 담암이 지은 시가 '홍무 4년 거가가 장단으로 행차했을 때 주상 전하께 절하고 바치다.'이다.

윤 3월 봄, 해는 신해년[春閏三月歲辛亥]

우리 임금 옛 단주(湍州·長湍)에 거동하셨다[我王駕幸古湍州]

대인밀보(大人密輔) 깊은 뜻 있으니[大人密輔有深意]

이제까지의 답답한 근심 터놓고 싶어서다[暢敍從前堙鬱愁]

한강 석벽을 험독(險瀆)이라 부르는데[漢江石壁號險瀆]

천 년 승적(勝跡·이름난 고적)이 지금껏 남아 있다[千年勝跡至今留]

성조(聖祖·태조) 군사 일으킬 때도 여길 지나셨는데[聖祖陳兵亦過此]

또 한후(韓侯·공민왕) 한 분이 이 땅에 태어났네[又是岳降生韓侯]

용가(龍舸·천자의 배) 부교(浮橋)는 옥로(玉輅·천자의 수레)와 마주치고[龍舸浮橋擊玉輅]

봉피리 용젓대는 뱃노래와 어우러진다[鳳笙龍管兼棹謳]

한(漢)나라 때 하변(河邊)의 제사뿐 아니라[漢時不獨祀河邊]

산릉(山陵) 뵈려는 마음 앞선 것이다[投謁山陵心所先]

기영(耆英·연령, 학덕, 벼슬이 높은 자)과 문무호종 반열에 서고[耆英文武在從列]

붉은 재갈 만 마리 말에 비단안장 연이었다[朱幘萬馬連錦韉]

수레 돌리자 풍류소리 근교까지 닿으니[回車歌吹近郊堈]

성안 노인네들 달려 나와 맞이하네[城中父老來相迎]

임금은 푸른 막 걷고 한 번 돌아보며[天顏一顧卷翠幕]

대사례(大射禮·활쏘기 의식) 베풀어 인재 등용 명하신다[命開大射登俊賢]

어가(御駕·왕의 수레) 앞 날랜 무사는 모두 소년들[駕前虎賁皆少年]

활 당겨 살 날리니 백보천양(百步穿楊)이었다[張弓發矢百步穿]

그 중에도 김용초(金用超)·이옥(李沃) 양웅[箇中兩雄金與李]

빼어난 정력은 어찌 그리 펄펄할까[精力拔萃何翩翩]

천구(天廏·천자의 마굿간)의 비룡마 옥안장 끼워[天廏飛龍障玉鞍]

몰아내 상(賞)주고받는 모습 반열에 빛난다[輒賜拜受光班聯]

총재(冢宰·재상의 경칭) 사랑하는 바에 감격하여[冢相感激愛所鍾]

멀리서 바라보다 가까이서 사례하니 눈물 샘 솟는 것 같구나[遙望近謝淚如泉]

쓸모없는 선비인 내가 문득 기억하자니, 의묘(毅廟·충숙왕) 호종할 때[腐儒忽憶從毅廟]

청평사(清平詞) 올렸지, 이적선(李謫仙)처럼[和進清平擬謫仙]

말을 상(賞)받고 자미랑(紫薇郞·예문관 정언)에 제수되었더니[錫馬拜職紫薇郞]

이제 또 거룩한 일 구경하니 예전처럼 부끄럽네[今看盛事愧如前]

더구나 임금 은혜로 양부(兩府·중서문하성과 추밀원)에 든 몸 되어[況蒙君恩入兩府]

칠십 앞둔 나이에 외람되이 임금 행차 모셨음에랴[年將七十叨執鞭]

동료와 함께 찬송의 뜻 표하고자[冀與同僚報歸美]

시 한 편 역사에 올려 전하고자 바치오[獻詩爲付汗靑傳]

본주(本註): 신이 병자년(1336·충숙왕 복위 5)에 의릉(毅陵·충숙왕)을 따라 원나라에 갔다. 임금께서 시를 짓고 화운(和韻)을 명했다. 말을 하사받고, 한림에서 곧바로 정언(正言)에 제수되었다[本註: 臣於丙子 從毅陵如朝 上作詩命和 賜馬 以翰林直拜正言][6]

담암의 이 시만을 놓고 보자면 공민왕은 신해년 윤3월 봄에 대인밀
보(大人密輔)의 깊은 뜻을 가지고 이제까지의 인울(堙鬱), 곧 답답함과
근심[愁]을 후련하게 탁 터놓기 위해서 옛 단주(湍州), 즉 장단고을을 찾
았다. 여기서 대인밀보란 말은 의미심장한 뜻을 가진 것 같으나 확실한
것은 알 수 없다. 다만 바로 뒷부분의 창서종전인울수(暢敍從前堙鬱愁)
와 연관시켜서 보자면, 여태까지의 답답함과 근심을 털어버리기 위해서
대인밀보의 깊은 뜻을 지니고 장단 행차를 한 것이다. 대인(大人)은 공
민왕을 지칭하거나 높은 관직에 있는 권신(權臣)을 가리키는 말인 것 같
고, 밀보(密輔)는 빽빽하게 들어선 재보(宰輔) 즉 재상들을 말하는 것이
아닌가 싶다. 대인을 공민왕으로 보자면 대인밀보유심의(大人密輔有深
意) 창서종전인울수(暢敍從前堙鬱愁)는 '왕을 둘러싼 숱한 신하들 틈에
서 왕은 (무언가) 깊은 뜻을 가지게 되었고, 이제까지의 답답함과 근심
을 털어내기 위해서' 옛 단주에 행차했다고 해석할 수 있겠다. 그게 아
니고 대인을 당시의 권신 즉 신돈으로 보자면 이 구절은 '권신 신돈과
빽빽하게 들어선 재상들로 하여 왕은 이제까지 답답함과 근심을 가졌
고, 그것을 털어내기 위해서' 옛 단주에 행차했다고 이해할 수도 있을
것이다. 이 둘 중에서 어느 쪽이 되었든 간에 담암의 이 시를 놓고 보면
이 무렵 공민왕은 무언가 갑갑하고 근심이 많은 상태였고, 그것을 훌훌
털어내기 위해서 단주에 간 것이 된다.

담암은 시에서 한강석벽을 험독이라 부른다고 했는데 엄밀하게 말하
자면 왕이 행차한 곳이 임진강(臨津江)변에 있는 장단이었기 때문에 임
진석벽이라고 해야 옳을 것이다. 험독(險瀆)을 문자 그대로 읽자면 험한

---

6) 〈담암일집〉 권1, 시

개울이라고 할 수 있다. 그러나 지명을 나타낼 때는 고조선 때의 도성인 왕검성(王儉城)을 지칭한다고도 하는데, 여기서의 험독은 현재의 연천군과 파주시 등지를 흐르는 임진강 강안(江岸)에 줄지어 서있는 석벽을 가리키는 말일 것이다. 예부터 임진강 중류 강안의 장단석벽(長湍石壁)은 송도팔경의 하나로 불릴 만큼 경치가 아름다워 하류의 동파적벽(東坡赤壁)과 함께 시인묵객을 많이 불러 모았던 곳이다. 〈신증동국여지승람〉 경기도 장단도호부(長湍都護府)조에는 '장단도(長湍渡)는 부의 동쪽 33리에 있는데, 두기진(頭耆津)이라고도 한다. 양편 언덕에 푸른 석벽이 수십 리를 서 있어 바라보면 그림 같다. 세상에서 전하기를 고려 태조가 거둥해 놀던 곳이라고 하며, 민간에서는 아직도 그 가곡(歌曲)이 전해지고 있다.'고 했다. 그리고 용둔야(龍遁野)는 장단도호부의 서쪽 15리 대사현동(大蛇峴洞)에 있었다. 여기에 머물면서 조상들의 능침에 참배도 하고, 대사례를 베풀기도 하고, 석벽 관광도 겸해서 했던 것이다.

　이 때 공민왕이 참배한 능침은 3곳이라고 하는데, 정릉(靖陵)이 누구의 무덤인지는 불명이다. 고려의 왕이나 왕비 가운데 정릉(靖陵)이란 곳에 묻힌 이는 기록에 없다. 〈고려사〉나 〈고려사절요〉 편찬자들의 착오(錯誤)가 아닌가 싶다. 4대 광종의 능인 헌릉(憲陵)은 경기도 개풍군 영남면 심천리에 있고, 11대 문종의 능인 경릉(景陵)은 오늘날의 개성시 장풍군 선적리 불일사(佛日寺) 남쪽에 있다고 한다. 공민왕이 광종과 문종의 능을 찾은 것을 미루어 짐작하자면 다른 한곳의 능침은 앞의 정릉(靖陵)이 아니라 6대 성종의 능인 강릉(康陵)이거나 8대 현종(顯宗)의 능인 선릉(宣陵)일 가능성이 높다. 강릉은 개풍군 청교면 배야리, 선릉은 개풍군 중서면 곡령리에 있다고 한다.

　공민왕이 참배한 헌릉의 주인인 4대 광종(光宗·925~975)은 주지하다시피 고려 초기의 왕권강화를 위해 피의 숙청을 단행하고 노비안검법과 과거제 시행, 백관의 공복 제정, 칭제건원(稱帝建元) 등을 실천한 개혁 군주였다. 경릉(景陵)에 묻힌 11대 문종(文宗·1019~1083)은 37년 동안 재위하면서 고려의 문물제도를 크게 정비한 왕으로 기억된다. 법률제정으로 내치에 힘썼고, 불교를 신봉했지만 유학도 장려했다. 동여진의 침입을 토벌하고, 송나라의 선진문화도 수입했다. 그래서 이 시기를 '고려의 황금기'라고 부른다. 한편, 기록에는 정릉(靖陵)으로 나오지만 공민왕이 참배했으리라고 여겨지는 강릉(康陵)의 주인 6대 성종(成宗·960~997)과 선릉(宣陵)의 주인 8대 현종(顯宗·992~1031)은 어떤 군주였을까? 성종의 가장 큰 업적은 최승로(崔承老·927~989)의 시무 28조를 받아들여 국가 정치이념을 유교로 정한 것이 아닌가 싶다. 성종은 또 국가 재정과 백성들의 생활에 부담을 주는, 지나치게 화려한 불교행사를 금지했다. 전국 12개 지역에 목(牧)을 설치하고 목사라는 중앙관리를 파견하여 다스리게 했다. 성종 12년(993) 거란군이 침입하자 서희(徐熙)를 보내 소손녕(蕭遜寧)과 담판을 짓게 함으로써 강동 6주를 획득한 것도 성종 대의 일이었다. 성종이란 묘호는 일반적으로 나라의 기반을 닦고 체제를 완성(完成)한 왕에게 주어지는 것이다. 광종으로부터 시작된 개혁정치는 결국 성종 대에 완성되고 고려는 튼튼한 반석 위에 서게 되었다는 평가를 받는다. 또 8대 현종의 치세는 어떠했을까? 고려를 건국한 태조 왕건(王建)이 제시했던 국가의 기본방향이 성종 대에 일차적으로 정비되고, 현종 대에 비로소 기틀을 다지게 되었다는 것이 일반적인 평가다. 대내적으로는 호족세력에 의해 형성된 정치체제를 청산하고, 국왕을 정점으로 한 강력한 중앙집권체제를 지향했다. 대외적으로는 고구려의 옛 영토를 회복하려는 강력한 북진정책의 실천으로 북방민족에 대해 자주적인 입장을 확립했다. 그의 대(對)거란정책은 거란의 2차 침입(1010·현종 1)과 3차 침입(1018·현종 9) 과정에서 잘 나타나거니와, 3차 침입 시 강감찬(姜邯贊)의 구주(龜州)대첩으로 거란군이 거의 전멸하다시피 했던 것은 잘 알려진 사실이다. 이후 13세기 중엽 몽고의 침입이 있을 때까지 약 2세기동안 유지된 고려의 대외적인 평화는 실로 구주대첩의 결과라고 해도 과언이 아닐 것이다.

이런 성종과 현종의 능을 제외하더라도 공민왕이 광종과 문종의 능침을 참배했다는 점은 여러 가지 의미를 함축하고 있다. 광종은 왕권강화에 주력하여 왕권에 도전하는 호족 세력을 무자비하게 제거한 왕이었다. 문종은 법치를 완성하고, 문물제도를 정비하는데 온힘을 쏟았으며, 불교를 신봉하면서도 유교를 장려한 균형감각 있는 군주였다. 그리고 성종은 나라의 기반을 닦았고, 현종은 왕권강화와 대외적 자주성을 확립한 왕이었다. 어쩌면 이들 왕은 공민왕이 지향하는 정치의 이상적 군주 상(像)이었을 수도 있다.

아무튼 다시 담암의 시로 돌아가 보자. 성조(聖祖) 군사 일으킬 때도 여기를 지났다는 것은 앞의 〈신증동국여지승람〉에 나온 대로 태조 왕건이 군사를 일으키고 사방을 오가며 싸울 때 이곳을 지났다는 말일 것이다. 그리고 또 한사람의 한후(韓侯)[7]는 곧 공민왕을 지칭하여 칭송한 것으로 삼한(三韓)의 후(侯)란 의미가 아닌가 싶다. 그런데 여기서 주목할 것은 용가(龍舸)나 옥로(玉輅), 천구(天廐)와 같은 단어들이다. 이들은 모두 황제 곧 천자의 배나 수레, 그리고 마굿간을 이를 때 쓰는 말인데

---

7) 한후(韓侯)를 이곳 단주(湍州)출신의 고려전기 문신인 한언공(韓彦恭 · 940~1004)을 지칭한다고 보는 이도 있다.

이런 용어들을 한후라고 지칭한 공민왕에게 쓰고 있는 것이다. 이런 용어의 사용은 사소한 문제 같지만 원나라 간섭기에는 있을 수 없는 일이었다. 가령 왕을 부를 때는 전하(殿下)라고 해야지 폐하(陛下)라고 해서는 안 되며, 왕이 자신을 지칭할 때는 고(孤)나 과인(寡人)이라고 해야지 짐(朕)이라고 해서는 안 되는 식이다. 담암이 이처럼 황제에게 쓰는 용어를 공민왕에게 쓸 수 있었던 것은 원명교체기라는 특수한 시점이기 때문일 것이다.

그리고 봉생용관겸도구(鳳笙龍管兼棹謳) 즉 봉피리 용젓대는 뱃노래와 어우러진다는 부분은 이백(李白)의 '양양가(襄陽歌)'에 나오는 鳳笙龍管行相催(봉생용관행상최·봉피리 용젓대로 길 가며 서로 권하리)와 비슷하다. 담암은 이 시를 지으면서 여러 가지로 이백의 시를 염두에 두었던 것 같다. 시 내용 중에 '쓸모없는 선비인 내가 문득 기억하자니, 의묘(毅廟·충숙왕) 호종할 때. 청평사(淸平詞) 올렸지, 이적선(李謫仙)처럼. 말을 상(賞)으로 받고 자미랑(紫薇郎·예문관 정언)에 제수되었다'는 부분이나 본주(本註)에 '신이 병자년(1336·충숙왕 복위5)에 의릉(毅陵·충숙왕)을 따라 원나라에 갔다. 임금께서 시를 짓고 화운(和韻)을 명했다. 말을 하사받고, 한림에서 곧바로 정언(正言)에 제수되었다'는 내용 등을 종합해 보면 그렇다. 1336년(충숙왕 복위5) 12월경 충숙왕을 호종하고 원나라로 가던 길에 담암은 이백을 귀양 온 신선 즉 적선(謫仙)으로 비유하면서 충숙왕의 울적함을 위로하는 내용의 '청평사'를 지었다. 그래서 상으로 말을 받고 곧바로 정언으로 승진도 했다. 여기서는 35년 전의 그 옛일을 기억하고, '이제 또 거룩한 일 구경하니 예전처럼 부끄럽다'고 한 것이다. 그리고 연장칠십인집편(年將七十仞執鞭) 즉 70을 바라보는 나이에 임금 행차를 모신 것이 외람스럽다고 겸손하게 말하고 있다. 여기서 집편(執

鞭)은 〈논어(論語)〉 술이(述而)편에 나오는 집편지사(執鞭之士)라고 여겨진다. 채찍이나 잡는 하찮은 사람이란 뜻인데, 담암은 스스로 자신이 집편지사라고 말하고 있는 것이다. '공자께서 말했다. 부유함을 구할 수 있는 것이라면 비록 채찍을 잡는 사람이라도 나는 또한 그것을 하겠다.'[8] 그런데 충숙왕 복위 5년에 지은 담암의 '청평사'는 지금 그 내용이 전하지 않는다.

다음에 나오는 '한(漢)나라 때 하변(河邊)의 제사'는 한무제(漢武帝) 유철(劉徹·기원전156~기원전87)이 하동에 행차하여 후토사(后土祠)에 제사 지내고 돌아오다가 분하(汾河)에서 놀았으며 여기서 '추풍사(秋風辭)'라는 가사를 읊었다고 하는데, 아마 이를 염두에 둔 표현인 것 같다. 그리고 '산릉(山陵)을 배알하려는 마음 앞섰다'는 앞에서 본 광종과 문종의 능을 참배하려는 공민왕의 숭조(崇祖)의식을 나타낸 것이다.

계유일에는 광종의 능을 참배하고 용둔의 들판에서 대사(大射)를 베풀어 궁술에 뛰어난 인재를 뽑았는데 이들의 솜씨가 문자 그대로 백보천양(百步穿楊), 1백보 앞에서 버들잎을 뚫었다는 초(楚)나라 양유기(養由基)의 솜씨였다는 것이다. 양유기라는 명궁 얘기는 사마천(司馬遷)의 〈사기(史記)〉 주기(周紀)에 기록되어 있다. 여기서 선발된 명궁이 김용초(金用超)와 이옥(李沃) 두 사람이었다. 김용초(?~1406)는 의성김씨로 용인 출신이며 충정왕 때 문과에 급제했다고 하는데, 활솜씨도 뛰어났던 모양이다. 공양왕 2년(1390) 6월 양광도 일대에 출몰한 왜적을 윤사덕(尹師德) 등과 함께 격퇴했고, 공양왕 4년(1392) 6월에 밀직부사로 임명되었다는 기사가 〈고려사〉 세가에 게재되어 있다. 또 이옥(?~1409)이란

---

8) 〈논어〉 술이편, 子曰 富而可求也 雖執鞭之士 吾亦爲之

이름은 〈고려사〉 열전 이춘부(李春富·?~1371) 전에 나온다. 이춘부는 신돈 일당으로 몰려 처형되고 그 형제들인 원부(元富), 광부(光富) 등은 귀양 갔다. 이 때문에 이춘부의 전기는 간신열전에 실려 있다. 여기에 의하면 이옥은 이춘부의 아들로 양성현(陽城縣·경기도 안성) 사람이다. 신돈이 축출되고 아버지 이춘부가 처형되면서 동생들과 함께 관노로 편입되어 각 주군에 예속되었다. 이옥은 강릉지방에 예속되었다. 공민왕 21년(1372) 6월 왜적이 강릉부와 영덕(盈德)·덕원(德原) 두 현에 쳐들어왔을 때 평소 이옥의 용맹함과 궁술을 알고 있던 안렴사가 군사를 주어 왜적을 격퇴케 했다고 한다. 이때의 안렴사는 담암의 제자 김구용((金九容·1338~1384)인 듯하다. 김구용이 강릉도 안렴사로 나간 것이 공민왕 20년(1371)이기 때문이다. 아무튼 이옥은 왜적을 격퇴한 공을 인정받아 왕으로부터 말과 안장을 상으로 받고 노비의 역(役)을 면제받게 되었다고 한다. 담암이 시에서 읊은 양웅김여이(兩雄金與李) 즉 두 영웅 김씨와 이씨는 바로 이들이다.

그런데 이때 공민왕의 장단 행차는 여러 가지 면에서 어떤 목적을 가지고 기획된 것으로 여겨진다. 당시는 신돈이 국권을 전단하고 있을 때였는데, 그럼에도 불구하고 신돈은 장단 행차에 왕과 동행하지 않았다. 이는 4개월 뒤 신돈이 모역죄로 처형당하는 죄목 중에 왕을 시해하려고 했다는 대목에서 드러난다. 다음은 〈고려사절요〉 기사의 일부다.

선부의랑(選部議郞) 이인(李軔)이 신돈의 반역 모의를 알고 성명을 숨겨 한림거사(寒林居士)라 칭하고 글을 써서 밤에 재상 김속명(金續命)의 집에 던졌다. 속명이 이 사실을 아뢰니 왕이 명하여 신돈의 당 기현(奇顯), 최사원(崔思遠), 정귀한(鄭龜漢), 진윤검(陳允儉), 기중수(奇仲修) 등을 잡아 목을 베었다.

왕은 성품이 시기심이 많고 잔인하여 심복 대신일지라도 권세가 강성해지면 반드시 꺼려 목을 베었다. 신돈이 자신이 폭위를 떨침이 너무 심함을 알고, 왕이 자기를 꺼릴까 두려워 반역을 도모했다. 왕이 헌릉(憲陵)과 경릉(景陵) 두 능을 배알할 적에, 신돈이 그 당을 나눠 보내어 길가에 매복시켜 두고 큰일(=시해)을 행하기로 약속했다. 그러나 왕이 무사히 궁에 돌아오니 신돈이 무리에게 말하기를 '어째서 약속대로 하지 않았느냐?'고 했다. 그 무리가 말하기를 '왕의 의위(儀衛)가 심히 성대함을 보고 차마 범하지 못했습니다.'라고 했다. 신돈이 노하여 꾸짖기를 '너희들은 참으로 겁이 많아 쓸모가 없는 자들이다.'라고 했다. 이후로 밤낮으로 모여서 모의하고 다시 날을 정하여 일을 거사하기로 했다. 이때 관직을 구하는 자는 모두 신돈에게 붙었는데 이인(李靭)이 신돈의 문객이 되어 흉악한 계책을 자세히 알고, 몰래 명부를 만들어 이를 기록했다. 일이 급박해지자 상세히 고변하고는 곧 변장하고 도망쳐 버렸다. 왕이 처음에는 이인(李靭)이 무고한다고 의심했으나 신돈의 당을 잡아 이들을 국문하니 모두 증거가 있었다. 드디어 신돈을 수원(水原)으로 귀양 보내고는 왕이 탄식하며 말하기를 '익재(益齋)가 일찍이 신돈은 바른 사람이 아니므로 반드시 후환을 끼칠 것이라고 말하더니 선견의 밝음은 미칠 수 없구나.' 했다. 또 근신에게 이르기를 '내가 일찍이 신돈의 집에 가서 시비(侍婢)와 관계하여 아들을 낳았으니, 그 아이를 놀라게 하지 말고 잘 보호하라.'고 했다. 아들은 곧 모니노(牟尼奴)이다.[9]

여기서 보듯이 신돈은 왕의 장단 행차를 알고 자신의 도당에게 왕을 시해하라고 지시했다고 한다. 익명의 투서 한 장으로 그 죄상이 드러났다는 점에서 그것의 사실 여부가 불투명하고, 어느 의미에서는 음모의

---

9) 〈고려사절요〉, 공민왕 20년(1371) 7월

냄새마저 풍긴다. 하지만 이 기사로 보자면 신돈은 왕과 동행하지 않은 것이 분명하다. 왕은 이보다 앞 서인 공민왕 19년(1370) 10월에 기상이변과 관련하여 신돈 측근인 이춘부 등에게 재판의 공정성을 요구하는 한편, 자신이 친정(親政)하겠다는 뜻을 피력한 바 있다. 또 공민왕 20년 (1371) 3월 경자일에는 보평청(報平廳)에 나와 정사를 보면서 간관(諫官) 들에게 이렇게 말했다.

(내가)처음에는 한 달에 두 번씩만 정사를 처리키로 했었다. 그런데 만약 사고라도 있게 되면 한 달이 되어도 정사를 보지 못하게 될 것이 뻔하다. 그러니 오늘 이후로 큰일은 보평청에서 정사 보는 날을 기다릴 것이 아니라 나에게 상주(上奏)토록 하라! 그리고 헌부(憲府)의 직분은 규찰과 탄핵인데 소송에서 만약 잘못된 판결이라는 신소(申訴)가 있을 때에는 헌부에서 심리, 처리토록 하라!10)

그리고 이튿날인 신축일에는 어머니 명덕태후(明德太后) 홍(洪)씨를 찾아 문병했다. 공민왕은 어머니 문병 후 약 1개월 뒤에 장단으로 행차를 한 것이다.

공민왕이 간관들에게 한 말을 새겨보면 처음에는 한 달에 두 번씩만 정사를 처리키로 했으나 만약 사고라도 있게 되면 한 달이 가도 정사를 보지 못할 터이니 중대한 일은 정사 보는 날을 기다리지 말고 왕에게 직접 상주하라는 것이다. 자신이 정사를 직접 챙기겠다는 의지가 분명히 드러난다. 그리고 헌부(憲府)의 직분이 규찰과 탄핵인데, 소송에서 잘못

---

10) 〈고려사〉 세가, 공민왕 20년(1371) 3월조, 庚子王出報平廳親事謂諫官曰初以一月再廳政若有故則一月不視事必矣自今大事不待報平奏之且憲府職掌彈糾有訴誤斷者宜令憲府聽理

된 판결이라는 신소가 있을 때에는 헌부가 심리, 처결하라는 말도 하고 있다. 이는 신돈에 대한 불신의 의미가 배면에 깔려 있는 내용이다. 송사(訟事)와 관련하여 이를 미끼로 신돈이 부녀자를 간음(姦淫)했다는 이야기는 신돈 관련 기사에 자주 등장하는 내용인데, 이는 그 동안 신돈이 소송 관련 업무를 맡았었다는 사실의 방증이다. 그리고 공민왕이 자신의 모후를 문병했다는 점도 시사하는 바가 크다. 공민왕의 어머니 명덕태후는 아들이 신돈에게 권력을 위임한 것에 불만을 품고, 평소에 아들을 만나면 많은 잔소리를 했던 모양이다. '태후가, 왕의 나이가 어리지도 않은데 어째서 나라의 정권을 다른 사람의 수중에 맡기고 있소?'라고 말하고 이어 눈물을 흘리자 왕은 불쾌한 빛을 보이면서 말하기를 어머님은 왜 그렇게도 아들의 허물을 과장하여 말씀하십니까?……라고 답변했다. 이때부터 왕은 태후를 원망했고 신돈의 참소와 이간 또한 통하게 되어 그의 효성이 드디어 감퇴되었다.[11]고 한다. 태후와 신돈은 사이가 좋지 않았는데, 왕이 어머니인 명덕태후를 찾아뵈었다는 것은 왕과 신돈 사이가 좋지 않게 되었다는 점을 반증한다. 공민왕이 신돈과 밀착되어 있을 때, 왕은 신돈의 참소를 믿고 어머니를 거의 찾지 않았다.

결과론적 얘기지만 공민왕의 장단 행차 4개월 뒤에 신돈은 몰락했다. 확증은 없으나 공민왕이 신돈의 눈길을 피해 개경에서 떨어진 장단에서 담암과 같은 유신(儒臣)을 초대하여 왕릉 배알과 대사례 같은 행사를 가졌다는 것은 신돈 몰락과 어떤 연관성이 있는 것 같다. 추측컨대 신돈을 전적으로 신임하는 가운데 옹폐(壅蔽)되었던 공민왕이 담암과의 상면을 통해 당시의 정황을 바르게 알 수 있게 되었으며, 이것이 마

---

11) 〈고려사〉 열전, 후비(后妃) 명덕태후 홍씨 전

침내 신돈의 몰락으로 이어지는 것이 아닌가[12] 여겨진다고 볼 수 있다. 이러한 추측은 신돈이 몰락한 다음 담암이 치사자(致仕者) 상태에서 정당문학에 임명되어 다시 현직자가 됨으로써 정치의 표면에 나선다는 점에서 충분한 개연성이 있는 것이다. 공민왕은 신돈이 쳐놓은 인(人)의 장막에 갇혀 있다가 장단 행차를 통해 담암과 상면하면서 당시의 정황을 바로 알게 되고, 이것이 결국 신돈의 몰락으로 이어지게 되었다고 추론할 수 있다. 물론 증거가 될 만한 기록이나 자료는 없다. 그렇다고 해서 담암과 신돈이 특별히 갈등을 빚었다는 자료도 없다. 담암의 주변 인물들 대부분이 유자(儒者)란 점에서 신돈과의 관계가 우호적일 수는 없었을 것이다.

그러나 몇몇 인사들은 신돈과의 관계가 꽤 가까웠던 듯싶다. 가령 이원구(李元具)란 인물과 박동생(朴東生)이란 인물이 그런 경우다. 이원구는 정치도감 시절 정치관으로 활동하다가 담암처럼 고초를 겪은 사람이다. 성주이씨로 이원구의 증조부 이장경(李長庚)은 이백년(李百年), 천년(千年), 만년(萬年), 조년(兆年), 억년(億年) 등 아들 5형제를 두었는데 이들이 모두 현달하고 그 후손들이 번성해서 명문가로 부상한 집안이었다. 이원구는 밀직 이백년의 손자로 평양윤을 지낸 이인기(李麟起)의 아들이다. 그 계기는 알 수 없지만 신돈의 신임을 받고 서로 친하게 지냈다고 한다. 그래서 대호군에서 경상·강릉 찰방사로 되고 여러 관직을 거쳐 판태복사(判太僕事)로 승진을 하게 된다.[13] 이원구의 아들이 바로 담암의 문생인 도은(陶隱) 이숭인(李崇仁)이다. 박동생은 신돈이 수원으로

---

12) 민현구, 앞글, 264~265면
13) 〈고려사〉 열전, 반역 신돈 전

귀양 갔을 당시 수원부사였다. 신돈을 수원으로 귀양 보낼 때 압송관 이성림(李成林) 등이 신돈을 압송해서 수원에 도착하자 부사 박동생이 신돈을 앞에 두고 울면서 그들(박동생과 신돈) 사이의 정의(情誼)를 늘어놓으니 이성림이 꾸짖어 쫓아냈다는 기사가 〈고려사〉 열전 신돈 전에 보인다. 여기 나온 박동생은 동명이인이 아니라면 바로 이제현의 사위인 박동생 그 사람인 것 같다. 담암의 외가인 영해박씨. 박동생의 형인 박보생(朴寶生)은 이곡의 사위이며, 그들의 부친 박원계(朴元桂·1282~1348)는 1301년(충렬왕 27) 이제현과 함께 문과에 급제하고 강릉도존무사, 전법판서, 이학도감판사 등을 지냈다.

인간적인 관계만 놓고 보자면 담암과 신돈 사이에는 서로 갈등할 만한 일이 없었던 것 같지만 양자의 철학이나 가치관은 현격하게 달랐을 것이다. 성리학의 철저한 신봉자인 담암으로서는 불승(佛僧) 신돈의 행태가 가소로운데다가, 정적을 잔혹하게 제거하는 그 수법이 더욱 가증스러웠을 터이다. 반면 승려 신돈의 입장에서 보자면 담암은 좌주와 문생, 동문 등의 관계를 통해 당파나 만들려고 하는 유자(儒者), 그 중에서도 가장 현저한 이제현 문생중의 하나로 보였을 것이다.

어쨌든 담암은 공민왕의 장단 행차에 동행하여 거의 1주일동안이나 서로 얼굴을 마주했다. 신돈에 의해 가려졌던 왕의 총명이 이 행차를 통해 되살아나고, 왕은 당시의 정황을 자세히 파악하게 되며, 이것이 마침내 신돈의 몰락으로 이어지지 않았을까 하는 추론은 충분히 설득력이 있는 것이다.

2. 공민왕의 후사문제에 개입하다

신돈이 유배지 수원에서 처형된 것은 1371년(공민왕 20년) 7월 신유일이다. 그런데 그로부터 1주일 뒤인 무진일에 공민왕은 자신이 신돈의 집을 오가다가 그의 시비(侍婢)와 관계하여 낳은 아들이라며 모니노(牟尼奴)란 아이를 자신의 어머니인 명덕태후에게 맡긴다. 당시의 전후사를 〈고려사〉에서 보면 이렇다.

신돈을 수원으로 귀양 보냈다. 왕이 근신들에게 말하기를 '내가 일찍이 신돈의 집에 갔을 때에 그 집 시비와 관계하여 아들을 낳았으니, 그 아이를 놀라게 하지 말고 잘 보호하라!'고 했다. 신돈을 죽인 후 왕은 모니노를 데려다가 명덕태후전(殿)에 들이고 수시중(守侍中) 이인임(李仁任)에게 '원자(元子)가 있으니 나는 걱정이 없다.'고 하면서 '신돈의 집에 아름다운 여자가 있었는데 자식 낳을 수 있다는 말을 듣고 내가 가까이 했더니 이 아이를 낳았다.'고 했다. 그 후 왕이 모니노를 태자로 삼으려고 글공부를 시키자고 청하니 태후는 그러고 싶지 않아서 '좀 더 큰 후에 공부해도 늦지 않다.'고 말했다. 왕이 지신사(知申事) 권중화(權仲和)를 전 정당(前政堂) 이색(李穡)의 집에 보내 문신을 모아놓고 모니노의 이름 고칠 것을 의논케 하니 문신들은 여덟 글자를 골라 바쳤다. 왕은 그 중에서 우(禑)자를 이름으로 정했다. 그리고 이어 시중 경복흥(慶復興), 밀직제학 염흥방(廉興邦), 정당문학 백문보(白文寶)를 불러 의논한 후 우(禑)를 강령부원대군으로 봉하고 백문보 및 전녹생(田祿生), 정추(鄭樞)를 우의 스승으로 삼았다.[14]

---

14) 〈고려사〉 열전, 신우(辛禑)조 맨 앞 旽流水原 王語近臣曰 予嘗至旽家幸其婢生子 毋驚動唐保護之 旽 旣誅 王召牟尼奴納明德太后殿 謂守侍中李仁任曰 元子在吾無憂矣 因言有美婦在旽家 聞其宜子遂幸之 乃有此兒 後王欲以牟尼奴爲嗣 請就學太后不欲曰 稍長就學未晚 王命知申事權仲和 往前政堂李穡第 會 文臣議改牟尼奴名 乃書八字以進 王以禑命之 仍召侍中慶復興密直提學廉興邦政堂文學白文寶議封禑 江寧府院大君 使文寶及田祿生鄭樞等傳之

이 기사는 모니노 즉 왕우의 출생과 궁궐에 들어온 내력, 우라는 이름과 강령부원대군이란 봉호를 받는 과정, 그리고 담암 등을 그의 스승으로 삼은 사실을 한꺼번에 기록하다보니 구체적인 시간개념이 매우 혼란스럽게 되었다. 그런데 여기에 〈고려사절요〉 공민왕 22년(1373) 3월 기사와 〈고려사〉 세가 공민왕 22년(1373) 7월조 기사를 참고하면 전후 맥락이 어느 정도 잡힌다.

'왕이 태후를 뵙고, 모니노를 후사로 삼고자 취학시켜서 성균 직강 이숭인(李崇仁)에게 글을 가르치게 하고자 했다. 태후가 마음이 내키지 않아서 '아이가 아직 어리니 조금 더 장성하거든 취학시켜도 늦지 않을 것이오.' 라고 했다. 왕이 말하기를 '신이 지금 수(數)가 다 되어 죽음에 임박했으니, 지금 후사(後嗣)를 세우지 않으면 사직을 누구에게 부탁하겠습니까?…'라고 했다.'[15]는 기사와 '왕이 모니노에게 우(禑)라는 이름을 지어주고, 그를 강령부원대군(江寧府院大君)으로 봉하니 백관이 이를 축하했다. 정당문학 백문보, 전녹생, 대사성 정추 등에게 그를 교양토록 명했다.'[16]는 내용이 그것이다. 이때 담암은 정당문학으로서 전녹생, 정추와 함께 강령부원대군 우의 사부(師傅)가 되는데, 이는 담암의 재등장을 알려주는 동시에 공민왕의 복잡한 후사문제에 그가 개입되는 것을 의미하는 것이다. 이런 사실을 포함하여 모니노의 출생 및 입궁 당시의 정황, 강령대군에 봉해지는 과정 등을 시간 순으로 다시 정리하면 다음과 같다.

---

15) 〈고려사절요〉, 공민왕 22년(1373) 3월, 王 朝太后 欲以牟尼奴爲嗣 請就學 以成均直講李崇仁 授書 太后不欲 乃托辭曰 兒尚幼 稍長就學 未爲晩 王曰 臣今數窮當死 今不立嗣 社稷誰托.

16) 〈고려사〉 세가, 공민왕 22년(1373) 7월 을사일, 賜牟尼奴名禑 封江寧府院大君 百官賀 命政堂文學白文寶田祿生大司成鄭樞等 傅之

1365년(공민왕 14) 2월 노국대장공주(魯國大長公主·?~1365) 사망하다.

1365년 5월 편조(=신돈)를 왕의 사부로 삼고 국정을 자문 받다.

1365년 7월 모니노 출생하다.

1371년(공민왕 20) 윤3월 왕이 장단에 행차하다(이 때 담암이 동행했다).

1371년 7월 병진일 신돈의 모역을 선부의랑 이인(李韌)이 고변하다.

1371년 7월 기미일(병진일로부터 3일 후) 신돈을 수원으로 유배하다(이 때 왕이 근신에게 모니노의 존재를 밝히고 잘 보호하라고 명했다).

1371년 7월 신유일(기미일로부터 2일 후) 신돈 처형되다.

1371년 7월 무진일(신유일로부터 7일 후) 모니노를 태후전에 들어오게 하다(이때 왕이 수시중 이인임에게 원자가 있으니 나는 걱정이 없다고 하면서 모니노의 임신과 출생에 대해 언급했다).

1373년(공민왕 22) 3월 왕이 모니노를 후사로 삼고자 취학시켜서 성균 직강 이숭인에게 글을 가르치게 하고자 하니 태후가 너무 어리다고 하며 반대하다.

1373년(공민왕 22) 7월 을사일 왕이 지신사 권중화를 전 정당 이색의 집에 보내 문신들을 모아놓고 모니노의 이름 고칠 것을 의논케 하다. 문신들, 여덟 글자를 골라 바치다. 왕이 그 중에서 우(禑)자를 선택하다. 같은 날 시중 경복흥, 밀직제학 염흥방, 정당문학 백문보를 불러 의논하다. 우를 강령부원대군으로 봉하다. 백관이 이를 축하하다. 같은 날 정당문학 백문보 및 전녹생, 대사성 정추를 우의 스승으로 삼다.

따지고 보자면 맨 뒤에 나온 1373년(공민왕 22) 7월 을사일의 기사도 며칠의 시간간격이 있는 사실을 하루 안에 다 처리한 것으로 기록한 것 같다. 권중화를 이색의 집에 보내고, 모니노의 개명할 일을 의논케 하고, 문신들이 이름 후보 여덟 글자를 올리고, 왕이 우(禑)라는 글자를 선택하고, 시중 경복흥 등을 불러 의논하고, 우에게 강령부원대군이란 봉호를 내리고, 백관이 이를 축하하고, 담암 등으로 하여금 우의 스승으로 삼는 일을 하루 안에 다 했다고 볼 수는 없기 때문이다. 어느 정도 시차를 두고 진행되었을 텐데 〈고려사〉 내지 〈고려사절요〉의 찬자들이 모니노와 관련된 사실인 만큼 대충 얼버무려서 다루었다고 여겨지는 부분이다.

〈고려사〉에서 신돈 몰락 이후 담암의 이름이 처음 나오는 때는 담암이 왕우의 사부가 되는 공민왕 22년(1373) 7월보다 1개월 앞서는 그해 6월이다. 〈고려사〉 지(志) 제과(制科)조에 '백문보와 권중화가 응거시(應擧試·명나라 과거에 응시할 수 있는 자격시험) 고시관이 되어 김잠(金潛), 송문중(宋文中), 권근(權近), 조신(曺信), 김진양(金震陽)을 뽑았는데 권근은 또 나이가 어려서 가지 못했다.'[17]는 기사가 그것이다. 그리고 그해 7월 모니노를 강령부원대군으로 봉하는 일에 다른 2명의 중신과 함께 참여하고, 이어서 그 사부가 되는 것이다.

공민왕 20년(1371)이면 담암의 나이는 69세이고, 동왕 22년(1373)이면 71세인데 그 연령에도 불구하고 그 2년 동안 담암은 매우 중요한 일에 직·간접적으로 관여한 셈이 된다. 공민왕 20년 윤3월에는 왕의 장단 행차에 동행하여 왕을 상면하고 신돈의 몰락에 어느 정도 영향을 미친 것 같고, 같은 해 7월에는 신돈의 유배와 처형을 지켜보게 되며, 신돈 처형 후에는 왕에게 모니노란 아들이 있음을 알게 된다. 또 2년 후인 공민왕 22년 6월에는 응거시 고시관으로서 선비들을 선발하고, 같은 해 7월에는 모니노 곧 왕우(王禑·1365~1389)를 강령부원대군으로 봉하는 모

---

17) 〈고려사〉 지, 제과 공민왕 22년(1373) 6월

임에 왕과 더불어 경복흥, 염흥방 등과 함께 참여하여 논의하며, 같은 7
월에는 강령부원대군에 봉해진 우의 사부가 되는 것이다. 요컨대 왕우
를 정식 후사로 삼는 대신 우선 대군으로 봉하고 사부를 임명하여 취학
시키도록 했는데, 담암은 왕우를 대군으로 봉하는 결정에 왕과 더불어
참여한 3인의 중신(重臣) 가운데 한 명이며, 동시에 그 사부에 임명된 사
람인 것이다. 〈고려사〉에서는 이때 우의 사부가 된 사람을 담암과 전녹
생, 정추 등 3인의 이름을 모두 들고 있으나 〈고려사절요〉에는 담암의
이름만 거명하고 있다. 즉 '모니노에게 우라는 이름을 내리고 강령부원
대군에 봉했다. 정당문학 백문보를 사부(師傅)로 임명했다.'[18]는 것이다.
이것은 3인의 사부 가운데 나이나 지위로 보아 담암이 대표 격이었기
때문에 그런 것이라고 여겨진다. 담암 외에 나머지 사부들인 전녹생
(1318~1375)은 담암과 함께 정치도감 활동을 했던 사람이고, 정추
(1333~1382)는 담암이 전부터 잘 알고 지냈던 설곡(雪谷) 정포(鄭
誧·1309~1345)의 아들이다. 이 정추(鄭樞)는 〈고려사〉 세가에는 정추로
나오지만 열전에는 정공권(鄭公權)으로 나온다. 이 정추의 아들이 정총
(鄭摠·1358~1397)과 정탁(鄭擢·1363~1423)인데, 두 사람 모두 조선의 개
국공신이 된다. 특히 정총은 조선 개국 후 정도전 등과 함께 〈고려사〉
찬술에 참여한 인물이다.

앞에 나온 여러 정황을 감안할 때 담암은 아마도 우(禑)를 공민왕의
후사로 정하는데 찬성하는 입장이었던 것 같다. 우를 대군으로 봉하는
모임에 참여한 3인의 중신 가운데 유독 담암만을 그 사부로 삼은 것은
그가 우를 후사로 삼으려는 공민왕의 의중에 가장 부합되는 인물인 때

---

18) 〈고려사절요〉, 공민왕 22년(1373) 7월조 賜牟尼奴名禑 封江寧府院大君 命政堂文學白文寶 傳之

문이었을 것으로 여겨지기 때문이다. 또, 71세인 담암이 우의 후사 지목과 취학을 달가워하지 않는 태후의 뜻을 거스르면서까지 우의 사부가 되는 것은 우를 후사로 인정하는 확고한 의지가 없다면 현실적으로 가능한 일이 아니라고 보기 때문이다.

왕우를 대군으로 봉하는 모임에 참석한 중신 세 명의 입장은 서로 달랐던 것 같다. 우선 시중 경복흥(?~1380)의 전후 이력을 살펴보면 그는 우를 후사로 정하는데 반대하는 입장이었을 것으로 판단된다. 그는 1367년(공민왕 16) 오인택(吳仁澤), 김원명(金元命) 등과 함께 신돈을 제거하려다가 일이 누설되어 장형을 받고 홍주(興州·경북 영주)로 귀양 갔다가 신돈 몰락 후 다시 소환되어 좌시중에 임명된 사람이다. 1374년(공민 23) 문하시중으로 있을 때, 공민왕이 시해되자 태후와 그는 종친을 세우려 했으나 이인임(李仁任)의 주장으로 우왕(禑王)이 즉위하게 된다. 이로 보자면 그는 우를 공민왕의 후사로 정하는데 반대하는 쪽이었다고 볼 수 있다. 그러나 이런 입장 때문에 우왕 즉위 후 그가 특별히 탄압을 받거나 불이익을 당한 흔적은 없다. 반면 밀직제학 염흥방(?~1388)의 경우는, 우를 후사로 정하는데 그의 입장이 어떠했는지를 알려주는 자료는 없지만 찬동하는 쪽이었다고 여겨진다. 그는 곡성부원군 염제신(廉悌臣·1304~1382)의 아들로 1357년(공민왕 6) 지공거 이인복(李仁復)이 주관한 과거에 장원급제하고 학문에도 뛰어난 문신이었다. 우왕 즉위 초 권신 이인임의 뜻에 거슬려서 정몽주(鄭夢周) 등과 함께 일시 귀양 간 적이 있지만 곧 풀려났고, 그 이후에는 오히려 이인임을 추종하여 매관매직·토지점탈 등의 비리를 저질렀다. 우왕과도 친밀했는데, 불법의 정도가 너무 심해 우왕 14년(1388) 1월 이인임이 제거될 때 임견미(林堅味) 등과 함께 처형당했다. 염흥방은 우왕 즉위 후 그의 관직생활이 순탄했고, 우왕과의 관계 등을 고려해볼 때 우를 공민왕의 후사로 정하는 모임에서도 찬성하는 입장을 가졌을 것으로 짐작된다.

경복흥과 염흥방의 이력을 살펴보면 그들은 담암에 비해 연령이 높지 않았던 것 같다. 특히 염흥방의 급제 연도가 1357년(공민왕 6)이고, 이색(李穡·1328~1396)과 주고받은 시가 적지 않은 점 등을 감안하면 그는 이색과 비슷한 1330년 전후에 출생했을 것이다. 그런데도 우를 대군으로 봉하는 모임에 참석한 중신 3인의 이름을 열거하면서 종1품 시중인 경복흥의 이름을 먼저 적고, 다음에 정3품 밀직제학 염흥방, 그리고 그 뒤에 종2품인 정당문학 백문보의 이름을 쓴 이유는 무엇일까? 종1품관의 이름을 맨 앞에 적은 것은 그렇다 치더라도 품계를 뒤바꾸어 적는 것은 왕조시대의 상식으로는 납득할 수 없는 일이다. 아마 염흥방은 현직 밀직제학이고 담암은 치사(致仕)직 정당문학이기 때문이라고 여겨지지만, 그것이 아니라면 〈고려사〉 편찬자들의 무신경 때문이라고 생각된다.

어쨌든 담암의 재등장과 공민왕 후사 문제에의 개입은 고려의 정치적 안정에 기여하려는 그의 충정(衷情) 때문이라고 여겨지는데, 이렇게 추정할 수 있는 근거는 다음과 같은 판단 때문이다. 그 자신이 개입되고는 했던 공민왕의 개혁정치가 소기의 성과를 거두지 못한 상태로 귀결되다가 끝내 후사문제로 왕의 정신적 기조가 동요되어 정치적 파국이 예견되자, 담암은 그의 권위와 식견을 바탕으로 공민왕의 편에 서서 우를 후사로 삼을 수 있게 일조한 것[19]은 아닐까 하는 점이다. 그러나 지금까지 살펴본 여러 가지 경우와 마찬가지로, 명백한 진실을 알려줄 자료가 부

---

19) 민현구, 앞글, 266면

족하기 때문에 추측에 머무를 수밖에 없다.

담암의 7대손 백현룡(白見龍·1543~1622)이 지은 담암 편년에 의하면 '왕이 우(禑)를 강령부원대군으로 봉하고 선생에게 사부가 되게 했으나 선생이 고령을 이유로 고사하고 문인(門人)인 직강(直講) 이숭인을 대신 천거(薦擧)했다[20]고 하는데, 이로 보아 담암이 강령부원대군을 직접 가르친 것 같지는 않다. 설령 이숭인을 대신 천거하지 않았다고 하더라도 담암은 상징적인 사부로서 대외적인 역할을 하고, 상대적으로 젊은 전녹생이나 정추가 실질적인 사부 역할을 했을 것으로 보인다.

담암이 강령부원대군의 사부로 이숭인을 대신 천거했건 안했건 간에 담암의 정당문학 재임기간은 그리 오래지 않았다. 이듬해인 공민왕 23년(1374) 2월에 담암의 문인인 이무방(李茂方)을 정당문학으로 삼았다[21]는 기사가 있는 걸로 보아 담암이 정당문학으로 재임한 기간은 약 반년 정도라고 여겨진다. 따라서 담암이 개경에 머문 기간은 아무리 길게 잡아도 공민왕 23년(1374) 2월까지일 것이다. 이후 다시 귀향한 담암은 다소 한가한 시간을 가졌을 것으로 추측된다. 이때 담암의 나이는 72세였다.

3. 담암과 우왕

상징적이든 실질적이든 사부로서 담암이 가르친 강령부원대군 우(禑)는 왕으로 즉위한 다음 어느 시점부터 대단히 음란한 혼군(昏君)이 되고

---

20) 〈담암일집〉 부록 권2, 편년, 王封辛禑江寧府院大君 命先生爲傅 先生以年老固辭 代薦門人直講李崇仁

21) 〈고려사〉 세가, 공민왕 23년(1373) 2월 갑자일

만다. 그러나 즉위 초기에는 그렇지만도 않았던 것 같다. 비록 어린 나이지만 사리분별이 있는 언행을 보여주고 있다. 훗날 〈고려사〉 내지 〈고려사절요〉 편찬자들은 그의 악행을 남김없이 밝히고 있지만 여기에는 다소의 과장이 개입된 혐의가 짙다. 이런 점을 감안하면 우왕은 우리가 알고 있는 만큼의 혼군 내지 폭군은 아니었을 것이라는 추정을 가능하게 한다. 다음과 같은 경우들을 보면 특히 그렇다. 그는 꽤 영명한 군주의 자질을 가졌던 것 같은데 〈고려사〉 편찬자들조차도 이런 부분을 결락시키지 못한 것은 너무나 분명한 사실이었기 때문일 것이다.

태조(=이성계)가 호랑이를 활로 쏘아 잡아 바쳤더니 신우가 덧저고리 한 벌을 주면서 '흉악한 짐승은 잡아 없애야겠지만 이는 또 위험한 일이니 이후에는 이를 삼가시오!'라고 말했다.　　　　　　　　　　　　　　　　 - 신우 원년(1375) 10월

신우가 서연관을 불러 글을 강독하려 할 때 내시 김현이 '매월 휴가일에는 강독을 중지하는 것이 좋겠습니다.'라고 말했다. 그러자 우는 '글 읽는 것은 정사를 보는 것이 아닌데, 휴일이라 해서 어떻게 그만 두겠느냐?'라고 하면서 드디어 강독석에 나갔다.　　　　　　　　　　　　　　　　 - 신우 원년(1375) 10월

신우가 궁중에서 소연(小宴)을 차렸는데 재상들이 주악(奏樂)을 청했으나 우는 국상중이라 하여 허락지 않았다.　　　　　　　　　　 - 신우 2년(1376) 4월

신우가 재상들에게 말하기를 '왜적은 비록 도적이지만 그 시체만은 역시 묻어주어야 하거늘 하물며 적의 손에 참살 당한 우리 강화, 서해 주민들의 시체를 그대로 내버려둔 것이 대단히 많으니 이것이 어찌 참아볼 수 있는 일이겠소? 내탕(內帑)의 돈과 포를 보내서 시체 매장하는데 쓰도록 하시오.'라고 했다.

- 신우 3년(1377) 6월

정당문학 권중화(權仲和)가 서연에서 <정관정요>를 강독하다가 위징(魏徵)

이 당태종(唐太宗)에게 대답한 말 가운데서 '기뻐하거나 성내거나 하는 감정은 현명한 사람과 어리석은 사람이나 다 같습니다. 그러나 현명한 사람은 능히 감정을 조절하여 정도에 알맞게 하지만 어리석은 사람은 감정대로 행동하여 실수하는 일이 많게 됩니다. 폐하께서도 항상 능히 감정을 스스로 절제하여 처음과 끝이 같다면 후손 만대까지 영원히 행복할 것입니다.'라는 구절에 이르자 우가 말하기를 '아름답다. 이 말이여! 경(卿)은 위징을 본받아 나를 그렇게 가르쳐 주시오!'라고 했다. 권중화가 대답하기를 '전하께서 저의 말만 들어주신다면 제가 어찌 마음과 힘을 다 바치지 않겠습니까?'라고 했다.   - 신우 3년(1377) 10월

신우가 처음으로 보평청(報平廳)에 나가 정사를 처결했는데 여러 재상들에게 이르기를 '대체로 왕이 된 자는 반드시 천자의 책봉을 받아야만 왕 노릇을 할 수 있소. 그런데 나는 아직 천자의 책봉을 받지 못했으므로 정사를 원로대신들에게 맡기고 그들이 하는 대로 두었었소. 그런데 내가 가만히 살펴본즉 그들이 하는 정사가 질서가 없어서 내가 그들에게 위임한 의도와는 심히 거리가 있소. 따라서 이후부터는 매월 초이틀과 열엿새 날이면 각사(各司)의 수장들은 몸소 자기가 맡은 직무를 보고토록 하시오! 내가 그들의 유능여부를 평가하겠소!'라고 했다.   - 신우 6년(1380) 6월

위의 기사는 〈고려사〉 열전 신우 원년(1375) 10월부터 6년(1380) 6월까지에 실려 있는 내용 중 일부인데, 이때 우의 나이는 11세 내지 16세였다. 이런 나이에 이런 판단과 말을 했을 정도이면 그는 천성적으로 어리석거나 사악한 인물은 아니었을 것으로 여겨진다.

더구나 우왕 14년(1388) 부정부패와 횡포가 심했던 염흥방·임견미·도길부(都吉敷) 등 이인임(李仁任) 일당을 처단하고 이인임마저 제거한 일은 쉽지 않은 정치적 결단으로 평가할 만하다. 이인임은 많은 반대에

도 불구하고 우왕 자신을 왕으로 옹립한 공신이었다. 또 한 가지는 요동
정벌을 결심하고 실천한 일을 들 수 있다. 비록 이성계의 위화도 회군으
로 자신의 왕권마저 지키지 못하게 됐지만 고려의 정벌 명분이나 당시
중국대륙의 정황을 보자면 요동정벌이 과연 무모한 계획이기만 했을까?
라는 생각이 들기도 한다. 조선 건국 후에도 정도전(鄭道傳)·남은(南誾)
등에 의해 태조6년(1397)과 태조7년(1398)에 걸쳐 요동정벌이 추진된 점
을 미루어보면 더욱 그렇다. 우왕대의 요동정벌이 결코 허황된 계획이 아
니었다는 얘기다.

이처럼 사리분별력과 결단력도 갖춘 우왕이었지만 어린 나이에 즉위
하여 권신들의 옹폐(壅蔽) 속에 할머니인 명덕태후의 간섭이 이어진데
다 명나라 천자로부터 책봉을 받지 못했고, 그의 재위기간 내내 왜구의
내침이 끊이지 않았던 점 등으로 인해 안팎으로 심리적인 압박을 느끼
게 되었으며, 이로 인해 오늘날의 기준으로 보면 사춘기 무렵부터 나락
의 길로 빠져든 게 아닌가 여겨진다. 특히 1380년(우왕 6) 1월 할머니 명
덕태후가 사망하면서 그의 타락은 걷잡을 수 없게 되었다. 그 위에 역사
의 패배자로서 그는 한마디 변명도 할 수 없는 처지가 되었기 때문에
사악한 반역자로, 나아가서는 공민왕의 아들이 아니라 신돈의 아들로
치부되는 치욕까지 겪었을 것이다.

우왕이 혼군이 된 책임을 스승인 담암에게 물을 수는 없지만 공민왕
이 자신의 후계자로 우를 선택하는데 담암이 일조한 부분에 대해서는
책임이 없을 수 없다. 우의 어머니가 신돈의 시비(侍婢)라는 사실은 담암
도 알고 있었을 것이다. 그러나 그가 공민왕의 아들이 아닐 것이라고는
꿈에도 생각하지 못했을 것으로 여겨진다. 우왕이 공민왕의 아들이란
점은 앞에서 본대로 아버지인 공민왕이 자신의 아들로 인정하여 궁중

으로 불러들인 점으로도 충분히 증명이 되는 사실이다.

〈고려사〉 등 조선조에 씌어진 역사서에는 공민왕을 성적불구자 내지 정신병적 요소가 있는 변태성욕자인양 묘사하고 있지만 실제로 그런 것 같지는 않다. 공민왕의 왕비인 노국대장공주가 출산 중 숨진 것이 1365년(공민왕 14) 2월이고, 모니노가 태어난 것이 같은 해 7월이다. 약 5개월의 간격을 두고 두 여인에게 임신을 시켰다는 계산이 나온다. 1330년생인 공민왕의 이때 나이는 35세였다. 당시로서는 늦다고 할 수도 있었겠지만 임신을 시키기에 결코 늦은 나이라고 할 수 없으며, 성적불구자라고 말할 수는 더욱 없다. 따라서 우왕이 신돈의 아들이란 주장은 담암 생존 당시에는 유포될 수도 없고, 또 유포되지도 않았을 것이다. 그리고 공민왕이 정신병자라면 그의 재위 중에 있었던 수차례의 개혁정책이나 전쟁을 수행하고 장수를 파견하여 지휘케 할 수 없었을 것이다. 공민왕과 그 아들 우에게 씌워진 후세의 왜곡은 이처럼 철저하고도 비열하기까지 한 측면이 있다.

1374년(공민왕 23) 9월 갑신일(22일) 저녁 공민왕이 시해되었다. 그 이튿날인 을유일(23일) 이른 새벽에 명덕태후가 강녕대군 우(禑)를 데리고 내전에 들어와서 아들의 죽음을 확인했지만 상(喪)을 숨기고 발표하지 않았다. 그리고 그 이튿날인 병술일(24일)에 우가 재추(宰樞)와 함께 상을 발표하고 곡을 했다. 병술일로부터 다시 하루가 지난 정해일(25일)에 다음 왕을 정하는 모임을 가졌다. 여기서 태후와 시중 경복흥은 종친 중에서 왕을 세우고자 하고, 시중 이인임은 우를 세우고자 하여 의논이 분분해서 결정을 내리지 못했고 도당(都堂)에서도 서로 쳐다만 보고 감히 말을 꺼내지 못했다. 그런데 판삼사사 이수산(李壽山)이 말하기를 '오늘의 계책은 마땅히 종실에 있소.'라고 했다. 영녕군(永寧君) 유(瑜)와 밀직 왕안덕(王安德) 등은 인임의 뜻에 맞추어 크게 말하기를 '왕이 이미 대군을 후사로 삼았는데, 이를 버리고 어디서 구할 것이오?'라고 했다. 인임이 백관을 거느리고 우(禑)를 왕으로 세웠으니, 나이 10세였다.[22]

　이 기사를 다시 한 번 살펴보자. 공민왕이 죽은 날인 9월22일 저녁을 지나 그 이튿날인 23일 이른 새벽에 명덕태후가 강녕대군 우를 데리고 내전에 들어와서 아들의 죽음을 확인했지만 상을 숨기고 발표하지 않았다는 기사는 태후가 무슨 의도를 가졌던 것처럼 보이지만 사실은 무슨 의도가 있어서라기보다는 아들의 죽음에서 온 충격이 너무 컸기 때문이라고 여겨진다. 아울러 의관(醫官)을 통한 검시(檢屍) 과정, 훼손된 시신을 수습하는 문제 등으로 곧바로 상사를 발표하기는 어려웠을 것이다. 또한 태후가 우를 데리고 내전에 갔다는 것은 우를 상주(喪主)로 인정했다는 뜻이 된다. 앞에서 보았듯이 우왕이 실질적인 왕자 대우를 받기 시작한 것은 공민왕 20년(1371) 7월 신돈이 몰락한 이후부터였다. 이 과정에서 명덕태후는 이를 달갑게 여기지 않았다고 하는데, 이것은 우가 공민왕의 아들이 아니어서가 아니라 그 어미의 신분이 미천했기 때문이라고 여겨진다. 공민왕의 갑작스러운 죽음은 우를 후계자로 인정하는 기간을 앞당겨 준 셈이다. 그리고 24일 상을 발표하고 그 이튿날(25일) 왕을 세우고자 하는 회의를 열었다. 이 회의에서 왕실의 어른인 태후와 시중 경복흥은 종실 중에서, 시중 이인임은 우를 세우고자 했으나 의견이 분분했던 모양이다. 그러자 이수산은 결정을 종실로 돌리자고 제의했고, 영녕군 왕유(王瑜)와 왕안덕 등은 '왕이 이미 대군을 후사로

22) 〈고려사절요〉, 공민왕 23년(1374) 9월 갑신일~정해일 및 〈고려사〉 열전, 신우 전 모두(冒頭)

삼았는데, 이를 버리고 어디서 구할 것이냐?'라며 이인임을 편들고 있다. 영녕군 왕유가 누구인지는 불명이지만 그 역시 종실 가운데 한명일 것이다. 여기서 '왕이 이미 대군을 후사로 삼았다[王以大君爲後].'는 말은 상당한 무게를 가진듯하다. 시중 경복흥은 물론 명덕태후조차 더 이상 말이 없는 걸로 보아 이 발언은 여타의 의견을 잠재우는데 주효했던 것 같다. 만약 여기서 태후나 경복흥이 우가 공민왕의 핏줄이 아님을 알았다면 그냥 넘어갈 리가 없다. 태후나 경복흥이 종실 중에서 왕을 선택하자고 주장한 것도 우의 나이가 어린데다 그 어미의 신분이 미천하기 때문이었던 것이지 우가 공민왕의 아들이 아니라고 판단했기 때문은 아니었다. 여기서 이인임이 특히 우를 왕으로 세우는데 앞장선 것도 당시의 정황으로 보아 무슨 음모가 있었던 것 같지는 않다. 이보다 앞서 1371년(공민왕 20) 7월 모니노가 태후전에 들어올 때 왕이 이인임에게 '원자가 있으니 나는 걱정이 없다'고 하면서 모니노의 임신과 출생에 대해 말한 바 있다. 이는 이인임에게 우의 장래를 특별히 부탁한 메시지로 보아야 한다. 이 때문에 그 역시 모니노가 공민왕의 아들이 아니라고 생각할 수는 없었을 것이고, 왕의 외아들인 우야말로 당연히 후계자가 되어야 한다고 판단했을 것이다. 당시의 상식으로 보자면 그 어미의 신분이 미천하더라도 왕의 핏줄이기만 하면 왕이 될 가능성은 당연히 있었다. 충혜왕의 서자 석기(釋器·?~1375)의 경우가 그랬다. 그는 공민왕의 형인 충혜왕(1315~1344)과 은천옹주(銀川翁主) 사이에서 태어났는데, 그 어머니 은천옹주는 옹주란 봉호(封號)를 받아서 그렇지 원래는 종실 단양대군의 노비출신으로 옹기장사를 했던 여인이다. 그럼에도 불구하고 충정왕과 공민왕은 그가 혹시 원나라의 부름을 받아 왕이 되지 않을까 하는 염려에서 그의 머리를 깎여서 절에 안치한다든지, 아니면 귀양을 보내면서 죽이라고 밀명을 내린다든지 하여 끊임없이 감시하고 견제했다.

그런데 우의 경우, 그는 공민왕 스스로가 인정한 유일한 핏줄이었다. 그의 즉위에 대해 나이가 어리다든지, 어머니의 신분이 미천하다든지 하는 점은 다소 문제가 될 수 있었겠지만 그의 핏줄이 의심스럽다고 본 사람은 아무도 없었던 것이다. 이것은 모니노가 태후전(殿)에 들어올 당시를 돌아봐도 명백하다. 공민왕은 1371년(공민왕 20) 7월 신유일에 신돈을 주살하고, 그 1주일 후인 무진일에 우를 궁궐로 불러왔다. 우가 신돈의 자식이라면 그 아비를 죽이고 1주일 뒤에 그 아들을 궁전으로 불러온 셈이 된다. 이런 일은 공민왕이 정신병자가 아니라면 상식적으로 있을 수 없는 일이다. 따라서 공민왕을 정신병자로 '묘사할' 필요성이 생겼을 것이다.

우가 왕씨가 아니란 주장은 1389년(공양왕 즉위년) 11월에 처음 나왔다. 이때는 조선 태조 이성계가 위화도 회군으로 권력을 장악한 1388년(우왕 14) 5월로부터 1년 반 뒤가 된다. 이른바 우창비왕(禑昌非王)설인데 당시 이성계는 대병력의 호위를 받으면서 대신들을 모아놓고 '우와 창은 원래 왕씨가 아니니, 폐가입진(廢假立眞)해야 한다.'면서 공양왕을 세우게 된다. 이때의 〈고려사〉 기록을 보자.

태조(=이성계)가 판삼사사 심덕부(沈德符), 찬성사 지용기(池湧奇)·정몽주(鄭夢周), 정당문학 설장수(偰長壽), 평리 성석린(成石璘), 지문하부사 조준(趙浚), 판자혜부사 박위(朴葳), 밀직부사 정도전(鄭道傳)과 함께 흥국사에 모여 대병력의 호위를 받으면서 의논하기를 '우(禑)와 창(昌)은 원래 왕씨가 아니다. 그러므로 종묘의 제사를 받들 수 없다. 또 가짜를 폐하고 진짜를 세우라는 명나라 천자의 명령이 있었다. 정창군 왕요(王瑤)는 신종(神宗)의 7대손으로 그 족속이

가장 가까우니 마땅히 그를 세워야 한다.'라고 말했다.[23]

여기서 이성계는 공양왕을 세우는 명분으로 우창비왕 즉 우와 창이 왕씨가 아니며, 폐가입진 즉 가짜를 폐하고 진짜를 세우라는 천자의 명령이 있었다고 했다. 천자의 명령이란 주원장의 명으로 2개월 전(1389. 9) 명나라 예부(禮部)가 고려의 도평의사사에 보낸 자문(咨文)을 말하는 것이다. 〈고려사〉의 기록은 이렇다.

윤승순(尹承順)과 권근이 남경에서 돌아왔다. 예부에서 황제의 명을 받들어 도평의사사에 자문을 보냈다. 그 자문에 '고려의 국내에 변고가 많아서 배신(陪臣)은 충신과 역적이 뒤섞여 하는 일이 모두 좋은 계책이 아니다. 왕위(王位)는 왕씨(王氏)가 시해를 당하여 후사(後嗣)가 끊어진 이후 비록 왕씨라고 꾸며서 이성(異姓)으로 왕을 삼았으나 이것은 삼한이 대대로 지켜 왔던 좋은 일은 아니다……'[24]라는 부분이다.

그러나 후세의 다수 연구자들은 이 자문이 이성계 일파에 의해 위조되었을 것이란 점을 밝혀내고 있다.[25] 〈고려사〉의 문맥대로라면 고려 안

---

23) 〈고려사〉 세가, 공양왕 모두(冒頭), 원문은 太祖 與判三司事沈德符 贊成事池湧奇鄭夢周 政堂文學偰長壽 評理成石璘 知門下府事趙浚 判慈惠府事朴葳 密直副使鄭道傳 會興國寺大陳兵衛議曰 禑昌本非王氏 不可以奉宗祀 又有天子之命當廢假立眞 定昌君瑤 神王七代孫 其族屬最近 當立

24) 〈고려사〉 열전, 신창 원년(1389) 9월, 원문은…高麗 國中多事 爲陪臣者 忠逆混淆 所爲皆非良謀 君位自王氏 被弑絶嗣 後雖假王氏 以異姓爲之 亦非三韓世守之良謀…

25) 이형우, '우왕의 정치에 대한 일고찰: 출생 배경과 폐위, 죽음을 중심으로', 〈한국인물사연구〉 16호, 한국인물사연구회, 2011. 9. 162면. 이 자료에는 蹈葉岩吉, 末松保和, 김당택, 김순자 등 이에 대한 선행 연구자들의 연구가 언급되고 있다.

의 어느 누구도 우왕의 핏줄에 대해 의심하지 않던 시점에 멀리 있는 명나라 황제가 이것(우창비왕)을 먼저 알고 폐가입진하라는 자문을 보낸 셈이 되는데, 상식적으로 있을 수 없는 일이다. 우창비왕설이나 폐가입진 등에 대해서는 근현대의 연구자들뿐 아니라 이미 조선조 중기 때부터 사실이 아니라는 주장이 있어왔다.

이러한 주장은 후세인들이 역사의 행간(行間)을 읽어내고 현지에서 보고들은 것을 통해 밝힌 것들이다. 가령 〈송도기이(松都記異)〉같은 책자가 그런 경우다. 이 책은 조선 중기의 문신인 죽천(竹泉) 이덕형(李德泂·1566~1645)이 1629년 송도유수로 나갔을 때 그곳에서 들었던 특이한 이야기들을 파적(破寂)과 문교(文敎)에 도움을 주고자 1631년에 완성한 글로, 단권이다. 책머리에 자서를 싣고, 본문에는 서경덕(徐敬德), 황진이(黃眞伊), 한명회(韓明澮), 한호(韓濩) 등 송도 출신 인사들에 관한 설화를 수록했다. 그리고 부록에 고려의 우왕과 창왕의 정위왕씨설((定爲王氏說), 이죽천송도견문후(李竹泉松都見聞後)를 실었다. 부록에 있는 정위왕씨설에는 이덕형 본인의 글과 신익성(申翊聖·1588~1644)의 발문 및 이식(李植·1584~1647)의 글이 실려 있다. 이 중 앞부분을 보면 이렇다.

고려의 우창(禑昌) 부자를 왕씨(王氏)라고 결정적으로 말한 것은 관동의 높은 선비 원천석(元天錫·1330~?)인데, 그가 지은 야사(野史)에 자세히 기록되어 있다. 미암(眉巖) 유희춘(柳希春·1513~1577)이 빗대서 말한 비사(秘史)에도 신빙성 있게 전한다. 최비(崔妃·우왕의 부인인 영비)가 용의 비늘을 보고 통곡했으며, 목은(牧隱)은 우의 어머니를 사당에서 내쫓는 것을 보고 탄식을 했다. 그 밖에도 전기(傳記)에 나온 것이 하나 둘이 아니니, 우(禑)는 실로 공민왕의 아들인 것이 의심할 바 없다. 고려의 운수가 장차 다 되자 왕의 기강이 해이해지고, 장수와 정승은 패를 갈라 각각 자기들의 사병(私兵)을 기르게 되니, 국가의 형세가 바야흐로 위태로웠다. 이럴 때 저 조준(趙浚), 정도전(鄭道傳)의 무리가 부귀에 급급하여 왕을 바꾸어 놓을 음모를 세우게 되었다. 그들은 생각하기에 '5백 년이나 내려온 종사(宗社)이므로 계통이 이미 오래 되었으니 만일 비상(非常)한 악을 군부(君父)에게 가해서 백성들의 듣고 보는 것을 현혹시켜 놓지 않는다면 혁명을 일으킬 수 없다.'고 여겼다. 그래서 처음에는 애매한 말을 퍼뜨리다가 드디어는 성(姓)을 바꾸어 놓는 추악한 일을 이루어 마침내 20년 동안이나 신하로서 섬긴 임금 부자를 머리를 나란히 하고 죽게 했으니, 사람의 도리가 없어졌다 하겠다. 비통한 심정을 다 말할 수 있겠는가?……(下略)[26]

여기서 이덕형은 여러 자료와 정황을 들어가며 우가 공민왕의 자식이란 점은 의심의 여지가 없다고 단정적으로 말하고 있다. 원천석은 익히 알려진 고려조의 선비로 강원도 원주 출신이다. 그가 기록한 야사를 이덕형은 본 것 같다. 그리고 미암 유희춘은 옛일 살펴보기를 좋아하여 일찍이 예문관 지고(地庫)에서 여말실록(麗末實錄)을 보았는데, 거기에도 역시 우가 공민왕의 아들이라고 적혀 있음을 알고 비사를 쓰면서 빗대어 표현[風喩]했던 모양이다. 이 기록 역시 이덕형은 본 것 같다. 최비가 용의 비늘을 보고 통곡했다는 말은 우왕의 부인인 영비 최씨 얘기다. 영비는 최영(崔瑩)의 딸인데 우왕이 처형될 당시 최후를 지켰던 여인이

---

26) 이덕형(李德泂), 〈송도기이(松都奇異)〉 부록, 高麗禑昌父子 定爲王氏之說 關東高士元天錫作野史 而記之詳 柳眉巖希春風秘史 而傳之信 崔妃視龍鱗而號哭 牧隱嘆禑母之黜廟 其他出於傳記者非一 則禑實恭愍王之子無疑矣 當其麗運將訖 王綱已解 將相分門 各擁私兵 國勢方岌岌矣 彼趙浚鄭道傳 輩 急於富貴 陰謀易置 而顧念五百年宗祀傳緒旣久 若不以非常之惡加於君父 眩惑聽聞 則無以革命 始倡曖昧之說 遂成冒姓之醜 竟使二十年臣事之君 父子駢首就死 人理滅矣 可勝痛哉…

다. 우왕의 숨이 끊어지자 영비는 우왕의 겨드랑이에서 비늘 한 조각을 뜯어내 주변 사람들에게 보이면서 '이래도 제 남편이 왕씨가 아니란 말이오?'라고 울부짖었다고 한다. 태조 왕건이 용의 후예이기 때문에 고려 왕의 자손은 몸에 반드시 용의 비늘이 있다는 말이 전한다. 목은 이색 또한 우의 어머니를 사당에서 내쫓는 것을 보고 탄식을 했던 모양이다. 여기 나온 우의 어머니는 반야가 아니라 죽은 궁인 한씨를 지칭한 것 같다. 이덕형은 이어서 조준이나 정도전 같은 사람들이 부귀에 급급하여 왕을 바꿀 음모를 하면서 5백년이나 이어진 종사이니 통상적인 방법으로는 안 되겠기에 비상한 방법을 꾸며냈는데, 그것이 바로 우왕을 신돈의 아들로 바꾸는 일이었으니 통탄할 노릇이라고 탄식하고 있다. 그러나 이덕형 역시 조선조의 신하인지라 왕실의 조상인 태조 이성계에 대한 부분은 이렇게 처리하고 있다. 그 뒷부분이다.

하물며 우리 태조대왕은 신무(神武)하심이 세상에 드날리고 동서로 정벌하여 그 공이 삼한을 덮었다. 그리하여 의리를 주창하여 회군(回軍)함으로써 나라를 다시 만들었으나 여전히 당시의 일이 어려움이 많아 '이 나라가 언제 망할까!' 하는 탄식이 한창 극에 달했었다. 이러한 때에 온 나라가 추대한 것은 천명(天命)이 돌아간 것이지, 어찌 사람의 계획으로 된 것이겠는가? 자고로 망하지 않은 나라가 없는데, 하필 그 임금의 성을 바꾼 뒤에라야 혁명을 할 수 있단 말인가? 옛날에 진황(秦皇)의 성을 여(呂)로 바꾸고 진제(晉帝)의 성을 우(牛)로 바꿨는데도 진(秦)나라와 진(晉)나라가 망할 때까지 누구 한 사람 감히 말하는 자가 없었다. 신하된 자가 나누어 가진 의리로서 분명하지 못한 일을 가지고 그 임금을 더럽힐 수 없었기 때문이라고 할 수 있지 않겠는가? 후세에 이르러서야 비로소 여진(呂秦)과 우진(牛晉)의 설(說)이 있었다. 그렇다면 어찌 우(禑)와 창

(昌)의 녹봉을 먹었던 사람들이 도리어 당일에 임금을 모함한단 말인가? 고려 말년에 변절한 무리들은 족히 천고의 분격을 일으키게 한다. 간사한 의논이 한 번 일어나자 지금까지도 이것을 의심하기도 하고 믿기도 하여 후세에 와서는 문자에 반드시 신우(辛禑)니 신창(辛昌)이니, 양자(養子)니 가자(假子)니 하여 잘못을 답습하고 거짓을 전하여 다시 의심을 하지 않고 있다. 만약 우나 창에게 이 사실을 알게 한다면 어찌 무궁한 원통함을 갖지 않겠는가? 근래에 상국(相國) 윤근수(尹根壽·1537~1616)가 일찍이 말하기를 '우(禑)는 왕씨인데 간신들이 다른 성을 뒤집어 씌웠다.'고 했으며, 문정공 신흠(申欽·1566~1628)도 문집에서 말하기를 '목은이 마땅히 전왕(前王)의 아들을 세워야 한다고 한 것은 진실로 대신이 할 일이다.'라고 했다. 여기서 전왕이란 우(禑)를 가리킨 것이니, 그 아들은 곧 창(昌)을 말한 것이다. 두 공(公)은 모두 문장이 훌륭한 분들로서 지금과 옛날 글을 널리 보았으니 반드시 상고하고 본 것이 있을 것이다. 그렇다면 그 말을 마땅히 실록(實錄)으로 보아야 할 것이다. 내가 일찍이 <고려사>를 보고 나서 항상 분개하고 탄식하는 마음을 품었으므로 이제 내 뜻을 책 끝에 붙여서 능히 분별할 군자를 기다리는 바이다.[27]

이덕형의 논리에 따르면 고려가 망하고 온 나라가 추대하여 태조 이성계가 왕이 된 것은 천명(天命)이 그렇게 돌아간 것이지 사람의 계획으

---

27) 이덕형,〈송도기이〉부록, 況我太祖大王神武不世 東征西討 功蓋三韓 倡義回軍 邦城再造 猶且時事多艱 曷喪方極 一國之推戴 天命所歸 夫豈人謀 自古無不亡之國 何必易其君之姓 然後方可革命也哉 昔秦皇之易呂 晉帝之姓牛 終秦晉之世 無一人敢言者 豈非人臣分義不可以疑似 汗衊其君也 至後世始有呂秦牛晉之說 則豈若禑昌食祿之人 反噬於當日乎 麗季革面之徒 足以起千古之扼腕也 邪議一倡至今置之於疑信之中 後來文字 必曰辛禑也辛昌也 嬰嶺也假兒也 襲謬傳訛無復致疑 若使禑昌有知 豈不抱冤於無窮也 近來又有尹相國根壽嘗曰禑乃王氏 而奸臣冒以他姓 申文貞公欽集中亦曰牧隱當立前王之子 固大臣事也 前王指禑子乃昌也 二公皆文章巨 博覽今古 必有所見 則其言當爲實錄矣 余嘗目擊麗史 常懷憤歎 竊附已意於卷末 以俟能辨之君子

로 된 것이 아니라는 것이다. 그러면서 옛날부터 망하지 않은 나라가 없는데 하필이면 그 임금의 성을 바꾼 뒤에라야 혁명을 할 수 있단 말인가? 라고 묻고 있다. 여기서 여진(呂秦)이란 진(秦)나라 장양왕(莊襄王)이 여불위(呂不韋)와 살던 여인을 맞아다가 황후를 삼아 진시황(秦始皇)을 낳았는데, 진시황은 장양왕의 아들이 아니고 여불위가 그 여인과 동거할 때 수태시킨 아들이라고 하여 여진(呂秦)이라고 한 것이다. 그리고 우진(牛晉)은 진(晉) 나라 민제(愍帝)가 후사가 없어 원제(元帝)를 입승(入承)시켰는데, 원제는 그의 어미가 우씨(牛氏)란 관리와 사통하여 낳았다고 해서 사마(司馬)씨의 진(晉)이 아닌, 우씨(牛氏)의 진이라 하여 우진(牛晉)이라 한 것이다. 이덕형은 이어서 이런 여진(呂秦)과 우진(牛晉)에 대해서도 그 나라가 망할 때까지 감히 말하지 않았는데, 이는 신하된 자의 의리 때문에 그랬다는 것이다. 그런데 우(禑)와 창(昌)의 녹봉을 먹었던 사람들이 도리어 당장 임금의 성을 바꾼 일과, 고려 말년에 변절한 무리들은 족히 천고의 분노를 일으키게 한다고 적고 있다. 그래서 이런 왜곡이 이덕형이 살았던 당시까지도 전해져서 문자를 쓸 때에는 반드시 신우니 신창이니, 명령(螟蛉) 즉 양자(養子)니 가자(假子)니 하여 잘못을 답습하고 거짓을 전하여 다시 의심을 하지 않고 있다고 했다. 이 내용으로 보자면 원문을 쓴 이덕형은 물론이고 발문을 쓴 신익성(申翊聖)이나 이식(李植), 그리고 위에 나온 대로 윤근수(尹根壽)나 신흠(申欽) 같은 이도 이런 왜곡을 알고 있었으며, 우왕이 공민왕의 아들이란 점을 잘 알고 있었다는 얘기가 된다.

　이덕형은 말미에 일찍이 〈고려사〉를 보고 나서 항상 분개하고 탄식하는 마음을 품었으므로 자신의 뜻을 책 끝에 붙여서 능히 분별할 군자를 기다리는 바라고 했는데, 그가 기다린 군자는 오래지 않아 태어났다.

성호(星湖) 이익(李瀷·1681~1763)과 순암(順菴) 안정복(安鼎福·1712~
1791)이 바로 그들이다. 이익은 〈성호사설(星湖僿說)〉에서 〈고려사〉 편찬
자들의 불공평한 의의와 우왕의 신하였다가 시세가 변하자 그를 처형하
라고 요청한 사람들을 짐승만도 못한 인간이라고 꾸짖고 있다.

정인지(鄭麟趾)의 〈고려사〉에 신우(辛禑) 부자를 반역(叛逆)열전에 편재시
켰는데, 그 의의가 공평치 못하다. 주자는 〈자치통감강목(資治通鑑綱目)〉에서
진시황(秦始皇)은 영(嬴)씨가 아니고 진원제(晉元帝)는 사마(司馬)씨가 아니라
고 단언하면서도 오히려 그 위호(位號)를 떼어 버리지 않았다. 만약 별도로 진진
(秦晉)의 역사를 만든다면 이 두 임금도 반역의 열에 끼어야 한단 말인가? 왕망
(王莽)은 스스로 역적질을 하였고, 나라도 대를 물리지 못했기 때문에 본기(本
紀)에 들지 않았지만 만약 왕망의 자손이 대를 이어 길게 누리게 되었다면 그것
을 장차 어떻게 처리할 것인가? 반(叛)이란 나라를 배반한 것이고, 역(逆)이란
시역(弑逆)을 이른 것이다. 신우로 말하면 선왕(先王)이 자기의 아들로 삼아 아
비로써 물려주고 자식으로써 이어받았으니, 그 마음속에 어찌 털끝만큼이라도
나쁜 뜻이 싹텄을 리가 있었겠는가? 그런데도 불구하고 반역이라 이른다면 어
찌 차마 할 일이겠는가?

공양왕(恭讓王) 때에 이르러 윤회종(尹會宗·?~?)이 바로 상서(上書)하여 신
우를 참형할 것을 청했는데, 회종은 우왕(禑王) 시대에 급제한 자이다. 우왕은
16년 전에 회종이 북면(北面)하고 섬기던 처지가 아니었던가? 한(漢)나라 창읍
왕(昌邑王)의 폐위는 사실 곽광(霍光)의 소행이었지만 오히려 눈물로 하직을 고
하면서 몸을 잘 보전하라고 권면했으므로, 군자들이 곽광을 좋게 여겼다. 〈예기
〉에 이르기를 '전에 섬기던 임금을 위하여 복(服)이 있고, 계모가 딴 곳으로 출
가했어도 제 몸이 따라갔을 경우에는 1년의 복을 입는다.'고 했다. 제 몸이 비록

따라가지 않았다 하더라도 그 어미를 감히 구타하거나 살해하지는 못할 것인데, 16년 동안이나 신하가 되어 섬긴 것이 출가한 계모에 비하여 어느 것이 더 중하다 하겠는가?

근세에 창해(滄海) 허격(許格·1607~1691)은 자(字)를 춘장(春長)이라 하는데, 의열(義烈)이 있는 사람이다. 그는 매양 국조(國朝)의 일을 말할 때 연산(燕山)·광해(光海) 두 폐주(廢主)에 이르면 극히 존칭하여 감히 업신여기는 말을 쓰지 않았다. 그 까닭을 물은즉, '그 분들이 비록 죄야 있지만 나의 조상이 임금으로 섬겼던 사람들인데, 내가 감히 존경하지 않을 수 없다.'고 대답하는 것이었다. 그러므로 회종 같은 축생(畜生)에 비한다면 어찌 하늘과 땅의 차이만이겠는가?

조위총(趙位寵·?~1176) 같은 자는 서경을 거점으로 군사를 일으켰다가 윤인첨(尹麟瞻)에게 사로잡혀 참형을 당했는데도 <고려사>의 반역열전에 들지 않았으며, 의종(毅宗) 시해 사건에 있어서는 정중부(鄭仲夫)·이의방(李義方)이 그 괴수가 되었는데, 명종(明宗) 호(晧)가 비록 즉위하였으나 정중부 등을 존대하고 총애할 뿐 아니라 가마솥 속에 들어 있는 의종의 시체를 수습하여 매장조차 하지 않다가 조위총이 이의방 등의, 임금을 시해하고 장사도 아니 한 죄를 성토하자 5년이 지난 뒤에야 비로소 발상(發喪)하여 매장했다. 이는 비단 정중부 등만이 역적질을 한 것이 아니므로 사가(史家)는 마땅히 호(晧)가 임금을 시해하고 자기가 들어선 죄를 기재했어야 할 것이다. 어찌 조위총을 허물할 나위가 있었겠는가? <고려사>는 사람의 뜻을 분발케 하는 면이 있다.[28]

이익은 여기서 우왕과 창왕이 공민왕의 후손이라는 것에 대해 확실한 언급은 하지 않았지만, 설령 이성(異姓)이라 하더라도 진시황과 진원

---

28) 이익, 〈성호사설〉 권25, 경사문(經史門), 신우(辛禑)

제의 경우처럼 반역자로 취급하면 안 된다는 견해를 펼치고 있다. 이런 견해의 연장선에서 우왕을 반역열전에 편입시킨 〈고려사〉 편찬자들의 불공정한 처사를 비판한다. 즉 반(叛)이란 나라를 배반한 것이고, 역(逆)이란 시역(弑逆)을 말하는 것인데, 우로 말하면 선왕인 공민왕이 자기의 아들로 인정하여 아비로써 물려주고 자식으로써 이어받았으니, 그 마음속에 어찌 털끝만큼이라도 반역의 뜻이 있었겠느냐는 것이다. 그럼에도 불구하고 이를 반역이라고 단정하는 것이 맞는 말이냐고 묻고 있다. 그리고 또 우왕을 주살하라고 상소한 사람을 개돼지만도 못한 사람이라고 폄훼함으로써 간접적으로 우왕을 변호하고 있다. 우와 창이 비록 힘에 부쳐 역사의 패자(敗者)가 되었지만 16년 전에 섬겼던 임금인데, 표변하여 죽이라는 상소를 한 것이 인간의 도리인가? 라고 묻고 있는 것이다. 여기 나온 윤회종은 담암의 급제동방인 윤택(尹澤)의 손자로, 담암의 문생 윤소종(尹紹宗)의 동생이다. 그의 생몰년은 미상이지만 우왕 3년(1377) 문과에 급제하고 여러 관직을 거쳐 1389년(공양왕 1) 12월 사재부령(司宰副令)으로 있을 때 우왕과 창왕의 주살을 상소하여 실행에 옮기도록 했다. 그는 1392년 이성계를 도와 조선왕조 개창에 기여했다고 한다. 다음은 우와 창을 죽일 당시의 〈고려사절요〉 기록이다.

사재부령 윤회종이 소를 올려 우와 창을 주살할 것을 청했다. 왕(=공양왕)이 여러 재상에게 차례로 물으니 모두 말이 없었는데, 홀로 우리 태조(=이성계)가 아뢰기를 '이 일은 쉽지 않습니다. 이미 강릉에 안치시켰다고 중국 조정에 알렸으니 중도에 변경할 수 없습니다. 더구나 신(臣) 등이 있는데 우가 비록 난을 일으키고자 한들 무슨 걱정이겠습니까.'라고 했다. 왕이 이르기를 '우가 죄 없는 사람을 많이 죽였으니 스스로 죽음을 당하는 것이 마땅하다.'고 했다. 지신사 이행

(李行)에게 명하여 교서를 내리고, 정당문학 서균형(徐鈞衡)을 강릉으로 보내 우를 죽이고, 예문관 대제학 유구(柳珣)를 강화로 보내 창을 죽이도록 했다. 우의 처 최씨가 크게 울면서 말하기를 '첩이 이 지경에 이르게 된 것은 우리 아버지의 허물이다.'라고 했다. 10여 일 동안 먹지 않고 밤낮으로 울면서 밤에는 반드시 시체를 안고 자며, 쌀을 얻으면 번번이 깨끗이 찧어서 전(奠)을 드리니 그때 사람들이 이를 불쌍하게 여겼다.[29]

이익은 또, 그렇다면 서경을 거점으로 반란을 일으켰다가 사로잡혀 참형을 당한 조위총은 왜 〈고려사〉에서 반역열전에 넣지 않았느냐고 따지고 있다. 그리고 의종(毅宗)을 살해한 정중부나 이의방은 반역열전에 올리면서 그들에 의해 왕으로 추대되고, 그런 반역자들을 존대했으며, 의종의 시신을 5년 동안이나 방치한 명종(明宗) 왕호(王晧)의 죄는 왜 묻지 않았느냐고 따진다. 주자학적 명분론에 지나치게 경도된 부분도 있지만 틀린 말은 아니다. 이익은 요컨대 〈고려사〉 편찬자들이 사서를 편찬하면서 불공평한 의의와 자의적인 기준을 가졌던 점을 탓하고 있는 것이다. 한편 이익의 후배인 조선 후기의 역사학자 안정복(1712~1791)은 〈고려사〉 편찬자들의 이런 왜곡과 허위를 가당치도 않다며 부정하고 있다.

> 공민왕(恭愍王)의 성품이 비록 시기하고 강포하기는 하나 총명하고 과단성이 있는 분이니, 한결같이 혼암(昏闇) 방탕한 군주로 몰아붙일 수는 없다. 자제위를 설치하고 궁위(宮闈)를 난행하게 했다는 등의 설은 가당치도 않은 말이다.[30]

---

29) 〈고려사절요〉, 공양왕 1년(1389) 12월

안정복은 이어서, 자제위를 시켜 왕비들을 음행케 했다는 〈고려사〉 세가의 기록에 대해 '문리(文理)가 이루어지지 않으니 무슨 말인지 알 수 없다. 이는 분명 잘못된 찬술일 것'이라고 못 박았다. 또, 공민왕이 '후사 없음을 걱정한 나머지 익비(益妃)궁에 행행하여 홍륜(洪倫)·한안 (韓安) 등으로 간통하게 하니 비가 이에 항거하자 칼을 뽑아 비를 치려 고 했다. 비가 이를 두려워 좇으니 이로부터 임금의 명이라고 핑계하며 자주 왕래했다.'는 세가의 기록과 '홍륜의 무리를 시켜 강제로 제비(諸 妃)를 욕보이게 하니 조준(趙浚)이 탄식한기를, 일도(人道)가 말살되었으 니 다시 무슨 말을 하리요, 라고 했다.'는 〈고려사〉 열전 조준 전의 기사 는 더욱 말이 되지 않는다고 평가했다. 조준이 개국원훈(元勳)이 되었는 데 그 말을 어떻게 믿겠으며, 궁중의 비밀과 방안에서 희롱한 일을 사관 (史官)이 어떻게 알고 기록할 수 있었겠느냐?는 것이다. 이들이 지어낸 말을 〈고려사〉 찬자들이 기록하면서 사실인양 둔갑되었다고 보았다. 안 정복은 결론적으로, '홍륜 등이 국문을 당하였을 때 두서없이 말한 것 으로 믿지 못할 것이 있고, 또 고려말기의 사관(史官)은 곡필(曲筆)이 많 았으니 일일이 다 믿을 필요가 없다. 그러므로 사료를 살피고 선택하여, 때로는 버리기도 하고 때로는 취하기도 했다.'고 말한다. 〈고려사〉 편찬 자들이 공민왕의 죽음을 음란방탕(淫亂放蕩)의 결과라는 식으로 유도 한 부분을 거짓으로 결론내린 것이다.

또 훗날의 일이기는 하지만 우왕이 왕씨가 아니라면 우왕이 폐위당 한 뒤 그 아들 창(昌)을 왕으로 세울 때 창의 정통성을 의심하는 사람

---

30) 안정복, 〈동사강목〉 부록, 상권 상(上), 고이(考異), 공민왕(恭愍王) 말년에 있었던 궁위(宮闈)에 대
한사실

이 왜 없었을까? 이는 당시 고려 조정에서 영향력 있는 대부분의 신료들이 창왕의 정통성을 부정하지 않았다는 의미가 된다. 이성계 등이 창왕의 즉위를 반대한 것처럼 보이는 기록[31]도 있지만 이것은 후대에 〈고려사〉를 편찬할 때 의도적으로 쓴 것으로 인정되고 있다.[32]

우왕은 폐위된 뒤에도 전왕으로서 대우를 받고 있었으며, 심지어 우왕을 추방한 이성계조차도 창왕 원년 7월 우왕의 생일을 맞아 심덕부(沈德符), 배극렴(裵克廉), 정지(鄭地) 등과 함께 우왕이 거처하는 황려(黃驪·여주)로 가서 잔치를 베풀 정도로[33] 우왕의 정통성은 부정되지 않고 있었던 것이다.

위에 든 여러 인물들의 글과 증언, 그리고 사건 등을 통해 알 수 있는 것은 담암 활동 당시에 우왕을 공민왕의 자식이 아니라고 생각한 사람은 아무도 없었다는 점이다. 재언하자면 담암이 공민왕의 후사문제에 개입하고 우(禑)를 선택하는데 도움을 준 것은 고려의 정치적 안정에 기여하려는 그의 순수한 충정 때문이었다고 보는 것이 타당하다. 즉 그 자신이 개입되고는 했던 공민왕의 개혁정치가 소기의 성과를 거두지 못한 위에 후사문제로 인해 정치적 파국이 예상되자, 담암은 자신의 권위와 식견을 바탕으로 공민왕의 편에 서서 우를 후사로 삼을 수 있도록 도움을 준 것이다. 여기에는 공민왕에 대한 담암의 따뜻한 관심과 담암에 대한

31) 〈고려사절요〉, 우왕 14년 6월, 원문은 辛亥 曹敏修 以定妃教 立禑子昌 太祖 於回軍之時 與敏修 議 復立王後 敏修 亦以爲然 及是日 太祖 欲擇立王氏 敏修 念仁任薦拔之恩 謀立仁任外兄弟李琳之女 謹妃之子昌 恐諸將違己意立王氏 以韓山君李穡 爲時名儒 欲藉其言 密問於穡 穡 亦欲立昌 乃曰 當 立前王之子 太祖 謂敏修曰 其如回軍時所言何 敏修作色曰 元子之立 韓山君已定策矣 何可違也 遂 立昌 年九歲

32) 이상백(李相佰), 〈李朝建國의 研究〉, 을유문화사, 1949, 72~88면, 이형우, 앞글 157면에서 재인용

33) 〈고려사〉 열전 신창 원년(1389) 7월

공민왕의 커다란 신뢰가 바탕이 되었음은 물론이다. 이는 고려의 현실을 개혁하려는 두 사람의 의지가 서로 통했기 때문에 가능한 일이었다.

13.
〈고려사〉 열전과 담암

1. 〈고려사〉 열전 속의 담암

고려 당대의 사료(史料)를 바탕으로 조선개국 이후에 편찬된 〈고려사〉는 〈고려사절요〉와 함께 고려시대를 아는데 필요한 가장 기본적인 자료이다. 〈고려사〉는 세가(世家), 지(志), 표(表), 열전(列傳), 논찬(論贊) 등으로 크게 나뉘고, 그 중 열전에는 고려시대의 대표적 인물 약1천명이 수록되어 있다. 구체적으로는 7백70명이 기본 입전되고 약2백40명이 덧붙여져 있는데, 이들 1천여 명의 기록이 후비(后妃), 종실(宗室)·공주, 제신(諸臣), 양리(良吏), 충의(忠義)·효우(孝友)·열녀(烈女)·방기(方技)·환자(宦者)·혹리(酷吏), 폐행(嬖幸), 간신(奸臣), 반역(反逆), 신우(辛禑) 등 총 9개류로 분류되어 모두 50권에 걸쳐서 실려 있다. 담암의 전기는 이 열전 권25 제신(諸臣)편에 나온다. 다음은 그 전문이다.

백문보의 자는 화보(和父)이며, 직산현(稷山縣·충남 천안) 사람이다. 충숙왕(忠肅王)때 과거에 급제하여 춘추검열(春秋檢閱)에 보임되고 누차 승진하여 우상시(右常侍)가 되었다. 공민왕 초년에 전리판서로 옮겼는데, 이때 그는 10과(十

科)를 설치하여 선비를 뽑자는 글을 올렸다. 밀직제학(密直提學)에 배수(拜受)되었을 때 전란의 여파로 사국(史局)에 소장된 국사원고와 실록이 겨우 몇 상자밖에 되지 않았다. 왕은 청주(淸州)에 있으면서 공봉(供奉·예문춘추관의 정6품직) 곽추(郭樞)를 파견하여 이들 자료를 해인사로 옮겨 두고자 했다. 당시 백문보는 서울에 와서 있었는데, 김희조(金希祖)와 의논하기를 '지금 도적들의 난리가 겨우 진정되었는데 국사자료를 급하게 옮겨 백성들의 눈과 귀를 놀라도록 해서는 안 된다.'고 말하고 곽추를 머물게 하면서 다음 명(命)을 기다리도록 했다. 훗날 왕에게 글을 올려 국사(國事)에 대해 말했다.

'우리나라는 대대로 동방을 지키고 있어 문물과 예악이 오래된 유풍(遺風)이 있습니다. 그런데 뜻밖에도 난리가 누차 일어나 홍건적이 서울을 함락시키고, 승여(乘輿·왕의 수레)가 남쪽으로 갔었습니다. 이를 말하자니 마음이 아픕니다. 지금은 상란(喪亂)을 겪은 후이기 때문에 백성들의 생활이 매우 어렵습니다. 마땅히 너그러운 은혜를 베풀어 남아있는 백성들이 혜택을 받도록 해야 할 것입니다. 또, 자연의 운수는 순환하며, 한 바퀴를 돌아 다시 시작됩니다. 7백년이 하나의 소원(小元)이 되고 3천6백년이 쌓여 하나의 대주원(大周元)이 되는데, 이것이 황제왕패(皇帝王覇)의 치란성쇠 주기(週期)인 것입니다. 우리 동방은 단군으로부터 지금까지 이미 3600년이 지났으니 곧 하나의 대주원이 되는 기회입니다. 마땅히 요순(堯舜) 육경(六經)의 길을 따라야 하며 공리화복(功利禍福)의 설을 실행해서는 안 될 것입니다. 이렇게 한다면 하늘의 도움을 돈독하게 얻어 음양이 때를 맞추어 순조롭고 국운이 연장될 것입니다. 예종 때에 청연·보문각을 설치했던 옛일을 생각하시고 천인도덕(天人道德)의 설을 강구하여 성학(聖學)을 밝히시기 바랍니다. 또한 전국 방방곡곡의 마을들이 모두 바르게 되면 국가 전체가 태평해질 것입니다. 중국 당나라 때는 향(鄕)에다 대중정(大中正)을 두었고, 우리 고려에서도 건국 초에는 사심관을 둔 적이 있습니다. 지금부터 크고 작은 주군(州郡)에 사심관을 다시 두어서 법에 어긋나는 일을 감찰토록 해야 할 것입니다. 신라 때부터 불교를 숭상하기 시작하여 백성들은 출가하는 것을 기뻐하고, 향(鄕)과 역(驛)의 아전들은 모두다 부역을 도피했으며, 사대부들은 아들 하나만 있어도 모두가 기꺼이 머리를 깎았습니다. 따라서 앞으로는 관청에서 도첩(度牒)을 받아야만 출가할 수 있도록 하고 장정이 3명 이하인 집에 대해서는 도첩을 발급하지 말아야 할 것입니다.'

앞서 공민왕이 환도하여 종묘(宗廟)의 신주를 임시로 미타사(彌陁寺)에 모시고, 환안도감을 설치하자 백문보와 평양백(平陽伯) 김경직(金敬直)이 그 일을 주관했다. 일이 더디고 지체되어 달[月]을 넘기니 왕이 화가 나서 독촉을 하자 '도무지 참고할만한 전적(典籍)이 없습니다.'라고 대답했다. 이에 사관(史官) 남영신(南永伸)을 해인사 사고(史庫)에 보내 <삼례도(三禮圖)>와 두우(杜祐)의 <통전(通典)>을 가져오게 했다. 자료가 도착하자 백문보는 이들 자료를 저본(底本)삼아 <통전>을 본뜨고, 침원(寢園·왕의 능침)의 늙은 급사(給事·내시부의 정9품직) 박충(朴忠)의 말을 채록하여 의제(儀制)를 만들었다. 그런데 박충이 글을 몰라 억측에서 나온 것이 다수 있었다. 신우(辛禑)가 대군이 되어 취학하자 왕명에 의해 백문보와 전녹생(田祿生) 및 정추(鄭樞)가 사부(師傅)가 되었다. 관직이 정당문학(政堂文學)에 이르렀고 직산군(稷山君)에 봉해졌다. 공민왕 23년에 졸(卒)했다. 시호는 충간(忠簡)이다. 성격이 청렴결백하고 정직했으며, 이단(異端)에 미혹되지 않았다. 글을 잘 지었다. 무자(無子)이다[白文寶 字和父 稷山縣人 忠肅朝登第 補春秋檢閱 累遷右常侍 恭愍初轉典理判書 上書請設十科以擧士 拜密直提學 兵火之餘史局所藏史藁實錄僅餘數箇 王在淸州遣供奉郭樞移置海印寺 文寶時留都與金希祖議曰 今寇亂甫定不可遽移國史駭人視聽 留樞待後命 後上疏言事曰 國家世守東社 文物禮樂 有古遺風 不意寇患屢作 紅巾陷京 乘輿南狩 言之可謂痛心 今當喪亂之後 民不聊生 宜需寬恩 以惠

遺黎 且天數循環 周而復始 七百年爲一小元 積三千六百年爲一大周元 此皇帝
王霸理亂興衰之期 吾東方自檀君至今已三千六百年 乃爲周元之會 宜遵堯舜
六經之道 不行功利禍福之說 如是則上天純祐 陰陽順時 國祚延長 願念睿廟
置淸燕寶文閣故事 講究天人道德之說 以明聖學 且鄕曲皆正則國家可理 唐鄕
置大中正 國初亦置事審 今宜大小州郡復置事審 糾察非違 新羅始崇佛法 民喜
出家 鄕驛之吏悉逃徭賦 士夫有一子 亦皆祝髮 自今官給度牒 始得出家 三丁
不足者 幷不聽 初王還都權置廟主于彌陁(陀)寺設還安都監 文寶與平陽伯金
敬直主其事 稽緩踰月王怒督之對以無典籍可稽 遣史官南永伸詣海印史庫取
三禮圖杜祐通典至 文寶倣通典 又採寢園老給事朴忠語爲儀制 忠不識字多出
於臆計 辛禑爲大君就學王命文寶及田祿生鄭樞爲師 官至政堂文學封稷山君
二十三年卒諡忠簡 性廉潔正直 不惑異端 善屬文 無子]¹⁾

이 열전 중에 '글을 올려 국사(國事)에 대해 말한 상소문'이 바로 '척불
소(斥佛疏)'인데, 열전에는 일부만 실려 있지만 〈담암일집〉에는 그 뒷부
분도 게재되어 있다. 이 부분은 제9장 '단군기원을 최초로 쓴 상소'에 모
두 실었다.

담암의 이 전기에 나와 있듯이 의제(儀制)를 만들면서 담암이 저본으
로 삼았다는 〈삼례도〉와 두우의 〈통전〉에 대해 살펴보자. 〈삼례도〉는
중국 송나라 때 섭숭의(聶崇義)란 인물이 편찬한 삼례(三禮)의 도해서
(圖解書)를 말하는 것이다. 예(禮)에 관한 3대경전인 〈주례(周禮)〉와 〈의
례(儀禮)〉와 〈예기(禮記)〉는 글만으로는 이해하기 어려운 부분이 있기 때
문에 섭숭의가 편찬하면서 그림으로 그린 것이라고 한다. 또 두우의 〈통

---

1) 〈고려사〉 열전, 백문보 전

전)은 당나라 때 재상 두우(杜佑·735~812)가 편찬한 제도사이다. 중국 고대로부터 당나라 중기까지를 다루고 있는데, 중당(中唐) 이전의 제도를 이해하는데 가장 유용한 자료로 평가받고 있다. 따라서 담암이 주관해 만든 의제는 성리학적 입장에 충실한 의제였다고 보아야 할 것이다.

그리고 담암의 시호 충간(忠簡)에 대해 살펴보자. 시호에서 일반적으로 많이 쓰는 충(忠)은 위신봉상(危身奉上) 즉 일신의 위험을 무릅쓰고 군주를 받드는 것이나 여국망가(慮國忘家) 즉 나라를 걱정하여 집안일을 잊는 것 등을 말한다. 자신의 위험을 감수하면서 특정한 대상(국가·군주·주인 등)에 대하여 정성을 다한다는 뜻이다. 공자(孔子)는 인간 행위의 근본을 여기에 두고 이를 '충신(忠信)'이라 했으며, 주로 타인에 대한 경우에는 이를 '충서(忠恕)'라고 불렀다. 이에 대해 주자(朱子)는 '자기 자신을 온전히 실현하는 것을 충(忠)이라 하고, 그것을 미루어 타인에게까지 이르게 되는 것을 서(恕)라 한다.'고 해석하면서 중심(中心)이 충(忠)이 되고, 여심(如心)이 서(恕)가 된다는 말도 뜻이 통한다고 했다. 또 정자(程子)는 '충(忠)을 천도(天道), 체(體), 대본(大本)'이라고 보았다. 간(簡)의 사전적 의미는 '대쪽'이란 뜻이다. 간(簡)이 들어간 시호를 주면서 내리는 정의는 대개 서너 가지 쯤으로 정리된다. 첫째 일덕불해(一德不懈) 즉 덕을 닦아 게으르지 아니함이란 뜻이다. 둘째 정직무사(正直無邪) 곧 바르고 곧으며 사악함이 없는 것을 말한다. 셋째 거경행간(居敬行簡) 즉 거취가 경건하며 행함은 꼿꼿하고 간소한 것을 말한다. 시호는 죽은 뒤 조정에서 주기 때문에 고인의 생전 공적이나 행실, 태도 등을 참작하여 내린다. 따라서 담암의 시호 충간을 놓고 보자면 일신의 위험을 무릅쓰고 나라와 군주(특히 공민왕)에 대해 정성을 다했다는 점에서 '忠'이란 글자를, 덕을 닦음에 게으르지 않고 청렴결백·정직한 성품에 사특(邪慝)

한 것에 미혹되지 않았다는 점에서 '簡'이란 글자를 그의 시호로 선택한 것이 아닌가 여겨진다. 담암의 시호에 '文'이 아닌 '忠'자가 들어간 것을 보면 당시 조정에서는 글 잘하는 문사(文士)로서의 담암보다는 경세제민(經世濟民)하는 정치가로서의 담암을 더 높게 평가한 것 같다.

열전은 후미에서 그의 특징적 성격을 염결정직(廉潔正直)이라 하여 청렴결백하고 정직한 인물이었다는 점을 전하고 있으며, 불혹이단(不惑異端)이라고 하여 이단 즉 불교에 미혹되지 않았다는 점을 강조하고 있다. 이는 권근이 정도전의 문집인 〈정삼봉문집〉 서(序)에서 담암에 대해 벽이단우력언(闢異端尤力焉), 즉 이단을 배척하는데 더욱 힘썼다는 표현과 함께 성리학에 대한 담암의 기여를 알려주는 자료가 된다. 이어서 나온 선속문(善屬文)은 글을 잘 지었다 정도로 해석될 것이다.

그리고 무자(無子) 부분이다. 무자를 아들이 없다는 통상적인 의미로 해석하자면 그는 아들이 없다 정도로 읽어야 한다. 하지만 '누군가(부모나 군주)의 죽음을 맞아 그로 인해 당사자의 몸이 쇠약해져서 죽는 것, 군자는 그것을 일러 '무자(無子)'라고 한다'는 표현으로 보자면 여기 나온 무자는 대단히 함축적인 의미를 갖는 말인 것 같다. 〈예기(禮記)〉 잡기(雜記) 하(下) 제 21에는 상중(喪中)의 음식 먹는 예절을 논하면서 다음과 같은 공자의 말을 전하고 있다.

공자가 말했다. '(상중이라도)몸에 종기가 있으면 몸을 씻고, 머리에 부스럼이 있으면 머리를 감으며, 병이 있으면 술을 마시고 고기를 먹는다. (상중에)몸이 쇠약해져서 병이 생기는 일을 군자는 하지 않는다. (상중에)몸이 쇠약해져서 죽는 것, 군자는 그것을 일러 무자(無子)라고 한다.'[2]

이 구절에 앞서 '상중의 음식은 비록 나쁜 음식이라도 반드시 배가 부르도록 먹어야 한다. 주려서 상사(喪事)를 제대로 행하지 못하는 것은 예(禮)가 아니며, 너무 배부르게 먹어서 슬픔을 잊는 것 또한 예가 아니다.'라고 되어 있다. 이 말 뒤에 공자의 이 말을 적고 있는데, 공자가 한 말의 뜻은 상주(喪主)라 하더라도 몸에 종기가 있으면 몸을 씻어야 하고, 머리에 부스럼이 생기면 머리를 감아야 하며, 병이 있으면 술이나 고기를 먹어서 건강해져야 한다는 것이다. 즉 상중이라 해서 너무 슬퍼한 나머지 자기 몸을 돌보지 않아 몸이 쇠약해져서 병이 되는 일을 군자는 하지 않아야 하는데, 만약 훼이사(毀而死) 즉 상중에 몸이 훼척해져서 죽는다면 군자는 이를 일러 '무자'라고 한다는 것이다. 이 무자(無子)를 '자식 된 도리가 아니다' 또는 '자식 된 예(禮)가 아니다'로 독해(讀解)하는 이도 있지만 그런 식으로 해석하자면 비자(非子)나 비례(非禮)로 써야 옳을 것이다. 그런데도 공자는 굳이 '無子'라고 말하고 있다. 이것을 풀자면 오히려 '(상중에)몸이 쇠약해져서 죽는 것, 군자는 그것을 일러 자식이 없는 것이라고 한다[毀而死 君子謂之無子].'가 더 적확한 독해일 듯싶다.

여기서 잠시 공민왕의 죽음과 담암의 죽음 사이에 놓인 물리적 시간 차를 살펴보자. 공민왕이 시해된 것은 1374년(공민왕 23) 9월22일(갑신일) 밤이었고, 담암이 작고한 것은 같은 해 12월 모(某)일이었다. 약2개월의 간격이 있다. 담암이 별세한 구체적인 일자가 12월 며칠인지는 불명이지만 전후 맥락으로 보건대 12월 초순이었다고 여겨진다. 담암의

---

2) 〈예기(禮記)〉 잡기(雜記) 하(下) 제21, 孔子曰 身有瘍則浴 首有創則沐 病則飮酒食肉 毀瘠爲病 君子
　 弗爲也 毀而死 君子謂之無子

사망일을 가급적 앞당겨 보는 이유는 공민왕의 죽음과 담암의 죽음 사이에 놓인 계기적(繼起的) 성격 때문이다. 〈고려사〉의 기록을 액면 그대로 믿자면 공민왕의 죽음은 담암에게 매우 충격적인 사건으로 다가왔을 것이다. 그 범인으로 지목된 환관 최만생(崔萬生)과 자제위의 홍륜(洪倫), 권진(權瑨), 홍관(洪寬), 한안(韓安), 노선(盧瑄) 등은 이유가 무엇이든 간에 잔혹할 정도로, 거의 난자하는 수준으로 왕의 몸에 칼을 댄 것 같다. '최만생이 칼로 치니 뇌수(腦髓)가 벽에까지 튀었다.'거나 '이강달(李剛達)이 침전에 들어가 피가 방에 가득 찬 것을 보고…[3] 라는 표현이 있는 것으로 짐작하건대 왕의 시신은 갈기갈기 찢어졌다고 해도 과언이 아니었을 것이다. 만약 담암이 왕의 시신을 직접 목격했다든지, 아니면 시신을 직접 목격한 환자(宦者) 이강달 등을 통해 왕의 시신상태를 전해 들었다면 그 충격은 엄청났을 것이다. 공민왕의 죽음으로 인해 자신이 꿈꾸던 고려의 개혁이 무산되었다는 정신적 허탈감 위에 그 시신의 훼손정도가 상상을 불허할 정도로 참혹했다면 담암이 아닌 누구라 하더라도 곡기(穀氣)를 끊고 싶을 만큼 삶의 의욕을 상실했을 것이다. 따라서 담암의 죽음은 말이 자연사지 거의 공민왕을 따라 순사(殉死)한, 즉 자결이나 다름없었다고 보아야 할 것이다. 이런 추정은 앞에서 살핀 대로 공민왕에 대한 담암의 따뜻한 관심과 담암에 대한 공민왕의 커다란 신뢰 위에 양자가 공유했던, 고려사회를 개혁하려는 '동지적 유대감'이라는 측면에서 보면 충분히 개연성이 있는 내용이다. 그런데 군자는 (상중에)몸이 쇠약해져서 병이 생기는 일을 해서도 안 되는 것이 예법(禮法)인데, 성리학을 존숭한 군자가 (상중에)몸이 쇠약해져서 죽는

---

3) 〈고려사〉 열전, 홍륜(洪倫) 전

다? 이것 즉 '훼이사(毁而死)'는 자식이라면 큰 불효요, 신하라면 큰 불충이 되는 것이다. 그래서 〈예기〉에서 말한 공자의 문법을 인용하여 '무자(無子)'라는 한마디로 이 모든 정황을 설명하려고 했을 수도 있을 것이다.

그러나 〈고려사〉 편찬자들이 〈예기〉에 나온 이런 섬세한 표현까지를 고려하여 담암의 죽음을 서술했다고 보기는 어렵다. 특히 열전의 경우, 약2년 반의 기간 동안 1천여 명의 전기를 기록하려다보니 그랬겠지만 세밀하게 고증하는 따위의 노력은 아예 하지 않은 것 같다. 열전이나 지(志)의 서술을 위해 민간자료를 수집하는 노력을 하지 않았다는 점은 사료집(史料集)으로서 〈고려사〉의 큰 결함[4]으로 지적되고 있거니와, 열전 편찬자들이 민간에 알려진 비문(碑文)이나 고문서·문집 등을 수집하려고 마음만 먹었다면 충분히 가능했을 텐데 그것을 하지 않은 것은 크게 아쉬운 일이다.

2. 담암 무자(無子) 설과 후손의 존재

〈고려사〉 열전의 담암 전기 마지막 부분에 나온 '무자(無子)'를 '훼이사(毁而死)'의 완곡한 표현으로 보자면 담암의 죽음은 공민왕의 죽음에 기인한다고 보아야 할 것이다. 그러나 그것이 아니라면 이는 일반적인 독해, 즉 '아들이 없다.'라고 읽어야 한다. 그런데 문제는 그의 아들은 물론이고, 그 후손들이 있다는 점이다.

담암에게 후손이 있다는 최초의 기록은 아마 그 장손(長孫) '백승(白昇)의 묘갈명'일 것이다. 명나라 정통(正統) 2년(1437·세종 19) 4월에 입석

---

4) '고려사', 〈한국민족문화대백과사전〉

(立石)되었음이 명기된 이 묘갈은 경북 영덕군 창수면 가산 2리(우령티) 뒤쪽 속칭 거치골[居致洞]에 있는 백승의 묘지 앞쪽에 매몰되어 있다가 훗날 봉분 가토(加土)과정에서 발굴되었다. 빗돌이 세워진 1437년은 담암 사망 시점인 1374년부터 기산(起算)하면 63년 후가 된다. 이 묘갈에는 묘지의 임자인 백승의 간단한 이력과 함께 그 증조부와 조부 및 부친의 휘(諱), 처의 관향과 처부의 이름 등이 기재되어 있다. 이에 따르면 백승은 대흥(大興)백씨이며, 대호군(大護軍)을 지냈다. 증조(曾祖)의 휘는 견(堅), 조(祖)는 문보(文寶), 부(父)는 선(瑄)이며, 부인은 이천(伊川)이씨 충수(沖秀)의 따님이다. 이들의 자식으로 상명(常明), 상현(常顯), 상일(常一)이란 아들과 딸 넷이 있었다. 대호군은 고려 후기와 조선 초에 걸쳐서 보이는 관직명이다. 고려 공민왕 때 대장군을 고쳐서 부른 것인데 종3품관이다. 또 조선조에는 5위(五衛)에 속한 종3품관으로 현직(現職)이 없는 문무관 및 음관(蔭官)으로 충원되었다. 이런 사실로 추정하자면 담암의 장남이자 그의 부친인 백선(白瑄)이 일찍 사망한데다 조부 담암이 별세한 후 그 손자 대에 이르면서 안팎의 요인에 의해 가세가 쇠락해간 것으로 볼 수 있다. 이 백승(白昇)이란 이름은 담암의 차남인 백진(白瑨, 또는 瑨)의 이름과 함께 조선 태조 4년(1395)에 작성된 것으로 여겨지는 '장륙사 건칠불 복장(腹藏)발원문'에도 나타난다.

앞에서 필자는 권근이 작성한 '사재소감 박강(朴强)전'에 나온 박강의 나이를 근거로 담암의 차남 백진과 그 형제들의 출생연도를 추정한 바 있다. 이 추정을 수용하자면 백진은 1320년대 후반, 그의 형인 백선은 1320년대 중반에 출생했을 것으로 여겨진다. 백선의 출생을 1325년 전후로 보았을 때 그 아들인 백승은 1350년대 초반 내지 중반 이전에 태어났을 것이다. 즉 1351년이나 1352년경이라는 얘기다. 이 무렵이면 할

아버지 담암이 아직 생존해있을 때이다. 일반적으로 묘갈은 사망 직후 세워지는 것이 아니라 사후 수년, 아니면 사후 수십 년 뒤에도 세워질 수 있음을 감안하면 담암의 손자인 전 대호군 백승은 최소한 비석이 세워진 1437년 이전 어느 때인가에 사망했다는 추론이 가능하다. 백승의 묘갈은 빗돌의 크기나 내용으로 보아, 당대의 문장가를 동원한 고려 후기의 묘비명이나 조선조 후기의 그것들과는 목적 자체가 달랐던 것 같다. 백승의 묘갈은 묘의 실전을 방지하기 위한 표지석(標識石) 정도의 의미로 세웠던 것이다. 백승의 출생년도를 1352년경으로 추정하고, 그의 사망년도를 1436년(1437년 立石)으로 보자면 그는 85세에 죽은 것이 된다. 그러나 뒤에서 보게 될 〈대흥백씨 세보〉 등에 의하면 그는 그렇게 장수한 것 같지는 않다. 그보다 10년 앞서 사망했다면 1426년(세종 8) 사망으로 향년(享年) 75세, 20년 전이라면 1416년(태종 16) 사망으로 향년은 65세가 된다. 보통 족보에는 70세 이상 향수(享壽)를 영예로운 일로 보고 수(壽) 얼마라고 기록하는데 〈대흥백씨 세보〉 백승 항목에 그런 내용이 없는 것으로 보아 70세 이전에 사망했다고 여겨지고, 따라서 그의 묘비는 사후 십 수 년 뒤에 세워졌다고 본다. 이는 그 후손들의 형편이 그리 넉넉하지 않았다는 점을 반영하고 있다. 〈대흥백씨 세보〉에 의하면 백승에게는 아들 3형제가 있었는데 정5품의 무관직인 사직(司直)이나 정7품의 군직인 참군(參軍) 등이었던 걸로 보아 현달했다고 말할 수는 없다. 고려 후기에 현저했던 담암의 명성과 가세가 그 손자 및 증손 대에 이르러 쇠락해갔음을 보여주는 증거이다. 그러나 쇠락하기는 했지만 엄연히 그 후손이 존재하고 있음에도 불구하고 〈고려사〉 열전에 '무자(無子)'라고 표기한 것은 편찬자들의 직무 해태(懈怠)에 원인이 있지 않을까? 하는 생각이 든다.

담암에게 후손이 있다는 점을 비교적 구체적이고, 체계적으로 기록한 두 번째 자료는 담암의 7대손인 백현룡(白見龍·1543~1622)이 작성한 '담암 행장'이다. 백현룡은 중종 38년(1543)에 출생하고 광해군 14년(1622)에 사망한 조선 중기의 학자다. 진사 미량(眉良)의 아들로, 자는 문서(文瑞), 호는 성헌(惺軒)이다. 그는 처음 김언기(金彦璣) 문하에서 공부하다가 뒤에 이황(李滉) 문하에서 수학하면서 조목(趙穆), 김성일(金誠一), 유성룡(柳成龍) 등과 교유했던 인물이다. 1592년(선조 25) 임진왜란이 일어나자 이함(李涵), 백인국(白仁國) 등 향리인사들과 의병을 일으켜 김성일 휘하에 들어가 공을 세웠고, 정유재란 때는 화왕산성(火旺山城)에서 곽재우(郭再祐) 등과 함께 왜적을 무찔렀다. 1609년(광해군 1) 진사시에 합격했으나 벼슬길에 나가지 않고, 학문연구와 후진교육에 힘썼다. 영해 운산서원(雲山書院)에 제향되었으며, 문집 〈성헌집(惺軒集)〉을 남겼다. 백현룡이 작성한 '담암 행장'가운데 담암의 사후(死後) 부분을 보자.

(前略)…갑인년(甲寅年·1374) 12월 모(某)일에 졸(卒)하니 향년 72세였다. 부음이 전해지자 충간(忠簡)이란 시호를 내렸다. 선생의 배위는 기성(箕城) 황씨(黃氏)로, 충절공 황서(黃瑞)의 따님인데 군부인(郡夫人)에 봉해졌다. 묘소는 부(府)의 남쪽 초수동(椒水洞) 곤좌(坤坐) 언덕이나 지금은 실전되었다. 아들로 장남 선(瑄)은 별장인데 일찍 죽었다. 차남은 진(晉)으로 판윤이다. 그리고 수(需)는 판관(判官), 환(渙)은 산원(散員), 항(恒)은 동정(同正)이다. 별장(別將·瑄)의 아들은 승(昇)이며 대호군이다. 판관(判官·需)의 아들은 심(沈)인데 산원이다. 산원(散員·渙)의 아들은 섬(暹)으로 시랑(侍郞)이다. 호군(護軍·昇)의 아들 상명(常明)은 사직(司直), 상현(常顯)은 참군(參軍), 상일(常一)은 사직이다. 호군(護軍·昇)의 딸은 4명인데 사위는 현감 박우(朴愚), 고승(庫丞) 신체인(申體仁),

사정(司正) 김효충(金孝忠), 현령 남수(南須)이다. 현손 이하는 다 적지 않는다. 오호라!(이하 缺)[5]

행장을 쓴 백현룡의 생몰년을 감안하면 이 행장은 빠르면 1563년경에서부터 늦어도 1622년 사이 언젠가에 작성되었을 것으로 보인다. 빠른 시점을 1563년경으로 잡은 것은 백현룡의 연령이 최소한 20세는 지난 다음이라야 이런 문서의 작성이 가능하다고 보기 때문이다. 늦은 시점은 그의 사망연도이다. 어쨌든 이 기간은 담암 사후 1백90년 내지 2백40년이 되는 때인데, 약2백년 후라고 보면 무리가 없을 것이다. 담암 사후 이 정도 시간이 흘렀다면 문서자료와 함께 얼마간의 구전자료도 남아있었을 법하다. 백현룡의 기록이 비교적 상세하다는 점에서 보자면 가첩(家牒) 같은 문서자료에 의존한 것 같다.

담암의 후손이 기록된 자료 가운데 세 번째로 오래된 것은 1637년(정축·인조 15)에 간행된 〈대흥백씨 세보〉이다. 〈대흥백씨 정축보〉로 통칭되는 이 족보는 정축년인 인조 15년(1637)에 대흥백씨 문중에서 한정판으로 펴낸 것이다. 이는 발행년도에서 알 수 있듯이 앞서 담암 행장을 쓴 백현룡 사후 15년 뒤에 간행되었다. 이렇게 보자면 〈대흥백씨 정축보〉는 가첩이나 담암 행장 같은 기왕의 자료를 바탕으로 수단(收單)되었을 것이다. 그런데 백현룡의 담암 행장과 다른 것은 담암의 장남 선(瑄)의 아들이 2명이란 점이다. 담암 행장에는 백선의 아들로 대호군 백승(白昇)

<hr>

5) 〈담암일집〉 부록 권2, 행장, (前略)…甲寅十二月某日卒享年七十二 訃聞 賜諡忠簡 先生配箕城黃氏忠節公瑞女 封郡夫人 墓在府南椒水洞坤坐之原 今失傳 男長瑄 別將 早歿 次晉 判尹 需 判官 渙 散員 恒 同正 別將 男昇·大護軍 判官 男沈 散員 散員 男暹 侍郎 護軍 男常明 司直 常顯 參軍 常一 司直 四女 適縣監朴愚 庫丞申體仁 司正金孝忠 縣令南須 玄孫以下不盡錄 於乎〈此下缺〉

의 이름만 보이는데 비해 〈대흥백씨 정축보〉에는 백승 외에 백희(白希)라는 아들이 더 있는 것으로 되어 있다. 이는 아마 담암 행장을 본 백희의 후손 중 누군가가 가승(家乘) 등을 제시하며 자신들의 선계(先係)를 밝히고 향후 편찬되는 족보에 그 선계의 입보(入譜)를 요청했기 때문일 것이다. 백현룡이 담암 행장을 찬술하면서 백희를 빠트린 것은 착오라고 여겨진다. 이는 아마 자신의 직계조상만 표시하는 가첩 등을 참고했기 때문에 방계조의 자료가 미비한데서 온 착오일 것이다.

담암의 후손과 관련된 또 다른 기록 중에는 '성헌(惺軒) 백공(白公) 묘지명(墓誌銘)'이 있다. 여기서 성헌 백공은 백현룡(白見龍)을 말하는데, 묘지명의 찬자(撰者)는 조선후기의 학자인 눌은(訥隱) 이광정(李光庭·1674~1756)이다. 원주(原州)이씨인 이광정은 1696년(숙종 22)에 진사가 되고, 여러 차례 관직을 제수 받았으나 이를 사양한 채 산림에 묻혀 후학지도와 저술활동을 하며 지냈다고 한다. 성헌 백공 묘지명에는 '……전조(前朝) 말에 현저한 이로 문보(文寶)가 있는데, 실로 시중 박감(朴瑊)의 외손이다. 외가 쪽인 영해에 와서 살며 성헌(惺軒)공까지 일곱 세대에 이르렀고 영해사람이 되었다. (이 집안의)관직은 현저하지 않았으나 문장의 그윽함은 세전(世傳)되었다. 공(=백현룡)의 선고(先考)는 미량(眉良)으로 진사이다……[6] 라는 부분이 나온다. 이 묘지명의 주인공이 백현룡인만큼 그 선조 담암에 대한 언급은 그냥 스쳐가듯 나오지만 그로부터 7대가 이어져 성헌 백현룡까지 이르렀음을 표기하고 있다. 이광정의 졸년으로 보아 이 묘지명은 1750년 전후에 작성되었으리라

---

6) 이광정(李光庭), 〈눌은선생문집(訥隱先生文集)〉 권14, …有顯於勝國之季者 曰文寶 實侍中朴瑊之外孫 從家寧海 至惺軒公七世爲海人 官不顯而以文雅世其家 公之考眉良進士…

여겨진다.

담암의 후손이 표기된 자료로는 이외에도 1637년 간행 〈대흥백씨 정축보〉 이후 거의 30년 단위로 간행된 〈대흥백씨 세보〉를 들 수 있다. 이들 세보는 종전의 세보에 새로운 후손들을 입보하는 형식이다 보니 선대(先代) 자료는 거의 변동이 없다. 물론 새로운 자료가 발굴되었을 경우에는 선대의 기사라 하더라도 새로운 사실을 기입할 수는 있었을 것이다.

이밖에 조선 후기에 편찬된 〈담암일집〉에도 담암의 후손 관련기사가 실려 있다. 이는 앞에서 본 백현룡 찬술의 담암 행장과 담암의 연보라고 할 수 있는 편년인데, 그 내용은 이제까지 본 대로이다. 이상 몇몇 자료는 〈고려사〉 열전을 제외하고는, 담암에게 후손이 있음을 알려주는 내용들이다. 이를 담암의 형제들을 기점으로 도표화하면 다음과 같다.

•文寶→　瑄(別將)→　昇(大護軍)→　常明(司直)

　　　　　　　　　　　　　　　　　常顯(參軍)

　　　　　　　　　　　　　　　　　常一(司直)

　　　　　　　　　　　　　　　　　女壻·朴愚(縣監)

　　　　　　　　　　　　　　　　　女壻·申體仁(庫丞)

　　　　　　　　　　　　　　　　　女壻·金孝忠(司正)

　　　　　　　　　　　　　　　　　女壻·南須(縣令)

　　　　　　　→　希→　　　彦麟

　　　　晉(또는 瑨, 檢校 判尹)

需(判官)→ 沈(散員)

渙(散員)→ 暹(侍郎)

恒(同正)

• 文質(담암의 동생)→ 玉+亘
• 王世興(담암 매부)→ 王宗臣

반면 담암에게 후손이 없다고 단정하거나 후손이 없을 개연성이 있음을 보여주는 자료도 있다. 한 연구자가 기고한 '고려사(高麗史) 백문보(白文寶) 열전(列傳)의 무자(無子) 고(考)[7]'는 자료집 성격의 짧은 글인데, 담암의 무자를 증빙할만한 기왕의 자료들을 열거한 것이다. 여기서는 '고려사 백문보 열전의 무자 고'(이하 '무자 고'로 표기) 내용을 검토하고, 그것의 옳고 그름을 살펴보도록 한다.

'무자 고'필자는 머리말에서 담암의 정치·사상·문학사 등에 관해서는 기존 연구들이 있었지만 〈고려사〉 열전에 나타난 '무자(無子)'에 대한 논의는 시도되지 않았으므로 아주 조심스럽게 이 문제에 접근코자 한다고 밝혔다. 자칫 고인에 대한 불경이 되거나 그 후손들에게 욕이 될까 해서인데, 어떤 결론을 도출하자는 것은 아니라며 다음과 같이 구분하여 자료 목록을 열거하고, 자신의 견해를 피력했다.

1) 담암의 후사가 있는 것으로 나타난 기록: 〈대흥백씨 세보〉, 〈담암일집〉

'무자 고'필자는 〈대흥백씨 세보〉와 〈담암일집〉 기사를 토대로 하여

---

7) 남석헌,'高麗史 白文寶 列傳 無子 考,'〈동양예학(東洋禮學)〉, 2004, 287~295면

담암 기준으로 그 아들 및 동생 백문질(白文質)과 매부 왕세흥(王世興)을 표시했다. 그리고 위의 기록 중 특기할 사항으로 1913년에 간행된 〈대흥백씨 세보〉에 의하면 담암의 배위 주각(註脚)에 '근안 기성황씨보(謹按箕城黃氏譜) 충절공서녀(忠節公瑞女) 서공성휘급오자(書公姓諱及五子)·삼가 살펴건대 기성황씨보에 충절공 서의 따님인데, 공(公)의 성과 이름 및 다섯 아들이 기록되어 있다.'라고 되어 있으나 1813년(순조 13)에 간행된 〈평해황씨 세보〉에는 충절공 황서(黃瑞)의 아랫대에는 아들 종량(宗亮)만 기록되고 사위에 대한 기록은 없다는 것이다. 그러다가 1813년 이후 어느 때부터 간행된 〈평해황씨 세보〉에는 황서의 사위로 담암과 그의 다섯 아들이 기입되었다는 것이다.

2) 담암의 후사가 없는 것으로 나타난 기록: 〈고려사〉 열전, 〈씨족원류(氏族源流)〉, 〈남종통기(南宗通記)〉

(1) 〈고려사〉 열전- '무자 고'필자는 〈고려사〉 담암 열전의 마지막에 '무자'라고 밝혀져 있고, 이 열전의 편찬자들은 당대의 학자들로 구성되었는데 이들이 열전에 입전될 인물의 후손을 찾아보지도 않고 무턱대고 '무자'라고 기록했을까? 라는 의문이 든다며, 〈고려사〉 열전에 오류가 없을 것이라고 전제하고 있다. 또 담암 같은 이는 조선왕조의 건국자들과 하등 정치적이거나 다른 어떤 갈등이나 모순이 발생하지 않았고, 또 국가의 공식기구에서 출간한 책에 의도적으로 '무자'라고 썼다고 볼 수 없다는 것이다. 그러므로 〈고려사〉 열전은 모든 일반 기록에 앞서 가장 신뢰할만하고 신빙성 있는 자료로 여겨진다고 했다.

(2) 〈씨족원류〉- 조선 중기 인물 송창(松窓) 조종운(趙從耘·1607~1683)이 5백40여 문중의 보계(譜系)를 수집·정리한 필사본(筆寫本)이다.

이 책 664면에 담암을 직산백씨로 분류하고 그 주각에 '공민·신우시인(恭愍辛禑時人) 정당문학(政堂文學) 직산군(稷山君) 충간공(忠簡公) 염결정직(廉潔正直) 불혹이단(不惑異端) 선속문(善屬文) 무자(無子)'라고 했는데, 이는 〈고려사〉 열전의 내용과 같다는 것이다. 그리고 담암을 수원백씨나 대흥백씨로 분류하지 않고 직산백씨로 분류한 점이 특이하다고 했다.

(3) 〈남종통기〉 - 조선후기 인물 수약당(守約堂) 남제명(南濟明·1668~1751)이 조상 전래의 사적과 각종 문서를 정리해서 기록한 필사본이다. 남제명은 자신의 9대조 비(妣)인 의인(宜人) 대흥백씨(大興白氏·1393~1475)의 묘지명을 이 〈남종통기〉에 옮겨 실었는데, 옮겨 쓴 묘지명에 의하면 대흥백씨의 증조(曾祖)는 백문질, 조부(祖父)는 백선(白瑄), 부(父)는 백린(白璘)으로 기록되어 있다는 것이다. 여기서 조부 백선은 담암의 장남 이름과 동일하다. 그러나 〈대흥백씨 세보〉에는 남제명의 9대조이자 대흥백씨의 부군인 남수(南須)가 담암의 손자인 백승(白昇)의 사위로 나온다. 따라서 〈대흥백씨 세보〉에 의하면 남수는 담암의 증손서가 되는 셈이다. 이 묘지명을 요청한 이가 남수와 대흥백씨 부인의 3남인 남전(南荃)으로, 모친 선조의 정보를 엉터리로 주었을 리가 없다는 것이 '무자 고'필자의 견해이다.

〈남종통기〉에는 또, 백씨가문의 재산 및 노비 분급기(分給記)가 실려 있는데 재주(財主)는 백문보가 아니라 동생인 백문질이고, 그 부인은 기성군부인 황(黃)씨, 아들은 백선(白瑄) 등 5명이라는 것이다. 그런데 〈대흥백씨 세보〉에는 이들이 문보의 부인과 아들로 되어있다는 것이다. 〈담암일집〉 부록에는 '신해(辛亥·공민왕 20) 선생(先生) 연육십구(年六十九) 찬이재공행장(撰彝齋公行狀) 춘윤삼월이십일(春閏三月二十日) 분

장획급오자(分獲獲給五子)'라 하여 담암이 69세 때인 신해년 윤3월에 재산을 분배한 것으로 나와 있어, 역사적 사실은 하나인데 재산분배의 주체가 두 사람인 점이 의아하다는 것이다.

그리고 〈고려사〉 열전의 '무자'에 대해 〈담암일집〉 어느 곳에서도 이에 대한 해명이 없고 대흥백씨 가운데 이름 있는 분들의 장갈(狀碣)문이 대부분 조선말에 집중적으로 작성된 것도 의문점이라며, 장갈문의 주요 작자들로 향산(響山) 이만도(李晩燾·1842~1910), 서산(西山) 김흥락(金興洛·1827~1899), 척암(拓庵) 김도화(金道和·1825~1912), 긍암(肯庵) 이돈우(李敦禹·1807~1884) 등의 이름을 각주에 표기했다.

3) 담암에 관한 기록이 없다가 나중에 생긴 기록: 〈평해황씨 세보〉

'무자 고'필자는 끝으로 순조 13년(1813)에 발간된 〈평해황씨 세보〉에는 황서(黃瑞)의 사위가 아무도 없는 것으로 기록되어 있으나 정당문학을 지낸 담암 정도의 인물을 처음부터 누보(漏譜)시킬 하등의 이유가 없었을 것이라고 했다. 이처럼 담암이 황씨보에 사위로 입보(入譜)된 시기는 아마 〈평해황씨 세보〉가 발간된 1813년과 1913년 〈대흥백씨 세보〉가 발간된 사이의 어느 때일 것이라고 보고 있다. '무자 고'는 그러면서도 맺음말은 없고, 대신 그 자리에 담암의 동문록(이제현 등)과 문인록(김구용 등)을 부기했다.

결국 '무자 고'필자가 주장하는 요지는 이렇다. ① 〈고려사〉·〈씨족원류〉 등을 보건대 담암에게는 아들이 없다. ② 〈남종통기〉의 자료를 보건대 백문질의 아들과 부인이 담암의 아들과 부인으로 바뀌었다. ③ 〈평해황씨 세보〉를 보건대 담암은 후대(1813년과 1913년 사이)에 황서의 사위로 입보되었다. ④ 그리고 명시적인 언급은 없지만 족보의 위·변조(僞

變造)가 있었던 것 같고, 이는 조선조 말에 이루어진 것 같다는 뉘앙스를 풍기고 있다.

'무자 고'필자의 주장을 하나씩 따져보자. 우선 1813년 발간 〈평해황씨 세보〉에 담암이 충절공 황서(黃瑞)의 사위로 입보되지 않았다는 점을 보자. 이것이 사실이고, 위의 〈남종통기〉에 나온 '재산 및 노비 분급기'의 내용이 맞는다면 황서의 사위로 보아야 할 백문질과 그 아들 5형제의 이름은 1813년 발간 〈평해황씨 세보〉에 왜 빠졌던 것일까? 백문질의 명성이 백문보만 못해서일까? 그렇지는 않은 것 같다. 사위의 명성이 높고 낮은 것 때문에 족보에 넣고 빼지는 않았을 것이라고 여겨진다. '무자 고'필자는 1813년 발간 〈평해황씨 세보〉에는 황서의 사위가 아무도 없는데, 정당문학을 지낸 담암 정도의 인물을 처음부터 누보(漏譜)시킬 하등의 이유가 없고, 담암이 황씨보에 사위로 입보(入譜)된 시기가 후대(1813~1913)일 것이라는 점을 들어 이 기간에 발간된 〈평해황씨 세보〉와 〈대흥백씨 세보〉가 위·변조되었을 것이라는 점을 은근히 시사하고 있다. 그러나 일반적으로는 1813년 발간 〈평해황씨 세보〉가 이유는 모르지만 서둘러 발간해야할 어떤 사정 때문에 다수의 누락자가 발생했고, 이런 사정으로 담암 같은 사람도 빠진 것으로 추정하는 것이 합리적이다. 그렇지 않다면 소위 〈남종통기〉 자료가 말하는 황씨가(家)의 사위인 백문질이 누보된 이유를 설명할 길이 없다. 이는 백문질을 황씨가의 사위로 기록한 소위 〈남종통기〉 자료의 내용과 '무자 고'필자의 주장이 상호 모순된다는 점을 스스로 드러낸 것이다. 아울러 자료로서 〈남종통기〉의 신뢰성을 의심스럽게 하는 부분이다. 1813년 이후에 나온 〈평해황씨 세보〉는 충절공 황서의 사위로 담암뿐만 아니라 충주목사를 지낸 여흥인(驪興人) 이천백(李天白)의 이름과 그 아들 이행(李行)의 이름도 싣고 있다. 그러니까 이행은 황서의 외손인데, 그는 앞에서 이미 본 대로 고려 말과 조선 초에 살았던 저명한 문신이다. 자는 주도(周道), 호는 기우자(騎牛子)로 세칭 '기우자 선생'이다. 그는 1371년(공민왕 20) 문과에 급제하고 예문관 대제학 등을 지냈으며, 조선 건국에 비협조적이 었던 일사(逸士)였다. 이런 자랑스러운 외손을 1813년 발간 〈평해황씨 세보〉는 왜 누락시켰다가 그 후에 입보(入譜)시켰을까? 이는 사실이 위조되거나 변조되어서가 아니라 그동안 충분히 확보되지 못했던 자료들을 보강하여 새로운 족보를 편찬했기 때문에 나온 당연한 결과라고 여겨진다. 이를 두고 담암과 이천백의 후손들이 1813년 이후에 사실과 다른 내용을 평해황씨 측에 제공해서 백문보와 이천백의 이름이 〈평해황씨 세보〉에 오르게 된 것처럼 오해를 야기 시키는 것은 잘못된 시각이다. 따라서 〈평해황씨 세보〉나 〈대흥백씨 세보〉, 또는 〈여흥이씨 세보〉가 위·변조되었다고 보는 것은 위험한 판단이 아닐 수 없다('무자 고'에는 〈여흥이씨 세보〉는 언급되지 않았다).

'무자 고'의 필자는 또 1913년 간행 〈대흥백씨 세보〉 담암의 배위 주각(註脚)에 '삼가 살피건대 기성황씨보에 충절공 서의 따님인데, 공(公)의 성과 이름 및 다섯 아들이 기록되어 있다[謹按箕城黃氏譜 忠節公瑞女 書公姓諱及五子].'라고 적혀 있으나 1813년 간행 〈평해황씨 세보〉에는 충절공 황서의 아랫대에는 아들 종량만 기록되고 사위에 대한 기록이 없다가 1813년 이후 어느 때부터 간행된 〈평해황씨 세보〉에는 황서의 사위로 담암과 그의 다섯 아들이 기입되었다고 하여 1913년 간행 〈대흥백씨 세보〉가 마치 이 주각 몇 자로 〈평해황씨 세보〉에 의거하여 담암과 그 아들 5형제의 존재를 인증 받으려는 양 표현하고 있다. 하지만 이 주각은 앞에서 본대로 평해황씨 측이 새로운 〈평해황씨 세보〉를 편찬하면서 1813년판의 누락 부분을 대거 보완했고, 여기에 담암과 그 아들 5형제가 입보되었기 때문에 그 사실을 전해준 것으로 보아야 온당하다. 왜냐하면 그전에 나온 1813년 간행 황씨보에는 담암과 그 아들들 이름이 빠져있었기 때문이다.

다음은 이른바 〈남종통기〉라는 자료에 대해 알아보자. '무자 고'에 의하면 〈남종통기〉는 조선 후기에 남제명(1668~1751)이 조상 전래의 각종 문서를 필사한 기록물이라고 한다. 남제명은 여기에 자신의 9대조모인 대흥백씨(1393~1475)의 묘지명을 옮겨 실었는데, 옮겨 쓴 묘지명에 의하면 대흥백씨의 증조는 백문질(白文質), 조부는 백선(白瑄), 부는 백린(白璘)으로 기록되어 있다는 것이다. 그러나 〈대흥백씨 세보〉에는 남제명의 9대조이자 대흥백씨의 부군인 남수(南須)가 담암의 손자인 백승(白昇)의 사위로 나온다. 〈대흥백씨 세보〉와 〈남종통기〉의 내용을 비교하면 이렇다.

- 白文寶→ 白瑄→ 白昇→ 대흥백씨(부군은 南須): (대흥백씨 세보)
- 白文質→ 白瑄→ 白璘→ 대흥백씨(부군은 南須): (남종통기)

'무자 고'의 필자는 당초에 이 묘지명을 요청한 이가 대흥백씨 부인의 3남인 남전(南荃)인만큼 모친의 선조를 부실하게 기술할 리가 없다는 것이다. 이 주장에 의하면 〈대흥백씨 세보〉 기록은 오류이고, 〈남종통기〉 기록은 옳은 것이 된다.

이어서 '무자 고' 필자는 같은 책, 즉 〈남종통기〉에 실려 있는 백씨가문의 재산 및 노비 분급기를 소개하면서 재주(財主) 백문질과 그 부인 황씨, 백선 등 5명의 아들 이름을 보여주고 있다.[8] 그런데 〈대흥백씨 세

---

8) 남석헌, 앞글, 292~293면

보〉에는 이들이 담암의 부인과 아들로 되어있고, 〈담암일집〉 부록에는 '신해년(1371·공민왕 20)에 69세의 담암이 재산을 분배한 것'으로 나와 있어, 역사적 사실은 하나인데 재산분배의 주체가 두 사람인 점이 의아하다는 것이다.

그런데 여기서 먼저 드는 의문은 '남씨(南氏) 세보에 관한 집대성'으로 알려진 〈남종통기〉에 왜 대흥백씨 가문의 '재산 및 노비 분급기'가 들어있을까? 하는 점이다. 필자는 이 〈남종통기〉와 백씨가문 '재산 및 노비 분급기'를 본적이 없기 때문에 단정적인 말은 삼가지만 이 재산 분급기가 의인(宜人) 대흥백씨의 부친인 백린(白璘·남종통기), 또는 백승(白昇·대흥백씨 세보)의 재산 분급기라서 그 따님인 의인 대흥백씨와 직접 관련이 있는 것이라면 이해하겠으나 그 증조부대인 백문질(白文質·남종통기), 또는 백문보(白文寶·담암일집) 때의 분급기가 증손녀의 시가(媤家)쪽 남씨 세보의 집대성인 〈남종통기〉에 필사물로 삽입된 이유가 의문이다. 자료의 신뢰성에 의문이 가지 않을 수 없는 대목인데 실제로 이 '재산 및 노비 분급기'를 직접 열람한 사람의 증언[9]에 의하면 '질(質)'자로 볼 수도 있고 아닐 수도 있는 글자 위에 갓머리 면(宀)이 올라있어, '보(寶)'자 같기도 하고 아닌 것 같기도 하다는 것이다. 그러면서 보(寶)의 고자(古字)로 이해하고 있었다. 이 '재산 및 노비 분급기'에는 이두(吏讀)의 흔적인 위여호(爲如乎·하다온)나 위와호사(爲臥乎事·~하누온 일=~하는 일) 등이 쓰인 걸로 보아 앞에서 質이라고 읽은 글자를 寶의 고자(古字)라고 이해한 것도 전혀 이상하지 않다.

여기서 필사(筆寫)한 기록물의 문제점을 짚어보자. 〈남종통기〉는 조

---

9) 백운태 증언(2012. 9. 1.)

선 후기에 남제명(1668~1751)이 필사한 기록물인데, 그의 생몰년으로 보았을 때 이 필사작업은 시작이 언제인지는 모르지만 거의 1750년까지 이어졌다고 볼 수 있다. '재산 및 노비 분급기'가 처음 작성된 것을 1371년(공민왕 20)이라고 보자면 약3백80년의 시간차가 있다. 그 사이에 필사와 필사가 거듭되었다면 그 원래 글자가 잘못 필사될 가능성은 얼마든지 있고, 앞에서 본 質자와 寶자 같은 혼동이 있을 수밖에 없다.

마찬가지 이유로 의인 대흥백씨(1393~1475)의 묘지명 역시 이런 혼동이 아닌가 여겨진다. '무자 고'필자의 주장처럼 대흥백씨의 아들인 남전(南荃)이 어머니의 가계를 엉터리로 기술할 리 없다고 보더라도 묘지명이 작성되었으리라고 여겨지는 1475년 이후 언제부터 남제명까지는 2백70년의 시차가 있고, 몇 번의 필사과정을 거쳤다면 質자와 寶자 같은 혼동이 있었다고 보는 것이 온당하다. 의인 대흥백씨의 부친이 백승(白昇·대흥백씨 세보)이냐 백린(白璘·남종통기)이냐 하는 것은 글자의 모양이 워낙 다르기 때문에 필사상의 혼동 때문만으로 단정할 수는 없다. 그렇다면 백승(白昇)의 다른 이름이 백린(白璘)일 가능성, 백린이 백승의 동생인 백희(白希)일 가능성, 백승과 백희 이외에 또 다른 형제가 있었을 가능성 등을 상정해볼 수 있다. 하지만 지금으로서는 알 수가 없다.

다만 고려 후기 인물 가운데 백린(白璘)이란 이름을 찾을 수 있다. 이색(李穡)이 쓴 전(傳)에 백씨전[10]이 있는데, 이 주인공의 이름이 백린이다. 여기에 의하면 白璘은 서림(西林·충남 서천) 사람으로 이색과는 어렸을 때부터 벗으로 지냈다. 그러다가 이색의 아버지 이곡이 정해년(1347·충목왕 3)에 지공거를 맡았을 때 백씨가 을과로 뽑혔다는 것이다.

10) 이색, 〈목은문고〉 권20, 전, 백씨전(白氏傳)

백린 부친의 휘는 함정(咸正)이고, 백린은 기주(奇輛)의 딸과 혼인하여 1
녀를 낳아 출가시켰다고 한다. 이색은 또 백린의 기억력이 비상했으며
용력 또한 대단했음을 전하고 있다. 그러나 백린은 연경(燕京)에서 고생
하다가 죽었고 이색은 이를 애통해하고 있다. 이색의 백씨전은 〈동문선〉
에도 그대로 실려 있다. 〈남종통기〉에 나오는 백린이 이색이 말하는 백
린과 동일인인지 여부는 불명이지만 〈목은문고〉나 〈동문선〉이 조선시대
에 유통되었기 때문에 이를 읽은 당시 유자(儒者)들에게 白璘이란 이름
은 눈과 귀에 매우 익숙했을 수 있다. 애초의 묘지명 작성과정 또는 필
사과정에서 자신도 모르게 白璘으로 쓰는 실수를 유발할 가능성을 배
제할 수 없다. 그렇다고 해서 〈대흥백씨 세보〉나 〈남종통기〉의 기록이
오류라고 단정하는 것은 위험하지만 필사의 문제점을 새겨본다면 필사
본 쪽이 오류의 가능성이 높은 것은 사실이다.

또 하나, 남전이 의인 대흥백씨의 아들이기 때문에 어머니의 가계를
엉터리로 기술할 리 없다는 견해도 모두 수용하기 어렵다. 대흥백씨의
생몰년을 보면 향년 83세다. 당시로서는 대단한 장수(長壽)라고 할 수
있다. 별세 당시의 정황을 알 수는 없으나 오랜 병환으로 누워 있다가
사망했을 수도 있고, 건강하게 살다가 사망했을 수도 있다. 전자의 경우
라면 아들이라 할지라도 어머니 친정 쪽의 가계를 올바로 전해 듣는 것
은 쉽지 않았을 것이다. 당장 부친의 휘자(諱字) 정도는 기억한다손 치
더라도 조부, 증조부의 휘자까지 선명하게 기억할 할머니는 예나 지금이
나 드물다. 더구나 그것도 병환 중에 있다면 말이다. 대흥백씨의 2남이

---

11) 김흥락(金興洛), 〈서산선생문집(西山先生文集)〉 속집 권5, '병마절도사 남공묘표(兵馬節度使 南公
墓表)'

자 남전의 바로 위의 형인 남손(南蓀)의 묘표(墓表)[11]에 의하면 남손은 1415년(태종 15·을미)생이다. 이로 미루어 보면 남전은 1417년경에 태어났을 것이다. 남전의 요청으로 대흥백씨의 묘지명이 작성되었다면 이는 어머니 대흥백씨의 사망년도인 1475년에서 3년 상을 마친 이후 어느 때일 텐데, 이 무렵이면 남전의 연령은 60세가 넘었을 때이다. 어머니의 친정 가계를 고증하고 또 고증하는 식으로 신경 쓸 나이가 아니라는 의미다. 묘지명을 요청한 때가 정확히 언제인지는 알 수 없지만 어머니 사망 후 몇 년 혹은 십 몇 년 뒤라면 더욱 그럴 것이다. 따라서 필사본으로 전해진 〈남종통기〉는 관점에 따라서는 소중한 자료일 수 있고, 또 가치가 있을 수 있지만 이를 사료(史料)로 활용할 때는 면밀한 검토가 따라야 할 것이다.

또, 한 가지 더 살펴볼 것은 〈남종통기〉의 의인 대흥백씨 묘지명에 나온 할아버지 백선(白瑄)과 아버지 백린(白璘)의 이름 부분이다. 여기에 의하면 린(璘)은 선(瑄)의 아들이 된다. 우리나라에서 언제부터 항렬을 사용했는지는 정확하게 알려진 바 없지만 〈고려사〉 등의 자료에 의하면 한자식 작명이 이루어진 고려중기 이후에는 항렬 사용이 보편화된 것 같다. 백문보(白文寶)와 문질(文質) 형제는 '문(文)'자를 돌림자로 쓰고 있다. 외자 이름인 경우, 안축(安軸)과 안보(安輔), 안즙(安輯) 형제처럼 특정한 글자가 포함된 글자를 이름에 사용함으로써 이들이 형제임을 알 수 있도록 했다. 그런데 〈남종통기〉에 나온 의인 대흥백씨의 아버지 백린(白璘)은 자신의 부친인 백선(白瑄)과 같은 구슬 옥(玉)자가 들어있는 글자를 이름으로 쓰고 있다. 고려후기의 상식으로는 있을 수 없는 작명이다. 정오(鄭頳)와 정포(鄭誧) 형제처럼 외자 이름을 쓴 형제간에 동일한 글자가 포함되지 않은 경우는 있지만 백선(白瑄)과 백린(白璘)처럼 부자(父子)가 같은 구슬 옥(玉)자를 이름 속에 함께 쓰는 경우는 전혀 없다고 해도 과언이 아니다. 따라서 이 기록의 사실여부에 더 의심이 가는 것이다.

필사(筆寫) 기록물의 문제점과 관련하여 하나 더 살펴볼 것은 〈남종통기〉에 실린 대흥백씨 가문의 '재산 및 노비 분급기'가 의도적이든 아니든 원본과 달리 필사되었을 가능성이다. 다음의 상황을 상정해보자. 의인 대흥백씨의 3남 남전이 어머니의 묘지명을 청하면서 어머니의 친정쪽 가계를 '착오나 실수' 등 어떤 사정에 의해 앞에서 본 '文質→ 瑄→ 璘'으로 기록되도록 한다. 이것이 그 후손들에게 전해져 〈영양남씨 세보〉 등에 반복적으로 기록된다. 이들 기록을 우연히 본 대흥백씨 인물 누군가가 이것의 오류를 지적하며 수정을 요청한다(수정 요청과 함께 그 증거로 가문 전래의 '재산 및 노비 분급기'를 제공했을 수 있다). 그러나 남씨 측으로서는 오래된 자기 선조의 기록을 섣불리 수정할 수 없으므로 거부한다. 이런 요청과 거부가 반복된다. 이런 사정을 알고 있는 필사자가 선조의 기록을 고치지 않으면서도 백씨들의 요청을 원천적으로 봉쇄할, 전혀 다른 차원의 방법을 찾아낸다. 즉 '의인 대흥백씨 묘지명'에 맞추어 '재산 및 노비 분급기'의 글자들을 바꾸어 필사하는 것이다. '재산 및 노비 분급기' 필사자가 이런 작업을 했다는 증거가 없으므로 이는 다만 추정일 뿐이다. 그러나 이렇게 추정하지 않고서는 대흥백씨 가문의 '재산 및 노비 분급기'가 '남씨 세보에 관한 집대성'인 〈남종통기〉에 필사자료로 실려 있는 타당한 이유를 찾을 수 없고, 瑄과 璘처럼 부자가 형제같이 보이는 이름을 쓴 까닭을 유추할 도리가 없다. 현존하는 기록물의 신뢰성을 담보하기 위해 그보다 먼저 있었던 자료에 손을 대는 경우는 동서고금을 막론하고 흔히 있었던 일이다. 반론을 원천봉쇄하는데 가장 확실한 방법이기 때문이다.

3. 〈고려사〉 열전의 실수와 오류

'무자 고'필자의 전제(前提)는 이렇다. 〈고려사〉 담암 열전의 마지막에 '무자'라고 밝혀져 있고, 이 열전의 편찬자들은 당대의 학자들로 구성되었는데 이들이 열전에 입전될 인물의 후손을 찾아보지도 않고 무턱대고 '무자'라고 기록했을까? 라는 의문이 든다며, 〈고려사〉 열전에는 오류가 없을 것이라고 했다. 또 담암 같은 이는 조선왕조의 건국자들과 하등 정치적이거나 다른 어떤 갈등이나 모순이 발생하지 않았고, 또 국가의 공식기구에서 출간한 책에 의도적으로 '무자'라고 썼다고 볼 수도 없다는 것이다. 그러므로 〈고려사〉 열전은 모든 일반 기록에 앞서 가장 신뢰할만하고 신빙성 있는 자료로 여겨진다는 것이다. 요컨대 담암의 열전을 포함해서 〈고려사〉에 나온 내용은 모두 맞을 것이라는 말이다.

〈고려사〉나 〈고려사절요〉 없이 고려시대를 연구하거나 알 수 있는 방법이 별달리 없는 지금으로서는 〈고려사〉와 〈고려사절요〉의 내용을 일단 믿는 수밖에 없지만 이들 역사서에 문제가 많다는 점은 이미 조선조, 아니 어느 의미에서는 〈고려사〉가 편찬될 당시부터 지적되었던 바다. 따라서 〈고려사〉 내용 모두가 신뢰할 만 한 수준인가 하는 점은 다시 한 번 짚어봐야 할 사항이다.

〈조선왕조실록〉에 의하면 태조 이성계는 즉위 첫해인 1392년(임신·태조 1) 10월에 우시중 조준(趙浚)·문하시랑찬성사 정도전(鄭道傳)·예문관학사 정총(鄭摠)·박의중(朴宜中)·병조전서 윤소종(尹紹宗) 등에게 〈고려사〉 수찬(修撰)을 명했다. 이에 따라 1395년(태조 4) 1월에 정도전·정총 등에 의해 편년체로 서술된 37권의 〈고려국사〉가 편찬된다. 이 책은 현전하지 않는데, 단시일에 편찬되고 또 찬자인 개국공신들의 주관이 많이 개입되었다 하여 비판을 받았다. 특히 태종이 즉위한 뒤 조선 건국 과정에 대한 기록이 부실하다는 것이 문제점으로 지적되었다. 고려조에 사관을 겸하면서 우왕·창왕을 태조 이성계가 죽였다고 사초에 (허위로) 기재한 이행(李行)이 장형(杖刑)을 받고 귀양 간 것도 이 〈고려국사〉 편찬과정(1393)에서 일어난 일이었다.

〈고려국사〉가 가진 여러 문제점이 지적되자 태종 14년(1414) 5월, 왕(=태종)은 영춘추관사 하륜(河崙)에게 〈고려사〉를 다시 찬정(撰定)하라고 명했다. 〈고려사〉를 다시 찬정케 한 것은 국초에 정도전·정총 등에게 명하여 〈고려사〉를 편찬케 했으나 위조(僞朝=우·창왕) 이후의 기사가 자못 사실과 다른 것이 많았기 때문이라고 하는데, 특히 태종(=이방원)은 〈고려국사〉 편찬 담당이었던 윤소종과 정도전을 비아냥거리기까지 하고 있다. 즉 '만약 이 글과 같다면 전조(前朝)의 말년에 임금에게 직언한 자는 오직 윤소종 한 사람뿐이고, 고을을 잘 다스린 자는 오직 정운경(鄭云敬=정도전의 부친) 한 사람 뿐이었다. 그러나 개국할 때 기밀(機密)의 일은 내가 모두 알고 있다.'[12]라고 했다. 이때 시작된 〈고려사〉 편찬은 하륜과 지관사 한상경(韓尙敬) 및 동지관사 변계량(卞季良)이 나누어 작업했으나 1416년(태종 16) 겨울 하륜이 죽었기 때문에 이루어지지 못하게 된다.

태종을 이어 즉위한 세종은 〈고려국사〉에서 공민왕 이후의 기사에 잘못이 많음을 지적하고, 1419년(세종 1) 9월 유관(柳觀)·변계량에게 개수를 명했다. 이에 앞서 1418년(세종 즉위년) 12월 경연에 나간 왕은 '고

---

12) 〈조선왕조실록〉 태종 14년(1414) 5월10일 조

려사에 공민왕 이하의 사적은 정도전이 들은 바로써 더 쓰고 깎고 하여, 사신(史臣)의 초고(草稿)와 다른 곳이 매우 많다. 어찌 뒷세상에 전할 수 있겠는가? 차라리 없는 것만 같지 못하다.[13]라고 말하고 있다. 이렇게 하여 개수 작업을 한 끝에 1421년(세종 3) 정월 완성을 보게 되지만 이 책 역시 공민왕 이후의 기사 중 고려 사신의 사초와 다른 내용이 들어간 문제와 왕실 용어 참칭(僭稱)의 개서문제 등으로 반포하지 못했다. 그래서 다시 1423년(세종 5) 유관과 윤회(尹淮)에게 2차 개수 작업을 하도록 했다. 문제가 되었던 참칭의 용어라도, 실록을 대조하여 당시 썼던 용어를 그대로 쓰도록 하여 세종 6년(1422) 8월에 완성을 보게 되는데, 이를 〈수교고려사(讐校高麗史)〉라 불렀다. 그러나 참칭 용어의 직서를 반대하는 변계량의 주장으로 〈수교고려사〉 역시 반포가 중지된다.

제4차 고려사 편찬은 1438년(세종 20) 신개(申槩)와 권제(權踶)가 시작하여 1442년(세종 24) 완성되어 〈고려사전문(高麗史全文)〉이란 이름으로 왕에게 바쳐졌다. 〈고려사전문〉은 1448년(세종 30) 주자소에서 인출됐으나, 교정과정에서 역사기술이 공정하지 못하다는 문제점이 제기되어 반포가 다시 중지된다. 이 책의 문제점은 권제가 남의 청탁을 받고 내용을 고쳐 쓴 점과, 자신의 조상에 대한 기술을 사실과 다르게 기록한 것 등이었다. 당시의 사정을 알려주는 〈조선왕조실록〉의 기사를 보면 〈고려사〉 내용이 모두 옳다고 보는 견해는 부정확한 것이다. 세종 31년(1449) 12월, 〈고려사〉를 개찬할 때 내용을 임의로 넣고 뺀 권제와 안지(安止), 그리고 남수문(南秀文)에게 벌을 주는 기사에 이런 내용이 있다.

---

13) 〈조선왕조실록〉 세종 즉위년(1418) 12월25일 조

권제가 구사(舊史)를 깎고 보탠 것이 매우 자세했다. 채하중(蔡河中)의 어머니는 용강(龍岡)의 관비였는데, 사관(史官)이 모두 그 사실을 썼고 윤회(尹淮)도 기록했으며 권제도 초고(初藁)에는 실었으나 최사강(崔士康)의 청탁을 받고 마침내 지워버렸다. 또 권제의 아버지 권근(權近)이 성지(聖旨)를 사사로이 뜯어본 일에 대해 권제는 그 말을 왜곡되게 쓰고, 또 사초(史草)에는 권부(權溥)·권준(權準)·권고(權皐) 등의 행실을 낮추어 썼는데도 권제는 이것을 일체 기록하지 않았다. 또 권부는 권수평(權守平)의 후손인데, 일찍이 <고려실록>을 수찬하다가 수평이 죽으매 그 세계(世系)가 미상이라고 썼다. 그러나 권제는 태조(왕건)의 공신 권행(權幸)의 후손이라고 썼다. 권제의 죄가 오로지 여기에만 있는 것은 아니지만, 하는 바가 이와 같으니 그 화(禍)가 미치는 것이 당연하다. 안지(安止)는 성품이 나약하여 권제에게 견제되어 같이 죄를 받았다. 처음에 임금이 권제 등의 첨삭(添削)이 공정하지 못함을 알고, 안지를 불러 힐책하고 또 그때의 사관(史官) 이선제(李先齊)·정창손(鄭昌孫)·신석조(申碩祖) 등을 불러 물었다. 이때 어효첨(魚孝瞻)이 김종서(金宗瑞)와 정인지(鄭麟趾)에게 말하기를, '경신년 남수문과 같이 <고려사>를 편수할 때 내가 '채하중의 일은 왜 먹으로 지웠는가?'하고 물었습니다. 그러자 수문이 '어찌 내가 한 일이겠는가. 다만 당상(堂上)의 명령을 좇은 것이지.' 하기에 내가 곧 본초(本草)대로 쓰고, 다만 필적(筆跡)을 다르게 하여 남이 내 필적임을 알지 못하게 했습니다.'라고 했다. 김종서 등이 곧 들어가 왕에게 아뢰게 했다. 왕은 이에 종서와 인지를 불러 의논하고 또 효첨을 머물러 두고 유시(酉時)에서 해시(亥時)까지 이르러 파한 뒤 이 명(命·권제 등을 벌주라는 명)을 내렸다. 남수문은 널리 경사(經史)에 통하고 글에 고기(古氣)가 있었다. 처음에 사마천을 모방하여 역사를 편찬코자 했으나 중론(衆論)의 억제하는 바가 되어 실행하지 못했다. 권제가 편찬한 <고려사>에 남수문의 글이 많았으나 성품이 편협하고 곧아서 역사 편찬하는 일을 스스로 독단함이 많았다. 동료들이 마음으로 꺼리고, 안지도 남수문의 독단을 미워하여 일찍이 좌중에서 꾸짖고 욕한 적이 있다.[14]

여기서 보듯이 고려 사관의 당초 사초와 다르게 기술되거나 편찬자 개개인의 이해관계 또는 사관들 간의 알력 등으로 인해 역사의 빼고 보탬이 없었다고 할 수 없으며, 따라서 기사의 오류나 왜곡 또한 상정할 수밖에 없다. 권제가 첨삭·왜곡한 내용은 행인지 불행인지 왕의 눈에 띄어서 사건화 되었지만, 모르고 지나친 내용 또한 적지 않았을 것이다. 이 때 권제 등이 편찬한 고려사가 〈고려사전문〉이다. 이 책은 편년체의 역사서로서 내용이 크게 보완·시정된 것이었으나 공정하지 못한 점 때문에 폐기된다. 〈고려사〉 편찬은 또다시 개찬작업에 들어갔다.

1449년(세종 31) 1월 왕은 우찬성 김종서, 이조판서 정인지, 호조참판 이선제(李先齊) 등에게 〈고려사〉 개찬을 명했다. 이때 사체(史體)의 문제가 새로이 제기되었는데, 이에 당시 세자(=문종)와 함께 왕에게 건의해 편년체에서 기전체(紀傳體)로 편찬하라는 허락을 받았다. 그로부터 약2년 반의 작업 끝에 1451년(문종 1) 8월 김종서 등에 의해 세가 46권, 지 39권, 연표 2권, 열전 50권, 목록 2권 등 총1백39권의 〈고려사〉가 편찬된다. 고려의 역사는 처음 〈고려국사〉 편찬으로부터 시작해 약60년 만에 〈고려사〉로 마무리되었으나, 이 또한 곧 발간되지 못하고 1454년(단종 2) 10월에야 정인지의 이름으로 인쇄·반포된다. 현전하는 〈고려사〉이다.

앞의 편찬과정을 통해 알 수 있는 것은 고려 시대 사초와 다른 것이 많은데다 고려후기, 특히 공민왕 이후부터의 사실을 어떻게 하느냐의

14) 〈조선왕조실록〉, 세종 31년(1449) 2월22일 조

문제 때문에 번번이 출간이 지연되었다는 점이다. 그리고 편찬에 약60년이란 기간이 소요되었다고 하지만 정작 우리에게 전해진 〈고려사〉는 편찬체제 자체를 편년체에서 기전체로 바꾸었는데도 2년 반 밖에 걸리지 않은 것이다. 물론 앞서 만든 〈고려국사〉나 〈수교고려사〉, 〈고려사전문〉 등이 있어서 가능했겠지만 이들은 모두 편년체였다.

주지하다시피 편년체는 일지 형식의 평면적인 역사기록 방식이다. 반면 기전체는 세가(世家), 전(傳), 지(志), 연표(年表) 등으로 세분하여 좀 더 입체적으로 기록하는 방식이다. 전자가 비교적 단순하다면 후자는 보다 복잡다단하다고 할 수 있다. 상대적으로 단순한 편년체를 복잡한 기전체로 바꾼 데다 1백40권에 달하는 방대한 서적을 2년 반 만에 완성했다면 세밀한 교정·교열을 거쳤다고는 볼 수 없다. 오류를 예상할 수밖에 없는 것이다. 더구나 〈고려국사〉나 〈수교고려사〉, 〈고려사전문〉 등의 문제점은 세종이 직접 꼼꼼히 읽고 나서 제기한 것들이었다. 그러나 정작 현전하는 〈고려사〉는 세종이 별세한 후에 완성되었다. 이 또한 오류를 예상케 하는 대목이다.

〈고려사〉 편찬에 참여한 인사들을 정확하게 다 알 수는 없지만 대체로 드러나는 면면은 이렇다. 기사를 빼거나 보태고 감수하는 작업은 고위책임자였던 김종서(1383~1453), 정인지(1396~1478), 허후(許詡·?~1453), 김조(金銚·?~?), 이선제(1390~?), 정창손(鄭昌孫·1402~1487), 신석조(辛碩祖·1407~1459) 등이 맡았다. 그리고 열전은 최항(崔恒·1409~1474), 박팽년(朴彭年·1417~1456), 신숙주(申叔舟·1417~1475), 유성원(柳誠源·?~1456), 이극감(李克堪·1427~1455) 등이 담당[15]했다. 여기서 김종서, 정

---

15) '고려사', 〈한국민족문화대백과사전〉

인지 등은 재상 급이기 때문에 대외적인 책임과 감수를 주로 맡았을 것이다. 실제로 열전 편찬 작업을 한 사람들은 실무자 급인 최항 등이었는데, 편찬 시작(1449년) 당시 이들의 연령을 보자. 가장 연장자인 최항이 41세였다. 박팽년과 신숙주는 동갑으로 33세, 유성원의 생년은 미상이지만 1444년(세종 26) 식년문과에 급제한 것으로 보아 1420년생쯤이었을 것이다. 이렇게 본다면 이 때 그의 나이는 30세 전후다. 이극감은 23세다. 이들이 문신(최항, 신숙주)으로서, 또는 절신(節臣·박팽년, 유성원)으로서 명성을 얻은 것은 훗날인 세조(재위1455~1468) 이후의 일이고, 〈고려사〉 편찬 당시에는 단지 재능 있는 청년관료일 뿐이었다. 당대의 학자들이라고 부르기에는 무리가 있는 연령대이다.

따라서 '열전의 편찬자들은 당대의 학자들로 구성되었는데 이들이 열전에 입전될 인물의 후손을 찾아보지도 않고 무턱대고 '무자'라고 기록했을까? 라는 의문이 든다.'는 '무자 고'필자의 전제는 전혀 타당성이 없는 것이다. 이는 다소 억지스러운 추정이지만 오히려 이들은 자신의 재능을 믿고 발로 뛰는 작업을 게을리 했을 수도 있다. 그러다 보니 '비문이나 고문서·문집 등을 수집하려고 했다면 현재의 〈고려사〉보다 훨씬 풍부한 자료를 실을 수 있었을 텐데, 열전이나 지의 서술을 위해 민간자료를 수집하는 노력을 하지 않았다는 점이 사료집으로서의 큰 결함으로 지적되고 있다.[16]'는 후세의 평가를 받는 것이며, 뒤에서 보듯 후손 있는 사람들에게 '무자'라는 표현을 쓰는 오류와 실수를 범한 것이다.

'무자 고'필자는 이어서 '담암 같은 이는 조선왕조의 건국자들과 하등 정치적이거나 다른 어떤 갈등이나 모순이 발생하지 않았고, 또 국가의

---

16) '고려사', 〈한국민족문화대백과사전〉

공식기구에서 출간한 책에 의도적으로 '무자'라고 썼다고는 볼 수 없다.' 고 하면서 그러므로 〈고려사〉 열전은 모든 일반 기록에 앞서 가장 신뢰할만하고 신빙성 있는 자료로 여겨진다는 것이다. 그러나 이런 견해 역시 고려 후기, 특히 공민왕 이후의 사정과 〈고려사〉 편찬 당시의 사정을 깊이 이해하지 못한데서 나온 것이다.

담암이 고려 후기의 성리학자로서 이단에 미혹되지 않고[不惑異端·고려사 열전], 이단을 물리치는데 더욱 힘쓴[闢異端尤力焉·정삼봉문집 서] 점에서 보자면 사상적으로 조선왕조 건국세력(=고려사 편찬자)과 갈등할 만한 소지가 없다고 볼 수 있을 것이다. 그러나 〈고려사〉 편찬자들의 현실적인 고민은 신왕조 개창이란 커다란 사업을 어떻게 하면 당위적인 것(가령 天命같은 것)으로 보고 합리화시킬까? 하는 것이었다. 그러기 위해서 집중적으로 손보아야 할 부분이 특히 공민왕 이후였다고 여겨진다. 〈고려사〉 개수 이유로 흔히 나오는 '위조(僞朝) 이후의 기사가 자못 사실과 달라서'또는 '공민왕 이후 기사에 잘못이 많아서', '역사기술이 공정하지 못해서', '조선건국 과정에 대한 기록이 부실해서'이미 만들어진 기사를 여러 번 폐기한 사례는 이런 애로의 반영일 것이다.

천명(天命)이 왕(王)씨를 떠나 이(李)씨에게 왔음을 내외에 천명(闡明)하는데 사용된 도구가 '우창비왕(禑昌非王)설'이었다는 점은 앞 장에서 이덕형(李德泂)이 〈송도기이〉를 통해 말한 바 있다. 즉 '5백 년이나 내려온 종사(宗社)이므로 계통이 이미 오래 되었으니 만일 비상(非常)한 악을 군부(君父)에게 가해서 백성들의 듣고 보는 것을 현혹시켜 놓지 않는다면 혁명을 일으킬 수 없다고 여겼다. 그래서 처음에는 애매한 말을 퍼뜨리다가 드디어는 성(姓)을 바꾸어 놓는 추한 일을 이루어 마침내……' 공민왕의 아들인 우왕(禑王)을 신돈의 아들인 신우(辛禑)로, 창왕(昌王)

을 신창(辛昌)으로 만든 것이다.

그런데 담암은 앞에서 본대로 공민왕의 후사문제에 깊숙이 개입되어 있었다. 우(禑)가 공민왕의 후계자로 공식 인정되고, 나중에 왕으로 즉위하는데 참여한 인사들의 우왕 지지여부를 시간대별로 보면 다음과 같다.

① 1373년(공민왕 22) 7월: 우(禑)를 강령부원대군으로 봉하는 중신 모임에서 경복흥은 반대, 염흥방 및 담암은 찬성 입장으로 정리된다.

② 같은 해 7월: 우의 사부로 담암 및 전녹생(田祿生), 정추(鄭樞)를 임명. 담암은 왕의 후사로 우를 인정하는 입장으로 정리되나 전녹생, 정추 입장은 미상이다.

③ 1374년(공민왕 23) 9월: 공민왕 사후 후임 왕을 추대하는 모임에서 이인임, 영녕군 유, 왕안덕은 우를 추대하자는 입장이고, 명덕태후, 경복흥, 이수산은 반대하는 입장으로 정리된다.

여기서 우왕을 공민왕의 후계자로 인정하거나 우왕의 즉위를 찬성하는 쪽은 염흥방(廉興邦·?~1388), 담암, 이인임(李仁任·?~1388), 영녕군(永寧君) 유(瑜), 왕안덕(王安德·?~1392) 등을 들 수 있고, 그 반대쪽으로는 경복흥(慶復興·?~1380), 명덕태후(明德太后·1298~1380), 이수산(李壽山·?~1376) 등을 들 수 있다. 그런데 물론 그들에게 그만한 죄가 있었기 때문에 간신으로 다루어졌겠지만 우왕을 지지한 염흥방, 이인임, 왕안덕 등은 〈고려사〉 열전의 간신(奸臣)전에 이름을 올리고 있다(영녕군 유는 입전되지 않았다). 이들은 모두 우왕을 공민왕의 후계자로 인정하거나 우왕의 즉위를 찬성한 쪽이었다.

반대로 이수산은 공민왕 사후 후임 왕을 추대하는 모임에서 '오늘의 계책은 마땅히 종실에 있소.'라고 말했다 해서 훗날인 공양왕 2년(1390)

2월에 포상을 받게 된다. 간관이 말하기를 '……이수산 등이 몸은 비록 이미 죽었으나 그 충의는 사람을 감동시키니, 바라건대 포장(褒奬)하는 시호(諡號)를 추가하고 그 무덤에 제사하며 그 자손을 등용하여 충성스런 영혼을 위로하소서.'라고 하니 그대로 따랐다고 한다. 이수산과 함께 포상 받은 사람은 김속명(金續命·?~1386)이었다. 그는 우왕 시절 반야(般若)사건이 나자 왕의 어머니가 불명확하다고 조롱했다가 귀양을 가서 죽은 사람이다. 공양왕 때의 간관은 바로 조선조를 건국한 인사들과 같은 얼굴이다. 우왕의 즉위를 반대했던 경복흥과 우왕 어머니의 불명확함을 발설한 김속명의 전기를 〈고려사〉 열전에서 보면 그 내용이 비교적 자세하고 풍부하며, 길이도 긴 편이다. 이들의 공적이 현저해서인지는 모르지만, 우왕의 즉위를 반대했거나 우왕 어머니의 불분명함을 발설한 공로가 크게 작용했을 것으로 여겨진다.

담암이 공민왕의 후계자로 우를 지지하고 그 사부가 되었음에도 불구하고 그나마 제신(諸臣)전에 입전될 수 있었던 것은 중견 무신가문의 후예로서, 사회·경제적으로는 중소지주 계층이며, 신왕조를 개창한 유학자들과 사상적으로 통했기 때문이라고 볼 수 있다. 더구나 공민왕 시해 당시 지방에 있었던 데다 얼마 후 별세했기 때문에 이 정도나마 대접을 받았다고 할 수 있는 것이다. 만약 당시 어떤 현직에 재임하고 후임 왕을 추대하는 모임에 참석했더라면 그 역시 우왕을 추대하자는 쪽이 아니었을까 여겨진다. 왜냐하면 싫으나 좋으나 담암은 이미 강령부원대군의 사부를 지낸 처지이기 때문이다. 훗날 창왕을 우의 후계자로 인정했던 이색(李穡)의 처지 역시 다르지 않았을 것이다.

담암에게 혼재된 이런 이중적 존재성(중소지주 출신의 철저한 배불 유학자+ 우왕의 사부) 때문에 신왕조를 개창한 유학자들, 즉 〈고려사〉를 편찬하는 사람들 입장에서는 담암을 다루기가 매우 난감했거나 귀찮을 수 있었다고 여겨지는 것이다. 계층적으로는 중소지주 출신이며, 학문적으로는 자신들과 유사한 개혁적 성향의 유학자이지만, 다른 한편으로는 구(舊)왕조 부정(否定)의 근거가 되는 우왕(禑王·고려사 찬자들은 반드시 辛禑라고 표기한다)의 정당성을 담보해주는 존재가 바로 담암이었기 때문이다.

이런 이유에서 '백문보 같은 이는 조선왕조의 건국자들과 하등 정치적이거나 다른 어떤 갈등이나 모순이 발생하지 않았다.'는 '무자 고'필자의 견해는 부정확한 것이다. 아울러 '국가의 공식기구에서 출간한 책에 의도적으로 무자라고 썼다고 볼 수 없다.'는 것 또한 사실과 다를 수 있다. 의도적으로 그랬을 수도 있고, 설령 의도적으로 그렇게 하지는 않았다 치더라도 성의를 다해 신경 쓸 대상이 아니라고 판단했을 수는 있다. 왜냐하면 〈고려사〉 편찬자 기준으로 보자면 담암은 이른바 위조(僞朝)의 반역자 신우(辛禑)를 지지했을 뿐만 아니라 그 사부(師傅)로서 반역자를 위해 봉사한 인물이기 때문이다. 따라서 그의 기록에 대해 신경 쓴 흔적이 없는 것은 사실이다. 담암 정도의 위상이면 〈고려사〉 세가에 작고기사 정도는 실었어야 할 텐데, 그런 기록은 보이지 않는다. 〈고려사절요〉에 간단한 졸기(卒記)가 있을 뿐이다. 이렇게 보자면 경상도 영해(寧海)라는 벽지에서 죽은 듯 살고 있었을 담암의 후손을 〈고려사〉 열전 편찬자들이 애써 찾았다고 볼 근거는 없는 것이다.

〈고려사〉 편찬자들은 열전에 입전된 인사들의 후손 존재여부를 글 말미에 적고 있는데, 대부분 맞겠으나 개중에는 틀린 경우도 없지 않다고 본다. 〈고려사〉 열전에 게재된 인물이 1천여 명이나 되기 때문에 모두 검증하지는 못했지만, 이제부터 구체적으로 〈고려사〉 열진에 '무자(無子)'

로 기록된 인사들 가운데 후손이 나타나는 경우와 아들이 없는데도 이를 표기하지 않은 사례를 찾아보도록 하자.

고려중기의 문신 오연총(吳延寵·1055~1116)의 경우를 보자. 그는 1107년(예종 2) 윤관(尹瓘)과 함께 여진을 정벌하고 9성을 쌓은 뒤 개선한 인물로 시호는 문양(文襄)이다. 그런데 〈고려사〉 오연총 전에 의하면 그는 무자(無子)라고 한다. 그러나 〈고려사〉 선거지(選擧志)에 보면 충선왕(忠宣王)은 즉위교서에서 태조 대의 공신, 거란을 물리친 서희(徐熙)와 하공진(河拱辰), 여진을 무찌른 윤관과 오연총, 나라를 위해 몸 바친 유익(庾益), 절개를 지킨 총방(寵方), 최보(崔甫) 등의 공을 기려 그 후손에게 관직을 주고, 포상하라는 명을 내리고 있다. 이는 다른 사람은 물론이고, 오연총에게도 후손이 있음을 전제로 한 기사라고 볼 수 있다. 새 왕의 즉위교서에 이름이 오르내릴 정도의 공신이라면 그 후손의 존재여부를 따져보고 거명했을 것이다. 후손이 없는 공신을 거명하여 그 후손에게 관직을 주라는 왕명을 내린다는 것은 왕조시대의 상식으로는 있을 수 없는 일이다. 실제로 〈해주오씨 세보〉등의 자료에 의하면 오연총에게는 딸 하나와 오익(吳翊)이라는 계자(系子)가 있었다고 한다. 조선조의 유학적 관점에서는 계자도 아들이기 때문에 이 사실을 기록함이 마땅하고, 무자라고 할 수는 없는 것이다.

고려후기의 문신 유천우(兪千遇·1209~1276)의 경우도 그렇다. 〈고려사〉 열전 유천우 전에 의하면 그는 장사현(長沙縣·현재의 전북 고창) 사람으로 고종 대에 등과하여 무신정권 말기에서 원나라 간섭초기까지 활동한 인물이다. 68세에 죽었는데, 시호는 문도(文度)이고 무자라고 했다. 외손자 박전(朴顓)의 간단한 이력이 열전 말미에 실려 있다. 그런데 유천우는 장사유씨(兪氏)에서 이관(移貫)한 무안(務安)유씨의 시조로 알려져 있고, 〈무안유씨 세보〉에 의하면 그에게는 영원(永元)이란 아들과 윤수(允粹)라는 손자, 그리고 후손도 있다. 유영원이 유천우의 서자나 계자인지는 불명이지만 〈고려사〉 열전 유천우 전에는 무자라고 표기돼 있다.

고려후기의 문인으로 원나라 제과에 합격한 바 있는 최해(崔瀣·1287~1340)의 경우, 〈고려사〉 열전에는 무자로 되어 있으나 그에게는 딸 셋과 응로(應露)라는 계자가 있었다. 응로는 최해의 동생 최지(崔溜)의 아들로, 최해의 사후 입양되었다고 여겨진다. 이런 정황은 이곡의 〈가정집〉에 실린 최해의 묘지명[17]과 〈경주최씨 세보〉 등에 나타나 있다.

이런 사례는 고려후기의 문신 이보림(李寶林·?~?)의 경우에서도 볼 수 있다. 이보림은 익재 이제현의 장남인 서종(瑞種)의 큰 아들이니, 이제현의 장손이다. 남원(南原)부사로 있을 때 선정을 베풀었고, 경산(京山)부사로 옮겨서는 어려운 송사를 잘 처리하여 명성을 얻었다. 1375년(우왕 1) 판 안동(安東)부사로 선정을 베풀어 대사헌에 발탁되었는데, 이 때 권신 이인임이 북원(北元)의 중서성에 보내는 글을 지어 이에 서명을 요구했으나 임박(林樸)이란 이가 끝내 불응했다. 그러자 이보림은 이인임에 아부하여 임박을 탄핵, 서인(庶人)으로 강등시켜 귀양 보내게 했다고 한다. 이보림은 관직이 정당문학에 이르고 계림군(鷄林君)에 봉해졌다. 〈고려사〉 열전 이제현 전에 이보림의 전기가 부기(附記)되어 있는데, 여기에는 무자라고 나온다. 그러나 〈경주이씨 세보〉에는 봉승(鳳升)이라는 아들과 인로(仁老)라는 손자가 있는 걸로 나온다. 봉승은 사간(司諫), 인로는 옥천(沃川)군수를 지냈다고 한다. 이봉승이 서자나 계자인지는 불

---

17) 이곡, 〈가정집(稼亭集)〉 권11 묘지명, …고려국정순대부高麗國正順大夫) …동지춘추관사 최군묘지(同知春秋館事 崔君墓誌)

명이지만 아무튼 〈고려사〉 열전의 내용과는 배치되는 것이다. 고려시대의 명유(名儒)요, 조선의 성리학 발전에도 기여한 익재 이제현의 위상을 생각한다면 그의 장손 이보림의 후사(後嗣)는 철저하게 확인하고, 검증했어야 옳다고 본다. 이를 확인조차 하지 않고 무자로 표기한 것은 〈고려사〉 열전 편찬자들의 무성의 내지 태만이라고 할 수밖에 없다. 익재의 손자들 가운데 후사가 없는 이를 들자면 오히려 이보림의 아우 이실림(李實林·?~?)을 꼽아야 할 것이다. 그는 출가하여 내유(乃猷)란 법명으로 광도사(廣度寺) 주지[18]가 된 사람이다. 寶자와 實자의 모양이 비슷해서 그리 되었다면 이 또한 착오라고 할 수 있다.

오연총, 유천우, 최해, 이보림의 후손이 서얼자 또는 계자라면 그 사실조차 기록하는 것이 마땅하다. 〈고려사〉 열전의 다른 사람 전기에는 서얼자가 있는 경우, 그것을 표기한 예[19]가 있기 때문이다. 오연총이나 유천우, 최해의 경우는 불확실하지만 이보림의 경우, 이른바 신우의 후원자이자 간신으로 분류된 이인임에 아부하여 친명파인 임박을 귀양 보낸 사실이 〈고려사〉 열전 편찬자들의 비위를 상하게 했을 수는 있다. 그게 아니라면 그 후손들이 어딘가에 숨어살았기 때문에 찾아내지 못했을 수도 있다. 〈고려사〉 열전에 무자로 표기된 인물 중에 그 후손의 존재 여부를 모두 검증하는 것은 쉽지 않지만 오연총, 유천우, 최해, 담암, 그리고 이보림의 경우를 보자면 〈고려사〉 열전의 기록에 놓친 부분이 적지 않다는 점은 부인할 수 없고, 따라서 오류가 없다고 말하는 것은 옳지 않다.

---

18) 이색, 〈목은문고〉 권16, 계림부원군 시문충이공묘지명

19) 〈고려사〉 열전에는 권한공(權漢功 · ?~1349)의 얼자로 권중화(權仲和 · 1322~1408)를 들고 있으며, 채홍철(蔡洪哲 · 1262~1340)의 얼자로 채하중(蔡河中 · ?~1358)을 들고 있다.

한편, 아들이 없음에도 이를 표기하지 않은 〈고려사〉 열전의 사례는 민사평(閔思平·1295~1359)에게서 볼 수 있다. 〈고려사〉 열전 민종유(閔宗儒) 전에 그 손자 민사평의 기사가 부기되어 있는데, 여기에는 민사평의 후손에 대한 언급이 없다. 그러나 이달충(李達衷)이 지은 민사평의 묘지명[20]이나 〈여흥(驪興)민씨 세보〉 등에 의하면 그는 김묘(金昴)에게 출가한 딸 하나만 두었을 뿐 아들이 없었다. 〈고려사〉 열전이 표기(表記)원칙이 있고 착오 없는 기록이라면 민사평의 무자를 언급했어야 마땅하다.

'무자 고'필자는 또, 〈고려사〉 열전의 '무자'에 대해 〈담암일집〉은 어느 곳에서도 이에 대한 해명을 하지 않고 있다고 말한다. 물론 〈담암일집〉 편찬자들이 〈고려사〉의 오류에 대해 지금처럼 자세한 검증을 했기 때문에 담암의 '무자설'을 해명하지 않았다고 볼 수는 없을 것이다. 그러나 〈담암일집〉을 편찬한 후손들 입장에서는 스스로가 담암의 후손이란 명백한 자료와 근거가 있기 때문에 굳이 해명할 필요성을 느끼지 못해서 그런 해명을 하지 않았다고 보는 것이 옳다. 만에 하나 '무자 고'필자의 은근한 추정대로 조선조 말에 와서 그 후손들이 족보의 위·변조를 통해 백문질의 아들과 부인을 담암의 아들과 부인으로 둔갑시키고, 아들이 없는 담암의 후손으로 입보시켰다고 가정을 해보자. 그렇다면 〈고려사〉 열전에 무자라고 나온 담암을 굳이 그 조상으로 만드는 어리석은 짓을 했을 리가 없을 것이다. 상식적으로 있을 수 없는 일이다.

'무자 고'필자는 이어서 대흥백씨 가운데 이름 있는 분들의 장갈(狀碣)문이 대부분 조선후기에 집중적으로 작성된 것이 의문점이라고 하면

---

20) 이달충(李達衷), 〈제정집(霽亭集)〉 권3, 문온공 민공묘지명(文溫公閔公墓誌銘)

서 김흥락(金興洛) 등의 이름을 각주에 적고 있다. 이는 〈담암일집〉 편찬자들을 포함한 담암의 후손들이 조선후기에 세보를 위·변조했을 가능성을 부각시키기 위한 의도로 보인다. 그러나 조선후기에 자신들의 선조를 현창하는 작업이 성행했던 것은 비단 대흥백씨 가문만의 특이한 현상이 아니고 여타 가문도 그러했다. 가령 고려후기 인물인 역동 우탁(禹倬·1262~1342)의 사적을 기록한 〈상현록(尚賢錄)〉이 그 후손들에 의해 발간된 것은 1871년(고종 8)이었고, 고려 말에서 조선 초까지 살았던 기우자 이행(李行·1352~1432)의 시문집 〈기우집(騎牛集)〉이 후손들에 의해 발간된 것은 1872년(고종 9)이었다. 또 조선전기 인물인 신암 남손(南蓀·1415~1488)의 묘표(墓表)는 조선후기 인물인 서산 김흥락(金興洛·1827~1899)의 손으로 작성되었다. 물론 남손 후손들의 청탁을 받고서 지은 것이다. 김흥락의 사망연도를 감안할 때 남손의 묘표는 1890년대에 작성되었을 것으로 여겨진다.

당시 이런 현상이 유행한 것은 조선후기의 농업생산성 발달과 연관이 있다고 보는 것이 온당하다. 임진왜란(1592~98)과 병자호란(1636~37)이후 황무지 개간, 수리시설 확보, 이앙법 보급과 이모작(二毛作) 등으로 농업의 생산성이 크게 향상된 것은 주지의 사실이다. 농업의 생산력 증가는 상품작물 재배로 이어지고, 이는 상업의 발달을 촉진시켰다. 지방에 따라 천석꾼이 생긴 것도 이 무렵이었다. 조선후기에 조상 현창사업이 유행한 것은 이런 사회경제적 조건 위에 성리학의 숭조(崇祖)의식이 결합된 결과라고 보아야 할 것이다. 따라서 이 시기에 문집발간이나 장갈문 작성 등이 증가한 것을 사회전체의 일반적 현상으로 보지 않고 대흥백씨 가문만의 특이한 현상으로 파악하려는 것은 올바른 시각이라고 할 수 없다.

이제 '무자 고'필자가 제시한 〈씨족원류〉라는 책을 보자. 이미 밝힌 대로 이 책은 조선중기에 조종운(趙從耘·1607~1683)이 5백40여 문중의 보계(譜系)를 수집·정리한 필사본이다. 여기서 조종운이 담암을 직산백씨로 분류하고 그 주각에 '恭愍辛禑時人 政堂文學 稷山君 忠簡公 廉潔正直 不惑異端 善屬文 無子'라고 했다 하여 '무자 고'필자는 이 또한 담암의 후사가 없는 것으로 나타난 기록이라며 제시하고 있다. 그러나 공민·신우 때 사람[恭愍辛禑時人]이라는 일반적 사실 외에는 〈고려사〉 열전의 백문보 전을 그대로 베낀 것이므로 굳이 설명할 필요가 없을 것이다. 참고로 〈고려사〉 열전 담암 관련 원문 뒤쪽을 보자. '官至政堂文學 封稷山君 二十三年卒 諡忠簡 性廉潔正直 不惑異端 善屬文 無子'인데, 밑줄 친 부분은 순서조차 다르지 않고 똑 같다. 따라서 〈씨족원류〉를 담암의 후사가 없는 것으로 나타난 기록이라며 제시한 것은 연구자로서 부도덕한 일이다. '무자 고'필자는 이어서 담암을 수원백씨나 대흥백씨로 분류하지 않고 직산백씨로 분류한 점이 특이하다고 했는데, 이 또한 특이한 것이 아니다. 이미 〈고려사〉 열전에 직산현(稷山縣) 사람이라고 나와 있고, 이 내용은 1454년(단종 2)에 완성된 〈세종실록지리지〉나 1481년(성종 12년)에 나온 〈동국여지승람〉, 1530년(중종 25)의 〈신증동국여지승람〉 직산현 인물 조에 그대로 실려 있다. 그리고 왜 담암을 직산백씨나 수원백씨가 아니라 대흥백씨로 보는가 하는 점은 앞 장에서 밝혔지만 다시 한 번 보자면 이렇다.

〈담암일집〉 부록에 있는 백문보의 행장(이하 행장)에 白氏本水原大姓 勝國時 移貫大興이라 하였고, 〈만성대동보(下)〉에는 그가 대흥백씨의 시조로 되어 있다. 그러나 〈고려사〉 백문보 전에는 직산현인으로 나타나고, 〈신증동국여지승람>에는 권16 직산현 인물조에 백문보가 실려 있다. 이처럼 백문보의 본관에는 대흥과 직산 두 가지 설이 있는 셈인데 전자의 대흥을 취하는 까닭은 첫째로 행장은 백문보의 7대손이기는 하지만 후손이 직접 찬(撰)한 것으로 조선 초에 그 일문이 대흥백씨로 행세했음이 확실하고, 둘째로 고려 무신집권기 인물인 백임지의 묘지(墓誌)에 公諱任至 姓白氏 大興郡人(<조선금석총람(上)> p.414)이라 하여 고려중엽에 대흥백씨가 실재했음이 분명하다고 여겨지기 때문인데, <만성대동보>에서 그를 대흥백씨로 파악한 것은 옳지만 그 시조라 한 것은 부정확하다고 하겠다. 한편 <고려사>의 기사는 백문보의 부(父) 백견이 뒤에 始居稷山縣(행장)하면서 일시 이관되었다가 오래지 않아 후손들이 곧 원래대로 돌이키는 과정에서 나타난 일시적 현상을 나타낸 것이며, <신증동국여지승람>은 이 같은 <고려사>의 기사를 그대로 취했던 것이 아닐까 생각된다.[21]

즉, <고려사>의 기사는 담암의 부친 백견(白堅)이 직산현에 처음 거주하면서 일시적으로 이관(移貫)되었다가 오래지 않아 후손들이 곧 원래대로 돌이키는 과정에서 나타난 일시적 현상을 그렇게 나타낸 것이며, <신증동국여지승람> 등은 이 같은 <고려사>의 기사를 그대로 취했다고 보는 것이다.

'고려사(高麗史) 백문보(白文寶) 열전(列傳)의 <무자(無子)> 고(考)'라는 소론(小論)이 은연중에 내포하고 있는, ① <고려사>·<씨족원류> 등을 보건대 담암에게는 아들이 없다. ② <남종통기>의 자료를 보건대 백문질의 아들과 부인이 담암의 아들과 부인으로 바뀌었다. ③ <평해황씨 세보>를 보건대 담암은 후대(1813년과 1913년 사이)에 황서의 사위로 입보

---

21) 민현구, 앞글, 236면 각주

되었다. ④ 그리고 명시적인 언급은 없지만 족보의 위·변조가 있었던 것 같고, 이는 조선조 말에 이루어진 것 같다는 오해는 어느 것 하나도 근거 있는 것이 없다는 점이 밝혀진 셈이다.

〈고려사〉가 가진 실수와 오류는 이 글을 쓰는 과정에서도 간간이 밝혀졌거니와 본격적으로 분석한다면 아마 훨씬 더 많은 실수와 오류를 발견할 수 있을 것이다. 바로 앞에 나온 백임지(白任至·1130~1191)의 경우, 〈고려사〉 열전에는 남포현(藍浦縣) 사람으로 나오지만 일제 때 발굴된 묘지명에는 대흥군(大興郡)사람[22]으로 나온다. 남포현은 외조부의 고향, 그러니까 어머니의 본향인 것이다. 그런데도 지금까지 각종 자료에는 백임지를 남포백씨의 시조라고 명기하고 있다. 이런 점으로 보더라도 〈고려사〉 열전 내용의 정확성을 의심하지 않을 수 없고, 이런 잘못된 기록이 후세에 잘못 인용되고 있음을 시인하지 않을 수 없다.

그래서 조선후기의 역사학자 안정복(安鼎福·1712~1791)은 〈동사강목 (東史綱目)〉 서문에서 '〈고려사〉는 번잡하면서도 요점이 적다'고 했다. 그는 또 같은 책 범례의 채거서목(採據書目)에서 '본조의 정인지가 왕명을 받들어 〈고려사〉 139권을 편찬했으니 세가(世家)·지(志)·열전(列傳)이 있다. 세가에서는 번잡한 실수가 있고, 지에서는 탈략(脫略)한 실수가 있으며, 열전에서는 소루(疏漏)한 실수가 있다. 김씨의 〈삼국사기〉에 비해서는 좀 낫지만 후인이 한스럽게 여기지 않을 수 없다[23]라고 했다. 소루(疏漏)가 무슨 뜻인가? 하는 일이나 생각 등이 찬찬하지 못하여 거칠고

---

22) 김용선, 앞의 책, 269~270면

23) 안정복, 〈동사강목〉, 범례 채거서목 및 〈순암집(順菴集)〉 권13 잡저, 상헌수필(橡軒隨筆) 하(下), 本朝鄭麟趾奉敎撰 〈高麗史〉百三十九卷 有世家志列傳 世家失於繁冗 志失於脫畧 列傳失於踈漏 比之金氏 頗典實而不能無後人之恨

엉성하며 빠트린 것이 많다는 뜻이다. 즉 〈고려사〉 열전이 찬찬하지 못하여 거칠고 엉성하며 누락의 실수가 많다는 의미다. 이런 〈고려사〉 열전을 두고, 그 편찬자들이 당대의 학자들로 구성되었고, 국가의 공식기구에서 출간한 책이며, 따라서 모든 일반 기록에 앞서 가장 신뢰할만하고 신빙성 있는 자료로 여겨진다고 한다면 이는 부정확한 표현인 것이다.

〈고려사〉에 대한 불신은 조선조 말에서 근세에도 이어졌다. 조선말의 학자인 창강(滄江) 김택영(金澤榮·1850~1927)은 정인지의 〈고려사〉를 잘못된 사서로 규정하여 일제 때인 1923년 중국에서 〈신(新)고려사〉를 완성했다. 김택영은 〈신고려사〉에서 우왕과 창왕을 폐왕(廢王)과 후폐왕으로 표기하고, 조준, 정도전, 윤소종, 남은(南誾), 남재(南在), 조박(趙璞), 오사충(吳思忠), 배극렴(裵克廉) 등을 반역열전에 싣고 있다.

〈고려사〉 열전에 대한 불만은 현대에까지도 끊이지 않았다. 사단법인 고려숭의회 사료편집부는 1997년 7월, 〈보유(補遺) 고려사열전(高麗史列傳)〉이란 책을 편찬·발간했다. 이 책은 〈고려사〉 열전에 빠진 인물로서 행적이 현저한 사람들을 수록한 것이다. 1차 사료인 고려시대 묘지명(墓誌銘)을 통해 〈고려사〉 열전의 오류를 바로잡고, 모든 범례는 〈고려사〉 열전에 준했으며, 대본(臺本)은 〈고려사〉나 〈고려사절요〉, 〈고려묘지명 집성(集成)〉, 〈동국통감(東國通鑑)〉, 〈신증동국여지승람〉 등 기본사료를 비롯하여 〈동국이상국집(東國李相國集)〉 등 명현집과 〈고려명신전(高麗 名臣傳)〉 등 고려할만한 잡록(雜錄)을 채록했다고 한다. 그리고 고려사 연구논문이나 각성보(各姓譜)는 참고자료로 활용했다는 것이다. 이로 보자면 〈고려사〉 열전은 다루어야 할 인물을 어떤 연유에서인지는 모르지만 누락시킨 경우가 허다하고, 그 내용면에서도 안정복의 지적처럼 소루(疏漏)한 실수가 적지 않았던 것이다.

〈고려사〉열전의 담암(淡庵) 백문보(白文寶) 기사 부분

　　결국 〈고려사〉 열전에 나온 담암의 무자(無子) 표기는 담암에게 혼재된 이중적 존재성(중소지주 출신의 철저한 배불 유학자+ 우왕의 사부)이 〈고려사〉 열전 편찬자들의 찬찬하지 못하여 거칠고 엉성한, 그래서 성의 없는 기록으로 이어지고 이 기록을 후세인들이 고증 없이 베낀 결과라고 할 수 있다. 따라서 〈고려사〉 열전에 보이는 담암의 '무자'표기는 사실과 다른, 실수나 오류라고 보아야 할 것이다.

　　한편 〈고려사〉 열전에 보이는 담암의 무자설과 그 이후의 각종 자료(가령 행장 등), 그리고 현실적으로 존재하는 후손 등을 감안했을 때 담암에게 적자(嫡子)는 없지만 서자(庶子)가 있어 그 가계를 계승한 것으로 여겨진다는 견해도 있다. 즉 〈고려사〉 열전에는 무자라 하였지만, 담암 행장에는 선(瑄·별장), 진(晉·판윤), 수(需·판관), 환(渙·산원), 항(恒·

동정)의 5자와 후손들이 나타나는 바, 〈고려사〉 열전의 기사는 적자가 없음을 뜻한다고 생각된다는 것[24]이다. 후세의 담암 연구자가 개진한 이러한 견해는 〈고려사〉 열전의 기사, 담암의 장손인 백승(白昇)의 묘비명, 7대손 백현룡(白見龍)이 찬술한 담암 행장, 현실적으로 존재하는 후손과 그들에 의해 대대로 편찬된 〈대흥백씨 세보〉 등을 통해 추정한 것으로 보이지만, 이 견해는 〈고려사〉 열전의 기사에 오류가 없으리라는 전제에서 나온 것이다. 그러나 앞에서 보았듯이 〈고려사〉 열전의 기사에는 적지 않은 오류가 있고, 서자를 표기하는 경우도 원칙이 없어, 표기한 경우와 그렇지 않은 경우가 있기 때문에 〈고려사〉 열전에서 담암의 무자 표기를 보고 서자의 존재여부를 현재로서는 판단할 길이 없다. 다만 후손이 존재하는 현실을 감안하고, 앞에서 보아온 〈고려사〉 열전에 오류가 없다고 가정하자면 담암 작고 당시 적장자(嫡長子=白瑄)가 이미 사망했고 다른 아들들이 있었지만 적장자가 없는 현실을 반영하여 무자로 표기했다고 이해할 수는 있을 것이다.

---

24) 민현구, 앞글 266면 본문 및 각주

14.
시문(詩文)에 나타난
담암의 사유(思惟)

1. 담암의 시와 산문

담암이 시와 문장에 능했다는 점은 그가 역임한 관직이나 자료 등을 통해 알 수 있다. 담암이 그동안 역임한 관직은 주로 문한직인 춘추관·한림원 등의 직책이었다. 이 관직들은 기본적으로 글을 잘하지 않고서는 맡을 수 없는 직책이란 점에서 그의 시문 재능을 알려주는 단서가 된다. 또 〈고려사〉 열전은 담암에 대해 '선속문(善屬文·글을 잘 지었다)'이라 하여 문장에 능했음을 특별히 기록하고 있으며, 〈고려사절요〉[1] 역시 담암의 졸기(卒記)에 '성질이 곧고, 이단에 미혹되지 않았다[性質直 不惑異端]'는 점과 선속문(善屬文)을 강조하고 있다. 윤소종(尹紹宗)이 쓴 만사(輓詞)에 '나라의 사명(詞命)을 이제 누가 윤색할까? 어둠 깨우쳐주는 고명(高明) 다시 우르를 수 없네.[2]라는 구절이 있는 걸로 보아 담암이 능숙한 문장으로 각종 외교문서나 관찬(官撰)문서를 썼음을 알 수 있다.

이처럼 담암은 생전에 많은 글을 썼을 텐데, 현재 전하는 것은 그리

---

1) 〈고려사절요〉, 공민왕 23년(1374) 12월, 원문은 稷山君白文寶卒 文寶 善屬文 性質直 不惑異端

많지 않다. 오랜 시간이 지났고, 그동안 많은 병화(兵禍)로 인해 산일(散逸)되었기 때문일 것이다. 〈급암집(及庵集)〉 서(序)에서 담암이 한 이야기를 보면 담암과 급암 민사평(閔思平·1295~1359)간에 주고받은 시만 해도 적지 않았던듯한데 지금 남아있는 것은 없다. '나는 급암과 더불어 사이가 좋아 종종 술자리를 갖게 되고 또 일찍이 붙어 다니지 않은 적이 없으므로 시구의 주고받음도 또한 적다고 할 수 없으나 다 아득하여 기억조차 할 수 없다. 더구나 병란으로 불타버렸으니 어떻게 나머지를 구할 수 있겠는가[余與及庵善 往往集杯杓 未嘗不附以詩句之贈 而不爲不多 皆茫然不可記矣 其可求之亂兵煨燼之餘乎]'[3]라고 하여 이런 사정을 전하고 있다.

담암의 문집인 〈담암일집〉은 우리나라 초기 성리학 발전에 공헌한 담암의 공적을 후세에 전하기 위해 19세기 후반에 수습(收拾)·간행된 책이다. 이는 선유(先儒)들이 〈죽계지(竹溪志)〉와 〈상현록(尙賢錄)〉을 편찬해 성리학의 선구자들인 안향(安珦)과 우탁(禹倬)의 기록을 전한 것과 같은 맥락[4]이다. 〈죽계지〉는 1803년(순조 3)에 초간본, 1824년(순조 24)에 중간본이 나왔으며, 〈상현록〉은 1871년(고종 8)에 간행되었다. 〈상현록〉보다 조금 뒤에 나온 〈담암일집〉에는 〈고려사〉에 실린 담암의 상소문과 차자(箚子), 〈동문선〉에 실린 시문(詩文), 담암과 교유한 인물들(예컨대 이곡 같은 사람)의 문집에 실린 약간의 작품 등이 게재되어있다. 이를 구체적으로 분류하면 시(詩) 11편, 소차(疏箚) 3편, 서(序) 3편, 기(記) 2

---

2) 〈담암일집〉 부록 권2 하(下), …爲命自今誰間色 發朦無復仰高明…

3) 〈담암일집〉 권1, 서(序)

4) 〈담암일집〉 부록 권2, 이만도(李晩燾) 발문(跋文)

편, 설(說) 2편, 행장(行狀) 1편, 비명(碑銘) 1편 등이다. 이 가운데 소차는 3편으로 나오지만 이를 다시 세분하면 척불소(斥佛疏) 1편과 논선법차자(論選法箚子) 1편, 논시정차자(論時政箚子) 9편이므로 엄밀히 따지자면 총 11편이 되는 셈이다. 〈담암일집〉에 나온 담암의 시문 제목은 다음과 같다.

• 시(詩) 11편

1. 송봉사가정이중보곡환조(送奉使稼亭李中父穀 還朝) *이는 鄭誧의 작으로 추정된다.

2. 증송이중보(贈送李中父)

3. 차촉석루운(次矗石樓韻)

4. 차경포대운(次鏡浦臺韻)

5. 만행촌이시중(輓杏村李侍中)

6. 복차공북루응제시운(伏次拱北樓應製詩韻)

7. 현릉사사예김대서나복산인김도장원8자(玄陵賜司藝金大書蘿蔔山人金濤長源八字)

8. 홍무4년가행장단배헌주상전하(洪武四年駕行長湍拜獻主上殿下)

9. 박연폭포행(朴淵瀑布行)

10. 성역암화여박연폭포운이시지인복차(成易庵和余朴淵瀑布韻以示之因復次)

11. 동이중보작매화연구용동파운(同李中父作梅花聯句用東坡韻)

• 소차(疏箚) 3편

1. 척불소(斥佛疏)

2. 논선법차자(論選法箚子)

3. 논시정차자(論時政箚子) 9편

• 서(序) 3편

1. 급암집서(及庵集序)

2. 나옹어록서(懶翁語錄序)

3. 판삼사사일직손공사장시서(判三司事一直孫公賜杖詩序)

• 기(記) 2편

1. 영호루 금방기(映湖樓金榜記)

2. 윤씨분묘기(尹氏墳廟記)

• 설(說) 2편

1. 율정설(栗亭說)

2. 척약재설(惕若齋說)

• 행장(行狀) 1편

1. 문헌공이재선생행장(文憲公彛齋先生行狀)

• 비명(碑銘) 1편

1. 남양후양파홍문정공신도비명(南陽侯陽坡洪文正公神道碑銘)

이들 외에 단편적으로 전해진 것들을 보면 〈담암일집〉 편년에 보이는, 정치도감 좌절 후 귀향하여 읊은 2행시와 〈신증동국여지승람〉 금천현(衿川縣) 조에 나오는 2행시가 있다. 또, 담암의 문인 김구용(金九容·1338~1384)의 시문집 〈척약재학음집(惕若齋學吟集)〉의 척약재유고외집(惕若齋遺稿外集)에 1수의 시가 실려 있다. 이 시는 김구용이 1371년(공민왕 20) 강릉도 안렴사(按廉使)로 나갈 때 지어준 것으로, 담암의 시를 포함하여 다른 사람들의 시와 이색의 서(序)가 같이 실려 있다. 이때 담암의 나이는 68세였다. 〈신증동국여지승람〉 금천현 조에 나오는 2행시와 〈척약재학음집〉 외집에 있는 시는 〈담암일집〉에는 실려 있지 않다.

또 제목은 전해지고 있으나 내용은 전해지지 않는 글도 몇 편 있다. 그 글들의 제목을 훑어보면 역학설(易學說), 청평사(淸平詞), 좨주우탁제문(祭酒禹倬祭文), 흥학소(興學疏), 천형(踐形), 상례설(喪禮說), 영창방효자리(靈昌坊孝子里) 정표(旌表) 서(序), 금남 우수전(錦南迂叟傳) 등이다. 이들에 대해 간단히 살펴보자.

담암 행장에 의하면 담암은 일찍이 국재 권부(權溥) 문하에서 수학하고 '역학설'을 지었다고 한다. 이런 사실과 '역학설'이란 제목으로 추측컨대 〈주역〉에 대한 깊은 관심과 높은 이해수준을 바탕으로 비교적 젊은 나이에 저술한 것으로 생각된다.

'청평사'는 담암의 시 '홍무 4년 거가가 장단으로 행차했을 때 주상 전하께 절하고 바치다[洪武四年駕行長湍拜獻主上殿下]'의 본문에 그 제목이 잠깐 나온다. 즉 '쓸모없는 선비인 내가 문득 기억하자니, 의묘(毅廟) 호종할 때 청평사(淸平詞) 올렸지, 이적선(李謫仙)처럼'이란 구절이다. 주지하다시피 담암은 1336년(충숙왕 복위 5·병자)에 의묘(毅廟·충숙왕)를 호종하여 원나라에 갔다. 이때 왕이 시를 짓고 신하들에게 화운(和韻)을 명했는데, 여기서 담암이 지은 시가 청평사이다. 이 시는 왕의 마음을 크게 움직였던 것 같다. 담암은 말을 하사받고 한림에서 곧바로 정언에 제수되었다고 한다. 내용은 미상이지만 아마 충숙왕의 울적한 마음을 이백의 청평사를 빌거나 왕을 귀양 온 신선[謫仙] 이백에 비유하여 위로했을 것이다. 담암이 청평사를 지었을 때 나이는 34세였다.

〈담암일집〉에 의하면 담암은 자신이 40세가 되던 임오년(1342)에 스승인 좨주 우탁(禹倬·1262~1342)이 별세하자 제문을 지어 애도했다[5]고 한다. 그러나 이 제문은 현전하지 않는다. 우리나라 역학(易學)에 대한 우탁의 기여를 평가하고 〈주역〉의 이치를 깨우쳐준 스승에 대한 추모의 정을 담았을 것으로 여겨진다.

'흥학소'라는 상소 역시 제목만 전해질 뿐 내용은 미상이다. 하지만 제목으로 미루어 보자면 홍건적 난 후의 혼란상 극복과 풍속교화를 위한 흥학(興學)의 필요성을 역설한 것으로 볼 수 있다. 즉 학교증설이나 학문장려와 같은 문교정책의 쇄신을 의미한다. 〈담암일집〉 편년에 따르면 담암이 60세 되던 1362년(공민왕 11) 9월 공북루 어제시(御製詩)를 지은 다음 연이어 이 흥학소를 올렸다[6]고 한다. 담암이 여러 편의 시정차자를 올린 시기를 이해 12월경으로 보자면 흥학소는 이보다 몇 개월 앞서 올린 셈이다.

담암 사후 그의 문생인 윤소종(尹紹宗)이 쓴 만사의 주(註)에 의하면 담암은 '천형'이라는 성리학 관계의 독자적 저서를 남겼다. '踐形'이란 말은 〈맹자〉 진심(盡心) 상(上)에 나오는 '형색(形色)은 천성이다. 오직 성인(聖人)만이 형색의 이치를 따를 수 있다.[7]에서 온 것으로 여겨진다. 이렇게 보자면 천형의 주지(主旨)는 사람의 타고난 천성을 지극히 하여 성인의 경지에 이르는 길을 제시한 내용일 것으로 보인다. 이 저작은 아마도 그의 만년에 씌어졌을 것으로 생각되지만 확실하지는 않다.

'상례설' 역시 담암 만년의 저작으로 보인다. 담암 행장에 의하면 상례설은 담암이 현직을 떠나 두문자정(杜門自靖)에 들어간 1369년(공민왕 18) 이후에 씌어졌다고 한다. 윤택의 분묘기나 백이정의 행장이 이보다

---

5) 〈담암일집〉 권2 부록 하(下), 사전수집(史傳授輯) 편년, 壬午 先生年四十 哭禹祭酒 倬 有祭文 佚不傳

6) 〈담암일집〉 권2 부록 하(下), 사전수집 편년, 壬寅 先生年六十八月 承命如京 九月 王還都命和拱北樓 御製詩先生賡和以進 繼上興學疏

7) 〈맹자〉 진심 상(上) 38장, 孟子曰 形色天性也 惟聖人然後 可以踐形

조금 후인 1370~1371년에 씌어진 점을 감안하면 담암의 나이 67세 때 인 이 무렵부터 71세 때인 1373년(공민왕 22)사이 어느 때인가에 이 상 례설이 지어졌다고 볼 수 있다. 행장에 따르면 이 무렵 상례의 기준이 없어져서 들쭉날쭉하기 때문에 담암이 상례설을 저술했는데 당시 사대 부들이 모두 존숭했다[8]고 한다. 성리학자로서의 담암을 감안하면 상례 설에서 그는 유학적 입장을 분명히 드러냈을 것이다.

'영창방효자리 정표 서'는 효자 김광재(金光載·1294~1363)와 관련이 있다. 김광재는 김태현(金台鉉)의 아들인데 충정왕을 섬겨 매우 신임을 받았다. 1351년 공민왕이 즉위하자 문을 닫고 나오지 않았다. 어머니를 지극한 효도로 섬겼다. 어머니가 죽자 무덤 앞에 여막(廬幕)을 짓고 3년 상을 마쳤는데 매번 제사 때를 당하면 눈물을 흘리며 울기를 그치지 않 았다. 공민왕이 이 얘기를 듣고 가상히 여겨 유사에게 명하여 그가 사 는 곳을 영창방효자리(靈昌坊孝子里)라 정표(旌表)하고, 그 마을 몇 집 의 부역을 면제시켜 그를 받들어 섬기게 했다. 시호는 문간(文簡)이다.[9] 김광재가 공민왕으로부터 효자 정표를 받을 때 담암이 그 기리는[褒] 뜻을 글로 썼다고 여겨진다. 〈담암일집〉 권2 부록 사전수집(史傳搜輯)에 이 사실이 나와 있다.

'금남 우수전'은 나주(羅州) 출신인 나흥유(羅興儒·?~?)의 전(傳)이라 고 여겨진다. 〈고려사〉 열전 나흥유 전에 의하면 그는 사람됨이 영리하 고 해학을 잘하였다고 한다. 경서와 사서를 두루 섭렵했으나 과거에 여

---

8) 〈담암일집〉 권2 부록 하(下), 행장

9) 〈고려사절요〉 공민왕 12년(1363) 3월. 〈신증동국여지승람〉 전라도 광산현(光山縣) 조에도 같은 내 용이 실려 있다.

러 번 낙방하자 서당을 열고 학동을 가르치다가 공민왕 때 중랑장으로 벼슬을 시작하여 예의총랑, 사재령 등의 관직을 역임했다. 그는 특히 고려와 중국의 지리에 밝아 두 나라의 지도를 만들고 아울러 개벽 이래 여러 왕조의 흥망과 국토의 변천과 연혁을 정리하여 왕에게 바쳤다고 전해진다. 나흥유는 공민왕의 지우(知遇)를 입었으며, 훗날인 우왕 초 (1375)에는 판전객시사(判典客寺事)로 일본에 가서 양국 간 외교관계를 재개하는데 기여했다. 나흥유의 호가 우수(迂叟) 또는 중순당(中順堂)이다. 담암이 이 나흥유의 전기를 썼다는 사실은 이색(李穡)이 쓴 '서 금남 우수전 후(書錦南迂叟傳後)'에 나와 있다. '……담암(淡庵) 백 선생이 일의 시말에 대한 전기를 지어 상세히 전했으므로 나는 단지 우수가 오활(迂闊)한 것으로 (왕의) 지우를 입었으나 마침내는 오활하지 않았다는 점을 취하여 전기 뒤에 따를 뿐'[10]이라는 부분인데 이로 보았을 때 담암이 우수전(傳)을 짓고 이색이 이 전의 후서를 쓴 것으로 여겨진다. 이색이 나흥유의 오활함으로 인해 왕의 지우를 입었다고 쓴 것은 나흥유가 영전도감(影殿都監) 판관으로서 공민왕비인 노국공주(魯國公主·?~1365)의 영전공사를 독려하여 공민왕의 총애를 받았음을 말한 것 같다. 또 마침내 오활하지 않았다는 것은 고려와 중국 두 나라의 지도를 만들고 개벽 이래 여러 왕조의 흥망과 국토의 변천과 연혁을 정리하여 왕의 칭찬을 받은 점을 이른 것 같다. 나흥유가 일본에 갔을 때(1375년) 60세 정도였고, 노국공주의 영전공사를 독려할 때 수염과 귀밑의 털이 희었다는 기록으로 보아 이(1365년) 무렵 그의 나이는 50세 전후였

---

10) 이색, 〈목은문고〉 권13 서후(書後), …事始末 淡庵白先生傳之詳矣 予獨取迂叟以迂見遇而卒不迂 識諸傳後而躡之

을 것이다. 〈고려사〉 열전 나흥유 전이 담암의 금남 우수전을 참고했다고 여겨지지만 오늘날 금남 우수전은 전하지 않는다.

담암의 글은 이처럼 현전하지 않는 것이 다수지만 남아있는 글들만 가지고도 그의 관심사와 사유(思惟)가 어떤 것인지를 대략 알 수 있다. 그의 글을 크게 나누어 보면 첫째는 우리 동방[吾東方]을 직·간접적으로 표현하여 자주의식을 강조하고 권문세족과 부원배들이 득세하는 현실에서 이를 개혁하려는 의지를 드러낸 것, 둘째는 사물(事物)이나 현상(現象)을 인간사와 비유한 것, 셋째는 나라를 걱정하고 인군(人君)과 부모의 은혜에 보답해야 한다는 교화론(敎化論)적인 것 등으로 나눌 수 있다. 물론 이들 3가지는 서로 섞여있기도 하고, 하나만 현저하게 드러난 경우도 있다. 그리고 이들 작품의 바탕에는 성리학자로서의 투철한 세계관과 그에 연유한 벽이단(闢異端)의 정서가 깔려있음은 물론이다. 이제 이들을 차례대로 살펴보자.

2. 우리 동방(東方)을 강조한 자주의식과 현실개혁 의지

담암의 시문 가운데 오동방·오삼한(吾三韓)처럼 '우리'를 직·간접적으로 강조한 것들은 드물지 않다. 앞의 장에서 본 척불소에만 해도 '우리나라는 대대로 동방을 지키고 있어 문물과 예악이 오래된 유풍(遺風)이 있다[國家世守東社 文物禮樂 有古遺風]'라든지 '우리 동방은 단군으로부터 지금까지 이미 3600년이 지났으니 곧 하나의 대주원이 되는 기회[吾東方 自檀君至今已三千六百年 乃爲周元之會]'라는 표현 등이 있는데, 이는 우리 동방의 역사적 전통과 문화가 유구하다는 점을 강조하는 말이다. 뿐만 아니라 단군의 존재를 드러내고 단군의 건국역사가 이미 3천6백년이나 되었다는 점을 밝힘으로써 우리 동방이 중국과 비교해도 결코 뒤지지 않는 역사와 독자적 문화를 지니고 있다는 사실을 상기시키고 있다.

담암이 이러한 인식을 하게 된 데에는 몇 가지 요인이 있었을 것이다.

우선 생각해볼 수 있는 것은 그의 정치도감(整治都監) 경험이다. 담암은 고려가 원나라의 부마국이라는 조건 속에서 태어나고 자랐지만, 1347년(충목왕 3)의 정치도감 활동을 통해 고려사회가 안고 있는 제반 모순의 뿌리가 바로 원나라와 거기에 기생하고 있는 부원세력이란 점을 인식함으로써 '우리 동방'을 강조하는 현실인식을 하게 된 것이 아닌가 여겨진다. 이러한 현실인식은 1356년(공민왕 5) 반원개혁 국면에서 고려의 자주성 회복 필요성으로, 이는 다시 현실개혁의 당위로 연결되며 뒤이어 1357년(공민왕 6) 경부터 시작된 국사편찬 작업을 통해 우리 동방의 역사와 문화일반에 대한 이해 및 자부심의 심화로 이어졌을 것이다.

다음으로 생각해볼 수 있는 것은 원·명 교체라는 중국대륙에서의 정세 변화이다. 일찍이 중국대륙을 지배했던 몽고족의 원나라가 말기적 모순을 극복하지 못하고 주원장 등 한족 군웅들의 거병을 허용하면서, 결과적으로 원나라 주도의 지배질서가 붕괴되기 시작했다. 그 와중에 1361년(공민왕 10) 홍건적의 개경 함락과 그에 따른 대(對)중국 외교의 무상한 번복(飜覆) 등으로 나타나자 우리 역사와 문화에 대한 자각을 하게 되었다고 볼 수 있다. 몽고족의 원나라든 한족(漢族)의 명나라든 그들이 '우리 동방'이 아니라는 인식은 필연적으로 우리 것에 대한 자각 내지 자긍심을 유발시켰다고 보는 것이다.

그리고 이와 연관시켜 또 하나 생각해볼 수 있는 것은 그의 학문세계이다. 주지하다시피 담암은 신유학으로 불리는 성리학 도입 초기부터 이를 수업한 세대이다. 남송의 주희(朱熹)가 체계화한 성리학은 이론적으로 말하면 우주의 질서와 인간의 질서를 이기론(理氣論)을 통해 하나의 통일적 원리로 파악하는 철학적 유학이지만, 정치적으로는 중화사상의 중세적 변형 이데올로기[11]라고 할 수 있다. 송나라는 거란족의 요(遼)와 여진족의 금(金)나라 침입에 시달리다가 마침내 중원을 금나라에게 내주고 양자강 이남으로 도주해 남송을 세우는데, 남송은 금나라에 굴욕적인 조건의 사대(事大)를 하고서야 명맥을 유지할 수 있었다. 성리학은 바로 이런 굴욕적인 상황에서 나온 한족의 이데올로기였다. 비록 중원을 오랑캐 금나라에 내주었지만 정통과 명분은 한족의 남송에 있다는 점을 강조하기 위한 논리인 것이다.

송나라가 요·금(遼金)에 비해 물리력은 열세지만 문화적인 정통성과 명분이 우위라는 논리와, 고려가 비록 원·명(元明)에 비해 나라가 작고 힘은 약하지만 문화적으로는 우위에 있다는 논리는 대단히 유사한 구조를 가지고 있다. 담암의 몇몇 시문을 통해 느낄 수 있는 것은 그의 성리학이 내부적으로는 부패한 불교에 대한 반발과 권문세족 주도의 정치 현실에 대한 대응 이데올로기로서의 명분론이기도 하지만, 외부적으로는 원·명이란 외세에 대한 고려의 문화적 우위와 정통성을 강조하기 위한 이데올로기일 수도 있다는 점이다.

담암의 시문을 살펴보면 행간 구석구석에 이런 인식의 흔적이 배어있다. 가령 박연폭포행(朴淵瀑布行), 성역암사달화여박연폭포운이시지인복차(成易庵思達和余朴淵瀑布韻以示之因復次), 차경포대운(次鏡浦臺韻), 복차공북루응제시운(伏次拱北樓應製詩韻), 동이중보작매화연구(同李中父作梅花聯句) 등에서 그런 면을 볼 수 있다.

---

11) 이덕일, 〈교양 한국사〉2, 휴머니스트, 2005, 216~217면

위험하고 높도다[危乎高哉]

인달바위 물은 북쪽으로 흐르네[因達之岩水北流]

……(中略)……

이 물줄기 우리나라 등지고 달린다고 누가 말하는가?[誰云走派背吾邦]

백리를 빙빙 돌아 서쪽으로 강에 드네[百里遭廻西入江]

강에 아침조수[潮] 오를 때면 손님이 주인에게 읍(揖)하고[江潮朝時客揖主]

북으로 갔던 인물 옛날 같이 돌아온다[北去人物來如古]

가는 것도 한 때, 오는 것도 한 때[去亦一時來一時]

태평성대 천 년에 풍운의 기회일세[盛明千載風雲期][12]

여기서 담암은 인달(因達)바위의 물 흐름이나 강을 타고 올라오는 조수(潮水) 등의 자연현상을 현실문제와 결부시켜 주관적으로 해석하고, 이것을 다시 인격화시켜 묘사하고 있다. 즉 인달바위의 물은 북쪽으로 흐르는 것 같지만 실상은 1백리를 빙빙 돌아 마침내 서강(西江·예성강)으로 들어가는데, 이는 우리나라를 등지고 흐르는 것 같아도 사실은 그게 아니라는 것이다. 박연폭포의 흐름에서 일어나는 자연현상을 흥망성쇠를 거듭하는 인간사(人間事)와 연관시켜 보자면, 북쪽의 원나라에 빌붙은 부원세력도 물의 순환처럼 역사적 추세에 의해 언젠가는 돌아올 것이라는 현실의 문제의식을 작품화한 것이다. 그리고 마지막 구절에서는 가는 것도 한때이고 오는 것도 한때이니 그런 부류의 오고감에 신경쓰지 않고 어진 임금을 만난 천재일우(千載一遇)의 기회를 잡아 포부를 펼치겠다는 의지를 표명하고 있다.

---

12) 〈담암일집〉 권1, 시 박연폭포행(朴淵瀑布行)

담암의 이 시에 대해 역암(易庵) 성사달(成士達)이 화답하는 시를 보냈고, 이에 담암은 다시 차운하여 시를 지었다. 이것이 '성역암사달화여박연폭포운이시지인복차(成易庵士達和余朴淵瀑布韻以示之因復次)'이다. 굳이 풀어보자면 '성역암 사달이 박연폭포의 운에 화답하는 시를 나에게 보이기에 다시 차운한다.'가 될 것이다. 담암은 이 시에서도 박연폭포에서 흐르는 물이 북으로 흘러 마치 우리나라를 배반한 것으로 보이지만 결국에는 예성강으로 흘러든다고 강조하고 있다. 이 시의 마지막 구절이다.

……(前略)……
이 물이 우리나라 등졌다는 말을 마시오[休言此水背于邦]
서로 돌아 마침내 예성강으로 들어가오[回互終入禮成江]
옛 성인이 주로 하는 바는 법을 베푸는 것이요[前聖垂法有所主]
4왕의 진압 또한 옛날을 좇는 것[四王鎭壓是從古]
사물의 이치에서 왕환통색(往還通塞·가고 오고, 통하고 막힘) 또한 제가끔 때가 있는 법[物理往還通塞亦各時]
물의 향배에 우리 무얼 기대 하리오?[水之背向吾何期]¹³⁾

담암은 여기서 매우 낙관적인 전망을 하고 있다. 박연폭포의 물이 북으로 흘러 마치 우리나라를 등진 것 같다고 말들을 하지만 마침내는 예성강으로 돌아 들어와 우리나라에 속하게 된다. 그리고 인간사에서 보면 우리나라를 등진 채 북쪽을 바라보고 있는 부원배도 사물의 이치에

---

13) 〈담암일집〉 권1, 시

따라 마침내는 우리나라에 속하게 될 것이라는 얘기다. 왜냐하면 사물의 법칙에서, 가고·오고·통하고·막히고 하는 것이 제각각 때가 있기 때문이다. 따라서 성인이 그랬듯이 법을 베풀 것이지 힘으로 누를 일이 아니며, 가만히 놔두어도 저절로 돌아오게 되어있다는 말일 것이다. 여기 나오는 '물리왕환통색역각시(物理往還通塞亦各時)'라는 구절에서는 담암에게 내재한 〈주역〉적 세계관의 일단을 엿볼 수 있고, 우탕문무(禹湯文武) 4왕의 언급에서는 유학자적 입장이 드러난다.

박연폭포행을 비롯해서 성사달의 화답시, 그리고 담암이 다시 지은 시들이 언제 씌어졌는지는 확실치 않다. 그러나 담암의 문학을 연구한 한 연구자는 담암의 박연폭포행 창작 시기를 담암이 43세 되던 해 관동존무사로 나가서 지은 것[14]이라고 밝혔다. 확실치는 않으나 오히려 정치도감이 폐지되고 광주목사로 나갈 무렵인 47세 때가 아닌가 하는 생각도 든다. 왜냐하면 박연폭포의 북류(北流)를 부원배들의 북향에 비유하여 그들의 행태를 비판하고 있는데, 물론 부원배들의 탈법행위는 그 이전부터 있어왔지만 원나라와 이들에 대한 담암의 인식이 크게 바뀐 것은 정치도감 활동이 무산된 이후라고 보는 것이 더 타당하기 때문이다.

담암의 시에서 우리 동방(東方) 식의 자주의식을 드러낸 것으로는 이상의 시편들 외에 차경포대운(次鏡浦臺韻)과 복차공북루응제시운(伏次拱北樓應製詩韻)도 들 수 있다. 이들은 제6장과 제8장에서 언급했으므로 생략하고, 여기서는 동이중보작매화연구(同李中父作梅花聯句)를 보도록 하자. 이 시는 담암이 동방 이곡과 함께 소동파(蘇東坡)의 운을 따

---

14) 임종희, '白文寶의 文學 硏究', 〈漢文學硏究〉9, 계명대 계명한문학회(啓明漢文學會), 1993.12, 69면, 본고에서 동이중보작매화연구(同李中父作梅花聯句) 관련 해설은 이 논문이 좋은 참고가 되었다.

서 매화를 소재로 지은 연구(聯句)시다. 매화는 맑고 깨끗한 품격과 굴하지 않는 절개와 희망을 상징하는 꽃이다. 그래서 흔히 숨은 선비[隱士]나 절개를 지키는 선비[節士]에 비유되는데, 담암은 이 시를 통해 강렬한 개혁의지와 현실참여 의식을 형상화하고 있다.

01. 우물곁에 희미한 볕이 드니[井底微陽廻]

02. 가지 사이에서 꽃이 피려 하네[枝間花意動]

03. 단단한 꽃망울 쉽게 터지지 않아도[瓊苞不易坼]

04. 서리를 이미 견뎠으니 좋다고 할 수 있지[霜蘂已堪弄].

05. 희고 선명한 꽃 진작부터 봄을 훔치더니[的皪早偸春]

06. 예쁘게 핀 꽃 교묘하게 추위 견디네[輕盈巧耐凍]

07. 천성은 빙설(氷雪)처럼 청아하기 한결같고[性鍾氷雪淸]

08. 수레바퀴, 말굽의 시끄러움도 멀리 하네[境絶輪蹄鬨].

09. 자못 옥황(玉皇)의 거소(居所)라 할 만 하니[頗訝玉皇居]

10. 때때로 월자(月姊·달 속의 姮娥)를 좇게 하고[時令月姊從]

11. 꽃다운 마음은 섣달을 따라 피니[芳心趁臘開]

12. 깨끗한 자태는 하늘에서 타고 났네[皓態出天縱].

13. 작은 살구꽃 어린 손자 보는 것 같고[小杏視兒孫]

14. 전설 속 복숭아와는 백중 이룰만하네[蟠桃爲伯仲]

15. 그래서 소나무가 봉(封)해지는 걸 비웃고[故譏松得封]

16. 귤 따위 공물로 바쳐지는 걸 비루하게 여기지[應鄙橘包貢].

17. 달 떠오르니 그림자 더욱 성겨지고[月上影彌疏]

18. 눈 내리니 가지는 저절로 무거워지네[雪低枝自重]

19. 어찌 흰나비의 중매를 받으리오[那用粉蝶媒]

20. 꾀꼬리 지저귐도 알지 못 하는데[未見黃鸝哢].

21. 본래부터 뭇 꽃보다 먼저 향기 피우니[本在衆芳先]

22. 의당 요염하다 풍자를 못하지[宜無妖艷諷]

23. 연분(鉛粉) 섞어 그리려 해도 마땅치 않으니[和鉛畫莫當]

24. 자리에 잇대어 술만 마실 뿐[綴席飲堪痛].

25. 철따라 나는 산물 서촉과 흡사하고[節物似西蜀]

26. 풍광은 남옹(南雍)을 연상시켜[風光想南雍]

27. 완연하게 고야(姑射)의 자태 만난 듯 하고[宛逢姑射姿]

28. 흐릿한 무산(巫山)의 꿈을 맺은 듯하네[怳結巫山夢].

29. 누가 고갯마루에서 옮겨다가[誰自嶺頭移]

30. 다행히 이 동산 가운데 심었는고[幸玆園裏種]

31. 오희(吳姬)가 다투어 단장(丹粧)을 배우지만[吳姬競學妝]

32. 월사(越使)는 멀리서 말굴레를 날리네[越使遠飛鞚].

33. 이미 신령한 공덕 쏟은 것 많으니[旣費神功多]

34. 어떻게 그저 그런 풀들과 같을 수 있겠는가[敢將凡卉共]

35. 길게 자란 대나무는 속여서 용이 되고[修竹謾成龍]

36. 외로운 오동나무에는 헛되이 봉황 지나가네[孤桐空過鳳].

37. 맑은 향 얕은 내 건너고[淸香度淺溪]

38. 빼어난 빛깔은 찬 골짜기 밝히며[秀色明寒洞]

39. 그윽하고 기이한 것 다 묘사(描寫)코자 하니[欲盡寫幽奇]

40. 붓이 항아리 메우는 것 이제야 알겠네[方知筆塡瓮].[15]

---

15) 〈담암일집〉 권1, 시

2구(句) 20연구(聯句)에 총 40행의 이 시는 정치도감 활동이 좌절된 후에 지어진 것으로 추정된다. 1349년(충정왕 즉위년) 정치도감이 폐지된 후 담암은 광주(廣州)목사로 좌천되는데, 이때 그의 나이는 47세였다. 한편 이 무렵 이곡은 공민왕 추대운동이 실패로 돌아가고 충정왕이 즉위하면서 불안감에 싸여 관동지방으로 유람을 떠난 것으로 전해진다.

　담암의 시에서 매화는 부정과 타협하지 않는 절개, 세속에 물들지 않은 깨끗한 마음, 그리고 청아한 자태를 지닌 꽃으로 묘사되고 있다. 여기서 매화는 바로 개혁활동에서 좌절을 맛본 작자 자신이기도 하고, 나아가서는 원나라 간섭으로 개혁활동이 실패하고 마는 고려의 현실이기도 할 것이다. 이들을 차례대로 살펴보자.

　제1행~제4행 '우물곁에 희미한 볕이 드니……좋다고 할 수 있지'부분은 부원배나 권문세족 등의 세력과 우물곁의 희미한 봄볕처럼 미약한 작자 자신을 대비시킨 것이다. 힘의 우위를 가진 원나라와 허약한 조국 고려를 대비시킨 것으로 볼 수도 있다. 여기서 매화는 작자 자신 또는 고려 자체로 볼 수 있다.

　제5행~제16행의 '희고 선명한 꽃……귤 따위 비루하게 여기지'는 매화의 일반적 성격을 묘사한 내용이면서 개인적으로는 심성 도야, 국가적으로는 성학(聖學)의 강화를 기대한 것이기도 하다. 희고 선명하며 예쁘게 핀, 빙설처럼 청아한 천성에 세속의 시끄러움을 멀리 하며 하늘에서 타고난 듯한 깨끗한 자태의, 반도(蟠桃)와 백중을 삼을 만하여 소나무나 귤 등을 비웃거나 비루하게 여길 수 있는 꽃이 바로 매화라는 말이다. 이처럼 매화는 높은 품격과 뛰어난 운치를 가진 꽃이다. 작자 개인적으로는 이런 품성으로 심성(心性)의 도야에 힘쓰고 하늘의 천성을 견지하며, 국가적으로는 요순육경(堯舜六經)의 도, 천인도덕(天人道德)의

설, 성학 곧 유학(儒學)을 행한다면 선계의 복숭아인 반도에 백중할만하다는 것이다. 이는 부원세력이나 원나라 같은 것은 소나무나 귤 따위처럼 비웃거나 비루하게 여길 수 있는 대상이라는 의미이기도 하다.

제17행~제20행의 '달 떠오르니……알지 못 하는데'에서는 매화의 굴하지 않는 의지를 표현하고 있다. 특히 월상영이소(月上影彌疏·달 떠오르니 그림자 더욱 성겨지고) 설저지자중(雪低枝自重·눈 내리니 가지는 저절로 무거워지네)이란 구절은 담암 개인적으로나 국가적으로 현실개혁의 좌절을 겪었지만 개혁의 의지는 더욱 강해진다는 점을 상징하고 있다. 그것도 이 꽃 저 꽃을 넘나드는 나비나 꾀꼬리의 쉼 없는 지저귐에 구애받지 않고 스스로, 즉 자주적으로 해결해나가겠다는 의지의 표현이다.

제21행~제24행에서 '본래부터 뭇 꽃보다……술만 마실 뿐'이라고 나오는 부분은 매화란 본래부터 여타의 꽃무리보다 먼저 향을 피우는 꽃이므로 요염하다는 표현은 가당치 않거니와 굳이 연분(鉛粉)을 섞어서 그린다 해도 제대로 그리지 못하니, 못 그리는 그 안타까움을 술로 달랜다는 뜻일 것이다. 이렇게 보자면 나중에 피는 요염하고 부화(富華)한 뭇 꽃이란 아첨으로 인군의 성총을 어지럽히는 악소(惡少)나 간신배, 사욕 때문에 부정을 일삼는 권문세족이나 원나라에 빌붙어 고려를 어려움에 빠트리는 부원배 등을 가리키는 것이라고 여겨진다. 또 본래부터 뭇 꽃보다 먼저 향기 피우는 매화는 간신배, 부원배를 제어하지 못하는 군자를 상징하는 것이 되며, 이런 매화를 제대로 묘사하지 못하는 것은 안타까운 일이라는 얘기다.

제25행~제28행 '철따라 나는 산물 서촉과……무산(巫山)의 꿈을 맺은 듯 하네'에서 절물(節物)은 서촉의 그것과 흡사하고 풍광은 옹(雍)을 연상시킨다고 했다. 여기서 옹은 중국 주(周)나라 천자(天子)가 도성에 세웠다는 국립대학 벽옹(辟雍)을 지칭한 말일 것이다. 고야(姑射)는 막고야산(藐姑射山)에 산다는 신인(神人)으로 피부가 눈같이 희고 이슬만 먹고산다고 하는데, 청정무구와 강인한 생명력의 상징이다. 〈장자(莊子)〉 소요유(逍遙遊)에서 견오(肩吾)와 연숙(連叔)의 대화 중[16]에 나오는 단어다. 무산몽(巫山夢)은 중국 전국시대의 초(楚)나라 회왕(懷王)이 운몽(雲夢)이란 곳에서 낮잠을 자다가 미인을 만나 정을 나누었다는 고사에서 나온 말이다. 아무튼 고야신인이나 무산몽 같은 비현실적인 설화를 통해 매화가 맑고 깨끗한 품격의, 세속을 벗어난 꽃임을 형상화하고 있다.

제29행~제32행 '누가 고갯마루에서…월사는 멀리서 말굴레를 날리네'에 나오는 고갯마루는 대유령(大庾嶺)을 지칭한 말일 것이다. 대유령은 매화나무가 많다는 광동성 소주(韶州)의 고개 이름이다. 따라서 매화가 대유령에서 이 동산으로 옮겨온 것은 다행스러운 일이라는 얘기다. 여기서 매화를 작자 자신으로 보자면 이 동산은 고려의 조정(朝廷)이 될 것이다. 미인이 화장술을 배워 임금의 성총을 받으려는 것처럼 부원배 등 권세를 다투는 부류가 판을 치는 현실이지만 오래지 않아 월(越)나라 사신이 멀리서 매화 한 송이를 잡고 말굴레 날리며 오는 것처럼 부원배가 물러나고 고려의 풍속이 지켜지게 되리라는 희망의 의미다. 여기서 매화나무와 관련이 있는 월사(越使) 즉 월나라 사신은 한(漢)나라 문인 유향(劉向·기원전79~기원전8?)이 지은 교훈적 설화집 〈설원(說苑)〉[17]에 보인다. 남쪽 변방의 월나라는 제발(諸發)이라는 사신에게

---

16) 〈장자(莊子)〉 소요유(逍遙遊), 원문은 肩吾曰 藐姑射之山 有神人居焉 肌膚若氷雪 婥約若處子

17) 〈설원(說苑)〉 봉사(奉使)편에 越使諸發執一枝梅遺梁王,이란 구절이 나온다. 〈설원〉에는 봉사 외에 군도(君道), 신술(臣術), 건본(建本) 등 20편이 실려 있다.

매화 한 가지를 지니게 한 채 양왕(梁王)을 찾아보게 했다. 양왕의 신하들 가운데 특히 한자(韓子)라는 사람이 월나라 사신의 관(冠) 쓰지 않은 것을 문제 삼았다. 그러자 제발은 왜 월나라가 중원(中原)의 나라들과 달리 관을 쓰지 않고 머리를 깎으며, 몸에 문신(文身)을 새기는지에 대해 월나라의 자연조건을 들어 설명했다. 결국 제발의 설득력 있는 말에 양왕은 월나라 풍속을 인정하게 되고 한자를 물리쳤다는 것이다. 이런 고사로 미루어보자면 담암이 매화 시에서 월사를 언급한 것은 여러 가지 깊은 뜻을 내포하고 있다. 다투어 몸단장을 배우는 오희는 양왕의 신임을 얻기 위해 다른 나라의 풍속을 바꾸고자 하는 한자같은 사람, 즉 원나라에 잘 보이기 위해 고려의 자주성을 해치려는 부원배의 상징일 것이다. 반면, 매화 한 가지를 잡고 양왕을 찾았다가 월나라의 전통을 온전히 지켜낸 월사(越使·諸發)는 고려의 전통과 풍속을 지켜내려는 인사들의 상징으로 볼 수 있다.

제33행~제36행의 '이미 신령한 공덕 쏟은 것이 많다'는 것은 매화가 가진 신성(神性)이나 차별성을 말하는 것이라고 볼 수 있으며, 그렇기 때문에 그저 그런 평범한 풀들과는 다르다는 것이다. 가령 후한 비장방(費長房)의 고사에서 대나무가 용처럼 보이지만 용은 아니며, 오동나무 역시 봉황이 깃든다는 나무지만 봉황이 그냥 헛되이 지나가니 평범한 나무일뿐이라는 의미다. 일반적으로 매란국죽(梅蘭菊竹)을 사군자(四君子)라고 칭하지만 매화는 대나무와도 격이 다르다는 것으로, 같은 사군자 중에서도 매화의 품격을 대나무는 따라가지 못한다는 도저한 자부심을 표현한 것이다. 이 구절은 작자 자신의 기개가 평범하지 않다는 점을 시사하는 것으로 볼 수 있다. 결국, 평범한 풀들과 달리 시속과 타협하지 않고 자기 신념대로 살겠다는 각오의 피력이다. 여기서 용으로 보인

대나무나 봉황이 헛되이 지나간 오동나무는 담암의 대척점에 있는 악소나 간신배, 권문세족이나 부원배 등일 것이다.

마지막 제37행~제40행을 보면 매화의 맑은 향기가 얕은 내를 건너고 빼어난 빛깔이 찬 골짜기를 밝힌다고 했다. 어려운 여건이지만 이에 대처해나가겠다는 의지의 반영이다. 여기서 얕은 내, 찬 골짜기는 작자 개인 차원에서는 자신이 처해있는 정치현실일 것이고, 고려라는 국가 차원에서는 원나라와 같은 외세, 또는 그 추종자들인 부원배가 득세하는 현실이라고 여겨진다. 매화의 절개, 품성 등을 다 묘사하려면 붓 씻는 항아리에 붓이 넘쳐날 만큼 묘사할 것이 많다는 것을 뒤늦게야 깨닫게 되었노라고 하면서 끝을 맺고 있다. 매화에 대한 극찬인 것이다.

이상에서 살펴본 담암의 시편은 요컨대 우리 동방(東方)을 강조한 자주의식을 표출한 것이거나 현실개혁 의지를 드러낸 작품들이다. 글을 통해 드러나는 담암의 독특한 현실인식은 그의 〈주역〉적 세계관에 기반하고 있으며, 그가 꿈꾸던 역사적 개벽이 그의 문인·후배들에 의해 실현되었다는 평가는 그래서 나왔다고 보여 진다. 즉 그는 〈주역〉에서 변통의 논리를 끌어내서 세계를 고정적인 것이 아니라 변전하는 실체로 인식하고, 자신이 처한 세계를 개조해보겠다는 강력한 의지를 표명했으며, 그가 꿈꾸던 역사적 개벽이 공민왕 당대에는 실현되지 못했으나 그의 성리학에 근거한 선진적인 현실 개혁론과 불교 비판론이 윤소종(尹紹宗) 등 문인·후배들에게 계승·발전되어 조선왕조 개창을 견인하고 있다는 것[18]이다. 성리학에 근거한 담암의 선진적인 현실 개혁론과 불교

---

18) 김보경, '공민왕대 사대부작가 연구', 〈이화어문논집〉17, 이화여대 한국어문학연구소, 1999.10, 226~227면

비판론이 조선왕조 개창까지를 견인했는지의 여부는 확언할 수 없지만 담암이 〈주역〉에서 변통의 논리를 끌어내서 세계를 고정적인 것이 아니라 변전하는 실체로 인식하고, 자신이 처한 세계를 개조해보겠다는 강력한 의지를 표명하고 있음은 확실하다.

다음에서 보게 될 율정설에서도 담암은 '이지러지면 차게 되고, 부족하면 보태지는 이치[虧盈益謙之理]'라는 〈주역〉의 겸(謙)괘를 원용하여 '그 느린 것은 반드시 미래에 빨리 되려는 것이요, 그 중지되는 것은 장차 끝까지 도달하려는 것[其遲必將以速也 其止必將以達也]'이니 '곧 이지러진 것은 채워질 수 있고, 부족한 것은 보태질 수 있는 이치와 다르지 않다[則虧可以盈 謙可以益者 亦何異哉]'고 결론짓고 있다. 담암이 인식하고 있는 세계관에 의하면 '만물은 끊임없이 변화하고 움직이는 것'이기 때문에 현실 개혁은 인간이 살아있는 한 추구해야 할 가치라고 할 수 있다. 담암이 이러한 현실 인식을 갖게 된 것은 그가 깊이 탐구한 〈주역〉적 세계관 때문이기도 하겠지만 당시의 고려가 처한 사정과도 무관치 않을 것이다. 즉 밖으로는 원나라의 지배를 받는 부마국이며, 안으로는 권문세족과 부원배 등에 의한 토지겸병과 부정부패, 거기에 하나를 더 보태자면 불교의 타락에 의한 혼탁 따위의 문제가 현실 개혁의 당위성을 제공했다고 여겨지는 것이다. 그러나 기본적으로 담암은 낙관주의자였다. 고려가 처한 현실이 아무리 가파르고 문제점이 많다고 하더라도 결국에는 해결되리라는 희망을 그는 가지고 있었다. 월사집일지매(越使執一枝梅) 즉 한 가지 매화를 든 월나라 사신이 오듯 봄은 반드시 올 것이고, 고려의 문화와 전통은 지켜질 것이라는 믿음이 그것이다.

3. 율정설(栗亭說)과 영호루 금방기(金榜記)

- 인간사에 비유한 사물과 현상

담암이 지은 시문 가운데 사물이나 자연계의 현상을 인간사에 비유한 작품은 드물지 않다. 바로 앞에서 본 동이중보작매화연구(同李中父作梅花聯句)도 그렇거니와 차촉석루운(次矗石樓韻), 차경포대운(次鏡浦臺韻), 복차공북루응제시운(伏次拱北樓應製詩韻), 박연폭포행(朴淵瀑布行) 등도 이런 범주에 넣을 수 있을 것이다. 시를 제외한 산문 가운데 이런 범주에 드는 작품을 꼽자면 율정설(栗亭說)이나 영호루 금방기(映湖樓金榜記) 같은 것을 들 수 있다. 여기서는 이 두 편을 차례로 보기로 하자. 앞에서도 언급했듯이 율정설은 담암의 급제동방인 윤택(尹澤·1289~1370)의 호 율정을 소재로 한 호설(號說)이다.

윤상군(尹相君)이 처음에 곤강(坤岡) 남쪽에 집터를 마련했다. 집 동 서쪽에 밤나무 숲이 울창하여 그곳에 가옥을 건축하고 명칭을 율정(栗亭)이라 했다. 지금은 또 조금 서쪽으로 가서 새로 집을 샀는데 밤나무 숲이 더욱 무성했다. 성안에 있는 주택에서는 밤나무를 심는 사람이 적은데, 윤공은 집터를 구할 때마다 오직 밤나무 있는 곳을 선택했다. 일찍이 나에게 말하기를, '봄에는 가지가 엉성하여 가지 사이로 꽃이 서로 비치고, 여름이면 잎이 우거져서 그늘에서 놀 수가 있으며, 가을에는 밤이 맛이 들어 내가 먹을 수 있고, 겨울이면 껍질을 모아 아궁이에 불을 땐다. 나는 이래서 밤나무를 좋아한다.'고 했다. 나는 말하기를, '불은 마른 것에 잘 붙고 물이 축축한 곳으로 흐르는 것은, 성격이 같은 것끼리 서로 찾아가는 것이니 이치에 있어서 반드시 그러한 것이다. 그 숭상하는 것이 같으면 사물이나 내가 다를바 없는 것은 어쩔 수 없는 일이다. 어째서 그런가 하면 하늘과 땅 사이에 풀이나 나무가 나는 것은 모두 한 기운으로 되는 것이다. 그러나 그 뿌리 · 싹 · 꽃 · 열매가 어려운 것, 쉬운 것, 일찍 되는 것, 늦게 되는 것 등 일정하지 않은데, 다만 이 밤은 모든 물건보다 가장 늦게 나는 것이며, 그것을 재배하기도 매우 어렵고 오랜 시일이 걸린다. 그러나 자라기만 하면 쉽게 튼튼해지며, 잎이 매우 늦게 피지만 피기만하면 곧 그늘을 쉽게 만들어 준다. 꽃이 매우 늦게 피지만 피기만 하면 곧 왕성해지며, 열매가 매우 늦게 맺히지만 맺히기만 하면 곧 수확할 수 있다. 이는 사물에도 이지러지면 차게 되고 부족하면 보태지는 이치가 있기 때문'이라고 했다. 윤공은 나와 같은 해에 과거에 합격했는데 그때 나이가 30여 세였다. 그러다가 나이 40세가 넘어서야 비로소 처음으로 벼슬에 나아갔으므로 사람들은 모두들 늦었다고 했으나, 공은 직무에 더욱 조심하며 충실히 했다. 그러다가 임금께서 먼저 공을 알아보고 크게 쓰이게 되어서는 하루에 아홉 번씩 승진하여 현달한 지위에 이르게 되었으니, 이것은 별로 손질을 하지 않았는데도 무성하게 뻗어나간 나무와 같다. 그 기틀을 세우는 것이 처음에는 어려웠으나 그 성취하는 것이 뒤에는 쉽게 된 것이니, 이 밤나무의 꽃과 열매와 같은 바가 있다. 나는 이치로 설명하려 한다. 모름지기 식물의 뿌리가 흙에 묻혀있을 때에 그 싹이 깊으면 그 올라오는 것이 늦다. 올라오면 곧 눈이 트고, 눈이 트면 가지가 생겨서 반드시 줄기를 이룬다. 샘물이 웅덩이에 차 있으면 그것이 조금씩 흘러나오다가, 그 흐르는 것이 멈추게 되면 물이 고이고, 고이면 못이 되어 반드시 바다에까지 도달한다. 그러므로 그 느린 것은 장차 빨리 되려는 것이요, 그 중지되는 것은 장차 끝까지 도달하려는 것이니, 곧 이지러진 것은 채워질 수 있는 것이며, 부족한 것은 보태질 수 있는 것과 또한 무엇이 다르겠는가? 한 가지 사물에 다가가 보면 이것을 실증할 수가 있는 것이다. 또한 사람이 숭상하는 바를 관찰하면 그 사람을 알기에 족하다. 즉 불은 건조하며 물은 습한 것이어서 사물과 나와의 차이가 없다는 것인데, 이는 반드시 그렇다고 하겠다. 따라서 곧 공의 영달(榮達)은 밤나무의 생장함과 같으며, 밤을 수확하여 간직함은 공의 은퇴하는 것과 같다. 그 생장함에는 세상을 유익하게 하는 바가 있으며, 그 간직함에는 자신의 몸을 수양하는 작용이 있다. 이에 나는 이 정자에 대하여 그 이치를 들어 설(說)을 짓는다.[尹相君初卜宅於坤岡之陽 宅東西栗林稠密 因構屋曰栗亭 今又少西而新購宅 栗林愈蕃焉 城居罕植栗 尹公購宅則惟栗是取 嘗謂余曰 春則枝疏 相映於花卉 夏則葉密 可憩乎其陰 秋則實美 足克乎吾口 冬則房墜 通燒乎吾堗 吾是用取栗焉 余曰 火就燥水流濕 同氣相求 理固必然 蓋其所尙 則物我之無間 有不得不然者 何也 天地之間 草木之生 均是一氣 然其根苗花實 有難易先後之不一 獨是栗最後於萬物之生 栽甚難長 而長則易壯 葉甚遲發 而發則易蔭 花甚晩開 而開則易盛 實甚後結 而結則易收 蓋其爲物有虧盈益謙之理矣 尹公與余同年登科 年已三十有餘 而踰四十始霑一命 人皆以爲晩 而公就仕尤謹 及知遇於先君之大用 一日九遷 登顯仕作司命 不待矯揉而蔚乎其達矣 其所立者先難 而其所就者後易 蓋有同於是栗之花實 余請以理喩 夫草木之句土 其萌深而其坼遲 柝則芽 芽而枝 必成乎幹矣 水泉之盈科 其出漸而其流止 止則滙 匯而淵 必達乎海矣 故其遲必將以速也 其止必將以達也 則虧可以盈 謙可以益者 亦何異哉 可格其一物而質焉 亦足以觀人之所尙 則火燥水濕 物我之無間者 不得不然矣 然則公之榮達則栗之生長 而栗之收藏則公之卷舒 其長也 有輔世之道焉 其藏也 有養生之用焉 余於是亭 故表其理而爲之說][19]

담암과 윤택은 같은 해에 급제했지만 그때 윤택은 이미 30세가 넘은 뒤였고, 45세에 비로소 검열이 되니 직위가 9품에 지나지 않았으나 스스로 의연하게 지내면서 반드시 재상이 될 것으로 믿었다고 한다. 담암

---

19) 〈담암일집〉 권2, 설(說)

은 이런 윤택을 위해 그의 호를 소재로 이 율정설을 지은 것이다. 담암은 밤나무의 생리와 밤나무를 유난히 좋아하는 윤택의 지나온 행적 사이에 상당한 유사점이 있는 것을 발견하고 이 글을 지었다고 여겨진다.

담암은 우선 윤택이 밤나무를 좋아하는 이유를 윤택의 말을 빌려 설명하고, 밤나무의 생리를 서술하고 있다. 즉, 밤은 다른 어떤 물건보다 가장 늦게 나는 것이며, 그것을 재배하기도 매우 어렵고 장구한 시일이 걸리지만 자라기만 하면 쉽게 튼튼해지며, 잎이 매우 늦게 피지만 피기만하면 곧 그늘을 쉽게 만들어 준다. 꽃이 매우 늦게 피지만 피기만 하면 곧 왕성해지며, 열매가 매우 늦게 맺히지만 맺히기만 하면 곧 수확할 수 있다는 점이다. 밤의 이러한 생리가 윤택의 이력과 부합된다고 담암은 본 것이다. 윤택은 서른이 넘어서 과거에 급제했고, 마흔이 넘어서야 처음으로 환로(宦路)에 들어섰으나 일단 환로에 나아가자 곧 임금의 지우(知遇)를 얻어 승진에 승진을 거듭하며 재상의 지위에 이르렀다. 이것이 늦게야 무성하게 자라는 밤나무와 같다고 했다. 밤나무와 율정 사이에 있는 이러한 유사점을 단계별로 분류해서 보자면 다음과 같이 된다.

〈밤나무〉

01. 밤은 모든 물건보다 가장 늦게 나며, 재배가 어렵고 길지만 자라기만 하면 쉽게 튼튼해진다[栗最後於萬物之生 栽甚難長 而長則易壯]

02. 잎이 몹시 더디게 나오지만 나오기만 하면 쉽게 그늘을 만든다[葉甚遲發 而發則易陰]

03. 꽃이 매우 늦게 피지만 피기만 하면 쉽게 왕성해진다[花甚晚開 而開則易盛]

04. 열매가 늦게 맺지만 맺기만 하면 쉽게 거둘 수 있다[實甚後結 而結則易收]

〈윤택〉

01. 윤공은 과거에 급제했을 때 나이가 이미 30이 넘었다[尹公登科 年已三十有餘]

02. 나이 40이 넘어서야 처음 환로에 나갔다[踰四十始霑一命]

03. 임금의 지우를 얻어 크게 기용되었다[知遇於先君之大用]

04. 하루에 아홉 번씩 승진하여 현달한 지위에 올랐다[一日九遷 登顯仕作司命][20]

앞부분은 담암이 지적한 밤나무의 생리적 특성이고 뒷부분은 윤택이 급제 후 걸은 길의 대략이다. 윤택이 30세가 넘어서 과거에 급제한 것은 관리가 되기 위한 첫 관문을 넘었다는 의미다. 이는 밤나무가 생장의 관문을 넘어선 것과 같다. 윤택이 40 넘은 나이로 뒤늦게 환로에 나간 것은 관리로서의 출발점이라고 할 수 있고, 이는 생장을 시작한 밤나무가 잎을 피운 것에 비유된다. 또 윤택이 임금의 지우를 얻어 크게 기용된 것은 밤나무가 꽃이 늦게 피지만 피기만 하면 쉽게 왕성해지는 것에 대응된다. 이후 윤택은 하루에 아홉 번씩 승진을 해서 마침내 현달한 인물이 되는데, 이는 열매가 늦게 맺지만 맺히기만 하면 쉽게 거둘 수 있는 밤나무의 생리와 크게 비슷하다는 것이다.

여기서 보듯이 담암은 사물(밤나무)과 사람(윤택) 사이의 이 같은 이치를 비유적으로 설명하는 기법을 쓰고 있는데, 담암은 이를 '이유(理喩)'라고 설명하고 있다. 율정설에서 이런 기법을 쓸 수 있었던 것은 담암의 언급대로 밤나무와 윤택 사이에 '그 기틀을 세우는 것이 처음에는 어려웠으나 그 성취하는 것이 뒤에는 쉽게 되었다[其所立者先難 而其所

---

20) 김동욱, '淡庵 白文寶 硏究', 〈상명대학교 논문집〉25, 상명대학교, 1990. 2, 166면, 율정설과 영호루 금방기, 〈급암집〉서 해설에는 이 논문이 많은 참고가 되었으며, 인용 또한 적지 않다.

就者後易]'는 공통성이 있었기 때문이다. 또 근원적으로는 밤나무와 윤택의 공통성뿐만 아니라 인간과 사물이 공통적으로 지닌 이치, 곧 모자람[虧]이 가득 찰[盈] 수 있고 결점[謙]이 유익한 점[益]이 될 수 있다는 〈주역〉의 이치[21]에 근거한 표현 기법이기도 하다. 담암이 이처럼 인간과 사물이 공통적으로 지닌 이치를 적용하여 사람(윤택)과 사물(밤나무) 사이에 있는 공통성을 찾아낼 수 있었던 것은 기본적으로 유교 경전에 대한 폭넓은 이해, 인간과 사물에 대한 예리한 관찰, 그리고 깊은 사색의 결과일 것이다. 이는 '한 가지 사물에 다가가 보면 이것을 실증할 수 있다[可格其一物而質焉]'는 담암의 언급에서 나타나 있거니와, 이것은 바로 〈대학〉에서 강조하는 격물(格物·사물의 이치를 궁구함)에 다름 아니다.

담암은 또 '사람이 숭상하는 바를 관찰하면 그 사람을 알기에 족하다[亦足以觀人之所尙]'고 하면서 화조수습(火燥水濕), 즉 불이 건조하고 물은 습한 것처럼 사물과 사람이 같은 이치상에 있음을 강조하고 있다. 이러한 관점 역시 〈주역〉적인 세계관이라고 할 수 있는데, 같은 책 건(乾)괘의 해설에서 공자는 '같은 소리끼리는 서로 응하고, 같은 기운끼리는 서로 구하며, 물은 습한 곳으로 흐르고, 불은 건조한 곳으로 나아가는 것[22]'이라고 했다. 그래서 '사람이 숭상하는 바를 관찰하면 그 사람을 알기에 족한 것'은 물아무간(物我無間), 곧 사물과 나와의 간격이 없기 때문이라고 한 것이다. 이를 깨달은 경지는 인자(仁者)의 경지라고 할 수 있다. 주희가 주석한 〈논어집주〉 공야장(公冶長)편에 나오는 초(楚)나

---

21) 〈주역〉 지산겸(地山謙)괘, 단왈(彖曰) 天道虧盈而益謙 地道變盈而流謙…

22) 〈주역〉 건(乾)괘 문언전(文言傳) 구오(九五) 효(爻), …同聲相應同氣相求 水流濕火就燥…라는 말이 있다.

라 집정자 영윤(令尹) 자문(子文)의 사람됨이 물어무간했다고 한다. 즉 '자문의 성은 투(鬪)이고 이름은 곡어토(穀於菟)이다. 그 사람됨이 기쁨과 노여움을 드러내지 않았고, 사물(남)과 나를 차별하지 않았으며, 나라만 생각하고 자신을 잊었으니 그 충정이 대단했다. 그런 까닭에 자장(子張)은 그를 어질다고 여겼다.[23]'는 것이다.

요컨대 담암이 쓴 율정설은 사물과 인간이 공통적으로 지닌 이치를 예리한 통찰과 깊은 사색을 통해 궁구(窮究)한 결과이며, 그가 이런 이치를 깨달을 수 있었던 것은 〈주역〉을 비롯한 다양한 유학 경전을 깊이 있게 학습한 때문이라고 할 수 있다. 우리나라에서 사람의 호(號)를 소재로 한 설(說), 즉 호설(號說)이 담암의 이 율정설과 척약재설에서 비롯되었다고 보는 것이 정설이다.

율정설과는 성격이 다르지만, 담암은 천상계와 인간계를 대비시키는 표현기법으로 영호루 금방기(映湖樓金牓記)를 썼다. 영호루는 경상도 복주(福州·안동)의 낙동강변에 있는 누정이다.

신축년(1361·공민왕 10) 11월에 왕이 난리를 피하여 복주에 이르렀다. 처음 광주(廣州)와 충주(忠州)를 거쳐 고개를 넘었는데, 관리와 백성들이 난리를 당해 갈팡질팡하여 놀란 노루와 엎드린 토끼처럼 어찌할 줄을 몰라 명령을 해도 정돈되지 않으니, 왕이 마음속으로 걱정했다. 고개에 올라서서 내려다보니 푸르고 아득하여 하늘과 땅 사이를 가로지른 것 같았다. 바로 경상도 땅이었다. 고개에서 북쪽으로는 태백산과 소백산이 높이 솟고, 그 남쪽으로 둘러있는 것이 10여

---

23) 〈논어집주〉 공야장(公冶長), 원문은 …子文 姓鬪 名穀於菟 其爲人也 喜怒不形 物我無間 知有其國而不知有其身 其忠盛矣 故子張疑其仁

주(州)인데, 복주는 큰 진영(鎭營)이다. 산은 높고 물은 맑으며 풍속은 옛날과 같고 백성은 순수하여 깃발이 앞을 가리고 관복 행렬이 잇따라 나오자, 관청을 깨끗이 하고 어가(御駕)를 모시어 편안케 하니 왕이 마음으로 기뻐했다. 이에 수레를 멈추고 장수에게 명하여 도적을 토벌케 했다. 수도를 수복한 뒤에 드디어 대도호부로 승격시키고, 조세(租稅)를 면제해 주었다. 하루는 이 고을의 영호루에 나가서 마음을 풀며 구경했는데, 서울로 돌아온 후에도 멀리서 회상하기를 마지않았다. 틈을 내어 왕이 손수 붓과 벼루를 가져다 누각 현판의 큰 세 글자를 써서 하사하여 그 누각에 걸게 했다. 누각이 호수와 가까이 있어 둥글고 모난 기둥의 그림자가 호수 위에 거꾸로 흔들리는데 무협(巫峽)이 그 왼쪽에 벌여 있고, 성산(城山)이 그 오른쪽에 당겨 있으며 큰 강이 둘러 있고 모여서 호수가 되었다. 무릇 물의 줄기가 간방(艮方·동북방)은 머리가 되고 곤방(坤方·서남방)은 꼬리가 되는데, 이런 형세가 하늘에 있으면 은하수라고 이른다. 이 때문에 복주의 문사(文士)와 걸출한 인재가 이따금 이 기운을 타고 그 사이에서 태어났다. 대개 해와 달이 걸려 있는 형상에 은하수가 빛을 받아 빛나게 되는 것은 하늘의 문채(文彩)이다. 이 누각이 은하수(=강물)를 당겨서 누르고 있고, 하늘의 빛과도 같은 왕의 글씨를 얻었으니 금벽단청으로 새겨 오는 세상에서 밝게 빛나도록 하는 것은 마땅한 일이다. 그러나 큰 광채가 비치는 것은 너무 까마득하여 바라볼 수도 없는 것이었는데, 사세(事勢)에 불행이 있었던 것이 이 누각으로서는 도리어 다행한 일이 되었다. 이것이 어찌 우연이겠는가? 옛날 우리 충렬왕께서는 태평한 시대였지만 동쪽 지역에 일이 있어 이곳까지 순시를 하고 고을의 영은정(迎恩亭)에 행차하여, 또 보배로운 글씨를 걸게 했다. 정자의 다행이 아닐 수 없는 일이었다. 앞의 일과 나중의 일이 확연하게 모범이 되고, 해와 별처럼 빛나서 아울러 한 고을의 영광이 되었으니 참으로 성대한 일이다. 이 누각을 지은 지가 벌써 오래되고, 금방(金牓)의 자획이 하늘을 받드는 기둥과 같이 커서 그 크기가 누각에 맞지 않았다. 지정(至正) 무신년(1368·공민왕 17)에 고을 수령 신자전 (申子展) 군이 예전 것을 뜯어 새로 고치니, 날아갈듯 한 모습이 바로 호수 위에 걸터앉게 되었다. 누각에 오르면 아침 햇살과 저녁 달빛이 금방(金牓) 위에서 광 채를 다투는데 무지개 빛 같기도 하고, 용이 싸우는 것 같기도 하다. 갑자기 호 수에서 변화가 일어날 것 같아서 사람들로 하여금 마음이 울렁거리고 정신이 떨 려 누각에 오르내리지 않는 것이 편안할 것 같은 생각이 들게도 한다. 바라보면 참으로 위엄 있고 의젓하여 범접할 수 없을 것 같다. 임금의 글씨만으로도 이러 할진대 그 덕화를 직접 입었음에랴. 봉익(奉翊) 판전교(判典校) 권사복(權思復) 군은 복주(福州) 사람이다. 누각을 새로 짓고 그 현판을 걸고서 사연을 기록하 기를 청하니, 내가 비록 글재주는 없지만 이름이 실리는 것이 은근히 기쁘고 혼 자서 길이 전해질 것을 아름답게 여겨 대강 연대를 적고 등각(藤閣)을 노래한 왕생(王生)의 글을 기다리는 바이다. 후세에 (등각의 왕생 같은 사람이) 없지는 않을 것이다. 내가 늙기는 했지만 훗날 산천유람의 길을 떠났다가 한두 번 가서 절승의 특이한 유적을 보게 된다면 다시 손들어 절하고 시를 뒤에 붙일 것이니, 또한 임금을 모셨던 마음을 다하고 본래 뜻을 어느 정도 푸는 일이 될 수는 있 을 것이다[歲辛丑冬十一月 上避亂行至福州 初自廣忠而踰嶺 官吏洎民 臨亂蒼 皇 如驚麋伏兎 罔知措手足 雖令之不能齊 上心憂之 及登嶺下視之 蒼蒼焉茫 茫焉 若天地之橫截者 慶之一境也 由嶺以北 大小白雄峙 而盤紆乎其南者有十 餘州 福爲巨鎭 山高而水淸 俗古而民醇 旗纛交蔽 冠佩相望 淸宮引駕 且安以 肆 上心喜之 於是焉駐駕 命將討賊 旣克復京都 遂陞爲大都護府 蠲免租稅 一 日 出御州之映湖樓 暢敍賞心 旣還京 退想不已 暇日親縮筆硯 作樓牓三大字 賜揭其樓 樓臨湖浸 楹桶甍棟 影倒凌亂 而巫峽列其左 城山控其右 大江襟帶 滙而爲湖 凡水之源派 首艮而尾坤者 在天謂之河漢 故福之文士傑人 往往稟是 氣而生其間 蓋日月之懸象 河漢之爲章 天之文也 宜乎玆樓之控壓河漢 得之天

章 刻之金碧 焜燿乎來世 然耿光之臨 千載慕瞻 事機有不幸 而反爲樓之幸者
夫豈偶然哉 昔我忠烈雖當泰世 尙有事乎東陲 巡省是 行次州之迎恩亭 亦紆寶
札 抑爲亭之幸歟 前作後作 赫然模範 炳如日星 幷而爲一州之榮燿 於乎盛哉
是樓之作旣舊矣 金榜字畫 如擎天之柱 而樓未稱其 至正戊申 主倅申君子展爲
之改舊貫 而鳥革翬飛 直跨乎湖面 時方登樓 朝日昇夕月輝 冠金榜而爭光 直
恐隨輝龍戰 倏忽變化於湖心 而使人心悸魄慄 若無以陟降之爲安也 信乎望之
儼然 凜乎若不可犯 手澤尙爾 怳親炙之者乎 奉翊判典校權君思復 福州人也
旣新其樓 揭其榜 請記其端 予雖無文 竊喜載名 獨美不朽 粗敍歲月 以竢螣閣
王生之詞 未必不在後焉 雖老矣 它日出爲江山之遊 一再至 獲觀絶特之蹟 復
拜手而繫以詩 亦可以盡心(二字缺) 償僕素志焉][24]

영호루가 있는 복주는 오늘날의 경북 안동으로 담암 당시에는 복주,
또는 영가(永嘉)로 불리었다. 위의 글에 나온 대로 공민왕 10년 11월 홍
건적의 2차 침입으로 개경이 함락되고, 왕은 남으로 피난을 갔다. 이때
왕 일행은 광주와 충주를 거치고 대·소백의 새재[鳥嶺]를 넘어 복주에
도착했다. 담암 역시 왕을 호종하여 복주로 갔는데 이 무렵 담암의 나
이는 59세였으며, 관직은 밀직제학으로 추정된다.

공민왕은 정세운, 안우, 이방실, 김득배 등의 장수들에게 홍건적 토벌
의 명을 내렸고, 이들은 그 이듬해에 개경을 수복하게 된다. 개경을 수
복한 뒤에 왕은 복주를 대도호부로 승격시키고 세금을 면제하는 조치
를 내렸다. 복주에 도착한 그해 12월18일 왕은 영호루에 나가 피난 초기
의 스산함을 달랬던 것으로 보인다. 이때의 기억 때문인지 왕은 1366년

---

24) 〈담암일집〉 권2, 기(記)

(공민왕 15) 겨울, 서연을 베푸는 자리에서 친히 붓을 들어 '映湖樓'라는 세 글자를 써서 복주 출신인 판전교시사(寺事) 권사복을 불러 그에게 전했다고 한다. 이듬해인 1367년 복주 판관 신자전이 영호루의 규모가 작아 왕이 내린 현판을 걸기에 어울리지 않으므로 누각의 위치를 물에 더 가깝게 하고 규모를 더 크게 하여 중수했다. 1년여의 공사 끝에 1368년(공민왕 17) 준공을 하면서 담암의 문인 권사복이 그 스승에게 금방기(金牓記) 작성을 요청했고, 이에 담암이 이 글을 쓴 것이다.

여기서 약간의 설명이 필요한 고유명사나 고사(故事)를 살펴보자. 담암은 영호루가 호수와 가까이 있는데 무협(巫峽)이 그 왼쪽에 벌여 있고, 성산(城山)이 그 오른쪽에 당겨 있다고 썼다. 담암이 말한 무협이나 성산은 중국에 있는 명소들이다. 무협은 사천성(四川省)과 호북성(湖北省) 사이에 있는 양자강의 대협곡으로, 이른바 장강3협(長江三峽) 가운데 제2협이다. 성산은 사천성 성도(成都) 북서쪽에 있는 명산인 청성산(靑城山)인 것 같다. 영호루가 있는 복주의 지세는 무협이 좌청룡(左靑龍), 성산이 우백호(右白虎)인 형국인데 주산(主山)은 영남산(映南山)이다. 낙동강이 금대(襟帶)처럼 둘러 마치 은하수 같아 그 사이에서 자고로 문사와 걸출한 인재들이 배출되었다는 것이다.

이 글을 쓸 당시 복주의 수령인 신자전이 예전 영호루를 뜯어 새로 고치니, 날아갈듯 한 모습[鳥革翬飛]이 되었다고 한다. 여기서 조혁휘비(鳥革翬飛)는 그 출전이 〈시경〉 소아(小雅) 사간(斯干)의 여조사혁(如鳥斯革) 여휘사비(如翬斯飛)인 듯싶다. 문자 그대로 새가 날개를 펴는 것 같고, 수꿩이 나는 것 같다는 뜻인데 사간(斯干)은 훌륭한 집을 짓고 잔치하며 그 기쁨을 노래한 시다. 담암은 또 영호루금방기를 쓰면서 사등각왕생사(唉滕閣王生之詞)라고 했다. 즉, 등각(滕閣)을 노래한 왕생(王生)

의 글을 기다린다는 뜻이다. 여기 나오는 등각은 강서성(江西省) 양자강 변에 있었다는 등왕각(藤王閣)을 지칭한 말일 것이다. 등왕각은 당나라 태종의 동생인 등왕(藤王) 이원영(李元嬰)이 서기 653년에 세운 누각으로, 악양루(岳陽樓)·황학루(黃鶴樓)와 함께 중국의 3대 누각 중 하나이다. 당나라 초기의 천재시인 왕발(王勃·650~676)이 이를 기리는 등왕각서(序)[25]를 지은 것으로 유명하다. 담암이 언급한 왕생은 바로 왕발을 지칭함일 텐데, 아쉽게도 왕발은 이 글을 쓴 이듬해에 27세의 나이로 죽었다. 담암은 자신이 금방기를 쓰면서도 훗날 반드시 왕발 같은 천재시인이 나타나 영호루를 기리는 글을 쓸 것이라고 기대하고 있다. 실제로 훗날 권사복, 정도전, 정몽주, 권근, 이원(李原) 등이 영호루를 소재로 시를 지었고, 김종직(金宗直)은 기를 지어[26] 이 누정을 기렸다.

이번에는 영호루 금방기를 쓰면서 담암이 보여준 특징적인 문장표현 기법을 살펴보자. 여기서 담암은 서술의 주 대상인 영호루 외에도, 누각을 둘러싸고 있는 자연환경을 비교적 사실적으로 묘사하고 있다. 즉 무협이 그 왼쪽에 벌여 있고, 성산이 그 오른쪽에 당겨 있으며 큰 강이 둘러 있고 모여서 호수가 되었다는 것이다. 또 누각 앞의 물줄기가 동북쪽에서 시작하여 서남쪽으로 흘러가는 형세가 하늘의 은하수와 유사하며, 거기에 임금이 내린 글씨까지 있으니 이들은 해와 달, 은하수 등 천상계(天上界)의 여러 사물들과 대응이 된다고 보았다. 두 가지 사물 또는 현상 사이에 있는 공통성을 찾아내어 대응시키는 담암 특유의 문장표현 기법은 그의 문학을 연구하는 후세 연구자의 각별한 주목을 받은

---

25) 황견 편,〈古文眞寶〉序類, 藤王閣序, 落霞與孤鶩齊飛 秋水共長天一色이란 구절이 특히 유명하다.
26)〈신증동국여지승람〉, 안동대도호부 누정 영호루 조

바 있다.[27] 가령 금방기에 나열되어 있는 여러 가지 사물과 사실은 나름대로의 공통성에 따라 두 부류로 나눌 수 있다는 것이다. 즉 해와 달, 은하수 등은 천상계를 구성하는 공통적 요소들이고, 임금이 내린 글씨와 누각 앞을 굽이쳐 흐르는 강물 등은 영

밤[栗]: 담암은 급제동방 윤택(尹澤)의 호인 율정(栗亭)을 소재로 율정설을 지으면서 밤의 생리와 율정의 일생을 비교했다. (사진출처: 한민족문화대백과사전)

호루를 중심으로 한 인간계(人間界)의 구성 요소들이라는 공통성이 있는 것이다.

그러면서 이 두 가지 부류는 일정한 대응관계를 이루고 있다. 하늘에서 해와 달이 빛을 내듯이 인간계에서는 임금이 내려준 글씨가 빛을 발한다. 은하수를 이루는 뭇별이 해의 빛을 받아서 빛나듯이 임금의 글씨로 인해 은하수와 같은 강물에 둘러싸인 영호루 또한 빛난다는 점을 부각시키고 있다. 이러한 대응관계를 뒷받침하기 위해 영호루 앞을 감돌아 흐르는 강물은 은하수처럼 머리를 동북방에 두고 꼬리를 서남방에 두고 있음을 지적했고, 이런 지형적 특성 때문에 그 정기를 타고난 인재들이 복주에서 많이 배출되었다는 것이다. 실제로 복주, 즉 오늘날 안동의 지세는 동북쪽이 약간 높고 서남쪽이 약간 낮아서 동북쪽에서 발원한 낙동강이 서남쪽으로 흐르고 있다.

앞서의 율정설이나 여기의 영호루 금방기 등을 보건대 담암은 개개 사물에 깊은 관심을 가지면서 그 사물 각각의 성질이 인간세계의 현상

---

27) 김동욱, 앞글, 163면

과 관련된다는 점을 찾아 문장서술 기법으로 활용하는 재능이 탁월했
다고 말할 수 있겠다.

15.
담암을 알게 해주는 시문(詩文)

1. 시문학에 대한 담암의 견해

담암은 자신의 문집인 〈담암일집〉과 다른 사람의 문집 등에 십 수편의 시를 남기고 있지만, 시를 짓는 일 자체보다는 신유학의 관점에서 시문학이 나아가야 할 방향을 제시하는데 더 많은 기여를 했다. 이러한 담암의 입장을 분명히 밝힌 구체적인 자료가 바로 〈급암집(及庵集)〉 서(序)이다. 그의 이 글은 신유학적 바탕 위에서 문학을 보고자 했던 당시 사대부층 가운데서도 처음으로 시문학이 지향해야 할 방향을 못 박아 제시했다는 중요한 의의를 지닌다는 평가[1]를 받고 있다. 물론 이런 관점은 담암 자신이 직접 지은 글에서도 드러나 있는데 여기서는 〈급암집〉 서를 통해 그의 이러한 시문학관(觀)을 살펴보고, 그가 지은 몇 수의 시편도 살피고자 한다.

　내가 상주(尙州)에 있던 어느 날, 급암(及庵)의 외손 김백은(金伯誾) 군이 <

---

1) 김동욱, 앞글, 167면

급암시고(及庵詩稿)>를 편집하여 들고 와서 나에게 보였다. 나는 읽고서 나도 모르게 읊조리는 것만으로 부족함을 느끼고 말하기를, '저술한 것이 어찌 이것밖에 되지 않는가?'라고 하니 김 군이 말하기를, '한원(翰苑)으로부터 윤각(綸閣)·상부(相府)에 이르기까지 시가(詩歌)가 수천 수나 되었는데, 난리를 당하여 이미 다 유실되고 오직 만년에 지은 시는 저에게 명하여 반드시 써서 곧 대나무 상자 속에 간직하게 하여, 유리해 다닐 때에도 감히 잊어버리지 못하게 했던 것입니다. 지금 물러가서 편집하여 5언과 7언 시 몇 수를 얻었으나 그 수택(手澤·흔적)이 온전하지 못한 것이 애석합니다. 감히 편 머리에 붙일 서문을 구해서 다른 날 우리나라 사람들의 문집을 계속 편찬하게 될 때 이 좋은 것을 없어지지 않게 하는 것이 옳겠습니다.'라고 했다. 나 역시 '그것은 그렇겠다.'라고 했다. 나는 급암과 더불어 사이가 좋아 종종 술자리를 갖게 되고 또 일찍이 붙어 다니지 않은 적이 없으므로 시구의 주고받음 또한 적지 않았다. 하지만 다 아득하여 기억 조차 할 수 없고, 더구나 병란으로 불타버렸으니 어떻게 구할 수 있겠는가. 그러나 아름답게도 그 손자가 능히 계술(繼述)하여 이 시편을 보존하게 되었으니, 족히 내 마음에도 큰 감동을 준다.

대개 시란 것은 뜻을 말함으로써 흥기할 수 있고, 관감(觀感)할 수 있고, 가깝게는 부모와 멀리는 인군을 섬길 수 있는 것이어야 한다. 즉, 모두 성정(性情)에서 우러나야 바야흐로 시라고 말할 수 있는 것이다. 저 언사(言辭)만을 수식하고 마는 자는 많은 것을 자랑하고 화려함을 일삼아 그 문장을 빛나게 하며, 보고 느낄 만한 것이 있지도 않고 성정에도 가깝지 않으니, 이는 쓸데없는 췌언(贅言·군더더기 말)에 불과하다. 그러므로 세상 사람이 오직 장구(章句)만을 힘써 남의 이목을 즐겁게 하려 한다면, 비록 고심하여 좋은 것을 찾았다 해도 능히 가슴을 유연하게 열어줄 수 없고, 설혹 만에 하나 아름다운 글귀를 얻는다 해도 그 뜻이 이에 국한된 것이라면 겨우 수십 편만 읽어도 마음은 벌써 두 번 다시 보기 싫어지는 것이다. 나는 급암의 시에 대하여 읽으면 읽을수록 나도 모르게 읊조리는 것만으로 부족함을 느끼게 되니, 이른바 흥기할 수 있고, 보고 느낄 수 있다는 말의 의미를 남김없이 터득한 것이다. 다만 전질이 세상에 전하지 못하게 된 것이 애석할 뿐이다. 잠시 소견을 들어 유서(類書)를 편찬하는 자에게 알리기 위해 이 서문을 쓴다[余居嘗(=尙)一日 及庵之外孫金君伯誾 編及庵詩稿 携以示余 余讀之 不覺吟詠之不足曰 所著何止是歟 金君曰 自翰苑至綸閣相府 歌詩之多累千百首 迨喪亂 旣皆失之 唯晩年有詩 必命小子書 卽藏諸笥篋 以及播越 不敢忘也 今退而編之 得五七言若干首 惜其手澤之不全也 敢求敍篇端 他日備續東人文集 俾不沒其善焉可也 余曰 其然 余與及庵善 往往集杯杓 未嘗 不附以詩句之贈 而不爲不多 皆茫然不可記矣 其可求之亂兵燀爐之餘乎 然尙嘉其 孫能繼述而存此篇 亦足以感發吾心

蓋詩言志 可以興可以觀 邇之事父母 遠之事君 則皆本乎性情 方可謂之詩 彼以言辭而已者 以誇多鬪靡 英華其詞 不至於觀感 不近於性情 則乃無用之 贅言也 故世之人 有專務章句 悅人耳目 雖苦心覓好 不能胸次悠然而得 萬一 索句妍滑 其志局于此者 纔讀過數十篇 心已倦於再覽矣 余於及庵之詩 讀之不 覺吟詠之不足 所謂可以興可以觀者皆得其義矣 惜乎 全章之不得傳於世也 姑 以所見 告夫類書者 爲之序][2]

이 글로 보건대 담암이 상주에 있던 어느 날 담암의 선배이자 문우인 민사평(閔思平·1295~1359)의 시문을 그 외손자 김구용(金九容·1338~1384)이 편집해서 담암에게 서문을 부탁한 것 같다. 본문에도 나와 있지만 앞장에서 본대로 담암은 민사평과 친하게 지내면서 많은 글을 서로 주고받

2) 〈담암일집〉 권2, 서(序)

왔는데 난리 중에 다 산일되고 남아있는 것이 거의 없었다고 한다. 김구용은 담암의 문인으로 자를 경지(敬之), 호를 척약재(惕若齋)라고 쓴 사람이다. 담암이 김구용의 호를 지어주면서 쓴 〈척약재설〉과 이 글에 의하면 그는 백은(伯誾)이란 자도 있었음을 알 수 있다. 담암이 김구용의 방문을 받은 것은 1362년(공민왕 11) 2월부터 8월 사이 어느 때일 것이다. 담암이 상주에 머무른 것은 공민왕을 호종하여 복주로 갔다가 다시 서울로 돌아오는 도중이었다. 공민왕 일행은 1362년 2월 신축일에 복주를 출발해서 계묘일에 상주에 도착했고, 이후 약 6개월간 상주에 체류했다.

　본문에 나오는 한원(翰苑)이나 윤각(綸閣), 상부(相府) 등은 모두 민사평이 거쳐온 관부의 이름이다. 한원은 한림원(翰林院)이나 예문관(藝文館)의 통칭이고, 윤각은 왕명 출납 전담기구로 조선조의 승정원 격이다. 상부는 재상이 정무를 보던 곳인데 의정부 격이다. 김구용은 아마 1359년(공민왕 8) 외조부 민사평이 별세하자 3년 후 쯤 유고를 수습하여 편집했다가 자신의 스승인 담암에게 그 서문을 부탁했던 것 같다. 그런데 수천 수에 이르는 젊은 날의 작품들은 다 없어지고, 만년의 것들 수편만이 남아 있어 애석하다고 했다. 어쨌든 담암은 급암의 작품을 읽으면서 읊조리는 것만으로는 부족함을 느낄 만큼 좋은 작품이라고 칭찬하고 있다. 그렇다면 담암이 판단하는 좋은 글이란 어떤 것일까? 위의 내용 중에 다 나와 있지만 그 원문을 다시 보자면 이런 것이다.

　　蓋詩言志 可以興可以觀 邇之事父母 遠之事君 則皆本乎性情 方可謂之詩
彼以言辭而已者 以誇多鬪靡 英華其詞 不至於觀感 不近於性情 則乃無用之
贅言也 故世之人 有專務章句 悅人耳目 雖苦心覓好 不能胸次悠然而得 萬一
索句姸滑 其志局于此者 纔讀過數十篇 心已倦於再覽矣[대개 시란 것은 뜻을

말함으로써 흥기할 수 있고, 관감(觀感)할 수 있고, 가깝게는 부모와 멀리는 인군을 섬길 수 있는 것이어야 한다. 즉, 모두 성정(性情)에서 우러나야 바야흐로 시라고 말할 수 있는 것이다. 저 언사(言辭)만을 수식하고 마는 자는 많은 것을 자랑하고 화려함을 일삼아 그 문장을 빛나게 하며, 보고 느낄 만한 것이 있지도 않고 성정에도 가깝지 않으니, 이는 쓸데없는 췌언(贅言 · 군더더기 말)에 불과하다. 그러므로 세상 사람이 오직 장구(章句)만을 힘써 남의 이목을 즐겁게 하려 한다면, 비록 고심하여 좋은 것을 찾았다 해도 능히 가슴을 유연하게 열어줄 수 없고, 설혹 만에 하나 아름다운 글귀를 얻는다 해도 그 뜻이 이에 국한된 것이라면 겨우 수십 편만 읽어도 마음은 벌써 두 번 다시 보기 싫어지는 것이다]

여기서 담암은 시의 정의와 효용 및 목적, 그리고 기본요건을 간단명료하게 제시하고 있다. '시는 뜻을 말하는 것[詩言志]'이라는 그의 관점은 〈서경(書經)〉 우서(虞書)편 순전(舜典)의 '시언지(詩言志) 가영언(歌永言) 성의영(聲依永) 율화성(律和聲)'의 정의에서 나온 것으로 여겨진다. 즉 '시는 뜻을 말하는 것이고, 노래는 말을 길게 늘여 읊조리는 것이며, 소리는 가락에 따라야 하고, 음률은 소리와 조화를 이루어야' 한다는 것이다. '詩言志'라는 〈서경〉의 정의는 이후 유가들의 전통적인 시관(詩觀)을 나타내는 말이 되는데, 담암 역시 이러한 관점에서 '뜻을 말하는 시'를 강조하는 한편 그렇지 못한 시를 비판하고 있다.

담암은 또 '시가 뜻을 말함으로써 읽는 이가 감동할 수 있고, 보고 느낄 수 있다'라고 하여 시의 효용성 내지 목적성에 대해 언급하고 있다. 이는 환언하면 '시에서 말한 뜻이 읽는 사람을 감동시키고, 보는 사람을 느끼도록 해야 한다'는 의미인데, 이 뜻의 성격을 한층 제한해주는 말이 바로 '본호성정(本乎性情)' 즉 성정에 근본을 두어야 한다는 기본요건이다. 그런데 성정에 근본을 둔다는 것이 구체적으로는 무엇일까? 여기서 담암이 제시한 하나의 예는 바로 이지사부모(邇之事父母) 원지사군(遠之事君)이다. 즉 '가까이와 멀리서 부모와 인군을 섬기는 것'인데 이는 다른 말로 유가적 윤리를 언급해야 바야흐로 시라고 말할 수 있다는 것이다. 여기서 군(君)은 자연인으로서의 임금뿐만 아니라 '천명을 받아 국가를 대표하는 사람'으로서의 군왕이므로 바로 '국가'라는 공동체라고 말할 수 있다.

이상과 같은 관점에서 담암의 언급을 달리 말하자면 이렇게 표현할 수 있을 것이다. '대개 시는 뜻을 말하는 것이다. 그렇게 함으로써 감동할 수 있고, 보고 느낄 수 있다. 가까이는 부모를 섬기고, 멀리는 인군(=나라)을 섬긴다면 이는 모두 성정(性情)에 근본을 둔 것이니, 바야흐로 시라고 말할 수 있다.' 요컨대 담암이 말하는 바람직한 시는 '뜻을 말하는 것이고, 그렇게 함으로써 감동을 주되 유교적 윤리를 관철시켜야 하며, 이는 모두 성정에 근본을 둔 것'이라고 하겠다. '시가 뜻을 말하는 것'이라는 시언지(詩言志)의 개념 자체가 이미 교훈적인 공리주의적 성격을 띤 것으로 볼 수 있거니와, 담암에게서 시란 성정으로 개인의 정서나 욕망, 원망(願望) 등에 해당하는 것을 표현하되 많은 사람들의 도덕성을 함양시키고 사회적 병폐를 해소시키는데 일정하게 기여해야 한다는 전제를 요구받고 있는 것이다.

성(性)이나 정(情)이란 말은 이미 〈시경〉, 〈서경〉, 〈주역〉 등의 고전에서도 보이지만 이를 철학적 개념으로 정립한 사람은 공자로 알려져 있다. 〈논어〉에는 '성상근(性相近) 습상원(習相遠)' 즉 '성은 서로 가깝고, 습은 서로 멀다'라는 말이 나오는데 여기서 성은 타고난 본성을, 습은 후천적인 학습을 의미하는 것으로 볼 수 있다. 환언하자면 타고난 인간의 본성은 공통적인 성격을 갖고 있지만, 이는 후천적인 경험이나 학습에 의해 얼마든지 서로 달라질 수 있음을 말하는 것이다. 공자의 이러한 견해는 맹자에 의해 인·의·예·지(仁義禮知)의 4덕(德)을 내용으로 하는 성(性)과, 측은·수오·사양·시비의 4단(端)을 덕목으로 하는 정(情)으로 정리가 되고, 이후 주자의 성정론(性情論)으로 발전되었다고 여겨진다. 주희는 '움직이는 것을 정(情), 움직이지 않는 것을 성(性)'이라 규정하고, 성은 인·의·예·지·신(仁義禮智信)으로, 정은 희·로·애·구·애·오·욕(喜怒哀懼愛惡欲)으로 파악했다.

이런 관점에서 담암의 '성정(性情)에서 우러나야 바야흐로 시라고 말할 수 있다[本乎性情 方可謂之詩]'는 견해는 '희·로·애·구·애·오·욕과 같은 인간의 정(情)을 표현하되 인·의·예·지·신이라는 인간의 성(性)을 담아야 비로소 시다운 시'라고 할 수 있게 된다. 따라서 그렇지 않은 시는 담암에게 '저 언사(言辭)만을 수식하고 마는 자는 많은 것을 자랑하고 화려함을 일삼아 그 문장을 빛나게 하며, 보고 느낄 만한 것이 있지도 않고 성정에도 가깝지 않으니, 이는 쓸데없는 군더더기 말에 불과한 것'이라고 할 수 있다. 그래서 '세상 사람이 오직 장구(章句)만을 힘써 남의 이목을 즐겁게 하려 한다면, 비록 고심하여 좋은 것을 찾았다 해도 능히 가슴을 유연하게 열어줄 수 없고, 설혹 만에 하나 아름다운 글귀를 얻는다 해도 그 뜻이 이에 국한된 것이라면 겨우 수십 편만 읽어도 마음은 벌써 두 번 다시 보기 싫어지는 것'이 되고 만다. 담암이 말하는 '저 언사(言辭)만을 수식하고……화려함을 일삼아 그 문장을 빛나게 하며, 보고 느낄 만한 것이 있지도 않고 성정에도 가깝지 않은, 오직 장구(章句)만을 힘써 남의 이목을 즐겁게 하려는 것들'이란 사륙변려문(四六騈儷文) 문체를 지칭하는 것으로 보인다.

사륙, 변려문 또는 변려체(騈儷體) 등으로도 불리는 사륙변려문은 중국 후한 중·말기에 시작되어 위·진·남북조시대를 거쳐서 당나라 중기까지 유행한 문체로 알려져 있다. 변려문은 대략 다음과 같은 특징을 가지고 〈맹자〉, 〈장자〉, 〈한비자〉, 〈좌전〉, 〈사기(史記)〉 등 고문(古文)의 명문들과 겨루며 부침을 거듭해왔다. 우선, 한문에서 흔한 일이지만 변려문에서는 특히 대구(對句)의 사용을 중시하고, 다음은 넉 자 또는 여섯 자의 구(句)를 많이 쓰며, 그 다음은 평측(平仄)과 압운(押韻)을 존중한다는 특징이 있다. 그리고 음조의 아름다움을 중시하며, 전고(典故·전례와 고사)의 사용을 존중한다는 특징을 갖는다. 결국 이렇게 해서 화려한 미문의식을 높이는 것이 변려문의 특징인데, 이러한 사륙, 또는 변려문은 그 반대자들에 의해서는 비판을 받았다. 즉 내용은 부실하면서 화려한 수식이나 미사여구만 구사한다는 비난이 그것이다. 담암 역시 이런 관점에서 문장을 판단한 것 같다. 변려문은 그 귀족적인 문체와 과도한 수사주의(修辭主義) 경향으로 인해 당나라 때의 한유(韓愈) 등이 일으킨 산문 개혁운동에 의해 쇠퇴의 길을 걸었고, 우리나라에서는 신라 때 이 문체가 성행하여 고려 때까지 계속된 것으로 알려져 있다.

변려문의 부화(浮華)한 문풍에 대한 비판은 담암보다 앞선 세대에서도 있었던 것 같다. 〈역옹패설〉에는 이제현과 충선왕의 대화중에 충선왕이 이제현에게 '왜 우리나라에 조충전각지도(雕蟲篆刻之徒)는 많아지고, 경명행수지사(經明行修之士)는 적어지는가?[3]라고 묻는 대목이 나온다. 여기서 조충전각지도란 글귀만 아름답게 꾸미고자 하는 무리란 뜻이고, 경명수행지사란 경전을 밝게 익히고 훌륭한 행실을 닦는 선비라

---

3) 이제현, 〈역옹패설〉 전집1

는 뜻이다. 이로 보자면 전자는 사장(詞章) 위주의 변려문을 중시하는 무리라고 할 수 있고, 후자는 성리학이나 도학(道學) 위주의 선비들이라 할 수 있는데 도(徒)와 사(士)라는 어휘 선택에서부터 사장에 대한 비판과 도학에 대한 우대의 뜻이 담겨있다고 보여 진다.

조선후기 실학자 이익은 그의 〈성호사설〉에서 '사륙문은 당나라 왕발(王勃)·양형(楊炯)으로부터 성행했고, 송나라 이유(李劉) 때에 이르러 극도로 성행했다'고 하면서 '우리나라 습속도 고려 중엽부터 세상이 시새워서 이를 숭상하게 되었으니, 대개는 율·부(律賦)가 선비를 선발하는 과정으로 되었기 때문이다. 율·부의 시험 역시 당·송으로부터 작용(作俑)된 것인데, 나라에서 만들어낸 일이라 선비들이 다투어 쫓아갈 터인즉, 그 말류의 폐단을 수습할 수 없게 될 것[4]이라고 말했다. 그는 또 같은 책 경사문(經史門)에서 '……사륙문은 꼭 금해야 할 기예(技藝)로, 서·유(徐庾)로부터 시작하여 왕·양(王楊)에 이르렀으니, 이들은 모두 천고의 죄인이다. 명(明) 태조가 조서(詔書)를 반포하여 금하려고 했으나 끝내 시행되지 않았던 것은 무슨 이유였을까? 다만 글을 제대로 읽지 못한 자들이 사륙문의 투식만 사용하여 세속의 안목에 과장하려고 했기 때문이다. 옛사람들은 문장을 한낱 소기(小技)로 여겼다. 그 중에도 사륙문은 노예(奴隸)나 천첩처럼 비천하게 보았다……'고 하여 고문(古文)을 옹호하는 입장을 보여주고 있다.

문체에 대한 담암의 생각은 '글귀만 아름답게 꾸미고자 하는, 과도한 수사주의 경향이나 귀족적인 문체' 즉 사륙변려문과는 거리가 있는 것 같고, 따라서 그는 미사여구를 쓴 화려한 문체보다는 그 내용을 중시하

---

4) 이익, 〈성호사설〉 권30, 시문문(詩文門), 사륙(四六)

는 고문체 쪽이었다고 여겨진다. 이는 그의 시가 형식적인 아름다움보다 내용을 중시하는 경향이 있음을 보여주는 것이기도 하다. 다음에서는 담암의 시 가운데 몇 편을 골라 살펴보도록 하겠다.

올라서니 유독 생각나는 옛 시절[登臨偏憶舊遊時]

강산에 대한 답으로 애써 다시 시를 찾는다[强答江山更覓詩]

난세 평정할 인재 이 나라에 어찌 없을까[國豈無賢攝世亂]

술이 나를 어지럽히니 내 늙음이 느껴진다[酒能撩我感年衰]

맑디맑은 이 경계에 속진(俗塵) 어이 얼씬하리[境淸易使塵蹤絕]

자리 넓으니 손 뻗어 춤추기 그만이고[席闊何妨舞手垂]

붓 드니 까닭 없이 춘초구(春草句)가 지어진다[點筆謾成春草句]

잔 멈추고 또 죽지사(竹枝詞)를 부르니[停杯且唱竹枝詞]

자리 가득 기생들은 끼어 앉아 정겹고[妓從坐促爲歡密]

사람들은 시간과 함께 얼른 가지 않으려 하네[人與時偕欲去遲]

이곳의 높은 회포 진정 속세 아니니[此地高懷眞不世]

적성(赤城)과 현포(玄圃)가 이보다 더 뛰어날까[赤城玄圃未全奇][5]

칠언배율(七言排律)인 이 시의 제목은 '차촉석루운(次矗石樓韻)'이다. 알다시피 촉석루(矗石樓)는 현재의 경남 진주시 남강 변 바위 위에 자리 잡고 있어 영남제일의 아름다운 누각이라고 알려져 있다. 1365년(공민왕 14)에 창건된 것으로 전해진다. 〈신증동국여지승람〉 진주목 누정(樓亭)조에 나오는 촉석루는 촉석성 안에 있다고 하고, 진주성의 남장대

---

5) 〈담암일집〉 권1, 시

(南將臺) 역할을 했다는 기록으로 보아 원래 군사용으로 지어졌을 것으로 여겨진다. 진주 출신인 하륜(河崙·1347~1416)의 촉석루 기문에 의하면 '촉석루는 용두사(龍頭寺) 남쪽 돌벼랑 위에 있는데, 내가 소년 시절 여러 번 올랐던 곳이다. 누 제도가 크고 높으며 확 트여서 굽어보면 긴 강이 밑에 흐르고, 여러 봉우리가 그 바깥에 벌여 있다.'고 한다. 그는 또 누를 이름 지은 뜻은 담암(淡庵) 백 선생(白先生)의 기록이 있는데 그에 의하면 '강 가운데에 뾰족뾰족한 돌이 있는 까닭으로 누를 지으면서 이름을 촉석이라 했다.'고 한다[6]라고 적었다. 이로 보자면 촉석루란 이름을 짓는데 담암이 어떤 역할을 한 것으로 보인다. 촉석루가 완공된 이래 고려와 조선조의 실로 수많은 문사들이 이 누정을 칭탄하는 글을 지었으며, 특히 임진왜란 때 적장을 안고 남강에 뛰어든 논개(論介·?~1593)의 충절로 하여 그 명성이 더 높아졌다.

담암의 촉석루 시는 촉석루에 올라 나랏일을 근심하며 읊은 것이다. 난세를 감당할 인재가 되고자 했으나 뜻을 펴지 못하고 늙게 되었음을 아쉬워하는 내용이다. 환로(宦路)에서 벗어나 여유로운 마음을 가지고 시를 지으려 하나 나라의 혼란이 가시지 않으니 '이 나라에 난세 평정할 인재가 어찌 없을까?'라고 자위하는 부분이 눈에 띈다. 이로 보아 담암의 촉석루 시는 그의 노년 작으로 추정된다.

또 까닭 없이 춘초구(春草句)가 지어진 것과 잔 멈추고 또 죽지사(竹枝詞)를 부르는 것은 서로 연결된 것으로 볼 수 있다. 중국 고대의 순(舜)임금이 남방을 순수하다가 창오(蒼梧)의 들에서 세상을 떠나자 두

---

6) 〈신증동국여지승람〉, 진주목 누정 촉석루 조, 원문은…且其名樓之義 則有淡庵白先生之記 其略曰 江之中有石矗矗者 構樓曰矗石…

부인 아황(娥皇)과 여영(女英)이 대나무에 피눈물을 흘리며 서러워하다
가 마침내 상수(湘水)에 빠져 죽었다고 한다. 그 후 이 지역 백성들은 두
여인을 상수의 신(神)으로 받들어 상군(湘君) 혹은 상부인(湘夫人)이라
고 일컬었고, 이 지역에서 나는 대나무에 그들의 피눈물 흔적을 상징하
는 무늬가 있다고 하여 소상반죽(瀟湘斑竹)이라 이름 붙이고 노래를 불
렀다. 이 노래가 상부인의 사정을 기념하는 것이라 하여 죽지라고 명명
했다. 이후 죽지는 파유(巴歈)지역 일대에 널리 퍼져 이 지역의 대표적인
민가(民歌)로 자리 잡게 되었다고 한다. 죽지라는 민가를 죽지사라는
작품양식으로 재정비하여 문단에 부각시킨 사람이 바로 당나라 시인
유우석(劉禹錫·772~842)이었다. 그의 죽지사(竹枝詞) 첫 구절이 '백제성
두춘초생(白帝城頭春草生) 백염산하촉강청(白鹽山下蜀江淸)'인데, 담암이
불렀다는 죽지사란 바로 이 첫 구절이 아니었을까 여겨진다. '백제성 머
리에 봄풀이 자라고, 백염산 아래에 촉강(蜀江)이 맑구나'라는 부분에서
춘초(春草)·촉강은 촉석루·남강과 썩 부합하는 것이다.

또 적성(赤城)과 현포(玄圃)는 모두 신선이 산다는 곳이다. 적성은 흙
빛이 모두 붉다는 천태산(天台山)의 다른 이름이고, 현포는 선인(仙人)이
산다는 곤륜산의 전설상 동산이다. 즉 촉석루가 있는 이곳의 경개가 신
선이 산다는 적성이나 현포보다 못하지 않다는 뜻으로 이런 이름을 쓴
것이다.

담암의 또 다른 시 '송 강릉도안렴사 김선생시(送江陵道按廉使金先生
詩)'는 강릉도 안렴사로 나가는 문인 김구용((金九容·1338~1384)을 전송
하며 지은 작품이다. 이 시는 〈담암일집〉에는 게재되어 있지 않으나 김
구용의 문집 〈척약재학음집(惕若齋學吟集)〉의 척약재유고외집에 실려 있
다. 김구용이 강릉도 안렴사로 나간 것은 1371년(공민왕 20)인데 이때 담

암을 비롯해서 야은(野隱) 전녹생(田祿生) 등이 시를 지어 보냈고, 서문은 목은 이색(李穡)이 지었다. 담암의 나이 69세 때이다. 이 시에는 결자(缺字)가 많아 정확한 해독이 어려우나 대략의 뜻을 이어보자면 이렇다.

나는 유도(儒道)를 따랐으나[吾從儒者流]

늙어서도 이룬 바가 없다[老矣無所成]

세상이 모두 ○○를 좇아도[世皆趨①②]

○는 등불 가까이 하련다[③觸燈火明]

누가 우리 도(道)의 족함을 알리요?[誰知吾道足]

겸기(兼氣)로 성정(性情)을 논한다[兼氣論性情]

○○한 그대는 기(氣)가 있으니[④⑤君有氣]

온화하게 스스로 성실함을 귀하게 여기게[溫溫貴自誠]

수신(修身)을 하면 백성 다스리기 쉬우니[身修民易治]

진정 천하의 으뜸가는 인물이 되게나[眞得斗南⑥]

강릉은 무릇 강성(强盛)한 번진(藩鎭)인데[江陵是雄鎭]

신라 때는 ○경이라 칭했던 곳[羅代稱⑦京]

옛사람이 놀던 땅이다[古人遊⑧地]

산은 높고 물 더욱 맑아[山高水益淸]

이국적일뿐더러 취상(趣尙)과 어울린다[異境協趣尙]

가을바람 고삐잡고 가며[秋風按轡行]

덕을 쌓는 데는 마땅히 과묵한 얼굴 지녀야 하고[德蘊宜默容]

시절이 태평하면 휘정(彙征)을 간과하기 쉽다[時泰看彙征]

목은의 말이 가히 경계가 되리니[牧隱言可警]

중현(仲賢)이 능히 ○○하리라[仲賢能⑨⑩]⁷⁾

원문의 ①에서 ⑩까지가 결자인데 운(韻)이나 뜻으로 보자면 ①②는
富貴, ③은 吾, ④⑤는 卓然, ⑥은 星, ⑦은 箕, ⑧은 覽, ⑨⑩은 視聽이
아닌가 여겨진다. 물론 추정이지만 이 글자를 넣어서 이 시를 다시 보면
다음과 같이 된다.

나는 유도(儒道)를 따랐으나[吾從儒者流]

늙어서도 이룬 바가 없다[老矣無所成]

세상이 모두 부귀를 좇아도[世皆趨富貴]

나는 등불 가까이 하련다[吾觸燈火明]

누가 우리 도(道)의 족함을 알리요?[誰知吾道足]

겸기(兼氣)로 성정(性情)을 논한다[兼氣論性情]

탁연한 그대는 기(氣)가 있으니[卓然君有氣]

온화하게 스스로 성실함을 귀하게 여기게[溫溫貴自誠]

수신(修身)을 하면 백성 다스리기 쉬우니[身修民易治]

진정 천하의 으뜸가는 인물이 되게나[眞得斗南星]

강릉은 무릇 강성(强盛)한 번진(藩鎭)인데[江陵是雄鎭]

신라 때는 기경(箕京·동북의 서울)이라 칭했던 곳[羅代稱箕京]

옛사람이 놀던 땅이다[古人遊覽地]

산은 높고 물 더욱 맑아[山高水益淸]

이국적일뿐더러 취상(趣尙)과 어울린다[異境協趣尙]

가을바람 고삐잡고 가며[秋風按轡行]

7) 김구용(金九容), 〈척약재학음집(惕若齋學吟集)〉 척약재유고외집(惕若齋遺稿外集), 송 강릉도 안렴
사 김선생시(送江陵道按廉使金先生詩)

덕을 쌓는 데는 마땅히 과묵한 얼굴 지녀야 하고[德蘊宜默容]

시절이 태평하면 휘정(彙征)을 간과하기 쉽다[時泰看彙征]

목은의 말이 가히 경계가 되리니[牧隱言可警]

중현(仲賢)이 능히 보고 들으리라[仲賢能視聽]

이 시에서 담암은 겸기(兼氣)로 성정(性情)을 논하는 유도(儒道)를 따라 수신(修身)과 학문적 성취, 도덕적 수양(修養)을 한 후에라야 백성을 잘 다스릴 수 있다고 보고 있다. 이는 유학자 일반이 강조하는 이른바 수신(修身)·제가(齊家)·치국(治國)·평천하(平天下)와 다르지 않고, 칠정(七情)의 발(發)을 겸기(兼氣)라고 파악한 후세 유학자들의 견해와 상통하거니와 이를 언급하면서 담암은 강릉도 안렴사로 나가는 자랑스러운 제자 김구용에게 특히 간곡한 당부의 말을 아끼지 않고 있다. 〈고려사〉 열전 김방경(金方慶) 전에 부기된 김구용과 김제안(金齊顔·?~1368)의 전기를 보면 이들 형제는 무장 김방경의 후손답게 원칙주의자에 좀 강개(慷慨)한 성품을 지닌 인물들이었던 것 같다. 김구용은 공민왕 사후 북원의 사신이 가져온 글을 문제 삼아 이를 받아들여서는 안 된다고 주장하다가 이숭인·정도전·권근 등과 함께 귀양을 갔다.

담암은 이런 성품의 제자에게 온온(溫溫)이나 수신(身修), 묵용(默容), 휘정(彙征) 등의 단어를 써서 두남(斗南·천하)의 별(=큰 인물)이 되라고 당부하고 있는 것이다. 여기서 휘정(彙征)은 여럿이 함께 나아간다는 의미다. 〈주역〉 지천태(地天泰)괘 초구(初九)에 '띠 풀을 뽑아서 그 무리로써 함께 가니 길하다[發茅茹 以其彙征 吉]'라는 구절이 있다. 이는 군자가 등용되면 혼자만 가는 것이 아니라 그 동료들까지 다 데리고 간다는 뜻이다. 태괘 초구는 재야의 군자로서 은둔해 있지만 음양의 조화를 이루어 호시절에는 동지와 함께 영달을 도모하는 상이라고 한다. 고로 띠 뿌리처럼 얽혀서 가면 길한 것이다. 그러니 담암이 김구용에게 당부하는 뜻은 무엇이든 혼자서 독단적으로 나아가지 말고 휘정을 염두에 두라는 것으로 볼 수 있다. 그리고 '목은의 말이 가히 경계가 되리니'라는 부분은 이색이 쓴 서문을 살펴보면 '임금께서 바야흐로 학교를 일으켜서 교화(敎化)를 앞세우고 형명(刑名)을 뒤로 하고 있는데도 유술(儒術)의 효과가 환하게 드러나지 않은 지가 오래되었다. 그러므로 세상에서는 오히려 이를 두고 오활(迂闊)하다면서 비방하는 일을 그치지 않고 있는 형편이다. 그런데 선생은 이미 〈대학〉에 밝다는 이름을 얻었고, 게다가 성균관의 교관(敎官)을 거쳐서 안렴사가 된 것이 또 선생으로부터 비롯되었고 보면, 선생이야말로 더욱 힘을 기울여야만 할 것이다. 나 역시 앞으로 〈대학〉의 실효(實效)가 어떻게 나타날지 눈을 씻고 기다려 보려 한다.[8]라는 구절이 나오는데, 담암이 목은의 말에서 경계를 삼아라는 당부는 바로 이 구절이 아닌가 싶다. 김구용은 경학, 특히 〈대학〉에 밝아서 1367년(공민왕 16) 성균관이 중영되자 정몽주·박상충·이숭인 등과 함께 교관으로 선발되어 성리학을 일으키는 데 힘썼던 사람이다. 담암이 김구용에게 한 당부는 안렴사로 나가서는 학교를 세워 교화를 앞에 두고 형명을 뒤로 하여 임금의 덕과 유술의 효과를 환하게 밝혀달라는 내용일 것이다. 맨 마지막 행의 중현(仲賢)은 김구용의 동생 김제안의 자이다. 김제안의 졸년이 1368년(공민왕 18)이고, 김구용의 안렴사 부임은 1371년(공민왕 20)이므로 이 시가 지어질 당시 김제안은 이미 고인이었

---

8) 김구용, 〈척약재학음집〉 척약재유고외집 및 이색, 〈목은문고〉 권7 서(序), 송 강릉도 안렴사 김선생시 서문, 원문은 …上方興學校 先敎化而後刑名 然儒之效不白久 世猶以迂闊誚訓之不止也 先生旣以明 大學稱 由成均敎官爲按廉者 又自先生始 其尙勉之哉 予將刮目以竢夫大學之有實效…

다. 따라서 '중현이 능히 보고 들으리라'는 말은 자네의 동생 중현이 지하에서 지켜보고 있으니 안렴사 업무를 잘 하고 돌아오라는 간곡한 당부의 다른 표현일 것이다.

요컨대 담암이 위의 시를 통해 제자 김구용에게 주고자 하는 취지는 겸기(兼氣)와 성정(性情)에 기반을 둔 유도(儒道)에 따라 수신과 학문적 성취와 도덕적 수양을 해야 하며, 이를 마친 후에 치민(治民)을 하면 그 일이 쉽게 된다는 것이다. 이는 비단 김구용에게만 주는 것이 아니라 담암 자신에게 주문한 내용이기도 할 것이다. 그동안 담암의 일생을 살펴보면 이러한 학문과 덕행에 대한 소신을 가지고 현실정치에 참여하여 혼란한 시대를 광정(匡正)하려는 노력을 아끼지 않은 것으로 보이기 때문이다.

따라서 담암이 생각하는 좋은 시란, 모름지기 뜻을 말함으로써 흥기할 수 있고, 관감(觀感)할 수 있고, 가깝게는 부모와 멀리는 인군을 섬길 수 있는 것이어야 한다. 즉, 모두 성정(性情)에서 우러나야 바야흐로 시라고 말할 수 있는 것이다. 그는 이런 관점에 따라 스스로 시를 짓고, 남의 시를 평가하기도 했다.

2, 척약재설과 동재설, 그리고 만사(輓詞)

대체로 인간은 사물을 보거나 남의 말을 듣거나 해서 이를 인식하고, 이 인식한 바를 머리나 가슴에 저장한다. 그리고 저장한 바를 나름대로 이해해서 다시 풀어내어 말을 하거나 글을 쓰게 된다. 이 말을 듣거나 읽은 다른 사람은 또 이를 인식해서 자신의 머리나 가슴에 저장하여 나름대로 새기게 되며, 일정한 계기가 되면 이를 말이나 글로 풀어서 다른 사람에게 전달한다. 인간의 역사를 돌아보면 실로 이런 과정의 연속이라고 할 수 있다. 그런데 인식과 표현 사이에는 많은 모순이 게재되어 있음이 사실이다. 가령 A란 사람이 어떤 책을 읽거나 남의 말을 듣고 이해를 한다고 하지만 100% 완벽하게 이해하고 인식할 수는 없다. 여기에 1차적인 모순이 게재된다. 이런 상태에서 A가 말을 하거나 글을 써서 B에게 전달한다고 하면 A가 자신의 뜻을 완벽하게 표현하는 것은 불가능하다. 여기에 또 2차적인 모순이 개입된다. 이렇게 보자면 인간의 지식전달체계는 무한한 모순의 연속 가운데서 이루어지는 셈이다. 그래서 〈주역〉을 만든 성인은 문자가 가진 한계를 알고 문자 대신 괘라는 상징을 선택했다고 한다. 〈주역〉 계사전(繫辭傳) 상 12장에 있는 공자의 말은 이런 사정을 전하고 있다.

　글로는 말을 다 표현할 수 없고, 말로는 마음속의 뜻을 다 표현할 수 없다. 그렇다면 성인의 뜻을 볼 수 없는 것인가? 아니다. 그래서 성인은 상징을 세워 자신의 뜻을 완전하게 표현했고, 괘(卦)를 만들어 자신의 진실과 거짓을 다 표현했으며, 괘 효(爻)에 사(辭)를 붙여 그 언어를 다 표현한 것이다.

글로는 말을 다 표현할 수 없고, 말로는 마음속의 뜻을 다 표현할 수 없다는 말은 마음과 말, 말과 글 사이에 있는 모순을 지적했다는 점에서 수긍이 가지만, 성인이 상징을 세워 자신의 뜻을 완전하게 표현했고, 괘를 만들어 자신의 진실과 거짓을 다 표현했으며, 괘 효에 사를 붙여 그 언어를 다 표현했다는 부분은 여전히 미덥지 않다. 공자의 이 말이 맞는다면 〈주역〉을 이해하는 것이 왜 그렇게 어려우며, 〈주역〉에 대한 해석이 왜 사람마다 제 각각인가? 성인은 상징을 세워 자신의 뜻을, 괘를 만들어 자신의 진위(眞僞)를, 괘 효에 사(辭)를 붙여 언어를 표현했다고 한다. 하지만 범인(凡人)들은 상징을 통해 성인의 뜻을, 괘를 통해 성인의 진위를, 괘 효의 사를 통해 성인의 언어를 파악해야 하는 어려움이 있다. 그러다 보니 〈주역〉은 난해하고 사람마다 해석이 달라지는 것은 아닐까?

인간이 시간과 공간의 제약을 받는 한 이 모순에서 벗어날 수가 없을 것이다. 담암이 살았던 고려 후기를 지금 우리 시대로 당겨올 수가 없고, 담암이 살았던 개경이나 영해 등의 공간을 지금 여기로 가져올 수도 없는 것이다. 인간의 이런 한계를 극복해보려는 의지의 산물이 바로 문자라고 여겨지는데, 이것은 앞에서 본대로 그 나름의 모순을 지니고 있는 것이다. 따라서 우리가 여기서 담암의 글을 통해 그의 생각을 읽어보려고 하지만 그 실체를 완전하게 파악했다고는 할 수가 없다. 그럼에도 불구하고 담암이 남긴 글이나 다른 사람이 담암에 대해서 쓴 글을 읽지 않고서는 그를 알아낼 도리가 없다. 이런 한계와 모순을 인정하면서 담암이 쓴 척약재설(惕若齋說)과 담암에 대해서 이달충(李達衷·1309~1384)이 쓴 동재설(動齋說), 그리고 윤소종(尹紹宗·1345~1393)이 쓴 담암 백충간공문보 만사(淡庵白忠簡公文寶輓詞)를 통해 담암의 실체를 조금이나마 더 알아보려고 한다.

성균관(成均館) 직강 김백은(金伯誾) 군이 〈주역〉 건(乾)괘의 구삼(九三) 효(爻)에서 척약(惕若) 두 글자를 따 그 서재의 이름을 붙이고 나에게 설(說)을 지어 주기를 부탁했다. 내가 어찌 〈주역〉의 깊은 뜻을 발명하여 군이 서재의 이름을 붙인 취지에 들어맞게 할 수 있겠는가? 서재에 대해서는 놀고 휴식하는 의미를 붙이기도 하고, 좋아하며 즐기는 의미를 붙이기도 하고, 물색(物色)의 좋아하는 명칭을 붙이기도 하는 것이 일반적인 것인데, 군은 홀로 척약(惕若)으로 경계를 삼았으니 어찌 그 의의가 없겠는가? 나는 일찍이 세상을 살면서 남의 걱정을 보고 자기의 걱정으로 생각하며, 남이 두려워하는 것을 듣고 자기가 두려워하는 것처럼 생각하여, 걱정하며 두려워하는 경계가 있으면 마음이 태연스럽지 못했다. 이러한 생각이 조금만 나타나도 나의 기운은 불만스럽게 움츠러든다. 내가 통틀어 이를 잊어버리려하고 마음을 안정시키며 기운을 자연스럽게 가지면, 그런 뒤에 나의 기운은 쾌활해지고 조금도 움츠러든 곳이 없게 된다. 맹자(孟子)가 기운을 길러서 저해함이 없게 한 방법은 마음을 움직이지 않는 것이었다. 이제 걱정하며 두려워한다는 뜻을 보면 또한 그 마음을 벌써 움직이지 않게 된 것이다. 사람의 마음이 치우쳐 있으면 언제나 그 정상적인 것을 얻지 못하고, 두려워하거나 공경하거나 거만하거나 태만함에 따라서 언제나 치우쳐지는 것인데, 군의 마음에는 이러한 상태가 없는 줄로 나는 안다. 내가 어찌 마음이 동요하겠는가. 군이 이미 국학(國學)에서 강의를 맡고 있고, 여러 학생은 반드시 도학이 있는 학자에게 나아가서 학문을 닦는다. 도학이 있기를 희망하는 자는 학문을 반드시 닦으며 덕을 반드시 향상시킬 것이다. 닦아서 발전되지 못하면 반드시 걱정하며 두려워할 것이고, 향상시키는 것이 제대로 되지 않으면 반드시 걱정하며 두려워할 것이다. 종일토록 노력하다가 저녁에까지 이르며, 저녁에 걱정하며 두려워하여 위태롭게 여기는 데까지 이르게 되는 것은 마음에 두려움을 가지어 정상적인 상태를 갖지 못하는 것과는 다른 것이다. 이렇게 생각하면 과거에 동요되던 나의 마음이 도리어 동요되지 않을 것이다. 두려울 척(惕)자는 마음 심(心)과 바꿀 역(易)을 합쳐서 만든 글자다. 마음은 언제나 평소에 소홀해지기 쉬운 법이니, 평소에 마음을 반드시 바꾸어 가지는 것은, 경계하고 삼가며 공경하고 두려워할 일이다. 경계하고 삼가며, 공경하고 두려워하는 것은 어떻게 하는 것인가? 오히려 학문을 닦지 못하고 덕이 향상되지 못함을 두려워할 것이니, 그리하면 닦기를 반드시 널리 하며, 향상하기를 반드시 높이는데 이르게 될 것이다. 높으면 크게 될 수 있으며, 넓으면 장구하게 될 것이다. 처음은 두려워하며 이를 곳을 알아 장구하며 크게 되는 경지에까지 이르게 되고, 끝에 이르러서는 아무런 허물이 없게 되며 끝을 알아 처하는 바가 태연해질 것이니 이것을 가지고 천하와 국가를 다스린다면 어려움이 없을 것이다. 건괘의 구삼은 강한 것이 중첩된 것이어서 훌륭한 덕이 벌써 나타나고 사람들이 그에게로 돌아가게 되는 위치이므로 그 자리에 있는 것이 불안스럽다. 그러므로 진퇴(進退)와 동식(動息)에 있어서 반드시 그 도리에 정확하게 하며, 날마다 주의하고 두려워하며 남을 위하여 충성스럽지 않게 한 일이 없었는가, 사람과 사귀면서 미덥지 않게 한 일이 없었는가를 생각해야 할 것이다. 충(忠)과 신(信)이란 덕을 향상시키는 것이며, 충성과 믿음이 마음에 자리를 잡고 한 가지 생각이라도 절실하지 않은 것이 없음은 학문을 실천하는 것이다. 이렇듯 걱정하며 두려워하는 생각을 가진 사람은 반드시 끝이 있을 것이라고 말하지 않을 수 없다. 시작과 끝이 있는 것은 오직 군자만이 할 수 있는 일이다. 내가 척약재(惕若齋)에 대해 이렇게 설(說)을 지었으니 그대는 노력하기 바란다[成均直講金君伯誾 取易乾九三爻惕若二字 扁其齋 而屬余說 何足發易之微意 合乎君之名齋者也 凡居齋 或以遊息 或以嗜樂 以至乎物色之尙 皆是也 君獨以惕若爲戒者 豈無謂賤 予嘗居乎世也 見人之憂 如己之憂 聞人之懼 如己之懼 憂懼之戒 心焉未安 此念纔發 吾之氣便慊然餒矣 吾欲擧而忘此 平其心易其氣 然後吾之氣浩然無是餒矣 孟子之所以養而無害者 不動心也 今觀惕若之意 又不旣動心焉乎 夫人心之偏 常不得其正之其所畏敬傲惰而僻焉 吾知夫君之心無是也 吾何動焉 君旣官直講國學 而諸生必就正於有道 欲有道者 業必修德必進 修之未至 必惕若 進之未至 必惕若 終日乾乾以至夕 夕惕若以至厲 此與恐懼乎心而不得其正者異矣 思之向者動吾心者 反不動矣 夫惕者 從心從易 蓋心常忽於常 居常而心必易 戒謹敬畏之事也 戒謹敬畏者如何 猶恐業之不修德之不進 以至乎修之必廣進之必崇 崇則

可大 廣則可久 始焉惕若 知至而至于久大 終焉無咎 知終而處之泰然 以此措
之天下國家 則無難矣 以乾之九三爲重剛 賢德己著而人歸之 此處之未安 進
退動息 必以其道 日以惕厲日 爲人謀而不忠乎 與人交而不信乎 忠信 所以進
德也 忠信主於心而無一念之不實 所以居業也 此未始不爲惕若者有終也 有始
有終 其惟君子乎 予於惕若齋 爲說如此 君其勉旃]⁹⁾

담암이 자신의 문인 김구용(1338~1384)에게 써준 호설(號說)인 척약
재설이다. 여기서 담암이 말하는 대성(大成)괘인 중천건(重天乾)의 구삼
효는 소성(小成)괘인 하(下)괘 건(乾)의 가장 위쪽에 자리한 효(爻)다. 중
천건의 6효를 차례대로 보면 초구(初九)는 잠룡물용(潛龍勿用), 구이
(九二)는 현룡재전(見龍在田) 이견대인(利見大人), 구삼(九三)은 군자종일
건건(君子終日乾乾) 석척약무구(夕惕若无咎), 구사(九四)는 혹약재연무구
(或躍在淵无咎), 구오(九五)는 비룡재천(飛龍在天) 이견대인, 상구(上九)
는 항룡유회(亢龍有悔)다.

사실 중천건은 양(陽)을 뜻하는 가로 막대기 여섯 개뿐이다. 김구용
이 호로 삼은 척약은 이 가운데 밑에서 세 번째에 자리한 막대기인 것
이다. 군자종일건건(君子終日乾乾) 석척약무구(夕惕若无咎)에 대한 〈주역
〉의 효사(爻辭)는 '군자가 하루 종일 쉬지 않고 노력하고 밤에는 반성하
며, 삼가고 조심하면 위태하지만 허물은 없다'라고 되어 있다. 공자는 이
효사의 의미를 이렇게 다시 풀어 설명하고 있다.

군자는 덕을 기르고 업(業)을 닦기 위해 노력한다. 충(忠)과 신(信)에 힘쓰는

9) 〈담암일집〉 권2 및 김구용, 〈척약재학음집〉 척약재유고외집, 척약재설

것은 덕을 기르기 위한 것이요, 말을 바르게 하고 마음을 정성되게 가지는 것은 업을 닦기 위한 것이다. 때가 이렀음을 알면 곧 일어선다. 그러므로 함께 기미(機微)를 말할 수 있고, 그쳐야 할 때가 되었음을 알면 곧 물러선다. 그러므로 함께 의(義)를 지킬 수가 있다. 그런 까닭에 높은 지위에 있어도 교만하지 않고, 낮은 자리에 있어도 근심하지 않으며, 쉼 없이 자신을 반성하고 조심한다. 그리고서야 비록 위태한 일이 있을지라도 허물이 없을 수 있는 것이다[君子進德脩業 忠信 所以進德也 修辭立其誠 所以居業也 知至至之 可與言幾也 知終終之 可與存 義也 是故居上位而不驕 在下位而不憂 故乾乾 因其時而惕 雖危无咎矣][10]

중천건의 구삼 효는 강건한 기운이 충만해 있기는 하지만 아직 하늘에 오른 비룡(飛龍)은 아니다. 그렇다고 잠겨있는 잠룡(潛龍)도 아니다. 함부로 움직일 수 없는 단계를 지나 비로소 때를 만난 단계라고 할 수 있다. 따라서 이미 드러난 현룡(見龍)으로서의 잠재력을 쉼 없이 개발할 단계라고 할 수 있는 것이다. 그러나 아직 완성된 단계는 아니기 때문에 때에 따라서는 반성하고, 삼가고, 조심해야 하는 단계이다. 담암은 김구용이 급제하여 성균(成均) 직강(直講)으로서 세상에는 드러났으나 아직 크게 현달한 단계는 아니므로, 그의 위치를 중천건 구삼 효의 의미와 관련해서 그의 호설을 썼다고 여겨진다. 한편 중천건의 구삼 효가 변한 지괘는 천택리(天澤履)이다. 천택리는 위가 건삼련(乾三連)이고, 아래가 태상절(兌上絶)이다. 즉 중천건의 구삼효 자리만 음효로 변하고 나머지는 양효 그대로인 것이다. 천택리의 밟을 리(履)는 '끝없이 이행(履行)하는 것'을 말한다. 인간 세상은 자고로 구삼 효처럼 위태로운 곳인지도 모른

---

10) 〈주역〉 중천건(重天乾) 문언전(文言傳)

다. 하지만 종일토록 굳세게 노력하고 저녁에 두려워할 줄 알면 허물이 있을 리 없다. 천택리의 괘사에 '호랑이 꼬리를 밟아도 사람을 물지 않으니 형통하다[履虎尾 不咥人 亨]'라고 한 것은 '호랑이 꼬리를 밟은 위태로운 형국이지만 저녁에 척약(惕若)하는 자세로 조심하고 굳건히 이행하면 형통하다'라는 뜻이 될 것이다.

담암은 김구용이 위치한 현실을 〈주역〉의 괘를 들어 설명하고 군자로서의 수양을 권면하고 있는데, 이러한 담암의 특징적인 문장표현 기법은 앞에서 본 율정설에도 나타나 있다. 즉 한 인물의 특징적인 이력이나 현재 위치를 사물이나 고전 속의 이론에서 이끌어내어 대비시키고, 거기서 과거를 반추하고 현재와 미래를 반성하거나 전망토록 하는 방법이다. 이는 사물에 대한 세심한 관찰과 깊은 사색이 전제되지 않고서는 결코 나올 수 없는 기법이라고 할 수 있다.

'세심한 관찰과 깊은 사색'을 할 수 있는 성격적 특징은 어떤 것일까? 확언할 수는 없지만 담암의 성격은 호방한 무인적 기질과는 다소 거리가 있는 성격적 특징을 가졌을 것으로 추정된다. 즉 치밀하고 신중한 편이었다고 여겨지는 것이다. 이는 척약재설에 나오는 담암 자신의 얘기를 통해서도 엿볼 수 있다. 즉 '나는 일찍이 세상을 살면서 남의 걱정을 보고 자기의 걱정처럼 생각하며, 남이 두려워하는 것을 듣고 자기가 두려워하는 것처럼 생각하여, 걱정하며 두려워하는 경계가 있으면 마음이 태연스럽지 못하고, 이러한 생각이 조금만 나타나도 나의 기운은 불만스럽게 움츠러든다.'는 부분이다. 이런 성격은 대개 거짓말을 못하며 얼렁뚱땅 남을 기만하거나 남이 언짢게 여기는 짓을 못하는 특징이 있다. 이런 성격이다 보니 이어서 나오는 '내가 통틀어 이를 잊어버리려하고 마음을 안정하며 기운을 자연스럽게 가지면, 그런 뒤에 나의 기운은 쾌활해지고 조금도 움츠러든 곳이 없게 된다.'는 표현처럼 거짓말을 하거나 남을 속이면 스스로가 못 견디는 그런 성품이었던 것 같다. 염결정직(廉潔正直)한 성격이었다는 〈고려사〉 열전의 기사와도 부합하는 성격적 특징이라고 할 수 있다.

담암의 또 다른 호 동재(動齋)에 대해 이달충이 쓴 동재설에서도 담암의 이러한 성격이 어느 정도 감지된다.

상시(常侍) 백공(白公) 문보(文寶)가 일찍이 동재설(動齋說)을 지으라는 명(命)이 있었지만, 내가 감히 못한 지가 오래 되었다. 지금 공이 관동(關東)의 존무사로 떠나게 되어 군자들이 모두 시(詩)가 있는데, 나는 우환이 있은 이래로 시가 더욱 졸렬해져 능히 노래하여 읊지는 못하고, 우선 동재설로 작별을 하여 하루 저녁의 이야기꺼리를 삼는 것이니, 보는 이는 꾸짖지 말기를 바란다.

동(動)함으로 말미암아 길·흉·회(悔)·인(吝)이 생겨나니 비록 성인이라도 일찍이 여기에 마음을 쓰지 않은 이가 없다. 그러므로 예가 아니면 하지 않고 착하다고 생각하면 그대로 하여서, 그 고요할 때를 당하여 성(誠)과 경(敬)으로 기르지 않으면 그 발하는 것이 혹 조급하고 망령된 데로 돌아갈 것이니, '동하는 때[動之時]'라는 뜻이 대단히 큰 것이다. 건괘(乾卦)의 상(象)에 말하기를 '하늘이 행하는 것은 건장하니 군자가 이를 보고서 스스로 힘써 쉬지 않는다.' 하였다. 행하여 건장한 것은 움직임의 지극한 것이니, 군자가 그대로 하면 강하고 또 쉬지 않는 것이다. 그러나 오히려 써서는 안 되는 잠(潛)이 있고 후회가 따르는 항(亢)이 있다. 그러므로 혹 보여서 밭에 있기도 하고 혹 뛰어서 못에 있기도 하니, 더욱 두려워하고 또 가다듬은 연후에야 의미 있는 일을 할 수 있는 것이다. 만일 때가 아닌데 움직이면 반드시 위태할 것이다. 동(動)에 잘 처하는 자는 반드시 때를 기다리고 반드시 때에 순응하는 것이니, 때라는 것은 기미(幾微)다. 기미를 보아서 움직이는 자는 오직 군자뿐이다. 직산(稷山) 백상시(白常侍)가 그 거처하는 곳에 편액(扁額)하기를 동재(動齋)라 하였으니, 그 스스로 처하는 것이 크지 않은가? 나는 들으니 동(動)과 정(靜)의 이치가 고리 돌듯 끝이 없어서, 고요하면 움직이고 움직이면 고요하여 서로 그 뿌리가 되어 터럭만한 간격도 없으니, 한결같이 고요하기만 해도 안 되고 한결같이 움직이기만 해서도 안 된다고 한다. 공이 동(動)을 취한 것은 그 뜻이 어디에 있는가? 내가 생각해도 알지 못하여 이에 동(動) 자를 벽에 써 놓고 그 뜻을 관찰하여 묻는 이가 있으면, '아무 공의 편액이다.' 하였다. 혹자는 말하기를, '공이 어질고 후한 데는 지나치고 용맹하고 과감한 데는 부족하니, 장차 스스로 면려(勉勵)하려는 것인가?' 하고 혹자는 말하기를, '저것을 하고자 하면 반드시 이것으로 말미암는 것이 또한 이치인데, 공의 명망이 나날이 높아져서 가릴 수 없으므로, 장차 동(動)으로 말미암아 정(靜)을 구하려는가?'라고 하지만 그것이 아니다. 앉아라. 내가 그대에게 얘기를 하겠다. 한 번 음(陰)이 되고 한 번 양(陽)이 되는 것을 도(道)라고 하는데 동과 정의 뜻이다. 성인은 양을 귀하게 여기고 음을 천하게 여기니, 장차 성인의 무리가 되려는 자가 어찌 힘쓸 바를 알지 못해서야 되겠는가. 공의 움직이는 것이 안으로는 내 임금을 요(堯)와 같이 만들고, 밖으로는 내 백성을 요의 백성같이 만들어서, 큰 꾀를 펴서 밝히고 지극한 다스림을 충분히 익혀 그 극(極)이 아니면 멈추지 않는다면, 그 동(動)함이 어떠하겠는가? 그러나 이 또한 공의 움직임이 될 수는 없다. 이 재(齋)에 있을 때에 옷깃을 정제하고 얼굴을 엄숙히 하여 고요하게 생각하고 일하는 것 없이 꼼짝 않고 앉아 있으면, 사람들이 그 정(靜)인 것만 알고 '움직이지 않는 움직임[不動之動]'이 있다는 것은 알지 못한다. 공이 일찍이 정(定)·정(靜)·안(安)의 경지를 거쳐, 대화(大化) 성신(聖神)의 나라에 놀고, 지선(至善)의 집을 주장하여 쓰임을 구했다. 하루는 임금이 명광전(明光殿)에 앉아서 공을 불러보고 천하의 일을 물었다. 대답하는 것이 뜻에 맞아서 임금이 심히 기뻐하며 말하기를, '짐이 장차 크게 쓰겠다.' 하고 중화(中和)의 술을 주자, 공이 마시고 취하여 돌아와 거처하는 재(齋)에서 쉬었다. 혹자는 말하기를, '하늘이 명한 것이다.'라고 했다.[11]

담암이 관동 존무사로 나간 것은 1345년(충목왕 1)이고, 이때 그의 나이는 43세였다. 따라서 이때까지 담암은 동재라는 호를 썼을 것으로 추정된다. 그러다가 언젠가부터 담암이란 호 하나를 더 갖게 되었을 것이다. 이달충은 담암보다 여섯 살 아래의 후배로, 담암에 대해 잘 알고 있는 사람 중 하나였다. 따라서 담암의 또 다른 호 동재에 대해서도 왜 그런 호를 갖게 되었는지 어느 정도는 알고 있었을 것이다. 앞에서 김구용의 호 척약(惕若)이 〈주역〉 중천건 괘에서 유래한 것처럼 담암의 호 동재역시 이 괘에서 나온 듯하다. 이달충은 그래서 건괘(乾卦) 상(象)에 나오는 '하늘이 행하는 것은 건장하니 군자가 이를 보고서 스스로 힘써 쉬

11) 〈담암일집〉 부록 권1 및 이달충(李達衷), 〈제정집〉 권3 설(說), 동재설(動齋說), 원문은 常侍白公文寶
嘗有說動之命 而予不敢者久矣 今公之存撫關東也 君子皆有詩 予有憂患來 詩益拙 不能爲之歌詠 姑
以動齋說爲別 以代一夕之話 觀者幸毋誚 動也者 吉凶悔吝之所由生 雖聖人未嘗不致意於此 故非禮
則勿之 慮善則以之 方其靜也 不養之以誠敬 則其發也 或歸於躁妄矣 動之時義盛矣哉 乾之象曰 天行
健 君子以 自强不息. 行而健動之至也 而君子以之則强且不息. 然猶有勿用之潛 有悔之亢 故或見而田
或躍而淵 且惕以厲 然後可以有爲也 苟非其時 動必殆矣 善處動者 必待時必順時 時者 幾也 見幾而
動者 其惟君子乎 稷山白常侍扁其所居曰動齋 其所以自處者不旣丕乎 予聞之 動靜之理 循環無端 靜
而動 動而靜 互爲其根 而無毫髮之間 一於靜不可 一於動亦不可 而公之所以取動者何居 予思之不得
乃題動于壁而觀其義 有問則曰 某公之扁 或曰 公過於仁厚而歉於勇敢 其將以自勵乎 或曰 欲彼必由
此 亦理也 公之名日騰而不可掩 故將由動而求靜也 非也 居 吾語子 一陰一陽之謂道 動靜之義也 聖
人貴陽而賤陰 將爲聖人之徒者 寧可不知其所勵哉 公之動也 內而堯吾君 外而堯吾民 敷闖大猷 優游
至治 不極不止 其爲動爲如何哉 然亦不足爲公之動 公之居是齋也 整襟肅容 寂無思爲 凝然而坐 人
知其爲靜 而不知其有不動之動也 公嘗由定靜安慮之鄉 遊于大化聖神之國 主至善之家 而求用焉 一
日 上御明光殿 召見公 問以天下之故 對稱旨 上甚悅曰 朕將大用 賜以中和之酒 公輒爾而醉 休于所
居之齋 或曰命之矣

지 않는다[天行健 君子以自强不息]'는 말을 인용하고 있는 것이다. 이달충은 이어서 '행하여 건장한 것은 움직임의 지극한 것이니, 군자가 그대로 하면 강하고 또 쉬지 않는 것이다. 그러나 오히려 써서는 안 되는 잠(潛)이 있고 후회가 따르는 항(亢)이 있다. 그러므로 혹 보여서 밭에 있기도 하고 혹 뛰어서 못에 있기도 하니, 더욱 두려워하고 또 가다듬은 연후에야 의미 있는 일을 할 수 있는 것이다'라고 하여 건괘 상(象)의 나머지 부분을 해설하듯 언급하고 있다. 건괘 상(象)의 내용은 이렇다.

잠긴 용을 쓰지 말라고 한 것은 양(陽)이 아래에 있기 때문이다.
나타난 용이 밭에 있다고 한 것은 덕을 베푸는 것이 넓다고 한 것이다.
종일토록 부지런히 노력한다고 하는 것은 도를 반복해서 실천하는 것이다.
혹 뛰거나 연못에 있다고 하는 것은 나아가는 것이 허물이 없다는 것이다.
나는 용이 하늘에 있다고 하는 것은 대인(大人)이 일어나는 것이다.
너무 높게 있는 용이 뉘우침이 있다는 것은 가득 찬 것이 오래 가지 못한다는 것이다.
구(九)를 쓴 것은 천덕(天德)은 가히 우두머리가 될 수 없음을 뜻하는 것이다.
[潛龍勿用 陽在下也, 見龍在田 德施普也, 終日乾乾 反復道也, 或躍在淵 進无咎也, 飛龍在天 大人造也, 亢龍有悔 盈不可久也, 用九 天德不可爲首也][12]

따라서 이달충이 언급한, 행하여 건장하다는 것은 행건(行健)을 말한 것이며, 군자가 그대로 하면 강하고 또 쉬지 않는 것이란 말은 군자이(君子以)자강불식(自强不息)을 말함이다. 써서는 안 되는 잠(潛)이란 잠룡물용(潛龍勿用)을, 후회가 따르는 항(亢)이란 항룡유회(亢龍有悔)를, 혹 보

---

12) 〈주역〉 중천건 상(象)

여서 밭에 있기도 하다는 것은 현룡재전(見龍在田)을, 혹 뛰어서 못에 있기도 한 것은 혹약재연(或躍在淵)을 이르는 것이다. 그렇지만 더욱 두려워하고 또 가다듬은 연후에야 의미 있는 일을 할 수 있다고 하여 의미 있는 일을 하려면 먼저 더욱 두려워하고, 또 가다듬어야 한다고 말했다. 왜냐하면, 때가 아닌데 움직이면 반드시 위태할 것이기 때문이다. 이달충은 여기서 '동(動)'의 의미를 도출하여 담암의 호 동재가 지닌 뜻을 새기고 있다. 즉 '동에 잘 처하는 자는 반드시 때를 기다리고 반드시 때에 순응하는 것이니, 때라는 것은 기미(幾微)다. 기미를 보아서 움직이는 자는 오직 군자뿐'이라고 하여 동(動)자를 호에 쓴 담암이 동에 잘 처하여 반드시 때를 기다리고 반드시 때에 순응하고 있음을 간접적으로 드러내고 있다. 때라는 것은 기미인데, 기미를 보아 움직이는 자는 오직 군자라고 한 것은 담암이 바로 이런 군자임을 표현하는 언사라고 할 수 있다. 기미란 말을 굳이 설명하자면 낌새나 조짐 등이라고 할 수 있을 것이다. 이달충의 이 설명 역시 〈주역〉 건괘 문언전 상(象)의 구삼(九三) 효에 나오는 공자의 말을 원용한 것이다. 동재설의 이 부분까지에서 파악되는 담암의 성격은 매우 진중한 편이었을 것으로 여겨진다.

이달충은 담암이 동(動)을 취한 뜻이 어디에 있는지 생각하다가 이 동(動)자를 벽에 써 놓고 그 뜻을 관찰했다고 한다. 이를 본 사람들이 '이 글자가 무엇이오?'하고 묻기에 '백문보 공의 편액이오.'라고 대답했다는 것이다. 그러자 어떤 사람이 '백공은 어질고 후한 데는 지나치고, 용맹하고 과감한 데는 부족하니 장차 스스로 면려(勉勵)하려는 것인가?'라고 말했다는 것이다. 또 어떤 사람은 '저것을 하고자 하면 반드시 이것으로 말미암는 것이 또한 이치인데, 백공의 명망이 나날이 높아져서 가릴 수 없으므로, 장차 동(動)으로 말미암아 정(靜)을 구하려는가?'라는 말도 했다는 것이다. 이 말들을 통해 다음 몇 가지 사실을 알 수 있다. 우선 담암이 지나칠 정도로 어질고 후한 반면, 용맹하고 과감한 면은 부족하지 않았나 하는 점이다. 매우 부드러운 성격이라고 할 수도 있는데, 어쨌든 돌다리도 두드려 보고 건너는 신중한 성격이었을 것으로 여겨진다. 그리고 당시 담암의 명망이 나날이 높아지고 있었다는 점이다. 이 무렵 그는 우상시로 있다가 관동 존무사로 나갔다. 간관의 최고위 직인 상시(常侍)는 중서문하성(中書門下省)의 정3품직으로 대표적인 청요직(淸要職)이다. 어려운 여건에서도 이 직무를 잘 수행했기 때문에 당시 사대부사회에서 담암의 명성이 가릴 수 없을 정도로 높아진 것이 아닌가 싶다. 그러자 이를 꺼린 담암이 동(動)자를 써서 오히려 정(靜)을 구하는 것이 아닌가 하고 혹자는 생각했다는 것이다.

그러나 이달충은 그것이 아니라고 했다. 일음일양(一陰一陽)을 일러 도라고 하는데, 이것이 동과 정의 뜻이며 성인은 양(陽), 곧 동을 귀하게 여긴다는 것이다. 그런고로 담암에게서 동(動)이란 '안으로는 내 임금을 요(堯)와 같이 만들고, 밖으로는 내 백성을 요의 백성같이 만들어서, 큰 꾀를 펴서 밝히고 지극한 다스림을 충분히 익혀 그 극(極)이 아니면 멈추지 않는다.'고 보지만 '이것 또한 공의 움직임이 될 수는 없다.'고 했다. 그렇다면 이달충이 생각하는 담암의 호 동재의 동(動)자는 과연 무슨 뜻인가? 결론부터 밝히자면 그의 학문세계를 말하는 듯싶다.

공(=담암)이 이 재(齋)에 있을 때 옷깃을 정제하고 얼굴을 엄숙히 하여 고요하게 생각하고 일하는 것 없이 꼼짝 않고 앉아 있으면, 사람들이 그 정(靜)인 것만 알고 '움직이지 않는 움직임[不動之動]'이 있다는 것은 알지 못한다. 공이 일찍이 정(定)·정(靜)·안(安)의 경지를 거쳐 대화(大化) 성신(聖神)의 나라에 놓고,

지선(至善)의 집을 주장하여 쓰임을 구했다.

이는 담암의 학문적 성격과 깊이에 대해서 말한 것[13]이다. 정(定)·정(靜)·안(安)이란 것은 곧 〈대학집주(大學集註)〉에 나오는 '머물 데를 안 뒤에야 정(定)하는 것이 있다. 정한 뒤에야 고요할 수 있고, 고요한 뒤에야 편안할 수 있으며, 편안한 뒤에야 생각할 수 있고, 생각한 뒤에야 터득할 수 있는 것[14]에서 말하는 가르침이다. 또, 큰 덕화(德化)가 이루어지는 대화(大化) 성신(聖神)의 나라는 주희가 쓴 〈중용장구(中庸章句)〉 서문에서 볼 수 있는 말이다. 즉 '중용은 무엇을 위해 지었는가? 자사(子思)께서 도학(道學)이 전해지는 것을 잃을까 우려해서 지으신 것이다. 대개 상고시대로부터 성신(聖神)이 하늘의 명을 이어받아 그 극(極)을 세워서 도통(道統)을 전하는 것이 시작되어왔다.[15]는 것이다. 또한, 지선(至善)이란 말은 지어지선(止於至善)에서 보듯 지선(至善)에 이르러 머문다는 뜻이다. 여기서 '선에 머문다.'는 것은 무슨 의미인가? 선의 도덕적 상태에 몸과 마음이 머물러 있는 것을 가리키지만, 동태적(動態的)으로는 생각과 행동이 언제나 선을 지향하고 있다는 의미로 보아야 한다. 지어지선은 명명덕(明明德), 친민(親民)과 함께 〈대학〉의 3강령 중 하나로 〈대학〉이 지향하는 궁극적 도달점이기도 하다. 따라서 이달충이 담암을 두고 '지선(至善)의 집을 주장하여 쓰임을 구했다[主至善之家 而求用焉]'는 말은 지선에 머물 뿐만 아니라, 생각과 행동이 언제나 선을 지향하고

---

13) 김동욱, 앞글, 153면

14) 〈대학집주〉, 원문은 知止而后有定 定而后能靜 靜而后能安 安而后能慮 慮而后能得

15) 〈중용장구〉 서(序), 원문은 中庸何爲而 作也 子思子 憂道學之失其傳而 作也 盖自上古聖神繼天立極而 道統之傳有自來矣

있다는 적극적 의미로 읽어야 할 것이다. 이달충이 담암에 대해 한 이 말은 다소의 과장이 없지는 않겠지만 〈대학〉, 〈중용〉 등 정주(程朱)에 이르러 정리되고 새롭게 풀이된 성리학을 담암이 깊이 체득하고 있었다는 의미로 보는 것이 옳다.

신유학에 대한 담암의 깊은 이해를 보여주는 자료는 앞에서도 많이 있었지만 그의 문인 윤소종이 쓴 '담암 백충간공문보 만사(淡庵白忠簡公文寶輓詞)'에서도 볼 수 있다.

불법(佛法)이 이 나라에 오래 크게 행해지니
선생이 분기(奮起)하여 주정(周程)을 이었다.
개연히 성현을 끌어 사설(邪說)을 배척하고
높직이 천리(天理)를 알아 천형(踐形)을 저술했다.
나라의 사명(詞命·외교문서)을 누가 이제 윤색(潤色)하리
어둠 깨우쳐 주는 고명(高明) 다시 우러를 데 없네.
기나긴 만세황천 저승 아래서
옛 친구 좇아 놀 이 우리 율정(栗亭)이로다.
*천형(踐形)은 선생이 저술한 성리지설(性理之說)이다.[16]

담암 사후 그의 문인 윤소종(尹紹宗·1345~1393)이 지은 이 만사는 생전의 담암이 어떤 일을 했는지 칠언율시(七言律詩)로 간략하게 기술하고 있다. 우선, 불도(佛道)가 이 땅에서 크게 행해진지 오래였는데, 담암 선

---

16) 〈담암일집〉 권2 부록 하(下), 원문은 佛法東方久顯行 先生奮起接周程 喟然引聖排邪說 卓爾知天著
踐形 爲命自今誰閨色 發矇無復仰高明 悠悠萬世重泉下 舊友從遊我栗亭 *踐形 先生所著性理之說

생이 분연히 일어나서 주정(周程)을 이었다는 것이다. 여기서 주정(周程)은 북송의 성리학자 주돈이(周敦頤·1017~1073)와 정호(程顥·1032~1085) 및 정이(程頤·1033~1107) 형제를 이르는 말이다. 주돈이는 관직에서 물러난 후, 염계(濂溪)에 은거하며 학문에 정진하여 〈태극도설(太極圖說)과 〈통서(通書)〉 등의 저서를 남겼다. 주염계선생으로 불리는 그의 학문은 정호·정이 형제가 이어 받았으며, 송학(宋學)의 시조로 추앙받고 있다. 정호는 호가 명도(明道), 그래서 명도선생이라고 불렸다. 정이는 낙양 이천(伊川) 사람이라 해서 이천선생으로 불렸다. 이들은 '하늘의 이치를 존중하고, 인간의 욕망을 없애야 한다[存天理 滅人慾]'고 주장했으며, 교육에서도 덕육(德育)을 강조하면서 정밀한 독서를 통해 사물의 이치를 파악[格物]함으로써 이치를 통달[窮理]하고, 이를 통해 지혜에 이르게[致知] 되는 것이라고 했다. 이들은 '낙학(洛學)'이라는 새로운 학파를 창시했는데, 이들의 주장과 논리는 훗날 주희(朱熹)가 성리학을 집대성하는 데 중요한 토대를 제공했다. 〈명도선생문집〉과 〈이천선생문집〉 등의 저서가 있고, 동생 정이가 단독으로 저작한 〈역전(易傳)〉이 유명하다.

따라서 담암선생이 주정을 이었다는 윤소종의 말은 요컨대 담암이 주돈이나 정자(程子)를 이은 정통 성리학의 대열에 서 있었다는 의미다. 그리고 나아가 이들 성현의 성리학설을 바탕으로 사설(邪說) 곧 불교를 배척하는데 앞장섰고, 높직이 하늘의 도리를 알아 '천형(踐形)'이라는 독자적 성리학 서적을 저술했다는 것이다. 그 다음에 나오는 나라의 사명(詞命)을 누가 이제 윤색(潤色)하리는, 담암이 그 동안 외교문서나 왕의 교서 등 고도의 문장력을 요구하는 글들을 주로 써 왔음을 시사하는 내용이다. 이어서 담암은 문생들이나 후배들의 어둠을 깨우쳐주는[發矇] 높고 밝은[高明] 존재였음을 알 수 있다. 그래서 윤소종은 어둠 깨우쳐주는 고명(高明) 다시 우러를 데 없노라고 탄식한 것이다. 끝으로, 기나긴 만세 황천 아래 저승에서 옛 친구 좇아 놀 이 우리 율정(栗亭)이라고 적었다. 율정은 담암의 급제 동방이자 지우(知友)였던 윤택(尹澤)을 말하는데, 윤택은 바로 윤소종의 조부이기도 하다. 윤소종은 그래서 아마 우리 율정, 곧 우리 할아버지 율정이라는 표현을 썼을 것이다. 이들 좋은 친구들이 저승에서 만나게 될 것이라는 뜻이다.

윤소종은 만사의 본주(本註)에서 '천형(踐形)'은 선생이 저술한 성리지설(性理之說)이라고 했다. 이 저작은 현전하지 않기 때문에 그 내용을 알 수 없지만, 천형이란 용어는 〈맹자〉 진심(盡心) 상(上)에 보인다. 여기에는 '형(形)과 색(色)은 천성(天性)이다. 오직 성인만이 형색의 이치를 따라 갈 수 있다.'[17]라는 맹자의 말이 실려 있다. 이 말을 보면 천형(踐形)이란 곧 형색의 이치를 따라가 실천하는 것이 된다. 그 집주(集註)에는 '사람이 가진 형(形)과 색(色)은 모두 각각 자연의 이치가 있다. 소위 천성이라는 것이다. 여느 사람이나 이 형체를 가지고 있지만 그 이치를 다하지 못하므로 형체를 실천할 수 없다. 오직 성인은 이 형체를 가지고 있으면서 또 그 이치를 다할 수 있다. 그런 뒤에야 형체를 실천하여 부족함이 없는 것이다.'[18]라고 되어 있다. 또 정자(程子)는 그 하주(下註)에서 '이는 성인이 인도를 다하여 그 형체를 능히 충만하게 함을 말한 것이다. 사람은 천지의 정기(正氣)를 얻어 태어났으니 만물과 같지 않다. 이미 사람으로 태어났다면 사람의 도리를 다한 뒤에야 그 이름에 걸맞게 된다. 보통 사람은 가지고만 있고 알지 못하며, 현인(賢人)은 실천은 하지만 미진하다. 능히 그 형체를 충만하게 하는 사람은 성인(聖人) 뿐'이라고 말

---

17) 〈맹자〉 진심 상(上) 38장, 孟子曰 形色天性也 惟聖人然後 可以踐形

했다.[19]

〈맹자〉의 이런 내용이나 그 주석의 뜻으로 미루어 보건대 담암의 저술 '천형(踐形)'은 사람으로서 타고난 천성을 지극히 하여 성인(聖人)의 경지에 이르는 길을 제시한 내용이라고 추정할 수 있다. 담암은 이처럼 다수의 저작이나 시편을 남긴듯하지만 남아있는 것이 그리 많지 않다. 그러나 남아있는 자료만을 보더라도 그는 신유학 도입 초기의 유학자로서 '우리 동방의 자주성 강조와 현실개혁, 그리고 벽이단(闢異端)'의 뜻을 문장과 행동으로 보여준 사람이라고 할 수 있다.

3. 글을 통해 본 담암의 취미

담암이 지은 글이나 담암에 관한 글들에서 특별히 그의 취미나 취향을 전해주는 내용들은 거의 없다. 시를 짓거나 글을 읽었다는 내용이 있지만 이런 것들이야말로 보통 사람들이 보기에는 무미건조하고 재미없는 일들이다.

그런데 술은 무척 즐겼던 것 모양이다. 담암과 함께 '황봉주(黃封酒)를 마시고 술에 곤죽이 되어 때때로 말에 오르면 닭이 홰에 오르려 했다.'[20]는 이곡(李穀·1298~1351)의 시로 미루어 이를 짐작할 수 있다. 이곡은 또 '음주 시 한 수를 백화보(白和父), 우덕린(禹德麟)과 함께 짓다[飮酒一首同白和父禹德麟作]'라는 제목의 고시(古詩)에서 '백씨는 술을

---

18) 〈맹자〉진심장구 상 38장, 원문은 人之有形有色 無不各有自然之理 所謂天性也 踐如踐言之踐 蓋衆人 有是形 而不能盡其理 故無以踐其形 惟聖人 有是形而又能盡其理 然後可以踐其形而無歉也

19) 〈맹자〉진심장구 상 38장, 원문은 程子曰 此言聖人盡得人道而能充其形也 蓋人得天地正氣而生 與萬物不同 旣爲人 須盡得人理然後 稱其名 衆人有之而不知 賢人踐之而未盡 能充其形 惟聖人也

20) 이곡, 〈가정집〉권18, 율시 寄白和父諫議

예산군 대흥면에 있는 임존성 터(사적 제90호): 담암의 본관 대흥(大興)은 이곳 임존성과 어떤 연관이 있는
것으로 추정된다.   (사진 출처: 예산군청 홈페이지)

좋아해서 손을 멈추지 않고, 우군은 다섯 말쯤 마셔야 가슴이 트인다 하
고, 이자(李子·이곡 본인)는 평생 술을 끊지 못하고[21] 마셨다는 것이다.
    담암 자신이 쓴 〈급암집〉 서에 '나는 급암과 더불어 사이가 좋아 종
종 술자리를 갖게 되고 또 일찍이 붙어 다니지 않은 적이 없으므로 시
구의 주고받음 또한 적지 않았다[余與及庵善 往往集杯杓 未嘗不附以詩句
之贈 而不爲不多]'는 표현이 있는 걸로 보아 민사평(閔思平·1295~1359)
같은 선배들과도 자주 술을 마시고 시를 지어 주고받았다고 여겨진다.
담암이 선배와 술을 마시고 시담(詩談)을 나누었다는 증언은 또 있다.
이색(李穡)이 지은 '영가군(永嘉君) 권고(權皐)에게 올리는'시에는 권고
(1294~1379)가 노상 담암옹(翁)을 불러 시담을 나누고, 한낮에도 거문고

와 술잔을 거두지 않았다[22]고 한다. 영가군 권고는 고려 후기의 문신으로 담암의 스승 국재(菊齋) 권부(權溥)의 차남이자 권근(權近)의 할아버지가 되는 인물이다. 이색은 이 시에서 이른바 9봉군(九封君) 가문인 권부 일가의 영화를 '국재 시중이 유독 앞자리를 차지했으니……훌륭한 여러 아들 다 고관이 되었는데 그중에도 길창부원군(吉昌府院君)이 삼한에 군림했고, 소년 재상 계림윤(鷄林尹)은 후덕한 정사로 민심을 교화했다'고 칭탄하고 있다. 여기 나오는 길창부원군은 권고의 형인 권준(權準·1281~1352)을, 소년 재상 계림윤은 권고의 손아래 동생으로 일찍이 계림윤을 지낸 권재(權載·1296~1349) 즉 왕후(王煦)를 가리키는 말이다. 이 시로 보건대 담암보다 일곱 살 많은 권고는 늘그막에 후배 담암을 자주 불러 시담을 나누고, 거문고를 타거나 술도 마신 것 같다. '담암옹'이란 표현으로 미루어 보면 이 무렵 담암의 연령도 꽤 되었을 것이다.

이밖에 담암은 투호(投壺) 같은 오락도 즐긴 것으로 여겨진다. '행촌(杏村)이시중 만사[挽杏村李侍中]'는 행촌 이암(李嵒·1297~1364) 사후 담암이 쓴 만사인데, 여기에는 '바로 어제 같은 우연한 그 모임에, 투호 함께 즐기며 마음 흐뭇했었다.'는 구절이 나온다. 이로 보아 이암과 담암이 우연히 만나 투호를 함께 했음을 알 수 있다.

당시 문사들이 다 그러했겠지만 담암 역시 바둑을 즐겼을 것이다. 즐겼을 뿐 아니라 실력도 어떤 기준이 될 만큼 뛰어났다고 여겨진다. 이색이 지은 '강릉(江陵) 최상국(崔相國)에게 받들어 사례하다. 공(公)이 말하기를 내가'향도(香徒)로서 염시중(廉侍中) 위에 있었고, 담암(淡庵)과

---

21) 이곡, 〈가정집〉권14, 고시 원문은…白氏好飮不停手 禹君五斗方溫胸 李子平生不入務…

22) 이색, 〈목은시고〉권14, 시 上永嘉君權皐, 원문은…詩談每喚淡庵翁 白日琴尊無暫輟

는 더불어 바둑을 대국했다'하였고, 또 나에게 시를 창화(唱和)한 것이 있으므로 이 시에 그것을 언급한다.'라는 제목의 시를 통해 이를 알 수 있다.

결사(結社)하던 당년에 시중을 눌렀고
담암(淡庵)과는 또 바둑으로 자웅 겨루었소.
시인의 세계엔 고하(高下)가 없으니
다시 청컨대 애써 나 같은 목동(牧童)에게 양보 마소서.[23]

시로 보건대 강릉 출신의 최상국, 즉 최정승이란 사람이 내가'향도(香徒)로서 염(廉)시중 위에 있었고, 담암과는 더불어 바둑을 대국했다.'라고 하며 이색에게 시를 지어 보낸 듯 하다. 여기서 향도(香徒)란 원래 불교에서 신앙을 목적으로 신도들이 조직한 결사(結社)를 지칭하지만 나중에는 뜻 맞는 문사들이 조직한 친목모임으로 전용되기도 한 말이다. 염시중은 염제신(廉悌臣·1304~1382)을 말하는 것 같다. 전체적인 문맥으로 보면 최상국은 염제신이나 담암보다는 나이가 아래지만 문사들 친목모임, 즉 결사에서 우두머리 역할을 했을 것이다. 요즘 식으로 표현하자면 회장 내지 총무쯤 되었을 텐데, 아마 최상국이 농담 삼아 '내가 이래뵈도 염시중이나 담암 같은 분들을 회원으로 둔 모임의 회장 노릇을 했고, 담암과는 바둑까지 둔 몸이오!'라고 말하고, 또 시를 지어 이색에게 보냈다고 여겨진다. 그러자 이색이 이 시를 지어 받들어 사례를 한

---

23) 이색,〈목은시고〉권16, 시 奉謝江陵崔相國公云 以香徒坐廉侍中上 與淡庵對棋 又於僕有唱和 故詩及 之, 시의 본문은 結社當年屈侍中 淡庵碁局又爭雄 詩家天地無高下 更請無勞讓牧童

것이다. 받들어 사례했다는 표현으로 보자면 최상국이란 인물은 염제
신이나 담암보다는 후배지만 이색(1328~1396)보다는 나이가 위였을 것
이다. 문신에다 이러한 조건을 충족시키는 강릉 최씨 최상국을 〈고려사
〉 열전에서는 찾을 수 없다. 그런데 〈강릉최씨 세보〉나 〈기우집(騎牛
集)〉[24] 등의 자료에 의하면 이에 부합하는 인물이 있다. 고려 후기의 문
신인 최문한(崔文漢·1320~1395)이 바로 그 사람이라고 여겨진다. 이들
자료에 의하면 최문한은 고려 제27대 충숙왕의 부마[25]로 판군기시사
(判軍器寺事)를 역임했다고 한다. 호는 충재(忠齋)이고, 고려 멸망 후 두
문동에 은거했다가 강화를 거쳐 강릉으로 와 숨어살았다고 전해진다.
강릉최씨 문한계의 시조이다.

아무튼 여기 나온 최상국을 최문한으로 추정하자면 담암은 염제신
같은 동년배나 최문한 같은 후배와 함께 문사들 친목모임에도 나가고,
또 바둑도 두는 생활을 했음을 알 수 있다.

---

24) 이행(李行), 〈기우집(騎牛集)〉 권2, 부록 杜門洞七十二賢錄, 崔文漢 忠肅王駙馬 知國將亡 遯居江陵
25) 〈고려사〉 열전에는 충숙왕의 자식으로 용산원자·충혜왕·공민왕 등 아들만 3명일뿐 딸이 없다. 〈
　고려사〉 열전이나 〈강릉최씨 세보〉·〈기우집〉 중 어느 한쪽의 착오로 보인다.

16.
꿈이 깨어지다

1. 공민왕의 죽음

"여기서 잠깐 멈추자구나!"

가을걷이가 끝난 들판은 바람을 피해 엎드려 있었다. 남으로 가는 새들이 완연한 가을볕 속을 날 뿐, 들판은 적막이다. 동파(東坡)나루를 지나 볕이 내려앉은 들판 가운데서 노대신은 말고삐를 챙기며 갈라진 목소리로 말했다. 노대신, 아니 담암 일행이 그 옛날 칠중하(七重河)라 불리던 임진강을 건너 경사(京師)를 코앞에 둔 청교역(青郊驛) 부근에 다다른 것은 갑인년(공민왕 23) 10월 스무닷새, 정사(丁巳)일이 지나서였다. 바쁠 것은 없지만, 그렇다고 마냥 느긋할 수도 없는 노릇이어서 길을 재촉한다고는 했지만 영해를 떠난 지 어언 스무 며칠이 지난 다음이었다. 그 끔찍한 꿈을 꾸었을 때만 해도 개경으로 달려가지 않으면 안 될 것 같은 조바심이 일었지만 말 등에 실려서 밤낮없이 달려오다 보니 당초의 조바심은 까닭 없는 느긋함으로 바뀌어 이천, 광주를 지나서부터는 무슨 유람이라도 나온 양 가을볕을 벗 삼아 천천히 올라온 터였다. 그렇다고 해도 하루 50 리는 족히 움직인 셈이니 곤하지 않은 건 아니었다.

방금 지난 푸른 임진강을 떠올리자니 몇 년 전 임금의 장단행차에 따라나섰다가 시를 지어 올렸던 일이 무슨 곡두를 본 것처럼 눈앞에 어른거린다. 그때도 늙었거늘 지금은 더 늙었으니 나도 이제 갈 때가 된 건가? 담암은 입안에 물었던 말을 목뒤로 삼키며 지그시 눈을 감았다.

⋯⋯⋯⋯

붉은 재갈 만 마리 말에 비단안장 연이었다.
수레 돌리자 풍류소리 근교까지 닿으니
성안 노인네들 달려 나와 맞이하네.
임금은 푸른 막 걷고 한 번 돌아보며
대사례(大射禮) 베풀어 인재등용 명하신다.
어가(御駕)앞 날랜 무사는 모두 소년들
활 당겨 살 날리니 백보천양(百步穿楊)이구나.

⋯⋯⋯⋯⋯

목에다 힘을 주어 노래 부를 것도 없이 그날의 일이 어제처럼 떠올라 징소리 꽹과리소리에 화살이 바람 가르는 소리마저 선명하게 들린다. 이 대목에서 담암은 갑자기 두공부(杜工部)의 촉상(蜀相)[1]을 떠올리고, 자신도 모르게 눈시울을 닦았다. 한 번도 전장에 나가 본적 없지만 징소리에 화살 나는 소리를 연상하자 그 옛날 촉상 제갈량(諸葛亮)이 늙은 몸 이끌고 전장에 나선 일이 흡사 자신의 경험처럼 떠오른 때문이다.

---

1) 두보(杜甫)의 시 촉상(蜀相), 전문은 丞相祠堂何處尋 錦官城外柏森森, 映階碧草自春色 隔葉黃鸝空好音, 三顧頻煩天下計 兩朝開濟老臣心, 出師未捷身先死 長使英雄淚滿襟

출사미첩신선사(出師未捷身先死·군사 내었으나 이기지 못하고 몸 먼저 죽으니)

장사영웅루만금(長使英雄淚滿襟·길이 영웅들로 하여금 눈물 옷깃 적시게 하네)

눈물이 옷깃을 적시게 한다는 마지막 구절에서 늙은 담암은 울컥 눈물을 쏟고 만다. 비단 두공부의 시 때문만은 아니리라. 언젠가 이맘때쯤 금천현(衿川縣)에를 간 적이 있다. 가을은 이미 깊이 왔는데, 그날따라 가을비는 들 밖 봉우리들을 미친 듯 후려치고, 객관(客館) 앞 나무는 세찬 바람에 허리가 부러질 듯 아우성치면서도 용케 버티며 비바람에 맞서고 있었다. 원나라며 홍적(紅賊)이며 외침(外侵)이 있을 때마다 꺾일듯 하면서도 끈질기게 맞서온 백성들의 삶이 이 교목(喬木)과 다르지 않은 것 같아 날이 새자마자 나무가 성한지 살폈던 기억이 새롭다. 이튿날 시 한수 지었던 것도 기억난다. 맞는 기억인지는 몰라도 뜻은 어지간히 방불할 터였다.

야외군봉횡모우(野外群峯橫🔲雨·들 바깥 봉우리마다 저문 비 가로지르고)

문전교목투추풍(門前喬木鬪秋風·문 앞 큰 나무 갈바람과 싸우는구나)[2]

그때를 떠올리자 걷잡을 수 없을 만큼 외로움이 밀려든다. 저문 비[🔲雨·暮雨]에 가을바람[秋風]이라. 내 인생은 이미 가을을 지나 겨울이라 하겠지? 다시금 목안이 아려와 뱉은 기침을 토하며 노인은 허리를 꺾었다.

---

2) 〈신증동국여지승람〉, 경기 금천(衿川)현 조, 제영(題詠)에 나온 담암의 시. 앞 1행의 🔲자는 暮자와 같은 '저물 모'자로 원문을 따른 것이다.

"아버지 왜 그러세요? 어디 편찮으신가요?"

"아! 할아버지? 왜 그러세요?"

"아니다……아니다. 괜찮다."

저마다 몸을 일으켜 노인에게 달려들지만 그의 내심을 알 까닭 없는 그들은 어찌 할 줄을 몰라 하며 어른의 어깨를 감쌀 뿐이다. 이제 오늘 저녁, 늦어도 내일 낮 전이면 경사에 이르리라. 자식과 손자, 그들은 저마다 옛날 개경에서 있었던 추억들을 반추하며 자못 상기된 표정을 감추고 있었는지도 모를 일이다. 담암은 끙! 하고 허리에 힘을 주며 자리를 털고 일어나는 시늉을 해본다. 천동이 녀석이 냉큼 달려들어 제 주인의 몸을 부축해서 말에다 태우려 한다.

바로 그때였다. 담암 일행이 앉아있는 들판 이쪽에서 그리 멀지 않은 산모롱이 길을 말 탄 병사들의 행렬이 지나고 있었다. 그들은 하나같이 흰색 죽립(竹笠)을 쓰고 느린 걸음이지만 대오는 정연히 유지한 채 천천히 움직였다. 노인의 가슴이 괜스레 쿵쾅거리기 시작한다.

"저들이 누군지, 왜 흰색 죽립을 썼는지, 좀 알아보도록 해라!"

이럴 때는 나이 지긋한 아들이 가보는 게 맞을 텐데, 손자 녀석이 제 아재비를 앞질러 그쪽으로 뛴다. 얼마 되지 않는 거리를 날듯이 뛰어간 녀석이 그 중 앞선 자를 향해 무어라고 말을 건넨다. 고개를 주억거리는 것까지도 보일만한 거리였으니 그쪽도 이쪽을 알아본 듯 했지만 그들은 몇 마디 전해주고는 다시금 움직이기 시작했다. 아! 별일이 아니었으면 좋으련만. 어쩌면 태후께서 훙서(薨逝)하셨는지도 모를 일이다. 뛰어오는 손자 녀석의 발걸음이 갈 때보다 더 빠르다고 느끼기도 전에 녀석은 고꾸라지듯 허리를 구부렸다.

"할아버지! 할아버지이……"

녀석은 더 이상 말을 잇지 못하고 가쁜 숨을 몰아쉬며 제 가슴을 움켜 쥔 손을 풀어 경사가 있는 북쪽을 가리킨다. 무슨? 북쪽에서 누가 쳐내려오기라도 했다는 말인가? 홍건(紅巾)의 난 이래 북쪽이라면 모두가 진저리를 치던 형편이었으니 그런 상상도 지나친 것은 아닐 터였다. 손자의 입에다 시선을 꽂은 채 숨 돌아오기를 기다리는 수밖에 없었다. 이윽고 숨을 추스른 그가 뱉은 첫마디는 아! 이럴 수가?

"전하께서……전하께서……훙……훙……훙하셨답니다."

꿈으로 하여 짚인 바는 없지 않았으나 이런 기막힌 일치라니! 담암은 부르르 몸을 떨었다. 하지만 어쩌랴? 그는 자신이 조금 전에 가졌던 감상 따위를 깨끗이 털어내고 박차서 말 잔등에 올랐다.

"서둘러야겠다! 그게 언제쯤이라더냐?"

말고삐를 감아쥔 천동이에게 서두르라는 영을 내리고, 손자 녀석을 건너보며 노인은 물었다.

"좀 됐나 봅니다. 아참, 저들은 금오위(金吾衛)의 장졸들이라 했습니다."

"알았다. 금일 중으로 당도해야겠다."

이렇게 서둔 담암 일행은 그날 초저녁 무렵 경사에 당도할 수가 있었다. 1374년(공민왕 23) 10월 스무엿새, 간지로는 무오(戊午)일이었다. 이때는 이미 강령부원대군이 보위에 오른 뒤였으며, 경사의 문무관원들도 그날의 충격에서 어느 정도 벗어나고 있는 시점이었다.

그 옛날 경사 남쪽 보인당(輔仁堂)이 있던 자리, 지금 현판은 오간데 없지만 두어칸 초옥(草屋)은 여전히 자리를 지키고 있었다. 천동이를 비롯한 노복들은 제가끔 일을 나누어 한 녀석은 사람이 먹을 저녁거리를 준비하고, 한 녀석은 말들에게 먹일 여물을 준비하고, 또 한 녀석은 군불 준비에 여념이 없었다. 상전 역시 바쁘기는 매한가지였다. 아들과 손자에게 누구누구를 만나고 오라는 분부를 내린 다음, 노인은 앉아있을 수도 서있을 수도 없어서 냉기 도는 방바닥을 바장이며 그들을 기다렸다. 이윽고, 아들과 손자 보다 먼저 저녁상이 방으로 들어온다.

"아직은 괜찮다. 아이들 오면 같이 먹자구나……아니다. 너희들이 시장할 터이니 먼저 먹도록 해라."

사실 입맛도 없었다. 천동이 등은 상전보다 먼저 먹는 것이 계면쩍은 듯 '아니 괜찮습니다. 저희들도 같이 먹지요, 뭐.'하면서도 한 번 더 영이 있기를 은근히 기다리는 눈치였다.

"괜찮다. 너희들이 먼저 먹어야 기다리는 내가 마음이 편하다. 너희들까지 배고파야 할 까닭이 있더냐?"

"네! 그러면 먼저 군불을 떼놓고 저희들이 먼저 먹도록 하겠습니다."

아들과 손자를 기다리는 입안이 소태마냥 쓴데다 가슴 한쪽이 베어져나간 것처럼 허허로웠다. 이렇게 짧은 시각이 이렇게 길게 여겨진 적이 언제 있었던가 싶게 초조하기까지 했다. 꽤 오랜 시각이 흘렀을 것이다. 바람같이 말을 타고 갔던 저들이 말굽소리 뚜걱거리며 돌아온 것은 해(亥)시가 거의 끝나갈 무렵이었다. 찬바람을 묻히고 들어온 아들이 먼저 말문을 열었다.

"이 내관 집을 들렀습니다."

"이강달(李剛達)을 말함인가?"

"그렇습니다."

"그래……뭐라더냐?"

"이 내관이 바로 그날 밤 현장을 목도(目睹)한 모양인데, 그 역시 몸져누워있어 긴 얘기는 듣지 못했습니다만 목불인견이라 했습니다. 그리고 내일모레 경신일에 장사를 치른다는 말이 있었습니다. 내일 중으로 전하와 태후전하를 알현하는 것이 어떨지요?"

아들은 자못 진중한 표정과 목소리로 말을 이었다. 그래야겠지, 하지만 그나저나 태후전하의 마음이 온전하실 수가 있으려나? 그 어린 강령대군은 또 어쩌고.

"목불인견이라니? 대관절 어이해서 그리 되셨다는 게냐?"

아들은 차마, 들은 대로 다 발설하지 못하는 눈치였다. 아버지는 건조한 눈길로 바른 말을 재촉하고 있었다.

"최만생이란 환자(宦者)와 자제위의 무리들이 검(劍)으로……"

뭐? 뭐? 담암은 하마터면 악! 하고 고함을 지를 뻔 했다. 어쩌면 이다지도 내 꿈이 똑같은 현실로 다가온단 말이더냐?

"……"

담암은 말없이 허공을 응시하다가 다시금 아들의 얼굴을 건너다보았다.

"……"

아들은 자신의 죄이기라도 한 듯 말을 아꼈다. 할아비의 궁금증을 풀어준다는 사명감 같은 걸 느낀 손자가 제 아재비의 말없음을 틈타 말문을 연다.

"저는 자안(子安) 형의 집에를 갔었습니다만……만나지 못했습니다. 오는 길에 저자거리로 둘러왔는데, 사람들이 모여서 하는 말을 듣자하니 최만생이란 환자와 홍륜, 권진, 노선이란 자제위 무리들이 그런 흉악한 짓을……"

손자는 다소 겁먹은 표정으로 떠듬거리며 말을 이었다. 임금이 신하의 손에 죽었다는 흔치않은 사태에 그 또한 아연하기는 마찬가지였으리라. 노인은 아득해지는 정신을 가까스로 추스르며 눈을 감고 말았다. 이

으고······천천히 다시 눈을 뜬 그는 손자에게 지필묵을 가져오라 일렀다.

"태후전에 올릴 글이다. 정갈하게 다루어야 하느니!"

"네, 알겠습니다."

손자는 제사상 앞의 제관(祭官)마냥 숙연한 얼굴로 할아버지에게 지필묵을 넘기고, 벼루에 먹을 갈기 시작했다. 노인은 한참이나 멍하게 앉아 건너편의 바람벽을 뚫어질듯 응시할 뿐 미동조차 하지 않았다. 눈가의 주름 사이로 물기가 배어나고 있었다. 먹이 다 갈아지자 노인은 오른쪽 소매를 왼손으로 걷어 올리며 붓을 잡았다. 흰 종이 위로 검은 붓이 사각사각 가쁜 숨을 쉬며 달리기 시작한다. 방안은 사각거리는 붓 소리뿐, 누구 하나 숨소리조차 내지 못했다.

이튿날인 10월 스무이레는 기미(己未)일이었다. 컴컴한 새벽녘에 보인당을 나선 담암 일행은 백악(白嶽)에 햇살이 돋기도 전에 궁성 동문인 인덕문(仁德門)에 닿아있었다. 구정(毬庭·궁성의 뜰)에 내려앉은 어둠이 물러가기 전이니 어지간히 빨리도 온 셈이다. 구정 한쪽에 있는 사헌부(司憲府)의 위용이 담을 넘어 사람을 압도한다. 사헌부 맞은편의 좌우 동락정(同樂亭)은 그 옛날 임금들이 여든 살 넘은 재추(宰樞)와 3품 이상 문무관, 백신(白身)의 노인과 효자·효손들을 불러 잔치를 열었다[3]는 곳이다. 이런저런 상념에 빠진 노인은 자신이 흡사 궁성으로 출근하는 현직 관원이라도 된 양 인덕문 앞으로 바투 다가섰다.

"뉘시온지요?"

인덕문을 지키던 병졸이 졸린 눈을 비벼가며 담암 일행을 가로막았다. 임금의 영(令)이 없는데다 격식 없이 이렇게 들어선 내가 잘못이기는

---

3) 〈고려사절요〉, 문종 3년(1049) 3월 및 숙종 원년(1096) 8월

하지만, 도무지 조바심이 나서 견딜 수 없었던 지난밤이었다. 잠 한숨 자지 못하고 하얗게 밤을 새웠으니 눈은 뻑뻑하고 머리는 어지러웠다. 담암의 판단으로 태후께서는 노인이시니 혹여 일찍 기침하셨을지도 모른다는 막연한 기대로 쳐들어온 셈이었다. 이런 미명에 주종(主從) 서너 명이 궁성을 찾는 일은 흔치않은 경우였다.

"전(前) 정당문학 직산군 백문보 공이라 전하시오. 밤새워 먼 길을 오셨는데, 태후전에 긴히 아뢰올 말씀이 있어 이렇게 찾았노라 이르시오. 태후전에 들 수 있을지 여쭈어 주시오."

병졸의 기를 꺾어놓겠다는 의도까지 다분히 섞어서 격식을 갖춘 아들이 방문 목적을 전하면서 아버지의 간찰(簡札)을 병사의 손에 넘겼다. 아들이 넘긴 간찰을 받아든 병졸이 태후전으로 뛰어가고, 다른 병졸이 그 자리에 서서 다시 일행을 막아섰다. 병졸을 기다리는 사이, 반(半)천 년 도읍의 궁성은 아침햇살을 받으며 다시 일어서고 있었다. 문득, 담암은 내 집처럼 드나들었던 궁성의 전각들이 잠에서 깨어나 기지개를 켠다고 생각했다. 정문인 승평문(昇平門)을 들어서면 넓은 구정이 좌우의 동락정을 거느리고 넉넉한 품새로 누워 있을 터이다. 신봉루, 창합문, 전문을 지나면 정전인 회경전(會慶殿)이 있다. 승평문 뒤쪽의 구정을 지나 왼쪽 동락정을 끼고 돌면 임금의 침전으로 들어가는 대초문(大初門)이 나온다.[4] 도대체 어디서 그런 변을 당하셨나?

"어서 드시지요. 직산군 어른."

담암의 상념을 깨운 것은 태후전에서 나온 내관이었다. 담암의 얼굴을 아는 듯했으나 담암은 딱히 기억나지 않았으므로 하대를 할 수가 없

---

4) 김창현, 앞의 책, 266면 개경궁성도

었다.

"기침하셨소이까?"

"네. 하지만 워낙 주무시질 못 하시니까요."

있을 법한 일이었다. 자식 잃은 부모 마음을 담암은 진작 겪은 적이 있지만 어머니의 마음에야 비할 바 있겠는가. 태후전까지 걸으면서 담암의 신경은 온통 왕의 죽음과 그 어머니의 아픈 마음에 가 있었다. 담암의 나머지 일행은 태후전 별실로 안내되고, 담암은 따로 태후 앞으로 나아가 엎드렸다. 발[簾] 너머 저쪽에는 퀭한 눈의 노파가 이쪽을 향해 시선을 주고 있었다. 그러나 범접할 수 없는 위엄이 사람을 눌렀다.

"신, 백문보 태후전하께 문안드리옵니다."

"어서 오시오."

"어이 이런 변고가……"

"……"

두 노인 사이에 오랜 침묵이 흘렀다. 그 침묵 사이로 눈물이 쏟아졌고, 둘은 누가 먼저랄 것도 없이 훌쩍거리기 시작했다. 이 침묵을 깬 것은 주인 쪽이었다.

"너무 이른 시각이긴 하오만 들라 허락한 것은 까닭이 있어서요. 마침 해 뜰 시각이니 주상이 이리로 문안을 들 것이오. 일찍이 경(卿)은 주상의 사부가 아니었소. 주상도 그렇거니와 나 또한 손자의 스승인데, 스승에 대한 예(禮)는 임금이나 어버이에 대한 그것과 진배없다고 하질 않소."

"황공하옵니다! 전하. 신의 마음이 조급하여 때를 가리지 않고 이렇게 온 것을 헤아려주십시오."

"내가 경의 마음을 왜 모르겠소……"

이윽고, 낮고 그윽한 내관의 목소리가 태후전을 훑고 지나갔다.

"전하 납시오."

내관의 말에 이어 곤룡포를 입은 작은 소년이 제법 의젓한 품새로 들어오더니 할머니를 향해 풀썩 무릎을 꺾었다. 아직은 한참을 뛰어놀면서 그 곤함을 잠으로 풀어야 할 나이였다. 딱한 일이다. 사직(社稷)의 장래가 어찌 될지. 담암은 괜스레 이는 불안을 애써 털어내며 소년의 행동을 지켜보았다. 이런 담암을 소년은 뒤미처 알아본 듯 배시시 웃으면서 말했다.

"아! 사부님이 와 계셨군요."

"네, 전하. 전 정당문학 백문보 전하께 문안 여쭙니다."

담암은 이 어린 소년을 향해 무릎을 꿇어 깊숙한 절을 올렸다. 그 사이 소년 또한 왕으로 돌아가 자리에 앉더니 허리를 약간 숙였을 뿐 사양 않고 절을 받았다.

"무어라 드릴 말씀이 없사옵니다. 두 분 전하의 옥체에 이 나라 사직과 백성들의 명운이 걸려있사오니 부디 옥체 강령하시기를……"

이 말을 할 때 담암의 눈은 온통 젖어있었다. 누구에게랄 것도 없이 한 말이지만 이 말에는 참으로 깊은 진심이 담겨 있었다. 고려사회에 쌓인 여러 모순을 해결하기 위해 정치도감 이래 부정삼한(復正三韓)과 일국경시(一國更始)를 외쳤던 사람들은 지금 하나하나 떠나갔다. 그런데 이제 그 가운데에 서있던 왕마저 가고 없다. 그의 노모와 어린 아들은 그 아들과 아버지가 외쳤던 일국경시를 알기나 할까? 77세의 노파와 10세 소년의 어깨에 5백년 사직의 명운이 걸려있다는 사실은 참으로 암담하지만 받아들여야 할 엄중한 현실이었다.

어린 왕은 할머니의 눈치를 살피더니 담암을 향해 한마디 건넸다.

"사부님은 그간 안녕하셨나요?"

"네, 늙은 이 몸이야 병이 든들 무슨 대수겠습니까. 그저 두 분 옥체가 중하시지요. 그래 요즘은 무슨 공부를 하시는지요?"

"상사(喪事) 이후엔 못하고 있습니다. 통감(通鑑)을 배우던 중이었는데……"

어린 목소리에 약간의 쓸쓸함이 배어있었다. 담암은 다시 한 번 눈물을 쏟으며 그 말을 들었다. 이 어린 것의 어깨에 종사(宗社)가 걸려있다는 사실에 담암은 울음을 멈출 수가 없었다. 태후 역시 상사란 말에 울컥해지는 모양이었다. 그날 아침 태후전에서 두 노인은 오래도록 울었다.

"내일이 능침에 모시는 날이외다. 참예토록 하시오."

태후는 다시금 위엄을 회복하여 이를 말을 전하고, 등받이에 몸을 기댔다. 담암은 몸을 깊이 숙여 읍하고 물러났다. 아직 어린 소년에 불과한 새 임금을 보면서 그의 마음은 착잡할 수밖에 없었다. 나라의 장래에 대한 걱정이 겹쳐지자 마음은 더욱 스산했다.

2. 담암의 죽음

이튿날, 정확하게는 1374년(공민왕 23) 10월28일 경신(庚申)일이다. 이날 왕은 그의 아내 노국대장공주(魯國大長公主)의 정릉(正陵) 옆에 묻혔다. 만수산 북쪽 무선봉 중턱의 현릉(玄陵)이었다.

이날 아침 무렵, 왕의 시신을 실은 수레가 궁전을 떠나 무선봉 쪽으로 접어들자 담암은 주체할 수 없는 아픔으로 거의 실신할 지경이었다. 왕의 죽음과 함께 일국경시의 꿈이 깨어진 아픔은 아리고도 시렸다. 땅에서 일어나는 일을 알 바 없다는 듯 하늘에는 무지개가 큰 해를 둘러쌌으며, 큰 해 곁에 또 작은 해 둘이 보였다.[5] 왕의 장례식에서 노인을 알아본 문생과 후배들이 담암에게 인사를 건넸으나 그는 거의 건성으로 대하며 자신의 아픔을 달래기에 바빴다. 마침내 노인은 더 이상 장례식에 자리할 수가 없을 만큼 기력이 빠져나가는 걸 느꼈다. 아들과 손자와 노복들이 그런 노인을 거의 업다시피 하여 보인당 초옥으로 모신 것은 신시(申時)가 조금 지난 시각이었다. 자리를 펴고 누운 담암의 눈앞에 재기(才氣)로 가득했던 왕의 환한 얼굴이 나타났다 사라지곤 했다.

"아! 전하!"

노인은 참말인지 헛말인지 알 수 없는 소리를 허공에다 뱉으며 죽은 듯 누워있었다. 그날 초저녁 경지(敬之·김구용)며 자안(子安·이숭인), 자인(子仁·권사복), 의지(義之·이무방), 헌숙(憲叔·윤소종) 등 보인당에서 담암의 가르침을 받았던 문인(門人)들이 앞서거니 뒤서거니 하며 이 초옥에 모여들었으나 노인은 다 물리쳤다. 안으로 임금이 어리고, 밖으로는 왜적(倭賊)의 침노가 거세지니 걱정은 걱정이지만 임금 잘 받들란 말밖엔 달리 해줄 것이 없었다.

"이렇게 오는 건 고마우나 내가 번거롭다네. 다만, 다만 전하를 잘 보필들 하시게나. 보령 아직 어린데다……"

그 어머니 신분조차 밝지 못하시니, 라는 뒷말을 베어 물며 담암은 눈을 감았다. 문인들은 걱정스러운 표정을 남기고 물러갔다. 그렇게 밤은 깊어가고, 담암은 바람소리에 섞인 냉기를 몸으로 느끼며 누워있었다. 어느 정도나 시간이 흘렀을까. 해사한 노인이 조심스런 발소리를 끌며 담암의 처소에 나타난 것은 그날 밤이 깊어갈 무렵이었다. 아들의 안내를 받으며 들어선 것은 뜻밖에도 내관 이강달이다.

---

5) 〈고려사〉 세가, 공민왕 23년(1374) 10월

"아니? 바쁘신 이(李) 내관이 어인 일로 야심한 이 시각에? 몸도 편찮으시다면서······"

담암은 아픈 몸을 일으켜 그의 손을 잡았다. 찬바람이 묻어 싸늘했다. 강달은 수염 없는 턱을 손바닥으로 비비며 웃었다.

"늙어가는 환관(宦官)이 무슨 바쁠 일이 있겠습니까? 담암 선생께서 먼 길 오셨는데, 선참으로 달려와야 도리인데 오히려 늦었습니다. 제 몸이 부실해서······"

내관의 목소리는 또랑또랑해서 부실하게 들리지는 않았으나 그 역시 피곤하기는 한 모양이다.

"궁금하신 게 많으실 듯해서 제가 왔습니다."

담암은 고개를 끄덕이며 그의 눈과 입술에 시선을 고정시켰다. 잠시 사서(史書)의 기록을 따라 그날, 그곳으로 가보자.

9월 22일(갑신)에 도적이 왕을 침전에서 시해했다. 강령대군 우(禑)가 즉위했다. 22일 밤에 왕이 몹시 취하여 침전에 있었는데 도적이 칼로 쳐서 시해하여 왕의 뇌수(腦髓)가 벽에 뿌려지자 도적이 소리치기를 '적이 밖에서 들어왔다' 하였으나 위사(衛士)들은 벌벌 떨기만 하고 아무도 감히 움직이는 자가 없었다. 재상과 모든 집사(執事)들도 변고를 듣고 한 사람도 오는 자가 없었다. 환자(宦者) 이강달이 먼저 들어가 방에 피가 가득 흘러 있음을 보고나서 일부러 말하기를 '상(上)이 편찮으시다' 하고는 문을 잠그고 출입을 금했다. 날이 샐 무렵에 태후(太后)가 변고를 듣고 우(禑)를 데리고 궁 안으로 들어와서 비밀에 붙이고 발상(發喪)을 하지 않고 백관(百官)의 시위(侍衛)도 평소대로 했다. 강달이 왕명이라 하여 경복흥(慶復興)·이인임(李仁任)·안사기(安師琦)를 불러 도적을 토멸할 것을 비밀히 의논했다. 인임은 중 신조(神照)가 항상 금중(禁中)에 있었으므로 그가 심왕(瀋王)의 아들 탈탈첩목아(脫脫帖木兒)와 통모(通謀)해서 난을 일으킨 것이라 의심하고 신조를 옥에 가두었다. 이윽고 최만생(崔萬生)의 옷에 피 흔적이 있음을 보고 그를 잡아 순위부(巡衛府)에 가두고 국문하여 그 진상을 모두 알아냈다. 만생이 칼로 치고 권진(權瑨)·홍관(洪寬)·노선(盧瑄)·한안(韓安) 등이 어울려 마구 쳐서 시해했던 것이다. 홍륜(洪倫) 등을 체포하여 신문하니 모두 자복했다. 홍륜 등은 모두 자제위(子弟衛)로서 항상 금중에 입직(入直)하느라 일 년 내내 휴가를 얻지 못하여 모두 왕에 대해 원망을 품은 자들이었다. 노선은 끝내 불복했으나 홍륜 등의 사증(辭證)이 명백했으므로 그들의 부형(父兄)과 제부(諸父·아버지의 형제), 아들들을 모두 가두었다. 24일(병술)에 보방(寶房)에 왕의 시신을 안치하고 비로소 발상했다. 왕은 재위 23년에 수(壽) 45세, 시호는 경효(敬孝)였는데 후에 명나라에서 공민(恭愍)이라 사시(賜諡)했다. 이튿날(정해·25일) 이인임이 우(禑)를 받들어 즉위시키니 당시 나이 10세였다.[6]

〈고려사〉나 〈고려사절요〉 등은 이날 있었던 일을 아래와 같은 요지로 적고 있다. 홍륜과 익비가 관계하여 임신을 하게 되자 그 사실을, 왕을 따라 화장실에 가던 최만생이 왕에게 알리고, 왕이 최만생과 홍륜의 무리를 죽이겠다고 하니, 만생이 홍륜 등과 공모하여 왕을 시해했다는 것이다.

어쨌든 긴 얘기가 끝나자 강달은 무슨 어려운 숙제를 푼 사람처럼 깊은 한숨을 토했다.

"도대체 이 내관은 그 무리가 선하께 칼을 쓴 까닭이 무엇이라고 보오?"

---

6) 안정복, 〈동사강목〉 제15하(下), 갑인년 공민왕 23년(1374)

감이 잡히지 않는 바는 아니지만, 담암은 자신의 짐작을 확인하려는 듯 물었다.

"글쎄요? 공께서는 무어라고 보시는지요?"

강달은 담암의 묻는 의도를 아는듯하면서도 짐짓 시치미를 떼며 반문했다.

"나 같은 늙은이가 어찌 알겠소만 명나라 사신들이 다녀간 적이 있다고 들었는데, 그게 언제쯤이오?"

"명나라 사신이라면? 아, 그 임밀(林密)과 채빈(蔡斌)이란 명나라 사신이 왔다가 갔지요. 탐라에서 기르던 말을 가지고서…… 그들이 간 것이 아마 9월 초 갑자일일 겝니다. 상(上)께서 그리 되시기 한 스무날쯤 전이지요."

그랬다. 그해 4월, 명나라 사신 임밀과 채빈은 명 태조 주원장의 명을 받고 와서 당시 원나라가 제주에서 기르던 말 2천 필을 바치라고 요구했다. 이미 원나라는 북쪽으로 도주했고, 명나라는 전쟁을 위해 많은 말이 필요했으므로 이런 요구를 해왔겠지만 주원장의 이 요구는 매우 다중적인 포석이었다. 첫째 전마(戰馬)를 확보하여 북원(北元)을 평정하려는 의도, 둘째 현재적 적(敵)인 북원이나 잠재적 적인 고려가 이 전마를 사용하는 것을 차단하려는 의도, 셋째 북원과 명나라를 가운데 둔 고려가 어떤 입장을 취하는지 시험하려는 의도 등이었다고 볼 수 있다. 그러나 제주에서 말을 기르던 원나라 관리들인 목호(牧胡)가 순순히 말을 내줄리 없었다. 말을 가지러 갔던 고려 관원들이 피살당하는 등 우여곡절을 겪었지만 해결이 안 되자 공민왕은 문하찬성사 최영(崔瑩)을 양광·전라·경상도도통사(都統使), 밀직제학 염흥방(廉興邦)을 도병마사로 삼고 군사 2만5천여 명을 주어 이들을 토벌하게 했다.

한편 명나라 사신 임밀과 채빈이란 자들은 고려에 머무는 동안 매우 거만하게 행동했다. 횡포를 부려 고려의 중신들을 모욕하고, 심지어 때리는 일도 있었다. 공민왕은 이들의 비위를 맞추기 위해 연일 잔치를 베풀거나 접대를 잘못한 시중 염제신(廉悌臣)을 광주(廣州)로 귀양 보내기까지 했다. 이들은 어렵게 확보한 말 3백 필을 가지고 우선 출발했는데, 그것이 공민왕 23년(1374) 9월2일(갑자)의 일이다. 아직 최영이 개선도 하기 전이었다. 이때 말의 호송책임자가 동지밀직사사 김의(金義)란 사람이었다. 그는 개주(開州)에 이르러 채빈과 그 아들을 죽이고 갑사 3백 명과 말 2백 필을 가지고 북원으로 달아났다. 같은 무렵에 공민왕 피살 사건이 일어났다.

명나라 사신에 대한 공민왕의 환대에 불만과 불안감을 느낀 부원(附元) 내지 친원 세력이 왕을 시해한 배후라고 판단한 것은 비단 담암만의 느낌은 아니었을 것이다.

"최만생이니, 홍륜이니 하는 자들이 전하를 상하게 한 까닭이 참……"

"참으로 많이 취하신 듯 했습니다. 만생도 취했고, 나머지 홍륜 무리도 취했고……어찌 그리 잔인하게 찔렀는지 쯧쯧."

강달은 그날 기억을 되새기기조차 싫은 듯 깊은 한숨 뒤에 혀를 끌끌 차며 천정으로 눈길을 주었다. 담암은 눈앞에서 나누는 강달과의 대화가 현실이 아니라 무슨 옛날이야기 같다고 느끼면서도 왕과 그들이 단순히 술에 취해서 우발적으로 일어난 일이라고 생각할 수만은 없었다.

"명나라 사신이 떠날 때는 어땠나요?"

"참말이지 대접을 잘해서 보냈지요. 저들은 감격해서 울기까지 했답니다."

아! 그렇다면 그것일지도 모른다. 정치도감을 방해했던 세력들, 일국
경시를 번번이 무산시킨 세력들, 무너져가는 원나라를 부여잡고 있는
세력들…… 저들은 왕과 명나라가 밀착되는 것이 얼마나 불안했을까?
저들의 불안이 결국 그런 잔인한 행동을 유발시킨 것은 아니었을까?

"전하의 옥체가 그리도…… 그리도 알아볼 수 없을 만큼 많이 상하셨
나요?"

"그렇다니까요, 아주 심하게. 사람의 몸속에 그만큼 많은 양의 피가
있다는 게 믿어지질 않았어요."

"저런 흉측한 자들 같으니."

참으로 덧없는 게 인생인가? 그분과 함께 일국경시(一國更始) 하겠다
고 옷자락 휘날리며 일한 게 어제 같다. 그분은 젊은데도 불귀의 객이
되었는데 늙은 나는 아직도 살아서 이런 말을 듣고 있구나. 그러고 보니
9월 스무이틀 그날 밤에 꾼 꿈이 일국경시의 꿈이 깨어지는 꿈이었구
나! 생각이 여기에 이르자 담암은 더 이상 평정심을 지킬 수가 없었다.
양 볼을 타고 흐르던 눈물이 옷자락으로 뚝뚝 떨어졌다. 소매로 찍어내
도 떨어지는 걸 막을 수가 없다. 두공부가 빈말을 한 게 아니었다. 촉상
에 빗대어 읊자니 이때를 위해 촉상이 있지 않았나 싶었다.

경시미성용선서(更始未成龍先逝·일국경시 못 이루고 용체 먼저 훙서(薨逝)하니)
장사노신루만금(長使老臣淚滿襟·길이 노신으로 하여금 눈물 옷깃 적시게 하네)

가을밤은 깊어서 차가운 기운이 방으로 파고드는데, 주인과 객은
촛불을 응시하며 말없이 앉아있을 뿐이었다. 두 사람은 여전히 울고
있었다.

"최 장군이 경사에 있었다면 어땠을까?"

오랜 꿈에서 깨어난 것처럼 담암은 혼잣말을 흘렸다.

"누구요? 최영을 말함인가요?……글쎄요? 워낙 금중(禁中)에서 일어난 일이라서 그가 있었다 한들……"

강달은 말끝을 맺지 못하고, 맥없는 한숨을 토했다.

"그렇게 뛰어난 인군(人君)을 백년에 하나 모실 수 있을까요?"

주인의 말에 객은 고개를 주억거리며, 크게 공감한다는 투로 말했다.

"그러게 말입니다."

이윽고, 이강달이 돌아간 뒤에도 담암은 여전히 앉아서 그의 말을 반추하다가 문득 까닭 모를 불안감에 붙들렸다.

이튿날 아침, 담암은 고향으로 가야한다는 이상한 열기에 휩싸여 아들과 손자, 그리고 노복들을 깨웠다. 퀭하게 꺼진 눈으로 보아 노인은 한잠도 잔 것 같지 않았다. 빨리 떠나자. 이곳 경사가 무슨 욕망의 덩어리가 굴러다니는 곳 같다는 생각은 줄곧 가져온 터이지만 일국경시의 꿈을 가진 임금이 사라진 곳이라면, 그리하여 그런 내 꿈이 깨어진 곳이라면 이곳은 이제 더 이상 내가 머물 곳이 아니리라.

"서둘러라! 영해로 돌아가리라!"

"며칠이라도 쉬었다 가심이 어떨지요?"

"아니다. 바삐 가야한다!"

아들의 말을 단숨에 잘라내며 담암은 무엇에 홀린 듯 서둘렀다. 자신의 앞길을 환히 알고 있는 것 같기도 했다. 그렇게 경사를 떠난 담암 일행은 온 길을 되짚어 내려왔다. 왕의 장례를 치른 10월 스무여드레, 즉 경신일로부터 이틀이 지난 10월 그믐 임술(壬戌)일이었다. 청교역에서 남경을 거쳐 광주(廣州)로, 다시 이천과 충주를 거쳐 계립령을 넘은 것이 그해 11월 하순이었다. 문경을 지나 상주로 갔고, 낙동강을 건너기 전 일선(一善)에 닿은 것은 12월 초순 무렵이었다. 이제 동으로 강을 건너면 해평이 나오리라. 그 사이사이에 안개가 끼거나 큰비와 눈이 내리거나 우레와 지진이 있었던 날도 없지 않았다. 그래서 하향 길이 예정보다 더뎌지기 일쑤였다.

일선(一善)이라! 일선은 선주(善州)라고 불리기도 했던 고을이다. 일선에 이르기까지 담암이 취한 곡기(穀氣)라고는 하루 한두 번씩 아들과 손자가 번갈아 흘려 넣어주는 미음뿐이었다.

"이러시면 안 됩니다. 무엇이든 드시고 기운을 내셔야지, 그렇지 않으면 큰일 납니다."

아들을 비롯한 일행이 큰일을 강조하며 거의 강제로 음식을 들게 해도 노인의 고집은 요지부동이었다.

"큰일? 큰일이 무어더냐? 내가 모시던 임금이 그렇게 가셨는데, 내 살아서 무슨 영화를 보겠느냐?"

"드시고 힘을 내셔야, 그분의 뒷일을 마무리하지요. 이러다가 혹시 돌아가시기라도 하면 그게 불충입니다. 공자님도 말씀하셨지요. 훼이사(毀而死)는 군자위지무자(君子謂之無子)라고."

아들은 다소 짜증 섞인 투로 말했다. 상중에 몸이 쇠약해져서 죽는 것, 군자는 그것을 일러 무자(無子)라고 한다. 〈예기〉의 한 구절을 아들이 상기시키자 담암은 표정 없는 눈길을 아들에게 주면서 말했다.

"아무런 미련도 없다. 그것이 무자(無子)라면 나는 기꺼이 그렇게 하리라!"

이미 이승에 대한 한줌의 미련조차 놓아버린 사람의 쓸쓸한 목소리였다. 아들의 마음은 다급해지기 시작했다.

"그것이 도가(道家)의 허무(虛無)나 불가(佛家)의 적멸(寂滅)과 무슨 다름이 있습니까? 정 이러시면 저는 불도(佛道)로 갈 수밖에 없습니다."

"뭐라고? 네 이 놈!"

"불도로 간다고요!"

노인의 어디에 그런 힘이 숨어있었을까? 거의 고함에 가까운 목소리를 토한 노인은 가늘게 눈을 뜨고 아들을 보는가 싶더니 무언가 말을 꺼내려다 고개를 풀썩 꺾었다.

"······"

이 무언(無言)이 무엇을 의미하는지 아들과 손자는 물론, 어느 누구도 알지 못했다. 사람에 따라서는 그래, 너 좋을 대로 해라! 로 이해했을 수도 있을 것이고, 아니면, 절대 안 돼! 로 이해했을 수도 있을 것이다. 아들 백진은 아버지의 꺾어진 고개를 바로 세우기 위해 아버지의 몸을 안아 올렸다. 가벼웠다. 영혼이 빠져나간 육신은 종잇장처럼 가벼웠다. 가벼운 종잇장을 들고 아들은 오래도록 그렇게 서 있었다. 주검의 써늘한 기운이 손끝을 타고 팔꿈치를 지나 등줄기 쪽으로 번지는 걸 느끼며 아들은 울부짖었다.

"아, 아버지이!"

통곡소리에 낌새를 알아챈 손자와 노복들이 담암의 시신을 에워쌌다. 1374년(공민왕 23) 12월 초 어느 날 해질 무렵이다. 이 세상에서 담암이 누린 나이는 72세였다. 왜적이 경상도 밀성(密城)땅을 침범하여 관아를 불태우고 수많은 목숨을 죽였으며 재산을 노략질한 것이 바로 그 며칠 후였다. 겨울답게 눈이 내려 땅위의 모든 것들을 하나하나 덮어가고 있었다. 눈 묻은 삭풍(朔風)이 산 사람과 죽은 사람을 가르며 빠르게 달려갔다. 삭풍과 싸우며 들판에 선 나무처럼 살다가 담암은 그렇게 떠났다. 담암이 금천현에서 지었던 비바람의 가을시를 계절에 맞는 눈[雪]과 삭풍으로 글자를 바꾸어 보니, 이 또한 하나의 시가 되었다.

야외군봉횡모설(野外群峯橫暮雪·들 바깥 봉우리마다 저문 눈 가로지르고)
문전교목투삭풍(門前喬木鬪朔風·문 앞 큰 나무 삭풍과 싸우는구나)

3. 영해와 선산 설— 담암의 묘소

담암의 시신은 일선(一善)에 매장되었다. 오늘날의 경상북도 구미 선산(善山)이다. 매서운 눈바람 속이라 운구(運柩)와 땅파기가 쉽지 않아 일단 가매장(假埋葬) 형태로 모셔놓고, 백진은 조카를 다시 경사로 올려 보내 부음을 전하게 했다. 노복에게는 영해로 가서 사람을 데려오라 일렀다. 그런데 이해 따라 왜구의 침노가 극성스러워 오가는 길이 쉽지 않았다. 그렇게 시간은 흘렀다. 충간(忠簡)이란 시호가 내려지고 만사며, 조문객이 오기는 했으나 객지인 이곳에서 달리 방도가 없어 반장(返葬)은 훗날을 기약해야만 했다.

담암 행장에는 담암의 묘소가 '부(府·영해부)의 남쪽 초수동(椒水洞) 곤좌(坤坐) 언덕이나 지금은 실전되었다'고 적혀 있다. 그러나 〈대흥백씨 세보〉에는 이 기사와 함께 '일운 선산(一云 善山)'이라 하여 선산이란 말도 있다고 적어놓고 있다. 세월은 담암의 무덤조차 데려간 것이다.

추정컨대 일선, 즉 오늘날의 선산에서 별세하자 일단 모셨다가 반장을 기약했으나 뜻대로 되지 않아 초수동(椒水洞) 곤좌 어딘가에는 유품을 매장한 게 아닌가 싶기도 하다. 이는 훗날 담암의 차남 백진이 왜 그토록 선산 근처에 집착했는지를 알려주는 간접적인 단서가 될 수도 있는 것이다.

권근이 쓴 '사불산(四佛山) 미륵암(彌勒庵) 중창기'에 전 판사 백진은 대대로 영해에서 살았는데, 계해년(우왕 9·1383) 봄에 왜적을 피하느라 어머니를 업고 이리저리 헤매며 여러 고을을 지나 이 산 밑에 왔었다. 그 이듬해에 어머니가 병으로 죽으니 상사 치르고 명복 빌기에 힘을 다 했다고 한다. 〈세종실록지리지〉 상주목(尙州牧) 조를 보면 '상주의 명산 (名山)은 사불산(산양현 북쪽에 있으며, 혹은 공덕산이라고도 한다)[7]'이라고 적혀 있다. 또 〈신증동국여지승람〉 상주목 산천 조에는 '사불산이 산양 현 북쪽에 있는데, 주(州)와의 거리가 99리'라고 되어 있다.

영해에 살던 백진이 어머니를 업고 피난을 간 곳이 왜 상주의 사불산 이었을까? 그 아버지 담암의 시신을 이곳 근처 어딘가에 모셨기 때문으 로 추정하는 근거가 될 수 있다. 피난지로 치자면 상주 사불산만 있는 게 아닐 텐데, 그것도 이리저리 헤매며 여러 고을을 지나서 하필 사불산 까지 왔을까? 이는 상주 주변 어딘가에 무슨 연고가 있었음을 암시하 는 행동이다. 문경- 상주- 선산은 지리적으로 먼 것 같지만 고려의 서 울 개경에서 동경(경주)으로 가는 세 길 가운데 제2로 즉 상주도(尙州 道)로 쉽게 연결되는 곳들이다. 오늘날의 중부내륙고속도로와 경부고속 도로 일부 구간이 이 상주도와 방불한 노선일 터이다. 더구나 이 지역들 은 낙동강을 이용한 수운으로 이어지고 있었다. 고려 후기 담암이 살던 당시의 낙동강은 지금보다 수량이 훨씬 풍부했고, 수심 또한 깊었기 때 문에 수상교통이 잘 발달해 있었다.

담암의 정확한 묘소 위치는 훗날, 묘지석 같은 자료가 발굴된다면 밝 혀질 수 있겠지만 지금으로서는 영해 초수동 설(說)과 선산 설, 이 두 가

---

7) 名山 四佛山(在山陽縣北 或曰功德山)

지를 같이 적을 수밖에 없다. 아니, 어쩌면 담암의 시신은 매장이 아니라 화장되었을 수도 있다. 이러한 추정은 담암의 차남 백진(白晉 또는 瑨)의 이후 행적이 불도(佛道)로 크게 기운 점에 근거한 것이다. 앞에서 보아온대로 차남 백진은 훗날 상주 사불산에 미륵암을 중창하여 부모의 원찰로 삼은 것을 비롯하여 영해의 운서산 장륙사(莊陸寺)에 안치된 건칠보살(乾漆菩薩) 조성을 주도한 인물이다. 머리 깎고 출가는 않았지만 육한(六閑)이란 법명을 가진 거사(居士)로 살았던 점[8]으로 미루어 그의 만년은 불교에 경도(傾倒)된 삶이었던 것 같다. 성리학적 가치에 충실했던 담암의 삶과는 대조적인 것이다. 하지만 당시만 해도 유불(儒佛)의 교통이 조선시대처럼 철저하게 차단되지는 않았을 수 있다. 담암의 스승 권부(權溥)의 아버지 권단(權㫜)이 아들의 반대를 무릅쓰고 삭발한 예나 담암의 좌주인 유학자 이제현(李齊賢)의 손위 형 체원(體元)과 손자 이실림(李實林)이 출가한 예에서 그런 것을 짐작할 수 있다.

유학을 학습한 사대부의 친인척 가운데 스님이 되는 경우가 드물지 않은 것처럼 상주(喪主)의 처지에 따라 사대부인 고인을 불교식으로 장례[火葬]를 치르는 경우도 있었던 것 같다. 가령 고려 후기의 문신 하즙(河楫·1303~1380) 같은 경우가 그렇다. 〈고려사〉 열전 하윤원(河允源·1322?~1376) 전에 의하면 진주사람 하윤원의 부친 하즙은 찬성사로 치사하고 진천군에 봉해졌는데, 하즙이 죽자 그 아들인 승려 원규(元珪)가 화장을 했다[9]고 한다. 문신 하즙은 1324년(충숙왕 11)에 급제한

---

8) 장륙사(莊陸寺) 건칠보살좌상(乾漆菩薩坐像) 복장발원문(腹藏發願文) · 개금묵서기(改金墨書記), 백운태 앞의 블로그에서 재인용

9) 〈고려사〉 열전, 하윤원 전, 원문은 河允源晉州人 父楫贊成事致仕封晉川君 卒子僧元珪火葬…

담암일집 표지

유자로서 정치도감(整治都監) 활동과 관련하여 1347년(충목왕 3) 담암과 함께 장형을 받은 정치관 중 한 명이다. 하윤원도 충혜왕 때(1342)에 등과한 급제 유자였다. 그런데 하즙 부자의 사망 연도에서 알 수 있듯이 아버지 하즙은 아들 하윤원보다 4년 뒤에 죽었다. 그러자 하즙의 또 다른 아들인 불승 원규가 아버지를 화장한 것이다. 승려 원규는 하윤원의 아우인 듯한데, 만약 하윤원이 살아 있었다면 사대부의 장례법대로 매장을 선택했을 것으로 여겨진다.

담암 작고 당시 장남 백선(白瑄)은 이미 사망한 뒤였다. 따라서 아버지의 장의(葬儀)절차는 차남 백진이 주도할 수밖에 없었을 것이다. 이렇게 보자면 아버지의 시신을 매장할 것인가, 화장할 것인가 하는 문제는 전적으로 차남의 의사에 달렸을 텐데, 백진의 이후 행적으로 보아 불교식 장의절차에 따랐을 개연성이 크다는 것이다. 그러나 이 또한 추정일 뿐이다.

세월은 흘렀다. 1392년(공양왕 4) 고려조가 망했다. 담암이 작고한 1374년(공민왕 23)으로부터 채 20년이 흐르지 않아서 조선이란 나라가 선 것이다. 담암 사후 약150년이 흐른 1528년(조선 중종 23) 그는 성주(星州)의 천곡서원(川谷書院)[10]에 종향되었다. 다시 사후 약200년, 7대손 백현룡(白見龍)이 그의 행장을 지었다. 또다시 사후 약440년이 흐른 1812년(순조 12) 영해지방 유림이 그곳 원황리(元黃里)에 운산서원(雲山書院)을 건립하고, 여기에 담암을 배향했다. 그리고 또다시 사후 약500년, 백조운(白肇運) 등의 후손들이 그의 문집 〈담암일집(淡庵逸集)〉을 간행했다. 짙은 흔적은 아니지만, 그렇다고 옅은 자취라고 할 수도 없다.

10) 경상북도사편찬위원회, 〈경상북도사〉下卷, 1983, 949면('서원교육의 발생과 전개'-丁淳睦 등 집필 부분)

※〈영남인물고(嶺南人物考)〉·〈조두록(俎豆錄·규장각도서1134)〉·〈조선왕조실록〉·〈퇴계집(退溪集)〉등의 자료에 의하면 해평(海平) 출신의 여말선초 학자인 송정(松亭) 김수(金銖·?~?, 공민왕 2년 등과)가 성주로 이사하여 녹봉(鹿峯)서당을 건립하고 천곡(川谷)에 정사(精舍)를 지어 숙정자(叔程子)·주자(朱子)와 담암을 제향했다고 한다. 녹봉의 천곡서원은 여기서 비롯된 것으로, 이후 1528년(중종 23·무자)에 서원이 건립되고 1602년(선조35·임인) 중건, 1633년(인조11·계유) 사액(賜額), 1667년(현종8·정미)에 다시 사액되었다[1573년(선조6·계유) 또는 1606년(선조39·병오)사액 자료도 있다]. 모셔진 선현은 애초의 숙정자·주자·담암 외에 1560년(명종15·경신) 종향된 김굉필(金宏弼·1454~1504), 1623년(인조1·계해) 종향된 이언적(李彦迪·1491~1553)·정구(鄭逑·1543~1620), 1642년(인조20·임오) 종향된 장현광(張顯光·1554~1637) 등이다. 명칭은 녹봉서당, 천곡정사, 영봉(迎鳳)서원, 천곡서원 등으로 바뀌었으며, 1868년(고종 5·무진) 훼철되고 복원되지 못했다.

담암연보, 참고자료

담암 연보

• 1303년(고려 충렬왕 29·계묘)
경상도 영해부(寧海府) 거무역(居無役) 외가에서 승평부사 백견(白堅)과 영해박씨 사이의 장남으로 태어나다. 충청도 직산현(稷山縣) 양대(良垈) 친가에서 성장하다.

• 1317년(충숙왕 4·정사), 15세
국재(菊齋) 권부(權溥)에게 수학하다. '역학설(易學說)'을 짓다.

• 1320년(충숙왕 7·경신), 18세
9월, 문과에 급제하다. 이때의 지공거는 익재(益齋) 이제현(李齊賢), 동(同)지공거는 석재(石齋) 박효수(朴孝修)였으며, 급제 동방으로는 최용갑(崔龍甲), 이곡(李穀), 윤택(尹澤), 안보(安輔) 등이 있었다.

• 1322년(충숙왕 9·임술), 20세
이재(彝齋) 백이정(白頤正)이 원나라로부터 정주학 서적을 가지고 귀국하자, 그로부터 성리학을 배우다. 이때의 동문으로는 이제현, 박충좌(朴忠佐), 이곡, 이인복(李仁復) 등이 있었다.

• 1323년(충숙왕 10·계해), 21세
12월, 이재 백이정 별세하다(향년 77세).

• 1324년(충숙왕 11·갑자), 22세
역동(易東) 우탁(禹倬)으로부터 〈역(易)〉을 수학한 것으로 추정된다.

• 1328년(충숙왕 15·무진), 26세

정9품의 춘추관 검열(檢閱)에 보임, 사관(史官)이 되다. 이 해에, 왕이 친정(親政)을 하지 않는 배경과 그로 인한 소인배의 권력농단 및 준동을 비판한 사론(史論)을 쓰다.

- 1329년(충숙왕 16·기사), 27세
당시 나라에 가뭄이 크게 들자 대신들이 무당·박수를 불러 기우제를 지낸 일이 있었다. 이에 유학적 입장이 분명히 드러난 사론으로 대신들의 미신적 자세를 비판하다. 이 해에 휴가를 얻어 부모님을 찾아뵙다.

- 1331년(충혜왕 1·신미), 29세
봄, 한림(翰林·정9품 檢閱에서 정7품 奉教까지)에 제수되다.

- 1336년(충숙왕 후5·병자), 34세
12월, 충숙왕을 호종하여 원나라에 가던 도중, 왕명으로 '청평사(淸平詞)' 시를 짓다. 이 시로 왕의 칭찬을 크게 받고, 상(賞)으로 말을 하사받았으며, 정6품의 정언(正言)에 제수되다. 사관에서 간관(諫官)으로 옮기다. 이후 원나라 수도에 머물다.

- 1337년(충숙왕 후6·정축), 35세
12월, 만 1년 만에 원나라에서 귀국하여 이후 간관으로 근무하다.

- 1340년(충혜왕 후1·경진), 38세
아끼던 후배인 제학(提學) 이달존(李達尊)의 죽음을 애도하다. 이달존은 좌주 이제현의 아들이자 스승 백이정의 사위이다.

- 1341년(충혜왕 후2·신사), 39세
간관의 최고위직인 정3품 우상시(右常侍)로 승진하다. 간관으로서 고군분투

하는 담암을 위로하는 이곡의 시 '기(寄) 백화보 간의(白和父諫議)'가 이 무렵에 씌어졌을 것으로 추정된다.

- 1342(충혜왕 후3·임오), 40세
역동 우탁이 별세하자(향년 80세), 제문을 지어 애도하다. 그러나 이 제문은 현전하지 않는다.

- 1345년(충목왕 1·을유), 43세
관동 존무사로 나가다. 이 무렵 '차(次) 경포대운(鏡浦臺韻)'을 짓다. 이달충(李達衷)이 담암을 위해 '동재설(動齋說)'을 짓다. 안축(安軸)이 담암에게 '백문보안부 상요 8수'를 지어주다.

- 1347년(충목왕 3·정해), 45세
2월, 부정삼한(復正三韓)을 표방한 정치도감(整治都監)이 설치되고, 정치도감사(使)에 임명되다. 3월, 기황후(奇皇后)의 친척 아우 기삼만(奇三萬)의 불법을 징치하던 중 기삼만이 옥사하다. 이 일로 담암 등 16명의 정치관이 장형(杖刑)을 받다. 장형 후 휴가를 얻어 귀향하여 시(歸來對樽酒 家家有懸弳)를 남기다.

- 1349년(충정왕 1·기축), 47세
8월, 정치도감이 폐지되고, 정3품의 광주목사(廣州牧使)로 좌천되다. 광주목사 재임 중 청렴한 정사를 베푸는 한편, 자신의 녹봉을 털어 퇴락한 청풍정(淸風亭)을 중수하고 이곡에게 '청풍정기(淸風亭記)'를 부탁하다.

- 1350년(충정왕 2·경인), 48세
중앙으로 소환되어 정3품 종부령(宗簿令)에 제수되다.

•1352년(공민왕 1·임진), 50세
2월, 정3품 전리판서(典理判書)에 보임되다. 사마광(司馬光)의 10과(十科)에 의거하여 선비를 뽑자는 차자(箚子)를 올리다. 8월, 경연(經筵)이 설치되자 이릉간(李凌幹), 이제현, 허백(許伯) 등 15인과 함께 날을 바꾸어가며 시독(侍讀)하다.

•1353년(공민왕 2·계사)~1357년(공민왕 6·정유), 51세~55세
부모상 또는 장남 백선(白瑄)의 사망 등이 있었던 것으로 여겨지며, 이 기간 동안 보인당(輔仁堂)을 열고 후진을 양성한 것으로 추정된다. 또 같은 기간 동안인 1356년(공민왕 5·병신) 5월에는 기철(奇轍)·권겸(權謙)·노책(盧頙) 등 친원파 숙청 및 정동행성 철폐가 단행되다.

•1357년(공민왕 6·정유) 4월경~1361년(공민왕 10·신축), 55세~59세
이제현, 이달충 등과 함께 〈국사〉를 편수한 것으로 추정된다.

•1361년(공민왕 10·신축), 59세
11월, 홍건적의 침입으로 왕이 남으로 피난가자 왕을 호종, 광주·충주를 경유하여 동년 12월 복주에 이르다. 갈충찬화(竭忠贊畫)공신이 되다. 좌정승 홍언박(洪彦博), 시중 이암(李嵒) 등과 협의하여 원수 정세운(鄭世雲)을 파견, 적을 토벌케 하다. 이때 박춘(朴椿) 및 차남 백진(白晉 또는 瑨)을 원수의 좌병(佐兵)으로 삼아 적을 공격하는데 앞장서게 하다.

•1362년(공민왕 11·임인), 60세
1월, 개경을 수복하다. 2월~8월 사이, 〈급암집(及庵集)〉 서(序)를 짓다. 8월, 왕의 환도에 앞서 왕명에 의해 도성으로 가다. 이 때 '공북루(拱北樓) 응제시(御製詩)' 및 그 서문을 짓다. 국사(國史)자료를 해인사로 옮기려는 왕명에 반대하여 이를 관철시키다. 9월, 공민왕 환도하다. 왕명에 의해 종묘(宗廟)의

의제(儀制)를 제작하다. 12월, 정3품 밀직제학(密直提學)으로서 흥학소(興學疏) 및 논(論) 경리(經理) 등 시정(時政)에 관한 여러 편의 차자(箚子)를 올리다. 휼형(恤刑) 차자 역시 이 무렵에 올린 것으로 여겨진다.

* 이 무렵 종2품 정당문학(政堂文學)으로 승진한 것으로 추정된다. 그 이유는 공민왕 22년(1373) 다시 현직인 정당문학이 되는데, 이는 치사(致仕) 이전 그의 최고직이 정당문학이었을 것으로 보기 때문이다.

• 1363년(공민왕 12·계묘), 61세
4월, 척불소(斥佛疏)를 올리다. 이때 치사(致仕)를 청하여 허락받은 것으로 추정된다. 7월, 〈나옹화상 어록〉 서문을 쓰다. 이 무렵부터 다시 보인당을 열고 후학을 지도한 것으로 보인다.

* 〈담암일집〉 편년에는 이해 8월에 척불소를 올린 것으로 나오지만 상소 내용을 감안하면 척불소는 공민왕 12년(1363) 윤3월(홍왕사의 변)부터 동년 5월(개혁적 시책 발표) 사이의 어느 시점에 씌어졌을 것으로 판단된다.
* 〈담암일집〉 편년에는 동년 8월 체직(遞職)을 청했으나 허락받지 못했다고 나와 있다. 그러나 1363년(공민왕 12·지정 23) 7월에 씌어진 〈나옹화상어록〉 서문에 승중대광문하찬성사(陞重大匡門下贊成事·정2품) 진현관대제학進賢館大提學) 겸 지춘추관사(知春秋館事) 치사(致仕) 직산군(稷山君)으로 나오는 것으로 보아 체직을 청하여 허락받은 것으로 추정된다.

• 1364년(공민왕 13·갑진), 62세
5월, 행촌(杏村) 이암이 별세하자 만사(輓詞)를 지어 애도하다. 11월, 반신 최유(崔濡)를 참하도록 청하여 이를 시행케 하다.

• 1365년(공민왕 14·을사), 63세

2월, 공민왕비 노국공주(魯國公主) 사망하다. 5월, 공민왕이 승려 편조(遍照·辛旽)를 기용하다. 7월, 모니노(牟尼奴) 태어나다.

• 1366년(공민왕 15·병오), 64세
5월, 왜적이 서강을 침범하여 인심이 흉흉해지자 왕이 담암의 손을 잡고 '경과 함께 치도(治道)를 강론한지 수년인데, 오늘에 이르렀구려!'라고 한탄하자 담암이 울면서 '원수를 파견하여 추포토록 하는 것이 옳다.'고 말하다. 동년 겨울, '판삼사일직손공 홍량 사장시(判三司事―直孫公 洪亮 賜杖詩)'서(序)를 쓰다.

* 〈담암일집〉 편년에는 왜적의 서강 침범을 1367년(공민왕 16·정미)의 사건으로 기록하고 있으나 왜적이 서강을 침범하여 민심이 들끓었다는 〈고려사〉의 기사는 1366년(공민왕 15) 5월에 보인다.

• 1367년(공민왕 16·정미), 65세
7월, 좌주 이제현이 별세하자(향년 81세), 문생 중 유일하게 장례에 참석하여 곡하다.

• 1368년(공민왕 17·무신), 66세
2월, 국자감시가 폐지되다. 국자감시의 시험관으로 이강달(李剛達)이 추천한 담암의 문생 이무방(李茂芳)·권사복(權思復)과 신돈이 추천한 손용(孫湧)이 경합하자 이를 미워한 왕이 아예 시험 자체를 없앤 것이다. 8월, 주원장 군대가 원나라 수도를 포위하자 원나라 황제 북으로 도주하고, 주원장이 명나라를 세우다. 10월, 신돈, 자신의 암살음모에 연루된 김제안(金齊顔) 등을 주살하다. 12월, 신돈이 유숙(柳淑)을 죽이다.

• 1369년(공민왕 18·기유), 67세

동생인 종부령(宗簿令) 백문질(白文質)과 함께 영해로 낙향하여 두문자정(杜門自靖)하다. 아들들에게 환로(宦路)에 다시 나가지 말라고 당부하고, 조카에게 유계(遺戒)를 쓰게 하다.

• 1370년(공민왕 19·경술), 68세
급제 동방 윤택(尹澤)이 사망하자 '분묘기(墳廟記)'를 지어 애도하다.

• 1371년(공민왕 20·신해), 69세
스승 백이정의 행장을 찬술하다. 강릉도 안렴사로 나가는 문인 김구용((金九容)에게 '송 강릉도안렴사 김선생 시(送江陵道按廉使金先生詩)'를 주다. 3월, '현릉 사사예김도대서 나복산인김도장원 8자(玄陵賜司藝金濤大書蘿蔔山人金濤長源八字)'를 작시하다. 윤3월, '홍무4년 가행장단 배헌주상전하(洪武四年駕行長湍拜獻主上殿下)'를 작시하다. 같은 달, 다섯 아들에게 재산을 분급(分給)하다. 이때 장남 백선(白瑄)은 이미 사망한 뒤였다. 7월, 신돈(辛旽)이 실각 후 유배되다. 신돈의 실각 배경에 담암이 있었던 것으로 추정된다.

• 1373년(공민왕 22·계축), 71세
6월, 응거시(應擧試) 고시관으로서 동고시관 권중화(權仲和)와 함께 김잠(金潛), 송문중(宋文中), 권근(權近), 조신(曺信), 김진양(金震陽) 등을 선발하다. 7월, 공민왕 주도로 시중 경복흥(慶復興), 밀직제학 염흥방(廉興邦) 등과 함께 왕의 후사문제를 논의하다. 같은 달, 왕이 우(禑)를 강령부원대군(江寧府院大君)으로 봉하고, 담암을 그 사부에 임명하다. 이에 연로함을 이유로 직강(直講) 이숭인(李崇仁)을 대신 천거하다. 이후 다시 낙향하여 보인당을 열고 은거에 들어가다. 이 무렵 성리설'천형(踐形)'과 '상례설(喪禮說)' 등을 지은 것으로 추정된다.

•1374년(공민왕 23·갑인), 72세
9월, 공민왕 시해되다. 12월, 담암 별세하다. 충간(忠簡)이란 시호가 내려지
다. 영해부 남쪽 초수동(椒水洞) 곤좌(坤坐)에 안장되었다 하나 실전되다.
일설에는 선산(善山·경북 구미)에 있다고도 한다.

•1528년(조선 중종 23)
성주(星州)의 천곡서원(川谷書院)에 종향되다.

•1563년(명종 18)~1622년(광해군 14)
7대손 백현룡(白見龍)이 담암 행장을 짓다.

•1812년(순조 12)
지방유림의 공의에 따라 영해 운산서원(雲山書院)이 건립되고, 여기에 배향
되다. 운산서원은 대원군의 서원철폐령으로 1868년(고종 5) 훼철되었다.

•1872년(고종 9)~1894년(고종 31)
후손 백조운(白肇運)·백연진(白淵鎭)·백순우(白淳愚) 등이 〈담암선생일집
(淡庵先生逸集)〉을 간행하다.
〈담암일집〉의 간행을 이 기간으로 추정하는 것은 〈담암일집〉 발문에 1871
년 간행의 〈상현록尙賢錄〉이 언급되고 있고, 발문을 쓴 이만도(李晚燾)가
1895년 이후에는 의병활동 등으로 이런 발문을 쓸 수 있는 처지가 아니었다
고 보기 때문이다.

(※ 본 연보는 〈담암일집〉에 나온 담암 행장 및 편년, 〈고려사〉 세가 및 열전
기사를 근간으로 하고, 그 밖의 많은 부분을 보완한 것이다. 편년이나 일반기사
중 보충설명이 필요한 부분은 *표시 뒤에 부기했다.)

참고자료

동양고전류 등

- 〈大學〉, 〈中庸〉, 〈論語〉, 〈孟子〉
- 〈大學章句〉, 〈中庸章句〉, 〈論語集注〉, 〈孟子集注〉
- 〈詩經〉, 〈書經〉, 〈周易〉, 〈禮記〉, 〈周禮〉
- 〈莊子〉, 〈史記〉, 〈說苑〉, 〈涅槃經〉, 〈趙州錄〉

문집류 등

- 白文寶, 〈淡庵先生逸集〉
- 安珦, 〈晦軒實記〉
- 李齊賢, 〈益齋亂藁〉, 〈櫟翁稗說〉
- 安軸, 〈謹齋先生集〉
- 閔思平, 〈及庵詩集〉
- 李穀, 〈稼亭集〉
- 鄭誧, 〈雪谷集〉
- 懶翁, 〈懶翁集〉
- 李達衷, 〈霽亭集〉
- 李穡, 〈牧隱詩藁〉, 〈牧隱文藁〉
- 金九容, 〈惕若齋學吟集〉
- 李崇仁, 〈陶隱集〉
- 權近, 〈陽村集〉
- 李行, 〈騎牛集〉
- 徐居正 등〈東文選〉
- 李德泂, 〈松都奇異〉
- 許穆, 〈眉叟記言〉
- 李光庭, 〈訥隱先生文集〉
- 李瀷, 〈星湖僿說〉
- 金興洛, 〈西山先生文集〉
- 黃堅 편, 〈古文眞寶〉

사서류(史書類) 등 기타

- 〈三國史記〉·〈三國遺事〉
- 〈帝王韻紀〉
- 〈高麗史〉·〈高麗史節要〉
- 〈朝鮮王朝實錄〉
- 〈新增東國輿地勝覽〉
- 〈東史綱目〉
- 〈丹陽府誌〉
- 莊陸寺 乾漆菩薩坐像 腹藏發願文·改金墨書記

연구서, 사전류 등

- 중앙문화연구원, 〈한국문화사신론〉, 중앙대출판국, 1975
- 이수건, 〈한국중세사회사연구〉, 일조각, 1984
- 이태진, 〈조선유교사회사론〉, 지식산업사, 1990
- 김중태, 〈원효결서〉1, 2, 화산문화사, 1998
- 최귀묵, 〈김시습의 사상과 글쓰기〉, 소명출판사, 2001
- 김성환, 〈고려시대 단군전승과 인식〉, 경인문화사, 2002
- 김창현, 〈고려 개경의 구조와 그 이념〉, 신서원, 2002
- 이덕일, 〈교양한국사〉2, 휴머니스트, 2005
- 구스모토 마사쓰구(楠本正繼), 김병화 外 역, 〈송명유학사상〉, 예문서원, 2005
- 황인규, 〈고려말·조선전기 불교계와 고승연구〉, 혜안, 2005
- 신채호, 〈조선상고사〉, 비봉출판사, 2006
- 최영성, 〈한국유학통사〉상, 하, 심산, 2006
- 김창현, 〈신돈과 그의 시대〉, 푸른 역사, 2006
- 기세춘, 〈성리학개론〉1, 2, 바이북, 2007
- 이창일, 〈소강절의 철학〉, 심산, 2007
- 류승국, 〈한국유학사〉, 유교문화연구소, 2008
- 김용선, 〈고려묘지명 집성〉제5판, 한림대출판부, 2012
- 〈경상북도사〉, 경상북도사편찬위원회, 1983
- 〈한국민족문화대백과사전〉, 한국정신문화연구원, 1996

논문

- 민현구, 백문보 연구–정치가로서의 활약을 중심으로, 〈동양학〉17집, 단국대 동양학연구소, 1987.10
- 김동욱, 담암 백문보 연구, 〈상명대학교 논문집〉, 1990
- 임종희, 백문보의 문학 연구, 〈한문학연구〉9, 계명대 계명한문학회, 1994
- 원주용, 백문보의 시대인식에 대한 대응과 문학, 〈동방한문학〉44집, 동방한문학회, 2010
- 남석헌, 〈고려사〉 백문보 열전 '무자'고, 〈동양예학〉, 2004
- 김철준, 익재 이제현의 사학, 〈한국고대사연구〉, 1975
- 민현구, 정치도감의 성격, 〈동방학지〉, 1980
- 이병혁, 정주학 전래와 여말 한문학, 〈동방학지〉36~37, 1983
- 권연웅, 고려시대의 경연, 〈경북사학〉6, 1983
- 문철영, 여말 신흥사대부들의 신유학 수용과 그 특징, 〈한국문화〉3, 1984
- 김해영, 정도전의 배불사상, 〈청계사학〉, 1984
- 이병도, 고려시대유불관계, 〈한국유학사〉, 아세아문화사, 1987
- 김보경, 공민왕대 사대부작가 연구: 출처에 대한 고민과 대응방식을 중심으로, 〈이화어학논문집〉17, 1999
- 민현구, 청주 공북루 응제시판에 보이는 고려 공민왕대 중엽의 문신관료군, 〈한국학논총〉33집, 국민대 출판부, 2010
- 이형우, 우왕의 정치에 대한 일고찰: 출생 배경과 폐위, 죽음을 중심으로, 〈한국인물사연구〉16호, 한국인물사연구회, 2011

(석사학위 논문)
- 이남수, 백문보의 성리학 수용과 배불론, 이화여대대학원 석사학위청구논문, 1990
- 임종희, 백문보의 현실인식과 문학 연구, 계명대 교육대학원 석사학위 청구논문, 1993
- 김남이, 14세기 사대부의 이학적 세계관과 문예의식: 성리학 수용기의 이제현·이곡·백문보의 산문을 중심으로, 이화여대대학원 석사학위청구논문, 1994

인터넷 자료

• 한국고전종합DB(http://db.itkc.or.kr)

※ 한국고전번역원의 한국고전종합DB는 본 원고를 효율적으로 쓸 수 있도록 하는데 많은 도움을 주었다. 이 DB에는 〈담암일집〉을 비롯한 고려시대 문인들의 문집류와 조선시대에 편찬된 〈동문선〉의 내용이 번역되어 있기도 하고 그렇지 않기도 하다. 필요한 부분 중 번역되어 있는 내용은 필자가 첨삭을 가하여 인용하고, 번역되어있지 않은 것은 필자가 우리말로 옮겨 실었다. 고전 자료를 종합적으로 DB화해놓은 한국고전번역원에 감사드린다.

• 국회전자도서관(http://dl.nanet.go.kr)

※ 〈나옹집〉 원문은 국회전자도서관을 통해서 열람할 수 있었다.

※ 담암 관련 제(諸)논문은 국회도서관에서 직접 복사했다.

• 한국학중앙연구원, 한국역대인물종합정보시스템(http://people.aks.ac.kr)

• 국사편찬위원회, 〈조선왕조실록〉(http://sillok.history.go.kr)

• 영덕군청 홈페이지(http://www.yd.go.kr)

• 백운태 블로그(http://blog.naver.com/goguli)

※ 이 블로그 운영자는 담암에 관한 많은 자료를 보유하고 있었다. 이 블로그를 통해서뿐만 아니라 직접 만나 많은 정보를 나누었다.

사진자료

• 〈고려사〉열전 백문보 기사 부분

• 운산서원 강당(경상북도 문화재자료 제485호·경북 영덕군 병곡면 원황리)

• 〈담암선생일집〉 표지

• 〈담암선생일집〉 목차 부분

• 임존성 터(사적 제90호·충남 예산군 대흥면)

담암(淡庵) 백문보 평전

단군기원을 말하다

지은이 | 백상태

펴낸이 | 최병식

디자인 | 정진호

펴낸날 | 2014년 10월 3일

펴낸곳 | 주류성출판사

주소 | 서울특별시 서초구 강남대로 435(서초동 1305-5) 주류성빌딩 15층

전화 | 02-3481-1024(대표전화) 팩스 | 02-3482-0656

홈페이지 | www.juluesung.co.kr

값 25,000원

잘못된 책은 교환해 드립니다.

ISBN 978-89-6246-222-7 03990